Über die Herausgeber

Ruth Ayaß, Prof. Dr. rer. soc., geb. 1964 in Karlsruhe, Studium der Linguistik und Soziologie in Konstanz, Promotion in Gießen, Habilitation in Bielefeld 2004. Seit 2004 Professorin an der Universität Klagenfurt. Arbeitsschwerpunkte in Lehre und Forschung: Qualitative Methoden, Konversationsanalyse, Analyse medialer Gattungen, Kommunikation in, mit und über Massenmedien, kommunikative Konstruktion von Geschlecht.

Veröffentlichungen: «Das Wort zum Sonntag»: Fallstudie einer kirchlichen Sendereihe (Stuttgart 1997); «Winds of Change». In der Fernsehforschung hat ein Paradigmenwechsel stattgefunden, in: Soziologische Revue, 2001, Vol. 24, 17–33; «Report», «rapport» und andere Mythen: Die These der zwei Kulturen und die linguistische Ontologisierung von Geschlecht, in: Zeitschrift für Angewandte Linguistik, 2004, Heft 20, 37–59; Konversationsanalytische Medienforschung, in: Medien und Kommunikationswissenschaft, 2004, Vol. 51, Nr. 1, 5–29; Kommunikation und Geschlecht: Eine Einführung. Stuttgart (in Vorbereitung).

Jörg R. Bergmann, Prof. Dr. rer. soc., geb. 1946 in Landsberg/Lech, Studium der Psychologie, Philosophie und Soziologie in München, Konstanz und Los Angeles. Ab 1990 Professor für Mikrosoziologie an der Justus-Liebig-Universität Gießen, seit 2000 Professor für Qualitative Methoden der empirischen Sozialforschung an der Universität Bielefeld. Arbeitsschwerpunkte in Lehre und Forschung: Qualitative Methoden, Ethnomethodologie, Konversationsanalyse, Gattungsanalyse, Interaktion in informellen Alltagssituationen und komplexen beruflichen Arbeitskontexten, Neue Medien.

Veröffentlichungen: Klatsch: Zur Sozialform der diskreten Indiskretion (Berlin 1987); Ethnomethodologie und Konversationsanalyse (Hagen 1987/88); Religion und Kultur (Hg. mit Alois Hahn und Thomas Luckmann; Opladen 1993); Discrete Indiscretions: The Social Organization of Gossip (New York 1993); Morality in Discourse (Hg. mit Per Linell; Mahwah, NJ 1998); Kommunikative Konstruktion von Moral, 2 Bde. (Hg. mit Thomas Luckmann; Opladen 1999); Der sprechende Zuschauer: Wie wir uns das Fernsehen kommunikativ aneignen (Hg. mit Werner Holly und Ulrich Püschel; Wiesbaden 2001); Beratung und Therapie per Internet und Handy (Hg.; Gießen 2005).

Ruth Ayaß/Jörg R. Bergmann (Hg.)

QUALITATIVE METHODEN DER MEDIENFORSCHUNG

rowohlts enzyklopädie
im Rowohlt Taschenbuch Verlag

Originalausgabe
Veröffentlicht im Rowohlt Taschenbuch Verlag,
Reinbek bei Hamburg, Juni 2006
Copyright © 2006 by Rowohlt Verlag GmbH,
Reinbek bei Hamburg
Umschlaggestaltung any.way, Walter Hellmann
Satz Proforma PostScript QuarkXPress
bei KCS GmbH, Buchholz bei Hamburg
Druck und Bindung Clausen & Bosse, Leck
Printed in Germany
ISBN 13: 978 3 499 55665 4
ISBN 10: 3 499 55665 0

Inhalt

3 Themen und ihre Methoden

4 Mediale Aufbereitung und Präsentation medialer Daten

Anhang

VORWORT

Der vorliegende Band verfolgt das Ziel, in zwanzig in sich abgeschlossenen Kapiteln einen Überblick zu geben über die wichtigsten qualitativen Verfahren der Medienforschung. Dargestellt werden zum einen die einzelnen Methoden bzw. methodischen Ansätze in ihrer Verfahrenslogik, ihrer konkreten Forschungspraxis und ihren Anwendungsbezügen. Zum anderen werden in eigenen Beiträgen die historischen Hintergründe und theoretischen Grundlagen der qualitativen Methoden erläutert sowie die Bedeutung von Medien im qualitativen Forschungsprozess aufgezeigt.

Die rasante Entwicklung, Standardisierung und Verbreitung der digitalen Medientechnologie in den vergangenen Jahren hat auch der Medienforschung einen beträchtlichen Aufschwung und Zuwachs an öffentlichem Interesse verschafft. Die Einrichtung neuer Professuren und Studiengänge an den Universitäten und Fachhochschulen, die Gründung neuer Zeitschriften oder das Interesse an Medien in den unterschiedlichsten sozial- und kulturwissenschaftlichen Disziplinen sind ein Ausdruck dieser Bedeutungssteigerung der Medienforschung. Allerdings stellt diese Entwicklung die Medienforschung auch vor ganz neue theoretische und methodische Herausforderungen. Qualitative Verfahren können in dieser Situation einen wesentlichen Beitrag zur Modernisierung und Professionalisierung der Medienforschung leisten.

Der Band vermittelt aktuelle, zuverlässige und systematische Kenntnisse über qualitative Methoden der Medienforschung; er ist damit für alle geeignet, die in Forschung, Lehre oder Praxis mit der Frage konfrontiert sind, was qualitative Verfahren leisten und wie man mit ihnen zu empirischen Erkenntnissen über Medien kommen kann.

Der Band ist jedoch nicht als Handbuch konzipiert. Die Medienforschung kann heute nur zu einem geringen Umfang auf genuine Methoden zurückgreifen, bei denen das Medium bereits in die Methode eingeschrieben ist. Bei einigen der dargestellten Methoden handelt es sich um Verfahren, die aus der qualitativen empirischen Sozialforschung in die Medienforschung importiert wurden und dort erst auf den spezifischen

Gegenstand der Medien eingestellt werden müssen. Der Band ist deshalb auch nicht auf kanonisierende Festschreibung und Abschließung angelegt, sondern auf Öffnung und Methodenentwicklung. Angestrebt wird keine Engführung des Methodenbegriffs, keine Kodifizierung, keine Schulenbildung und schon gar keine Verfahrensbürokratie. Stattdessen wird dafür plädiert, den Vorgang der wissenschaftlichen Erzeugung empirischen Wissens nicht von der formal richtigen Handhabung einer Methode abhängig zu machen, sondern überraschungsoffen zu konzipieren und vom Gegenstand her zu entwerfen.

Unser Dank gilt Katrin Herbert, Ilka Peppmeier, Stephan Windmann und insbesondere Peter Parkinson für die zuverlässige Hilfe beim Korrekturlesen und bei der Erstellung des Indexes. Dankbar sind wir auch Gisela Diekmeier für die Umsicht und Professionalität bei der Herstellung des Endmanuskripts. Schließlich sind wir noch Dr. Burghard König vom Rowohlt Verlag zu Dank verpflichtet für seine nie nachlassende Förderung und Unterstützung.

Ruth Ayaß, Jörg Bergmann

1 QUALITATIVE METHODEN IN DER MEDIENFORSCHUNG – EIN ÜBERBLICK

Jörg R. Bergmann

1.1 Qualitative Methoden der Medienforschung – Einleitung und Rahmung

> Don't play what's there. Play what's not there.
>
> *Miles Davis*

1. Die Aktualität der Medienforschung

Die Medienforschung hat, nachdem sie jahrelang vor sich hindümpelte, seit einiger Zeit an Tempo und Lebendigkeit gewonnen. Sie wird in benachbarten sozial- und geisteswissenschaftlichen Fächern, die in der Vergangenheit nicht selten mit einer gewissen Geringschätzung auf sie geblickt hatten, mit neuem Interesse beobachtet. Das darf sich die Medienforschung nicht unbedingt als Verdienst zurechnen; denn begründet ist ihre neue Attraktivität zunächst weniger in der Medienforschung selbst als in der erheblich gestiegenen gesellschaftlichen Bedeutung der Medien.

Medien werden hier verstanden als Technologien, die sich dadurch auszeichnen, dass sie die Möglichkeiten der menschlichen Kommunikation erweitern. Sie treten zwischen zwei Akteure und ermöglichen so die Ausdehnung von Kommunikation über die Grenzen der unmittelbaren Interaktion hinaus. Als *Ausdrucksmedien* steigern sie die Möglichkeiten der leibgebundenen Expression und Kundgabe, als *Speichermedien* machen sie Kommunikation unabhängig von zeitlichen Beschränkungen, als *Transportmedien* lösen sie Kommunikation von räumlichen Bindungen und machen sie zur Tele-Kommunikation. Medien befreien die Kommunikation vom Zwang zum Hier und Jetzt, dem die direkte Face-to-Face-Interaktion unterliegt. Mit der Speicher- und Transportfunktion von Medien geht in der Regel die Möglichkeit der Vervielfältigung und Verbreitung von Informationen – in Form von Tönen, Bildern und Texten – einher. Das macht Medien zu einem konstitutiven Bestandteil im System der Massenkommunikation.

Spätestens an dieser Stelle ist darauf zu verweisen, dass der Medienbegriff, mit dem hier und prinzipiell in der Medienforschung gearbeitet wird, enger ist, als dies etwa in einer allgemeinen Medientheorie oder auch in der soziologischen Theoriediskussion der Fall ist. Wenn unter einem Medium alles das verstanden wird, was vermittelnd zwischen zwei Akteure tritt, dann müssen natürlich auch Schrift und Sprache selbst als Medien – als Medien der symbolisch vermittelten Kommunikation – gelten. Nochmals erweitert ist der Medienbegriff, der in der Soziologie durch Talcott Parsons mit dem Konzept der «symbolisch generalisierten Medien» entwickelt und später von Niklas Luhmann theoretisch neu zugeschnitten wurde (vgl. Künzler 1989). In der Systemtheorie gelten Geld, Liebe oder Macht als symbolisch generalisierte Medien, die dem Zweck dienen, den Erfolg von Kommunikation in einzelnen Funktionssystemen der Gesellschaft sicherzustellen; sie bleiben auf den Gebrauch in diesen Systemen beschränkt – so Geld auf die Wirtschaft, Liebe auf Intimsysteme oder Macht auf das politische System. Letztlich kann dann aber auch der Mensch selbst als Medium konzipiert werden, und an diesem Punkt wird erkennbar, dass mit einem solch abstrakten Begriff von Medium keine empirische Medienforschung konzipiert oder betrieben werden kann – sie hätte die ganze Welt zu ihrem Thema. Medien konzeptionell an Technologien zu binden, hat in dieser Situation nicht nur die Funktion, ein erforschbares Gebiet einzukreisen, sondern soll auch den Blick zurücklenken auf die kommunikativen Vermittlungsträger, die wir als «Medien» kennen.

Assoziiert man Medien in dieser Weise mit Technologien, wird sogleich erkennbar, dass ihre Herstellung und ihr Gebrauch immer bestimmte Kompetenzen zur Voraussetzung haben. Und Medien haben für den Prozess der gesellschaftlichen Evolution zumeist tief greifende Folgen, die allerdings längerfristiger Art sind und deshalb nur schwer antizipiert werden können.

Mit der Entwicklung neuer Informationstechnologien und der Einführung neuer Speicher- und Übermittlungsstandards in den vergangenen 10 bis 15 Jahren haben sich die Erscheinungs- und Funktionsweisen der Medien teilweise dramatisch verändert. Durch die intensive Nutzung digitaler Techniken entstanden verschiedene «neue» Medien, die sich dadurch auszeichnen, dass sie klein, leicht und damit problemlos zu transportieren sind. Sie kommen längere Zeit ohne externe Energiezufuhr aus, werden so weitgehend ortsunabhängig und damit potenziell allgegenwärtig. Da sie international standardisierten Übertragungsprotokollen gehorchen, können sie global vernetzt und synchronisiert werden. Und gegenüber den früheren, weitgehend «einseitigen» Formen der Massenkommunikation bieten die digitalen Medien vielfach erweiterte Möglichkeiten zu «wechselseitiger» Kommunikation.

Als Folge ihrer bis dahin ungeahnten Miniaturisierung, Mobilität und Interaktivität haben Medien mehr und mehr die ihnen traditionell zugewiesenen Räume und Arenen verlassen und sind heute – etwa in Gestalt von Walkman, Videokamera, Mobiltelefon, Notebook etc. – in nahezu alle Bereiche des Alltagslebens und der Arbeitswelt eingedrungen. Medien werden damit immer mehr zu einem integralen Bestandteil moderner Lebenswelten, und es ist nicht zuletzt diese zunehmende Tendenz zur *Medialisierung der Gesellschaft*, die das wissenschaftliche Interesse an Medien neu belebt hat.

Allerdings ist die Medienforschung nur begrenzt in der Lage, die Fragen, mit denen sie sich konfrontiert sieht, angemessen zu beantworten; denn sie tut sich selbst schwer, mit der rasanten technischen Entwicklung und gesellschaftlichen Diffusion der Medien Schritt zu halten. Das war schon zu Beginn des Fernsehzeitalters so, als sie zunächst nichts anderes als Zeitungswissenschaft bleiben wollte. Für die Medienforschung bedeutet aber der Prozess der fortschreitenden gesellschaftlichen Medialisierung, dass ihr Gegenstand sich zunehmend entgrenzt und unfasslich wird. Es geht nicht mehr allein um Buch, Zeitung, Film und Fernsehen, sondern ebenso um die kurze SMS zwischen Freunden, den Chat in einem Internetforum, die Selbstdarstellung auf einer Homepage, den Hochzeitsfilm (der noch während der Feier vorgeführt wird), das Online-Seminar in einem Unternehmen, die Überwachungskamera auf dem Marktplatz oder das Ultraschallbild des noch Ungeborenen. Medien verweben und verwachsen immer dichter mit den Lebenspraktiken des privaten und beruflichen Alltags, und deshalb wird es immer schwieriger, sie aus ihren jeweiligen Verwendungskontexten herauszulösen und in Form einzelner Variablen abzubilden.

In dieser Situation muss die Medienforschung, will sie nicht Gefahr laufen, gegenüber ihrem sich ungestüm erneuernden Gegenstand hoffnungslos zu veralten, ihre theoretischen Konzepte und methodologischen Prinzipien reflektieren und neu einstellen. Und für diesen Prozess der Modernisierung können qualitative Forschungsmethoden eine wichtige Rolle spielen.

2. METHODOLOGISCHE PRINZIPIEN DER QUALITATIVEN FORSCHUNG

Qualitative Verfahren der empirischen Sozialforschung wurden im deutschsprachigen Raum in den 1970er und 1980er Jahren zunächst in der Soziologie bekannt.[1] Ihre Rezeption fand damals in der Nachfolge des Positivismusstreits statt und war begleitet von methodologischen Debatten, die um die wissenschaftstheoretischen Grundlagen, die Bedeutung des Sinnbegriffs und die Problematik des Messens in den Sozialwissenschaften kreisten (vgl. Kreppner 1975; Cicourel 1974). Die noch von der Kritischen Theorie inspirierte Kritik am Reduktionismus der standardisierten, quantitativ ausgerichteten Sozialforschung führte zur Suche nach Alternativen, die man insbesondere in der Anthropologie und in der Tradition der Chicagoer Schule fand. Hier wurde für die wissenschaftliche Erforschung einzelner Stammesgesellschaften oder urbaner Milieus die Methode der Ethnographie bzw. der teilnehmenden Beobachtung eingesetzt, man führte Interviews unter bewusstem Verzicht auf eine vorherige Fixierung der Fragen und Fragenabfolge durch, und man hatte mit Gegenständen und Sachverhalten zu tun (Ritualen, Körpersymbolen, markierten Räumen und anderen kulturellen Objektivationen), die sich zwar filmisch, fotografisch oder narrativ, kaum aber in quantifizierbarer Weise abbilden ließen. Worin liegt nun die Attraktivität qualitativer Forschungsmethoden im Einzelnen begründet?

1. Datenanreicherung. Die Unterscheidung quantitativ/qualitativ bezieht sich zunächst auf ein messtheoretisch definiertes Merkmal von Daten und nicht bereits auf Verfahren der Datenauswertung. Merkmalsausprägungen von Daten, die im engeren Sinn messbar – d. h. zählbar – sind wie Körpergröße, Gewicht oder Einkommen, gelten in der Messtheorie als quantitativ. Von qualitativen Merkmalen spricht man demgegenüber bei klassifikatorischen Merkmalen, bei denen eine bestimmte (Maß-)Einheit einer Kategorie zugeordnet wird, wie dies etwa bei den Nummern von Straßenbahnlinien oder bei der Codierung der Geschlechtszugehörigkeit (XX/XY) der Fall ist. Auch hier kann man in einem weiten Sinn noch von «Messen» sprechen, allerdings haben Daten dieser Art ein sehr niedriges Messniveau. Das kommt u. a. darin zum Ausdruck, dass hier anstelle von Ziffern auch eine Zuordnung von Buchstaben oder anderen Symbolen möglich ist (Kromrey 1991, 154).

Die Sozialwissenschaften haben es überwiegend mit qualitativen Daten dieser Art zu tun. Auf sie lassen sich zwar mathematisch-statistische Verfahren anwenden, doch bilden diese qualitativen Daten ein Problem, weil Messungen auf diesem niedrigen Skalenniveau nur eine sehr begrenzte Aussagekraft haben (weshalb eine quantitativ ausgerichtete Sozialforschung immer nach Daten auf einem höheren Messniveau strebt). Es bleibt unklar, was man da eigentlich «misst», wenn man einem sozialen Ereignis eine numerische Größe zuordnet. Und es bleibt das Unbehagen, dass die «Messung» qualitativer Daten das von ihr Erfasste letztlich auf die zähl- und skalierbaren Merkmale eines komplexen Geschehens reduziert. Dieses Unbehagen war und ist ein zentrales Motiv für die Hinwendung zu qualitativen Verfahren. In einem programmatischen Sinn bezieht sich «qualitativ» also zunächst darauf, soziale Phänomene nicht um jeden Preis in Form von zählbaren Einheiten abzubilden und auf ihre quantifizierbaren Merkmale zu reduzieren, sondern in ihrer nicht-zählbaren Eigenart, Vielschichtigkeit, Widersprüchlichkeit und Dynamik zu bewahren und zur Geltung kommen zu lassen. Es geht also um Datenanreicherung und «Datengewinn» (Hoffmann-Riem 1980) sowie um die Entdeckung einer noch nicht vom Wissenschaftler gefilterten oder gar zugerichteten sozialen Wirklichkeit.

2. Kontextorientierung. Hat man sich einmal von der Prämisse verabschiedet, dass die Zählbarkeit eines Phänomens das für die wissenschaftliche Beobachtung zentrale oder gar alleinige Merkmal darstellt, wird ein weiteres methodologisches Basiskonzept der herkömmlichen Sozialforschung unhaltbar. Die Konzentration auf die quantitative Ausprägung eines Merkmals ist ja eine vom Wissenschaftler vorgenommene Relevanzsetzung, die der Wissenschaftstheoretiker Abraham Kaplan einmal mit der sarkastischen Bemerkung kommentiert hat: «Give a small boy a hammer, and he will find that everything he encounters needs pounding» (1964, 28). Die Messoperation funktioniert wie das Anlegen einer Schablone, sie isoliert ein Merkmal, löst es aus dem Kontext, in dem es lokalisiert ist, heraus und bildet es als quantitative Ausprägung einer Variablen ab. Dieses in den Naturwissenschaften sehr erfolgreiche Denken in Variablen und die damit verbundene Strategie der De-Kontextualisierung treffen auf große Vorbehalte bei qualitativen Sozialforschern. Soziale Phänomene, so der Einwand, sind sinnhaft strukturiert, und was ein einzelnes Ereignis oder Merkmal eines sozialen Geschehens bedeutet, ergibt sich wesentlich aus seiner kontextuellen Einbettung. Ein einfaches «ja» kann Zustimmung signalisieren, aber unter bestimmten Bedingungen eben auch Ablehnung, ein Schweigen kann «eisig» sein oder Ausdruck liebevoller Vertrautheit. Wie die Zuschauer in einem Film die Großaufnahme eines lächelnden Gesichts interpretieren, wird in erster Linie von Kameraeinstellung, Beleuchtung, Schnitt, Montage und der gesamten Filmsequenz bestimmt. Anstatt also ein soziales Geschehen in einzelne isolierte Variablen aufzulösen (und diese dann wieder über statistische Operationen miteinander zu verbinden), verfolgt die qualitative Sozialforschung von Beginn an eine Strategie der Kontextualisierung.

Qualitative Forscher lehnen es deshalb in der Regel ab, mit dem Variablenkonzept zu arbeiten. Bereits in den 1950er Jahren hatte Herbert Blumer die beschränkte Brauchbarkeit des Variablenkonzepts für die Sozialwissenschaften aufgezeigt und dessen Inadäquanz und mangelnde Komplexität kritisiert: «The variable relation is a single relation, necessarily stripped bare of the complex of things that sustain it in a ‹here and now› context» (1956, 685). An die Stelle eines Denkens in isolierten Variablen treten in der qualitativen Sozialforschung Konzepte und Verfahren, die

　　　　　　　　　　　　　　　　Jörg R. Bergmann

darauf ausgerichtet sind, soziale Phänomene in ihrer kontextuellen Einbettung und Bedeutung zu erfassen und zu analysieren. Was dabei jeweils als «Kontext» gilt, kann stark variieren und von einer Einzeläußerung bis zu einer biographischen Verlaufskurve, von einer singulären Geste bis zu einem sozialen Milieu reichen. Aus den unterschiedlichen Vorstellungen darüber, was jeweils als Kontextgröße Berücksichtigung findet, lässt sich bis zu einem gewissen Grad die Variationsbreite qualitativer Verfahren erklären.

3. Exploration. Es ist ein gemeinsames Merkmal aller qualitativen Verfahren, dass sie bewusst darauf verzichten, schon vor einer Untersuchung die Kategorien festzulegen, in denen ein Phänomen erfasst und dokumentiert wird. Sie wollen einen beobachteten Sachverhalt nicht in vorgegebenen Konzepten beschreiben, sondern die Konzepte der Beschreibung aus der Beobachtung des Sachverhalts gewinnen. Anstatt also bereits im Vorhinein Beobachtungseinheiten zu definieren oder verbindliche Interviewfragen festzuschreiben, verhält sich die qualitative Sozialforschung abwartend, zurückhaltend, offen und ist gekennzeichnet von dem Bemühen, gewissermaßen den untersuchten Gegenstand selbst erst einmal zu Wort kommen zu lassen. Kennzeichnend für qualitative Verfahren ist deshalb auch eine Ablehnung der in der Methodenlehre üblichen Unterscheidung zwischen Datenerhebung und Datenauswertung. Qualitative Verfahren arbeiten bewusst in einem zirkulären Modus, bei dem die Dateninterpretation zu einer erneuten Datensuche führt, die wiederum der Grund für eine Änderung oder Bestätigung der Interpretation ist. Aufgrund dieser kreisenden Bewegung ermöglichen qualitative Methoden einen explorierenden Zugang zu ihrem Untersuchungsfeld und können im Grund überall dort eingesetzt werden, wo die Forschung Erkundung betreiben muss, weil sie noch gar nicht weiß, welche Fragen sie überhaupt sinnvollerweise stellen kann. Diese explorative Funktion qualitativer Verfahren ist in der Methodenlehre unbestritten und findet auch dort Verwendung, wo quantitative Methoden zum Einsatz kommen und zunächst in der Frühphase des Forschungsprozesses – etwa im Rahmen eines Pretests – ein Feld sondiert werden muss.

4. Entdeckung und Theoriegenerierung. Ihrem Selbstverständnis nach sind qualitative Methoden jedoch nicht auf die Handlangerfunktion beschränkt, Vorinformationen für eine nachfolgende, quantitativ angelegte Untersuchung zu liefern. Ihr explorativer Charakter ist prinzipieller Natur, d. h., sie sind auf Entdeckung aus und auf die Generierung neuen Wissens. Das unterscheidet sie vom Paradigma der quantitativen Forschung, dessen Ziel es ist, auf der Grundlage standardisierter Formen der Datenerhebung und -auswertung die Gültigkeit einer zuvor aus einem theoretischen Zusammenhang abgeleiteten Hypothese zu bestätigen oder zu widerlegen. Die quantitative Forschung ist in ihrer Verfahrenslogik der Theorie nachgeordnet, sie kann immer nur das «testen», was die Theorie ihr liefert. Gegenüber diesem Typus der empirischen Sozialforschung, der natürlich seine Berechtigung hat, beansprucht die qualitative Forschung einen anderen Status. Sie verschreibt sich nicht dem Modell der Hypothesentestung, bei der die Generierung von Hypothesen in den Zuständigkeitsbereich der Theorie fällt und der Empirie die Aufgabe zukommt, die Gültigkeit der Thesen zu prüfen. Qualitative Forschung entzieht sich dieser einfachen Arbeitsteilung und ist ihrem Anspruch nach immer auch selbst an der Theorieentwicklung beteiligt, indem sie auf der Grundlage empirischer Beobachtungen neue konzeptionelle Vorschläge macht, eingespielte theoretische Konstruktionen umstellt und theoretisches Wissen reformuliert. Qualitative Sozialforschung ist also nicht ein der Theorie nachgeordnetes «Amt für Hypothesenprüfung», sondern hat, wenn sie gelingt, immer auch eine Anregungs- und Irritationsfunktion für die Theorie, ja, durch ihre oft unwahrscheinlichen Fragestellungen und überraschenden Einsichten geht sie der Theorieentwicklung in mancher Hinsicht voraus.

Die Befreiung von der Aufgabe der Hypothesenprüfung hat aber keineswegs zur Folge, dass qualitative Forschung nach dem Prinzip «anything goes» verfahren kann. Vielmehr dient diese Freisetzung allein dazu, dem Forscher die Möglichkeit zu geben, den Relevanzen der beobachteten Akteure und, allgemein formuliert, den Bedeutungsstrukturen des untersuchten Falls zu folgen. Es ist also nicht der Forscher allein, der den Fokus seiner Forschung festlegt, sondern die von ihm Untersuchten haben einen wesentlichen Anteil daran. «Als ich ins Zandeland fuhr», schreibt Evans-Pritchard (1978, 329) im Anhang zu seiner Studie über die Magie bei den Zande, einem Volk im Norden von Zentralafrika, «hatte ich keinerlei Interesse an Hexerei, dafür aber die Zande. Ich mußte mich also von ihnen führen lassen. Als ich ins Nuerland fuhr, hatte ich kein besonderes Interesse an Kühen, dafür aber die Nuer. Infolgedessen mußte auch ich mich wohl oder übel mit Kühen befassen.» Qualitative Forschung legt also nicht autonom aus der Perspektive der Wissenschaft ihre Themen fest und nimmt dafür bewusst einen Verlust an Kontrolle in Kauf. Forscher, die mit qualitativen Methoden arbeiten, müssen sich deshalb darauf einstellen, dass ihre Arbeit unkalkulierbarer und riskanter ist, als dies für die herkömmliche standardisierte Forschung der Fall ist.

5. *Einzelfallorientierung.* Neben dem Variablenkonzept wird in der qualitativen Sozialforschung eine weitere Basisoperation der quantifizierenden Sozialforschung grundlegend revidiert, das Prinzip der Stichprobenauswahl. Stichproben werden gezogen, wenn eine generalisierende Aussage über eine Grundgesamtheit angestrebt wird, eine Totalerhebung jedoch unmöglich, zu zeitaufwendig oder zu teuer ist. Demgegenüber verfolgt die qualitative Sozialforschung eine andere Erkenntnisstrategie. Sie setzt in der Regel an einem Einzelfall an und ist bestrebt, diesen Fall im Hinblick auf seine Bedeutungsstrukturen und generativen Mechanismen möglichst vollständig, also exhaustiv zu untersuchen. Ihr Ziel ist es, sich reproduzierende Muster der Sinngenerierung und der Kommunikation zu finden, die dem untersuchten Fall seine spezifische Eigenart verleihen. Um den sich reproduzierenden Charakter eines Musters nachweisen zu können, ist es dabei erforderlich, über die Analyse eines einzelnen Beispiels hinauszugehen und verschiedene Datenstücke für die Analyse heranzuziehen. Die Bildung eines Samples geschieht hier jedoch nicht im Vorhinein wie bei den standardisierten Verfahren, sondern dynamisch im Fortgang der Untersuchung selbst. Erst in dem Maß, in dem sich die Spezifität eines Falls erschließt, können dann Vergleiche mit anderen Fällen vorgenommen und Variations- und Verteilungsmuster bestimmt werden.

Aufgrund ihrer Einzelfallorientierung scheint die qualitative Sozialforschung in erster Linie für die Untersuchung von begrenzten und überschaubaren sozialen Einheiten geeignet. Paradigmatisch kann hierfür der Fall der Ethnographie stehen, die in der Anthropologie seit je der Erforschung einfacher Stammesgesellschaften dient. Allerdings heißt das nicht, qualitative Verfahren seien auf die Untersuchung vormoderner Gesellschaften beschränkt. In den 1920er und 1930er Jahren haben Vertreter der Chicagoer Schule qualitative Methoden eingesetzt (und für die Soziologie entdeckt), und hier war der zentrale Gegenstand die Großstadt, die als Laboratorium der Moderne Thema zahlreicher ethno- und soziographischer Studien wurde (Lindner 1990). In die gleiche Richtung argumentieren in jüngster Zeit verschiedene Autoren, die geltend machen, dass die Methode der Ethnographie sich auch für die Untersuchung moderner Gesellschaften eignet (vgl. Amann/Hirschauer 1997) und als «global ethnography» (Burawoy et al. 2000) besonders dafür verwendet werden kann, die vielfältigen Verschränkungen von Globalisierungsprozess und lokalen Handlungssphären zu erforschen. Gerade ihre Ausrichtung auf den Einzelfall macht die qualitativen Methoden zu Instrumenten der modernen Sozialforschung. Denn wenn es richtig ist, dass unsere Gegenwart gekennzeichnet ist von der Auflösung einheitlicher Deutungssysteme, der Pluralisierung von Lebensstilen und der Individualisierung tradierter Formen des Zusammenlebens, dann werden neben den sozialwissenschaftlichen Forschungsmethoden, deren Ziel die Bestimmung von Durchschnittswerten ist, vor allem solche Methoden gebraucht, die in der Lage sind, die Vielfalt, den Eigensinn und die besondere Fluidität der modernen Vergesellschaftungsformen zu erfassen.

6. Reflexivität. Dass qualitative Verfahren sich für die Untersuchung moderner Gesellschaften eignen, haben sie noch einem weiteren Merkmal zu verdanken. Es ist eine elementare methodologische Prämisse der qualitativen Sozialforschung, dass die Daten, mit denen sie arbeitet, nicht den Status von Objekten haben, die man wie Steine am Ufer finden und einsammeln kann. Qualitative Sozialforschung ist in diesem Sinn realismuskritisch, sie nimmt eine konstruktivistische Haltung ein, aufgrund deren man dann gar nicht mehr von «Datensammlung» sprechen kann. Es ist der Forscher, der mit seinem Vorwissen ein bestimmtes Untersuchungssegment auswählt, er ist es, der Fragen stellt, Beobachtungen aufschreibt oder die Kamera in einem bestimmten Winkel positioniert. Der Forscher hat also an dem, was er als Daten vor sich hat, wesentlichen Anteil, mit der Folge, dass er sich in seinen Daten immer auch selbst begegnet. Insbesondere in der Kulturanthropologie – und hier vor allem in der «Writing Culture»-Debatte (Clifford/Marcus 1986) – ist diese rückbezügliche, also reflexive Beziehung thematisiert worden und hat im Konzept des «Othering» eine kritische Verdichtung erfahren. Man kann jedoch für alle qualitativen Verfahren sagen, dass sie hochsensibel sind für die unvermeidlichen Anteile des Forschers an der Konstruktion seines Untersuchungsobjekts, eine Einsicht, die vorrangig auf diejenigen Sozialforscher zurückgeht, die sich darum bemühen, die qualitative Sozialforschung auf einen hermeneutischen Unterbau zu stellen (vgl. Soeffner/ Hitzler 1994).

Eine andere Form von Reflexivität, die für die qualitative Sozialforschung nicht weniger bedeutsam ist und in kanonischer Form von Alfred Schütz (1971) formuliert wurde, zeigt sich, wenn man den Blick nicht auf die Erkenntnisvoraussetzungen, sondern auf den Erkenntnisgegenstand des Sozialforschers richtet. Schütz' Argument ist, dass der Sozialwissenschaftler im Gegensatz zum Naturwissenschaftler bei seiner Arbeit eine vorinterpretierte Welt vorfindet, d. h., die Unterscheidungen, mit denen er operiert, treffen auf Unterscheidungen, mittels deren die von ihm beobachteten Akteure ihre Welt einteilen und ordnen. Um ihr Handeln verstehen und erklären zu können, ist es für den Sozialforscher daher unerlässlich, die von den Akteuren verwendeten Konzepte und Unterscheidungen zu berücksichtigen (vgl. hierzu ausführlicher den Beitrag von Wagner in diesem Band). Nach Schütz' Überzeugung sind die Konstrukte der Sozialwissenschaftler «second order constructs», und sein methodologisches Postulat ist, dass diese Konstrukte zweiter Ordnung den «first order constructs» der Akteure aufruhen müssen. Dieses Argument ist für die qualitative Sozialforschung so etwas wie ein methodologischer Kernsatz, der jedoch zuweilen verengt so verstanden wird, als ginge es dabei um die Bezeichnungen und Begriffe, die die Akteure selbst – sei es in Interviewäußerungen oder während ihrer Handlungen – verwenden. Doch der Sinn dieses Postulats reicht weiter. In seiner generalisierten Fassung besagt es, dass der Sozialwissenschaftler mit seinen interpretativen Praktiken immer auf die interpretativen Praktiken der Akteure trifft. Die Beobachtungen des Sozialforschers sind deshalb immer Beobachtungen von Beobachtungen, er stellt Beschreibungen von Beschreibungen her, liefert Interpretationen von Interpretationen. Qualitative Sozialforscher beobachten also nicht einfach, was passiert, sondern richten ihr Beobachtungsinteresse vorrangig darauf, wie und was die Akteure beobachten. Durch dieses Reflexivitätsmoment rückt die qualitative Sozialforschung in eine gewisse Distanz zur sozialen Welt, deren Nähe sie sonst gerade sucht – und diese gegenläufige Bewegung von gleichzeitiger Annäherung und Distanzierung ist ein Kennzeichen jeder gelungenen qualitativen Studie.

Eine dritte, gänzlich andere Variante von Reflexivität spielt in der qualitativen Sozialforschung eine zunehmende Rolle, seit die Ethnomethodologie – die Argumentation von Alfred Schütz radikalisierend – ein Moment der Selbstbezüglichkeit als zentrales Merkmal des praktischen Vollzugs alltäglicher Handlungen identifiziert hat. Die Ethnomethodologie zielt darauf ab, die ordnungsgenerierenden Mechanismen der Alltagswelt zu bestimmen, wobei der Leitgedanke der ist, dass die Akteure die Sinnhaftigkeit und Geordnetheit ihrer sozialen Welt in ihrem Handeln als gegeben voraussetzen und zugleich in ihrem Tun immer erst hervorbringen und reproduzieren (Garfinkel 1967). Jemand, der sich unauffällig und gewöhnlich verhält, verhält sich eben nicht einfach gewöhnlich, sondern praktiziert in seinem Handeln das, was Harvey Sacks (1984) als «doing being ordinary» bezeichnet hat: Er verhält sich so, dass sein Tun für die Anderen als «gewöhnlich» wahrnehmbar wird. Reflexivität wird hier also aus ihrem methodologischen Argumentationsrahmen herausgenommen, als Kennzeichen praktischer Handlungsvollzüge identifiziert und damit zum Gegenstand von empirischer Forschung.

Die drei dargestellten Varianten der Reflexivität spielen nicht in allen qualitativen Forschungsansätzen die gleiche Rolle. Insbesondere verläuft eine Trennung zwischen jenen Ansätzen, die Reflexivität in erster Linie aus einer methodologischen Perspektive thematisieren, und jenen, die unter Reflexivität ein konstitutives Merkmal der Sozialwelt verstehen (vgl. hierzu ausführlicher Macbeth 2001). Doch das Bewusstsein für selbstbezügliche Relationen und Prozesse ist in der qualitativen Sozialforschung generell stark ausgeprägt. Dieses Merkmal macht sie nicht nur anschlussfähig für Theorien, die wie die Luhmann'sche Systemtheorie von der Selbstorganisation sozialer Phänomene ausgehen, sondern es

Jörg R. Bergmann

macht die qualitativen Methoden auch in besonderer Weise geeignet für die empirische Analyse moderner Gesellschaften. Das lässt sich gut am Beispiel der Medienforschung zeigen. Visuelle Analysen – ob von Privatfotos, Werbeanzeigen oder Filmen – müssen sich heute darauf einstellen, dass die der Analyse zugrunde liegenden Bilder nicht einfach nur Objekte, Szenen oder Ereignisse abbilden, sondern zumeist auch auf andere Bilder reagieren. Diese Feststellung lässt sich verallgemeinern: Eine wesentliche Aufgabe von Medien besteht heute darin, andere Medien zu beobachten, mit der Folge, dass Bilder sich auf Bilder beziehen oder Texte kommentieren, Melodien auf Melodien antworten oder Bilder ironisieren, Texte andere Texte überlagern, die wiederum auf andere Texte verweisen. Medien sind heute in unterschiedliche Tiefenschichten hinein von Intermedialität durchzogen, und ebendas macht qualitative Methoden für ihre Analyse besonders geeignet.

Allerdings sind auch interpretative Studien nicht immer frei von der Gefahr, die reflexive Qualität ihrer Beobachtungen und Objekte aus dem Blick zu verlieren, und zwar ironischerweise gerade deshalb, weil sie um Realitätsnähe und Originaltreue bemüht sind. Qualitative Forscher sind ja bestrebt, ihre Daten nicht in der artifiziellen Situation eines Labors oder einer standardisierten Befragung zu erheben, sondern soziale Ereignisse in ihrem «natürlichen» Kontext zu dokumentieren. Deshalb unterliegen sie zuweilen dem Selbstmissverständnis, sie würden – ähnlich wie Verhaltensbiologen – naturalistische Beobachtung betreiben. Doch das wäre eine naive epistemologische Position, die mit der konstruktivistischen Grundhaltung der qualitativen Sozialforschung kaum vereinbar ist und, wie insbesondere das Beispiel der Medienforschung zeigt, der komplexen Konstitution ihres Forschungsgegenstands nicht gerecht wird.

Die dargestellten Charakteristika lassen insgesamt erkennen, dass der Verzicht auf das in den Naturwissenschaften bewährte Erkenntnismittel der numerisch-statistischen Repräsentation von Ereignissen und Sachverhalten nicht das einzige durchlaufende Kennzeichen der qualitativen Sozialforschung ist. Dieser Verzicht auf Messung, Zählung und statistische Analyse ist nur die methodologische Konsequenz aus dem metatheoretischen Postulat, die Ordnungen des Sozialen als Wirklichkeitskonstruktionen zu betrachten, die von den Akteuren mittels sinngenerierender Praktiken und über symbolisch vermittelte Prozesse erzeugt und perpetuiert werden. Der gemeinsame Anspruch qualitativer Methoden ist es, diese Mechanismen und Prozesse in ihrer inneren Logik und Funktionsweise zu bestimmen, sie also gerade nicht unter Kategorien zu zwingen, die von außen angelegt werden, seien sie auch noch so gut theoretisch begründet. Da diese Mechanismen und Prozesse in hohem Maß offen sind für situative und andere kontextuelle Bezüge, kann man ihnen nicht anders als über Einzelfallanalysen näher kommen. Die Nicht-Verwendung quantifizierender Verfahren ist dabei keineswegs Ausdruck einer wissenschaftsfeindlichen Haltung, sie ist im Gegenteil begründet in dem Bemühen, Erkenntnisobjekt und Erkenntnismethode für den Bereich der Sozialwissenschaften konsequent aufeinander zu beziehen, also methodische Prinzipien zu finden, die ihrem besonderen Gegenstand, der Sozialwelt, angemessen sind. Dazu gehört, und auch dies ist eine Gemeinsamkeit aller qualitativen Methoden, Techniken zur Handhabung der verschiedenen reflexiven Spiralen des Forschungsprozesses zu entwickeln. Was das im Hinblick auf den Einsatz qualitativer Methoden in der Medienforschung bedeutet, wird im Folgenden zu klären sein.

3. Die Spezifizierung qualitativer Verfahren in der Medienforschung

Jahrzehntelang stützte sich die empirische Medienforschung nahezu ausschließlich auf Umfragestudien, quantitative Inhaltsanalysen, Untersuchungen des Nutzerverhaltens und experimentelle Wirkungsstudien. In der Publizistik und klassischen Kommunikationswissenschaft dominiert diese Orientierung am quantitativen Paradigma auch heute noch. Es geht primär um Massenmedien und deren Wirkung, und die unausgesprochene Prämisse ist, dass man diesen «Massen» allein über Häufigkeitsverteilungen und Durchschnittswerte nahe kommen kann. Weil nichts anderes da ist, was sich zählen lässt, hält man sich – dies ist das Zauberwort der quantitativen Medienforschung – an die «Einschaltquote», die dann rasch und gedankenlos zum Indikator für Akzeptanz, Erfolg und Qualität wird. Doch die mit noch so großer Perfektion erhobenen Einschaltquoten verraten herzlich wenig über die Medien und deren Nutzung, was zu der Vermutung Anlass gibt, dass sie primär dazu dienen, die Aufteilung der riesigen Etats auf dem umkämpften Medienmarkt mit wissenschaftlicher Dignität auszustatten. Diese Zweifel werden noch verstärkt durch die Beobachtung, dass die quotenfixierte quantitative Medienforschung sich nur allzu bereitwillig von der Werbe- und Unterhaltungsindustrie (TED-Umfragen etc.) und von politischen Akteuren instrumentalisieren lässt.

In dieser Situation richtete sich in der Medienforschung wie in anderen sozialwissenschaftlichen Disziplinen oder Forschungsrichtungen ein immer stärker werdendes Interesse auf die Methoden der qualitativen Sozialforschung. Zwar werden interpretative Verfahren in der Kommunikationswissenschaft immer noch mit einer gewissen Skepsis beobachtet, doch in der Medienforschung, die in der Soziologie, der Pädagogik, der Linguistik und der Literaturwissenschaft betrieben wird, werden qualitative Methoden seit einigen Jahren mit großem Interesse wahrgenommen und erprobt. (Übersehen wurde dabei zumeist, dass qualitative Verfahren bereits in der Frühgeschichte der Medienforschung zu finden sind; vgl. den Beitrag von Ayaß in diesem Band.) Heute haben qualitative Untersuchungsmethoden in der empirischen Medienforschung ihren festen Platz, sie haben deren Methodenspektrum und thematischen Horizont signifikant erweitert und sind inzwischen in Form von Lehrbüchern institutionalisiert.[2]

Wie begrüßenswert diese Entwicklung auch ist, so ist doch problematisch, dass die qualitative Medienforschung bislang zu wenig genuine Methodenentwicklung betrieben hat. Sie verlässt sich auf Verfahren, die in der Tradition der qualitativen empirischen Sozialforschung entstanden, mit der Folge, dass Methoden, bei denen das Medium bereits in die Methode eingeschrieben ist, heute nur ansatzweise zur Verfügung stehen. Da aber gerade die qualitative Sozialforschung den Anspruch auf Gegenstandsangemessenheit ihrer Methoden erhebt, muss die Medienforschung, will sie sich qualitativ orientieren, immer auch methodische Selbstbeobachtung und Selbstreflexion betreiben.

Die Forderung nach genuiner Methodenentwicklung steht nicht im Widerspruch zu der Praxis der Medienforschung, qualitative Verfahren, die sich für andere Themen bewährt haben, nun zur Untersuchung von Medien einzusetzen. Derartige methodische Anleihen über Disziplingrenzen hinweg sind legitim und sinnvoll – auch die Soziologie hat ja die Methode der Ethnographie aus der Anthropologie «geborgt». Allerdings müssen die importierten Verfahren im Hinblick auf ihre Möglichkeiten und Grenzen in der Medienforschung neu ausgerichtet und adaptiert werden. Bei der Methodenentwicklung geht es also um eine Reflexion der Praxis, nicht um eine Konzeption und Festschreibung von Methoden am grünen Tisch. Vor einem solch normativen Verständnis von Methodologie, bei dem sich die Methode vor die Sache selbst schiebt, hatte bereits Max Weber (1988, 217) nachdrücklich gewarnt:

«Die Methodologie kann immer nur Selbstbesinnung auf die Mittel sein, welche sich in der Praxis bewährt haben, und daß diese ausdrücklich zum Bewußtsein gebracht werden, ist sowenig Voraussetzung fruchtbarer Arbeit, wie die Kenntnis der Anatomie Voraussetzung ‹richtigen› Gehens. (…) Nur durch Aufzeigung und Lösung sachlicher Probleme wurden Wissenschaften bgründet und wird ihre Methode fortentwickelt, noch niemals dagegen sind daran rein erkenntnistheoretische oder methodologische Erwägungen entscheidend beteiligt gewesen.»

Max Webers Plädoyer für eine Engführung von sachlicher Analyse und methodischer Besinnung liegt ganz auf der Linie, auf der sich auch die Argumentation der qualitativen Sozialforschung bewegt. Jede qualitative Methodenlehre findet sich deshalb immer in der widersprüchlichen Situation, das Augenmerk zwar primär auf die einzelnen qualitativen Verfahren zu richten, aber eine Verselbständigung und Kanonisierung von Methoden zu vermeiden. Allerdings ist die Scheu davor, Methoden unabhängig von ihrem Gegenstand zu thematisieren, in der qualitativen Sozialforschung unterschiedlich ausgeprägt. Während etwa die Grounded Theory ein regelrechtes Verfahrensprogramm für qualitative Forschung entwickelt hat (vgl. hierzu den Beitrag von Christmann in diesem Band), verhalten sich Forscher, die aus der Ethnomethodologie

Jörg R. Bergmann

kommen, bei der Formulierung ihrer methodischen Praktiken zurückhaltend bis störrisch.

Die Problematik des Oszillierens zwischen methodischer und sachlicher Ebene ist nun gerade für die qualitative Medienforschung keineswegs von bloß abstrakter Bedeutung, sondern betrifft grundsätzlich ihre
Identität und Anlage. Das hat seinen Grund zum einen darin, dass Medien für die qualitative Medienforschung zwar das primäre Thema sind,
gleichzeitig aber als Aufzeichnungs-, Speicher- und Darstellungsmedien
immer auch ein Mittel für die methodische Analyse von medialen Objekten. Zum andern gilt für die von der qualitativen Medienforschung
eingesetzten Methoden, dass sie nicht nur von außen an ein mediales Objekt angelegt werden, sondern in ihrem Gegenstand selbst vorkommen,
weil auch in den Medien methodisches Vorgehen – wenn auch ohne wissenschaftlichen Anspruch – praktiziert und zur Darstellung gebracht
wird. Für die qualitative Medienforschung sind also Medien nicht nur
Thema, sondern immer auch eine Ressource, und Methoden sind nicht
bloß eine Ressource, sondern müssen immer auch selbst zum Thema gemacht werden.

Dass gerade in der qualitativen Medienforschung Gegenstand und
Methode aufs engste miteinander verwoben sind, lässt sich am Beispiel
einer klassischen Methode der Sozialforschung, dem Interview, demonstrieren. Das Interview ist ein Instrument der systematischen Datenerhebung mittels mündlicher Befragung. Gegenüber dem standardisierten
Interview zeichnen sich die verschiedenen Formen des qualitativen Interviews dadurch aus, dass sie die Form des Fragens nicht im Vorhinein
festlegen, inhaltlich allenfalls thematische Blöcke definieren und im Übrigen versuchen, die kommunikative Realisierung des Interviews – etwa
durch die Favorisierung narrativer Darstellungsweisen – weitgehend
einem «natürlichen Gespräch» anzugleichen (vgl. die Beiträge von
Aufenanger und Schäffer in diesem Band).

Offene Interviews sind seit langem das in der qualitativen Sozialforschung am häufigsten verwendete Erhebungsinstrument überhaupt.
Auch in der Medienforschung hat das qualitative Interview weite Verbreitung gefunden, in erster Linie dort, wo das Interesse der Forscher auf
das Rezeptionsverhalten – oder auch auf die Medienbiographie – von

Mediennutzern gerichtet ist; doch es gibt auch interviewbasierte Studien über Medienproduzenten. Im Zentrum der Studien steht dabei zumeist die Rekonstruktion von typischen Handlungs- und Deutungsmustern der Befragten.

Worauf müssen nun qualitative Interviews spezifisch eingestellt werden, wenn sie in der Medienforschung gegenstandsadäquat zum Einsatz kommen sollen?

Mediale Dokumentation des Interviews. Bei allen Formen des offenen Interviews ist es zum Zweck der späteren Interpretation erforderlich, die erhobenen Aussagen zu dokumentieren, was in der Regel bedeutet, das Interview auf Tonband aufzuzeichnen. Diese mediale Speicherung setzt das in der Medienforschung eingesetzte Interview in ein reflexives Verhältnis zu sich selbst. Man kann diese Selbstbezüglichkeit – die medienbezogenen Interviewäußerungen werden medial gespeichert – im Forschungsprozess natürlich ignorieren, und in der Praxis geschieht dies auch häufig. Allerdings ist es ratsam, sich dieser Reflexivität methodologisch zu vergewissern, da die mediale Datenaufzeichnung Implikationen für den Forschungsprozess hat. So wird etwa durch die Tonbandaufzeichnung mehr an Information konserviert, als die Forscher, die mit Interviews arbeiten, üblicherweise bereit sind zu berücksichtigen (vgl. kritisch hierzu Bergmann 1985). Da sie ihr Augenmerk fast ausschließlich auf den Inhalt der Interviewantworten richten, müssen sie den medial angesammelten Informationsreichtum drastisch reduzieren. Problematisch an diesem Vorgehen ist, dass bei diesem Reduktions- und Selektionsprozess der Forscher unvermeidlich auf seine alltäglichen Deutungsmuster zurückgreift, die damit unbefragt in die Datenprozessierung und Dateninterpretation einfließen. Erst seit einigen Jahren gibt es Versuche, den medial generierten Informationsreichtum von Interviewdaten bei der Auswertung nicht zu ignorieren, sondern systematisch einzubeziehen (vgl. Hester/Francis 1994 und als Fallstudie Widdicombe/Wooffitt 1995).

Medial vermittelte Durchführung des Interviews. Bis vor einigen Jahren wurden qualitative Interviews fast ausschließlich in Face-to-Face-Situationen durchgeführt. Ein Äquivalent zur Technik der Telefonumfrage in der quantitativen Sozialforschung gab es nicht. Diese Situation hat sich mit dem Internet insofern geändert, als seit einigen Jahren von verschiedenen Forschern Ansätze verfolgt werden, offene Interviews auf elektronischem Weg zu realisieren (vgl. etwa Mann/Stewart 2000, 75ff.; zu «Online Focus Groups» Erdogan 2001; zu E-Mail-Interviews Meho 2005; als Fallstudie Bowker/Tuffin 2004). Interviews, die in WWW-Foren, in Newsgroups oder auch über E-Mail-Austausch durchgeführt werden, sind bereits im Entstehungsprozess medial vermittelt und nehmen nicht erst durch ihre Speicherung einen medialen Charakter an. Wenn in der Medienforschung mit Interviews dieser Art gearbeitet wird, bewegt sich der Forscher in reflexiven Schleifen, die ihm unangenehme Überraschungen bescheren können, wenn er sie nicht methodologisch im Auge behält.

Das Interview als mediale Kommunikationsform. Auch wenn das Interview das am häufigsten eingesetzte Mittel der Datenerhebung in der qualitativen Sozialforschung ist, so ist es doch kein exklusives Mittel der Forschung. Gerade in den Massenmedien kommen Interviews als Methode der Generierung von Aussagen in den verschiedensten Programmsparten zum Einsatz, Interviews mit Politikern, Sportlern, Fachleuten, Prominenten, Zeugen etc. finden sich in den unterschiedlichsten Sendungen, wobei die Grenzen zu anderen kommunikativen Gattungen – der Talkshow, der Prominentenrunde, dem Korrespondentenbericht etc. – fließend sind (vgl. exemplarisch die frühe Studie von Holly 1979, den Sammelband von Tenscher 2002 sowie die konversationsanalytische Arbeit zum Nachrichteninterview von Clayman/Heritage 2002). Wer das qualitative, also offene Interview als Methode in der Medienforschung verwendet, muss deshalb damit rechnen, dass ihm das Interview als Methode der Medienkommunikation – also als Bestandteil seines Gegenstands – begegnet. Dass dabei nicht selten die Medienforscher selbst als Interviewpartner im Fernsehen auftreten und eine «wissenschaftliche» Auskunft erteilen, ist nur eine weitere Steigerung dieser Zirkularität. Bei allen Unterschieden zwischen dem journalistischen Interview und dem Forschungsinterview resultiert aber aus dieser Rückbezüglichkeit die Möglichkeit, aus der Analyse des Gegenstands etwas über die Methode und aus der Beobachtung der Methode etwas über den Gegenstand zu lernen.

Die in diesen Punkten formulierten Anforderungen werden in vielen Fällen, in denen qualitative Interviews in der Medienforschung eingesetzt werden, erst ansatzweise erfüllt. Die Nähe zur Alltagspraxis des Fragens und zu den journalistischen Formen des Interviews birgt aber gerade für das Interview in der Medienforschung die Gefahr, dass eine distanzierte Beobachtung des eigenen Vorgehens unterbleibt und damit das Vorurteil von der Unwissenschaftlichkeit der qualitativen Sozialforschung bestätigt wird.

Das Interview ist nicht das einzige qualitative Verfahren, bei dem sich Schwierigkeiten einstellen, wenn man mit ihm Themen aus der Medienforschung angeht. So wurden etwa Ende der 1990er Jahre zahlreiche Versuche unternommen, die Methode der Ethnographie zur Erforschung des Internets einzusetzen (vgl. etwa Lindlof/Shatzer 1998 oder Hine 2000). Wie die bisherigen Versuche erkennen lassen, gelingt dies jedoch nur, wenn definitorische Bestimmungen der Ethnographie aufgegeben bzw. metaphorisch so umgedeutet werden, dass es möglich wird, von der «ethnographischen Beobachtung» des Cyberspace zu sprechen. Ob aber die Teilnahme an einer Chat-Kommunikation im Internet bereits als «teilnehmende Beobachtung» gelten soll, ist fraglich. Hier muss also die Methode, für die ursprünglich die unmittelbare Präsenz und langzeitliche Beobachtungstätigkeit des Forschers konstitutiv war, modifiziert und sorgfältig auf die Eigenqualitäten des untersuchten Mediums eingestellt werden (zur Methode der Ethnographie und zur Problematik des Konzepts der Medienethnographie vgl. die Beiträge von Kalthoff und Bachmann/Wittel in diesem Band).

Ein anderes Beispiel liefert die Konversationsanalyse, die das Ziel verfolgt, die ordnungsgenerierenden Prinzipien und Mechanismen der sozialen Interaktion zu bestimmen (vgl. den Beitrag von Keppler in diesem Band). Der Ansatz ist wesentlich von der Ethnomethodologie Harold Garfinkels geprägt, die gegenüber der Ausrichtung auf formale Strukturen besonderes Gewicht auf die Situiertheit und Einzigartigkeit, die «haecceitas» (Garfinkel 2002, 99) aller sozialen Phänomene legt. Eigentlich sollten die Forscher vor diesem Hintergrund besonders hellhörig sein für die jeweils spezifischen Qualitäten der Objekte, mit denen sie sich befassen. Wie sich jedoch zeigt, sind auch konversationsanalytische

Jörg R. Bergmann

Studien in Gefahr, bei der Analyse von kommunikativen Ereignissen und Vorgängen in den Medien die visuelle Qualität ihrer Objekte aus dem Blick zu verlieren, indem sie sie tendenziell so behandeln, als wären sie ohne Bild übermittelt worden.[3] Die ebenfalls aus der Ethnomethodologie hervorgegangenen «Studies of Work» setzen denn auch genau an diesem Punkt mit ihrer Kritik an der Konversationsanalyse an (zu den «Studies of Work» vgl. den Beitrag von Bergmann in diesem Band).

Überraschend ist, dass selbst eine ursprünglich für die Untersuchung von Medien entwickelte Methode wie die Inhaltsanalyse Schwierigkeiten hat, einen rechten Zugang zur medialen Qualität ihrer Untersuchungsobjekte zu finden (vgl. den Beitrag von Christmann in diesem Band). Die Fokussierung auf «Inhalte» führt offensichtlich immer die Gefahr mit sich, die medialen Träger dieser Inhalte aus den Augen zu verlieren. Damit aber entzieht sich der Beobachtung, dass das, was vermeintlich reiner Inhalt ist, in hohem Maß von der Art und Weise seiner medialen Präsentation abhängt. Dass die Objektivität einer «Nachricht» ausschließlich aus den zu Gattungskonventionen verdichteten Darstellungspraktiken resultiert, erschließt sich nur, wenn man die verengte inhaltsanalytische Perspektive aufgibt und Darstellungsform und dargestellten Inhalt zugleich beobachtet und zueinander in Beziehung setzt (vgl. hierzu Tuchman 1972; Keppler 1985).

Gerade das Beispiel der Inhaltsanalyse macht nachhaltig ein Dilemma der qualitativen Medienforschung deutlich, das sich auf eine merkwürdige Eigenschaft von Medien zurückführen lässt: Medien haben die Tendenz, sich unsichtbar zu machen. Der Zuschauer wird durch das inszenierte Geschehen gefesselt und achtet nicht mehr auf die Kameraeinstellung, das Licht oder den Ton, die zusammen diese Fesselung erzeugen. Die mediale Darstellung verschwindet hinter dem Dargestellten. In dieser Rezeptionshaltung sind Beobachtungen zweiter Art blockiert, es gibt keine Chance mehr zu erkennen, welchen Anteil an der Konstruktion der «Inhalte» die medialen Darstellungstechniken haben. Um diese Haltung aufzusprengen und eine distanzierte Perspektive auf die Konstruktionspraktiken der verschiedenen Medien zu gewinnen, sind die Beschreibungstechniken, die in der Tradition der Text-, Bild- und Filmanalyse entwickelt wurden, von großer Hilfe (vgl. hierzu die Beiträge von

Wulff und Wolff in diesem Band). Konzepte aus der Rhetorik, der Semiotik, der Medienlinguistik oder der filmischen Protokollanalyse sind dazu geeignet, die Bauelemente eines medialen Objekts sichtbar zu machen – allerdings auch nicht mehr. Denn die qualitative Medienforschung zielt auf die Analyse von kommunikativen Ordnungen und Sinnstrukturen, und dafür kann die formalisierende Zergliederung eines medialen Objekts immer nur ein erster Schritt sein.

Alles in allem zeigt sich, dass von den qualitativen Methoden, die aus der empirischen Sozialforschung bekannt und erprobt sind, keine umstandslos in die Medienforschung übertragen und dort vom Blatt weg gespielt werden kann. Für die qualitative Medienforschung gilt deshalb prinzipiell: *Don't play what's there. Play what's not there.* Miles Davis' berühmt gewordene Aufforderung an seine Musikerkollegen, nicht an bekannten Vorgaben kleben zu bleiben, sondern kreativ das Neue, das Unbekannte, das Noch-nicht-Artikulierte zu suchen und sich kontingenzfreudig zu verhalten,[4] hat so auch für die qualitative Medienforschung ihre Gültigkeit. Dabei ist in Kauf zu nehmen, dass immer wieder einmal «falsche» Töne entstehen; aber wie die Geschichte des Jazz lehrt, haben gerade falsche Töne das Potenzial, neue Ausdrucks- und Wahrnehmungsräume zu eröffnen. Für die qualitative Medienforschung ist die Respezifizierung der verfügbaren Methoden eine Daueraufgabe, deren Lösung schwierig ist und nicht immer gelingen wird. Doch sofern diese Aufgabe denn von der Medienforschung wahrgenommen wird, kann sie ihr dazu verhelfen, sich beständig fortzuentwickeln, statt in pragmatischem Anwendungseifer aufzugehen und im Übrigen Selbstverwaltung zu betreiben.

4. Ziel und Aufbau des Bandes

Der vorliegende Band verfolgt das Ziel, die in der Medienforschung zum Einsatz kommenden qualitativen Methoden in ihrer Verfahrenslogik darzustellen sowie ihre Möglichkeiten und Grenzen im Prozess der wissenschaftlichen Erkenntnisgewinnung sichtbar zu machen. Besondere Aufmerksamkeit wird in den Beiträgen des Bandes dem Problem der Gegenstandsadäquanz der Methoden gewidmet, d. h., es wird danach gefragt, inwiefern die qualitativen Verfahren den Medien als ihrem Untersuchungsgegenstand angemessen sind oder gemacht werden können.

In der Gliederung des Bandes spiegelt sich die Überzeugung der Herausgeber wider, dass die bis heute übliche getrennte Untersuchung von Produktionsprozess, Medienprodukt, Rezeption und Wirkung für den Fortschritt der qualitativen Medienforschung eher hinderlich ist. Die jüngere Entwicklung der Informationstechnologie, die es jedem ermöglicht, Texte, Bilder, Filme oder Audioaufzeichnungen digital herzustellen und über das Internet zu verbreiten, lässt die Unterscheidung von Produzent und Rezipient mehr und mehr obsolet werden. Auch die Unterscheidung von «alten» Medien (Zeitung, Rundfunk, Film) und «neuen» Medien (Internet, E-Mail) verliert durch das Zusammenwachsen von Telefon, Fernseher, PC, Zeitung und Buch in der Realität immer mehr an Geltung und spielt in dem vorliegenden Band nur insofern eine Rolle, als sie für die dargestellten Methoden von Relevanz ist. Schließlich ist von der Entwicklung neuer interaktiver Medien auch die Identität des einzelnen Medienprodukts betroffen, das tendenziell seine Begrenzungen verliert, keinen Anfang und kein Ende mehr kennt und in den Akten seiner Handhabung oder Benutzung in immer neuen Versionen erschaffen wird.

Im ersten Teil des Bandes (Kap. 1.1 – 1.3) wird das, was qualitative Medienforschung heißen kann, systematisch, historisch und erkenntnistheoretisch ausgeleuchtet. Der zweite Teil enthält insgesamt zehn Beiträge (Kap. 2.1 – 2.10), in denen die wichtigsten qualitativen Verfahren dargestellt werden, wobei die Anordnung der Beiträge nach dem Datentypus erfolgt, mit dem die jeweilige Methode primär arbeitet. Auf Methoden, die sich in erster Linie auf *Antworten* und *Aussagen* stützen (z. B. Interview), folgen Methoden, die vorrangig *Beobachtungen* und *Beschreibungen* als Daten benutzen (z. B. Ethnographie). Daran schließt sich die Darstellung von Methoden an, die primär mit *Aufzeichnungen, Dokumenten* und *medialen Objekten* arbeiten (z. B. Inhaltsanalyse). Im dritten Teil des Bandes (Kap. 3.1 – 3.4) geht es um die Vorstellung einiger interpretativer Ansätze, die ausgehend von inhaltlichen Themenstellungen – Arbeit, Gender, Kultur, Visualität – in eine intensive Auseinandersetzung mit Medien geraten sind und mit ihren Studien die heutige qualitative Medienforschung maßgeblich beeinflusst und geprägt haben. Der vierte und letzte Teil des Bandes (Kap. 4.1 – 4.3) umfasst schließlich Beiträge, in denen Medien nicht als empirischer Gegenstand, sondern als Mittel der Durchführung und Präsentation qualitativer Studien behandelt werden.

Die Darstellung in den einzelnen Kapiteln ist nicht nur darauf gerichtet, den Hintergrund und die zentralen methodischen Prämissen der Methode zu explizieren sowie die Praxis der Methode exemplarisch anhand einzelner Studien zu erläutern. In den meisten Beiträgen findet sich darüber hinaus auch eine Diskussion der Frage nach der spezifischen Passung und Kalibrierung der Methode für die Untersuchung von medialen Sachverhalten. Die fortwährende Auseinandersetzung mit der Frage, was eine qualitative Methode zu einer Methode der Medienforschung macht, sorgt dafür, dass der Band insgesamt einen stärker methodologischen Charakter annimmt, als dies bei einem reinen Methodenlehrbuch zu erwarten wäre.

Diese zirkuläre Selbstbeobachtung der Methode ist nicht nur ein probates Gegenmittel gegen eine dumpfe Anwendungsperspektive, sie erscheint in einem Band über qualitative Methoden aus mehreren Gründen sinnvoll, ja notwendig. Zum einen strahlen qualitative Methoden, da man nicht mit abstrakten Formeln hantieren und komplizierte statistische Berechnungen anstellen muss, eine verführerische Einfachheit und Verständlichkeit aus. Dieser Anschein der Schlichtheit ist jedoch trügerisch und muss dringend korrigiert werden, verlangen doch die qualitativen Methoden nichts weniger als eine Distanzierung vom Common Sense, was darauf hinausläuft, sich selbst den Boden unter den Füßen wegzuziehen. Das Reflektieren über die Methode ist zum andern deshalb erforderlich, weil der Wissenschaftsstatus qualitativer Methoden nach wie vor prekär ist und die unbestreitbare Nähe von qualitativen Arbeitspraktiken zu journalistischen und literarischen Produktionsformen nach fortwährender methodologischer Selbstvergewisserung verlangt. Und schließlich ist für qualitative Forschung prinzipiell kennzeichnend,

Jörg R. Bergmann

dass der Wissenschaftler nicht strikt eine im Voraus bestimmte und vermessene Route abschreitet, sondern offen und erkundungsfreudig dorthin geht, wohin das Gelände – oder seine Nase – ihn führt.

Wer qualitative Forschung betreibt, lässt sich immer auf eine Entdeckungsreise ein, was bekanntlich eine ebenso faszinierende und be friedigende wie anstrengende Erfahrung bedeutet. So betrachtet, ist die begrifflich-methodologische Anstrengung der Preis, den man dafür zu zahlen hat, dass qualitative Methoden es gestatten, sich im Namen der Wissenschaft dem Vergnügen hinzugeben, seiner zur wissenschaftlichen Tugend erklärten Neugier zu folgen.

ANMERKUNGEN

1 Irreführend und ärgerlich ist, dass sich im deutschsprachigen Raum unter der allgemeinen Bezeichnung «qualitativ» nicht wenige Publikationen finden, in denen jeweils nur ein einzelnes qualitatives Verfahren vorgestellt wird und die übrigen qualitativen Methoden mehr oder weniger ignoriert werden. Derartige Monopolisierungsversuche sind nicht nur kurzsichtig, sie übersehen auch, dass die Breite und Heterogenität durchaus ein Gewinn der qualitativen Sozialforschung sein kann. Informationen über das breite Spektrum an qualitativen Methoden finden sich im deutschsprachigen Raum etwa in dem Handbuch von Flick/von Kardorff/Steinke (2000), dem Sammelband von Hitzler/Honer (1997), der Einführung von Brüsemeister (2000) oder der Monographie von Lamnek (1988); hilfreich auch der Band von Bohnsack/Marotzki/Meuser (2003) mit zuverlässigen Lexikonartikeln. In den vergangenen Jahren wurden darüber hinaus einige Zeitschriften spezifisch für qualitative Arbeiten gegründet, so etwa «BIOS. Zeitschrift für Biographieforschung und Oral History» (ab 1988), «Psychotherapie und Sozialwissenschaft. Zeitschrift für qualitative Forschung und klinische Praxis» (ab 1999), «Sozialer Sinn. Zeitschrift für hermeneutische Sozialforschung» (ab 2000) oder «Zeitschrift für qualitative Bildungs-, Beratungs- und Sozialforschung» (ab 1999). Ferner ist hier zu verweisen auf «Gesprächsforschung. Online-Zeitschrift zur verbalen Interaktion» (ab 2000) sowie auf «Forum Qualitative Sozialforschung» (ab 2000), die beide ausschließlich als elektronische Publikationen im Internet zugänglich sind.

2 Vgl. etwa die Sammelbände von Baacke/Kübler (1989), Bruhn Jensen/Jankowski (1991) oder Bauer/Gaskell (2000), die Einführungen von Altheide (1996), Emmison/

Smith (2000) oder Lindlof/Taylor (2002) sowie Heft 3/1998 der Zeitschrift «medien praktisch».

3 Vgl. hierzu die Bildvergessenheit der konversationsanalytischen Studien, die sich in einer Doppelnummer der Zeitschrift «Research on Language and Social Interaction», 1988/89, mit dem berühmt gewordenen TV-Streitgespräch zwischen Dan Rather und George Bush auseinander setzen, sowie die darauf bezogene Kritik und bildorientierte Sekundäranalyse von Ayaß (2003).

4 Vgl. zur Frage der Kontingenzfreudigkeit der qualitativen Sozialforschung die Diskussion zwischen Nassehi/Saake (2002) und Hirschauer/Bergmann (2002).

LITERATUR

Altheide, David (1996), Qualitative media analysis. Newbury Park/CA: Sage.

Amann, Klaus/Stefan Hirschauer (1997), Die Befremdung der eigenen Kultur. Ein Programm, in: Hirschauer, Stefan/Klaus Amann (Hrsg.), Die Befremdung der eigenen Kultur. Frankfurt a. M.: Suhrkamp, 7–52.

Ayaß, Ruth (2003), Conversation analysis' studies on mass media materials. What a consequential medialization of transcription can do for analysis. Unveröffentlichtes Manuskript.

Baacke, Dieter/Hans-Dieter Kübler (Hrsg.) (1989), Qualitative Medienforschung. Konzepte und Erprobungen. Tübingen: Niemeyer.

Bauer, Martin W./George Gaskell (Hrsg.) (2000), Qualitative researching with text, image and sound. A practical handbook. London: Sage.

Bergmann, Jörg R. (1985), Flüchtigkeit und methodische Fixierung sozialer Wirklichkeit. Aufzeichnungen als Daten der interpretativen Soziologie, in: Bonß, Wolfgang/Heinz Hartmann (Hrsg.), Entzauberte Wissenschaft. Zur Relativität und Geltung soziologischer Forschung (Sonderband 3 der Zeitschrift «Soziale Welt»). Göttingen: Schwartz, 299–320.

Blumer, Herbert (1956), Sociological analysis and the «variable», in: American Sociological Review, Vol. 21, Nr. 6, 683–690 (dt.: 1978, Die soziologische Analyse und die «Variable», in: Acham, Karl (Hrsg.), Methodologische Probleme der Sozialwissenschaften. Darmstadt: Wissenschaftliche Buchgesellschaft, 386–402).

Bohnsack, Ralf/Winfried Marotzki/Michael Meuser (Hrsg.) (2003), Hauptbegriffe Qualitativer Sozialforschung. Opladen: Verlag für Sozialwissenschaften.

Bowker, Natilene/Keith Tuffin (2004), Using the online medium for discursive research about people with disabilities, in: Social Science Computer Review, Vol. 22, Nr. 2, 228–241.

Brüsemeister, Thomas (2000), Qualitative Forschung. Ein Überblick. Opladen: Westdeutscher Verlag.

Bruhn Jensen, Klaus/Nicholas W. Jankowski (Hrsg.) (1991), A handbook of qualitative methodologies for mass communication research. London: Routledge.

Burawoy, Michael/Joseph A. Blum/Sheba George/Zsuzsa Gille/Teresa Gowan/Lynne Haney/Maren Klawiter/Steven H. Lopez/Seán Ó Riain/Millie Thayer (2000), Global ethnography. Forces, connections and imaginations in a postmodern world. Berkeley: University of California Press.

Cicourel, Aaron (1974, zuerst 1964), Methode und Messung in der Soziologie. Frankfurt a. M.: Suhrkamp (Originaltitel: Method and measurement in sociology. New York: The Free Press).

Clayman, Steven/John Heritage (2002), The news interview. Journalists and public figures on the air. Cambridge: Cambridge University Press.

Clifford, James/George E. Marcus (Hrsg.) (1986), Writing culture. The poetics and politics of ethnography. Berkeley et al.: University of California Press.

Emmison, Michael/Philip Smith (2000), Researching the visual. Images, objects, contexts and interactions in social and cultural inquiry. London: Sage.

Erdogan, Gülten (2001), Die Gruppendiskussion als qualitative Datenerhebung im Internet. Ein Online-Offline-Vergleich, in: kommunikation@gesellschaft, Vol. 2, Beitrag 5. http://www.uni-frankfurt.de/fb03/K.G/B5_2001_Erdogan.pdf, Zugriff 24.10.2005.

Evans-Pritchard, Edward E. (1978, zuerst 1937), Hexerei, Orakel und Magie bei den Zande. Frankfurt a. M.: Suhrkamp (Originaltitel: Witchcraft, oracles, and magic among the Azande. Oxford: Clarendon Press).

Flick, Uwe/Ernst von Kardorff/Ines Steinke (Hrsg.) (2000), Qualitative Forschung. Ein Handbuch. Reinbek bei Hamburg: Rowohlt.

Garfinkel, Harold (1967), Studies in ethnomethodology. Englewood Cliffs/NJ: Prentice Hall.

Garfinkel, Harold (2002), Ethnomethodology's program. Working out Durkheim's aphorism. Lanham: Rowman & Littlefield.

Hester, Stephen/David Francis (1994), Doing data. The local organization of a sociological interview, in: British Journal of Sociology, Vol. 45, Nr. 4, 675–695.

Hine, Christine (2000), Virtual ethnography. London: Sage.

Hirschauer, Stefan/Jörg Bergmann (2002), Willkommen im Club! Eine Anregung zu mehr Kontingenzfreudigkeit in der qualitativen Sozialforschung, in: Zeitschrift für Soziologie, Vol. 31, Nr. 4, 332–336.

Hitzler, Ronald/Anne Honer (Hrsg.) (1997), Sozialwissenschaftliche Hermeneutik. Opladen: Leske + Budrich.

Hoffmann-Riem, Christa (1980), Die Sozialforschung einer interpretativen Soziologie: Der Datengewinn, in: Kölner Zeitschrift für Soziologie und Sozialpsychologie, Vol. 32, Nr. 2, 339–372.

Holly, Werner (1979), Imagearbeit in Gesprächen. Zur linguistischen Beschreibung des Beziehungsaspekts. Tübingen: Niemeyer.

Kaplan, Abraham (1964), The conduct of inquiry. Methodology for behavioral science. New York: Thomas Y. Crowell.

Keppler, Angela (1985), Präsentation und Information. Zur politischen Berichterstattung im Fernsehen. Tübingen: Narr.

Kreppner, Kurt (1975), Zur Problematik des Messens in den Sozialwissenschaften. Stuttgart: Klett.

Kromrey, Helmut (1991), Empirische Sozialforschung. Modelle und Methoden der Datenerhebung und Datenauswertung. Opladen: Leske + Budrich (5. Aufl.).

Künzler, Jan (1989), Medienkonzepte und Gesellschaft. Die Medienkonzepte von T. Parsons, J. Habermas und N. Luhmann. Stuttgart: Enke.

Lamnek, Siegfried (1988), Qualitative Sozialforschung, Band 1: Methodologie, Band 2: Methoden und Techniken. München/Weinheim: Psychologie Verlags-Union.

Lindlof, Thomas R./Milton J. Shatzer (1998), Media ethnography in virtual space. Strategies, limits, and possibilities, in: Journal of Broadcasting & Electronic Media, Vol. 42, Nr. 2, 170–189.

Lindlof, Thomas R./Bryan C. Taylor (2002), Qualitative communication research methods. London: Sage.

Lindner, Rolf (1990), Die Entdeckung der Stadtkultur. Soziologie aus der Erfahrung der Reportage. Frankfurt a. M.: Suhrkamp.

Macbeth, Douglas (2001), On «reflexivity» in qualitative research. Two readings, and a third, in: Qualitative Inquiry, Vol. 7, Nr. 1, 35–68.

Mann, Chris/Fiona Stewart (2000), Internet communication and qualitative research. A handbook for researching online. London: Sage.

medien praktisch (1998), Heft 3: «Qualitative Medienforschung». Frankfurt a. M.: GEP.

Meho, Lokman I., E-mail interviews in qualitative research. A methodological discussion, in: Journal of the American Society for Information Science and Technology. http://www.slis.indiana.edu/faculty/meho/email-interviewing.pdf, Zugriff 24.10.2005.

Nassehi, Armin/Irmhild Saake (2002), Kontingenz: Methodisch verhindert oder beobachtet? Ein Beitrag zur Methodologie der qualitativen Sozialforschung, in: Zeitschrift für Soziologie, Vol. 31, Nr. 1, 66–86.

Sacks, Harvey (1984), Doing being ordinary, in: Atkinson, J. Max/John C. Heritage (Hrsg.), Structures of social action. Studies in conversation analysis. Cambridge: Cambridge University Press, 413–429.

Schütz, Alfred (1971, zuerst 1953), Common-sense and scientific interpretations of human action, in: ders., Collected papers. Vol. 1: The problem of social reality. Den Haag: Nijhoff, 3–47.

Soeffner, Hans-Georg/Ronald Hitzler (1994), Hermeneutik als Haltung und Handlung. Über methodisch kontrolliertes Verstehen, in: Schröer, Norbert (Hrsg.), Interpretative Sozialforschung. Auf dem Wege zu einer hermeneutischen Wissenssoziologie. Opladen: Westdeutscher Verlag, 28–55.

Teuscher, Jens (Hrsg.) (2002), Talk auf allen Kanälen. Angebote, Akteure und Nutzer von Fernsehgesprächssendungen. Opladen: Verlag für Sozialwissenschaften.

Tuchman, Gaye (1972), Objectivity as strategic ritual: An examination of newsmen's notions of objectivity, in: American Journal of Sociology, Vol. 77, Nr. 4, 660–679.

Weber, Max (1988, zuerst 1906), Kritische Studien auf dem Gebiet der kulturwissenschaftlichen Logik, in: ders., Gesammelte Aufsätze zur Wissenschaftslehre. Tübingen: Mohr, 215–290.

Widdicombe, Sue/Robin Wooffitt (1995), The language of youth subcultures. Social identity in action. Hemel Hempstead: Harvester Wheatsheaf.

Ruth Ayaß

1.2 Zur Geschichte der qualitativen Methoden in der Medienforschung: Spuren und Klassiker

1. Methodisches Vergessen. Eine andere Art von «Recall»

Mit dem in der internationalen Medienforschung jahrzehntelang vorherrschenden theoretischen Modell des Stimulus-Response und dem normativen Paradigma ging eine scheinbar unauflösbare Bindung an quantitative Verfahren einher, des Experiments, der Inhaltsanalyse und des Surveys. Erst die Emanzipation von diesem Modell und die Hinwendung zum interpretativen Paradigma erlaubte eine Entfaltung der qualitativen Methoden auch im Bereich der Medienforschung.[1]

Warum die Medienwissenschaften, insbesondere die Kommunikationswissenschaft, meist einfach nur den Nachweis von Wirkungen suchten bzw. diese als gegeben voraussetzten, lässt sich bis in die Entstehungsgeschichte der Kommunikationswissenschaft rückverfolgen. Die Logik dieses Denkens lässt sich zum Beispiel an Harold Lasswells berühmter Formulierung «Who says what, in which channel, to whom, with what effect?» illustrieren, einer ursprünglich eher heuristisch gemeinten Forschungsfrage, welche jedoch zur Leitformel einer behavioristischen Medienforschung avancierte, die von einem kausalen und linearen Massenkommunikationsprozess ausging, dessen Wirkungen es zu messen galt. Als Folge wurde es üblich, den massenmedialen Kommunikationsprozess kategorial in die Phasen Produktion, Produkt und Wirkung zu trennen und diese getrennt zu analysieren.

Die Medienforschung, wie sie in den USA in den 1940er Jahren entstand, lässt sich mit nur geringfügigen Übertreibungen als «war effort» bezeichnen. Unter dem Eindruck der Wirkungen der Massenpropaganda, speziell des deutschen Nationalsozialismus, entstand der dringende

Wunsch, einerseits anhand von Propaganda Aussagen über die Motive des Kommunikators gewinnen zu können, andererseits zu verlässlichen Diagnosen über die Wirkung solcher Propaganda auf das als Masse konzipierte Publikum zu gelangen. In der Logik dieses Denkens galt «Wirkung» von Medien als gesichert, sie musste lediglich gemessen werden. Die methodischen Mittel hierzu stellten durchweg quantitative Verfahren.

Ruddock beschreibt die Entstehung der Wirkungsforschung in dieser Zeit als eine Art Zwangsrekrutierung unter Wissenschaftlern, die sich nicht einfach mit Kriegsende selbst auflöste, sondern als langlebig erwies. «This marriage of scholarship and nationalism did not end on VJ day [Victory over Japan; RA]. (…) And so, a decade after conscription into the war effort, the emerging discipline of mass communication has yet to be demobbed» (Ruddock 2001, 48).

Die ‹Demobilisierung› der *Methoden* ließ noch erheblich länger auf sich warten. In allen Bereichen, sei es in den (wenigen) Analysen von Produktionsprozessen, den (häufigen) Produktanalysen und der (omnipräsenten) Wirkungsforschung, schienen quantitative Verfahren zu dominieren. Erst mit dem Wechsel vom normativen zum interpretativen Paradigma, der sich in der Medienforschung in den 1980er Jahren abzeichnete, ging in vielen Disziplinen, die sich mit Medien befassen, auch ein wahrnehmbarer *Wandel der Methoden* einher.

Dieser *qualitative turn* der Medienforschung wurde dabei von allen als radikaler Wandel empfunden. Während die Renaissance der qualitativen Methoden zum Beispiel in der Soziologie weniger von einem vollständigen Neuanfang als eher einer Rückbesinnung auf alte, teils verschüttete, jedoch im Großen und Ganzen etablierte qualitative Traditionen – etwa der Chicagoer Schule – ausgehen konnte, wurde Analoges für die Methoden der *Medien*forschung nie reklamiert. Ihre historischen Ursprünge wurden – so lauten zumindest die meisten gängigen Darstellungen – mit dem Entstehen der amerikanischen empirischen Kommunikationsforschung immer als eindeutig *quantitativer* Abstammung zugehörig identifiziert. 1980 bezeichnen Meyer, Traudt und Anderson in ihrer Übersicht über neuere empirische Studien daher empirische Verfahren, die zum Beispiel auf Ethnographie oder qualitativen Interviews beruhen, als «nontraditional» und «alternative».

Sind sie das? Haben die heutigen empirischen Untersuchungen, die sich qualitativer Verfahren bedienen, tatsächlich keine «Tradition» in der Medienforschung? Sind die einzelnen frühen und noch heute gelegentlich kursorisch zitierten (resp. eher verfußnoteten) qualitativen Studien – etwa die Analyse der Massenpanik aus dem Jahr 1940 von Cantril et al. nach der Ausstrahlung von Orson Welles' Hörspiel «War of the Worlds» oder Herta Herzogs frühe Gratifikationsstudien über Radiosendungen aus den 1940er Jahren (z. B. 1944) und viele andere mehr – alle tatsächlich Ausnahmen, quasi versehentliche empirische Antizipationen einer erst viel später vollzogenen Hinwendung zum interpretativen Paradigma und seiner qualitativen Methodologie?

Eine gründliche Umschau und Rückschau in die Geschichte der sozialwissenschaftlichen Medienforschung zeigt auf, dass dem nicht so ist. Rückblickend kann man für die Medienforschung vielmehr von einem geradezu ‹methodischen› Vergessen anderer methodischer Ansätze sprechen. Das Bild, Medienforschung sei als ein rein quantitatives Unterfangen entstanden, ist schief in vielerlei Hinsicht. Zum einen haben eine Reihe zu den Klassikern zählende Autoren theoretische wie empirische Texte zu Massenmedien hervorgebracht, die noch heute – oder vielmehr: erst recht heute – für interpretative Verfahren der Medienforschung gewinnbringend sind, zu nennen sind zum Beispiel Robert E. Parks Texte zu Nachrichten und zu Zeitungen als *dem* Medium der modernen Großstadt (vgl. hierzu Abschnitt 3). Darüber hinaus liegt mit Max Webers «Vorbericht über eine vorgeschlagene Erhebung über die Soziologie des Zeitungswesens» aus dem Jahr 1910 ein Aufriss eines geplanten, wenn auch nicht durchgeführten, mediensoziologischen Großprojekts vor (Abschnitt 2). Des Weiteren entstanden ausgerechnet im Kontext jener Figur, die immer wieder als Mentor und Motor der kommunikationswissenschaftlichen, rein quantitativen Wirkungsforschung angeführt wird, Paul F. Lazarsfeld, eine Fülle qualitativer Studien (Abschnitt 4). Diese frühen interpretativen Ansätze und qualitativen Untersuchungen sind keine Einzelgänger. Sie sind vielmehr systematisch, und sie sind so umfassend, dass Pöttker die darauf folgende, daran jedoch nicht anschließende, vorwiegend quantitative Kommunikationswissenschaft als «Rückfall hinter das längst Erreichte» (2001a, 13) bezeichnen kann. Es ist damit eher eine Frage des sozialen Gedächtnisses der wissenschaftlichen Disziplinen, dass diese Ansätze und ihre empirischen Untersuchungen mehr oder minder unbeachtet blieben, vergessen wurden, selektiv rezipiert oder als vereinzelte Studien ohne ihren jeweiligen Kontext wahrgenommen werden konnten.

Dabei weisen diese verschiedenen Ansätze eine bemerkenswerte Reichweite sowohl in ihren methodischen Ansätzen als auch in ihren theoretischen Aussagen auf. Einige dieser dem Gedächtnis der Disziplinen entschlüpften empirischen Ansätze sollen hier in Erinnerung gerufen werden – mit ihren theoretischen Hintergründen, methodischen Prämissen und ihren Resultaten.[2] Der Beitrag schließt mit Überlegungen, welche Konsequenz aus diesen klassischen Untersuchungen zu ziehen sind (Abschnitt 5).

2. MAX WEBERS PLAN EINER ZEITUNGS-ENQUÊTE: DER «VORBERICHT ÜBER EINE VORGESCHLAGENE ERHEBUNG ÜBER DIE SOZIOLOGIE DES ZEITUNGSWESENS»

1910 forderte Max Weber vor dem Deutschen Soziologentag, dass wir «nun, deutlich gesprochen, ganz banausisch anzufangen haben damit, zu messen, mit der Schere und mit dem Zirkel, wie sich denn der Inhalt der Zeitungen in quantitativer Hinsicht verschoben hat im Laufe der letzten Generation» (1911, 52). Obwohl Weber also schon damals die Entstehung einer *empirischen* Mediensoziologie forderte, vergingen Jahrzehnte von diesem Zeitpunkt bis zu jenem, da man von der Mediensoziologie, zumal der deutschen, als einer eigenständigen Teildisziplin sprechen kann.

Webers Rede vor dem Deutschen Soziologentag, der «Geschäftsbericht» (1911), fußte im Wesentlichen wiederum auf dem Plan zu einem großen Projekt, dem «Vorbericht über eine vorgeschlagene Erhebung über die Soziologie des Zeitungswesens» (1910). Weber hatte die Absicht, den großen so genannten «Landarbeiter-Enquêten» bzw. der Enquête über die Industriearbeiter eine nicht minder umfassende Zeitungs-Enquête folgen zu lassen. Aus verschiedenen Gründen kam diese Zeitungs-Enquête nicht zustande. Auch Webers Skizze hierzu, der «Vorbericht über eine vorgeschlagene Erhebung über die Soziologie des Zeitungswesens» (1910/2001), blieb lange unzugänglich. In der Mediensoziologie blieb der «Vorbericht», von Kutschs (1988) und Hardts (1979) ausführlichen, den Vorbericht umfassend zitierenden Darstellungen abgesehen, unbekannt. In den gängigen Readern mit klassischen Texten der Medienforschung, bei Silbermann (1969) etwa, ist nur der Vortrag vor dem Deutschen Soziologentag (der «Geschäftsbericht») enthalten, nicht hingegen der Entwurf der Enquête. Erst Pöttkers Textsammlung (2001b) zu den «Klassiker(n) der Sozialwissenschaft über Journalismus und Medien» verschaffte dem «Vorbericht» in vollem Umfang einen prominenten und allgemein zugänglichen Ort.

Dieser «Vorbericht über eine vorgeschlagene Erhebung über die Soziologie des Zeitungswesens», undatiert und vermutlich 1910 als Manuskript mit sieben Blatt gedruckt,[3] bezeichnet als seine Absicht, «in ganz provisorischer und in den Einzelheiten nicht verbindlicher Weise» die Ziele und Zwecke der vorgeschlagenen Untersuchung zu skizzieren. Die Erhebung müsse im Wesentlichen ausgerichtet sein «auf die großen Kulturprobleme der Gegenwart», worunter Weber «die Presse als eins der Mittel zur Prägung der *subjektiven* Eigenart des modernen *Menschen*» einerseits wie auch «die Presse als Komponenten der *objektiven* Eigenart der modernen *Kultur*» andererseits versteht (Weber 2001, 316). Der Vorbericht, so schließt Weber, behandele Fragen, «über die es sehr leicht ist, ein hübsches Feuilleton, über die es unglaublich schwer ist, eine wissenschaftliche Darstellung zu bieten» (2001, 324).

Die vorgeschlagene Enquête gliedert sich in zwei große Teile, Teil A: «Das Zeitungsgeschäft» und Teil B: «Die Zeitungsgesinnung». Teil A behandelt in acht Punkten wirtschaftliche, rechtliche und organisatorische Eigenschaften des Zeitungswesens, etwa «II. Kapitalbedarf und Kapitalumschlag», «III. Ungefähre laufende Produktionskosten» oder «IV. Art der Stoffbeschaffung» etc. In diesen acht Punkten werden stichwortartig, in Form von Aufzählungen oder kurzen Fragenkatalogen, die detail-

Ruth Ayaß

lierteren Forschungsfragen oder zu untersuchenden empirischen Phänomene angerissen.

In der Überleitung von diesem ersten Teil zum zweiten Teil, «B. Die Zeitungsgesinnung», wird deutlich, dass die Enquête methodisch auf zwei Beinen stehen sollte, wobei für Weber die quantitativen Erhebungen nur die *Ausgangsbasis* für qualitative Untersuchungen stellen sollten:

«Die wesentlich geschäftlichen, formalen und quantitativen Erörterungen über das Zeitungsgeschäft, welche, wo immer möglich (durch Zerschneiden von Zeitungen, Sortierung nach dem Inhalt und Nachmessen mit dem Zirkel) auf genaue *rechnerische* Grundlage zu stellen sind, geben alsdann die Unterlage für die Untersuchung der qualitativen Tendenzen der Zeitungsentwicklung, deren Probleme sich etwa folgendermaßen gruppieren ließen.» (2001, 322)

Es folgen im zweiten Teil B drei Punkte: «I. Die Produktion der Zeitungsgesinnung», «II. Die Beeinflussung der Gesinnung der Zeitung von außen her» und «III. Produktion öffentlicher Meinung durch die Presse», wobei der dritte und längste Punkt Forschungsfragen enthält, etwa nach einer «Vergleichende(n) Analyse der Art der Zeitungslektüre», der «Beeinflussung der Alltagssprache durch die Presse», «Beeinflussung des Wissens- und Diskussionsbedürfnisses», «Von wem und was schweigt die Zeitung und aus was für (…) Gründen?» oder dem «Briefkastensystem der Zeitungen und seine Kultur» (2001, 323/324).

Über das methodische Vorgehen äußert sich Weber abschließend eher vage, wohl kämen für den ersten Teil «neben dem Handelsregister Fragebogenerhebungen (…) und neben den Zeitungsarchiven (…) die Durcharbeitung von Zeitungen mit der *Schere* in Betracht» (2001, 324/325). Darüber hinaus nennt Weber «*Reisen*» und «längere Studienaufenthalte», worunter wohl eine Art soziologischer Feldforschung zu verstehen ist (2001, 325).

Zweierlei ist bemerkenswert an diesem Vorbericht bzw. seiner Rezeption: zum einen der Entwurf des empirischen Projektes selbst, gilt doch Weber in erster Linie als Theoretiker. Heckmann zeigt in seinem Aufsatz «Max Weber als empirischer Sozialforscher» (1979), dass in der Rezeption von Weber dessen empirische Texte nahezu ausgeblendet wurden,

Weber in der Soziologie als empirischer Sozialforscher «weitgehend unbekannt» geblieben sei (1979, 50), und dies, obwohl Weber persönlich die Auswertung der Enquête des Vereins zur Sozialpolitik zur Lage der Landarbeiter in Ostelbien vornahm und für die zweite Landarbeiteruntersuchung selbst den Fragebogen entwarf. Heckmann spricht den Enquêten einen hohen Stellenwert zu, sie zerstörten den «Mythos vom grundsätzlich anti-empirischen Charakter deutscher Soziologietradition» (1979, 61).

Zum anderen ist am Vorbericht die deutliche, wenn auch nie realisierte Hinwendung Webers zu *qualitativen* Methoden bemerkenswert, dies auch vor dem Hintergrund, dass sich Webers frühere Enquêten deutlich in einem quantitativen Kontext verorten lassen (Heckmann spricht von einem «fast empiristischen Methodenverständnis» bzw. einer «Quantifizierungsemphatik» Webers zu dieser Zeit (1979, 59 u. 62; auch Lazarsfeld/Oberschall 1965 stellen Weber als quantitativen Empiriker dar). Insofern müsste auch ein weiterer Mythos zumindest in Frage gestellt werden: das gängige Bild Max Webers als rein quantitativer Empiriker. Auch die Adresse vor dem Deutschen Soziologentag – Webers zitierter Aufruf, die Inhalte der Massenmedien zunächst mit Zirkel und Schere zu untersuchen – endete in einem unmissverständlichen Plädoyer für eine *qualitative* Methodik. Die quantitative Bestimmtheit des Zeitungsinhalts sollte nur eine *Vorstufe* für die qualitativen Untersuchungen sein:

«Es sind die ersten Anfänge von solchen Untersuchungen vorhanden, die das zu konstatieren suchen, aber nur die ersten Anfänge. Und von diesen quantitativen Bestimmungen aus werden wir dann zu den qualitativen übergehen.» (Weber 1911, 52)

Unter anderem deswegen, weil das Forschungsvorhaben in der neu entstandenen Deutschen Gesellschaft für Soziologie nicht hinreichend Unterstützung fand (vgl. hierzu Kutsch 1988), vor allem aber auch, weil Weber sich in eine juristische Auseinandersetzung verstrickt hatte, in der im Rahmen des so genannten «Heidelberger Professorenprozesses» gegen ihn Beleidigungsklagen von Redaktionen und Journalisten geführt wurden (vgl. hierzu Obst 1986) und sich Weber aufgrund dieses Konflikts nicht imstande sah, eine Großuntersuchung über die Presse durch-

Ruth Ayaß

zuführen, wurde die Zeitungs-Enquête nicht realisiert, obschon Weber, so notiert es die Biographie Marianne Webers, «große Mühe, die Arbeit in Gang zu bringen» aufwendete (1989, 429). Kutsch zufolge gilt die Enquête als «der bedeutendste Ansatz zur sozialwissenschaftlichen Erforschung von Zeitung und Journalismus zu Beginn dieses Jahrhunderts» (1988, 5). In seiner historischen Darstellung über den Beginn der Medienforschung in Deutschland und den Vereinigten Staaten, die neben dem «Vorbericht» u. a. auch Ferdinand Tönnies' Theorie der öffentlichen Meinung ausführlich behandelt, räumt Hardt dem Entwurf Webers geradezu visionären Status ein:

«His ideas, as outlined in his notes and speeches, form a comprehensive agenda for press and mass communication research; they anticipated many developments in the research patterns as they developed particularly in the United States some decades later.» (1979, 184)

3. Robert E. Park, die Chicagoer Schule und die Zeitung als Medium der Grossstadt

Im Kontext der Chicagoer Schule entstanden in erster Linie empirische Monographien über soziale Milieus der Großstadt. Bekannt geworden sind vor allem die Untersuchungen über soziale Segregation und Migration. Robert E. Park und William I. Thomas betrachteten die Großstadt als «social laboratory» (Park 1929), in dem sich wie in einem Mikrokosmos die Friktionen und Brüche der Moderne aufzeigen lassen konnten. Die Großstadt Chicago empfanden sie wie ein gesellschaftliches Abenteuer, das quasi vor der Haustür lag: «Why go to North Pole or climb Everest for adventure when we have Chicago?» (Park, zitiert nach Lindner 1990, 50).

Park hatte vor seiner wissenschaftlichen Karriere beinahe zwölf Jahre – von 1887 bis 1898 – selbst als Reporter und City Editor bei amerikanischen Tageszeitungen gearbeitet, in Minneapolis, Detroit, Denver, New York City – und Chicago. Im programmatischen Aufsatz «The City»

(1915; erweitert 1925) betont er die Bedeutung der modernen Kommunikationsmittel (insbesondere Nachrichten, Zeitungen, Presseagenturen) für das neue «universe of discourse» (1915), insbesondere angesichts der sozialen Heterogenität und ethnischen Vielfalt der Großstadt.

«Modern methods of urban transportation and communication – the electric railway, the automobile, the telephone, and the radio – have silently and rapidly changed in recent years the social and industrial organization of the modern city.» (Park 1925, 23)

Genau diesen Veränderungen der modernen Großstadt widmeten sich die empirischen Untersuchungen der Chicagoer Schule: Migranten, Wanderarbeitern, ethnischen Ghettos, Tanzhallen etc.[4] Als erste Untersuchung erschien in mehreren Bänden «The Polish Peasant in Europe and America» von William I. Thomas und Florian Znaniecki (1918–1920). Die polnische Migration in die USA war zur Jahrhundertwende außerordentlich stark, etwa ein Viertel aller Einwanderer im ersten Jahrzehnt des 20. Jahrhunderts stammten aus Polen. Chicago hatte zu diesem Zeitpunkt mit 360 000 polnischen Einwohnern neben Warschau und Lodz die drittgrößte Zahl polnischer Einwohner (so Bulmer 1984, 50). Mit der Untersuchung über die polnischen Einwanderer lösten Thomas und Znaniecki zweierlei ein: Sie fokussieren auf die Brüche der Moderne, wie sie speziell in der Großstadt sichtbar werden, *und* sie ergreifen die Gelegenheit, die sozialen Phänomene quasi vor der Haustür aufzuspüren. Die mehr als 2000 Seiten starke Studie über die polnischen Einwanderer ist in vielerlei Hinsicht ein Meilenstein der empirischen Sozialforschung («a landmark»; Bulmer 1984, 45). Obschon sie sich selbst nicht als Medienuntersuchung versteht, finden sich in ihr zahlreiche Analysen medialen Materials: Briefe der Einwanderer nach Hause und vice versa sowie private Dokumente. Doch auch Analysen einer *Wochenzeitung* (des polnischen Bauernmagazins «Gazeta Swiateczna») respektive deren Leserbriefe, also *massenmediales* Material, wurden in die Untersuchung einbezogen. «The Polish Peasant» ist damit die erste empirische Untersuchung, in der mediales und massenmediales Material systematisch mit qualitativen Methoden analysiert wurde.[5]

Ruth Ayaß

«We must put ourselves in the position of the subject who tries to find his way in this world, and we must remember, first of all, that the environment by which he is influenced and to which he adapts himself, is *his* world, (…) is nature and society as he sees them (…).» (Thomas/Znaniecki 1927, 1846/47)[6]

Das Besondere am Material der Chicagoer Schule ist – vor allem im Unterschied zu dem, was später in der aufkeimenden Medienforschung üblich wurde – der Verzicht auf durch Experimente oder durch Interviews elizitiertes Material und im Gegenzug die Bevorzugung von «undesigned records», wie Park jenes Material nennt, das frei von Beeinflussung von Forschungsdesigns entstand.

«I am especially interested in securing what I have called ‹undesigned records›, that is, letters, data from newspapers, records of court trials, sermons, pamphlets issued by the clergy and by political parties (…).» (Park, Brief an S. N. Harper vom 30. 6. 1912; zitiert nach Bulmer 1984, 50)

Neben den empirischen, meist ethnographischen, Studien zu Friktionen der Großstadt entstehen in der Chicagoer Schule auch einzelne Untersuchungen speziell zu Massenmedien, etwa Carroll de Witt Clarks «News: A Sociological Study» (1931) und Helen MacGill Hughes' «News and the Human Interest Story» (1940). Und auch eine Reihe der ethnographischen Untersuchungen beziehen gelegentlich mediales und massenmediales Material in die Untersuchung ein. Die empirischen, vorwiegend ethnographischen Untersuchungen der Chicagoer Schule der 1910er und 1920er Jahre befassten sich in erster Linie jedoch *nicht* explizit mit Medienthemen. Es ist dabei aber erstaunlich, wie diese frühen Untersuchungen, deren Fragestellungen mit Medien nichts zu tun hatten, die dem Untersuchungsfeld inhärente Medialität scheinbar mühelos einbezogen – und wie sehr diese Selbstverständlichkeit den späteren Ethnographien verloren ging.[7]

Rolf Lindner hebt in seiner Untersuchung über die Entwicklung der Chicagoer Schule und ihres methodischen Selbstverständnisses ausdrücklich die Rolle von Parks journalistischer Herkunft hervor. Die «Entdeckung der Stadtkultur», so Lindner, ist möglich «aus der Erfahrung der Reportage» (1990); die Großstadtreportage habe für die Chicagoer Schule «Pate gestanden» (1990, 48). Insbesondere das «muckraking» (‹Dreck aufwirbeln›) des Stadt-Reporters ist Ausgangspunkt für das spätere Inter-

esse der Ethnographen an problematischen sozialen Milieus der Großstädte (vgl. Lindner 1990, 40ff.). Das «nosing around» (Park) des Repor-
ters als «urbanem Kundschafter» (1990, 44) wird später zu einem Schlüs-
selmerkmal teilnehmender Beobachtung als Methode, das selbstverständliche ‹Herumhängen› des Ethnographen im Feld.

Lindner beschreibt zudem die Beziehung von Großstadt und Presse
als «symbiotisch» (1990, 17ff.),

«(…) ist doch die Neue Presse ebenso ein Produkt des Urbanisierungsprozesses wie dessen Vermittler und Beschleuniger. Die Zeitung neuen Typs ist eine zentrale Institution
des Übergangs von der Tradition zur Moderne, der sich als Übergang vom Land zur
Stadt, von der Alten zur Neuen Welt darstellt.» (1990, 20)

Parks Vergangenheit als «city editor», seine Interessen für die Zeitung als
Ausdrucksmittel der Großstadt münden in zahlreichen Aufsätzen zur
Gestalt des modernen Nachrichtenwesens, etwa «The Natural History of
the Newspaper» (1923), «News as a Form of Knowledge» (1940), «The
Morale and the News» (1941a), «News and the Power of the Press» (1941b)
etc.[8]

Mehr oder minder unbekannt ist jedoch Parks umfassende Studie
«The Immigrant Press and its Control» aus dem Jahr 1922, in der die vielfältige ethnische Zeitungslandschaft, welche die Migrationsgemeinden
der amerikanischen Großstädte hervorbrachten, einer empirischen Untersuchung unterzogen wird. Die großen Städte der USA seien, so Park,
«mosaics of little language colonies» (1922, 6), und nahezu jede von ihnen bringe ihre eigenen Zeitungen hervor, im Vergleich mit den Heimat-
ländern würden vermutlich im Migrationsland proportional mehr Zeitungen in der Heimatsprache gedruckt. Park führt dies auf die Situation
der Einwanderer zurück: «One reason why immigrant people read more
in America than they do at home is because there is more going on that
they need to know. There is more novelty and more news» (1922, 9). Park
untersucht die Struktur dieser Publikationen, die Beispiele stammen aus
französischen, russischen, litauischen, rumänischen, polnischen, japa-
nischen, deutschen etc. Zeitungen der Immigranten. Park zitiert aus Le-
serbriefen, in denen deutsche Auswanderer sich sehnsüchtig der Heimat
erinnern und nach dem Verbleib anderer Einwanderer fragen, aus Klein-

anzeigen von rumänischen Geschäftsleuten, die Visa und Tickets für Schiffsfahrten anbieten («First Rumanian agent of steamship tickets»), aus Anzeigen von Ärzten und Anwälten, die die Muttersprache der Immigranten sprechen («We speak Polish. No interpreter needed»), litauischen Heiratsannoncen («Lithuan girl preferred») (alle Beispiele aus Park 1922, 133ff.) und vieles andere mehr. Methodisch ähnelt «The Immigrant Press and its Control» damit «The Polish Peasant», das Buch dokumentiert, wie «The Polish Peasant» auch, eine Fülle an authentischem Material, nur in diesem Fall ausschließlich mediales:

«Through the medium of this same press the inhabitant of the big outside world may get an intimate glimpse into the smaller world of the immigrant. Reading some of these foreign papers is like looking through a keyhole into a lighted room.» (Park 1922, 113)

Für die Chicagoer Schule ist die Analyse so unterschiedlicher Materialien wie persönliche Dokumente, Lebensgeschichten, Zeitungsmaterialien, Feldnotizen etc. charakteristisch. Park forderte seine Studenten ostentativ auf, die Bibliotheken zu verlassen und qualitative Forschung zu betreiben:

«But one thing more is needful: first-hand observation. Go and sit in the lounges of the luxury hotels and on the doorsteps of the flophouses; sit on the Gold Coast settees and on the slum shake-downs; sit in Orchestra Hall and in the Star and Garter Burlesk. In short, gentlemen, go get the seats of your pants dirty in real research.» (Park, zitiert nach Lindner 1990, 118)

Für die *Geschichte* der qualitativen Methoden in der Soziologie ist die Chicagoer Schule von ähnlicher Bedeutung wie Bronislaw Malinowskis Aufforderung, die Veranda der Kolonialverwaltungen zu verlassen, für die Methoden der Ethnologie. Doch in der Chicagoer Schule wurden nicht, wie vielfach angenommen, ausschließlich Ethnographien betrieben. Zwar galt die Stadt als *das* Laboratorium schlechthin, aber das *Medium* dieses Laboratoriums war die *Zeitung*, ihre mediale *Gattung* die *Nachricht* und die zentrale *Figur* dieses neuen Mediums der *Stadtreporter*:

«Ours, it seems, is an age of news, and one of the most important events in American civilization has been the rise of the reporter.» (Park, zitiert nach Lindner 1990, 17)

4. Paul F. Lazarsfeld, Robert K. Merton und die qualitativen Untersuchungen des «Bureau of Applied Social Research»

Paul F. Lazarsfeld wird in gängigen Darstellungen immer wieder als prägende Figur der quantitativen Wirkungsforschung und des Stimulus-Response-Modells dargestellt. Diese Beschreibung ist nur teilweise richtig. Gerade in den großen Panel-Studien Lazarsfelds hatte es von Anfang an immer wieder mehr als nur flüchtige Hinweise auf die eher begrenzte Innovationskraft des Stimulus-Response-Modells und der damit einhergehenden quantitativen, messenden Verfahren gegeben. Als vielleicht prominentestes Beispiel kann Lazarsfelds, Berelsons und Gaudets Klassiker «The People's Choice» (1944) angeführt werden. In einem groß angelegten Panel sollte während eines Präsidentschaftswahlkampfs die Wirkung der Wahlpropaganda untersucht werden. Trotz eines deduktiv angelegten Untersuchungsdesigns, das explizit von der Wirkmacht des Stimulus-Response-Modells ausging, ergaben die Befunde dieses Survey eine nur randständige Wirkung der massenmedialen Propaganda. Den stärksten Einfluss übte der familiäre Hintergrund – und damit die Rezeptionssituation (und ihre kommunikativen Nachbearbeitungen) – aus. Er wirkte wie eine «magnetic force» (ibid., 141). Die größte Bedeutung hatten damit Face-to-Face-Kontakte (ibid., 157). Diese «molecular pressures» (ibid., 152) hatten mitunter ganz simple Konsequenzen, etwa wenn ein Erstwähler als Grund für seine Entscheidung für den demokratischen Kandidaten angab, sein Großvater hätte ihm ansonsten sicherlich das Fell über die Ohren gezogen (ibid., 158). Doch trotz dieser und anderer deutlicher Hinweise auf die enorme Rolle des kommunikativen Geschehens für die Rezeption hielt man am Stimulus-Response-Modell und damit am Bild des Rezipienten als eines isolierten Individuums fest, in das mediale Inhalte quasi eingegossen werden. In das Stimulus-Response-Modell wurden nur mehr intervenierende Variablen eingefügt, die den, wie man feststellte, nicht stattfindenden Wirkungsprozess erklären bzw. rechtfertigen sollten. Vor allem methodisch schien dies jedoch keine Konsequenzen zu zeitigen. Was in der amerikanischen Kommunika-

Ruth Ayaß

tionsforschung folgte, war eine ganze Serie weiterer Surveys. Insbesondere die Person Paul F. Lazarsfelds und die am von ihm geleiteten «Office of Radio Research» in Princeton durchgeführten Untersuchungen werden daher als Beleg der rein quantitativen, behavioristischen Natur der großen frühen empirischen Projekte der Medienforschung angeführt. Auch wird in der Rezeption Lazarsfelds immer wieder auf seine Bemühungen zur Mathematisierung der Sozialwissenschaften verwiesen (z. B. Allerbeck 2000, 21; Coleman 1972). Da Lazarsfeld in Mathematik promoviert hatte, klingt dies nicht abwegig. Doch ein genauer Blick in die Publikationen aus den 1940er Jahren zeigt auf, dass dies bezüglich der *Medienuntersuchungen* des «Office of Radio Research» bzw. später des «Bureau of Applied Social Research» eine stark verkürzte Darstellung und Wahrnehmung ist, dass Paul F. Lazarsfeld im Gegenteil mindestens eine Koexistenz qualitativer und quantitativer Verfahren befürwortete und qualitative Untersuchungen gezielt förderte.

«To identify Chicago too closely with intensive field research, or to pose antitheses between the ‹soft› ethnographic research of the Chicago of Park, Burgess and the ‹hard› survey research of the Columbia of Lazarsfeld and Merton, is to perpetuate an error.» (Bulmer 1984, 6)

Schon im Kontext des von der Rockefeller Foundation finanzierten «Princeton Radio Research Project» (1937–1940) über die Wirkungen des Rundfunks entstand eine Reihe *qualitativer* Untersuchungen. Diese Studien wurden zunächst in Newark und Princeton am von Lazarsfeld, Cantril und Stanton geleiteten «Office of Radio Research» durchgeführt, bevor dieses in «Bureau of Applied Social Research» umbenannt wurde und im Zusammenhang mit Lazarsfelds Ernennung an die Columbia University die Forschungsstelle endgültig nach New York verlegt wurde.[9]

Bekanntlich brachte Lazarsfeld aus der vor seinem Exil durchgeführten soziographischen Untersuchung «Die Arbeitslosen von Marienthal» in Österreich Erfahrungen mit der ethnographischen Methode mit (Jahoda/Lazarsfeld/Zeisl 1933). In einer Reihe der von Lazarsfeld et al. in den 1940er Jahren herausgegebenen Kompendien, etwa in «Radio Research 1941», «Radio Research 1942–1943», «Communications Research

1948–1949» oder «Radio and the Printed Page», finden sich gleichwertig neben quantitativen Primär- und Sekundäranalysen fallanalytische Untersuchungen, die mit qualitativen Methoden Rezeptionsverhalten, Motive und Gratifikationen bestimmter Sendungen respektive ihrer Zuhörer untersuchen.

Ein Beispiel ist Herta Herzogs Untersuchung über die (Radio-)Ratesendung «Professor Quiz». Herzog bezeichnet selbst die Untersuchung als «case study». In Abgrenzung zur sonst üblichen Publikumsforschung schreibt sie:

> «It is definitely qualitative in the sense that the appeals of the program were isolated, whereas other factors were neglected, especially the question of what kind of people listen to ‹Professor Quiz›.» (1940, 64)

Ihr Datenmaterial bestand aus «eleven very detailed interviews» (1940, 65). Eine weitere qualitative Untersuchung Herzogs über die Gratifikationen der Zuhörerinnen von Radio Daytime Serials – «On borrowed experience» – erschien nur wenig später (1941).

Am deutlichsten wird der große Stellenwert, den qualitative Untersuchungen am «Office» innehatten, im von Lazarsfeld und Stanton herausgegebenen Kompendium «Communications Research 1948–1949» (1949). Es enthält unter anderem Bernard Berelsons «What ‹missing the newspaper› means». Berelson hatte anlässlich eines zweiwöchigen Streiks der Zeitungsausträger («delivery-men») acht großer Tageszeitungen in New York mit qualitativen Interviews («intensive interviews»; 1949, 113) untersucht, was das Fehlen eines vertrauten Mediums im Alltag ausmacht.

«Communications Research 1948–1949» enthält des Weiteren eine *qualitative* Untersuchung von Katherine M. Wolf und Marjorie Fiske (1949) mit dem Titel «The children talk about comics», in welcher sie die Medienrezeption der Kinder ausdrücklich mit qualitativen Verfahren untersuchten, um «*their own* reports about their comic book reading experience» behandeln zu können (1949, 3). Neben offenen Interviews wurden die Kinder auch beim Lesen beobachtet und Beobachtungsprotokolle angefertigt. Die im Text zitierten Protokolle zeigen Kinder, die ihre Umgebung kaum mehr wahrnehmen und sich förmlich, auch kör-

Ruth Ayaß

perlich, in das Buch hineinverkriechen (1949, 23). Eines der Resultate der Untersuchung ist verblüffend: die Unterscheidung von drei Typen von jugendlichen Comiclesern, «fans», «moderate readers» und «indifferent or hostile readers» (1949, 22–28). Denn diese Typologie antizipiert Stuart Halls in den 1970er Jahren entwickelte Lesarten bzw. reading styles «preferred», «negotiated» und «oppositional reading» (welche in den Cultural Studies und darüber hinaus quasi als neue Entdeckung gefeiert wurden) um mehrere Jahrzehnte fast wörtlich – und noch dazu empirisch. Auch bei Robert K. Mertons im selben Band publizierten «Patterns of Influence» (1949) über persönlichen Einfluss in einer Gemeinde handelt es sich um eine *qualitative* Untersuchung, Merton selbst bezeichnet sie als «case study» (1949, 180).

Eine Reihe weiterer Untersuchungen aus diesem und anderen Bänden des «Bureau» verwenden Mischformen von qualitativen und quantitativen Verfahren, etwa Arnheims «The world of the daytime serial» oder Herzogs «What do we really know about daytime serials listeners» aus dem Jahr 1944. Teilweise wird den Tabellen dabei nur illustrative Funktion eingeräumt:

«Although figures summarizing our case-study materials are cited from time to time, these are merely heuristic, not demonstrative in character. They serve only to indicate the sources of interpretive hypotheses which await detailed, systematic inquiry.» (Merton 1949, 180)

Auch in «The Invasion from Mars» (Cantril/Gaudet/Herzog 1940), der schon am Princeton Radio Project entstandenen Untersuchung der Massenpanik nach dem Hörspiel «War of the Worlds» von Orson Welles (seinerseits basierend auf Herbert G. Wells' Science-Fiction-Roman aus dem Jahr 1898), wird eine Mischform verwendet, in der die Statistiken eher deskriptiven Charakter haben, während der Fokus auf den Rezeptionserfahrungen der Zuschauer liegt, welche mit einem Leitfadeninterview befragt wurden.

Selbst wenn Lazarsfeld an mehreren Stellen qualitativen Verfahren bezüglich seiner *eigenen* Arbeiten eher nur explorative Funktion zuschreibt (z. B. in Barton/Lazarsfeld 1984) – die Fülle der am «Office» bzw. später «Bureau» unternommenen qualitativen Untersuchungen widersprechen der Einschätzung, qualitative Methoden hätten für Lazarsfeld keine Bedeutung gehabt. In der Einleitung zu «Qualitative Analysis» (1972, xvii) schreibt Lazarsfeld:

«I always believed in the interdependence of quantitative and qualitative work; but I was also aware that whatever talent I had was weighted on the quantitative side. Therefore, in the choice of my assistants I continuously looked for balance.»

Seitens des «Office» wurden zudem gezielt Sozialwissenschaftler eingebunden (bzw. einzubinden versucht), denen ein behavioristischer Hintergrund oder deduktiv-nomologisches Denken beim besten Willen *nicht* nachgesagt werden kann, etwa Theodor W. Adorno oder Leo Löwenthal. Lazarsfeld betont in seinen autobiographischen Notizen «An Episode in the History of Social Research: A Memoir» (1975), dass er gezielt versucht habe, Adorno wegen seiner musiksoziologischen Kompetenz in die empirischen Untersuchungen des «Office» über Musik im Rundfunk einzubinden und ihm die Leitung der Musikabteilung des «Radio Research Projects» zu übertragen, ein Unterfangen, das nach seiner und anderen Darstellungen an den spekulativen und normativen Theorien Adornos sowie dem Problem, diese in empirische Konzepte zu übersetzen, vor allem aber an der Person Adornos scheiterte, da dieser sich zu qualitativen Interviews unfähig zeigte, indem er zum Beispiel seinen Interviewpartnern seine Ansichten aufdrängte und sie sogar beleidigte, sodass Beschwerden bei Lazarsfeld eingingen (vgl. hierzu Lazarsfeld 1975, 199–203; Morrison 1978; Kellner 1982; Pollak 1981, 175; Simeon 1990, 263ff.). Ein Beitrag Adornos über Radiosymphonien (1942) erschien in Lazarsfelds und Stantons Band «Radio Research 1941»; Löwenthals Studie zu Biographien in populären Zeitschriften im Folgeband (1944). Von der versuchten, doch gescheiterten wissenschaftlichen Liaison zwischen dem «Institut für Sozialforschung» und dem «Office» zeugen auch die Publikationen Lazarsfelds, Herzogs und anderer aus dem Kontext des «Office» in der vom Horkheimer-Kreis herausgegebenen Zeitschrift «Studies in Philosophy and Social Science», etwa Herzogs qualitative Studie «On borrowed experience» (1941) sowie Lazarsfelds Beitrag über «kritische» und «administrative» Sozialforschung (1941), in welchem er sich konstruktiv mit diesen beiden diametralen Ansätzen auseinander setzte.[10]

Es ist eine andere, weitgehend unbekannte Kooperation, die die qualitativen Studien des «Bureau» entscheidend prägte, das Treffen Paul Lazarsfelds mit Robert K. Merton. Die eher zufällige Begegnung zwischen Lazarsfeld und Merton an der Columbia University (die Universität hatte die Stellen gezielt mit einem Empiriker und einem Theoretiker besetzen wollen) mündete in eine lebenslange Freundschaft und intensive intellektuelle Zusammenarbeit (vgl. Coser 2000, 157), von der auch mehrere persönliche Texte Zeugnis ablegen (etwa Lazarsfelds «Working with Merton», 1975, oder Mertons «Remembering Paul Lazarsfeld», 1979). Sie leiteten gemeinsam fast ein Jahrzehnt das «Bureau».[11]

Merton, in der Soziologie in erster Linie über seine in «Social Theory and Social Structure» (1949) entwickelte strukturelle Analyse sowie seine wissenschaftssoziologischen Arbeiten bekannt, hat ein nicht unbedeutendes *mediensoziologisches*, zumal *qualitatives* wissenschaftliches Fundament. Seine zusammen mit Marjorie Fiske und Alberta Curtis 1946 als Produktion des «Bureau of Applied Social Research» publizierte Studie «Mass Persuasion» besteht aus einer qualitativen empirischen Untersuchung über einen Radiomarathon im September 1941, dem «Kate Smith War Bond Drive», in dem die prominente Sängerin äußerst erfolgreich – 39 Millionen Dollar innerhalb eines Tages – für Kriegsanleihen warb. Die Studie enthält neben einer Inhaltsanalyse der Sendung ausgedehnte fokussierte Interviews mit Zuhörern von einer Dauer von je drei bis vier Stunden. Dieses qualitative Material wird durch «polling interviews» ergänzt, die weiteren Zuhörern vorgelegt wurden. Die Funktion des quantitativen Materials ist dabei in der gesamten Studie untergeordnet und dient lediglich der Absicherung der qualitativen Interpretationen:

«(...) the intensive interviews permit us to discover the components and processes involved in persuasion; and the extensive interviews provide a partial check of some of these interpretations.» (1946, 17)

Der methodische Schwerpunkt liegt auf dem fokussierten Interview, welches, von Merton explizit als nondirektives Verfahren entwickelt, hier erstmals empirisch zum Einsatz kam. Merton et al. beschreiben das methodische Vorgehen der Interviewer wie folgt:

«Interviewers seldom asked direct, predetermined questions of the informants. Instead, through appropriate indirect allusions stemming from the flow of conversation, they encouraged informants to dwell upon their concrete experiences, their thoughts and feelings and behavior while they had been listening to the Smith broadcasts. (...) Informants provided their own definitions of the situation. They, not the interviewer, singled out the pertinent aspects of the situation to which they had responded. In this sense, the interviews were largely ‹nondirective›, permitting subjects to report their own foci of attention and their own responses to those items which proved significant for them.» (1946, 14)

Merton betont mehrfach den Vorteil der «real-life situation» und die großen Vorzüge des untersuchten Falls als eines authentischen Ereignisses, insbesondere in Abgrenzung zu sonst üblichen experimentellen Laborbedingungen:

«Our subjects were not asked to listen to the Smith broadcasts; they did so on their own initiative. The situation was not structured for them by investigators; they supplied their own setting, their own context for listening: They were not subjected to conditions wholly alien to their usual routine of radio listening.» (1946, 5)

Jahrzehnte später hat die Mediensoziologie Mühe, dies als «natürliche Rezeptionsgemeinschaften» respektive «natural audiences» neu zu entdecken und zu legitimieren.

Die methodische Neuerung dieser Studie, das fokussierte Interview, wird von Merton weiterverfolgt: Mit Patricia Kendall publizierte er 1946 die methodische Anleitung «The Focused Interview», die detailliert schildert, wie mit Hilfe dieser nondirektiven Methode Medienerfahrungen zur Artikulation gebracht werden können resp. wie mediales Material als Auslöser für Erzählungen verwendet werden kann (1946; siehe ausführlicher auch die Monographie zum fokussierten Interview von Merton/Fiske/Kendall 1956). Die Hinweise zur qualitativen Interviewführung aus «The Focused Interview» (Nichtbeeinflussung, Spezifität, Erfassung eines breiten Spektrums, Tiefgründigkeit und personaler Bezugsrahmen) werden bis heute in vielen Methodenhandbüchern zu Handlungsanleitungen, sie werden nach wie vor mehr oder minder wörtlich, fast rezeptartig wiedergegeben und teils zu methodischen Kriterien des Leitfaden-Interviews verallgemeinert (z. B. bei Hopf 1979), meist jedoch, ohne dass in ihnen Mertons bemerkenswerter Beitrag zur Empirie und Methodik speziell der qualitativen *Medien*forschung in den 1940er Jahren besonders gewürdigt würde. Die Methode ist ungebrochen populär, wenn sie auch nur wenig mit ihm assoziiert wird. Dem Nachruf von Calhoun (1993) zufolge soll Merton einmal lakonisch angemerkt haben, «he wished he could be paid a royalty fee whenever the technique was used». Auch in «Social Theory and Social Structure» (erstmals 1949) betont er seine Interessen an qualitativen Verfahren. Das Buch habe zwei wesentliche Anliegen: «These are the concern with the interplay of social theory and social research and the procedures of sociological analysis, most particularly of qualitative analysis.» (Merton 1968, vii)

Mertons Einfluss auf die Themen und den Arbeitsstil des «Bureau» – und damit auch auf Lazarsfeld (und vice versa) – kann insgesamt kaum hoch genug eingeschätzt werden. Gertrude Joch Robinson benennt drei wesentliche Einflüsse Mertons: die Leitung von Projekten am «Bureau», die Ko-Autorenschaft mit Lazarsfeld und schließlich seine Begabung, Lazarsfelds empirische Interessen in theoretische Fragestellungen umzuwandeln (1990, 98). Aus der ca. zehn Jahre währenden Ko-Direktorenschaft von Lazarsfeld und Merton am «Bureau» sind mehrere gemeinsame Publikationen hervorgegangen (z. B. «Studies in Radio and Film Propaganda», 1943/1968 oder «Mass Communication, Popular Taste, and Organized Social Action», 1948).

«(...) gemeinsam etablierten sie jene Verbindung von Empirie und Theorie, die ein Vierteljahrhundert lang die Soziologie an der Columbia-Universität bestimmen und eine entscheidende Rolle in der Entwicklung der Soziologie in den USA spielen sollte.» (Neurath 1988, 81)

Es ist sicherlich nicht falsch, den Namen Lazarsfeld mit quantitativer empirischer Medienforschung zu assoziieren. Es ist jedoch einseitig, seine und die Arbeiten des «Office» bzw. später des «Bureau» auf das zu reduzieren, was später zum Mainstream der Kommunikationswissenschaft wurde, das deduktiv-behavioristische Paradigma, und die qualitativen Anteile von Lazarsfelds Forschungsprogramm auszulassen.

Auch bezüglich Merton lässt sich eine selektive Rezeption feststellen. Die Ausblendung von Mertons mediensoziologischem Erbe ist zum Beispiel in der deutschen Fassung von «Social Theory and Social Structure» (1995) spürbar, in welcher der mit «The Sociology of Knowledge and Mass Communications» überschriebene dritte Teil des englischen Originals *nicht* enthalten ist.[12] Auch in Sammelbänden und Übersichtsartikeln über Mertons großen Einfluss auf die amerikanische Soziologie werden die mediensoziologischen Arbeiten nicht weiter erwähnt (z. B. Clark/Modgil/Modgil 1990).

Doch Coleman zufolge war die Zusammenarbeit von Merton und Lazarsfeld «probably (…) the dominant force in sociology for a period of about fifteen years in the fifties and sixties» (1980, 158). Es ist angesichts dieser intensiven Kooperation zweier führender Soziologen bei empirischen Medienuntersuchungen sehr auffällig, dass bei der Rezeption Lazarsfelds ausgerechnet die qualitativen Studien des «Bureau», bei Merton ausgerechnet die mediensoziologischen Untersuchungen mit einer gewissen Systematik übergangen wurden.

5. Ausblick

Die vielfach kolportierte Einschätzung, der Beginn der empirischen Medienforschung sei rein quantitativer Natur gewesen, lässt sich also in dieser Einfachheit nicht aufrechterhalten. Der *qualitative turn* der Medienforschung der 1980er Jahre ist damit aber auch *kein* reiner Neuanfang, wie vielfach suggeriert wird. Die Frage ist, welche Konsequenzen sich aus dieser Beobachtung ziehen lassen.

Zunächst ermöglicht diese Erkenntnis – eine stärkere Rezeption der frühen qualitativen Untersuchungen, also eine Umkehrung der bisherigen eher selektiven Wahrnehmung vorausgesetzt – eine Stärkung der Position der qualitativen Methoden in der Medienforschung. Des Weiteren gilt aber auch, diese Einsicht umzumünzen und den *gegenwärtigen* Einsatz der Methoden in der Medienforschung, auch und *gerade* der *qualitativen,* zu beobachten und reflexiv zu begleiten, also sozusagen die eigenen Gatekeeper im Auge zu behalten.

Ruth Ayaß

Drei exemplarische Ansatzpunkte für eine solche reflexive Forschungspraxis lassen sich hierfür abschließend benennen: (1) die Dominanz einzelner Methoden, (2) die Aufweichung klassischer methodischer Abgrenzungen und (3) die nur zögerliche Bereitschaft der Methoden, die besondere visuelle Medialität vieler Gegenstände zu berücksichtigen.

1. Gegenwärtig besteht in der qualitativen Forschung allgemein und in der Medienforschung insbesondere eine enorme Dominanz von Befragungsverfahren. An die 90 Prozent aller sozialwissenschaftlichen Untersuchungen, so lauten die Schätzungen, arbeiten mit Datenmaterial, das über Befragungen erhoben wurde. Die Renaissance der qualitativen Methoden in der Sozialforschung trägt zu diesen Zahlen erheblich bei. Insbesondere in der Rezeptionsforschung, wo das Interview als Methode am meisten verwendet wird, lässt sich dabei bezweifeln, ob dieses Verfahren immer die geeignete Methode ist, die Forschungsfrage zu beantworten. Gerade Alltagspraktiken wie Medienrezeption lassen sich oft schwer erinnern, unterliegen Selbststilisierungen und -idealisierungen sowie Orientierungen an sozialer Erwünschtheit. Zudem handelt es sich gerade bei dem in den neueren Medienstudien besonders beliebten teilstandardisierten Interview um eine recht artifizielle soziale Situation, die es ohne den Interviewer und seinen Leitfaden erst gar nicht gäbe. Das Interview ist mehr mit der Methode des klassischen Survey verwandt als mit einer der anderen qualitativen Methoden. Die Dominanz des Interviews als Forschungsmethode führt derzeit dazu, dass in empirischen Untersuchungen nicht der gesamte Kanon der qualitativen Methoden der Medienforschung ausgereizt wird, nicht immer die gegenstandsadäquate Methode gewählt wird.

2. Gegenwärtig lässt sich in Medienuntersuchungen eine Aufweichung klassischer methodischer Prämissen zum Beispiel der ethnographischen Methode beobachten. Als Ethnographie werden im englischen und amerikanischen Sprachgebrauch, insbesondere in den Cultural Studies, mittlerweile auch Untersuchungen bezeichnet, die mit Interviews oder gar Textanalysen arbeiten. «Ethnographie» wird als Synonym für Forschung im Allgemeinen benutzt bzw. als Sammelbegriff für qualitative Verfahren insgesamt verwendet (vgl. hierzu auch den Beitrag von

Bachmann/Wittel in diesem Band). Der Begriff verliert damit aber an Qualität, weil er nicht mehr trennscharf verwendet werden kann. Werden Gruppendiskussionen, Interviews und Textanalysen unwidersprochen als «Ethnographie» bezeichnet, bahnt sich zudem eine ganz neue Form von «armchair ethnography» an. Dieses Caveat gilt auch für den neueren Trend zu so genannten virtuellen Ethnographien, die sich bequem vom Schreibtisch aus durchführen lassen.

3. Ausgerechnet in der empirischen Medienforschung ist die Bereitschaft, mit visuellen Materialien zu arbeiten, nicht sehr ausgeprägt, was angesichts der besonderen *visuellen* Qualität vieler untersuchter Medien und ihrer Kontexte bemerkenswert ist. Die in den USA und anderen Ländern sehr lebendige visuelle Analyse wird ausgerechnet seitens der Medienforschung nur sehr zögerlich wahrgenommen (vgl. aber die Beiträge von Regener und Schändlinger in diesem Band). Fast alle Verfahren der Medienforschung neigen zu textbasierten methodischen Verfahrensweisen (und Präsentationsformen). Speziell in der *Medien*forschung könnten qualitative Verfahren und Untersuchungen enorm gewinnen, wenn die spezielle Medialität des Gegenstands analytisch und methodisch stärker Berücksichtigung fände.

In diesen drei Punkten (und sicherlich noch in weiteren) könnten sich qualitative Methoden als *Medien*methoden profilieren. Die Erinnerung an ihre beeindruckende, doch weitgehend vergessene Tradition kann der qualitativen Medienforschung dabei helfen, die eigene Forschungspraxis reflexiv zu beobachten und damit ihre Methoden insgesamt als Instrumente zu schärfen und in ihrer Vielfalt anzureichern.

ANMERKUNGEN

1 Zur Unterscheidung zwischen normativem und interpretativem Paradigma siehe Wilson (1973).
2 Dies bedeutet aber für die vorliegende Frage nach Spuren und Klassikern, dass auch dieser Text selektiv vorgeht und eine Reihe von weiteren Einzelstudien nicht oder nur am Rande genannt werden, etwa Kracauers Studien zum Film.

Ruth Ayaß

3 Der «Vorbericht» ist nicht namentlich gezeichnet, dennoch gilt Webers Autorenschaft als gesichert (sie sei «unzweifelhaft», so Kutsch 1988, 7).

4 Vgl. zu diesen Studien auch den Beitrag von Kalthoff in diesem Band.

5 Vgl. zum «Polish Peasant» als Klassiker der empirischen Sozialforschung auch den Beitrag von Christmann in diesem Band.

6 Die methodischen Prämissen des «Polish Peasant» klingen wie ein urbaner Doppelgänger von Malinowskis 1922 fast zeitgleich publizierten, berühmt gewordenen Formulierungen aus der Einleitung zu den «Argonauten des westlichen Pazifik»: «Das Ziel besteht, kurz gesagt, darin, den Standpunkt des Eingeborenen, seinen Bezug zum Leben zu verstehen und sich *seine* Sicht *seiner* Welt vor Augen zu führen. Unsere Aufgabe ist es, Menschen zu studieren, wir müssen das untersuchen, was sie am unmittelbarsten betrifft, nämlich ihre konkreten Lebensumstände.» (Malinowski 1979, 49)

7 Sie ähneln in dieser fast beiläufigen Bezugnahme auf vom untersuchten Feld selbst produzierten medialen Material (wie Briefen etc.) Marie Jahodas, Paul Lazarsfelds und Hans Zeisels später durchgeführten ethnographischen Studie «Die Arbeitslosen von Marienthal» (1933). Jahoda et al. hatten auch Schulaufsätze, Weihnachtswunschzettel etc. der Kinder des arbeitslosen Dorfs als Material einbezogen sowie die Ausleihstatistik der dörflichen Leihbibliothek.

8 Schon Parks Studium der Philosophie und Soziologie in Deutschland (unter anderem bei Simmel in Berlin) mündete in die in Heidelberg bei Windelband geschriebenen Dissertation «Masse und Publikum» (Park 1904). Park setzt sich darin mit Publikum, öffentlicher Meinung und sozialer Aufmerksamkeit auseinander.

9 Zur etwas verwickelten Geschichte der verschiedenen Forschungsstellen vgl. Pollak (1981, 169), Neurath (1990, 82/83), Joch Robinson (1990, 93) und Allerbeck (2000, 8).

10 In seinen autobiographischen Notizen deutet Lazarsfeld an, Adorno sei anfänglich auch an Herzogs empirischer Untersuchung «On Borrowed Experience» beteiligt gewesen (1975, 189). Im Zusammenhang mit dem Institut für Sozialforschung sind, auch wenn er nie zum engeren Kreis des Instituts gehörte, Siegfried Kracauers Arbeiten zu erwähnen, neben seinen filmsoziologischen Arbeiten (1947; 1960) insbesondere sein Entwurf einer qualitativen Inhaltsanalyse (1952) (vgl. hierzu ausführlich den Beitrag von Christmann in diesem Band).

11 Merton war insgesamt fast 30 Jahre (von 1942 bis 1971) Associate Director des «Bureau».

12 Damit fehlt in der deutschen Ausgabe der gemeinsam mit Lazarsfeld verfasste Text «Studies in Radio and Film Propaganda» (1943/1968), der in all den verschiedenen revidierten Ausgaben von «Social Theory and Social Structure» enthalten ist. Wie die Herausgeber der deutschen Ausgabe im Vorwort anmerken, erfolgte diese Kürzung im Einvernehmen mit dem Verfasser. Der Kürzung fiel neben diesem dritten Abschnitt über Massenkommunikation auch der ganze vierte Abschnitt zum Op-

fer («Studies in the Sociology of Science»). Als Begründung führen die Herausgeber an: «Insbesondere Mertons wissenschaftssoziologische Arbeiten liegen bereits in einer leicht zugänglichen deutschen Ausgabe vor» (Vorwort der Herausgeber in Merton 1995). Für die wissenschaftssoziologischen Arbeiten mag dies zutreffen, für Mertons mediensoziologische Arbeiten gilt dies jedoch definitiv nicht.

Literatur

Adorno, Theodor W. (1942), The radio symphony. An experiment in theory, in: Lazarsfeld, Paul F./Frank N. Stanton (Hrsg.), Radio research 1941. New York: Duell, Sloan and Pearce, 110–139.

Allerbeck, Klaus (2000), Paul F. Lazarsfeld, in: Käsler, Dirk (Hrsg.), Klassiker der Soziologie. Band 2: Von Talcott Parsons bis Pierre Bourdieu. München: Beck, 2. durchgesehene Aufl., 7–23.

Arnheim, Rudolf (1944), The world of the daytime serial, in: Lazarsfeld, Paul F./Frank N. Stanton (Hrsg.), Radio research 1942–1943. New York: Duell, Sloan and Pearce, 34–85.

Barton, Allen H./Paul F. Lazarsfeld (1984, zuerst 1956), Einige Funktionen von qualitativer Analyse in der Sozialforschung, in: Hopf, Christel/Elmar Weingarten (Hrsg.), Qualitative Sozialforschung. Stuttgart: Klett-Cotta, 41–89 (1. Aufl. 1979) (Originaltitel: Some functions of qualitative analysis in social research, in: Sociologica, 1956, Vol. 1, 321–351).

Berelson, Bernard (1949), What «missing the newspaper» means, in: Lazarsfeld, Paul F./Frank N. Stanton (Hrsg.), Communications Research 1948–1949. New York: Harper & Brothers, 111–128.

Bulmer, Martin (1984), The Chicago School of sociology. Institutionalization, diversity, and the rise of sociological research. Chicago/London: The University of Chicago Press.

Calhoun, Craig (1993), Remembering Robert K. Merton, in: Items & Issues (Social Science Research Council), Vol. 4, Nr. 2/3, http://www.ssrc.org/programs/publications_editors/publications/items/online4.2_3/merton.pdf, Zugriff 01. 06. 05.

Cantril, Hadley/Hazel Gaudet/Herta Herzog (1966, zuerst 1940), The invasion from Mars: A study in the psychology of panic. New York: Harper & Row.

Clark, Carrol de Witt (1931), News. A sociological study. University of Chicago, unpublished thesis.

Clark, Jon/Celia Modgil/Sohan Modgil (Hrsg.), Robert K. Merton. Consensus and controversy. London/New York/Philadelphia: Falmer Press, 1990.

Ruth Ayaß

Coleman, James S. (1972), Paul Lazarsfeld's work in survey research and mathematical sociology, in: Lazarsfeld, Paul F. (Hrsg.), Qualitative analysis. Historical and critical essays. Boston: Allyn and Bacon, 395–409.

Coleman, James S. (1980), Paul Lazarsfeld. The substance and style of his work, in: Merton, Robert K./Matilda Whyte Riley (Hrsg.), Sociological traditions from generation to generation. Norwood: Ablex, 153–174.

Coser, Lewis A. (2000), Robert K. Merton, in: Käsler, Dirk (Hrsg.), Klassiker der Soziologie. Band 2: Von Talcott Parsons bis Pierre Bourdieu. München: Beck, 2. durchgesehene Aufl., 152–170.

Hardt, Hanno (1979), Social theories of the press. Early German and American perspectives. Beverly Hills/London: Sage.

Heckmann, Friedrich (1979), Max Weber als empirischer Sozialforscher, in: Zeitschrift für Soziologie, Vol. 8, Nr. 1, 50–62.

Herzog, Herta (1940), Professor Quiz. A gratification study, in: Lazarsfeld, Paul F. (Hrsg.), Radio and the printed page. New York: Duell, Sloan and Pearce, 64–93.

Herzog, Herta (1941), On borrowed experience. An analysis of listening to daytime sketches, in: Studies in Philosophy and Social Science, Vol. 9, Nr. 1, 65–95.

Herzog, Herta (1944), What do we really know about daytime serial listeners?, in: Lazarsfeld, Paul F./Frank N. Stanton (Hrsg.), Radio research 1942–1943. New York: Duell, Sloan and Pearce, 3–33 und 551–563 (Appendix).

Hopf, Christel (1978), Die Pseudo-Exploration. Überlegungen zur Technik qualitativer Interviews in der Sozialforschung, in: Zeitschrift für Soziologie, Vol. 7, Nr. 2, 97–115.

Jahoda, Marie/Paul F. Lazarsfeld/Hans Zeisel (1975, zuerst 1933), Die Arbeitslosen von Marienthal. Frankfurt a. M.: Suhrkamp.

Joch Robinson, Gertrud (1990), Paul Felix Lazarsfeld's contributions to the development of US communications studies, in: Langenbucher, Wolfgang R. (Hrsg.), Paul F. Lazarsfeld. Die Wiener Tradition der empirischen Sozial- und Kommunikationsforschung. München: Ölschläger, 89–111.

Kellner, Douglas (1982), Kulturindustrie und Massenkommunikation. Die Kritische Theorie und ihre Folgen, in: Bonß, Wolfgang/Axel Honneth (Hrsg.), Sozialforschung als Kritik. Frankfurt a. M.: Suhrkamp, 482–515.

Kracauer, Siegfried (1947), From Caligari to Hitler. A psychological history of the German film. Princeton: Princeton University Press.

Kracauer, Siegfried (1952), The challenge of qualitative content analysis, in: Public Opinion Quarterly, Vol. 16, Nr. 4, 631–642.

Kracauer, Siegfried (1960), Theory of film. The redemption of physical reality. New York: Oxford University Press.

Kutsch, Arnulf (1988), Max Webers Anregung zur empirischen Journalismusforschung. Die «Zeitungs-Enquête» und eine Redakteursumfrage, in: Publizistik, Vol. 33, Nr. 1, 5–31.

Lazarsfeld, Paul F. (Hrsg.) (1940), Radio and the printed page. An introduction to the study of radio and its role in the communication of ideas. New York: Duell, Sloan and Pearce.

Lazarsfeld, Paul F. (1941), Administrative and critical communications research, in: Studies in Philosophy and Social Science, Vol. 9, Nr. 1, 2–16.

Lazarsfeld, Paul F. (1972), Qualitative analysis. Historical and critical essays. Boston: Allyn and Bacon.

Lazarsfeld, Paul F. (1975), Working with Merton, in: Coser, Lewis A. (Hrsg.), The idea of social structure. Papers in honor of Robert K. Merton. New York: Harcourt Brace Jovanovich, 35–66.

Lazarsfeld, Paul F. (1975, zuerst 1969), Eine Episode in der Geschichte der empirischen Sozialforschung, in: Parsons, Talcott/Edward Shils/Paul F. Lazarsfeld, Soziologie autobiographisch. Drei kritische Berichte zur Entwicklung einer Wissenschaft. Stuttgart: Enke, 147–225 (Originaltitel: An episode in the history of social research: A memoir, in: Fleming, Donald/Bernard Bailyn (Hrsg.), The intellectual migration: Europe and America, 1930–1960. Cambridge: Harvard University Press, 1969, 270–337).

Lazarsfeld, Paul F./Bernard B. Berelson/Hazel Gaudet (1944), The people's choice. How the voter makes up his mind in a presidential campaign. New York: Duell, Sloan and Pearce.

Lazarsfeld, Paul F./Robert K. Merton (1948), Mass communication, popular taste, and organized social action, in: Bryson, Lyman (Hrsg.), The communication of ideas. A series of addresses. New York: Harper & Brothers, 95–118.

Lazarsfeld, Paul F./Anthony R. Oberschall (1965), Max Weber and empirical social research, in: American Sociological Review, Vol. 30, Nr. 2, 185–199.

Lazarsfeld, Paul F./Frank N. Stanton (Hrsg.) (1942), Radio research 1941. New York: Duell, Sloan and Pearce.

Lazarsfeld, Paul F./Frank N. Stanton (Hrsg.) (1944), Radio research 1942–1943. New York: Duell, Sloan and Pearce.

Lazarsfeld, Paul F./Frank N. Stanton (Hrsg.) (1949), Communications research 1948–1949. New York: Harper & Brothers.

Lindner, Rolf (1990), Die Entdeckung der Stadtkultur. Soziologie aus der Erfahrung der Reportage. Frankfurt a. M.: Suhrkamp.

Lowenthal, Leo [Löwenthal] (1944), Biographies on popular magazines, in: Lazarsfeld, Paul F./Frank N. Stanton (Hrsg.), Radio research 1942–1943. New York: Duell, Sloan and Pearce, 507–548.

MacGill Hughes, Helen (1981, zuerst 1940), News and the human interest story. New Brunswick: Transaction Books.

Malinowski, Bronislaw (1979, zuerst 1922), Argonauten des westlichen Pazifik. Ein Bericht über Unternehmungen und Abenteuer der Eingeborenen in den Inselwelten von Melanesisch-Neuguinea. Frankfurt a. M.: Syndikat (Originaltitel: Argonauts of the Western pacific. An account of native enterprise and adventure in the archipelagoes of Melanesian New Guinea. New York: Reynolds).

Merton, Robert K. (1949), Patterns of influence. A study of interpersonal influence and of communications behavior in a local community, in: Lazarsfeld, Paul F./Frank N. Stanton (Hrsg.), Communications research 1948–1949. New York: Harper & Brothers, 180–219.

Merton, Robert K. (1979), Remembering Paul Lazarsfeld, in: Merton, Robert K./James S. Coleman/Peter H. Rossi (Hrsg.), Qualitative and quantitative social research. Papers in honor of Paul F. Lazarsfeld. New York: The Free Press, 19–22.

Merton, Robert K. (1995, zuerst 1949), Soziologische Theorie und soziale Struktur. Berlin: de Gruyter (Originaltitel: Social theory and social structure. New York: The Free Press; 1957 revised and enlarged edition; 1968 enlarged edition).

Merton, Robert K. (mit Marjorie Fiske und Alberta Curtis) (1946), Mass persuasion. The social psychology of a war bond drive. New York: Harper & Brothers.

Merton, Robert K./Marjorie Fiske/Patricia L. Kendall (1956), The focused interview. A manual of problems and procedures. Glencoe/London: The Free Press.

Merton, Robert K./Patricia L. Kendall (1946), The focused interview, in: American Journal of Sociology, Vol. 51, 541–557.

Merton, Robert K./Paul F. Lazarsfeld (1968, zuerst 1943), Studies in radio and film propaganda, in: Merton, Robert K., Social theory and social structure. New York: The Free Press, 1968 (enlarged edition), 563–582 (Original in: Transactions of the New York Academy of Science, 1943, Vol. 6, 58–79).

Meyer, Timothy P./Paul J. Traudt/James A. Anderson (1980), Nontraditional mass communication research methods: An overview of observational case studies of media use in natural settings, in: Communication Yearbook, Vol. 4, 261–275.

Morrison, David E. (1978), Kultur and culture. The case of Theodor W. Adorno and Paul F. Lazarsfeld, in: Social Research, Vol. 45, Nr. 2, 331–355.

Neurath, Paul (1988), Paul Lazarsfeld und die Institutionalisierung der empirischen Sozialforschung: Ausfuhr und Wiedereinfuhr einer Wiener Institution, in: Srubar, Ilja (Hrsg.), Exil – Wissenschaft – Identität. Die Emigration deutscher Sozialwissenschaftler 1933–1945. Frankfurt a. M.: Suhrkamp, 67–105.

Neurath, Paul (1990), Paul Lazarsfelds Beitrag zu den Anfängen der Massenkommunikationsforschung, in: Langenbucher, Wolfgang R. (Hrsg.), Paul F. Lazarsfeld. Die Wiener Tradition der empirischen Sozial- und Kommunikationsforschung. München: Ölschläger, 75–86.

Obst, Bernhard (1986), Das Ende der Presse-Enquête Max Webers. Der Heidelberger Professorenprozeß von 1912 und seine Auswirkungen auf die deutsche Zeitungswissenschaft, in: Bruch, Rüdiger vom/Otto B. Roegele (Hrsg.), Von der Zeitungskunde zur Publizistik. Frankfurt a. M.: Haag und Herchen, 45–62.

Park, Robert E. (1904), Masse und Publikum. Eine methodologische und soziologische Untersuchung. Universität Heidelberg, unveröffentlichte Dissertation.

Park, Robert E. (1915), The city. Suggestions for the investigation of human behavior in the city environment, in: American Journal of Sociology, Vol. 20, 577–612.

Park, Robert E. (1922), The immigrant press and its control. New York/London: Harper.

Park, Robert E. (1923), The natural history of the newspaper, in: American Journal of Sociology, Vol. 29, 273–289.

Park, Robert E. (1925), Community organization and juvenile delinquency, in: Park, Robert E./Ernest W. Burgess/Roderick D. McKenzie, The city. With a bibliography by Louis Wirth. Chicago: University of Chicago Press, 99–112.

Park, Robert E. (1928), Human migration and the marginal man, in: American Journal of Sociology, Vol. 33, 881–893.

Park, Robert E. (1929), The city as a social laboratory, in: Smith, Thomas V./Leonard D. White (Hrsg.), Chicago. An experiment in social science research. Chicago: University of Chicago Press, 1–19.

Park, Robert E. (1940), News as a form of knowledge: A chapter in the sociology of knowledge, in: American Journal of Sociology, Vol. 45, 669–686.

Park, Robert E. (1941a), Morale and the news, in: American Journal of Sociology, Vol. 47, 360–377.

Park, Robert E. (1941b), News and the power of the press, in: American Journal of Sociology, Vol. 47, 1–11.

Pollak, Michael (1981), Paul F. Lazarsfeld – Gründer eines multinationalen Wirtschaftskonzerns, in: Lepenies, Wolf (Hrsg.), Geschichte der Soziologie. Studien zur kognitiven, sozialen und historischen Identität einer Disziplin. Band 3. Frankfurt a. M.: Suhrkamp, 157–203.

Pöttker, Horst (2001a), Einleitung, in: ders. (Hrsg.), Öffentlichkeit als gesellschaftlicher Auftrag. Klassiker der Sozialwissenschaft über Journalismus und Medien. Konstanz: UVK, 9–31.

Pöttker, Horst (Hrsg.) (2001b), Öffentlichkeit als gesellschaftlicher Auftrag. Klassiker der Sozialwissenschaft über Journalismus und Medien. Konstanz: UVK.

Ruddock, Andy (2001), Understanding audiences. Theory and method. London/Thousand Oaks/New Delhi: Sage.

Silbermann, Alphons (Hrsg.) (1969), Reader Massenkommunikation. Band 1. Bielefeld: Bertelsmann.

Simeon, Thomas (1990), Kritische und administrative Sozialforschung. Zur Geschichte eines leidvollen Mißverständnisses, in: Langenbucher, Wolfgang R. (Hrsg.), Paul F. Lazarsfeld. Die Wiener Tradition der empirischen Sozial- und Kommunikationsforschung. München: Ölschläger, 258–270.

Thomas, William I./Florian Znaniecki (1927, zuerst 1918–1920), The Polish peasant in Europe and America. A classic work in immigration history. New York: Knopf.

Weber, Marianne (1989, zuerst 1926), Max Weber. Ein Lebensbild. München: Piper.

Weber, Max (1911), Geschäftsbericht, in: Simmel, Georg/Ferdinand Tönnies/Max We-

Ruth Ayaß

ber et al., Verhandlungen des Ersten Deutschen Soziologentages vom 19.–22. Oktober 1910 in Frankfurt. Tübingen: Mohr, 39–62.

Weber, Max (2001, zuerst 1910), Vorbericht über eine vorgeschlagene Erhebung über die Soziologie des Zeitungswesens, in: Pöttker, Horst (Hrsg.), Öffentlichkeit als gesellschaftlicher Auftrag. Klassiker der Sozialwissenschaft über Journalismus und Medien. Konstanz: UVK, 313–325.

Wilson, Thomas P. (1973, zuerst 1970), Theorien der Interaktion und Modelle soziologischer Erklärung, in: Arbeitsgruppe Bielefelder Soziologen (Hrsg.), Alltagswissen, Interaktion und gesellschaftliche Wirklichkeit. Reinbek bei Hamburg: Rowohlt, 54–79 (Originaltitel: Conceptions of interaction and forms of sociological explanation, in: American Sociological Review, Vol. 35, Nr. 4, 697–710).

Wolf, Katherine M./Marjorie Fiske (1949), The children talk about comics, in: Lazarsfeld, Paul F./Frank N. Stanton (Hrsg.), Communications research 1948–1949. New York: Harper & Brothers, 3–50.

Hans Wagner

1.3 Beobachtung, Interpretation, Theorie

Man ist, wenn man anfängt, Beobachtung zu beobachten, leicht versucht, die Beobachtung als ersten und notwendigen Schritt zu all unserem Wissen anzusehen. Oder anders, aber nicht weniger apodiktisch: «Die Beziehung zur Welt wird uns vermittelt durch die Sinnesorgane, mit deren Hilfe wir unsere Erfahrungen machen» (König 1973, 1). Beginnt man indessen über Beobachtung nachzudenken, so werden diese Behauptungen fragwürdig. Wenn unsere Beziehung zur Welt wirklich nur Resultat unserer sinnlichen Beobachtung ist, so wäre diese Beziehung zur Welt höchst dürftig und unser Wissen ebenso karg wie unzuverlässig. Denn zum einen stammt vieles, wenn nicht das meiste, was wir von der Welt wissen, offenbar nicht aus eigener Beobachtung; zum anderen geht ein beträchtlicher Teil unserer Beziehung zur Welt, insbesondere unserer Beziehung zu Mitmenschen, nicht auf Wahrnehmungen zurück, die wir mit unseren äußeren Sinnen gemacht haben; schließlich sind wir immer wieder mit der Tatsache konfrontiert, dass unsere Beobachtungen uns täuschen können, zumindest aber, dass sie abhängig sind von dem Standort, von dem aus wir sie gemacht haben. Kurzum: Beobachtungen sind perspektivisch.

Wenn wir also die Rolle der Beobachtung im wissenschaftlichen Erkenntnisprozess – unter Vermeidung wenigstens allzu grober Fehler – klären wollen, tun wir gut daran zu fragen, was Beobachtung ist und einschließt, wie und was wir überhaupt beobachten können, wie wir wissenschaftlich mit den Befunden unserer Beobachtung umgehen. Führt uns Beobachtung über ihre Deutung zu theoretischen Erkenntnissen, auf die wir uns verlassen können?

1. Beobachtung in der Alltagswelt

In der Welt, in der wir leben, sind wir nicht nur Handelnde, die sich mit eigenen Interessen, Zwecken und Motiven mit dieser Welt auseinander setzen, in sie hineinwirken und von ihr beeinflusst werden. Wir sind nicht nur Partner sozialer Beziehungen, in denen wir uns auf Mitmenschen einlassen, mit ihnen uns austauschen und mit ihnen handeln. Wir sind in dieser Welt immer auch schon Beobachter. Beobachtend nehmen wir die Welt um uns herum, Dinge und Menschen und Vorgänge wahr und machen so unsere Erfahrungen. ‹Beobachten›, ‹wahrnehmen›, ‹erfahren›: Die Sprache unseres Alltagsdenkens kennt diese verschiedenen Bezeichnungen für das nämliche Phänomen, akzentuiert aber damit einzelne seiner Aspekte auf besondere Weise. ‹Beobachten› meint das wache, aktiv gezielte Hinschauen auf das, was vor Augen liegt – den in der Hierarchie der Sinne traditionell höchstrangigen Gesichtssinn stellvertretend für alle anderen Sinne herausgreifend. Das nahezu sinngleiche ‹Wahrnehmen› kehrt die Blick- und Zielrichtung eher um, betont den Eindruck, den wir von all dem, was sich unseren Sinnen zeigt, empfangen und aufnehmen. ‹Erfahren› schließlich zielt der Tendenz nach auf ein Resultat des Beobachtens, das wir festhalten und speichern können. Erfahrungen, die wir machen, werden bekanntlich zur Erfahrung, die wir haben, zu Lebenserfahrung auch.

So eindeutig die Sprache selbst Beobachtung mit unseren Sinnesorganen verbindet, so unmissverständlich deutet sie auch schon an, dass dieser Art menschlicher Beobachtung enge Grenzen gesetzt sind. Denn die Wahrnehmungsleistung unserer fünf Sinne ist an das Hier und Jetzt gebunden. Über diese Raum- und Zeitschranken reichen sie nicht hinaus. Direkte Beobachtung ist also beschränkt durch die Ausstattung unserer äußeren Sinne. Daher haben Menschen immer versucht, mit Hilfe von allerlei Techniken und Instrumenten ihre Sinne zu schärfen oder deren Reichweite zu vergrößern. Lautsprecher verstärken die Stimme, damit auch noch entfernte Ohren sie hören. Wir schärfen das Auge mit Ferngläsern für die Weite und mit zu Mikroskopen vereinigten Linsensystemen, um noch materielle Feinstrukturen sichtbar zu machen, in die das ‹bloße Auge› nicht mehr dringen kann. Solche Hilfsmittel lassen indessen immer noch direkte Wahrnehmung zu, ein «instrumentell realisiertes Sehen» (Scheerer 1995).

Das ändert sich erheblich, wenn wir mit Zeitung, Radio oder Fernsehen beobachten wollen, was in der Welt los ist und für uns bedeutsam sein könnte. Marshall McLuhan hat bemerkt, dass alle diese (Massen-) Medien «Ausweitungen unserer menschlichen Sinne» seien (1968, 28, 79 et passim). Weil der größte Teil der sozialen und politischen Welt «außer Sicht» liegt, so hatte Walter Lippmann schon Jahrzehnte früher dargetan, habe der Mensch «Methoden erfunden», «mit deren Hilfe [er] sehen kann, was kein bloßes Auge sehen konnte, und hören, was kein Ohr zu hören vermochte». Der Mensch lernte «mit seinem Geist riesige Teile der Welt zu sehen, die er nie zuvor sehen, berühren, riechen, hören oder im Gedächtnis behalten konnte», und er schuf sich «in seinem Kopf ein Bild von der Welt außerhalb seiner Reichweite» (1964, 27f.). Die Medien und Methoden, von denen hier die Rede ist, erlauben durchweg nur mehr eine indirekte Beobachtung der Welt, die an Umfang, Fülle und Bedeutung die direkte Beobachtung allerdings längst übertroffen hat. Präziser sollte man wohl von einer vermittelten Beobachtung sprechen. Denn tatsächlich beobachten wir, wenn wir Zeitung lesen, Radio hören oder fernsehen, nicht etwa eine Bundestagsdebatte oder einen Unfall auf der Autobahn oder irgendein anderes Weltgeschehen. Wir sehen vielmehr im ersten Fall weißes Papier und mehr oder weniger regelmäßig angeordnete schwarze oder bunte Figurationen von Farbpigmenten, im anderen Fall hören wir Laute und Töne, und im letzten Fall schauen wir auf farbig aufleuchtende Lichtpunkte einer Mattscheibe. Sonst nichts. Aber was da in unsere Sinne einfällt, ist nicht das, was wir wirklich wahrnehmen, die Bedeutung nämlich oder der Sinn dessen, was da jeweils sichtbar oder hörbar ist. Diese Wahrnehmungen evozieren in uns dann konkrete Vorstellungen von der Welt oder von Menschen, die mit den Sprachverweisen auf eine Wahrnehmung durch äußere Sinne (wie Lippmann sie benutzt) letztlich eher analog beschrieben sind. Gewiss, irgendwo am Anfang der nicht selten zu ganzen Ketten verbundenen Methoden und Medien solch indirekter Beobachtung steht ein Augen- oder Ohrenzeuge, der tatsächlich im strikten Sinn beobachtet. Uns aber, die wir uns dafür interessieren, wird «die ungesehene Umwelt (…) hauptsächlich durch Worte nahegebracht» (Lippmann 1964, 50). Dass das funktioniert, nimmt das Alltagsdenken als unbefragte Selbstverständlichkeit hin.

Für uns, die wir am Ende der Kette solch indirekter Beobachtung stehen, haben die so gewonnenen Erfahrungen eine beachtenswerte Eigentümlichkeit: Es handelt sich da nämlich im Gegensatz zur äußeren Wahrnehmung stets um eine innere Wahrnehmung, um «Bilder im Kopf» (Lippmann) oder um Imaginationen, die, obwohl nicht unmittelbar auf äußere Sinneseindrücke zurückführbar, dennoch konkret und hinsichtlich ihrer Merkmalsfülle ähnlich bestimmt sind wie die Sinneseindrücke selbst. Diese Eigenart gehört zu einer Dimension der Erfahrung, die mit der Unterscheidung von direkter und indirekter Beobachtung nicht gedeckt ist. Die Möglichkeit, durch indirekte und dann zumeist durch Worte vermittelte Beobachtung Erfahrung zu gewinnen, verdanken wir vielmehr der Fähigkeit zu innerer Wahrnehmung im Unterschied zu äußerer Wahrnehmung. Diese innere Wahrnehmung hat den Charakter des ‹Erlebens› und umfasst die konkreten, bildhaften Vorstellungen, auch die Phantasievorstellungen, Erinnerungen, sodann Gefühle und Stimmungen, nicht zuletzt unsere Bewusstseinsakte. Mit dieser «Blickwendung von außen nach innen» beobachten wir also nicht nur, dass und wie wir uns freuen, dass wir glücklich oder traurig sind oder enttäuscht; wir beobachten vielmehr «reale Zustände und Erlebnisse unser selbst», neben unseren Gefühlen auch unser Wollen und Denken, und stoßen so auf fundamentale Erfahrungstatsachen, die sich jeder äußeren Wahrnehmung entziehen. Wir erleben im Denken vor allem das eigene Sein. René Descartes (1596–1650) hat diese Erfahrung mit dem berühmten Satz zur Grundlage der Philosophie gemacht: «Cogito, ergo sum» (de Vries 1980, 27).

Der volle Umfang der Beobachtung und der auf sie gegründeten Erfahrung in der Alltagswelt schließt also die *direkte* und die *indirekte* Wahrnehmung sowie die äußere Wahrnehmung (als ‹Anschauung› im strikten Sinn) und die innere Wahrnehmung (als das ‹Erleben› der eigenen Bewusstseinsakte) ein. Wir werden sehen, dass keine Dimension des Beobachtungsphänomens und der mit ihm verbundenen Erfahrungstatsachen unterschlagen oder weggenommen werden darf, wenn die Erfahrung ein tragfähiges Fundament für wissenschaftliche Erkenntnis der sozialen Realität im Allgemeinen und der sozialen Kommunikation im Besonderen bieten soll.

2. WISSENSCHAFTLICHE BEOBACHTUNG UND VERSTEHEN

Jede Wahrnehmung, gleichgültig, in welcher Beobachtungsform sie erfolgt, ist mit dem «Problem der Auswahl» verknüpft:

> «Innerhalb unseres Wahrnehmungsfeldes müssen wir die Elemente auswählen, die (…) ‹thematisch› werden und ausgelegt werden können» (Schütz 1982, 44).

Die Auswahl dessen, was wir in unsere Alltagsbeobachtung einbeziehen, hängt, wie wir gut genug wissen, davon ab, was uns interessiert und was wir wollen. Und dabei wieder spielt eine Rolle, wo – im wörtlichen und übertragenen Sinn – unser Beobachtungsstandort ist, welche Einstellungen wir haben, auf welche Erfahrungen wir zurückgreifen und was wir schon wissen. In diese «biographische Situation» (Schütz 1971c, 44f.) eingebettet sind Sympathien und Antipathien, Vorlieben und Aversionen, nicht zuletzt die Absichten, Einfluss zu nehmen auf den Gang der Dinge, Wünsche und Erwartungen an Hoffnungen auf den Erfolg unseres vorentworfenen Handelns. Unter solchen Voraussetzungen sehen wir dann die Tatsachen durch die Brille unserer Vor-Urteile und Voreingenommenheiten. Perspektivverschiebungen, Färbungen und Blickverengungen der Welt, die wir beobachten, sind eine notwendige Folge.

Wer wissenschaftlich arbeitet und als Wissenschaftler in theoretischer Einstellung die Welt beobachtet, muss sich von diesen Befangenheiten, die Beobachtungs- und Denkzwängen gleichkommen, frei machen oder sie wenigstens reflektierend und kontrollierend beherrschen. Sonst vermag er nicht zu den erkenntnisrelevanten Tatsachen vorzustoßen.[1] Der Wissenschaftler muss gewissermaßen aus seiner Alltagswelt ‹aussteigen›. Er muss, wie der Phänomenologe Alfred Schütz immer wieder darlegte, sein Relevanzsystem radikal verändern und wechseln (1971a, 73; 1984, 396f.). Der Wissenschaftler, der Sozialwissenschaftler zumal, ersetzt die biographische Situation durch eine «wissenschaftliche Situation», das heißt, er

> «ist nicht in die beobachtete Situation einbezogen, die ihn nicht praktisch, sondern nur theoretisch interessiert. (…) Er schaut auf die Sozialwelt mit demselben kühlen Gleichmut, mit dem der Naturwissenschaftler die Ereignisse in seinem Laboratorium verfolgt» (Schütz 1971c, 41f.).

Das Relevanzsystem des Wissenschaftlers verlagert sich also «vom praktischen zum theoretischen Feld». Dieser Wechsel des Relevanzsystems hat zur Konsequenz, dass alles, was für ihn als Mensch inmitten seiner Mitmenschen bedeutsam war, in der theoretischen Einstellung «in Klammern gesetzt» und suspendiert werden muss.

Drei wesentliche Charakteristika kennzeichnen dieses andersartige Relevanzsystem.

1. Für den Sozialwissenschaftler ist «die zum Gegenstand der Forschung gemachte Lebenswelt (…) in erster Linie die Lebenswelt des Anderen, des Beobachteten» (Schütz 1971b, 159f.).
2. Sobald aber das Problem formuliert ist, hat der Wissenschaftler «eine vorkonstituierte Welt der wissenschaftlichen Forschung betreten, die ihm durch die historische Tradition seiner Wissenschaft überliefert wird» (Schütz 1984, 399). Nicht mehr die individuell-subjektive Erfahrung und der Wissensvorrat des Alltagsverstands sind für den wissenschaftlichen Beobachter maßgebend, sondern dieses Korpus der Erkenntnisse seiner Wissenschaft.
3. «Zu diesem corpus wissenschaftlicher Erkenntnis gehören auch die Regeln des Verfahrens, welche sich bewährt haben, nämlich die Methoden seiner Wissenschaft, einschließlich der Methoden für die richtige Konstruktion von Typen» (Schütz 1984, 293). Die anerkannten Verfahren der Wissenschaft lösen somit die von der sozialen Verteilung des Wissens, von Handlungsinteressen und -motiven abhängigen typisierenden Konstruktionen des Alltags ab.

Wenn und soweit es dem Sozialwissenschaftler gelingt, die skizzierten Bedingungen einer theoretischen Einstellung zu erfüllen, hat er freie, unverstellte Sicht auf die Tat-Sachen der Sozialwelt; nur dann können sie gesichert und zureichend so beschrieben werden, wie sie sich dem Bewusstsein des Beobachters zeigen.[2] Auf diese Weise wird Beobachtung auf einen Erkenntnisweg führen, dessen Ziel es in den Sozialwissenschaften ist, ein «geordnetes Wissen von sozialer Wirklichkeit zu gewinnen». Unter «sozialer Wirklichkeit», so Alfred Schütz (1971a, 60), ist «die Gesamtheit von Gegenständen und Erscheinungen in der sozialen Kulturwelt» zu begreifen, «und zwar so, wie diese im Alltagsverständnis von Menschen erfasst wird, die in ihr in mannigfachen Beziehungen zu ihren Mitmenschen handeln». Diese letzte Bemerkung ist deshalb entscheidend, weil sie auf den wesentlichen Zielaspekt hinweist: Der Sozialwissenschaftler beobachtet, um zu verstehen.

Man darf in dieser Formulierung auch eine Kritik an dem wissenschaftlichen Credo des Positivismus sehen, wonach nur die sinnliche Wahrnehmung die Bedingungen einer wissenschaftlichen Beobachtung erfüllt und – weil überprüfbar – empiriefähig ist. Diese Behauptung ignoriert freilich, dass Wissenschaft, die Naturwissenschaft nicht ausgenommen, ein «soziales Unternehmen» ist. Von der Formulierung des Problems über die sinnliche Beobachtung bis zur Konstruktion einer Theorie und deren Überprüfung durch neuerliche Beobachtungen sind die beteiligten wissenschaftlichen Beobachter unlösbar in ein Geflecht wechselseitiger sozialer Beziehungen verstrickt. Beobachtung ist deshalb nicht einfach eine Art mechanische Aufzeichnung; ihre Auswertung und Interpretation, auch wenn sie in mathematischer Formelgestalt daherkommt, ist keine simple Automatenoperation. Vielmehr ist die Zuverlässigkeit jedes Vorgangs in diesem Prozess davon abhängig, dass der Beobachter in Laut- oder Schriftzeichen wiedergibt, was er beobachtend erkundet hat, dass er sich an das Beobachtete sicher erinnert, dass die verlautete oder verschriftete Beobachtung in der Folge vom Beobachter selbst oder von kontrollierenden Beobachtern sachgemäß gedeutet wird, dass die aus dem Korpus der fraglichen Wissenschaft entnommenen Vorstellungen verlässlich tradiert und von den gegenwärtig damit befassten Wissenschaftlern adäquat verstanden werden: Wenn die

Hans Wagner

mannigfach verknüpften und vernetzten Erinnerungen, Kommunikationen, Vorstellungen und Bewusstseinsakte nicht empiriefähig und nicht wissenschaftsfähig wären, könnte nicht eine einzige sinnliche Beobachtung zu einer objektiven wissenschaftlichen Erkenntnis führen. Ohne Rückgriff auf innere Erfahrung bleibt jede sinnliche Erfahrung nichts sagend und leer. Oder anders: Man muss einsehen,

«daß die wissenschaftlich erkannte Objektivität als solche eine Leistung des erkennenden Subjekts ist, und daß sie insofern im ursprünglichen Lebens- und Wirkzusammenhang des Subjekts ihr letztes Fundament hat» (Lübbe 1972, 74).

Gegen das Postulat einer nur auf sinnliche Beobachtung oder entsprechend auf die Beobachtung nur des offenkundigen Handelns in sozialen Beziehungen gegründeten Erfahrung setzt Alfred Schütz seine Argumentation an der empfindlichsten Stelle an, nämlich an der These, nur eine derartige Beobachtung sei überprüfbar. Wie, so fragt er, soll eine solche Überprüfung der Ergebnisse der Beobachtungen des Wissenschaftlers A durch einen Wissenschaftler B unter diesen Umständen überhaupt möglich sein?

«Um dies zu können, muß B wissen, was A beobachtet hat, was das Ziel seiner Untersuchung ist, warum er die beobachteten Tatsachen seiner Beobachtung würdig hält, das heißt, warum sie für sein vorliegendes wissenschaftliches Problem relevant sind und so fort. *Dieses Wissen wird gemeinhin Verstehen genannt*» (Schütz 1971a, 61; Hervorhebung H. W.).

So viel sei immerhin sicher, fährt er fort, dass solches Verstehen weder mit den postulierten empirischen Verfahren noch mit den vom Positivismus unterstellten wissenschaftsuntauglichen Methoden zu erreichen ist:

«(…) ein intersubjektives Verstehen zwischen dem Wissenschaftler B und dem Wissenschaftler A ergibt sich weder aus Bs Beobachtung des offenkundigen Verhaltens von A, noch aus einer von B geleisteten Introspektion, und ebenso wenig aus der Identifikation von B mit A» (Schütz 1971a, 61f.).

Der Positivismus erscheint also höchst inkonsequent: Er operiert stillschweigend genau mit den Voraussetzungen, die er nach außen als unwissenschaftlich oder empirieunfähig zurückweist. Indem er sie aber ablehnt, zieht er sich buchstäblich selbst den Boden unter dem eigenen Erkenntnisgang weg. Eine empirische Sozialwissenschaft im Allgemeinen sowie eine empirische Wissenschaft der menschlichen Kommunikation im Besonderen kann auf der Basis der positivistischen Postulate folglich überhaupt nicht betrieben werden.

3. Den Sinnen entzogen: Kommunikation

Letzten Endes nämlich werden mit der Beschränkung auf sinnliche Beobachtung die entscheidenden Dimensionen der sozialen Wirklichkeit von einer wissenschaftlichen Untersuchung ausgeschlossen, radikal und zur Gänze die Dimension der Kommunikation zwischen Menschen und in der Gesellschaft. Rein gar nichts, was wir selbst in einfachsten Kommunikationsprozessen, etwa bei einem Gespräch zwischen zwei Menschen, sinnlich wahrnehmen oder wahrnehmbar machen können, vermag auch nur annähernd an das heranzukommen, was den in ihr Gespräch vertieften Menschen dabei als ihre Erfahrung gegeben ist und was wir eben ‹Kommunikation› oder ‹Mitteilung› nennen.

Da spricht also einer, und der Andere hört zu. Das sehen wir. Oder präziser: Wir sehen zwei Menschen, die ihre Lippen bewegen und dabei verhalten oder heftig gestikulieren. Dass sie ein Gespräch führen, ist schon nicht mehr Befund der Beobachtung allein, sondern Interpretation vieler Anzeichen. Man kann dann selbstverständlich physiologisch das Hören des einen als einen objektiven Prozess beschreiben, «der in jenem anatomisch bekannten, ‹Ohr› genannten Organ und weiterhin abläuft, nachdem er durch die physikalische Realität der Schallwellen [welche der Redende produziert] ausgelöst worden ist» (Lübbe 1972, 16). Edmund Husserl, der wegweisende Pionier der Phänomenologie, «bestreitet nicht, was absurd wäre, das objektive Recht solcher naturwissenschaftlichen Theorie. Er bestreitet aber, daß sie Theorie jenes hörenden Subjekts als solchen sei. Im Hören, wie es für das hörende Subjekt selbst da ist, kommen Schallwellen, nervliche Prozesse usw. schlechterdings nicht vor. Das heißt zweifellos nicht, daß diese objektiven physikalischen und physiologischen Realitäten nicht da wären oder daß das Subjekt Ursache hätte, sie zu bezweifeln. Es heißt lediglich, daß das Subjekt als solches in allem, was es für sich selbst als hörendes, sehendes, überhaupt wahrnehmendes und erkennendes Subjekt ist, auf jene unbestreitbaren Objektivitäten physikalischer und sonstiger Art nicht reduziert und aus ihnen nicht erklärt werden kann» (Lübbe 1972, 16). Dasselbe gilt analog für den redenden Partner in einem solchen Gespräch. Er produziert nicht Laute, die als Schallwellen gemeint sind, sondern Worte und Sätze, die als Zeichen für etwas anderes gemeint sind, nämlich für einen Sinn, von dem er annimmt und mit Recht annehmen kann, dass sein Partner diesen Sinn zu entschlüsseln, zu verstehen und daraus zu schließen vermag, was er, der Redende, will oder welche Motive ihn bewegen. Sinnlich beobachten, sehen oder hören oder messen jedoch kann man weder diesen Sinn noch eine irgendwie geartete äußere Verbindung, mit welcher der Sinn an Worte oder andere Zeichen gekettet wäre.

Als «Zeichen» (und im weiteren Sinn als Anzeichen), die nicht nur vielerlei sprachliche, sondern auch andere Gestalten bis hin zu Werkzeugen oder Institutionen annehmen können, gelten solche Objekte und Sachverhalte der Außenwelt, die (fremde) Bewusstseinsvorgänge, oder wie Alfred Schütz immer wieder formuliert, die Cogitationen von Mitmenschen appräsentieren, das heißt: mitvergegenwärtigen. Bei der Appräsentation handelt es sich um eine Beziehung, bei der ein präsenter, sinnlich wahrnehmbarer Sachverhalt so mit einem anderen, nicht gegenwärtigen, daher auch nicht direkt beobachtbaren Sachverhalt gekoppelt ist, dass der erstere, wenn er in Erscheinung tritt, auf den letzteren notwendig und sicher verweist. Appräsentative Beziehungen, die sich in der Erfahrung immer wieder bewähren, wie das typischerweise bei der Sprache der Fall ist, verfestigen sich zu Bedeutungsbeziehungen.[3] All unser im Allgemeinen recht zuverlässiges Wissen um Bewusstseinszustände von Mitmenschen beruht auf solchen appräsentativen Verweisungen.

Ganz gleich, wie Kommunikation realisiert wird, mit Lauten oder Schriftzeichen, mit Gesten oder Bildern, sie kann nur innerhalb der Realität der Außenwelt erfolgen. Jede Kommunikation erfordert unter allen

Umständen solche Objekte oder Ereignisse in der Außenwelt, die der Mitteilende setzt und die von den an der Mitteilung Interessierten sinnlich wahrgenommen werden können. Ein wissenschaftlicher Beobachter, der sich strikt an den methodischen Vorsatz hält, nur seine äußeren Sinne zu benutzen, könnte nichts wahrnehmen als ebendiese Ereignisse oder Objekte in der Außenwelt und müsste damit zwangsläufig die kommunikative Realität verfehlen. Im Unterschied dazu richten die in einen Kommunikationsvorgang involvierten Interessenten ihre ganze Aufmerksamkeit gar nicht auf die unverzichtbaren Ereignisse und Objekte der Außenwelt (die wir landläufig als Medien bezeichnen) und fassen diese auch nicht als solche auf, sondern als Träger eines Sinns. Denn die wahrnehmbaren Zeichen, die im Kommunikationsprozess verwendet werden, sind vom Mitteilenden schon vorinterpretiert oder werden in der Regel vorinterpretiert in der Sozialwelt schon vorgefunden und übernommen. Damit eine Kommunikation mit wechselseitigem Verstehen wirklich zustande kommt, muss das Interpretationsschema, das den Mitteilenden bei der Setzung seiner Zeichen leitet, im Großen und Ganzen mit dem Interpretationsschema übereinstimmen, das der Empfänger der Zeichen benutzt (vgl. Schütz 1984, 319 und 325f.). Doch schon in einer Face-to-Face-Kommunikation sind weder die Interpretationsschemata noch die Interpretationsvorgänge, sind weder ‹Produktion› noch Wahrnehmung des Sinns mit den Sinnen beobachtbar.

Im Falle des Versuchs, Kommunikationsvorgänge über räumliche oder zeitliche Distanzen, im besonderen ‹Massenkommunikation› nach der positivistischen oder behavioristischen Devise wissenschaftlich in den Griff zu bekommen, verschärft sich das Beobachtungsproblem erheblich. Denn eine Kommunikation mit dem Ziel gegenseitigen Verstehens bleibt auch dann möglich, wenn die Kommunikationspartner füreinander nicht in räumlicher Reichweite gegenwärtig sind oder wenn Mitteilung und deren Wahrnehmung nicht in Gleichzeitigkeit erfolgen, und auch dann noch, wenn der Kommunikationsinteressent auf der Empfängerseite überhaupt nicht mehr jene Zeichen erhält, die der Mitteilende gesetzt hat, sondern wenn diese Zeichen infolge des Wechsels von Medien (mehrfach) transformiert wurden, wie das in der Massenkommunikation regelmäßig geschieht.

Hans Wagner

«In komplizierten Fällen der Kommunikation kann eine beliebige Anzahl von menschlichen Individuen oder mechanischen Vorrichtungen in den Kommunikationsprozeß zwischen den ursprünglichen Kundgebenden und den Kundnehmenden eingeschaltet sein» (Schütz 1984, 325),

ohne dass dadurch der intendierte Mitteilungsvorgang Schaden nehmen müsste. Und in ebendiesen Fällen sind, im Unterschied zur direkten Gesprächssituation, auch alle Beteiligten der Beobachtung entzogen.

Die Grenzen der bloßen Beobachtung werden besonders deutlich in einem prominenten Sektor der Medien- und Kommunikationsforschung, der so genannten Wirkungsforschung. Man muss nämlich konstatieren, dass keinerlei Wirkung von Kommunikation oder von Medienangeboten sinnlich wahrnehmbar ist. Was wir als Wirkung von Medien tatsächlich beobachten können, ist lediglich ein zeitliches Nacheinander von Handlungsereignissen: Zuerst ist eine Berichterstattung über ein Handeln oder einen Zustand da; ihr folgt in zeitlichem Abstand (immer) ein Handeln oder ein Zustand von anderen Menschen, der dem Berichteten gleicht. Weil also, wo Kommunikations- und Medienwirkungen untersucht werden sollen, als äußere Wahrnehmung letztlich nur ein Nacheinander sozialer Tatsachen fassbar ist, hat sich die Wirkungsforschung vermutlich mit Vorzug auf solche Wirkungen ausgerichtet, die sich ihrerseits in Aufeinanderfolgen von Verschiedenem manifestieren: in Veränderungen des Wissens, der Meinungen, der Einstellungen oder der Handlungsabsichten, soweit sie Kommunikations- oder Medieneinflüssen zugeordnet werden können.

Dabei versucht die Wirkungsforschung seit jeher, die entscheidenden Informationen über Wirkungen auf indirektem Weg zu gewinnen, sie nämlich aus dem Inneren und dem Erinnern der Versuchspersonen (in einem ganz buchstäblichen Sinn) «herauszufragen». Bei dieser Prozedur erwartet der Forscher nicht nur, dass die Probanden die gestellten Fragen richtig verstanden haben und dass er selbst umgekehrt die Antworten versteht; er geht vor allem davon aus, dass er mit Hilfe der Befragung seine Probanden dazu bewegen kann, ihren inneren (Wirkungs-)Erfahrungen zuverlässig Ausdruck zu geben. Was auf diesem Verfahrensweg als Wirkungsindikatoren aufgezeichnet, gezählt und gemessen werden kann, sind also Äußerungen – nicht aber Wirkungen. Solche Äußerungen, standardisiert abgegeben oder frei formuliert, wären nichts wert, wenn es nicht die sichere Erfahrung gäbe, die es zulässt, sie als verlässlichen Ausdruck erfahrener Kommunikationswirkungen zu interpretieren.

Die gesamte Wirklichkeit der sozialen Kommunikation und ihrer Medien ist also auf Verstehen gegründet und mündet an jeder Stelle, die einer wissenschaftlichen Bearbeitung wert erscheint, im Verstehen. Wer sich wissenschaftlich auf Gegenstände sozialer Kommunikation einlässt, ist unentrinnbar und unentwegt mit Phänomenen des Verstehens konfrontiert. Zwar nicht mit den äußeren Sinnen wahrnehmbar, ist Verstehen gleichwohl eine unbestreitbare Erfahrungstatsache. Daher sollte der empirisch arbeitende Kommunikations- und Medienforscher einiges vom Verstehen verstehen.

4. Interpretation: Brücke zu Wissen und Gewissheit

Verstehen ist – alltagspraktisch gesehen – so schwierig nicht zu verstehen. Kommunikatives Handeln ist der typische Fall, um das zu demonstrieren. Jemanden, der zu mir etwas sagt, verstehe ich dann, wenn ich weiß, was die Worte und Sätze bedeuten, die er spricht, und wenn ich seinem gesamten Redezug entnehmen kann, was er damit meint oder was er will. Ersteres ist möglich, wenn er, der zu mir redet, die gleiche Sprache spricht wie ich; Letzteres erschließt sich aus der Aussage als ganzer, unter Umständen in Verbindung mit der Art und Weise, wie sie gemacht wird, aus Tonfall und Lautstärke etwa, aber auch aus Begleiterscheinungen wie Körperhaltung, Gestik und Mimik. Im Alltag funktioniert Verstehen für alle praktischen Zwecke ziemlich reibungslos.

Der einfache Fall macht grundsätzliche Aspekte des Verstehens deutlich.

Hans Wagner

1. Vor allem und zuerst: Verstehen ist nicht Beobachtung, aber es ist immer an eine Beobachtung gebunden. Jedes Verstehen des Handelns, des Redens oder der Gedanken Anderer erfordert ein Objekt oder ein Ereignis in der Außenwelt, das jedoch nicht als solches, nicht als Wahrnehmungsding, sondern als Verweisung vom Verstehenden erfasst wird, als Ausdruck der Gefühle, der Willensakte oder der Gedanken und Absichten dessen, von dem dieser «Ausdruck» stammt (vgl. Schütz 1984, 322). Verstehen knüpft also an eine sinnliche Beobachtung an; Verstehen ist die Deutung der Bedeutung, die ein Ausdruck hat, Interpretation des Beobachteten. Insofern bildet Verstehen eine Art Brücke zwischen Beobachtung einerseits und Wissen oder Erkenntnis andererseits.

2. Verstehen, wie unser einfaches Beispiel auch zeigt, hat etwas mit dem kulturellen Hintergrund und den Selbstverständlichkeiten der am Verstehensprozess Beteiligten zu tun. Verstehen ist nämlich «keineswegs eine private Angelegenheit» (Schütz 1971a, 64) eines Beobachters oder Interpreten. Verstehen ist nur möglich, weil wir in einer intersubjektiven Welt leben. Die gemeinsame Sprache ist zugleich Ausdruck und beständiger Generator der Intersubjektivität der Lebenswelt. Allerdings ist dies, wie das Erlernen einer fremden Sprache, ein mühsamer Weg, der viele Durchgänge durch Verstehensprozesse erfordert: das Fortschreiten von vagen Vorverständnissen zu einem ersten, noch lückenhaften Verständnis, bis wir schließlich alles verstehen, was wir verstehen müssen, um typische Zwecke zu erreichen, Wissen und Erkenntnis zu erlangen und Gewissheit zu gewinnen.

3. Die Gewissheit, den Sinn verstanden zu haben, leiten wir jedoch nicht aus einer einfachen oder einmaligen Beobachtung ab, sondern aus vielerlei und vielen Einzelbeobachtungen. Nicht das einzelne gesprochene Wort und möglicherweise auch noch nicht die einzelnen Sätze verbürgen den Sinn des Gesprochenen und die Absicht des Sprechers, sondern erst der Zusammenhang des Gesprächs, einschließlich aller visuellen Begleiteindrücke. Dieser Zusammenhang erklärt, warum Sinnverstehen mitunter schwierig wird und anstelle der gesuchten Gewissheit Unsicherheit hervorruft, wenn einzelne Beobachtungselemente ausfallen, etwa am Telefon, wo der Blickkontakt mit dem Ge-

sprächspartner fehlt, oder beim Lesen eines Briefs oder eines anderen Textes, wo wir nur und ausschließlich auf Wort- und Satzfolgen und den so aufgebauten Kontext verwiesen sind.

4. Zu den Regeln, die ein Sinnverstehen mit Gewissheitsresultat erwarten lassen, gehört auch die Wiederholbarkeit und damit die Überprüfbarkeit der Beobachtung durch verschiedene Beobachter. Dies ist prinzipiell möglich, weil die verstehende Interpretation in den Gemeinsamkeitsbeständen einer intersubjektiven sozialen Wirklichkeit verankert ist. Verstehen erfolgt deshalb nicht zufällig, nicht beliebig und nicht willkürlich. In der Konsequenz heißt das aber auch: Alle Deutungen und Interpretationen und auch die Resultate des Verstehens sind grundsätzlich durch andere Beobachter überprüfbar.

5. Diese Überlegungen machen schließlich einsichtig, dass Verstehen nichts mit spontanen oder intuitiven Einfällen zu tun hat, auch nichts mit Einfühlung. Als Erfahrungsweise, in welcher der Alltagsverstand von der sozial-kulturellen Welt Kenntnis nimmt, sich mit ihr auseinander setzt und in ihr sich orientiert, ist Verstehen das «Ergebnis von Lernprozessen oder von Akkulturation» (Schütz 1971a, 64), auch das Ergebnis von alltäglichen Erfahrungen mit dieser Welt. Es ist eine der ersten Erfahrungen überhaupt, die der Alltagsverstand macht:

«Denn da menschliche Wesen von Müttern geboren und nicht in Retorten zusammengebraut werden, ist die Erfahrung der Existenz anderer menschlicher Wesen und des Sinns ihres Handelns gewiß die erste und ursprünglichste empirische Beobachtung, die der Mensch macht» (Schütz 1971a, 66).

Verstehen müsste bei einer solch massiven Fundierung in der Intersubjektivität der Sozialwelt eigentlich über jeden Subjektivismus-Verdacht erhaben sein. Dass ein solcher Verdacht immer wieder geschürt wird, ist auf ganz unnötige Missverständnisse zurückzuführen. Wie schon bemerkt, wird Verstehen dann mit einem nicht objektivierbaren «Einfühlen» gleichgesetzt, mit dem Postulat, sich in die Haut eines anderen «hineinzuversetzen», oder es wird als «Nacherleben» und als «Mitvollzug» charakterisiert. Solche Vorstellungen sind zum Teil Relikte einer Auffassung vom Verstehen, wie sie in der Romantik gepflegt wurde. Damit wird aber an das Verstehen ein Leistungsanspruch gestellt, bei dem schon du-

Hans Wagner

bios ist, wie er überhaupt erfüllt werden kann. Und wenn man das «Einfühlen» nicht einem mysteriösen menschlichen Vermögen zuschreiben will, so führt diese Forderung jedenfalls in ein unerlaubtes Zirkeldenken: Der Interpret soll sich als Voraussetzung, um überhaupt verstehen zu können, in einen Handelnden einfühlen, könnte dies aber – wenn überhaupt – nur und erst dann, wenn er den Handelnden oder sein Handeln schon verstanden hat. Mit wissenschaftlichem Anspruch ist eine solche Vorstellung von Verstehen keinesfalls mehr vertretbar.

Zu Missverständnissen führt gleichfalls nicht selten eine zu wenig präzise Unterscheidung zwischen dem Alltagsdenken und der Wissenschaft. Natürlich richtet sich das Alltagsverstehen stets auf Subjekte und Subjektives: Wir verstehen Mitmenschen oder ihr Handeln und Reden dann, wenn wir ihre Ziele oder Motive verstehen, die in irgendeiner Weise in ihren biographischen Situationen gründen (Schütz 1971a, 70). Ein wissenschaftliches Verstehen dieses Verstehens wird auf diese subjektiven Elemente Bezug nehmen müssen, allerdings unter ganz anderen Bedingungen. Das «Postulat der subjektiven Interpretation» von Max Weber (1864–1920) zielt genau auf diesen Punkt. Doch gerade dieses Postulat und seine Formulierung ist selbst Anstoß für weitere Missverständnisse geworden. Was also ist damit gemeint?

Bekanntlich war Max Weber nicht besonders glücklich mit der Verstehensformel von Wilhelm Dilthey (1833–1911). Dieser hatte statuiert, Verstehen sei jener Vorgang, «in welchem wir aus Zeichen, die von außen sinnlich gegeben sind, ein Inneres erkennen» (zitiert nach Danner 1998, 39). In der Festlegung auf die Interpretation sinnlich gegebener Zeichen sah Weber eine Verkürzung der Verstehensleistung. Er selbst folgte stattdessen einer von Georg Simmel (1858–1918) ausgearbeiteten Unterscheidung zwischen dem «objektiven ‹Verstehen› des Sinnes einer Äußerung» einerseits und der «subjektiven ‹Deutung› der Motive eines (sprechenden oder handelnden) Menschen» andererseits: «Im ersteren Fall ‹verstehen› wir das Gesprochene, im letzteren den Sprechenden (oder Handelnden)» (Weber 1988, 93).

Das bedeutet, dass jede wissenschaftliche Interpretation auf den Sinn zurückgeführt werden muss, den Handlungsentwürfe, Handlungsabläufe und Handlungsergebnisse für die handelnden Subjekte in der Sozialwelt haben. Es wäre demnach völlig abwegig, das Postulat der subjektiven Interpretation in irgendeiner Weise auf den wissenschaftlichen Beobachter oder Interpreten zu beziehen und womöglich zu folgern, dass dessen Interpretationen subjektiv beliebig oder abhängig von seinen subjektiven Bezugsrahmen und Eindrücken seien oder sein dürfen. Wo es darum geht, den sprechenden oder handelnden Mitmenschen wissenschaftlich zu verstehen, um darauf eine wissenschaftliche Erklärung der sozialen Welt aufzubauen, kann indessen nicht auf die verstehende Erschließung des subjektiven Sinns des Handelns menschlicher Wesen verzichtet werden, aus dem die soziale Welt hervorgeht. Letztlich ist Verstehen – dahin konvergieren sonst ganz unterschiedliche Lehrmeinungen – stets auf die Erkenntnis von Sinnstrukturen und Sinnzusammenhängen gerichtet.

5. Theorie-Konstruktionen und «Experimente im Kopf»

Die Meinungen darüber, ob die Sozialwelt mit den gleichen Methoden und auf gleiche Weise wissenschaftlich untersucht werden kann oder soll, mit denen Naturwissenschaftler die Gegenstände in der Naturwelt beobachten und erforschen, gehen auseinander. Ganz eindeutig erklärt Alfred Schütz, dass die Prinzipien des wissenschaftlichen Vorgehens in Natur- und Sozialwissenschaften «miteinander unvereinbar» sind (1971c, 39). Die Gründe dafür liegen in den unterschiedlichen Gegenstandsfeldern der beiden Wissenschaftsbereiche.

Die Welt der Natur, die den Naturwissenschaftler interessiert, ist von den Sternensystemen bis in die kleinsten Bausteine der Materie samt allen hier und dort wirkenden Kräften ohne menschliches Zutun da und als mögliches Gegenstandsfeld dem Wissenschaftler beliebig verfügbar. Er studiert eine Realität, die ihrer Natur nach vom Menschen völlig unabhängig besteht, wie sie besteht. Ebendeshalb kann er die geistigen Leistungsvermögen des erkennenden Subjekts unreflektiert und «unbeleuchtet in seinem Rücken» liegen lassen, wie Theodor Litt (1980, 35) schreibt. Ganz anders ist das in den Wissenschaften, deren Gegenstände Mensch und Gesellschaft sind. Wenn der Sozialwissenschaftler damit beginnt, ein geordnetes Wissen von der Sozialwelt zu gewinnen, ihre Strukturen und Zusammenhänge aufzuklären und zu erklären, muss er auf dem aufbauen, was er vorfindet: Er muss seine eigenen gedanklichen oder theoretischen Konstruktionen in den Konstruktionen fundieren, die das Alltagsdenken der Menschen geschaffen hat.

«Daher sind die Konstruktionen der Sozialwissenschaften sozusagen Konstruktionen zweiten Grades, das heißt Konstruktionen von Konstruktionen jener Handelnden im Sozialfeld, deren Verhalten der Sozialwissenschaftler beobachten und erklären muß (...)» (Schütz 1971a, 68; 1984, 301).[4]

Ein Hauptteil dieser Aufgabe ist gelöst mit der Erkenntnis, dass (wie das Beobachten und Verstehen) auch die Konstruktion von Typen, die eine zentrale Rolle in der Theoriebildung spielt, ihren Ursprung in den Denkweisen des Alltagsverstandes hat (Schütz 1971a, 70). In der Sozialwelt, in der wir leben und handeln, müssen wir uns zu jeder Zeit zurechtfinden, uns orientieren. Dazu müssen wir uns auf unsere Mitmenschen, auf ihr Denken, Planen und Handeln einstellen, also gewisse Regelmäßigkeiten vom Verhalten anderer erwarten können. Das setzt voraus, dass wir den Sinn ihres Denkens, Redens und Handelns verstehen. Sowohl die Notwendigkeit der sozialen Orientierung als auch eine zuverlässige Voraussicht auf das Tun und Lassen der Mitmenschen im Interesse unseres eigenen Handelns erfordern, dass wir die Sozialwelt vereinfachen, dass wir Generalisierungen und Abstraktionen vornehmen. Hätten wir, auch im Umgang mit unseren Mitmenschen, immer mit der Fülle aller Details zu tun, die einen Menschen einzigartig machen, würden wir die Übersicht verlieren und wären in den meisten Fällen planungs- und handlungsunfähig. Schon in Face-to-Face-Situationen bleibt die Beobachtung solcher Einzigartigkeit fragmentarisch. Ansonsten und eben im Normalfall erfassen wir unsere Mitmenschen mit Hilfe typischer Muster, die wir ihrer Beobachtung und dem Verstehen ihres Verhaltens zugrunde legen. Wir gehen davon aus, dass sie in typischen Situationen typische Rollen oder Funktionen erfüllen, also auf typische Weise handeln werden, dass sie sich dabei von typischen Motiven leiten lassen, um typische Zwecke und Ziele zu erreichen. Bei solchen Typisierungen werden aus der Fülle der Merkmale und Eigenschaften, die den einzigartigen Mitmenschen und sein Verhalten auszeichnen, nur jene wenigen beachtet, ausgewählt und hervorgehoben, die für die Konstruktion eines Personentypus oder eines Handlungstypus wichtig erscheinen. Welche Eigenschaften und Merkmale eines Mitmenschen derart bedeutsam sind, hängt bei den Konstruktionen des Alltagsdenkens von den Interessen, von den Problemen oder von den Zielen, kurz: vom Relevanzsystem dessen ab, der die Typisierung vornimmt. Je stärker die Merkmalsfülle reduziert wird, desto abstrakter und anonymer werden die konstruierten Menschentypen; Personaltypen gehen auf diese Weise zunehmend in Typen von Handlungsabläufen über. Ohne Rücksicht auf diese Basiskonstruktionen, mit denen Menschen die soziale Welt konstituieren, strukturieren und interpretieren, kann der Sozialwissenschaftler die soziale Wirklichkeit theoretisch nicht in den Griff bekommen. Sie machen die Eigenart seines Gegenstandes aus. An sie muss sich das methodische Vorgehen des Sozialwissenschaftlers anpassen, wenn er darangeht, die Alltagskonstruktionen durch objektive, theoretische Konstruktionen zu «ersetzen» (Schütz 1971a, 72).

Die Schrittfolge, in der diese Konstruktionen zweiter Ordnung aufgebaut werden, hat Alfred Schütz wiederholt beschrieben (1971a, 72ff.; 1984, 295f.).[5] Zunächst konstruiert der Sozialwissenschaftler auf der Grundlage seiner Beobachtung von Handlungsabläufen und -ereignissen in der Sozialwelt typische Muster des Handelns. Diesen ordnet er jeweils Modelle eines oder mehrerer Handelnden zu. Die Modelle dieser Handelnden bezeichnet Schütz als «Homunculi» oder – in seinen Notizbüchern von 1958 – noch plastischer als «Puppen»; sie sind gedankliche Kunstgeschöpfe des Wissenschaftlers. Die Homunculi werden mit einem Bewusstsein ausgestattet gedacht; diesem fiktiven Bewusstsein werden typische Handlungsmotive, Absichten und Zielvorstellungen zugeschrieben, darüber hinaus aber nur solche Merkmale, etwa bestimmte Wissens- und Erfahrungsbestände, deren Vorhandensein und Einfluss etwas beitragen zur Lösung des Problems, die der Wissenschaftler erreichen will.

Hans Wagner

Die Theoriekonstruktionen des Sozialwissenschaftlers sind nicht beliebig, vielmehr müssen sie dem «Postulat der Adäquanz» genügen, was heißt, dass sie mit den Konstruktionen des alltäglichen Denkens verträglich sein müssen (Schütz 1971a, 74). Von den besonderen Konstruktionsbedingungen als Konstruktionen zweiten Grades einmal abgesehen, sind auch für diese Theoriekonstruktionen die allgemeinen wissenschaftlichen Arbeitsregeln nicht außer Kraft gesetzt. Sie müssen selbstverständlich den Prinzipien der formalen Logik gerecht werden («Postulat der logischen Konsistenz»); vor allem müssen ihre Aussagen durch weitere Beobachter überprüfbar und verifizierbar sein. Diese Forderung erfüllt jeder einzelne Schritt dieser Theoriekonstruktionen,

«vorausgesetzt nur, daß wir die Verifizierung nicht auf die Sinneswahrnehmungen von Gegenständen und Erscheinungen der äußeren Welt beschränken, sondern auch die Erfahrungsweise zulassen, in der der Alltagsverstand menschliches Handeln und dessen Ergebnisse als auf Motive und Ziele begründet erfaßt» (Schütz 1971b, 75).

Mit dieser Bedingung stehen wir wieder vor den Ausgangsfragen: Was ist und heißt Beobachtung? Was ist Erfahrung? Aber diese Fragen sind nun zugespitzt. Die Beschreibung der sozialwissenschaftlichen Theoriekonstruktion weckt nämlich, unterstrichen durch die Etikettierung der Typenmodelle als Homunculi oder Puppen, die Vorstellung von der Bühne eines Marionettentheaters, auf welcher der Sozialwissenschaftler seine Puppen führt und Spiele spielt, deren Drehbücher nicht beliebig phantasiert, sondern strikt am gesicherten Wissen der Wissenschaft und an der alltäglichen Erfahrung orientiert sind. Aber die Homunculi, die Bühne und die Spiele gibt es nur in der Vorstellung, und ebenso sind alle Variationen typischer Personen, typischer Handlungsabläufe oder typischer Motive usw. immer nur Vorstellungen oder Gedankengebilde. Was hier geschieht, sind «Experimente im Kopf». Es wird nicht wenige empirisch orientierte Sozialwissenschaftler geben, die daran zweifeln, ob bei diesen «Experimenten» überhaupt noch eine Erfahrungswissenschaft am Werk ist. Statt in die Wiederholung aller längst vorgebrachten Argumente einzusteigen, genüge zum Schluss der Hinweis auf eine überprüfbare Erfahrungstatsache: Im Gegensatz zu einem weit verbreiteten Mythos hat Galileo Galilei nur wenige Experimente durchgeführt. Viele Experimente, auf die er sich beruft und die er genau beschreibt, waren Gedankenexperimente – mit deren Ergebnissen er die Mechanik revolutionierte (Chalmers 1986, 93).

Anmerkungen

1 Die Befreiung aus den Befangenheiten, welche die Alltagsbeobachtung bestimmen, scheint manchen rezeptologisch orientierten Lehrbüchern über die wissenschaftliche Beobachtung kein Problem zu sein, das der Rede wert ist (vgl. dazu Gehrau 2002, insbes. 17–27).

2 An diesem Punkt setzt das sozialwissenschaftliche Basisverfahren der «Phänomenologischen Beschreibung» an. Diese Methode einer wissenschaftlich «angewandten Phänomenologie» verfolgt das Ziel, «in unvoreingenommener und vorbehaltloser Weise die Phänomene beschreibend zur Selbstdarstellung [zu] bringen» (Röhrs, Hermann, Forschungsmethoden in der Erziehungswissenschaft. Stuttgart 1971; zitiert nach Danner 1998, 147). Einführungen in das Verfahren finden sich bei Danner 1998 (mit Bezug auf die Pädagogik) sowie bei Wagner 1999 (mit Bezug auf Kommunikations- und Medienwissenschaft).

3 Es muss an dieser Stelle bei diesen wenigen Andeutungen zur Appräsentation sein Bewenden haben. Alfred Schütz hat die Theorie der Appräsentation im Anschluss an Edmund Husserl entfaltet und ausgebaut und an vielen Stellen seines Werks dargelegt (vgl. insbes. 1971b). Damit hat er wichtige Grundlagen für eine allgemeine Kommunikations- und Medientheorie geschaffen. Ohne Rückgriff auf zentrale Theoreme der Appräsentation kann jedenfalls eine wissenschaftlich tragfähige Medientheorie nicht konstruiert werden (vgl. Wagner 1993, 171–184).

4 Vgl. dazu die Unterscheidungen von naturwissenschaftlichen und sozialwissenschaftlichen Verfahrensweisen, Begriffsbildungen und Theoriekonstruktionen bei Max Weber (1988, 3ff.).

5 Alfred Schütz beschreibt in dieser Skizze die Konstruktion der von Max Weber so bezeichneten «Idealtypen», die – entgegen einer nahezu unausrottbaren Fehldeutung – nicht Ideale vorstellen, sondern eben gedankliche Gebilde sind, also theoretische Konstruktionen (siehe dazu Wagner 1999, 235–268).

Hans Wagner

LITERATUR

Chalmers, Alan F. (1986, zuerst 1976), Wege der Wissenschaft. Einführung in die Wissenschaftstheorie. Berlin/Heidelberg/New York/Tokyo: Springer (Originaltitel: What is this thing called science? An assessment of the nature and status of science and its methods. Milton Keynes: Open University Press).

Danner, Helmut (1998), Methoden geisteswissenschaftlicher Pädagogik. Einführung in Hermeneutik, Phänomenologie und Dialektik. München/Basel: Reinhardt.

Gehrau, Volker (2002), Die Beobachtung in der Kommunikationswissenschaft. Methodische Ansätze und Beispielstudien. Konstanz: UVK.

König, René (1973), Die Beobachtung, in: ders. (Hrsg.), Handbuch der empirischen Sozialforschung, Band 2. Stuttgart: Enke, 1–65.

Lippmann, Walter (1964, zuerst 1922), Die öffentliche Meinung. München: Rütten + Loening (Originaltitel: Public Opinion. London: G. Allen & Unwin).

Litt, Theodor (1980, zuerst 1941), Das Allgemeine im Aufbau der geisteswissenschaftlichen Erkenntnis. Hamburg: Meiner.

Lübbe, Hermann (1972), Bewußtsein in Geschichten. Studien zur Phänomenologie der Subjektivität. Freiburg: Rombach.

McLuhan, Marshall (1968, zuerst 1964), Die magischen Kanäle. Düsseldorf/Wien: Econ (Originaltitel: Understanding media. The extensions of man. New York: McGraw-Hill).

Scheerer, Eckhart (1995), Die Sinne, in: Ritter, Joachim (Hrsg.), Historisches Wörterbuch der Philosophie, Band 9. Darmstadt: Wissenschaftliche Buchgesellschaft, 824–869.

Schütz, Alfred (1971a, zuerst 1954), Begriffs- und Theoriebildung in den Sozialwissenschaften, in: ders., Gesammelte Aufsätze. Band 1: Das Problem der sozialen Wirklichkeit. Den Haag: Nijhoff, 55–76 (Originaltitel: Concept and theory formation in the social sciences, in: Journal of Philosophy, Vol. 51, Nr. 9, 257–273).

Schütz, Alfred (1971b, zuerst 1940), Phänomenologie und die Sozialwissenschaften, in: ders., Gesammelte Aufsätze. Band 1: Das Problem der sozialen Wirklichkeit. Den Haag: Nijhoff, 136–161 (Originaltitel: Phenomenology and the social sciences, in: Farber, Marvin (Hrsg.), Philosophical essays in memory of Edmund Husserl. Cambridge: Harvard University Press, 164–186).

Schütz, Alfred (1971c, zuerst 1953), Wissenschaftliche Interpretation und Alltagsverständnis menschlichen Handelns, in: ders., Gesammelte Aufsätze. Band 1: Das Problem der sozialen Wirklichkeit. Den Haag: Nijhoff, 1–54 (Originaltitel: Commonsense and scientific interpretation of human action, in: Philosophy and Phenomenological Research, Vol. 14, Nr. 1, 1–37).

Schütz, Alfred (1982), Das Problem der Relevanz. Frankfurt a. M.: Suhrkamp.

Schütz, Alfred (1984, zuerst 1958), Notizbücher für die Strukturen der Lebenswelt, in: Schütz, Alfred/Thomas Luckmann, Strukturen der Lebenswelt, Band 2. Frankfurt a. M.: Suhrkamp, 217–404.

Vries, Josef de (1980), Grundfragen der Erkenntnis. München: Johannes Berchmans.

Wagner, Hans (1993), Das Fachstichwort: Medientheorie, in: Starkulla, Heinz (Hrsg.), Marktplätze sozialer Kommunikation. Bausteine einer Medientheorie. München: Reinhard Fischer, 165–188.

Wagner, Hans (1999), Verstehende Methoden in der Kommunikationswissenschaft. München: Reinhard Fischer.

Weber, Max (1988, zuerst 1922), Gesammelte Aufsätze zur Wissenschaftslehre. Tübingen: J. C. B. Mohr.

2 DATEN UND IHRE METHODEN/METHODEN UND IHRE DATEN

Stefan Aufenanger

2.1 INTERVIEW

1. EINLEITUNG

Das Interview ist eines der meistgenutzten Erhebungsverfahren in der Sozialforschung. Auch in der qualitativen Forschung werden die meisten Daten in Form von Interviews gewonnen. Der Begriff des Interviews bzw. der Befragung umfasst in der traditionellen Sozialforschung mündliche wie schriftliche Erhebungsverfahren (vgl. Mayntz/Holm/Hübner 1971; Kromrey 1986), in der qualitativen Sozialforschung wird er aber in den meisten Fällen auf mündliche Befragungsformen beschränkt (z. B. Lamnek 1995). Häufig werden Interviewdaten auch als «verbale Daten» (Huber/Mandl 1994; Flick 1998) bezeichnet, um die Textkategorie, die für den Analyseprozess Verwendung finden soll, deutlich zu machen.

Das mündliche Interview als spezifisch forschungsmethodisches Erhebungsinstrument ist von anderen Formen des Interviews, wie sie etwa im journalistischen Bereich oder in Bewerbungsgesprächen verwendet werden, durch seine Zielstellung und seine Methodik abzugrenzen, auch wenn die Unterscheidungen auf den ersten Blick nicht immer offensichtlich sind. Das Interview in einem Bewerbungsgespräch dient dazu, über eine sich bewerbende Person konkretes Wissen in Bezug auf spezifische Fertigkeiten zu erlangen, die bewertet werden und anschließend mit einer Entscheidung verbunden sind, die für diese Person Folgen hat, nämlich Einstellung oder Ablehnung. Das journalistische Interview geht in den meisten Fällen von einem praktischen Verwendungszusammenhang in Bezug auf ein Thema oder eine Person aus, wobei entweder das Interview ohne Interpretation ganz oder teilweise veröffentlicht oder journalistisch eine Zusammenfassung erstellt wird. Es geht dabei jedoch weniger um eine verallgemeinernde Interpretation.

Das forschungsmethodische Interview darf eigentlich keine – jedenfalls keine negativen – Folgen für die Interviewten haben und sollte durch ein bestimmtes methodisches Setting bestimmt sein. Auch muss die Zielstellung auf Erkenntnisgewinnung aus sein. Spezifischer sollten die Analysen von Interviews auf entweder repräsentative oder typisierende Verallgemeinerung zielen. Allerdings muss man sehen, dass das Interview, obgleich es sich großer Beliebtheit erfreut, nicht unumstritten ist. Denn die so gewonnenen verbalen Daten stellen immer Interpretationen der Befragten dar und spiegeln somit nur indirekt eine bestimmte Wirklichkeit. Sich im Forschungsprozess allein auf Interviewdaten zu verlassen, ist deshalb nicht immer sinnvoll; in solchen Fällen sollte im Sinne einer Triangulation nach ergänzenden Methoden gesucht werden. Dabei ist die Frage nach dem angemessenen Erhebungsverfahren und damit auch nach der Sinnhaftigkeit der Verwendung des qualitativen Interviews nicht zuletzt von der Fragestellung selbst und den beabsichtigten Auswertungsmethoden abhängig. Nicht zu jedem Erkenntnisinteresse und nicht zu jeder Forschungsfrage passt das qualitative Interview. Und nicht jede Auswertungsmethode lässt sich problemlos mit allen Formen des qualitativen Interviews verbinden. Diese Überlegungen mögen verdeutlichen, dass trotz der Attraktivität des qualitativen Interviews im Forschungsprozess dessen Wahl gut begründet und im Kontext sowohl der Ziel- bzw. Fragestellung als auch der gewählten Auswertungsmethode stehen sollte. Demnach scheint es nicht angebracht, bei der Gestaltung des Forschungsdesigns zuerst die Erhebungs- und dann erst die Auswertungsmethoden zu bestimmen, sondern eher umgekehrt zu fragen, welche Qualität von Daten am Ende des Forschungsprozesses gewollt bzw. zur Beantwortung der Fragestellung geeignet ist. Erst wenn diese Frage geklärt ist, scheint die Suche nach einer dazu passenden Erhebungsmethode sinnvoll und fruchtbar.

In der qualitativen Sozialforschung lassen sich sehr unterschiedliche Formen von Interviews ausmachen. So differenziert etwa Friebertshäuser (1997) folgende Ansätze: das Leitfaden-Interview, das fokussierte Interview, das problemzentrierte Interview, das Dilemma-Interview, die Struktur-Lege-Technik, das Konstrukt-Interview und das erzählgenerierende oder narrative Interview. Ergänzt werden müsste diese Aufzählung noch um so genannte Gruppeninterviews bzw. Gruppendiskussionen. Nicht alle Formen finden in der qualitativen Medienforschung Verwendung. Zwei Perspektiven lassen sich an die Thematik anlegen: einerseits die Anwendung der genannten Formen des qualitativen Interviews auf medienspezifische Themen oder Situationen, andererseits die Frage nach einer besonderen Form des qualitativen Interviews in der Medienforschung. Beide Aspekte lassen sich bei genauerer Betrachtung vorliegender empirischer Arbeiten finden und sollen in der folgenden Darstellung auch angesprochen werden.

Auch wenn in der Literatur immer wieder auf die besonderen Vorteile der qualitativen Methoden in der Medienforschung hingewiesen wird (z. B. Charlton/Neumann 1988; Theunert 1994), muss deutlich gesehen werden, dass das qualitative Interview nicht für alle Fragestellungen geeignet ist. So wird in vielen Studien das Interview zur Erhebung von Rezeptionsprozessen verwendet, wobei häufig ungefragt unterstellt wird, dass diese den Befragten auch immer bewusst, also zugänglich und damit artikulierbar sind. Diese Sichtweise unterschlägt die Möglichkeit unbewusster Anteile bei der Rezeption. Auch die Authentizität des Interviewtextes lässt sich hinterfragen, womit nicht prinzipiell das qualitative Interview bezweifelt, sondern kritisch auf die Grenzen seiner Reichweite aufmerksam gemacht werden soll.

Historisch gesehen spielt das Interview in der Medienforschung schon lange eine besondere Rolle. Im 19. Jahrhundert in familiensoziologischen Studien entstanden, hat es im 20. Jahrhundert mit dem Aufkommen von elektronischen Medien enorm an Bedeutung insbesondere für Rezeptionsstudien gewonnen. Mit Beginn der Fernsehforschung in Deutschland setzten sich zwar das standardisierte Interview und die Fragebogenmethode durch, aber in der Rezeptionsforschung wurde bald auch das qualitative Interview für Studien verwendet, die nach der Popularität von öffentlich diskutierten Serien wie etwa *Dallas* oder *Denver* fragten (z. B. Herzog 1986). In der aktuellen Medienforschung ist das qualitative Interview eine akzeptierte Erhebungsmethode verbaler Daten und wird nicht nur in der sozialwissenschaftlich orientierten Forschung, sondern insbesondere in der kommerziellen Werbeforschung angewendet (Barlovic/Clausnitzer 2005).

2. Formen des qualitativen Interviews

2.1 Leitfadeninterview

Das Leitfadeninterview dürfte die gängigste Interviewform in der Sozialforschung sein. Die Gründe dafür liegen wahrscheinlich in der klaren Strukturierung und der damit verbundenen eindeutigen Auswertung. Auch die Einfachheit der Erhebungssituation mag bei vielen Forscherinnen und Forschern dazu führen, diese Form der verbalen Datenerhebung zu wählen. Allerdings sollte bedacht werden, dass ein Leitfaden leicht dazu verführen kann, sich während des Interviews nur im thematischen Rahmen des Leitfadens zu orientieren. Dies wird häufig daran deutlich, dass die Interviewer während des Interviews immer wieder auf ihren ‹Leitfaden› schauen, um im Blick zu behalten, welche Frage als nächste drankommt. Auf diese Weise verlieren sie nicht nur den Blick- und Kommunikationskontakt zu den Interviewten und schaffen eine sehr künstliche Situation, sondern sie lassen damit den Befragten auch wenig Spielraum für eigene Themen. Eine weitere Gefahr des Leitfadeninterviews besteht zudem bei der Auswertung in Gestalt eines subsumtionslogischen Vorgehens, wenn man die Interviewaussagen nach den bereits im Leitfaden enthaltenen Kategorien ordnet.

Ein Leitfadeninterview ist also thematisch strukturiert und gibt somit den Horizont für die praktische Gesprächsführung im Interview vor. In den meisten Anwendungsfällen findet sich jedoch bis auf die Dokumentation des Leitfadens relativ wenig über das Interview aus einer methodologischen Sicht. Auch die Herleitung der Themen des Leitfadens lässt sich nicht immer in den Forschungsberichten finden. Auch wird häufig das Leitfadeninterview im Sinne eines problemorientierten oder narrativen Interviews konzipiert (z. B. Mikos 1994; Treumann/Baacke/Haacke/Hugger/Vollbrecht 2002), also die Art und Weise des Interviews beschrieben.

Ein gutes Beispiel für die Strukturierung eines Leitfadeninterviews ist die Studie von Treumann/Baacke/Haacke/Hugger/Vollbrecht (2002), in der das Bielefelder Medienkompetenz-Konzept empirisch überprüft werden sollte. Ausgangspunkt waren die vier Dimensionen dieses Modells, nämlich Medienkritik, Medienkunde, Mediennutzung und Mediengestaltung. In einem ersten Schritt wurden mit Hilfe eines standardisierten Fragebogens und einer clusteranalytischen Auswertungsstrategie typische Muster bestimmt bzw. die Abgrenzung dieser vier Aspekte untersucht. In einer sich anschließenden qualitativen Phase wurden problemzentrierte Interviews mit ausgewählten Personen durchgeführt, «um die Ergebnisse der quantitativen Studie, insbesondere die Befunde der Clusteranalyse, zum einen zu validieren und zum anderen zentrale Lebensräume der Erwachsenen stärker zu beleuchten, um durch die Methoden-Triangulation facettenreichere und tiefer gehende Erkenntnisse über das Medienhandeln älterer Erwachsener zu gewinnen, als dies mit der Anwendung nur einer einzigen Methode der Fall gewesen wäre» (Treumann/Baacke/Haacke/Hugger/Vollbrecht 2002, 247). Der Leitfaden für diese Interviews baute zum einen auf den genannten vier Dimensionen von Medienkompetenz auf und strukturierte auch das Interview; zum anderen wurde nach der lebensweltlichen Einbettung des Medienumgangs, den beruflichen Anforderungen im Bereich neuer Medien, nach Weiterbildungsorientierung und dem Weiterbildungsverhalten der Interviewpartner gefragt. Die Interviews wurden in den Wohnungen der ausgewählten Befragten durchgeführt und anschließend verschriftet. In dem Bericht werden zu jeder Dimension die im Leitfadeninterview angesprochenen Aspekte detailliert dargestellt. Die Auswertung wurde mit Hilfe eines Computerprogramms (winMax 98 pro) vorgenommen, das thematisch ähnliche Stellen im Interview nach zuvor festgelegten Kategorien neu aggregierte. Die durch das qualitative Interview gewonnenen Daten werden in der Auswertungsphase den zuvor gewonnenen Clustern zugeordnet und zu Typen zusammengefasst. Die verbalen Daten der qualitativen Interviews selbst werden in der Publikation eher zur Illustrierung der Typen verwendet und weniger, um den Prozess der Interpretation nachvollziehbar zu machen.

Eine ähnliche Vorgehensweise findet sich in der Arbeit von Lothar Mikos (1994) zur Rezeption von Fernsehserien. Der Autor interviewte nach einer ausführlichen Produktanalyse populärer Serien aus den 1980er Jahren wie *Dallas, Denver, Lindenstraße* und *Schwarzwaldklinik*

Menschen, die als «ausgewiesene Seriengucker» (Mikos 1994, 269) bezeichnet werden können. Interviewt wurden in zwei Erhebungswellen insgesamt 14 Personen im Alter zwischen 20 und über 70 Jahren. Gewonnen wurde diese Gruppe über Kleinanzeigen in Zeitungen wie auch über einen Aufruf im Radio. Es handelt sich dabei um eine sehr willkürliche Stichprobe.

Die Durchführung des Interviews selbst fand wie folgt statt: Für den Einstieg in das Gespräch wurden keine generellen Regeln festgelegt, da der Gesprächsbeginn von Gesprächsteilnehmer und -situation abhängig lediglich so gestaltet werden sollte, dass die Befragten sich nach Möglichkeit ‹warm› erzählen konnten. In der ersten Befragungsphase wurden die Interviews teilweise vom Autor selbst, teilweise von in die Thematik eingewiesenen und in der ‹offenen› Gesprächsführung geschulten Studenten durchgeführt. In der zweiten Phase führte der Autor alle Interviews selbst durch (Mikos 1994, 209/210). Auch wenn ein Leitfaden für das Interview zur Verfügung steht, scheint es also ganz wichtig zu sein, damit nicht zu stark das Interview zu strukturieren. Auch die Vorbereitung der Interviewer auf eine der Situation angemessene Durchführung des Interviews sollte als ein wichtiger Punkt bei der Erhebung qualitativer Interviews angesehen werden. Mikos konzentriert sich in seiner Veröffentlichung intensiv auf die Analyse der Interviews und verfolgt unter Verweis auf die Arbeiten von Lamnek (1995) die Rekonstruktion «typischer Interaktions-, Handlungs- und Deutungsmuster» (1994, 210), ohne diese Konzepte jedoch in einen theoretischen Rahmen zu stellen. Die Gesamtauswertung der Studie wird als eine Verbindung vorliegender Ansätze verstanden: «Die Interpretation von Produktanalyse und Interviews sowie die Rückbeziehung beider aufeinander bewegt sich auf einer Ebene, die subjektive Hermeneutik und Teilaspekte der objektiven Hermeneutik (Verweis auf Oevermann; St. A.) zu einer Art soziologischer Hermeneutik mit interdisziplinärem Charakter verbindet» (Mikos 1994, 197). Ob diese beiden genannten Ansätze so einfach kompatibel sind, sei dahingestellt.

Eine enge Verzahnung von quantitativen mit qualitativ erhobenen Daten wird in der Studie zur familialen Fernsehnutzung von Hurrelmann, Hammer und Stelberg (1996) vorgenommen. Neben einer Fragebogenmethode wurde ein Leitfadeninterview als «Intensivinterview» eingesetzt, «um den Familienmitgliedern die Möglichkeit (zu) eröffnen, möglichst frei entlang einer vom Interviewer bzw. der Interviewerin vorgegebenen Ausrichtung ihre Fernsehgewohnheiten und (Erziehungs-) Probleme mit dem Medium Fernsehen zu schildern» (Hurrelmann/Hammer/Stelberg 1996, 42). Dazu wurden jeweils einzelne Interviews mit den Familienmitgliedern durchgeführt, wobei jedoch bei dem Interview mit der Mutter der Familie der Vater als auch das Kind anwesend sein konnten; die Kinder wurden einzeln ohne Eltern interviewt. Die Interpretation der so gewonnenen Daten orientierte sich nach der Transkription der Audioaufzeichnungen auf eine Strukturierung der Protokolle nach thematischen Gesichtspunkten mit dem Ziel, diese typisierten Fälle zuordnen zu können. Die Interviews dienten aber eher der Illustration der durch die quantitative Erhebung gewonnenen Typen als einer stringenten Fallrekonstruktion. Diese Vorgehensweise soll an einem Beispiel veranschaulicht werden:

«In bezug auf die Eltern ist festzustellen, daß sie im Durchschnitt nicht länger fernsehen als die übrigen Eltern auch. Allerdings gibt es unter den Vätern die meisten Vielseher: 38 % von ihnen sehen an einem durchschnittlichen Wochentag (Mo–So) 2 1/2 Stunden und länger fern. Dies geht wie im Fallbeispiel 34 wohl oft mit einer größeren Freizeitpassivität dieser Väter einher. *M: Der hat ja so nit irgendwelche Hobbies, dat is' für den 'ne Freizeitbeschäftigung, Fernsehen[...] auch wenn da nix kommt, wat den int'ressiert, dann sitzt der da un' zappt durch alle Kanäle. (Fallbeispiel 34)*» (Hurrelmann/Hammer/Stelberg 1996, 233).

Der Interviewausschnitt wird also hier zur Veranschaulichung der Nutzungszeiten in Familien und insbesondere des Nutzungsverhaltens der Väter verwendet. Das qualitative Interview bringt demnach keine neue Qualität in die zuvor erhobenen Daten.

Eine Vermischung von quantitativer und qualitativer Datenerhebung wird auch in der Studie zur Talkshow-Rezeption von Jugendlichen von Paus-Haase/Hasebrink/Mattusch/Keuneke/Krotz (1999) vorgenommen. Ein stark strukturierter Leitfaden wird zur Grundlage für «teilstandardisierte Einzelinterviews» genommen. Sein Einsatz wird gerade im Zusammenhang mit Interviews mit Jugendlichen ausführlich begründet:

«Es handelt sich dabei um eine Face-to-face-Befragung, bei der die Befragten dem Prinzip der Offenheit folgend selbst mit ihren Intentionen zu Wort kommen sollen. Dies gilt insbesondere für Interviews mit Heranwachsenden, bei denen das Autoritätsgefälle zwischen den Forschenden und den Probanden leicht zu einer Einschüchterung und dementsprechend zu einem stark an sozialer Erwünschtheit orientierten Antwortverhalten führen kann. Die Fragen werden deshalb so offen formuliert, daß insbesondere die Jüngeren Gelegenheit zum Assoziieren erhalten – aber gleichzeitig konkret genug, um nicht Verunsicherung auszulösen bzw. einen unangemessenen Verlauf des Gesprächs zu riskieren. Es gilt, den Probanden den Eindruck zu vermitteln, daß sie in ihrer Rolle als ‹Experten› ernst genommen werden und somit nichts ‹Falsches› sagen können» (Paus-Haase/Hasebrink/Mattusch/Keuneke/Krotz 1999, 44).

Auch hier ist eine besondere Sensibilität und damit Kompetenz für die Interviewführung notwendig. Jugendliche wollen bei bestimmten Themen – etwa wenn es um Fan-Phänomene geht – gern in Gruppen interviewt werden, was methodologisch zur Folge hat, genau zwischen Gruppeninterview und Gruppendiskussionsverfahren zu unterscheiden (vgl. Loos/Schäffer 2001).

2.2 Experteninterview

Das Experteninterview (vgl. Meuser/Nagel 1997) kann ähnlich wie ein Leitfadeninterview strukturiert sein, zielt nur in seiner Fragestellung auf eine eng umspannte und durch bestimmte Qualitäten ausgewählte Klientel, welche spezifisches Wissen über institutionelle oder organisatorische Handlungsabläufe besitzt. Ein Experteninterview verkürzt also den Zugang bzw. ersetzt eine genauere Institutions- oder Organisationsanalyse, indem das Wissen dieser Experten über die Organisation als Erkenntnisquelle genutzt wird. In der Medienforschung wird das Experteninterview zum Beispiel zur Analyse von Medienproduktionen sowie Medieninstitutionen eingesetzt. Die zu befragenden Experten können dabei hinsichtlich zweier Perspektiven zu diesen Analysen beitragen: Entweder sind sie selbst die relevanten Handlungsträger, haben also ‹Betriebswissen›, oder sie haben ausreichend Wissen über die Institution, besitzen also ‹Kontextwissen› (Meuser/Nagel 1991).

Stefan Aufenanger

Die Auswertung von Experteninterviews ist durch den thematisch gesetzten Rahmen des Leitfadens bestimmt, wird also sehr eng gehalten. Sie zielt entweder auf die Rekonstruktion spezifischer Handlungsabläufe und deren Verortung in institutionellen Kontexten oder auf die damit verbundenen Interpretations- und Deutungsmuster der befragten Experten. Als Auswertungsstrategien können für das Experteninterview nach seiner Transkription alle Formen einer hermeneutischen Analyse verwendet werden, wie sie traditionell zum Beispiel in Form von Inhaltsanalyse, Typenbildung, Paraphrasierung oder objektiver Hermeneutik eingesetzt werden.

An zwei Beispielen sollen exemplarisch unterschiedliche Zielrichtungen des Experteninterviews verdeutlicht werden. In seiner Studie zu einem ‹Tierwunschkonzert als Kommunikationsereignis› befragte Klaus Neumann-Braun (1993) Hörfunkredakteure hinsichtlich der Produktionsbedingungen einer solchen Sendung. Er bezieht sich dabei explizit auf die Arbeit von Meuser/Nagel (1991), sein Leitfaden war an den Themenfeldern ‹Aspekte von Macht, Kontrolle und Selbstbestimmung im redaktionellen Handeln›, ‹Aspekte von Ausbildung und Berufssozialisation des Musikredakteurs›, ‹Aspekte der Arbeitsteilung› sowie ‹Aspekte der Unterhaltungsverständnisse› orientiert. Der Autor, der seine Daten inhaltsanalytisch auswertet, möchte mit der besonderen Form des Experteninterviews «spezialisiertes Sonderwissen» bzw. «Insider-Wissen» erschließen, wobei jedoch dieses dargestellte Wissen nicht als eine reale Beschreibung, sondern als ‹Deutungsmuster› gesehen wird.

Auf subjektive Theorien von Redakteurinnen und Redakteuren von Kinderfernsehsendungen zielte dagegen die Studie von Bernd Schorb und Hans-Jörg Stiehler (1999). Auch sie nehmen die Befragten als Experten ihres Gebiets. Hier wird aber weniger eine Rekonstruktion des Betriebswissens oder der Interpretationsmuster beabsichtigt, vielmehr geht es um Alltagstheorien über Kinder und Medienwirkungen sowie um objektive Daten wie Berufsausbildung und Fortbildung der Befragten. Die so gewonnenen verbalen Daten werden inhaltsanalytisch entlang der im Leitfaden vorgegebenen Themenfelder ausgewertet und über die einzelnen Fälle hinweg typisiert.

Das qualitative Interview hat sich besonders in der Medienrezeptionsforschung mit Kindern bewährt. Da Kinder standardisierten Verfahren wegen der damit verbundenen Notwendigkeit der Explikation der Fragen weniger zugänglich sind, werden hier neben sprachlichen auch nicht-sprachliche Verfahren verwendet. Als nicht-sprachliche Verfahren bezeichnet man alle jene Formen der Datenerhebung, in denen Kinder sich in irgendeiner Art und Weise symbolisch ausdrücken. Dazu zählen zum Beispiel Kinderzeichnungen (vgl. Neuß 1999) oder Collage-Arrangements, die im Hinblick auf die dahinter stehenden Themen interpretiert werden (vgl. Theunert/Schorb 1995). Eine Mischform haben Charlton und Neumann (1986; 1990) mit dem Sceno-Test verwendet. In diesem Test werden Kinder aufgefordert, mit Holzfiguren und -klötzen Szenen zu gestalten. Anschließend werden die Kinder nach der Bedeutung der einzelnen Arrangements gefragt. Die Auswertung zielt auf den symbolischen Gehalt der Szene, der anschließend in Verbindung mit Medienrezeptionsmustern gebracht wird. Bei all den genannten Verfahren werden häufig zusätzlich verbale Daten in Interviewform erhoben, die aber nicht als ausschließliche Quelle der Datengewinnung dienen, sondern entweder die symbolischen Darstellungen ergänzen oder zur Unterstützung der Interpretation dieser Darstellungen dienen. Dabei bezieht sich das qualitative Interview mit Kindern auf eine Explikation ihrer symbolischen Ausdrucksformen.

Bei qualitativen Interviews mit Kindern sind vielfältige Aspekte zu beachten. Dies fängt mit der Rekrutierung der Kinder an, geht über das Arrangement der Interviewsituation bis hin zu besonderen Kommunikationsformen. Neben den wegweisenden Arbeiten von Jean Piaget gibt es eine Reihe von Arbeiten, die sich mit dem Kinderinterview im Allgemeinen (vgl. Petermann/Windmann 1993; Heinzel 1997) sowie seiner Anwendung in der Medienforschung im Besonderen (vgl. Paus-Haase/Schorb 2000) beschäftigen. In den letzten Jahren wurde das qualitative Kinderinterview in einer Vielzahl von empirischen Studien eingesetzt, die sich mit der Medienrezeption von Kindern befassen. Diese Studien beziehen sich nicht nur wie so häufig auf das Fernsehen als zentrales

Leitmedium von Kindern, sondern auch auf alle anderen Kindermedien wie Hörkassetten oder Bilderbücher.

Anwendung finden solche Interviews vor allem bei der Erhebung von Programm- und Genrepräferenzen bei Kindern (z. B. Paus-Haase 1991) oder bei der Analyse von Medienhandlungsmustern (Paus-Haase 1998). In diesen Studien werden Kinder entweder direkt nach ihren Vorlieben gefragt, oder es werden Beurteilungen von beliebten Kindersendungen oder deren Charakteren mit Hilfe von Bildern, Smileys oder Videoclips hervorgelockt. Weiterhin finden Interviews mit Kindern sinnvoll Verwendung, wenn es darum geht, ihre ‹thematische Voreingenommenheit› (Charlton/Neumann 1986) bzw. ‹handlungsleitenden Themen› (Bachmair 1994) zu erschließen. Im Sinne eines klinischen Interviews nach Piaget wurden Kinderinterviews von Aufenanger, Lampert und Vockerodt (1996) eingesetzt, um die kognitiven Strukturen bei der Differenzierung von Realität und Fiktion im Rezeptionsprozess zu bestimmen.

Einen besonderen Zugang zu Kindern im Kontext qualitativer Medienforschung hat Paus-Haase (2000) in ihren Studien verwendet. Sie greift dazu auf Anregungen aus der Entwicklungs- und Kinderpsychologie zurück, das Interview mit Kindern über Handpuppen zu führen. Dadurch entsteht eine vor allem für jüngere Kinder angenehme und vertraute Kommunikationssituation, bei der der Interviewer zugunsten der Handpuppe in den Hintergrund tritt. Das Interview wird quasi über die Handpuppe geführt. Die Erfahrungen zeigen, dass vor allem schüchterne Kinder dadurch zum Dialog angeregt werden. Die Auswahl der Handpuppencharaktere ist natürlich für das Gelingen entscheidend und sollte sich an aktuell beliebten oder universalen Figuren ausrichten.

2.4 Medienbiographie

Im medienbiographischen Interview geht es vor allem darum, die Bedeutung von Medien in den unterschiedlichen Abschnitten des Lebenslaufs zu erfassen. Dies ist besonders unter einem generationsspezifischen Aspekt interessant, wenn man etwa danach fragt, zu welchen historischen Zeitpunkten welche Medien typische Kinder- oder Jugendmedien waren.

Zum anderen lässt sich unter «Medienbiographie» die Rekonstruktion des Einflusses von Medien in früheren Lebensabschnitten auf das spätere Medienverhalten verstehen.

Beiden thematischen Aspekten kann man methodisch über Autobiographien, schriftliche Dokumente sowie Interviews näher kommen. Meist wird das medienbiographische Interview als narratives Interview geführt, wobei aber fast nie die strengen Erhebungs- und Auswertungsroutinen des ursprünglich von Fritz Schütze konzipierten narrativen Interviews zum Einsatz kommen. Das medienbiographische Interview soll «subjektive und objektive Relevanzstrukturen und das objektiv Bedeutsame in seiner subjektiven Relevanz und Verarbeitung aufspüren» (Rogge 1982, 282).

Über den Stellenwert der medienbiographischen Forschung gibt es unterschiedliche Ansichten. Zum einen wird kritisiert, dass dieser Ansatz Gefahr läuft, mit einem zu einfachen, mechanistischen Modell zu arbeiten, etwa im Sinne der Aussage: Wer in seiner Kindheit viel liest, wird auch später viel lesen und umgekehrt (vgl. Kübler 1982). Zum anderen sollte immer bedacht werden, dass Medien allein nicht bestimmend für Biographien sein können, sondern ihre Nutzung in einen differenzierten Verwendungszusammenhang des Alltags eingebettet ist. Trotzdem hat dieser Ansatz deutlich machen können, «daß Medien an den gesellschaftlichen Prozessen der ‹Individualisierung› und ‹Biographisierung› von Lebensläufen zumindest in Verstärkerfunktion beteiligt sind» (Baacke/Sander/Vollbrecht 1991, 14).

Als einer der prominentesten Vertreter einer am Medienalltag von Menschen und ihren Biographien orientierten Medienforschung kann Jan-Uwe Rogge angesehen werden. Er wendet sich explizit gegen eine Medienforschung, die nur nach dem Wirkungsaspekt fragt und dabei die Subjektperspektive vernachlässigt. Eine rein mechanische Verknüpfung von Medien und Rezipient verstellt – so Rogge – den Blick auf die Erfahrungen mit Medien, situativ sowie lebensgeschichtlich. Rogge (1985) spricht sich für die Analyse von Medienbiographien bzw. Medienkarrieren aus. Dazu greift er auf sozialisationstheoretische Überlegungen zurück. Entscheidend für die Analyse von Rezeptionsprozessen ist demnach die genaue Erhebung der Relevanzstrukturen von Medien im Sozialisationskontext. Zugrunde liegt diesem Ansatz die Auffassung von Sozialisation als einem diachronen, lebenslangen Prozess, der verstanden wird als Kumulation von Erfahrungen und als Genese von Handlungsfähigkeit. Die Aufgabe einer so ausgerichteten Forschung besteht darin, «massenmediale Sozialisation als lebenslangen Prozess zu begreifen, das Medienhandlungspotential diachron, d. h. orientiert an individuellen Lebensläufen zu betrachten» (Rogge 1982, 275). Forschungspraktisch resultiert daraus, die subjektiven Deutungen von Medien in verschiedenen Lebensphasen zu rekonstruieren sowie dem Zusammenhang von Alltags- und Medienwissen nachzugehen.

Am intensivsten, zugleich aber auch kritisch, hat sich die Arbeitsgruppe um den Bielefelder Pädagogen Dieter Baacke mit Medienbiographien beschäftigt. Diese Gruppe hat auch eine der wenigen umfangreichen empirischen Studien vorgelegt. Methodologisch knüpfen sie an die entsprechenden Traditionen in den Sozialwissenschaften und der Pädagogik an. Aber im Gegensatz zu allen anderen Vertretern des medienbiographischen Ansatzes beziehen sie sich explizit auf die Biographieforschung. So setzt sich Vollbrecht (1993) ausführlich mit den entsprechenden Konzeptionen auseinander und befragt sie hinsichtlich ihrer Fruchtbarkeit für die Analyse von Medienbiographien. Biographien werden demnach als «Berichte und Erzählungen gelebten Lebens» verstanden, die ein individuelles Leben «in seinem sozialen und historischen Zusammenhang» präsentieren sollen (Vollbrecht 1993, 11). Folgende Fragen werden an Medienbiographien gestellt:

- Welche Rolle spielen Medien bei der Konstruktion von Biographien?
- Gibt es zum Beispiel biographische Fixpunkte oder biographische Stränge, die über Medien definiert werden?
- Welche Auswirkungen haben Medien auf die medienbiographische Zeitstruktur des Tagesablaufs (lineare Zeitstruktur der Biographie vs. zyklische Struktur der Alltagszeit)?

Mit Fragen dieser Art haben sich Baacke und Mitarbeiter in einer Untersuchung über Biographien von Jugendlichen befasst. Sie konzentrierten sich dabei besonders auf die Verwendung, Funktion und Bedeutung von Medien im Alltag der Jugendlichen und führten dazu biographische bzw. narrative Interviews durch (Baacke/Sander/Vollbrecht 1991).

Probleme des qualitativen Interviews gibt es in vielfacher Hinsicht. Als Erstes ist die Abgrenzung zu standardisierten Befragungen zu nennen. Vor allem das Leitfadeninterview, aber auch das Experteninterview verführen dazu, Fragen zu stellen, die ebenfalls in einer geschlossenen Form hätten gefragt werden können. Dies gilt vor allem dann, wenn es um mehr oder weniger ‹objektive› Daten geht wie etwa Nutzungszeiten oder -formen von Medien. Häufig werden die so gewonnenen Daten im Anschluss mit Hilfe vorgegebener Kategorien ausgewertet, in denen sich dann aber die eigentlichen subjektiven Aspekte des je einzelnen Falls nicht mehr widerspiegeln.

Als Zweites seien abkürzende Verfahren erwähnt, die entweder schriftliche und mündliche Erhebungsformen verbinden oder einer Verwechslung zwischen Gruppeninterviews und Gruppendiskussion erliegen. Das Gruppendiskussionsverfahren ist eine sinnvolle Methode, mittels der die Dynamik und die Themen einer Gruppe erfasst werden können (vgl. den Beitrag von Schäffer in diesem Band). Das Gruppeninterview jedoch zielt meist auf eine ökonomische Erhebung ab und führt oft dazu, dass bei der Auswertung der Daten nicht kontrollierbare Gruppenprozesse vernachlässigt werden. Wenn nämlich im Auswertungsprozess die qualitativen Daten, also die Äußerungen der Interviewten, den einzelnen Beteiligten zugeordnet werden sollen, stellt sich meist heraus, dass die Beiträge quantitativ wie qualitativ sehr unterschiedlich sind. Dieses Manko lässt sich nachträglich meist nicht beheben.

Selbstverständlich ist die Wahl der Auswertungsmethode qualitativer Interviews der wundeste Punkt dieser Methode. Erst hier entscheidet sich eigentlich, ob der Anspruch, qualitative Forschung zu betreiben, auch konsequent durchhaltbar ist. Denn ein Leitfadeninterview verleitet sehr schnell dazu, subsumtionslogisch entlang den Leitfadenthemen vorzugehen. Erst die Wahl hermeneutischer bzw. rekonstruktiver Auswertungsmethoden liefert auch qualitative Auswertungsdaten.

In diesem Zusammenhang ist als vierter kritischer Aspekt die Form der Verallgemeinerung von Daten durch qualitative Interviews zu nennen. Denn vielfach geschieht dies in quantitativer Manier, indem die Häufigkeiten von Kategorien oder Typen im Ergebnisteil genannt werden, ohne dass Fragen nach der Qualität der Stichprobe behandelt worden wären.

Eine weitere kritische Seite des qualitativen Interviews betrifft die Transkription verbaler Daten. Die hierzu vorliegenden Vorschläge (etwa Ehlich/Switalla 1976) zeigen vielfältige Möglichkeiten auf, die aber nur einen Sinn ergeben, wenn man sie jeweils auf die gewählte Auswertungsmethode bezieht. Die überlegte Wahl des Notationssystems erspart es, Arbeit in die Herstellung von Feintranskripten zu investieren, die dann doch nicht ausgewertet werden können.

Insgesamt sollte deutlich werden, dass das qualitative Interview in der Medienforschung eine wesentliche Bereicherung darstellt, indem es Perspektiven für den einzelnen Fall oder für verallgemeinerbare Strukturen eröffnet. Zugleich zeigt sich jedoch auch, dass mit ihm bei unreflektierter Anwendung erhebliche Probleme einhergehen, die eine Zuordnung zur qualitativen Methodologie fragwürdig werden lassen. Eine sorgfältige Begründung des qualitativen Interviews, die die Wahl der Methode auf den Kontext der Fragestellung bzw. des erkenntnisleitenden Interesses, den gewählten theoretischen Rahmen sowie auf die Wahl der Auswertungsmethode bezieht, kann das Profil dieses oft naiv eingesetzten Verfahrens schärfen und zu seiner angemessenen Verwendung in der Medienforschung beitragen.

Eine Zukunft hat das qualitative Interview sicher im Bereich neuer Medien, hier vor allem in Onlinebefragungen. Chaträume oder Messenger-Systeme bieten geeignete Möglichkeiten für die Anwendung dieser Methode in einem neuartigen Feld.

LITERATUR

Aufenanger, Stefan/Claudia Lampert/Yvonne Vockerodt (1996), Lustige Gewalt? Zum Verwechslungsrisiko realer und inszenierter Fernsehgewalt bei Kindern durch humoreske Programmkontexte. München: Reinhard Fischer.

Baacke, Dieter/Uwe Sander/Ralf Vollbrecht (1991), Medienwelten Jugendlicher. Opladen: Leske + Budrich.

Bachmair, Ben (1994), TV-Kids. Ravensburg: Ravensburger Buchverlag.

Barlovic, Ingo/Christian Clausnitzer (2005), Kommerzielle Werbeforschung bei Kindern. Ziele, Methoden und der Blick auf das Kind, in: medien + erziehung, Vol. 49, Nr. 1, 17–23.

Charlton, Michael/Klaus Neumann (1986), Medienkonsum und Lebensbewältigung in der Familie. Methode und Ergebnisse der strukturanalytischen Rezeptionsforschung. Weinheim: Psychologie Verlags Union.

Charlton, Michael/Klaus Neumann (1988), Der Methodenstreit in der Medienforschung: Quantitative oder qualitative Verfahren?, in: Bohn, Rainer/Eggo Müller/Rainer Ruppert (Hrsg.), Ansichten einer künftigen Medienwissenschaft. Berlin: edition sigma, 91–107.

Charlton, Michael/Klaus Neumann (1990), Medienrezeption und Identitätsbildung. Kulturpsychologische und kultursoziologische Befunde zum Gebrauch von Massenmedien im Vorschulalter. Tübingen: Narr.

Ehlich, Konrad/Bernd Switalla (1976), Transkriptionssysteme. Eine exemplarische Übersicht, in: Studium Linguistik, Vol. 2, 78–105.

Flick, Uwe (1998), Qualitative Forschung. Theorie, Methoden, Anwendung in Psychologie und Sozialwissenschaften. Reinbek bei Hamburg: Rowohlt.

Friebertshäuser, Barbara (1997), Interviewtechniken. Ein Überblick, in: Friebertshäuser, Barbara/Annedore Prengel (Hrsg.), Handbuch qualitativer Forschungsmethoden in der Erziehungswissenschaft. Weinheim: Juventa, 371–395.

Heinzel, Friederike (1997), Qualitative Interviews mit Kindern, in: Friebertshäuser, Barbara/Annedore Prengel (Hrsg.), Handbuch qualitativer Forschungsmethoden in der Erziehungswissenschaft. Weinheim: Juventa, 396–413.

Herzog, Herta (1986), Dallas in Deutschland. Eine Pilotstudie, in: Rundfunk und Fernsehen, Vol. 34, Nr. 3, 351–367.

Huber, Günter H./Heinz Mandl (1994), Verbale Daten. Eine Einführung in die Grundlagen und Methoden der Erhebung und Auswertung. Weinheim: Beltz.

Hurrelmann, Bettina/Michael Hammer/Klaus Stelberg (1996), Familienmitglied Fernsehen. Fernsehgebrauch und Probleme der Fernseherziehung in verschiedenen Familienformen. Opladen: Leske + Budrich.

Kromrey, Helmut (1986), Empirische Sozialforschung. Modelle und Methoden der Datenerhebung und Datenauswertung. Opladen: Leske + Budrich (3. Aufl.).

Kübler, Hans Dieter (1982), Medienbiographien – ein neuer Ansatz der Rezeptionsforschung?, in: medien + erziehung, Vol. 26, Nr. 4, 194–205.

Lamnek, Siegfried (1995), Qualitative Sozialforschung. Band 1: Methodologie. München/Weinheim: Psychologie Verlags Union (3. Aufl.).

Loos, Peter/Burkhard Schäffer (2001), Das Gruppendiskussionsverfahren. Theoretische Grundlagen und empirische Anwendung. Opladen: Leske + Budrich.

Stefan Aufenanger

Mayntz, Renate/Kurt Holm/Peter Hübner (1971), Einführung in die Methoden der empirischen Soziologie. Opladen: Westdeutscher Verlag (2. Aufl.).

Meuser, Michael/Ulrike Nagel (1991), ExpertInneninterviews – vielfach erprobt, wenig bedacht, in: Garz, Detlef/Klaus Kraimer (Hrsg.), Qualitativ-empirische Sozialforschung. Konzepte, Methoden, Analysen. Opladen: Westdeutscher Verlag, 441–471.

Meuser, Michael/Ulrike Nagel (1997), Das ExpertInneninterview. Wissenssoziologische Voraussetzungen und methodische Durchführung, in: Friebertshäuser, Barbara/Annedore Prengel (Hrsg.), Handbuch qualitativer Forschungsmethoden in der Erziehungswissenschaft. Weinheim: Juventa, 481–491.

Mikos, Lothar (1994), Es wird dein Leben! Familienserien im Fernsehen und im Alltag der Zuschauer. Münster: MAkS.

Neumann-Braun, Klaus (1993), Rundfunkunterhaltung. Zur Inszenierung publikumsnaher Kommunikationsereignisse. Tübingen: Narr.

Neuß, Norbert (1999), Symbolische Verarbeitung von Fernseherlebnissen in Kinderzeichnungen. München: KoPäd.

Paus-Haase, Ingrid (1991), Neue Helden für die Kleinen. Das (un-)heimliche Kinderprogramm im Fernsehen. Münster/Hamburg: Lit.

Paus-Haase, Ingrid (1998), Heldenbilder im Fernsehen. Eine Untersuchung zur Symbolik von Serienfavoriten in Kindergarten, Peer-Group und Kinderfreundschaften. Opladen: Westdeutscher Verlag.

Paus-Haase, Ingrid (2000), Medienrezeptionsforschung mit Kindern, in: Paus-Haase, Ingrid/Bernd Schorb (Hrsg.), Qualitative Kinder- und Jugendmedienforschung. Theorie und Methoden: ein Arbeitsbuch. München: KoPäd, 15–32.

Paus-Haase, Ingrid/Uwe Hasebrink/Uwe Mattusch/Susanne Keuneke/Friedrich Krotz (1999), Talkshows im Alltag von Jugendlichen. Der tägliche Balanceakt zwischen Orientierung, Amüsement und Ablehnung. Opladen: Leske + Budrich.

Paus-Haase, Ingrid/Bernd Schorb (Hrsg.) (2000), Qualitative Kinder- und Jugendmedienforschung. Theorie und Methoden: ein Arbeitsbuch. München: KoPäd.

Petermann, Franz/Sabine Windmann (1993), Sozialwissenschaftliche Erhebungstechniken bei Kindern, in: Markefka, Manfred/Bernhard Nauck (Hrsg.), Handbuch der Kindheitsforschung. Neuwied: Luchterhand, 125–139.

Rogge, Jan-Uwe (1982), Die biographische Methode in der Medienforschung, in: medien + erziehung, Vol. 26, Nr. 4, 273–287.

Rogge, Jan-Uwe (1985), «Die sehen bald nur noch fern». Medienbiographische Betrachtungen, in: medien praktisch, Vol. 9, Nr. 4, 13–18.

Schorb, Bernd/Hans-Jörg Stiehler (1999), Idealisten oder Realisten? Die deutschen Kinder- und JugendfernsehmacherInnen und ihre subjektiven Medientheorien. München: KoPäd.

Theunert, Helga (1994), Quantitative versus qualitative Medien- und Kommunikationsforschung?, in: Hiegemann, Susanne/Wolfgang H. Swoboda (Hrsg.), Handbuch der Medienpädagogik. Opladen: Leske + Budrich, 387–401.

Theunert, Helga/Bernd Schorb (1995), ‹Mordbilder›, Kinder und Fernsehinformation. Eine Untersuchung zum Umgang von Kindern mit realen Gewaltdarstellungen in Nachrichten und Reality-TV. Berlin: Vistas.

Treumann, Klaus Peter/Dieter Baacke/Kirsten Haacke/Kai Uwe Hugger/Ralf Vollbrecht (Hrsg.) (2002), Medienkompetenz im digitalen Zeitalter. Wie die neuen Medien das Leben und Lernen Erwachsener verändern. Opladen: Leske + Budrich.

Vollbrecht, Ralf (1993), Lebensläufe und sozialer Wandel. Das Krisenkonzept der Erfahrung als Grundlage medienbiographischer Reflexion, in: Thier, Michaela/Jürgen Lauffer (Hrsg.), Medienbiographien im vereinten Deutschland. Bielefeld: GMK, 10–27.

Burkhard Schäffer

2.2 GRUPPENDISKUSSION

Das Gruppendiskussionsverfahren kommt in Kontexten der Medienforschung immer häufiger zum Einsatz. Dies wird zum Anlass genommen, das Verfahren in methodisch-methodologischer und grundlagentheoretischer Hinsicht zu reflektieren. Dabei ist der Schwerpunkt auf diejenige Verfahrensweise gelegt, die sich in den letzten Jahren im Anschluss an die dokumentarische Methode in der Forschungspraxis herausgebildet hat (vgl. Bohnsack 2003; Loos/Schäffer 2006; Bohnsack/Nentwig-Gesemann/Nohl 2001; für einen kursorischen Überblick zu anderen Verfahrensweisen vgl. Lamnek 1998).

Der vorliegende Beitrag gliedert sich in fünf Teile. Nach einer kurzen Darstellung der Geschichte des Verfahrens (Abschnitt 1) werden Hinweise zur Durchführung von Gruppendiskussionen gegeben (Abschnitt 2). In Abschnitt 3 werden wichtige Prinzipien und Verfahrensschritte bei der Interpretation von Gruppendiskussionstranskripten mittels der dokumentarischen Methode erläutert. Diesem eher theoretisch-abstrakt gehaltenen Teil schließt sich die Darstellung zweier empirischer Studien an (Abschnitt 4), in denen das Verfahren im Kontext medienbezogener Fragestellungen fruchtbar gemacht wird. Es handelt sich um die Erforschung generationsspezifischer Medienpraxiskulturen (4.1) und die Erforschung von Sinnbildungsprozessen bei der Rezeption von Fotografien (4.2). In Abschnitt 5 werden schließlich Grenzen des Verfahrens diskutiert und die Triangulation mit anderen Erhebungsverfahren angesprochen.

1. Zur Entstehung des Gruppendiskussionsverfahrens

1.1 Entwicklungen im angelsächsischen Sprachraum

Das Gruppendiskussionsverfahren[1] hat sich innerhalb der letzten 60 Jahre zu seinem heutigen Formenkanon entwickelt. Die Wurzeln des Verfahrens liegen im angelsächsischen Sprachraum, wobei die Methode anfänglich Impulse aus Kontexten der Medienforschung erhalten hat. In der Anfangszeit zu nennen sind hier vor allem die Studien von Merton und Kendall (1946) zur Erforschung von Zuschauerreaktionen auf Propagandafilme während des Zweiten Weltkriegs (Hovland 1949 et al., vgl. auch Lazarsfeld et al. 1948). Aus diesen Anfängen entwickelte sich das «focus group interview», bei dem Gruppen von Versuchspersonen «Grundreize» in Form von Produktverpackungen, Werbefilmen o. Ä. vorgelegt und die Reaktionen der Gruppen, zumeist in Form von Wortbeiträgen, aufgezeichnet wurden. Die frühen Ansätze waren, wie schon der Begriff des Grund«reizes» nahe legt, überwiegend am Stimulus-Response-Modell orientiert. Merton (1987), als einer der wesentlichen Begründer und Vertreter des *Focus-Group-Interviews*, konzipierte das Verfahren fast ausschließlich in seiner explorativen Funktion, d. h. als Vorstufe für quantitative Forschungsdesigns. Derartigen, vor allem im Bereich der Markt- und Konsumforschung nach wie vor dominierenden «survey sampling approaches» werden im angelsächsischen Sprachraum zunehmend auch Verfahrensweisen entgegengestellt, die mit «naturally occuring groups of like-minded people» (Livingstone/Lunt 1996, 82) arbeiten, also mit Realgruppen. Hier ist eine Studie aus dem Jahre 1990 zu der Fernsehserie «Dallas» hervorzuheben, die im Kontext des Uses-and-Gratification-Ansatzes innerhalb der Medienforschung zu verorten ist (vgl. Liebes/Katz 1990).

Eine andere Bezeichnung (group discussions) und ein differentes Verständnis des Verfahrens finden sich vor allem im Kontext der Cultural Studies (vgl. den Beitrag von Winter in diesem Band), so im Bereich der Jugend- (vgl. exemplarisch Willis 1990), der Frauen- (vgl. Brown 1994;

Burkhard Schäffer

Gillespie 1995) und wiederum sehr intensiv in der Medienforschung. In letztgenannter war es vor allem David Morley, der schon Anfang der 1980er Jahre offene Diskussionen mit homogen zusammengesetzten Gruppen über die Fernsehsendung «Nationwide» durchführte, um herauszuarbeiten, wie Gruppen mit unterschiedlichem soziookonomischen Hintergrund verschiedene «Lesarten» ein und desselben Fernsehprogramms entfalteten (vgl. Morley 1980). Da bei Morley einige der wesentlichen Argumentationslinien für die Begründung des Einsatzes dieses Verfahrens zum Tragen kommen, wird auf eine Mitte der 1980er Jahre veröffentlichte Studie des Autors zur Bedeutung des Fernsehens in der Familie im Folgenden etwas näher eingegangen (vgl. Morley 1986).

1.2 Eine klassische Gruppendiskussionsstudie: David Morleys «Family Television»

Morleys Argumentation nimmt ihren Ausgang bei einer Kritik der Einschaltquotenforschung. Diese konzipiere das Ein- und Ausschalten des Fernsehers als einen individuellen Akt eines(er) Einzelnen, der damit zusammenhängt, welches inhaltliche Interesse der oder die Einzelne habe. Demgegenüber favorisiert Morley eine Perspektive, die den Fernsehkonsum der Einzelnen als eingebettet in den «social context» der Familie konzipiert:

«Despite frequent moral panics about ‹television and the family› we still know very little about how families as distinct from individuals (who, after all mostly live in families or households of some kind) interact with and use television in their everyday lives. The perspective employed in this project has been one which attempts to redress this imbalance and do consider television viewing as a social activity, one which is conducted within the context of the family as set of social relations, rather than as a merely individual activity, or the activities of a collection of individuals who merely happen to live in the same household.» (Morley 1986, 2)

Die Entscheidung für das Gruppendiskussionsverfahren hing also damit zusammen, dass Morley aus theoretischen Erwägungen an der Rolle der Familie als Kollektiv interessiert war: Die mit der Technik der Umfrageforschung beinahe zwangsläufig einhergehende Konzeption des Individuums als autark entscheidender Monade war (und ist) mit dem theoretischen Hintergrund der Cultural Studies (Marx, Gramsci, Althusser) nicht vereinbar (vgl. auch Winter in diesem Band). Insofern führte er mit 18 Londoner «white working-class/lower middle-class»-Familien (1986, 53) Gruppendiskussionen und nicht, wie dem methodischen Mainstream seiner Zeit entsprechend, isolierte Einzelinterviews durch. Bei der Lektüre von Morleys Falldarstellungen erschließt sich die Komplexität der Fernsehnutzung als soziales Ereignis im Kontext der Familie diesseits der dichotomen Stereotypisierung der Einschaltquotenforschung. Morley berichtet beispielsweise von einer «unemployed family», die den Fernseher den ganzen Tag quasi als Hintergrundbeleuchtung bzw. als Begleiter einschaltet und nur dann und wann den Ton abstellt, wenn gerade nichts gesendet wird, an dem Interesse besteht. Das Gesehene wird im Familienkontext schon während des Sehens kommentiert und bewertet und dient so während und auch nach der Rezeption als familienbezogener Gesprächsanlass. Insgesamt erschließen sich vielfältige soziale Funktionen des Fernsehens im Familienkontext, die der Perspektive der traditionellen Wirkungsforschung verborgen bleiben.[2]

Insgesamt ist Morleys Studie ein interessantes Dokument für erste Versuche, die Familie bei ihrer Fernsehrezeption mit Hilfe des Gruppendiskussionsverfahrens als Kollektiv in den Blick zu nehmen und nicht bei den einzelnen Familienmitgliedern stehen zu bleiben. Allerdings klafft zwischen dem theoretischen Anspruch Morleys, die Familie als Kollektiv zu erfassen, und dessen konkreter empirischer Umsetzung eine Lücke: In der Darstellung der Ergebnisse kommen überwiegend die Einstellungen der einzelnen Familienmitglieder zum Zuge. In den Einzelbeschreibungen deutet sich zwar an, dass Morley auch genuin Kollektives untersucht hat – etwa die Aufeinanderbezugnahmen der Familienmitglieder untereinander –, in der Endauswertung akkumuliert er dann aber beinahe ausschließlich die Aussagen *einzelner* Familienmitglieder.[3]

Burkhard Schäffer

1.3 Eine kurze Typologie der Entwicklung des Gruppendiskussionsverfahrens in Deutschland

Wie bereits am Beispiel der Arbeiten im angelsächsischen Sprachraum dargestellt, unterliegt das Gruppen*diskussions*verfahren einem historischen Wandel, der mit der Weiterentwicklung grundlagentheoretischer und methodologischer Ansätze in den Sozialwissenschaften in einem engen Zusammenhang steht. Im Laufe seiner historischen Entwicklung hat das Verfahren in Deutschland, etwas vereinfacht, drei verschiedene Stadien durchlaufen, die je unterschiedliche Untersuchungsziele verfolgten:

1. Zunächst ging es darum, Meinungen und Orientierungen einzelner Gruppenmitglieder im Gruppenkontext herauszuarbeiten und aus sozialpsychologischer und/oder psychoanalytischer Perspektive zu beurteilen, wie das Verhältnis von Einzel- zu Gruppenmeinungen zu bestimmen ist. Im Zentrum des Interesses stand, vor allem unter dem Eindruck der extremen Konformitätserfahrungen im Nationalsozialismus, wie sich die Meinungen Einzelner unter «Gruppendruck» veränderten. Im Zuge einer am Frankfurter Institut für Sozialforschung durchgeführten Studie zum politischen Bewusstsein im Nachkriegsdeutschland wurde eine «Gruppentechnik» zur «Ermittlung von Meinungen in statu nascendi» (Pollock 1955, 32) entwickelt. In der für die Frankfurter Schule typischen, psychoanalytisch geprägten Empirie ging es darum, hinter «Abwehrmechanismen und Rationalisierungen» zu schauen. Unbeschadet der theoretischen Kritik an der Isolierung individueller Meinungen in der Umfrageforschung wurden in der (quantitativen) empirischen Auswertung die einzelnen Redebeiträge dann aber doch isoliert voneinander analysiert. In dieser Tradition entstanden zum Teil sehr einflussreiche Studien, etwa im Bereich der Bildungsforschung (Schulenberg 1957) und wiederum auch in der Medienforschung (Maletzke 1959).

2. Eine zweite, mit dem Symbolischen Interaktionismus verbundene Perspektive ist auf den Prozess der Entstehung und Veränderung von Gruppenmeinungen und -orientierungen während der Diskussion gerichtet. Es handelt sich um einen Ansatz, der die Situation und den

Kontext (bspw. eine Weiterbildungsveranstaltung) der Gruppendiskussion in den Mittelpunkt stellt. Ende der 1970er, Anfang der 1980er Jahre hatte diese am interpretativen Paradigma ausgerichtete Konzeption des Gruppendiskussionsverfahrens recht großen Einfluss (vgl. Volmerg 1977; Nießen 1977; Behnken 1984; Peukert 1984).

3. In der dritten, methodisch-methodologisch am weitesten entwickelten Perspektive wird die *Gruppe als* Medium gesehen, innerhalb dessen sich kollektive Orientierungen artikulieren, die weit über die in der Einzelgruppe geäußerten Einstellungen, Meinungen und Orientierungen hinausgehen. Ausgangspunkt dieser Richtung war eine Arbeit von Werner Mangold Ende der 1950er Jahre (Mangold 1960), in der er Gruppendiskussionen mit «Steigern» (Bergarbeitern) und mit Frauen aus einem Flüchtlingslager durchführte. Er kam zu dem Schluss, dass

- sich in den Diskussionen bereits zuvor ausgebildete Gruppenmeinungen manifestierten;
- die Gruppenmeinung keine Summe von Einzelmeinungen, sondern das Produkt kollektiver Interaktionen sei;
- die Gruppenmeinungen sich nur aus der Totalität der verbalen wie nicht-verbalen Stellungnahmen herauskristallisierten;
- der Unterschied zur Alltagssituation in einer themenoffen geführten Gruppendiskussion nur ein gradueller sei.

Mangold prägte für die kollektiv geteilten Meinungen, die sich in den Diskussionen manifestierten, den Begriff «informelle Gruppenmeinung».

Entscheidend weiterentwickelt wurde das Mangold'sche Konzept Ende der 1980er Jahre von Ralf Bohnsack, der auf der Basis von Wissenssoziologie und Ethnomethodologie das Verfahren im Kontext der dokumentarischen Methode methodologisch fundierte (Bohnsack 1989 und 2003). In dieser Perspektive interessiert die Gruppe zwar auch in ihrer Eigenschaft als Gruppe, und die Prozesse in der Gruppe finden ebenfalls Berücksichtigung, sie bilden jedoch nicht den Kern des Erkenntnisinteresses. Vielmehr werden Gruppen als empirisch besonders gut zu erforschende *Epiphänomene kollektiver Gehalte* konzipiert, beispielsweise als Träger von generations-, milieu- oder geschlechtsspezifischen Orientie-

Burkhard Schäffer

rungen. Im engeren und weiteren Kontext dieser Konzeptualisierung des Gruppendiskussionsverfahrens sind in der jüngsten Zeit eine Fülle empirisch angelegter Studien entstanden, die die Leistungs- und Anschlussfähigkeit dieses Ansatzes in unterschiedlichen Anwendungsgebieten unter Beweis stellen.[4]

2. DURCHFÜHRUNG VON GRUPPENDISKUSSIONEN

2.1 ZUSAMMENSTELLUNG DER GRUPPEN

Ein zentraler Streitpunkt in der Geschichte des Gruppendiskussionsverfahrens betrifft die *Zusammenstellung* der Gruppen: Sollen die Diskussionen mit Realgruppen geführt werden oder mit nur zu diesem Anlass zusammengestellten Gruppen – etwa mit Teilnehmern, die nach soziodemographischen Gesichtspunkten ausgesucht wurden? In Realgruppen, also in Gruppen, die auch jenseits der Gruppendiskussion über eine gemeinsame Praxis verfügen (z. B. in einer jugendlichen Peergroup oder einem Fußballverein etc.), ergibt sich im Allgemeinen eine ergiebigere Diskussion als in künstlich zusammengesetzten Gruppen. Bei den zuletzt genannten Gruppen stehen gerade in der Anfangsphase der Diskussion die Prozesse des vorsichtigen Ertastens der Orientierungen der anderen Teilnehmer im Vordergrund (vgl. hierzu bereits v. Hagen 1954). Gleichwohl können auch Diskussionen mit Gruppen durchgeführt werden, die nicht oder nur zum Teil der Realgruppenanforderung Genüge tun. Das sind zum Beispiel Gruppen, deren Angehörige (dem ersten Eindruck zufolge) Gemeinsamkeiten der Sozialisationsgeschichte aufweisen oder andere partielle Gemeinsamkeiten teilen (z. B. über gemeinsame Medienpraxiserfahrungen verfügen).

Die ideale Teilnehmerzahl liegt, so ein Erfahrungswert, bei einer Gruppendiskussion zwischen drei und zehn Personen. Je größer die Zahl der Teilnehmenden ist, desto schwieriger die nachträgliche Zuordnung der Sprechenden; auch besteht bei zu großen Gruppen die Tendenz, dass Untergruppen ein separates Gespräch beginnen. Im Anschluss an einige erläuternde Bemerkungen zum Ablauf der Diskussion wird eine Eingangsfrage gestellt, die nicht abgelesen, sondern frei formuliert werden sollte, bzw. es wird eine andere Form eines Gesprächsanlasses initiiert (Zeitungsartikel vorlesen, Filmausschnitt zeigen etc.). Bei der Formulierung der Frage gilt: Man kann zwar fast jede beliebige Frage stellen, sinnvoll aber ist es, solche zu formulieren, die relativ nahe an der vermuteten gemeinsamen Erfahrungsbasis der Gruppe liegen.

Das Verfahren erzeugt Sequenzen, in denen die Gruppe explizit auf die Diskussionsleitung reagiert, und solche, bei denen die Gruppe sich metaphorisch und dramaturgisch zu steigern beginnt und die anwesenden Forscher und Forscherinnen tendenziell in den Hintergrund treten. Je mehr der zweite Modus in Kraft ist, desto selbstläufiger ist eine Gruppendiskussion. Vor allem hieraus leitet sich ein weitgehendes Abstinenzgebot an die Forschenden ab. Für das Verhalten während einer Gruppendiskussion hat Bohnsack (2003, 207ff.) einige «reflexive Prinzipien» der Gesprächsführung für die Diskussionsleitung formuliert.

- Zu Beginn einer Diskussion sollten alle Interventionen auf die Herstellung von Selbstläufigkeit gerichtet sein (wenn überhaupt Nachfragen, dann immanente Nachfragen zur Generierung von Erzählungen und Beschreibungen; keine inhaltlichen Stellungnahmen der Diskussionsleitung).
- Bei allen Interventionen ist darüber hinaus die gesamte Gruppe Adressat der Forscherintervention.
- Nachfragen und Themeninitiierungen sollten in fast allen Phasen der Diskussion demonstrativ vage gehalten werden, was durch unpräzise Fragestellungen bzw. mit Fragereihungen erreicht wird.
- Auf Eingriffe in die Verteilung der Redebeiträge seitens der Diskussionsleitung wird vollständig verzichtet.

- Erst zum Schluss einer Gruppendiskussion kann man zur Phase der exmanenten Nachfragen übergehen. Es werden jetzt von der Diskussionsleitung Bereiche und Themen angeschnitten, die von der Gruppe noch nicht diskursiv bearbeitet wurden, die jedoch für das jeweilige Erkenntnisinteresse der Forschenden relevant sind.

3. INTERPRETATION VON GRUPPENDISKUSSIONS-PROTOKOLLEN MITTELS DER DOKUMENTARISCHEN METHODE

Entscheidend für den hier favorisierten Auswertungsmodus ist der Einbezug der «dokumentarischen Methode» bei der Interpretation von Gruppendiskussionsprotokollen (Mannheim 1964a; Bohnsack 2003, 31ff.). In dieser Perspektive wird die konkrete Gruppe als Epiphänomen bzw. als *Dokument* für milieu-, geschlechts- und generationsspezifische «konjunktive Erfahrungsräume» konzipiert (Mannheim 1980, 211ff.). Ein konjunktiver, also verbindender Erfahrungsraum basiert nach Mannheim auf gemeinsamen biographischen und kollektivbiographischen Erlebniszusammenhängen (1980, 271) derjenigen, die diesem Erfahrungsraum angehören.

Für den im Folgenden dargestellten Aufbau des Auswertungsverfahrens auf der Grundlage der dokumentarischen Methode zentral ist die methodologische Differenzierung einer Sinnebene des wörtlichen oder immanenten Sinngehalts auf der einen und derjenigen des dokumentarischen Sinngehalts auf der anderen Seite.[5] Sie entspricht einer Unterscheidung zwischen den verallgemeinerbaren, den «kommunikativ-generalisierenden» Sinngehalten einerseits und den milieuspezifischen oder «konjunktiven» Sinngehalten andererseits. Dieser methodologischen Leitdifferenz folgt die verfahrenspraktische Unterscheidung von formulierender (Abschnitt 3.1) und reflektierender (Abschnitt 3.2) Interpretation. Eine für die reflektierende Interpretation zentrale Wissensressource stellt die Rekonstruktion der Diskursorganisation (Abschnitt 3.3) dar. In Fortführung der reflektierenden Interpretation lässt sich als ein weiterer Schritt die Typenbildung (Abschnitt 3.4) unterscheiden.

3.1 Formulierende Interpretation

Die formulierende Interpretation ist in sich noch einmal in zwei Etappen gegliedert: die formulierende Interpretation der gesamten Diskussion in Form eines thematischen Verlaufs und die formulierende Interpretation einzelner Passagen innerhalb der Gruppendiskussion.

Thematischer Verlauf: Zunächst erfolgt die Herausarbeitung der thematischen Struktur der gesamten Diskussion. Beim Anhören der Bänder werden die angesprochenen Themen durch Überschriften zusammengefasst und eventuell deren Inhalt zunächst stichwortartig wiedergegeben. In diesem Verlaufsprotokoll werden jene Passagen, in denen die Themen von den DiskussionsleiterInnen (und deren Relevanzen) (fremd-)initiiert wurden, ebenso markiert wie diejenigen, die eine hohe interaktive und metaphorische Dichte aufweisen, die «Focussierungsmetaphern» (siehe dazu weiter unten). Bei den letztgenannten Passagen ist von einer hohen Relevanz des behandelten Themas seitens der an der Gruppendiskussion Teilnehmenden auszugehen. Für die Transkription und die weitere Auswertung werden diese dichten Passagen, aber auch jene ausgewählt, die für die Fragestellung der Untersuchung thematisch relevant sind.[6]

Formulierende Interpretation einer Passage: Die derart ausgewählten Passagen werden dann transkribiert und einer thematischen Feingliederung sowie einer detaillierten formulierenden Interpretation unterzogen. Wie beim thematischen Verlauf wird auch hier die thematische Struktur des Diskurses durch die Formulierung von Überschriften und durch die zusammenfassende Formulierung des wörtlichen Gehalts identifiziert.

Burkhard Schäffer

Im Zuge der Unterscheidung von immanentem (formulierendem) und dokumentarischem (reflektierendem) Sinngehalt gilt es das, was wörtlich gesagt wird, von dem zu trennen, was sich in dem Gesagten über die Gruppe dokumentiert – über deren Orientierungen oder Habitus. Dies ist die Frage danach, *wie* ein Thema, d. h. in welchem Rahmen es behandelt wird. Hierbei kommt der komparativen Analyse insofern von Anfang an eine zentrale Bedeutung zu, als sich der Orientierungsrahmen erst vor dem Vergleichshorizont anderer Gruppen (wie wird dasselbe Thema bzw. Problem in anderen Gruppen bearbeitet?) in konturierter und empirisch überprüfbarer Weise herauskristallisiert.

Diese Vergleichshorizonte entstammen zunächst dem Erfahrungshintergrund der Interpreten. Im Laufe eines Forschungsvorhabens jedoch werden diese Vergleichshorizonte systematisch durch empirisch generierte ersetzt, indem in komparativer Analyse (zur komparativen Analyse vgl. Nohl 2001a; Schäffer 1994) verglichen wird, wie die verschiedenen Gruppen «dasselbe Thema» unterschiedlich behandeln.

Die zentralen bzw. übergreifenden Orientierungsrahmen einer Gruppe kommen in denjenigen Passagen der Diskussion zum Ausdruck, die sich durch eine besondere interaktive und metaphorische Dichte auszeichnen, in denen also der Diskurs von der Dramaturgie her seine Steigerungen oder Höhepunkte erreicht. Solche Passagen werden als *Focussierungsmetaphern* bezeichnet (Bohnsack 2003, 137f.; Loos/Schäffer 2006, 70f.). Sie bilden den Aufmerksamkeitsfocus der Gruppe und deshalb auch den Dreh- und Angelpunkt der dokumentarischen Interpretation einer Gruppendiskussion, da an den Focussierungsmetaphern als den Zentren des Erlebens und der Aufmerksamkeit der jeweiligen Gruppe deren Orientierungsrahmen unmittelbar und empirisch valide erfassbar ist. «Metaphorisch» sind diese Passagen deshalb, weil sie aktuelle Handlungs- und Orientierungsprobleme nicht explizit (wörtlich), sondern in der erzählerischen oder beschreibenden Darstellung von Szenerien, also bildhaft zum Ausdruck bringen.

Die reflektierende Interpretation ermöglicht auch die methodische Kontrolle der beiden ineinander verschränkten Diskurse (Forschende –

Erforschte und Erforschte untereinander), durch die eine Gruppendiskussion charakterisiert ist. Gerade die in ihr sich unmittelbar vollziehende Konfrontation dieser beiden Diskursmodi vermag die Eigenart des in erster Linie interessierenden Diskurses (der Erforschten untereinander) konturiert hervortreten zu lassen.

Allgemein gesprochen zielt die reflektierende Interpretation auf die Rekonstruktion der Orientierungsmuster bzw. Orientierungsrahmen. Ihr Grundgerüst ist die Rekonstruktion der Formalstruktur der Texte (jenseits ihrer thematischen Struktur). Im Fall der Gruppendiskussion bedeutet dies auch die Rekonstruktion der Diskursorganisation, d. h. der Art und Weise, wie die Beteiligten aufeinander Bezug nehmen.

3.3 Rekonstruktion der Diskursorganisation

Zur Beschreibung der Diskursorganisation hat sich ein System von Begrifflichkeiten bewährt, welches in der empirischen Analyse selbst gewonnen und fortschreitend präzisiert wurde und wird (vgl. hierzu insbesondere Przyborski 2004). Die in den Redebeiträgen implizit, d. h. beispielsweise in Form von Erzählungen und Beschreibungen oder schlagwortartig zum Ausdruck gebrachten Orientierungsgehalte werden *Propositionen* genannt.[7] Ob es sich um eine Proposition handelt oder nicht, lässt sich oftmals nicht an der betreffenden Äußerung selbst feststellen, sondern muss aus dem Kontext erschlossen werden, d. h. aus den der Äußerung folgenden und ihr vorhergehenden Beiträgen. Zu unterscheiden ist sie unter anderem von einer *Konklusion*. Mit ihr wird die Behandlung eines Themas beendet – meist, indem es ergebnissichernd noch einmal zusammengefasst wird. Zwischen der Proposition und der Konklusion findet die Bearbeitung eines Themas statt. Oftmals finden sich hier weitere Sequenzen von (Anschluss-)Propositionen und (Zwischen-)Konklusionen. In der Tat lässt sich die gesamte Gruppendiskussion als eine einzige (kollektive) Proposition auffassen, in der die Gruppe anhand thematisch verschiedener Propositions-Konklusions-Sequenzen ihre kollektiven Orientierungen entfaltet.

Der propositionale Gehalt einer Äußerung kann vielfältige Formen

Burkhard Schäffer

annehmen. Wenn komplexe Orientierungsfiguren zum Ausdruck gebracht werden, ist die Proposition in Erzählungen und Beschreibungen, also in der Darstellung von Interaktionsszenerien impliziert. Häufig wird eine Proposition zunächst in Form eines expliziten «statements» in nur unzureichender Weise zum Ausdruck gebracht, um dann in Form einer Erzählung oder Beschreibung elaboriert zu werden. Hier handelt es sich um eine Elaboration in Form einer Exemplifizierung. Davon zu unterscheiden ist die Elaboration in Form einer Differenzierung: Die Teilnehmenden einer Diskussion halten den propositionalen Gehalt einer Äußerung für ergänzungsbedürftig, oder er muss in ihren Augen in seiner Reichweite eingeschränkt werden. In diesem Zusammenhang ist es wichtig, zwischen der Validierung einer Proposition («ja, genau»), einer antithetischen Differenzierung («ja, aber») und einer «Opposition» (einer Inkongruenz von Orientierungen) zu unterscheiden. Auch wenn eine Diskussion einen (auf den ersten Blick) konflikthaften Verlauf nimmt (die Teilnehmenden widersprechen und korrigieren einander, fallen einander ins Wort und verletzen somit die Regeln des Sprecherwechsels, des «turn-taking»; vgl. Sacks/Schegloff/Jefferson 1974), so muss dies noch nicht bedeuten, dass hier keine kollektiv geteilten Orientierungen zum Ausdruck gebracht würden. Ob dies der Fall ist und es sich somit um eine (wirkliche) «Opposition» handelt, lässt sich erst auf dem Weg einer dokumentarischen (reflektierenden) Interpretation der gesamten Diskurspassage entscheiden. Existieren in Gruppen derartige nicht überbrückbare «Rahmeninkongruenzen», dann finden sich häufig auch sogenannte *rituelle Konklusionen*. Wir haben es dann nicht mit konsensfähigen Zusammenfassungen zu tun; vielmehr wird das Thema, an denen die Rahmeninkongruenzen aufzubrechen drohen, in unsachlicher Weise (z. B. durch einen Witz) eliminiert.

Idealtypisch lassen sich drei Formen der Diskursorganisation, also drei Modi der interaktiven Bezugnahme, unterscheiden, die als solche Aufschlüsse über grundlegende Formen der Sozialität bzw. Kollektivität innerhalb der Gruppe geben: Ein *oppositioneller* Diskursmodus liegt dann vor, wenn Rahmeninkongruenzen auftreten, also Unterschiede der Orientierungsrahmen, die von den Teilnehmenden nicht in einen übergreifenden kollektiv geteilten Rahmen überführt werden können. Beim *kon-*

kurrierenden bzw. *antithetischen* Diskursmodus liegt im Gegensatz zum oppositionellen keine Rahmeninkongruenz vor. Vielmehr konkurrieren bei diesem Typus die Teilnehmenden in dem Bemühen, den gemeinsam geteilten Rahmen am besten ausdrücken und gegebenenfalls eine von allen akzeptierte Konklusion formulieren zu können. Einen der Gegenhorizonte des konkurrierenden Diskursmodus bildet der *parallelisierende*. Eine explizite Bezugnahme der Redebeiträge aufeinander ist hier oft kaum erkennbar, vielmehr werden Erzählungen und Beschreibungen – auf den ersten Blick – unvermittelt aneinander gereiht. Dem milieufremden Beobachter ist der Orientierungsgehalt und möglicherweise sogar das Thema erst nach einer intensiven reflektierenden Interpretation zugänglich.[8]

3.4 TYPENBILDUNG

Im Zuge der Typenbildung wird in Übereinstimmung mit dem «idealtypischen Verstehen» bei Max Weber (1922) nach der *Genese* jener kollektiven Orientierungsmuster gesucht, die während der reflektierenden Interpretation bereits herausgearbeitet worden sind. Vor allem geht es darum, die unterschiedlichen Faktoren oder Dimensionen dieser Genese voneinander unterscheiden zu können, also unter anderem die Dimensionen der Bildung, des Geschlechts, des Alters (der lebenszyklischen Phase), der Generation und des Milieus. Typenbildung vollzieht sich auf dem Weg einer komplexen komparativen Analyse: So werden auf der Grundlage von Gemeinsamkeiten der Fälle (z. B. die bildungstypisch allen Lehrlingen in einer bestimmten *Alters-* oder Entwicklungs-Phase gemeinsame Erfahrung der Auseinandersetzung mit dem Arbeitsalltag) spezifische milieutypische Kontraste der Bewältigung dieser Erfahrungen (z. B. zwischen Musikgruppen und Hooligans; vgl. Bohnsack et al. 1995) herausgearbeitet. Die Eindeutigkeit und Validität eines Typus, einer Typik ist davon abhängig, inwieweit deren Beziehung zu und Abgrenzung von anderen Typiken herausgearbeitet werden kann (zur Typenbildung vgl. Bohnsack 2001; Nentwig-Gesemann 2001).

Burkhard Schäffer

4. Gruppendiskussionsverfahren in der Medienforschung

Im Folgenden wird anhand von zwei Untersuchungen exemplarisch dargestellt, wie medienbezogene Fragestellungen mit dem Gruppendiskussionsverfahren bearbeitet werden können. Beim ersten Beispiel werden generationsspezifische Orientierungen beim Handeln mit neuen Medientechnologien untersucht, im zweiten Fall handelt es sich um eine Arbeit, bei der Sinnbildungsprozesse bei der Rezeption von Fotografien rekonstruiert werden.

4.1 Rekonstruktion von Medienpraxiskulturen am Beispiel generationsspezifischen Handelns mit Computer und Internet

Vor dem theoretischen Hintergrund eines an Karl Mannheim (1964b und 1980) angelehnten Konzepts, das «Generation als konjunktiven Erfahrungsraum» (Bohnsack/Schäffer 2002) fasst, wurde in dieser Untersuchung nach generationsspezifischen Praxisformen mit neuen Medien gefragt und hierfür Mannheims Generationenkonzept durch den Einbezug von medien- und techniktheoretischen Überlegungen weiterentwickelt zu dem Konzept *generationsspezifischer Medienpraxiskulturen* (Schäffer 2003). Grob vereinfacht geht dieser Ansatz davon aus, dass sich auf der Grundlage der Medienerfahrungen und -praxen zu einer gegebenen Zeit für die jeweiligen Kohorten in ihrer Jugendzeit eigenständige Formen und Stile des Handelns mit den zur Verfügung stehenden Medien ausbilden. Diese Handlungsstile verdichten sich in Medienpraxiskulturen und erscheinen den Handelnden in ihrer Jugendzeit als quasi «natürliche» Form des Handelns mit Medien schlechthin. Derartige Medienpraxiskulturen haben die Tendenz, die Jahre zu überdauern, und sie prädisponieren auf Ebenen, die den Handelnden bewusstseinsmäßig nicht oder nur mühsam zugänglich sind, deren aktuelles Handeln mit den jeweils neuen Medien. Im Konzept generationsspezifischer Medienpraxiskulturen wird die Ebene des habituellen Handelns mit Medientechnologien besonders betont (Schäffer 2005). Sie ist in besonderer Weise mit solchen fundamentalen Lern- und Aneignungsprozessen gekoppelt, die vorreflexiv («fraglos») in die Alltagspraxis eingebettet sind und, so bereits ein Vorgriff auf die Ergebnisse der Studie, bei der Konstitution generationsspezifischer konjunktiver Erfahrungsräume eine große Rolle spielen.

Vor diesem, hier nur rudimentär ausgeführten theoretischen Hintergrund wurden Gruppendiskussionen mit computerinteressierten Gruppen unterschiedlichen Durchschnittsalters, Geschlechts und Bildungsmilieus durchgeführt mit dem Ziel, die Gruppen möglichst selbstläufig über ihre Erfahrungen mit den neuen Medientechnologien berichten zu lassen, was in der überwiegenden Zahl der Gruppen (insgesamt 15) auch gelang.[9]

In den Gruppendiskussionen konnten zentral drei thematische Dimensionen herausgearbeitet werden, die als Grundlage für die spätere Formulierung einer Typologie generationsspezifischer Medienpraxiskulturen dienten: (1) Arbeit versus Spiel, (2) Vertrautheit versus Fremdheit mit den neuen Technologien sowie (3) Nähe versus Distanz durch die neuen Technologien. In der Haltung gegenüber diesen drei thematischen Dimensionen dokumentieren sich zentrale Orientierungsrahmen der Gruppen bezüglich des Handelns mit neuen Medien. Entscheidend ist, dass diese Orientierungsrahmen je nach Generationszugehörigkeit, Bildungsmilieu und Geschlecht variieren und damit die Erstellung einer Typologie ermöglichen. Eine Typologie des generationsspezifischen Handelns mit neuen Medientechnologien unter Berücksichtigung von milieu- und geschlechtsspezifischen Differenzen wurde also aus der wechselseitigen Bezogenheit der je unterschiedlichen Dimensionen konjunktiver Erfahrung rekonstruiert.[10]

Im Folgenden werden anhand von zwei kurzen Gruppendiskussionsausschnitten zwei Aspekte verdeutlicht, die für die dokumentarische Methode als zentral anzusehen sind: das Grundprinzip der Unterscheidung zwischen dem immanenten Sinn und dem Dokumentsinn, das durch die Trennung von formulierender und reflektierender Interpretation gewährleistet wird, und dasjenige der komparativen Analyse, das durch den frühzeitigen Einbezug von Vergleichsgruppen erfüllt wird (vgl. hierzu auch Nohl 2001a; Schäffer 1994).

Alle Gruppen der Untersuchung berichteten übereinstimmend darüber, dass es Älteren generell schwer fällt, sich auf die Technologie überhaupt einzulassen, und dass sie, wenn sie es dann getan haben, beim Umgang mit dem Gerät eine übergroße Vorsicht an den Tag legten. Eine Seniorengruppe des Samples (Teilnehmer eines Word-Kurses für Senioren und Seniorinnen an einer Volkshochschule, Durchschnittsalter 63,5 Jahre) beneidet die Jüngeren zum Beispiel um deren «Selbstverständlichkeit» beim Umgang mit dem Gerät:

Em: Ich möchte noch mal auf den Grundgedanken zurückkommen alt und jung
         (.)

Gf: ⌊ hmm ja

Em: ⌊ wie geht ein Älterer an den Computer ran? Wie geht ein Jüngerer an den Computer ran? (.) Ich selbst wenn ich den Computer vor mir habe scheue mich da drauf zu drücken da drauf zu drücken dies zu machen jenes zu machen. Ich überlege zweimal ich überlege dreimal. Vorhin ist von Enkeln gesprochen worden

?f: ⌊ hmm

Em: ⌊ ich hab auch n'Enkel der is sieben Jahre. Der geht mit einer Selbstverständlichkeit da dran (.)

(Cf):   ⌊ (furchtbar)

Em: ⌊ der startet den Computer der fährt den runter mit einer Selbstverständlichkeit da sag ich mir ‹Donnerwetter warum hat man das (.) nicht soo drauf wie die Jugend?› also wie die Kinder und wie die Jugend ja sowieso?

Auf einer immanenten Ebene behandelt Em die Frage nach Unterschieden zwischen den Altersgruppen («alt und jung») in Hinsicht auf das Handeln mit dem Computer. Er bezieht sich hierbei auf einen immer wiederkehrenden Topos («Grundgedanken») der Diskussion. Die von ihm aufgeworfene Frage nach den unterschiedlichen Weisen des «Herangehens» ist, wie aus seinen Schilderungen hervorgeht, hier durchaus wörtlich zu nehmen. Seine Annäherung an den Apparat geschieht auf dem Weg des «Drückens» von Tasten, um mit der Maschine etwas zu «machen», d. h. – und hier verlassen wir die immanente Ebene und begeben uns auf die Ebene des Dokumentsinns – auf einer semantischen Ebene des Haptischen bzw. Mechanischen. Seine Aussage wird in diesem Modus als Dokument *für etwas*, hier für eine bestimmte Form des körperlichen Sich-in-Bezug-Setzens zu dem Gerät interpretiert. Die Form der Annäherung ist, wie aus dem Vergleich mit Ems siebenjährigem Enkel hervorgeht, für ihn eine nicht «selbstverständliche». Er überwindet seine hier nicht näher beschriebene Distanz nicht, sondern «scheut» sich vor der ihm fremden Technologie und bleibt so eingebunden in kognitive Reflexionsschleifen («ich überlege zweimal ich überlege dreimal»). Die «Scheu» ist wiederum ein Dokument dafür, dass ihm seine Handlungen am Computer nie «selbstverständlich» werden; er bleibt gewissermaßen immer auf «Fremdverständlichkeit» angewiesen. Im Gegensatz dazu beschreibt er die Handlungen seines Enkels auf einer Ebene der computerimmanenten Semantik und nicht auf der einer haptischen bzw. mechanischen: Der Enkel «drückt» keine Tasten, sondern «startet» den Computer bzw. «fährt ihn runter». Während ihm selbst der Charakter der Technik also als ein materielles Werkzeug immer gegenwärtig bleibt, steht zwischen dem Enkel und dem Computer nicht das «Drücken» auf Tasten. Um die computerimmanente Semantik zu verstehen, muss man also dessen Programme als Zeichen decodieren können und nicht an der materialen Oberfläche der Tasten hängen bleiben.

So weit einige Aspekte einer reflektierenden Interpretation dieser Passage, die nun im Rahmen der komparativen Analyse mit einer anderen weitaus jüngeren Gruppe von Gymnasiasten (Altersdurchschnitt 16 Jahre, Schüler eines Gymnasiums) verglichen wird. Diese bearbeiten die gleiche Thematik in einem differierenden Rahmen:

Bm: ⌊ na ja vor allem haben die (die Älteren, B. S.) immer Angst was kaputt zu machen

Em: ⌊ ja dis stimmt (.)

Bm: ⌊ wenn man irgendwo druffdrückt dass man irgendwas kaputt macht (.)

Burkhard Schäffer

Cm: ⌊ja

Em: ⌊ (.) dis war bei meiner Uroma so

Bm: ⌊ beim Computer
ooch mein mein Vater zum Beispiel [imitiert] ‹drück bloß nicht die Taste› ich
meine ich bin da jeden Tag dran ja und ich mach ja nun (n'janzes Weilchen
am Computer) und mein Vater is da so

Cm: ⌊ die ham ja teilweise richtig
Angst vorm Computer und dis sieht denn auch nich so gut aus

Das gleiche Thema (in den Worten der Seniorengruppe: die «Scheu» vor
dem Computer) wird von den Jugendlichen in gänzlich anderer Weise
verhandelt und ist deshalb für die komparative Analyse sehr aufschluss-
reich. Auf einer immanenten Ebene bestätigen die Jugendlichen die Aussagen der Senioren, indem sie von ihren Interaktionserfahrungen mit
Älteren berichten. So dokumentiert sich eine für sie unverständliche
Angst vor dem unbeabsichtigten Zerstören von Komponenten auch in
den Ermahnungen des Vaters, «bloß nicht die Taste» zu drücken. Die
«Angst vorm Computer» ist den Älteren förmlich körperlich eingeschrieben (inkorporiert), was sich auch an ihrem wahrnehmbaren Äußeren, ihrem Habitus ablesen lässt: Es «sieht denn auch nich so gut aus» (so
Cm). Neben der Bestätigung auf der immanenten Ebene (ja es stimmt,
was die Erwachsenen über ihre «Scheu» sagen) dokumentiert sich an
dieser Passage und an weiteren zuvor geschilderten (hier nicht wieder-
gegebenen) Episoden mit Älteren ein hohes Maß an Unverständnis der
Jugendlichen für die Handlungspraxis der Erwachsenen generell. Die
Schwierigkeiten und Ängste der Erwachsenen sind von den Jugendlichen zwar irgendwie benennbar (sie nennen deren Handbuchfixiert-
heit, ihre Angst, irgendwo draufzudrücken, das Fehlen von Probehan-
deln, ein starres zweckrationales Herangehen etc.). Allerdings können
sie sich nicht hineinversetzen in die Perspektiven der Erwachsenen, genauer: in deren Erfahrungsraum, im Sinne eines verstehenden Zugangs,
wie er Mitgliedern eines konjunktiven Erfahrungsraums fraglos gegeben
ist. Sie müssen die Erwachsenen interpretieren, d. h. sich den Sinn der
Handlungen der Erwachsenen mühsam erarbeiten. Hierin dokumentiert

sich eine fundamentale, weil nicht durch eigenes Erleben nachvollziehbare Fremdheitsrelation der Jugendlichen den Erwachsenen gegenüber,
die durch entsprechende Orientierungsfiguren auf der Seite der Erwachsenen ihr Pendant findet (wenn diese bspw. kein Verständnis für die spielerische Computerpraxis der Jugendlichen aufbringen können, weil sie
über keine konjunktiven Erfahrungen mit Computerspielen und Spielen mit dem Computer verfügen; aber dies führt in die Dimension «Arbeit versus Spiel», die hier nicht weiter ausgeführt werden kann).

Die oben genannte Dimension «Fremdheit versus Vertrautheit» baut
sich auf vielen solchen in der komparativen Analyse gegenüber oder nebeneinander gestellten Passagen auf. Auf diese Weise erhält man ein
komplexes Bild des vertrauten bzw. unvertrauten Handelns mit der Technologie, das sich aus generationsspezifischen, aber eben auch ge-
schlechts- und milieuspezifischen Facetten zusammensetzt und im End-
effekt die Bildung verschiedener Typiken auf der Dimension «Fremdheit
versus Vertrautheit» ermöglicht. Im Aufeinanderbezogensein dieser verschiedenen Typiken entfaltet sich dann eine Typologie des generationsspezifischen Handelns mit den neuen Medien im Hinblick auf den Aspekt Fremdheit versus Vertrautheit unter Berücksichtigung von Milieu-
und Geschlechtsaspekten.

4.2 Rekonstruktion kollektiver Sinnbildungsprozesse bei der Interpretation von Fotografien

Burkard Michel (2002) geht mit dem Gruppendiskussionsverfahren der
Frage nach, wie sich Sinnbildungsprozesse bei der Rezeption von Fotografien vollziehen (zum Einsatz von Fotografien vgl. auch den Beitrag
von Schändlinger in diesem Band). Hierfür verknüpft er Ansätze der Medienrezeptionsforschung mit der handlungstheoretischen Dimension
der Habitustheorie von Pierre Bourdieu, um die Interaktivität zwischen
Bild und Rezipierenden einer empirischen Rekonstruktion zugänglich
zu machen. Den «Sinn», der zwischen Bild und Rezipierenden entsteht,
fasst Michel (2002, 128ff.) als «Mehrebenenphänomen», das sich aus reflexiven und präreflexiven Momenten zusammensetzt, wobei Michel

Burkhard Schäffer

sein Augenmerk insbesondere auf die präreflexiven Anteile bei der Sinnbildung ausrichtet und hierdurch in vielerlei Hinsicht an die dokumentarische Methode (s. o.) anschließen kann. Im Kern geht es ihm um habi-
tus- und milieuspezifisch unterschiedliche Formen der Sinnbildung,
wofür er keinen feststehenden, sondern einen «relationalen», d. h. auf
jeweilige Gegenhorizonte bezogenen Sinnbegriff rekonstruiert (u. a. mit
Bezug auf die Sozialphänomenologie von Alfred Schütz).

Als Grundlage für sein Interpretationsvorhaben unterzieht er das Iko-
nographie/Ikonologie-Modell des Kunsthistorikers Erwin Panofsky einer
kritischen Würdigung und passt es seinen spezifischen Interessen an.
Diese sind nicht wie bei Panofsky an der Interpretation der Bildprodu-
zenten und deren Habitus, sondern an der Interpretation der Deutungs-
arbeit von Rezipierenden und den sich hieran dokumentierenden Habitus orientiert. Eine solche «rezeptionstheoretische Erweiterung des Iko-
nographie/Ikonologie-Modells» (Michel 2002, 153ff.) unterfüttert er mit
dem Einbezug wissenssoziologischer Aspekte (ebd., 157ff.) und integriert
das Ganze zudem in das Encoding/Decoding-Modell von Stuart Hall
(ebd., 167). Insgesamt gelingt es Michel so, einen überzeugenden theoretischen Rahmen für die empirische Analyse kollektiver Sinnbildungsprozesse herauszuarbeiten.

Methodisch setzte er sein Vorhaben um, indem er drei verschiedenen
Realgruppen nacheinander insgesamt sechs Fotos (schwarz-weiß, 24 mal
18 cm) vorlegte und die Gruppen fragte, was ihnen «durch den Kopf»
gehe, wenn sie dieses Bild sähen (Michel 2002, 314).[11] Die sechs Bilder
hatte Michel zuvor nach Maßgabe syntagmatischer «Offenheit» und
«Geschlossenheit» ausgewählt: Drei «offene» und drei «geschlossene»
Bilder (Michel 2002, 304) wurden den Gruppen im Wechsel präsentiert.[12]
Auf diese Weise erzeugte er einen Datenkorpus von 18 «Bild-Rezi-
pierenden-Interaktionen» (ebd., 312), in denen die Gruppen sich über die
jeweils vorgelegten Bilder verständigten. An die Einzelpräsentation der
Bilder schloss sich eine Resümeephase an, in der alle Bilder noch einmal
zusammen der Gruppe vorgelegt wurden. Diese Phase wurde durch den
Diskussionsleiter mit der Frage nach einem Präferenzurteil initiiert:
«Wenn Ihr Euch jetzt alle Bilder anschaut, gibt es eins, das Euch besonders gut gefällt?» (Michel 2002, 315).

Michel beschränkte sich nach der formulierenden Interpretation der 18 Passagen bei der reflektierenden Interpretation auf ein exemplarisches Vorgehen und analysierte die Sinnbildungsprozesse der Gruppen bei zwei Bildern: einem syntagmatisch geschlossenen und einem offenen Bild. Auf dem geschlossenen Bild ist eine Mehrgenerationenfamilie aus einem so genannten Stockbuch, einem Katalog einer Bildagentur abgebildet, die für Werbeagenturen und Zeitschriften thematisch geordnete Fotografien anbietet (vgl. Abb. 1).

Abbildung 1: «Familie» aus Stockbuch «starke Bilder» (Michel 2002, 306)

Das offene Bild ist einem Bildband von Eugene Richards (1987; hier Michel 2002, 175) entnommen, das eine Szene aus einem Lokal in einer Obdachlosensiedlung in New York einfängt (vgl. Abb. 2).

Burkhard Schäffer

Abbildung 2: «Shantytown» (Richards 1987)

Anhand der Diskussionen über die Bilder gelingt es Michel, die kollektiven Sinnbildungsprozesse «in actu» nachzuzeichnen. Durch gruppeninterne und externe Vergleiche erzeugte Michel ein «‹rhizomartiges› Netz von vergleichenden Interpretationen, in dem ineinander verschachtelte Fälle Gegenhorizonte füreinander abgaben» (ebd., 312). Dieses Geflecht in aller Kürze nachzuzeichnen ist unmöglich. Als Ergebnis lässt sich festhalten, dass die Gruppen aus den beiden Bildern sehr unterschiedliche Sinndimensionen rekonstruierten. Während beispielsweise die Gruppe der Arzthelferinnen das geschlossene Familienbild relativ positiv beurteilt («da kamma sich endlich mal was drunter vorstellen», Michel 2002, 191), reagieren die bildungsnäheren Gruppen auf das gleiche Bild mit ironischer Distanz. Auch auf das offene Bild beziehen sich die Gruppen in höchst unterschiedlicher, gleichwohl für ihren jeweiligen Gruppenhabitus typischer Art und Weise. Sie lehnen es beispielsweise als unverständlich ab (Arzthelferinnen) oder aber blenden bestimmte, schon auf der vorikonographischen Ebene leicht identifizierbare (und von den anderen Gruppen identifizierte) Aspekte des Bildes aus, um Diskussionen im Kontext von *political correctness* aus dem Wege zu gehen (bspw. die Offensichtlichkeit, dass es sich hier um Menschen mit schwarzer Hautfarbe handelt; vgl. hierzu Michel 2006).

5. Grenzen und Desiderata des Verfahrens

Die Grenzen für das Gruppendiskussionsverfahren sind bei medienbezogenen Fragestellungen zunächst einmal die gleichen wie in anderen Forschungsfeldern auch (vgl. hierzu ausführlicher Loos/Schäffer 2006): Das Verfahren eignet sich nicht zur Erfassung und Analyse individueller (Medien-)Biographien, da es aufgrund der Gruppensituation nur in den seltensten Fällen zu umfassenden biographischen Erzählungen der einzelnen Gruppenmitglieder kommt. Zumeist werden biographisch gefärbte Narrationen in einer Gruppendiskussion höchstens als Exemplifizierung eines zuvor in der Gruppe erörterten Sachverhalts eingesetzt. Ebenso wenig ist das Gruppendiskussionsverfahren dazu geeignet, subjektive Intentionen (was will oder was wollte X eigentlich erreichen?) zu erfassen oder diese gar auf hermeneutischem Weg aus den Äußerungen einzelner Teilnehmer herauszuarbeiten. Auch können mit dem Verfahren Handlungspraxen nicht direkt erhoben werden (außer der Praxis der Gruppendiskussion selbst), da das Reden über eine Handlungspraxis nicht umstandslos gleichgesetzt werden kann mit dieser Handlungspraxis selbst. Denn in einem Gespräch über die Handlungspraxis fehlt genau das Typische, nämlich in diese Praxis involviert zu sein und nicht einfach aus ihr aussteigen zu können. Allerdings erlaubt das Verfahren die valide Rekonstruktion handlungsleitender Orientierungen, es kann also anhand einer genauen Textrekonstruktion das Enaktierungspotenzial der geäußerten Orientierungen, mithin deren handlungsleitende Qualität abgeschätzt werden.

Aus den genannten Gründen sollte das Gruppendiskussionsverfahren dann durch andere Erhebungs- und Auswertungsverfahren ergänzt werden, wenn die Forschenden an Daten interessiert sind, die über diese Begrenzungen hinausweisen: etwa wenn lebensgeschichtliche Hinter-

Burkhard Schäffer

gründe kollektiver Orientierungen und damit verbundener Handlungspraxen erhoben werden sollen oder wenn es um Praxisphänomene geht, die sich sprachlich nur unzureichend erfassen lassen (zur Triangulation vgl. Loos/Schäffer 2006). Dies hat einerseits den Vorteil, möglichst viele Aspekte des Forschungsgegenstandes zu beleuchten. Andererseits wer den die Grenzen des Verfahrens in einem konkreten Forschungsprojekt erst anhand der empirischen Evidenz anderer Verfahren deutlich.

Grundsätzlich sind Gruppendiskussionen in allen Medienforschungskontexten einsetzbar, die sich mit der Entwicklung milieu-, geschlechts-, generations- oder entwicklungsspezifischer handlungsleitender Orientierungen im Kontext von Medienpraxis beschäftigen. Weiterentwicklungsmöglichkeiten sind vor allem in der Kombination von Bildanalyse und Gruppendiskussionsverfahren (vgl. Michel 2002), bei der Triangulation mit medienethnographischen Verfahren (teilnehmende Beobachtung von Medienpraxen, vgl. hierzu den Beitrag von Bachmann und Wittel in diesem Band) sowie unter methodisch-methodologischen Gesichtspunkten im Grenzbereich von Gesprächsanalyse und Gruppendiskussionsverfahren zu erwarten (vgl. hierzu Bohnsack 2003, 105–128; Przyborski 2004). Schließlich sind im Anschluss an den *visual turn* in den Sozialwissenschaften auch Weiterentwicklungen des Verfahrens in Kombination mit der Videographie zu erwarten (vgl. Wagner-Willi 2004; Nentwig-Gesemann 2006; v. Felden/Friebertshäuser/Schäffer 2006).

ANMERKUNGEN

1   Eine Gruppendiskussion ist nicht mit einer Gruppenbefragung und auch nicht einem Gruppengespräch zu verwechseln. Bei Gruppenbefragungen oder auch Gruppeninterviews (Atteslander 1991, 174) handelt es sich lediglich um zeitökonomische Varianten der Einzelbefragung. Die Gruppe als solche wird weder methodisch noch methodologisch als Gegenstand der Erhebung konzipiert. Hiervon abzugrenzen sind so genannte natürliche Gesprächssituationen, an denen vor allem die Konversationsanalyse ein Interesse hat (vgl. den Beitrag von Keppler in diesem Band und exemplarisch Luckmann 1986; Günthner/Knoblauch 1994; Bergmann 1994; Keppler 1994).

2   Morley konzentriert sich insbesondere auf den Genderaspekt. Dabei geht es, wie oft bei den Untersuchungen aus dem Umfeld der Cultural Studies, um Macht: um die männliche Macht (zumeist) des Vaters, etwa bei der Durchsetzung der Programmwahl (wer hat die Macht über die Fernbedienung?) oder bei der Interpretation des Gesehenen im Familienkontext. Darüber hinaus identifiziert Morley geschlechtsspezifische Sehstile in der Familie. Demnach bevorzugten Männer «viewing attentively, in silence, without interruption» (1986, 150). Dieser Sehstil steht demjenigen der Mütter und Töchter gegenüber, die sich während der Sendungen unterhalten oder während des Sehens anderen, oft haushaltsrelevanten Tätigkeiten («Bügeln») nachgehen. Die verschiedenen Sehstile interpretiert der Autor nicht als typisch männlich oder weiblich «as such», sondern als «characteristics of the domestic roles of masculinity and femininity» (1986, 152). Fernsehen in der Familie ordnet sich demnach, so Morley, den auch ansonsten in der Familie herrschenden genderbezogenen Machtstrukturen unter.

3   Vgl. die methodisch-methodologisch weitaus elaboriertere Studie zu familiären Tischgesprächen von Angela Keppler (1994), die mit den Mitteln der Konversationsanalyse die Bedeutung und Funktion von Medien für die kommunikative Reproduktion von «Familie» herausarbeitet; siehe hierzu auch Schäffer 2006.

4   Vgl. exemplarisch: Bohnsack 1989; Bohnsack et al. 1995; Schäffer 1996 und 2003; Nohl 1996 und 2001b; Loos 1998 und 1999; Meuser 1998; Nentwig-Gesemann 1999; Breitenbach 2000; Fritsche 2003; Michel 2004; Przyborski 2004. Zur Einführung: Bohnsack 2003; Loos/Schäffer 2006; Bohnsack/Przyborski/Schäffer 2006.

5   Die Ausführungen zu den Interpretationsschritten in Abschnitt 3 sind angelehnt an Bohnsack/Schäffer 2002.

6   Für eine Darstellung der Transkriptionsrichtlinien vgl. Loos/Schäffer 2006.

7   Dieser Begriff geht auf Harold Garfinkel zurück und ist nicht mit demjenigen in der Sprechakttheorie zu verwechseln. Im Sinne von Garfinkel (1961) sind in alltäglichen Darstellungen oder Beschreibungen («descriptions») Propositionen («propositions»), also Unterstellungen oder Feststellungen von Orientierungen oder Haltungen impliziert.

8   Forschungsbeispiele für reflektierende Interpretationen, in denen auch die Diskursorganisation rekonstruiert wird, finden sich in: Bohnsack 1989, Bohnsack et al. 1995; Schäffer 1996 und 2003; Nohl 1996 und 2001b; Loos 1998 und 1999; Nentwig-Gesemann 1999; Przyborski 2004.

9   Sechs Gruppen kamen in die engere Auswertung: vier Gruppen Jugendlicher zwischen 14 und 19 Jahren (Gymnasiasten und Gymnasiastinnen sowie Schüler einer berufsbildenden Schule), eine gemischtgeschlechtliche Gruppe Berufstätiger, deren Mitglieder im Schnitt 40 Jahre alt waren und über sehr heterogene Bildungsabschlüsse verfügten, und eine Seniorengruppe mit Mitgliedern beiderlei Geschlechts (zwischen 59 und 70 Jahren), die bezüglich des formalen Bildungsniveaus ebenfalls heterogen zusammengesetzt waren.

Burkhard Schäffer

10 Diese Typologie ist ausführlich dargestellt in Schäffer 2003. Zu einer exemplarischen reflektierenden Interpretation einer gesamten Passage siehe Loos/Schäffer 2006, Bohnsack/Schäffer 2001.

11 Die Gruppen rekrutierten sich aus Angehörigen verschiedener Milieus: einer Gruppe von fünf Arzthelferinnen zwischen 18 und 24 Jahren mit mittlerer Reife, einer gemischtgeschlechtlichen dreiköpfigen Gruppe von zwei Frauen und einem Mann im Alter von 27 bis 35 Jahren, die in einem mittelständischen Fachverlag arbeiten, sowie einer gemischtgeschlechtlichen Gruppe (2w, 1m) von Auszubildenden an einer Bank, die alle Abitur haben und überwiegend für die Zeit nach der Lehre ein Studium der BWL erwägen. Der Vorlage der Bilder ging eine auf Selbstläufigkeit angelegte bis zu einstündige «Aufwärmphase» voraus, in der die Gruppen danach gefragt wurden, woher sie sich kennen.

12 Michel diskutiert vor dem Hintergrund seiner eigenen theoretischen Überlegungen die Schwierigkeiten derartiger A-priori-Definitionen durchaus kritisch und verweist darauf, dass es sich hierbei um eine «vergröbernde Verkürzung» (2002, 307) handele. Dennoch ringt er sich zu folgender pragmatischer «Faustregel» durch: «Läßt sich für ein Bild ein ebenso prägnanter, wie erschöpfender Bildtitel finden (…), dann kann von einem syntagmatisch geschlossenen Bild gesprochen werden. Läßt sich ein Bild ‹nicht auf den Begriff bringen›, d. h. erweist sich die Suche nach einem Bildtitel, der alle Bildelemente abdeckt, ohne dabei ‹sperrig› zu werden, als schwierig oder unmöglich, dann kann von einem syntagmatisch offenen Bild ausgegangen werden» (2002b, 305). In einer späteren Veröffentlichung setzt er sich noch eingehender mit dieser Problematik auseinander und unterscheidet zwischen paradigmatischer und syntagmatischer Offenheit (vgl. Michel 2003, 230ff.).

LITERATUR

Atteslander, Peter (1991), Methoden der empirischen Sozialforschung. Berlin/New York: de Gruyter.

Behnken, Imbke (1984), Jugendbiografie und Handlungsforschung. Gruppendiskussionen als Methode zur Rekonstruktion der Lebenswelt von Lehrlingen. Frankfurt a. M.: Extrabuch.

Bergmann, Jörg R. (1994), Ethnomethodologische Konversationsanalyse, in: Fritz, Gerd/Franz Hundsnurscher (Hrsg.), Handbuch der Dialoganalyse. Tübingen: Niemeyer, 3–16.

Bohnsack, Ralf (1989), Generation, Milieu und Geschlecht. Ergebnisse aus Gruppendiskussionen mit Jugendlichen. Opladen: Leske + Budrich.

Bohnsack, Ralf (2001), Typenbildung, Generalisierung und komparative Analyse. Grundprinzipien der dokumentarischen Methode, in: Bohnsack, Ralf/Iris Nentwig-Gesemann/Arnd-Michael Nohl (Hrsg.), Die dokumentarische Methode und ihre Forschungspraxis. Grundlagen qualitativer Sozialforschung. Opladen: Leske + Budrich, 225–252.

Bohnsack, Ralf (2003), Rekonstruktive Sozialforschung. Einführung in qualitative Methoden. Opladen: Leske + Budrich.

Bohnsack, Ralf/Aglaja Przyborski/Burkhard Schäffer (Hrsg.) (2006), Das Gruppendiskussionsverfahren in der Forschungspraxis. Opladen: Barbara Budrich.

Bohnsack, Ralf/Peter Loos/Burkhard Schäffer/Klaus Städtler/Bodo Wild (1995), Die Suche nach Gemeinsamkeit und die Gewalt der Gruppe. Hooligans, Musikgruppen und andere Jugendcliquen im Vergleich. Opladen: Leske + Budrich.

Bohnsack, Ralf/Burkhard Schäffer (2001), Exemplarische Textinterpretation. Diskursorganisation und dokumentarische Methode, in: Bohnsack, Ralf/Iris Nentwig-Gesemann/Arnd-Michael Nohl (Hrsg.), Die dokumentarische Methode und ihre Forschungspraxis. Grundlagen qualitativer Sozialforschung. Opladen: Leske + Budrich, 309–321.

Bohnsack, Ralf/Burkhard Schäffer (2002), Generation als konjunktiver Erfahrungsraum. Eine empirische Analyse generationsspezifischer Medienpraxiskulturen, in: Burkart, Günter/Jürgen Wolf (Hrsg.), Lebenszeiten. Erkundungen zur Soziologie der Generationen. Festschrift zum 60. Geburtstag von Martin Kohli. Opladen: Leske + Budrich, 249–273.

Breitenbach, Eva (2000), Mädchenfreundschaften in der Adoleszenz. Eine fallrekonstruktive Untersuchung von Gleichaltrigengruppen. Opladen: Leske + Budrich.

Brown, Mary Ellen (1994), Soap opera and womens's talk. The pleasure of resistance. London/Thousand Oaks/New Delhi: Sage.

Felden, Heide von/Barbara Friebertshäuser/Burkhard Schäffer (2006), Bild und Text. Methoden und Methodologien visueller Sozialforschung in der Erziehungswissenschaft. Opladen: Barbara Budrich (im Druck).

Fritzsche, Bettina (2003), Pop-Fans. Studie einer Mädchenkultur. Opladen: Leske + Budrich.

Garfinkel, Harold (1962), Common sense knowledge of social structures. The documentary method of interpretation in lay and professional fact finding, in: Scher, Jordan Mayor (Hrsg.), Theories of the mind. New York: The Free Press of Glencoe, 689–712.

Gillespie, Marie (1995), Television, ethnicity and cultural change. London: Routledge.

Günthner, Susanne/Hubert Knoblauch (1994), «Forms are the food of faith». Gattungen als Muster kommunikativen Handelns, in: Kölner Zeitschrift für Soziologie und Sozialpsychologie, Vol. 46, Nr. 4, 693–723.

Hagen, Volker von (1954), Integrationsphänomene in Diskussionsgruppen. Unveröffentlichte Dissertation, Frankfurt a. M.

Hovland, Carl I./Arthur A. Lumsdaine/Frederick D. Sheffield (1949), Experiments on mass communication. Princeton/New Jersey: Princeton University Press.

Keppler, Angela (1994), Tischgespräche. Über Formen kommunikativer Verge-meinschaftung am Beispiel der Konversation in Familien. Frankfurt a. M.: Suhr-kamp

Lamnek, Siegfried (1998), Gruppendiskussion. Theorie und Praxis. Weinheim: Beltz, Psychologie Verlags Union.

Lazarsfeld, Paul F./Bernard Berelson/Hazel Gaudet (1948), The people's choice. How the voter makes up his mind in a presidential campaign. New York: Columbia Univer-sity Press.

Liebes, Tamar/Elihu Katz (1990), The export of meaning. Cross cultural readings of Dal-las. New York: Oxford University Press.

Livingstone, Sonia M./Peter K. Lunt (1996), Rethinking the focus group in media and communications research, in: Journal of Communication, Vol. 46, Nr. 2, 79–98.

Loos, Peter (1998), Mitglieder und Sympathisanten rechtsextremer Parteien. Das Selbst-verständnis von Anhängern der Partei «Die Republikaner». Wiesbaden: DUV.

Loos, Peter (1999), Zwischen pragmatischer und moralischer Ordnung. Der männliche Blick auf das Geschlechterverhältnis im Milieuvergleich. Opladen: Leske + Bud-rich.

Loos, Peter/Burkhard Schäffer (2006), Das Gruppendiskussionsverfahren. Theoretische Grundlagen und empirische Anwendung. Wiesbaden: VS Verlag für Sozialwissen-schaften (2. Aufl.).

Luckmann, Thomas (1986), Grundformen der gesellschaftlichen Vermittlung des Wis-sens. Kommunikative Gattungen, in: Neidhardt, Friedhelm/M. Rainer Lepsius/Jo-hannes Weiß (Hrsg.), Kultur und Gesellschaft. Kölner Zeitschrift für Soziologie und Sozialpsychologie, Sonderheft 27. Opladen: Westdeutscher Verlag, 191–211.

Maletzke, Gerhard (1959), Fernsehen im Leben der Jugend. Studien und Untersu-chungen, durchgeführt im Hans Bredow-Institut für Rundfunk und Fernsehen an der Universität Hamburg. Hamburg: Verlag Hans Bredow-Institut.

Mangold, Werner (1960), Gegenstand und Methode des Gruppendiskussionsverfah-rens. Aus der Arbeit des Instituts für Sozialforschung. Frankfurt a. M.: Europäische Verlags-Anstalt.

Mannheim, Karl (1964a, zuerst 1921/22), Beiträge zur Theorie der Weltanschauungsin-terpretation, in: ders., Wissenssoziologie. Auswahl aus dem Werk Karl Mannheims. Berlin: Luchterhand, 91–154 (original in: Jahrbuch für Kunstgeschichte, Vol. 15, Nr. 4, 236–274).

Mannheim, Karl (1964b, zuerst 1928), Das Problem der Generationen, in: ders., Wis-senssoziologie. Auswahl aus dem Werk Karl Mannheims. Berlin: Luchterhand, 509–565 (original in: Kölner Vierteljahreshefte für Soziologie, Vol. 7, Nr. 2, 157–185 und Vol. 7, Nr. 3, 309–330).

Mannheim, Karl (1980), Strukturen des Denkens. Frankfurt a. M.: Suhrkamp.

Merton, Robert K. (1987), The focused interview and focus groups. Continuities and discontinuities, in: Public Opinion Quarterly, Vol. 51, Nr. 4, 550–566.

Merton, Robert K./Patricia L. Kendall (1946), The focused interview, in: American Journal of Sociology, Vol. 51, 541–557.

Meuser, Michael (1998), Geschlecht und Männlichkeit. Soziologische Theorie und kulturelle Deutungsmuster. Opladen: Leske + Budrich.

Michel, Burkard (2002), Bild und Habitus. Sinnbildungsprozesse bei der Rezeption von Fotografien. 2 Bände. Unveröffentlichte Dissertation, Otto-von-Guericke-Universität Magdeburg (erscheint in: Wiesbaden: VS Verlag für Sozialwissenschaften).

Michel, Burkard (2003), Dimensionen der Offenheit. Kollektive Sinnbildungsprozesse bei der Rezeption von Fotografien, in: Ehrenspeck, Yvonne/Burkhard Schäffer (Hrsg.), Film- und Photoanalyse in der Erziehungswissenschaft. Ein Handbuch. Opladen: Leske + Budrich, 227–249.

Michel, Burkard (2006), Das Gruppendiskussionsverfahren in der (Bild-)Rezeptionsforschung, in: Bohnsack, Ralf/Aglaja Przyborski/Burkhard Schäffer (Hrsg.), Das Gruppendiskussionsverfahren in der Praxis. Opladen: Barbara Budrich, 219–231.

Morley, David (1980), The Nationwide audience. Structure and decoding. London: British Film Institute.

Morley, David (1986), Family television. Cultural power and domestic leisure. London: Comedia Public Group.

Nentwig-Gesemann, Iris (1999), Krippenerzieherinnen in der DDR. Alltagspraxis und Orientierungen von Erzieherinnen im Wandel. Opladen: Leske + Budrich.

Nentwig-Gesemann, Iris (2001), Die Typenbildung der dokumentarischen Methode, in: Bohnsack, Ralf/Iris Nentwig-Gesemann/Arnd-Michael Nohl (Hrsg.), Die dokumentarische Methode und ihre Forschungspraxis. Grundlagen qualitativer Sozialforschung. Opladen: Leske + Budrich, 275–300.

Nentwig-Gesemann, Iris (2006), Die videogestützte Gruppendiskussion als Methode der rekonstruktiven Kindheitsforschung, in: Felden, Heide von/Barbara Friebertshäuser/Burkhard Schäffer (Hrsg.), Bild und Text. Methoden und Methodologien visueller Sozialforschung in der Erziehungswissenschaft. Opladen: Barbara Budrich (im Druck).

Nießen, Manfred (1977), Gruppendiskussion. Interpretative Methodologie, Methodenbegründung, Anwendung. München: Fink.

Nohl, Arnd-Michael (1996), Jugend in der Migration. Türkische Banden und Cliquen in empirischer Analyse. Baltmannsweiler: Schneider-Verlag Hohengehren.

Nohl, Arnd-Michael (2001a), Komparative Analyse. Forschungspraxis und Methodologie dokumentarischer Interpretation, in: Bohnsack, Ralf/Iris Nentwig-Gesemann/Arnd-Michael Nohl (Hrsg.), Die dokumentarische Methode und ihre Forschungspraxis. Grundlagen qualitativer Sozialforschung. Opladen: Leske + Budrich, 253–273.

Nohl, Arnd-Michael (2001b), Migration und Differenzerfahrung. Junge Einheimische und Migranten im rekonstruktiven Milieuvergleich. Opladen: Leske + Budrich.

Peukert, Reinhard (1984), Gesprächshermeneutik. Gruppendiskussionen als Methode zur Rekonstruktion der Lebenswelt von Lehrlingen. Frankfurt a. M.: Extrabuch.

Pollock, Fritz (Hrsg.) (1955), Gruppenexperiment. Ein Studienbericht. Frankfurter Beiträge zur Soziologie, Band 2. Frankfurt a. M.: Europäische Verlags-Anstalt.

Przyborski, Aglaja (2004), Gesprächsanalyse und Dokumentarische Methode. Qualitative Auswertung von Gesprächen, Gruppendiskussionen und anderen Diskursen. Wiesbaden: VS Verlag für Sozialwissenschaften.

Richards, Eugene/Christine Bird (1987), Below the line. Living poor in America. Photographs and interviews by Eugene Richards. Mount Vernon/New York: Consumers Union.

Sacks, Harvey/Emanuel Schegloff/Gail Jefferson (1974), A simplest systematics for the organisation of turn taking for conversation, in: Language, Vol. 50, Nr. 4, 696–735.

Schäffer, Burkhard (1994), Kollektive Orientierungen in jugendlichen peer-groups. Methodische und methodologische Aspekte einer komparativen Analyse, in: Triebel, Armin (Hrsg.), Gesellschaften vergleichen. Berlin: Graduiertenkolleg Gesellschaftsvergleich, 185–200.

Schäffer, Burkhard (1996), Die Band. Stil und ästhetische Praxis im Jugendalter. Opladen: Leske + Budrich.

Schäffer, Burkhard (2003), Generationen – Medien – Bildung. Medienpraxiskulturen im Generationenvergleich. Opladen: Leske + Budrich.

Schäffer, Burkhard (2005), Generationsspezifische Medienpraxiskulturen. Zu einer Typologie des habituellen Handelns mit neuen Medientechnologien in unterschiedlichen Altersgruppen, in: de Witt, Claudia (Hrsg.), Jahrbuch Medienpädagogik 5. Wiesbaden: VS Verlag für Sozialwissenschaften (im Druck).

Schäffer, Burkhard (2005), Medien und Familie, in: Ecarius, Jutta/Roland Merten (Hrsg.), Familie. Ein erziehungswissenschaftliches Handbuch. Wiesbaden: VS Verlag für Sozialwissenschaften.

Schulenberg, Wolfgang (1957), Ansatz und Wirksamkeit der Erwachsenenbildung. Eine Untersuchung im Grenzgebiet zwischen Pädagogik und Soziologie. Stuttgart: Enke.

Spöhring, Walter (1989), Qualitative Sozialforschung. Stuttgart: Teubner.

Volmerg, Ute (1977), Kritik und Perspektiven des Gruppendiskussionsverfahrens in der Forschungspraxis, in: Leithäuser, Thomas/Birgit Volmerg/Ute Volmerg (Hrsg.), Entwurf zu einer Empirie des Alltagsbewußtseins. Frankfurt a. M.: Suhrkamp, 184–217.

Wagner-Willi, Monika (2004), Videointerpretation als mehrdimensionale Mikroanalyse am Beispiel schulischer Alltagsszenen, in: Zeitschrift für Qualitative Bildungs-, Beratungs- und Sozialforschung, Nr. 1, 182–193.

Weber, Max (1922), Die Objektivität sozialwissenschaftlicher und sozialpolitischer Erkenntnis, in: ders., Gesammelte Aufsätze zur Wissenschaftslehre. Tübingen: J. C. B. Mohr, 146–214.

Willis, Paul (1990), Common culture. Symbolic work at play in the everyday cultures of the young. Milton Keynes: Open University Press.

Herbert Kalthoff

2.3 Beobachtung und Ethnographie

1. Qualitative Soziologie

Mit dem Begriff «Qualitative Soziologie» werden diejenigen Forschungs-richtungen in der Soziologie bezeichnet, die qualitative Methoden (Interview und ethnographische Forschung, Gesprächsanalysen und Diskurs-/Dokumentenanalysen) systematisch für eine empirisch gesättigte Theorie des Sozialen verwenden.[1] Der Beitrag konzentriert sich auf die ethnographische Forschung und geht deshalb auf andere Methoden (etwa die Interviewforschung im Rahmen von Biographieanalysen) nur begrenzt ein.

Für die ethnographische Methode sind drei historische Linien kennzeichnend, die hier kurz skizziert werden sollen: Die Vorgeschichte der ethnographischen Methode ist eng mit der Geschichte des Kolonialismus europäischer Staaten verknüpft. Dieser bringt die Figur des «Entdeckers» hervor, der die neuen Territorien in den verschiedenen Erdteilen (in manchen Gebieten schon ab dem 16./17. Jahrhundert) bereist, erforscht, kartiert und somit notwendiges Wissen für die jeweilige Kolonialadministration über die indigene Bevölkerung zur Verfügung stellt und damit eine administrative Steuerung erlaubt. Im 19. Jahrhundert beziehen sich akademische Ethnologen auf Reiseberichte dieser Personengruppe («Entdecker», Missionare, Kartographen, Handelsreisende, Abenteurer etc.) und geben ihnen zuweilen selbst Leitfäden für die Beobachtung vor Ort an die Hand. Die zweite historische Linie der ethnographischen Methode stellen journalistische Reportagen dar, die gegen Ende des 19./Anfang des 20. Jahrhunderts in Europa und in den USA publiziert werden und insbesondere Subkulturen oder «Milieus» beschreiben. Die dritte Entwicklungslinie ist die Entwicklung im akademischen Feld zu Beginn des 20. Jahrhunderts: In der Ethnologie wird die Erforschung indigener («fremder») Kulturen durch Ethnologen zum neuen Leitbild der

Disziplin (prominent sind beispielsweise Franz Boas und Bronislaw Malinowski); es löst den Lehnstuhlforscher des 19. Jahrhunderts als akademisches Berufsbild ab. Es herrscht die Idee vor, dass die Ethnologie «primitive Kulturen» entdeckt und erforscht und auf diese Weise u. a. die Entstehung von Zivilisation erklären kann (vgl. Kramer 1977). In der Soziologie sind es insbesondere die Forscher der «Chicago School» (das 1892 gegründete «Department of Anthropology and Sociology» der University of Chicago), die – inspiriert durch die Sozialreportagen und durch die starke Emigration aus Europa am Ende des 19./Anfang des 20. Jahrhunderts, die in amerikanischen Großstädten (wie Chicago oder New York) kulturell unterschiedlich geprägte Stadtviertel entstehen ließen – auf die ethnographische Methode zurückgreifen. Das Interesse dieser «Chicago School» galt der empirischen Erforschung des urbanen Lebens und seiner Vergesellschaftungsformen und damit der Begründung einer Stadtsoziologie als «human ecology» (vgl. Park et al. 1967; Park/Burgess 1969; zur «Chicago School» ausführlich Bulmer 1984; Deegan 2001). Erforscht wurden in den 1920er Jahren u. a. Subkulturen (N. Anderson 1923: «The Hobo»), Kriminalität (W. I. Thomas 1923: «The Unadjusted Girl» und C. Conwell 1937: «The Professional Thief»), räumliche Segregationen (L. Wirth 1928: «The Ghetto») und bäuerliche Lebensformen (W. I. Thomas/F. Znaniecki 1918–1920: «The Polish Peasant in Europe and America»). Für die Herausbildung eines ethnographisch begründeten Profils der qualitativen Soziologie waren ferner wichtig: (1) empirische Forschungen wie beispielsweise die Studie über Jugendgangs (vgl. Whyte 1967) sowie die Begründung einer Forschungsmethodik (etwa «Grounded Theory» von Glaser/Strauss 1967) und (2) soziologische Schulen wie der Pragmatismus (Mead 1973), der Symbolische Interaktionismus (Blumer 1969), die Ethnomethodologie (Garfinkel 1967, 2002), die Mikrosoziologie Goffmans (1980, 1982), die sozialwissenschaftliche Phänomenologie von Schütz (1971; Schütz/Luckmann 1979) sowie die Wissenssoziologie (vgl. Knorr Cetina 1984; Soeffner 1989; Bergmann/Luckmann 1999).

Für das Selbstverständnis der qualitativen Soziologie sind zwei Merkmale relevant: Erstens betreibt die qualitative Soziologie empirische Forschung nicht um ihrer selbst willen, sondern versteht sie als Anregungs- und Irritationspotenzial für soziologische Theoriebildung. Es geht ihr dabei nicht um einen Beitrag zu einer allgemeinen Gesellschaftstheorie, sondern vielmehr um die Weiterentwicklung soziologischer Theorie bezogen auf die jeweiligen Untersuchungsfelder. Hiermit verbunden ist das Verständnis, dass die Soziologie das Fremde und das Bekannte in der eigenen Gesellschaft befragt und immer dort, wo sie auf Selbstverständlichkeiten stößt, ihr diese zum Problem werden.[2] Der Rückgriff auf das ethnographische Instrumentarium impliziert folglich eine Distanz zu Gesellschaftstheorien, deren Setzungen oft theorieinternen Gründen folgen und deren Verwendung ein Sprachspiel zum Laufen bringt – «Theorie» genannt –, das mit empirischer Komplexität oft nicht vereinbar ist.[3] Mit anderen Worten: Es ist das Ziel der qualitativen Soziologie, nicht vornehmlich Sozialforschung zu sein, sondern in die Soziologie hineinzuwirken. Im Kontext der aktuellen Diskussion über den *practice turn* (z. B. Schatzki et al. 2001) kann man sie auch als Praxisforschung oder empirische Praxistheorie bezeichnen.

Zweitens operiert sie mit einem starken Empiriebegriff. Der Rückgriff auf ethnographische Methoden impliziert den Abschied von der Annahme, die eigene Gesellschaft sei als genuiner Forschungsgegenstand der Soziologie ein ihr immer schon vertrauter, verstandener und auch verfügbarer Gegenstand. Die «Illusion des unmittelbaren Verstehens» (Bourdieu/Wacquant 1996, 280) durch flüchtige Alltagsbeobachtungen wird substituiert durch eine empirische Erforschung sozialer Lebenswelten respektive sozialer Praktiken. Empirische Forschung meint ein methodisches Vorgehen, mit dem in der direkten und andauernden Interaktion des Forschers mit den Teilnehmern seines Feldes wiederholt und aus unterschiedlichen räumlichen und Akteursperspektiven empirisches Material erhoben wird (vgl. Scheffer 2002). Direkte Interaktion kann dabei unterschiedliche Formen annehmen, etwa die körperliche Anwesenheit des Forschers in lokalen Settings (etwa in Schulklassen, bei Gerichtsverhandlungen und beim Börsenhandel) oder eine virtuelle Anwesenheit bei der Erkundung von Internetgemeinschaften (vgl. den Beitrag von Bachmann/Wittel in diesem Band).

Im Folgenden skizziere ich die Spielräume der ethnographischen Forschung und arbeite ihren Beitrag zur Analyse sozialer Praktiken heraus (Abschnitt 2). Im nächsten Schritt wird das für die teilnehmende Beobachtung konstitutive Verhältnis der Beobachter und Beobachteten (die immer auch selbst Beobachter sind) erörtert und gefragt, welche sozialen Verpflichtungen aus der reziproken Struktur der Feldforschung entstehen (Abschnitt 3). Daran anschließend werden in Abschnitt 4 Fragen der *Medialität ethnographischer Forschung* erörtert und eine konstitutionstheoretische Perspektive entwickelt. Der Beitrag konzentriert sich dabei auf die *Rolle der Schrift* als Medium ethnographischer Forschung und setzt sich insbesondere mit dem in der Ethnographie dominierenden pragmatischen Schriftbegriff auseinander (zur Verwendung von Fotografien in der Ethnographie vgl. den Beitrag von Schändlinger in diesem Band).

2. Spielräume der Ethnographie

2.1 Sensitive Methodologie

Wie Methodenbücher (z. B. Atkinson et al. 2001; Hammersley/Atkinson 1995; Agar 1980) lehren, ist die Ethnographie zugleich eine empirische Methode zur Erforschung sozialer Phänomene und ein Denk- und Darstellungsstil – Clifford Geertz (1987) nannte ihn vor einiger Zeit «dichte Beschreibung» –, mit dem ethnographische Autoren soziale Praktiken und ihre Bedeutungen analytisch beschreiben. Analytische Beschreibung repräsentiert nicht die Annahme, soziale Wirklichkeit, so wie sie ‹wirklich› ist, abbildend wiedergeben zu wollen oder zu können. Auch wenn dies nicht in jedem Winkel der Soziologie angekommen sein mag, so wird in dieser Frage doch ein Konsens unterstellt. In der qualitativen Soziologie steht analytische Beschreibung für eine Verknüpfung von emischer Sicht,[4] die der Ethnograph durch seine Forschungspraxis erworben hat, und soziologischen Überlegungen, mit denen der Autor sein empirisches Material liest, ordnet und darstellt sowie an soziologische Theorie und Forschung anschließt. Aber die qualitative Soziologie sucht nicht nur Antworten auf Fragen, die sie sich stellt, sondern insbesondere auch auf solche, die ihr durch das empirische Material gestellt werden.

Wie andernorts dargelegt (z. B. Blumer 1954; Knorr Cetina 1984), erfordert das ethnographische Vorgehen ein methodisch sensitives Instrumentarium: Die grundlegende methodische Idee der Feldforschung oder teilnehmenden Beobachtung ist im Kern relativ einfach, aber in keiner Weise voraussetzungslos: Um die Akteure bei der Performanz von Praktiken beobachten zu können, platziert die ethnographische Forschung Forscherinnen in die entsprechenden sozialen Felder; denn die andauernde Anwesenheit vor Ort, so die Annahme, gewährt einen direkten Einblick in die verschiedenen Wissensformen der Teilnehmer. Die besondere Leistung des Ethnographen besteht dann in einer analytischen Beschreibung kultureller Praktiken mit dem Ziel, diese so zu repräsentieren, dass die Leserschaft ein Bild von ihnen gewinnen kann.[5] In ihrer Forschungspraxis geht es der qualitativen Soziologie nicht um ein immer gleichartig festgelegtes Anwenden einer Forschungstechnik, sondern um die Öffnung und Erschließung sozialer Felder, in denen sich die ethnographische Methode bewegen und entfalten kann. In diesem Zusammenhang haben ethnographische Forschungen eher geschlossene Lebenswelten (wie Laboratorien oder Banken) und alltägliche Settings (wie Fahrstühle) für die (qualitative) Soziologie geöffnet. Die qualitative Soziologie hat dies in einem ihr spezifischen schriftlichen «Repräsentationsraum» (Rheinberger 2001, 109–115) getan, einem Repräsentationsraum, der die Hervorbringung sozialer Gegebenheiten zeigt und lesbar macht, die Analyse rahmt und zugleich Differenzen einführt.

Mit der Ethnographie richtet die qualitative Soziologie ihr analytisches Augenmerk auf den Vollzug und die Darstellung von Praktiken, auf die Verknüpfung von Praktiken und Wissen sowie auf das in Praktiken verborgene implizite (stumme) Wissen (vgl. Polanyi 1966). Im Gegensatz zum konstruktivistischen Strukturalismus Pierre Bourdieus (1979) werden soziale Praktiken nicht über tief verankerte Muster («Habitus») bestimmt, sondern über die konkrete soziale Situation, in der sie umgesetzt und durch die Umsetzung hervorgebracht werden (vgl. Swidler 2001; Cicourel 1993). Konstitutiv für das ethnographische Forschungsinteresse ist die Unterscheidung zwischen explizitem Wissen, das diskursiv verfügbar ist, und stummem Wissen. Stummes Wissen ist noch einmal dahin gehend zu unterscheiden, ob es von den Akteuren expliziert werden kann (etwa durch Rückfragen im Laufe eines Interviews) oder nicht. Wissen, das nicht explizierbar ist, manifestiert sich etwa in erworbener Intuition, Vertrautheit und Handlungswissen. Die qualitative Soziologie geht folglich davon aus, dass in den Praktiken der Teilnehmer und in ihrer Kompetenz, Regeln umzusetzen (Regeln zu folgen), das Wissen der Teilnehmer sichtbar und damit für den beobachtenden Soziologen erkennbar wird. Folgendes ist an dieser Stelle wichtig: Mit dem Begriff des Regel-Folgens, der auf die Diskussion bei Ludwig Wittgenstein (1984, §§ 143–242) zurückgeht, unterstellt die qualitative Soziologie kein universales Schema und auch keinen kognitiven Mechanismus («Regeln»), der in partikularer Weise von den Akteuren umgesetzt («folgen») bzw. dessen Umsetzung sozial kontrolliert wird. Einer «Regel zu folgen» bedeutet dagegen, eine Sprache bzw. ein Sprachspiel zu erlernen und dieses Wissen kompetent und situativ auslegen und verwenden zu können. Einer «Regel zu folgen» bedeutet ferner, in den sozialen Praktiken und damit in einer Lebensform übereinzustimmen, und zwar insofern, als diese Praktiken die Lebensform verkörpern (vgl. Wittgenstein 1984, §§ 224, 241).[6]

In der Forschungspraxis verlässt der Ethnograph seinen angestammten Platz in der Wissenschaft und wird Zaungast einer anderen Kultur; sein Ziel ist es, die Teilnehmer bei dem, was sie tun und sagen, zu beobachten. Die Beobachtungen des Ethnographen beziehen sich auf:

- die Praktiken von Individuen, das heißt: Was tun Individuen, was stellen sie her und dar, und wie tun sie das, was sie tun, in konkreten Situationen, bezogen auf andere Individuen, Ereignisse, Aktivitäten und Dinge?

- das Sprechen von Individuen, das heißt: In welcher Weise reden Individuen mit anderen Individuen über Handlungen, Ereignisse, Aktivitäten und Dinge? Welche wortlosen, körperlichen Ausdrucksformen werden bezogen auf Gesagtes, Gemachtes und Empfundenes benutzt? Welche Bedeutungen kommen den Dingen, Aktivitäten und Worten zu?

- das soziale und dinghafte Setting, das heißt: Auf welche Weise evoziert die soziale oder dinghafte Umgebung, in der das Handeln und Sprechen stattfindet, dieses Handeln und Sprechen? Welche Rolle übernehmen technische Artefakte, wie sind sie gestaltet und figuriert?

- die temporale Struktur der Praktiken und des Sprechens, das heißt: Welchem zeitlichen Muster folgen die Praktiken und Sprech- oder kommunikativen Aktivitäten?

Diese Handlungen, Sprechaktivitäten und Daseinsformen artikulieren sich als mündliche oder sprachlose Gegebenheiten der sozialen Welt, die von den Ethnographen gehört, gesehen und empfunden sowie erinnert, niedergeschrieben oder auch magnetisch aufgezeichnet werden. Der Ethnograph beobachtet dabei nicht, was in den Köpfen der Individuen vor sich geht, da er am fremden Bewusstsein nicht teilhaben kann, sondern bewegt sich immer nur auf der Ebene des Sichtbaren, Hörbaren, Spürbaren, also des mit allen Sinnen Wahrnehmbaren. Daraus folgt, dass ethnographische Beobachtung nicht auf visuelle Wahrnehmung zu reduzieren ist, sondern eine Aktivierung des *sozialen Sinns* impliziert.

2.2 Kombinationen: Prozedurale Ethnographie und Informantenethnographie

Die Ethnographie kennzeichnet keine in sich geschlossene Methodologie, Theorie oder Forschungspraxis. Wenn man von *einem* Konzept der Ethnographie sprechen kann, dann ist es die paradox klingende Verknüpfung von Teilnahme und Distanznahme, Präsent-Sein und Re-Präsentieren (vgl. Fuchs/Berg 1993). Konkret kombinieren Ethnographen in ihrer Forschungspraxis drei soziologische Forschungsmethoden: teilnehmende Beobachtung, (ethnographische) Interviews und Dokumentensammlung. Abhängig von ihren eigenen Handlungsoptionen, den Situationen und der Funktionsweise des Forschungsfeldes variieren Ethnographen diese Methoden: In der einen Situation setzen sie stärker auf die Teilnahme oder auf die Beobachtung, in einer anderen Situation eher auf das Interview oder die Sammlung von Dokumenten.[7]

Die konkrete Aktivität des Beobachtens spaltet sich auf in eine Vielzahl unterschiedlicher Handlungen: Ethnographen führen Gespräche und schweigen, sind involviert und stehen abseits, schauen sich Aktivitäten an und nehmen aktiv an diesen teil, versuchen Zusammenhänge und Wissensprozesse zu verstehen und wichtige Stationen in einer Organisation (Passagepunkte) ausfindig zu machen, sie fokussieren eine Perspektive (sie lokalisieren) und sie wechseln die Perspektive (sie delokalisieren) etc. *Doing ethnographic research* – diese unvollständige Liste zeigt es – setzt nicht nur kommunikative Kompetenzen und Verhandlungsgeschick voraus, sondern eine oft erst im Forschungskontext zu erlernende und zu schärfende Fähigkeit des Zusehens und Zuhörens, des Nachvollzugs und des Verstehens. Die Wahrnehmungsfähigkeit verweist auf die Rolle des menschlichen Körpers als Forschungsinstrument; wichtig ist, ethnographische Forschung nicht allein als Beobachtung von Interaktionen zu verstehen, sondern als eine Forschungsstrategie, die der Dezentrierung der Akteure, den Verfahren und Wissensprozessen in Organisationen und den Zusammenhängen zwischen Lokalitäten auf die Spur kommen will (vgl. Scheffer 2002).

Als zwei Pole eines Kontinuums ethnographischer Forschungspraxis werden hier prozedurale Ethnographie und Informantenethnographie unterschieden. Der Informantenethnograph stellt Kontakt zu den Teilnehmern her, lokalisiert zentrale und willige Informanten und befragt diese zu kulturellen Ereignissen und Praktiken. In diesem Fall beobachtet der Ethnograph weder selbst diese Praktiken, noch nimmt er an ihnen teil. Im «Feld» zu sein heißt für diese Art der Ethnographie also nicht, bei der Performanz der Praxis *zugegen* und auch nicht notwendig *dort* zu sein.[8] Der Informantenethnograph betrachtet die Teilnehmer vielmehr als Experten, die ihm Auskunft über ihre Praktiken geben sowie über diejenigen Mittel und Verfahren, mit denen sie ihre Sache zum Laufen bringen. Seine Niederschriften beschränken sich somit auf die Narrative der Beforschten. Wie aus der Interviewforschung (etwa der Biographieforschung) bekannt, besteht auch hier die Komplikation darin, dass sich die gelebte Wirklichkeit dem Forscher als erzählte Wirklichkeit darbietet.[9] Folgt man der wissenssoziologischen Grunddoktrin – «Wir wissen mehr, als wir zu sagen wissen» (Heintz 2000, 175) –, dann ist mit dem nicht-explizierbaren Wissen die Grenze der Interviewforschung markiert, eine Grenze, die eine verfeinerte Technik der Elizitierung zwar verschieben, aber nicht überspringen kann. Gleichzeitig ist es auch so, dass der Informantenethnograph etwas zu Gehör bekommt, was der prozedurale Ethnograph gar nicht beobachten kann.

Der an der Performanz sozialer Praktiken orientierte Ethnograph (hier prozeduraler Ethnograph genannt) ist hingegen bestrebt, während des Handlungsvollzuges der Teilnehmer *anwesend* zu sein. Seine Kopräsenz bezieht sich auf eine zeit-räumliche Synchronisierung von Performanz lokaler Praktiken und ihrer Beobachtung, eine Synchronisierung, die eine (temporäre) Teilnahme einschließen kann. Konzeptionell ist es ein Entdeckungsverfahren derjenigen Teilnehmer-Methoden, mit denen diese ihre soziale Welt ordnen. Ihre pointierteste Formulierung findet diese Sicht auf die soziale Welt in der Ethnomethodologie (vgl. Garfinkel 1967; Lynch 1993).[10] Mit ihr wird davon ausgegangen, dass die soziale Ordnung von den Teilnehmern nicht nur in systematischer Weise hervorgebracht wird, sondern dass diese die Geordnetheit auch darstellen und somit für sich selbst und den Beobachter beobachtbar machen. Teilnehmer machen ihr Wissen aber nicht allein durch ihre Darstellung beobachtbar, sondern ebenfalls durch die Klärungen und Erklärungen, die sie einander formulieren. Dieses Wissen ist – so die Annahme – nicht über Informantengespräche abrufbar, denn es steht den Teilnehmern nicht ohne weiteres diskursiv zur Verfügung.

Methodologisch betrachtet, stehen Informantenethnograph und prozeduraler Ethnograph für zwei Formen der Wissensgenerierung: auf der einen Seite die asymmetrische Konstellation von Interviewten und Interviewern, von Erzählern und Zuhörenden/Fragenden in der dafür geschaffenen Situation des «ethnographischen Interviews» (vgl. Spradley 1979); auf der anderen Seite der Einblick in die Performanz von Praktiken in der *ongoing activity* des Alltags. Bleibt in der ersten Situation das Wissen des Ethnographen an die Erzählung der Teilnehmer und somit wiederum an deren diskursiv verfügbares Wissen gebunden, so ist es in der zweiten Situation auf das Wissen bezogen, das in den Praktiken verkörpert wird. Wie gesagt: Diese beiden methodischen Herangehensweisen bilden keine voneinander abgeschlossenen Strategien; sinnvoll ist es, sie als sich gegenseitig informierende Betrachtungsweisen zu verstehen, die in ihrer Verwendung Unterschiedliches zutage fördern. Damit ist gemeint: Wissenschaftssoziologisch betrachtet sind Forschungsmethoden keine neutralen Instrumente, sondern theoretisch induziert, und solchermaßen konstituieren sie den Gegenstand. Das heißt: Die verschiedenen Methoden, die Ethnographen verwenden, fokussieren nicht *ein* Phänomen aus unterschiedlichen Blickwinkeln und liefern damit ein (relativ) vollständiges Bild des Geschehens, sondern sie bringen unterschiedliche Phänomene hervor; das Phänomen ergibt sich folglich durch die Methoden. In der Ethnographie werden Methoden unter diesem Blickwinkel kombiniert, ohne dass man den Kern eines gemeinsamen Gegenstandes annimmt.[11]

3. Der Rapport zum Feld: Reziprozität und Verpflichtung

Was der Ethnograph über Wissensformen und Praktiken in Erfahrung bringen kann, entscheidet sich im konkreten Kontakt und im Verhältnis zu den Teilnehmern des Feldes; in diesem unmittelbaren Erfahrungszusammenhang wird die Generierung des ethnographischen Wissens verortet (vgl. Wolff 1987). Dies bedeutet: In seinen konkreten Forschungsaktivitäten setzt der Ethnograph in vielfältiger Weise auf Kooperation mit denen, die er beobachtet; sein Beobachten-Können ist von ihrer Bereitschaft zu einer solchen Kooperation abhängig. Welche Form diese Kooperation annimmt, wird in den Aushandlungen mit den «Gatekeepern» des Feldes geklärt, Aushandlungen, die vor den verschiedenen «Türen» des Feldes zu führen sind; immer wieder stehen dann die Rolle und der Status des Ethnographen zur Disposition. Die Aushandlungen markieren nicht nur die Verständigung über die Machbarkeit des Projekts und die Sichtbarkeit von Ethnographen, sondern insbesondere die Frage, ob und auf welche Weise sich die Beforschten auf deren Anliegen einlassen. In den Aushandlungen klären die Teilnehmer daher ihre Rolle im Rahmen der Beobachtung und den Status des Fremden in ihrer Sozialität; durch diese Klärungen betreiben sie auch aktiv die Auswahl ihres Ethnographen.[12]

Mit der Zusage der Beforschten zu ihrer Beobachtung öffnen sich dem Ethnographen Möglichkeiten zu vielfältigen persönlichen Kontakten und Beziehungen, deren wesentlicher Bestandteil die Erzeugung von Vertrauen, Zuverlässigkeit und Achtung ist. Mit anderen Worten: Die Beteiligten gehen eine Wahlverwandtschaft auf Zeit ein, deren Ende nicht klar bestimmbar ist. Oder sind die Beteiligten miteinander quitt, sobald der Ethnograph das Feld verlässt? Von den Beziehungen profitiert nun der Ethnograph, denn durch sie nimmt seine Beobachtung konkrete Gestalt an; für die Beforschten ihrerseits kann sich der Kontakt zum Ethnographen zu einer willkommenen Ablenkung, interessanten Beschäftigung oder auch Irritation ausdehnen. Auf jeden Fall wechseln sich Episoden ab, in denen die Beteiligten mal ihre Intimität, mal ihre Fremdheit betonen. Diese Art Politik von Nähe und Ferne, Distanzierung und Annäherung lässt sich auch als soziale Simulation bezeichnen, in der sich die Beteiligten Fiktionen ihres temporären Selbst spiegeln.

Ergebnis eines langen Aufenthalts ist die tiefe Verstrickung in das Feld, in die Anliegen und Perspektiven der Teilnehmer; der Ethnograph verliert durch seine Forschungspraxis die eigene Bedeutungs- oder «Aspektblindheit» (Wittgenstein 1984, 552) gegenüber den sozialen Phänomenen anderer Kulturen. Kurz: Die Durchdringung der privaten und (halb-)öffentlichen Sphären von Beforschten und Forschern erzeugt eine dichte, reziprok strukturierte Sozialität. Zentrales Moment der Reziprozität ist die Vertrauenswürdigkeit, die zwischen den Beforschten und Forschern hergestellt werden kann; sie gleicht einem Wechsel auf die Zukunft, über die die Akteure im Augenblick ihrer Entscheidung, die Forschung zuzulassen und sie einzugehen, wenig Sicheres sagen können. Zwar entspricht die Vertrauenswürdigkeit keiner gegenseitigen Verpflichtung, alles zu zeigen (auf Seiten der Beforschten) oder der Teilnehmerperspektive nichts hinzuzufügen (auf Seiten der Ethnographen), aber dennoch besteht Ungewissheit etwa über die Intensität des Einblicks («Was bekomme ich überhaupt zu sehen?»), über Inszenierungen («Was wird mir nur vorgeführt?»), über die Person und das Vermögen des Ethnographen («Können wir ihm trauen?», «Versteht er uns?») und über das Ergebnis des Forschungsprozesses («Wie kommen wir in dem Bericht weg?»). Betrachtet man die Forschungserlaubnis als eine Gabe, die das Feld dem Ethnographen beschert und die ihm etwas ermöglicht, so stellt sich die Frage nach der Form, die die Erwiderung des Ethnographen

Herbert Kalthoff

annimmt, denn er *schuldet* seinem Feld etwas.[13] Der Ethnograph schuldet etwas derjenigen Kultur, die er beobachtet hat und deren Teilnehmer ihm durch ihre Offenheit und durch ihr Vertrauen sein ethnographisches Wissen ermöglicht haben: Sie haben das ethnographische Wissen, und zwar so, wie es in schriftlicher Form oder als mündliche Erzählung dasteht, durch ihr Dazutun interaktiv hervorgebracht. Gleichzeitig ist der Ethnograph mitunter blind oder taub gegenüber ihren Welterklärungen geblieben und hat diese primär so arrangiert, dass er seine eigene Kompetenz, ein kohärentes Ganzes präsentieren zu können, darstellen kann. Er hat weggelassen, selektiert und neu geordnet. Aber auch die beobachtete Kultur schuldet dem Ethnographen etwas, denn die Teilnehmer haben ihn, indem sie ihn aufgenommen haben, auch ausgesucht. Sie haben ihn in der Weise, *wie* sie es getan haben, unterstützt oder auch blockiert, ihm Türen geöffnet oder ihm gegenüber verschlossen gehalten, ihm wichtige Hinweise gegeben oder nur Geschichten erzählt. Kurz: Sie haben ihm durch ihre Äußerungen und ihre Handlungen etwas in seine Beobachtungsprotokolle «diktiert». Und somit sind die Akteure, da auf diese oder jene Weise in der verschrifteten Beobachtung des Ethnographen gegenwärtig, auch Mitautoren der verstehenden Übersetzung ihrer Kultur, die sie aber zugleich dem Ethnographen überlassen.

Die Idee der stellvertretenden Re-Präsentation einer (anderen) kulturellen Praxis durch temporäre Teilhabe wird seit geraumer Zeit einer kritischen Inspektion unterzogen; Auslöser dieser zum Teil heftig geführten Debatten waren u. a. Selbstanalysen und Tagebücher, die der Leserschaft Einblicke in ethnographische Forschung gewährten, d. h. in die Erfahrung von Fremdheit, Isolation und Akkulturation (vgl. nur Malinowski 1985; Smith Bowen 1987). Darüber hinaus förderte die Dekonstruktion ethnographischer Texte Darstellungskonventionen und Sehgewohnheiten, kurz Repräsentationen zutage, die wenig über die beobachtete Kultur, aber viel über die Autoren aussagten. Deutlich wurde: Die Erzählung des forschenden Ethnographen ist *seine* Konstruktion, ist *seine* Erzählung, eine Erzählung, die sozial erworbenen und kulturell selbstverständlichen Sehgewohnheiten und Vorstellungen folgt. Die *writing culture*-Debatte in der Ethnologie und Kulturanthropologie (vgl. Clifford/Marcus 1986) sowie die Reflexivitätsdebatte in der Wissenschaftssoziologie (vgl. Woolgar 1988) zielten im Wesentlichen auf folgende Punkte:

- die Macht ethnographischer Repräsentation: Ethnographen *beschreiben* nicht in unschuldiger Weise ein soziales Phänomen, sondern *schreiben* kulturelle Eigenschaften, Denkweisen und Praktiken *zu* (vgl. Thornton 1993; Clifford 1986; 1988, 21–54). Dieser performative Akt – das «Sprechen von» ist ein «Sprechen für» – ist ein nicht-hintergehbarer und asymmetrischer Bestandteil ethnographischer Forschungen, der sich durch eine Darstellungsstrategie, die widersprechende Stimmen dokumentiert (vgl. Tedlock 1993), nur partiell symmetrisieren lässt, dem die Teilnehmer aber mit Gegendarstellungen (vgl. Obeyesekere 1992) oder mit starken Fremdrepräsentationen begegnen können (vgl. Kalthoff 1997).

- die ‹Veränderung› *(othering)* von Kultur: Die Konstatierung von Gegensätzen als Ausgangspunkt der Forschung (z. B. das Fremde/das Eigene, traditional/modern) ist keine neutrale Umschreibung eines Kontextes, sondern funktioniert als ein Spiel hierarchisch strukturierter Begriffe, die der Ethnograph in seiner Forschung aufhebt und bewahrt (vgl. Derrida 1976, 427). Kritisiert wird damit, dass die sprachliche Fixierung von Gegensätzen diese in Eigenschaften der beschriebenen kulturellen Praktiken transformiert und dass damit einer Reifizierung im Forschungsprozess Vorschub geleistet wird.

- das Spannungsfeld von Realismus/Dokumentarismus und Reflexivität: Die Debatten zeigen, dass die ethnographische Beobachtung und Analyse einer anderen Logik folgt als die der Reflexion dieser Praxis.[14] Dabei bilden realistische und reflexive Zeiten der (Selbst-)Beobachtung ein komplementäres Verhältnis, und zwar insofern, als die Betonung des einen Arguments die Unschärfe des anderen impliziert; tritt ein Argument in den Vordergrund, so wechselt das andere in den Hintergrund. Hieraus folgt, dass eine Aussage über die soziale Welt nicht zugleich die Prämissen der eigenen Aussage zur Disposition stellen kann (vgl. Ashmore 1989).

Diese Debatten wiesen auf erkenntnistheoretische Probleme der ethnographischen Forschung hin: Weder kann eine unmittelbar zugängliche Wirklichkeit des beforschten Feldes angenommen werden noch eine ge-

Herbert Kalthoff

treue, authentische Darstellung der Kultur. Unhintergehbar ist vielmehr die Autorenschaft des Ethnographen, dessen Werke durch andere Darstellungen kontextualisiert werden (vgl. Geertz 1993, 141).

Im Rahmen der *postcolonial studies* ist nun selbst die Idee, Teilnehmer bei ihrem alltäglichen Tun beobachten zu wollen, in Verdacht geraten. Die Praxis der ethnographischen Beobachtung, in der man einen (alten) Herrschaftsanspruch vermutet, wird durch eine Identifizierung mit den Teilnehmern und ihren politischen Kämpfen ersetzt, was dazu führt, dass den Teilnehmern starke Mitschreiberechte an der Ethnographie ihrer Lebenswelt eingeräumt werden; die ethnographische Forschung wird auf diese Weise zu einer teilnehmenden Aktionsforschung. Die indifferente bzw. symmetrische Haltung des beobachtenden Soziologen, wie sie etwa von der Wissenssoziologie (vgl. Bloor 1991, 5–7) oder der Ethnomethodologie (vgl. Garfinkel/Sacks 1979, 138–139) gefordert wird, wird verdächtigt, in einem Modus kolonialer Herrschaft zu funktionieren. Das heißt: Auch wissenschaftliche Beobachtung operiert immer in einem Kontext von geschichtlichen Konstellationen; Parteinahme für die Teilnehmer-Akteure gilt daher als ein Ausweg aus diesem Dilemma.[15] Entgegen dieser Idee einer richtigen und gerechtfertigten Re-Präsentation wird in diesem Beitrag angenommen, dass die qualitative Soziologie andere Fragen formulieren, andere Perspektiven einnehmen und eigene Konstruktionen entwickeln muss, damit sie auch als soziologische Analyse erkennbar und von den Selbstbeschreibungen der Teilnehmer unterscheidbar ist (vgl. Knorr Cetina 1999). Kurz: Ihr Ziel ist eine beobachtende Differenz.

4. Medien: Forschung und Darstellung in der Ethnographie

Die qualitative Soziologie verdankt ihr empirisches Wissen den Darstellungsmedien ethnographischer Forschung: Das, was wir wissen, wissen wir durch diese Medien, die hier als Zeichenträger verstanden werden;

jenseits von ihnen – dies hat Rorty (1987, 321) formuliert – gibt es keinen Punkt, der Aussagen über das Verhältnis von Darstellung und Realität zulässt. Die qualitative Soziologie operiert somit im Rahmen dieser Darstellung empirischer Gegenstände. Innerhalb der methodischen Diskussion werden bislang verschiedene *Medien der ethnographischen Forschung* thematisiert:

- der menschliche Körper: Er gilt mit seiner Wahrnehmungs- und Artikulationsfähigkeit nicht nur als ethnographisches Forschungsinstrument par excellence, sondern er ist auch Projektionsfläche der Feldforschung, die in ihm ihre Spuren hinterlässt.
- audio-/visuelle Aufzeichnungsgeräte: Sie gelten den einen als registrierende Apparatur, die die Signatur des Sozialen minuziös bewahrt, den anderen als abkürzendes Handwerkszeug zur Erstellung von Erinnerungsprotokollen. Bislang fragt die methodische Reflexion pragmatisch nach dem Was, aber nicht nach dem Wie der Aufzeichnung.
- Sprachlichkeit (mündliche Rede und schriftliche Aufzeichnungen): Das Sprechen gilt als Voraussetzung und Instrument ethnographischer Forschung (s. o.); *fieldnotes*, Protokolle, Analysen etc. werden dagegen immer schon als interpretierte Spuren des Sozialen angesehen, denn sie sind durch die Hand des Ethnographen gegangen und tragen damit seine *Hand-Schrift*.[16]

Die nun folgende Erörterung konzentriert sich auf diesen letzten Aspekt: ethnographisches Forschen im Medium der Schrift.[17] Methodenbücher betonen oft die zentrale Stelle der schriftlichen Aufzeichnungen für die soziologische Analyse (z. B. Hammersley/Atkinson 1995, 175 186). Ethnographen schreiben also Handlungen, Ereignisse oder Dinge nieder, die sie gerade noch beobachtet haben, oder sie schreiben das Gehörte und Gesehene erinnernd nieder und stützen sich hierbei auf beiläufige, fragmentarische Notizen. Demnach wechseln Ethnographen während ihrer Feldforschung von der Beobachtung zur Niederschrift, d. h. von der Mündlichkeit zur Schriftlichkeit, von der Interaktion mehrerer Teilnehmer zur Kommunikation des Ethnographen mit sich selbst und seinen Notizen. Es ist ein Wechsel der Kommunikationskanäle: von den geräuschvollen Kulissen und Geschehnissen der beobachteten Situation zum schweigsamen Dialog mit sich selbst.

Die Bedeutung der schriftlichen Aufzeichnung liegt für den Ethnographen in der Fixierung des Beobachteten, aber dieser Fixierung geht das Erinnern als ein aktives und auf sich selbst rekurrierendes Tun voraus; erst durch das Schreiben werden die Erinnerungsspuren aktiviert, werden die unvollständigen Schlüsselwörter zu einem kohärenten Ganzen gemacht. Der Adressat dieser schriftlichen Protokolle ist nicht das anonyme Publikum der Leserschaft, sondern der schreibende Ethnograph selbst. Er ist der erste Empfänger seiner eigenen Niederschrift, Autor und Leser in einer Person. Mehr noch: Ethnographen halten schreibend fest, erinnern sich schreibend und lesen die beschriebenen Phänomene. Das auf diese Weise fixierte Beobachtete ist das *Simultanobjekt* (Gross 1994, 62) der qualitativen Soziologie, das immer wieder überschrieben werden kann. Aber: Für den Ethnographen ist die beobachtete Lebenswelt auch so, wie sie aufgeschrieben oder aufgezeichnet wurde.

4.1 Die Versprachlichung des Sozialen

Die Debatte hat lange Zeit ethnographische Darstellungen und damit Endprodukte des Forschungsprozesses fokussiert, aber diejenigen Schreibprodukte ignoriert, die diesen vorangehen und die direkt mit Beobachtungsaktivitäten verknüpft sind. An dieser Stelle setzen neuere Arbeiten an, die den Blick auf ethnographische Sprachlichkeit lenken.

In einem methodologisch ausgerichteten Text reformuliert Hirschauer (2001) den Bezugspunkt ethnographischer Sprachlichkeit. Ausgangspunkt ist eine Schweigsamkeit des Sozialen, die dem Ethnographen eine Last auferlegt: Er muss Worte finden für das, was nicht gesagt oder nur angedeutet wird, was körperlich ausgedrückt oder in Dingen als soziales Wissen materialisiert ist (hierzu Tilly 2001). Damit geht es nicht mehr um die in der *writing culture*-Debatte aufgeworfene Frage nach der richtigen Repräsentation kultureller Praktiken, sondern um die ethnographische Aktivität der Versprachlichung. Hirschauer koppelt – so lässt sich formulieren – die Entdeckung des vielschichtigen sozialen sprachlichen und vor allem nicht-sprachlichen Geschehens an die Sprachfertigkeiten des Ethnographen. Wenngleich die Idee der Versprachlichung in der Soziologie nicht neu ist und in kultursoziologischen Überlegungen als «Versprachlichung nichtsprachlicher Zusammenhänge» (vgl. Soeffner 2000, 170) oder als Übersetzung formuliert worden ist (s. u.), rehabilitiert Hirschauer den schreibenden Ethnographen und seine «Artikulation des Sozialen», die in den Niederschriften vollzogen wird. Gegen die Idee einer sozialen Verzerrung durch den subjektiven Faktor der ethnographischen Forschung sowie gegen die Idee der Möglichkeit einer technisch neutralen Aufzeichnung und Transkription des sozialen Geschehens (hierzu Bergmann 1985) geht es Hirschauer um zwei Punkte: Erstens stellt die Transkription einer Audioaufzeichnung keine Kopie des Sozialen dar, sondern eine Äquivalenz von Magnetbandspuren und Abschrift, die einer für das alltägliche Geschehen unbekannten Codierungskonvention folgt (hierzu ausführlich Ochs 1979). Zweitens werden detailliert diejenigen Schwierigkeiten und Kontexte benannt, in denen Ethnographen etwas Beobachtetes oder Bemerktes, das etwa stimmlos, unaussprechlich, selbstverständlich etc. auftreten kann, versprachlichen müssen. Versprachlichung meint also: etwas zu Sprache machen und zur Sprache bringen, das zuvor diskursiv oder nicht-diskursiv, explizit oder implizit gewesen ist. Sie impliziert, dass das Wahrgenommene über eine kognitive Verarbeitung in Sprache überführt oder übersetzt und damit ein Wechsel im und durch das Medium der Sprache vorgenommen wird. Diese Aktivität ist der «Kern ethnographischer Autorenschaft» (Hirschauer 2001, 437).

Seine besondere Kontur gewinnt der Aufsatz von Hirschauer durch die Auseinandersetzung mit konversationsanalytischen Annahmen, aber das Argument kann darüber hinaus auch auf die reflexiven Debatten in der Soziologie bezogen werden: Dass Ethnographen im Prozess des Versprachlichens immer schon interpretieren, wird nicht als Kontamination des sozialen Geschehens begriffen, sondern als Hervorbringung des Sozialen durch eine genuin soziale Aktivität. Im Anschluss an die Wissenschafts- und Techniksoziologie sind (objektvermittelte) soziale Handlungen, die den Forschungsprozess prägen, nicht als etwas Feindseliges zu verstehen, durch das Ergebnisse verfälscht werden, sondern als etwas den Forschungsprozess Konstituierendes zu begreifen (vgl. Knorr Cetina 1988; Rammert/Schulz-Schaeffer 2002).

Herbert Kalthoff

Das große Verdienst des Textes ist es, (1) die sprachliche Leistung der Ethnographen zu explizieren, (2) die Idee der Überlegenheit bloß registrierender technischer Werkzeuge zu korrigieren und (3) Versprachlichung von Diskursivität zu lösen. Der Hirschauer'sche Ethnograph ist der Zur-Sprache-Bringende von Kultur im Medium der Sprache durch das Medium der Sprache (vgl. Derrida 1988, 40). Die Intention des Textes ist es, die sprachliche Leistung des Ethnographen als ein Wirklichkeit hervorbringendes Handeln zu rehabilitieren: Welche Arbeit, Kreativität und Interpretation muss die sprachliche Darstellung vollziehen, damit die unterschiedlichen Äußerungsformen des sozialen Geschehens – Mündlichkeit und Schriftlichkeit, Sinnlichkeit und Dinglichkeit, Schweigsamkeit und Offensichtlichkeit – eingefangen werden können? Diese Perspektive richtet sich gegen eine literaturwissenschaftlich inspirierte Dekonstruktion ethnographischer Monographien und intendiert damit einen Wechsel von der Repräsentationsdebatte des *writing culture* zur Erforschung soziologischer Praxis.

Dies sei etwas ausgeführt: Ethnographische Sprachlichkeit bedient sich eigener und fremder Worte und Begriffe, um eine (andere) soziale Praxis zu beschreiben, die sprachlich oder dinglich, körperlich oder sinnlich auftreten mag. Was der Ethnograph leistet, lässt sich mit Benjamin (1977), Derrida (1988) und Gadamer (1990, 387–409) als eine übersetzende sprachliche Darstellung von Kultur(en) bezeichnen.[18] Als Übersetzung fügt sie den sozialen Praktiken, die dargestellt werden sollen, immer schon etwas hinzu, erfindet neue Worte, überträgt Praktiken, Dinge und Zeichen der einen Kultur in und durch die Sprache der anderen Kultur. Aber auch der andere Weg ist denkbar: Wie die darstellende Sprache das Dargestellte «durchschneiden» (Wittgenstein)[19] kann, so kann auch die emische Perspektive (und somit Worte oder Metaphern der Teilnehmer) die Sprache der Beschreibung «durchschneiden» (vgl. Griesecke 2001). In diesem Wechselspiel bewegt sich die qualitative Soziologie zwischen Unbegrifflichkeit und sprachlicher Darstellung. «Unbegrifflichkeit» (Blumenberg 2001) meint hier die Verwendung von Metaphern oder Bildern zur Beschreibung (fremder) sozialer Praktiken, deren Eigenoder Besonderheit nur durch diesen «Kunstgriff des Umverstehens» (Blumenberg 2001, 194) analytisch integrierbar ist. Damit eine Praxis oder ein Sachverhalt überhaupt dargestellt werden kann, wird ihre bzw. seine Bedeutung in Metaphern eingefangen und kommuniziert. Somit wird ein (mitunter unvollständig beobachteter und unvollständig verstandener) Sachverhalt auf einen ganz anderen Begriff übertragen und damit kommunizierbar. Heuristische Funktionen übernehmen auch andere Tropen der ethnographischen Erzählung, und zwar die Metonymie, die Synekdoche und die Ironie (vgl. den Beitrag von Wolff in diesem Band; Hammersley/Atkinson 1995, 245–253).

Kritisch einzuwenden ist nun gegen Hirschauer, dass die «Versprachlichung» ganz und gar ohne Medien auskommt und damit die Leistung der Medien, in denen Sprache verkörpert wird, nicht in den Blick nimmt – so als würde sich Schrift als Medium selbst aufheben. Aber wie sollte, so könnte man fragen, Versprachlichung möglich sein, ohne beispielsweise im Medium der Schrift eine visuelle Form zu erhalten, die überdauern, erinnert und überschrieben werden kann? Und wie wirkt Schriftlichkeit auf den Prozess ethnographischer Analyse zurück? Die beiden folgenden Abschnitte skizzieren Antworten auf diese Fragen.

4.2 Beobachten im Medium der Schrift

In der Soziologie wird Schrift als ein Medium der Sprache oft als bloße graphische Realisierung von Sprache (im Sinne von Mündlichkeit) verstanden. In diesem Sprachverständnis bleibt unreflektiert, was das Medium Schrift von anderen sprachlichen Medien unterscheidet. Die Betonung der Differenz intendiert die Initiierung einer Suchfrage zur Rolle der Schrift als Erkenntnismittel des Forschungsprozesses, die den medialen Charakter von Schrift im Auge hat. Das Problem, um das es hier geht, lässt sich wie folgt umreißen: Die von Austin (1992) formulierte Performativität der mündlichen Rede beschreibt die sprachinhärente Konstitution einer außersprachlichen Wirkung von Sprechhandlungen. Hieran anschließend betonen Derrida (1983; 1988) und Butler (1997), dass eine Sprechhandlung nicht einfach getan, sondern aufgeführt, in der Aufführung wiederholt und in dieser Wiederholung verändert wird. Sprachtheoretische Positionen werden seit den 1960er Jahren durch zwei Entwicklungen herausgefordert, und zwar durch medienkritische Untersuchungen und durch den Bild-Schrift-Diskurs. Oft gelten Medien als neutrale, indifferente Übermittler von Zeichen und ihrer Bedeutung. Eine solche instrumentalistische Position koppelt Prozesse der Sinnbildung von der Medialität der Zeichen ab, die Voraussetzung für den Übertragungsprozess ist. Ausgehend von den Arbeiten McLuhans (1975) hat nun die medienkritische Debatte (siehe Jäger 2002; Krämer 1998) den Stellenwert der Sprachmedien (Stimme, Schrift, Gestik) untersucht und gefragt, wie diese *in der Mitteilung* ihre Spur hinterlassen. Krämer (1998, 73) schreibt hierzu, dass Medien nicht nur neutrale Übermittler, sondern «(...) am Gehalt der Botschaften – irgendwie – selbst beteiligt (...)» sind; auch Soeffner (1989, 88) betont die aktive Rolle von Schrift; sie ist «nicht nur Medium, sondern auch Botschaft und *Produzent*» (Herv. H. K.).[20] Es geht nicht darum, zu zeigen, *dass* Schrift etwas bewirkt (etwa Informationen speichern, verbreiten etc.), sondern um ihre Medialität, also um die Frage, *wie* sie Sprachlichkeit in Szene setzt.[21]

Die Diskussion über das Verhältnis von Sprache und Schrift ist insbesondere von Derrida (1983; 1988) angestoßen worden. Derrida zeigte, dass die Attribute Iterabilität, Dekontextualisierung und Abwesenheit der Sprecher/Hörer keine die Schrift allein auszeichnenden Merkmale sind, sondern ebenso für die mündliche Rede und damit allgemein für den Gebrauch von Zeichen zutreffen (z. B. Derrida 1988). Die so inspirierte Debatte über eine Theorie der Schrift hat in den vergangenen Jahren die ontologische Vorrangstellung der Mündlichkeit gegenüber der Schriftlichkeit in Frage gestellt, eine Vorrangstellung, die Schrift als visuelle Fixierung von gesprochener Sprache bestimmt. Diesem Sekundaritätstheorem (vgl. Krämer 1996; 1997; 2001; 2002) zufolge werden das flüchtige mündliche Wort und das flüchtige soziale Geschehen im Medium Schrift fixiert und gespeichert; Schrift kompensiert damit die Defizite der lautsprachlichen Kommunikation, der sinnlichen Wahrnehmung etc.

Andere Forschungen haben schließlich auch die Identifizierung von Schrift mit Sprache in Frage gestellt. Diese Identifizierung entsteht – so Krämer (2001, 351–353) – im Schnittpunkt dreier Dogmen: Grapheme repräsentieren Phoneme (phonographisches Dogma), Sagen und Zeigen,

Text und Bild markieren getrennte symbolische Ordnungen (semiotisches Dogma), und die Sequenzierung der mündlichen Rede setzt sich in der räumlichen Ordnung der Schrift fort (Linearitätsdogma). Die Analyse ideographischer Elemente von Schrift rückt dagegen ihre Bildhaftigkeit und damit Schriftbildlichkeit in den Blick (z. B. Raible 1993; 1997; Gross 1994; Krämer 2003). Einfach ausgedrückt lautet das Argument: Es existiert eine «Fülle ideographischer Elemente, also [ein] Sichtbarmachen von Inhaltsaspekten, die *kein* Äquivalent auf der Lautebene haben» (Raible 1997, 29). Was bedeuten die genannten Punkte für die Reflexion des ethnographischen Forschens? In der Regel wird der Zweck der Schrift bzw. des Niederschreibens in der qualitativen Soziologie wie folgt gekennzeichnet:

- Das in Schrift dokumentierte soziale Geschehen fungiert als Erinnerungsanker, denn das, was der Ethnograph vergessen würde, wird in Form der Schrift aufgehoben (Aufbewahrungsfunktion);
- mit der Niederschrift als Gedächtnisstütze wird Vergessen möglich, das heißt, dass der Ethnograph vergessen kann (Entlastungsfunktion);
- als Aufbewahrungsorte sind die schriftlichen Dokumente per definitionem transportable Dokumente (Transportfunktion) (vgl. Ehlich 1994; Luhmann 1998).

Im Rahmen dieses Schriftbegriffs ist Schrift als Handwerkszeug des Ethnographen definiert, der sie für seine Zwecke einsetzt und auch kontrolliert. Einzig die Langsamkeit der Verschriftlichung und die implizit vollzogenen Selektionen grenzen den Wirkungskreis dieses Handwerkszeugs ein, eine Eingrenzung, die sich am Ethnographen als menschlichem Forschungsinstrument festmacht. Zur Kompensation der beschränkten Leistungsfähigkeit werden dem menschlichen Forschungsinstrument weitere Hilfsmittel zur Seite gestellt: *non-human devices*, die schneller, ausdauernder, genauer und gar neutraler zu sein scheinen.

Festzustellen ist eine asymmetrische Konstellation von Forschungsmedium und seiner Verwendung. Diese Asymmetrie besteht u. a. darin, dass das Medium, in dem Forschung organisiert wird, vom theoretischen Verständnis unberührt bleibt, in welchem die qualitative Soziologie ihre Forschungsergebnisse einbettet. Aber Schrift ist, wenn man beispiels-

Herbert Kalthoff

weise ethnomethodologisch argumentiert, nicht einfach existent und immer schon gegeben, sondern sie wird durch konkrete Aktivitäten, das heißt durch Schriftvollzug, hervorgebracht: «Es gibt keine Sprache jenseits des raum-zeitlich situierten Vollzugs ihrer stimmlichen, schriftlichen oder gestischen Artikulation» (Krämer 2002, 331). Wird Schrift nicht allein kompensationstheoretisch gedacht, sondern darstellungstheoretisch, dann bezieht man die Effekte mit ein, die durch die Realisierung der Schrift erzeugt werden und die nicht mehr in ihrer Speicherfunktion begründet liegen, sondern auf ihre Hervorbringung durch Darstellung abzielen.

Das heißt: Wenn beispielsweise mündliche Rede technisch aufgezeichnet und durch Transkription in einen Text verwandelt wird, dann handelt es sich im engeren Sinn nicht um eine Dokumentation dieser Rede, sondern um eine schriftliche Darstellung, die tief in das soziale Geschehen eingreift und es stillstellt. Folgt man der Systemtheorie (vgl. Luhmann 1998, 254f.), dann ist lediglich der Sinn mündlicher Kommunikation in Schrift überführbar, aber nicht die Art und Weise, wie dieser kommuniziert wird; folgt man Sprachwissenschaftlern (vgl. Coulmas 1993, 392), dann ist selbst das Phonem ein theoretisches Konstrukt, Schrift damit Interpretation und die Transkription etwa von erlernten Alphabetkenntnissen abhängig. Unabhängig vom Medium (etwa Magnetband oder Stimme) handeln Transkriptionen in der qualitativen Soziologie also immer von einer *Trans-Skription* und damit vom Über-Schreiben, Verändern und Reduzieren dessen, was der Ethnograph an sozialen Praktiken beobachtet hat.

Diese *Trans-Skription* markiert aber gerade die besondere Leistung der qualitativen Soziologie: Sie besteht darin, dass etwas – wie selektiv auch immer – zur schriftlichen Darstellung gebracht wird, das beim Sprechen, Handeln, Wirken etc. nur vollzogen werden kann. Durch ihre Codierungskonventionen der Mündlichkeit macht dann beispielsweise die Konversationsanalyse nicht nur das Gesagte, sondern auch spezifische Anteile an der Performanz des Mündlichen – das, was die Teilnehmer nicht sagen, sondern nur umsetzen können – für eine soziologische Analyse situierter Sprechpraktiken verfügbar (etwa Pausen, Überlappungen, Abbrüche). Mit anderen Worten: Die qualitative Soziologie kann somit soziale Praktiken behandeln, indem sie etwas, das unaussprechlich ist und nur praktisch vollzogen werden kann, durch die Schrift und ihre ideographischen Elemente vor unsere körperlichen Augen bringt.

4.3 Medialität des ethnographischen Berichts

Es ist für Soziologen selbstverständlich: Bei der Wahl eines Schrifttypus für ihre Texte folgen sie einer Konvention, die besagt, dass bestimmte Schrifttypen für Neutralität, Objektivität und für die Wahrheitsfähigkeit von Wissenschaft stehen. Das heißt: Ein Schrifttyp ist nicht einfach nur ein Schrifttyp, sondern verweist auf ein außerhalb seiner Gestalt liegendes Phänomen. Dieser Befund kann verallgemeinert werden: Was für den Schrifttyp gilt, gilt auch für andere gestalterische Elemente, und zwar für die Klein- oder Großschrift, für Absätze und Aufzählungen etc.

Die pragmatische Perspektive auf Schriftlichkeit liegt in ihrem Zweck der methodischen Reflexion begründet; die performativen Effekte bleiben dabei unberücksichtigt. Die Performativität der Schrift als Schrift besteht darin, dass sie ein Geschehen nicht nur speichert, sondern auch in einer bestimmten Weise darstellt und dadurch Aspekte sichtbar macht, die nicht auf einer inhaltlichen Ebene angesiedelt sind. Beispielsweise kann etwas Wichtiges so markiert werden, dass es sofort als bedeutsam erkennbar ist. Die Geschichte der Schrift und ihres Gebrauchs ist eine Geschichte ihrer Verräumlichung und damit ihrer inneren Rationalisierung, und zwar auf den Ebenen von Buchstaben, Worten und anderen Gestaltungselementen. Ideographische Komponenten sind etwa Leerstellen, Überschriften, Zusammenfassungen, Hervorhebungen, Inhaltsverzeichnisse, Kleinsetzungen, Absätze, Unterlegungen etc., die der schriftlichen Darstellung eine Gestalt geben. Die Fußnote, um ein weiteres Beispiel anzuführen, beruht auf der Konvention eines mehrkanaligen Schreibens und damit auf einem Zusammenspiel von Trennung und Zuordnung im konkreten Raum der Seite (vgl. Cahn 1997; Grafton 1998). Schließlich die Liste oder Tabelle: Ihre List besteht darin, dass sie das, was von menschlichen Akteuren geschaffen wird, in etwas verwandeln, das sich den Akteuren als Objektivität darbietet (vgl. Rottenburg

Herbert Kalthoff

2002, 170–181; Kalthoff 2006); von ihrer Struktur her erlauben sie ein synchrones Sehen der so geordneten Dinge. Mit anderen Worten: In der Schrift kommen grammatikalische Konzepte zum Ausdruck, die das ethnographisch Repräsentierte in eine simultane und zweidimensionale Ordnung bringen.

Dies hat Konsequenzen für die Reflexion über ethnographisches Schreiben und über ethnographische Texte. Die These lautet, dass diese verräumlichte Ordnung der Schrift eine kognitive Praxis der ethnographischen Forschung darstellt. Die Architektur der Schrift bringt einen Zusammenhang zur Darstellung und konstituiert die Wahrnehmung empirischer Gegenstände, und zwar durch ein Zusammenspiel kognitiver Prozesse und der Erzeugung von Sichtbarkeit (vgl. Krämer 2001). Konstitution empirischer Gegenstände durch Visualisierung meint, dass die schriftliche Visualisierung die Gegenstände erst schafft: «Durch die Ideogrammatik der Schrift wird das, was das ‹geistige Auge sieht›, in etwas verwandelt, was sich den leiblichen Augen darbieten kann» (Krämer 2001, 361). Mit der Verschiebung dieses Bezugspunkts wird ein weiterer Referent eingeschoben: Neben dem beobachteten sozialen Geschehen (mündliche Kommunikation, Objekte, Schweigsamkeiten etc.), das sich durch Versprachlichung in der Niederschrift wiederfindet, sind es auch die Schrift und ihre Komponenten, die durch die Nutzung ihrer Zweidimensionalität eine bestimmte Sicht auf das beobachtete soziale Geschehen erzeugen und nahe legen.

5. Schluss

Dieser Beitrag erörterte Dimensionen ethnographischer Forschungspraxis, andere Themen – etwa Analyseverfahren des empirischen Materials – klammerte er aus. Er skizzierte Spielräume von Ethnographen, diskutierte den Erfahrungszusammenhang, den das Forschungsfeld darstellt, und ging der sprachlichen Darstellung als einer Suchfrage nach. Dabei wurde angenommen, dass die Möglichkeit, die «Fremdheit einer vertrauten Welt» (Zimmerman/Pollner 1979, 86) darzustellen, in den Forschungsstrategien, theoretischen Interessen und in der Arbeit an der Sprache im Medium der Schrift begründet liegt. Es wurde herausgearbeitet, dass Ethnographen einen Medienwechsel vollziehen: von der Mündlichkeit, Körperlichkeit, Sinnlichkeit und Dinglichkeit des sozialen Geschehens in die Schriftlichkeit der Protokolle und Analysen. Aber dieser Medienwechsel ist kein Wechsel in einem Medium, sondern er ist ein Wechsel zwischen Medien, die ungleiche Formen annehmen. Das heißt: Es handelt sich um *Intermedialität* und damit um das Wissen, dass die Differenzen zwischen ihnen nicht einzuebnen sind (vgl. Krämer 2003; Koch 1997). Daher argumentierte dieser Beitrag, dass die *Trans-Skription* sozialer Praktiken eine Leistung der qualitativen Soziologie darstellt.

Eine Analyse der ethnographischen Kulturtechnik und der (impliziten) Wirkung ihrer Medien ist von der Methodendebatte bislang weitgehend ausgeblendet worden. Bezogen auf die Dimension der Schrift ist sie deshalb wichtig, weil sie die Frage nach der «das Denken formenden Kraft der Schrift» (Coulmas 1993, 398) anleitet. Hier wurde die Auffassung vertreten, dass eine empirisch ausgerichtete Reflexion über die Medien, in denen ethnographisches Forschen stattfindet, nicht darauf verzichten kann, darüber nachzudenken, welche Effekte diese Medien auf die Interaktion ausüben (vgl. Hutchby 2001). Wie für die visuelle Soziologie das Nachdenken über die Effekte der Kamera und ihrer technischen Parameter konstitutiv ist, und zwar deshalb, um einen naiven Realismus zu vermeiden, so ist es für die schreibende Ethnographie wichtig, das Verhältnis von «Macht über Schrift» und die «Macht der Schrift» (vgl. Chartier 1993) zu reflektieren. Die Aufforderung lautet also, die Eigenschaften derjenigen Dinge ernst zu nehmen, die das konkrete ethnographische Forschungshandeln ausmachen und tragen; man kann sie auch mit Rheinberger (1992; 2001) als Wissensobjekte betrachten und die Praxis ethnographischer Sprachlichkeit und Notation als eine Wissenspraxis. Eine solche Strategie hat zum Ziel, den pragmatischen Begriff von Schrift zu ergänzen. Argumentiert wurde, dass die Architektur der Schrift dem Dargestellten eine Form gibt und etwas sichtbar macht, was sich nicht in der Aussage erschöpft. Gleichwohl bleibt für die qualitative Soziologie die sprachliche Bewältigung ihrer empirischen Beobachtungen

Herbert Kalthoff

immer eine Herausforderung, sei es in mündlicher, schriftlicher oder visueller Form. Man kann es auch so formulieren: Die Übersetzung oder Verbalisierung des Sozialen kommt einer Sprachwerkstatt gleich, in der die sprachliche Darstellung des Sozialen erprobt, überschrieben und (temporär) fixiert wird.

Wie eingangs formuliert, ist es das Ziel der qualitativen Soziologie, in die Soziologie hineinzuwirken und das Sprachspiel des Gegensatzes von Theoriearbeit hier, empirischer Kennerschaft dort zu unterlaufen. Die qualitative Soziologie kann hierzu an praxistheoretische Überlegungen anschließen, die – nach dem *cultural turn* in den Sozialwissenschaften – das Soziale im (impliziten) Wissen, im Können und in den Praktiken der Akteure verorten (vgl. Schatzki 1996; Schatzki et al. 2001).[22] Ihr Anliegen ist es, den Zusammenhang von Handlungen und Dingen herauszuarbeiten, die in ihrer Umsetzung und Verwendung soziale Ordnung hervorbringen und zugleich auch voraussetzen. Verzichtet wird also auf einen Gesellschaftsbegriff, der nicht allein eine Einheit, sondern ein gegenständliches Subjekt mit ganz spezifischen Eigenschaften unterstellt (vgl. Nassehi 2004). Aus praxistheoretischer Perspektive ist diese Einheit nicht einzulösen; orientiert wird dagegen auf die Details des Sozialen und damit auf die Emergenz von (lokalen) Ordnungen sowie ihrer Rahmungseffekte.

ANMERKUNGEN

1 Die Bezeichnung «Qualitative Soziologie» wird auch von Schwartz/Jacob (1979) verwendet.

2 Max Weber (1988, 502) schreibt im Jahre 1917: «Die spezifische Funktion der Wissenschaft scheint mir gerade umgekehrt, daß ihr das konventionell Selbstverständliche zum *Problem* wird.» Was hier bei Weber nur anklingt, ist konstitutiv für die Ethnomethodologie: Sie bestimmt das sozial Selbstverständliche als soziologisches Problem (vgl. Lynch/Sharrock 2003).

3 Bezogen auf die Systemtheorie ist umgekehrt festzustellen, dass sie eine Sprache der (Selbst-)Beobachtung bereithält, die die qualitative Soziologie mit überraschenden, nützlichen und auch unbequemen Wendungen konfrontiert, die im üb-

lichen Diskurs qualitativer Methodologie oft ausgeblendet bleiben (vgl. Nassehi/ Saake 2002).

4 Der Ausdruck «emisch» geht auf Kenneth L. Pike zurück, der ihn in Auseinandersetzung mit linguistischen Untersuchungen zu Phonetik und Phonemik entwickelte. Gemeint ist hiermit, dass Soziologen (zunächst) eine Binnenperspektive einnehmen, um ein soziales Phänomen aus der Sicht der Akteure interpretieren zu können. Im Gegensatz dazu ist die «etische» Perspektive eine Perspektive von außen, die etwa strukturelle Faktoren eines Phänomens untersucht (vgl. Psathas 1973, 282–283).

5 Die methodischen Schritte der ethnographischen Forschung werden hier nicht ausgeführt, siehe hierzu nur Agar (1980), Spradley (1980), Emerson et al. (1995), Cicourel (1970). Auffällig ist, dass ethnographische Forschungen oft im Rahmen von Qualifizierungsarbeiten (insbesondere Dissertationen) durchgeführt werden, in der weiteren akademischen Laufbahn aber seltener vorkommen. Dieser Befund kann hier nicht weiter erörtert werden, vgl. aber Wellin/Fine (2001).

6 In der Soziologie ist die Wittgenstein'sche Erörterung des Regelbegriffs unterschiedlich rezipiert worden: Die skeptische Position geht davon aus, dass die Formulierung von Regeln und ihre Anwendung zwei getrennte Welten bilden und soziales Handeln daher nicht durch Regeln determiniert ist. Die nicht-skeptische Position betont, dass Regeln (etwa der Mathematik) immer in die Praxis dessen, was sie regeln (etwa Rechnen), eingebettet sind (vgl. Lynch 1992; Bloor 1992; kritisch hierzu Bourdieu 1979).

7 Die Analyse von Dokumenten impliziert die Erörterung des Formats, in der das Dokument den Inhalt aufbereitet, den es präsentiert (siehe den Beitrag von Wolff in diesem Band).

8 Historisch gesehen fand diese Praxis Anwendung in der frühen Ethnologie; einen Bruch vollzog – so will es der Mythos – Bronislaw Malinowski mit einem Plädoyer für lang andauernde Feldaufenthalte. Dieser Mythos ist deswegen so lebendig, weil er immer wieder erzählt wird (vgl. Stocking 1983).

9 In der biographischen und ethnographischen Forschung wurde das Interview bislang stillschweigend als ein Instrument des Zugangs zur sozialen Welt verstanden und eingesetzt; auch reflexive Stimmen (z. B. Nassehi 1994; Reh 2001) haben diese Haltung nicht thematisiert. Für eine reflexive Soziologie ist das Interview aber nicht nur eine Ressource, sondern auch Gegenstand der Forschung selbst, d. h. eine soziale Praxis im eigenen Recht, mit stillschweigend funktionierenden Selbstverständlichkeiten und Annahmen; zur Erforschung dieser Praxis siehe z. B. Cicourel (2003), Briggs (1983).

10 Bezogen auf die Teilnahme des Soziologen hat die Ethnomethodologie die vielleicht radikalste Position formuliert, die an Heideggers Konzeption des «existenzialen Verstehens» erinnert: Um verstehen zu können, was es heißt, Mathematiker, Archäologe, Lastwagenfahrer, Vater etc. zu sein, müssen Soziologen temporär

　　　　　　　　　　　　　　　　　　　　　　　Herbert Kalthoff

Mathematiker, Archäologen, Lastwagenfahrer etc. werden (vgl. Garfinkel/Wieder 1992, 182). Einerseits markiert diese Position, indem sie für eine starke Teilnahme plädiert, eine Eingangshürde, die nicht einfach methodisch übersprungen werden kann; sie warnt damit vor großen oder spekulativen Theorien. Andererseits legt sie der Soziologie eine fixierte Grenze auf, die selbst noch wenig über die Forschungsergebnisse auszusagen vermag.

11 In der qualitativen Sozialforschung wird die Diskussion über die Kombination von Methoden unter dem Titel «Triangulation» geführt (z. B. Denzin 1970, 297–313; kritisch Bloor 1997).

12 Die ethnographische Literatur beschreibt den Feldzugang asymmetrisch als taktisches und am Feld orientiertes Vorgehen, berücksichtigt allerdings nicht die Auswahl des Ethnographen durch das Feld (hierzu Lindner 1984).

13 Das Verb «schulden» enthält zwei Bedeutungen: etwas schulden im Sinne von jemandem verpflichtet sein und etwas schulden im Sinne von jemandem etwas verdanken; zur Erwiderungspflicht vgl. Mauss (1990).

14 Bourdieu (1979, 232) stellt zwei Punkte ethnographischen Forschens heraus: Erstens weist er auf die Versuchung hin, aus der Ambivalenz sozialer Praktiken und mündlicher Aussagen ein «lückenloses und widerspruchsloses Ganzes zu erstellen, eine Art *nicht-niedergeschriebene Partitur* (…)»; zweitens erinnert er an die Notwendigkeit der schriftlichen Fixierung durch den Ethnographen, aber auch daran, diese Praktiken auf Papier nicht für die gelebten Praktiken zu halten: Man hat «(…) nur dann einige Aussicht (…) zu begreifen, wie er (der Agrarkalender, H. K.) geschaffen wurde, wenn man sich dessen voll bewußt ist, daß er auch nur auf dem Papier existiert» (Bourdieu 1979, 232).

15 Zur Aktionsforschung siehe Kemmis/McTaggart (2000); zu den *postcolonial studies* vgl. Ashcroft et al. (1999).

16 In Bezug auf die Sprachlichkeit kann die ethnographische Analyse als ein Übersetzungsprozess und damit als ein Medium der Forschung bezeichnet werden (s. u.).

17 Auf die Rahmung der Beobachtung durch die Audiotechnik gehe ich hier nicht ein (vgl. aber Kalthoff 2003, 83–86). Zur visuellen Soziologie/Anthropologie siehe Mohn (2002), Ballhaus/Engelbrecht (1995) sowie Bachmann/Wittel (in diesem Band) und Schändlinger (in diesem Band).

18 Der Begriff der Übersetzung wird hier nicht eingeschränkt auf sprachliche oder literarische Übersetzung, sondern weiter gefasst als eine Transformation von sprachlichen und nicht-sprachlichen Entitäten in sprachliche und andere Zeichensysteme (etwa mathematische); hiermit knüpfe ich an wissenschaftssoziologische Positionen an (z. B. Rheinberger 1994; Latour 1990). Aus kulturtheoretischer Perspektive ist ferner zu beachten, dass ethnographische Forschung oft auch mit der Übersetztheit von Kulturen zu rechnen hat. Zur Diskussion des Begriffs in der Übersetzungsforschung vgl. Frank et al. (2004), in der Soziologie und den Kulturwissenschaften vgl. Renn et al. (2002).

19 «Und Andere haben Begriffe, die unsere Begriffe durchschneiden» (Wittgenstein 1992, § 379; auch §§ 380, 381).

20 Vgl. ebenso Koch/Krämer (1997), Krämer (2002), Gumbrecht/Pfeiffer (1993). Prominent ist das Realisierungsargument ebenfalls für technische Medien, die als bloßes Werkzeug interpretiert werden. Gleichwohl haben techniksoziologische Studien gezeigt, dass dieses Bild von Technikindifferenz kaum aufrechtzuerhalten ist: Technische Medien affizieren die Phänomene und Ereignisse, mit denen sie umgehen oder die sie transformieren (z. B. Rammert/Schulz-Schaeffer 2002; Braun-Thürmann 2002).

21 Zur Soziologie der Kommunikation im Medium der digitalen Schrift des Internets vgl. Heintz (2003).

22 Schatzki (1996, 89–90) unterscheidet drei Begriffe: Praxis als «learning how» (1), als «temporally unfolding and spatially dispersed nexus of doings and sayings» (2) und als «performing an action» (3). Praxistheoretisch interessant ist das Zusammenspiel der beiden letztgenannten Begriffe, denn sie existieren nur in ihrer Umsetzung: «Each of the linked doings and saying[s] constituting a practice is only in being performed» (Schatzki 1996, 90).

Literatur

Agar, Michael (1980), The professional stranger. An informal introduction to ethnography. Orlando: Academic Press.

Anderson, Nels (1923), The Hobo. The sociology of the homeless man. Chicago: University of Chicago Press.

Ashcroft, Bill/Garcthy Griffiths/Helen Tiffin (Hrsg.) (1999), The post-colonial studies reader. London/New York: Routledge.

Ashmore, Malcolm (1989), The reflexive thesis. Writing sociology of scientific knowledge. Chicago: University of Chicago Press.

Atkinson, Paul/Amanda Coffey/Sara Delamont/John Lofland/Lyn Lofland (Hrsg.) (2001), Handbook of ethnography. London et al.: Sage.

Austin, John L. (1992, zuerst 1962), How to do things with words. New York: Oxford University Press.

Ballhaus, Edmund/Beate Engelbrecht (Hrsg.) (1995), Der ethnographische Film. Einführung in Methoden und Praxis. Berlin: Reimer.

Benjamin, Walter (1977, zuerst 1923), Die Aufgabe des Übersetzers, in: ders., Illuminationen. Ausgewählte Schriften. Frankfurt a. M.: Suhrkamp, 50–62.

Bergmann, Jörg R. (1985), Flüchtigkeit und methodische Fixierung sozialer Wirklichkeit. Aufzeichnungen als Daten der interpretativen Soziologie, in: Bonß, Wolfgang/ Heinz Hartmann (Hrsg.), Entzauberte Wissenschaft. Zur Relativität und Geltung soziologischer Forschung. Göttingen: Schwartz, 299–320.

Bergmann, Jörg R./Thomas Luckmann (Hrsg.) (1999), Kommunikative Konstruktion von Moral. 2 Bände. Opladen: Westdeutscher Verlag.

Bloor, David (1991, zuerst 1976), Knowledge and social imagery. London: Routledge & Kegan Paul.

Bloor, David (1992), Left and right Wittgensteinians, in: Pickering, Andrew (Hrsg.), Science as practice and culture. Chicago: University of Chicago Press, 266–282.

Bloor, Michael (1997), Techniques of validation in qualitative research: A critical commentary, in: Miller, Gale/Robert Dingwall (Hrsg.), Context and method in qualitative research. London: Sage, 37–50.

Blumenberg, Hans (2001, zuerst 1979), Ausblick auf eine Theorie der Unbegrifflichkeit, in: ders., Ästhetische und metaphorologische Schriften. Frankfurt a. M.: Suhrkamp, 193–209.

Blumer, Herbert (1954), What is wrong with social theory?, in: American Sociological Review, Vol. 19, Nr. 1, 3–10.

Blumer, Herbert (1969), Symbolic interaction. Perspective and method. Englewood Cliffs: Prentice Hall.

Bourdieu, Pierre (1979, zuerst 1972), Entwurf einer Theorie der Praxis auf der ethnologischen Grundlage der kabylischen Gesellschaft. Frankfurt a. M.: Suhrkamp (Originaltitel: Esquisse d'une théorie de la pratique, précédé de trois études d'ethnologie kabyle. Genève: Droz).

Bourdieu, Pierre/Loïc J. D. Wacquant (1996, zuerst 1992), Reflexive Anthropologie. Frankfurt a. M.: Suhrkamp (Originaltitel: Réponses. Pour une anthropologie réflexive. Paris: Éditions du Seuil).

Braun-Thürmann, Holger (2002), Künstliche Interaktion. Wie Technik zur Teilnehmerin sozialer Wirklichkeit wird. Wiesbaden: Westdeutscher Verlag.

Briggs, Charles L. (1983), Questions for the ethnographer. A critical examination of the role of the interview in fieldwork, in: Semiotica, Vol. 46, Nr. 2, 233–261.

Bulmer, Martin (1984), The Chicago School of sociology. Institutionalization, diversity, and the rise of sociological research. Chicago: University of Chicago Press.

Butler, Judith (1997), Excitable speech. A politics of the performative. New York/London: Routledge.

Cahn, Michael (1997), Die Rhetorik der Wissenschaft im Medium der Typographie. Zum Beispiel die Fußnote, in: Rheinberger, Hans-Jörg/Michael Hagner/Bettina Wahrig-Schmidt (Hrsg.), Räume des Wissens. Repräsentation, Codierung, Spur. Berlin: Akademie Verlag, 91–109.

Chartier, Roger (1993), Macht der Schrift, Macht über Schrift, in: Gumbrecht, Hans Ulrich/K. Ludwig Pfeiffer (Hrsg.), Schrift. München: Fink, 147–158.

Cicourel, Aaron V. (1970, zuerst 1964), Methode und Messung in der Soziologie. Frankfurt a. M.: Suhrkamp (Originaltitel: Method and measurement in sociology. New York: The Free Press).

Cicourel, Aaron V. (1993), Aspects of structural and processual theories of knowledge, in: Calhoun, Craig/Edward LiPuma/Moishe Postone (Hrsg.), Bourdieu: Critical perspectives. Chicago: University of Chicago Press, 89–115.

Cicourel, Aaron V. (2003, zuerst 1982), Interviews, surveys, and the problem of ecological validity, in: Lynch, Michael/Wes Sharrock (Hrsg.), Harold Garfinkel. Vol. 2. London et al.: Sage, 367–380.

Clifford, James (1986), On ethnographic allegory, in: Clifford, James/George E. Marcus (Hrsg.), Writing culture. The poetics and politics of ethnography. Berkeley et al.: University of California Press, 98–121.

Clifford, James (1988, zuerst 1983), The predicament of culture. Twentieth-century ethnography, literature, and art. Cambridge: Harvard University Press.

Clifford, James/George E. Marcus (Hrsg.) (1986), Writing culture. The poetics and politics of ethnography. Berkeley et al.: University of California Press.

Conwell, Chic (1937), The professional thief, by a professional thief. Annotated and interpreted by Edwin H. Sutherland. Chicago: University of Chicago Press.

Coulmas, Florian (1993), Das ABC der Wissenschaft, in: Merkur, Vol. 47, Nr. 530, 390–398.

Deegan, Mary Jo (2001), The Chicago School of ethnography, in: Atkinson, Paul/Amanda Coffey/Sara Delamont/John Lofland/Lyn Lofland (Hrsg.), Handbook of ethnography. London et al.: Sage, 11–25.

Denzin, Norman K. (1970), The research act. A theoretical introduction to sociological methods. Chicago: Aldine.

Derrida, Jacques (1976, zuerst 1967), Die Schrift und die Differenz. Frankfurt a. M.: Suhrkamp (Originaltitel: L'écriture et la différence. Paris: Éditions du Seuil).

Derrida, Jacques (1983, zuerst 1967), Grammatologie. Frankfurt a. M.: Suhrkamp (Originaltitel: De la grammatologie. Paris: Les Éditions de Minuit).

Derrida, Jacques (1988), Signatur – Ereignis – Kontext, in: ders., Randgänge der Philosophie. Wien: Passagen Verlag, 291–314.

Ehlich, Konrad (1994), Funktion und Struktur schriftlicher Kommunikation, in: Günther, Hartmut/Otto Ludwig (Hrsg.), Schrift und Schriftlichkeit. Writing and its use. Berlin/New York: de Gruyter, 18–41.

Emerson, Robert/Rachel I. Fretz/Linda L. Shaw (1995), Writing ethnographic fieldnotes. Chicago: University of Chicago Press.

Frank, Armin P./Norbert Greiner/Theo Hermans/Harald Kittel/Werner Koller/José Lambert/Fritz Paul (Hrsg.) (2004), Übersetzung – Translation – Traduction. Ein internationales Handbuch zur Übersetzungsforschung/An international encyclopedia of translation studies/Encyclopédie internationale des sciences de traduction. Berlin/New York: de Gruyter.

Fuchs, Martin/Eberhard Berg (1993), Phänomenologie der Differenz. Reflexionsstufen ethnographischer Repräsentation, in: Berg, Eberhard/Martin Fuchs (Hrsg.), Kultur, soziale Praxis, Text. Die Krise der ethnographischen Repräsentation. Frankfurt a. M.: Suhrkamp, 11–108.

Gadamer, Hans-Georg (1990, zuerst 1960), Wahrheit und Methode. Grundzüge einer philosophischen Hermeneutik. Tübingen: Mohr.

Garfinkel, Harold (1967), Studies in ethnomethodology. Cambridge: Polity Press.

Garfinkel, Harold (2002), Ethnomethodology's program. Working out Durkheim's aphorism. Edited and introduced by Anne Warfield Rawls. Lanham et al.: Rowman & Littlefield.

Garfinkel, Harold/Harvey Sacks (1979, zuerst 1970), Über formale Strukturen praktischer Handlungen, in: Weingarten, Elmar/Fritz Sack/Jim Schenkein (Hrsg.), Ethnomethodologie. Beiträge zu einer Soziologie des Alltagshandelns. Frankfurt a. M.: Suhrkamp, 130–176.

Garfinkel, Harold/Lawrence D. Wieder (1992), Two incommensurable, asymmetrically alternate technologies of social analysis, in: Watson, Graham/Robert M. Seiler (Hrsg.), Text in context. Contributions to ethnomethodology. Newbury Park et al.: Sage, 175–206.

Geertz, Clifford (1987, zuerst 1973), Dichte Beschreibung. Beiträge zum Verstehen kultureller Systeme. Frankfurt a. M.: Suhrkamp (Originaltitel: Thick description. Toward an interpretive theory of culture. New York: Basic Books).

Geertz, Clifford (1993, zuerst 1988), Die künstlichen Wilden. Der Anthropologe als Schriftsteller. Frankfurt a. M.: Fischer (Originaltitel: Works and lives. The anthropologist as author. Cambridge: Polity Press).

Glaser, Barney G./Anselm L. Strauss (1967), The discovery of grounded theory. Strategies for qualitative research. New York: Aldine.

Goffman, Erving (1980, zuerst 1974), Rahmen-Analyse. Ein Versuch über die Organisation von Alltagserfahrungen. Frankfurt a. M.: Suhrkamp (Originaltitel: Frame analysis. An essay on the organization of experience. Cambridge: Harvard University Press).

Goffman, Erving (1982, zuerst 1971), Das Individuum im öffentlichen Austausch. Mikrostudien zur öffentlichen Ordnung. Frankfurt a. M.: Suhrkamp (Originaltitel: Relations in public. Microstudies of the public order. New York: Basic Books).

Grafton, Anthony (1998, zuerst 1997), Die tragischen Ursprünge der deutschen Fußnote. München: Deutscher Taschenbuch Verlag (Originaltitel: The footnote. A curious history. London: Faber and Faber).

Griesecke, Birgit (2001), Japan dicht beschreiben. Produktive Fiktionalität in der ethnographischen Forschung. München: Fink.

Gross, Sabine (1994), Lese-Zeichen. Kognition, Medium und Materialität im Leseprozeß. Darmstadt: Wissenschaftliche Buchgesellschaft.

Gumbrecht, Hans Ulrich/K. Ludwig Pfeiffer (Hrsg.) (1993), Schrift. München: Fink.

Hammersley, Martyn/Paul Atkinson (1995, zuerst 1983), Ethnography. Principles in practice. London/New York: Routledge.

Heintz, Bettina (2000), Die Innenwelt der Mathematik. Zur Kultur und Praxis einer beweisenden Disziplin. Wien/New York: Springer.

Heintz, Bettina (2003), Kommunikation im Medium der Schrift. Sozialität im Internet, in: Frühwald, Wolfgang (Hrsg.), Die Geisteswissenschaften in der Informationsgesellschaft. Ottilien: Eos, 127–146.

Hirschauer, Stefan (2001), Ethnografisches Schreiben und die Schweigsamkeit des Sozialen. Zu einer Methodologie der Beschreibung, in: Zeitschrift für Soziologie, Vol. 30, Nr. 6, 429–451.

Hutchby, Ian (2001), Conversation and technology. From the telephone to the internet. Cambridge: Polity Press.

Jäger, Ludwig (2002), Medialität und Mentalität. Die Sprache als Medium des Geistes, in: Krämer, Sybille/Ekkehard König (Hrsg.), Gibt es eine Sprache hinter dem Sprechen? Frankfurt a. M.: Suhrkamp, 45–75.

Kalthoff, Herbert (1997), Fremdenrepräsentation. Über ethnographisches Arbeiten in exklusiven Internatsschulen, in: Hirschauer, Stefan/Klaus Amann (Hrsg.), Die Befremdung der eigenen Kultur. Zur ethnographischen Herausforderung soziologischer Empirie. Frankfurt a. M.: Suhrkamp, 240–266.

Kalthoff, Herbert (2003), Beobachtende Differenz. Instrumente der ethnografisch-soziologischen Forschung, in: Zeitschrift für Soziologie, Vol. 32, Nr. 1, 70–90.

Kalthoff, Herbert (2006), Zahlenwelten. Studien zur Praxis finanzwirtschaftlichen Wissens. Stuttgart: Lucius & Lucius.

Kemmis, Stephen/Robin McTaggart (2000), Participatory action research, in: Denzin, Norman K./Yvonna S. Lincoln (Hrsg.), Handbook of qualitative research. Thousand Oaks et al.: Sage, 567–607.

Knorr Cetina, Karin (1984, zuerst 1981), Die Fabrikation von Erkenntnis. Zur Anthropologie der Wissenschaft. Frankfurt a. M.: Suhrkamp (Originaltitel: The manufacture of knowledge. An essay on the constructivist and contextual nature of science. Oxford et al.: Pergamon Press).

Knorr Cetina, Karin (1988), Das naturwissenschaftliche Labor als Ort der «Verdichtung» von Gesellschaft, in: Zeitschrift für Soziologie, Vol. 17, Nr. 2, 85–101.

Knorr Cetina, Karin (1999), Epistemic cultures. How the sciences make knowledge. Harvard: Harvard University Press.

Koch, Peter (1997), Graphé. Ihre Entwicklung zur Schrift, zum Kalkül und zur Liste, in: Koch, Peter/Sybille Krämer (Hrsg.), Schrift, Medien, Kognition. Über die Exteriorität des Geistes. Tübingen: Stauffenburg, 43–81.

Koch, Peter/Sybille Krämer (1997), Einleitung, in: dies. (Hrsg.), Schrift, Medien, Kognition. Über die Exteriorität des Geistes. Tübingen: Stauffenburg, 9–26.

Kramer, Fritz (1977), Verkehrte Welten. Zur imaginären Ethnographie des 19. Jahrhunderts. Frankfurt a. M.: Syndikat.

Krämer, Sybille (1996), Sprache und Schrift, oder: Ist Schrift verschriftete Sprache?, in: Zeitschrift für Sprachwissenschaft, Vol. 15, Nr. 1, 92–112.

Krämer, Sybille (1997), Schrift und Episteme am Beispiel Descartes', in: Koch, Peter/Sybille Krämer (Hrsg.), Schrift, Medien, Kognition. Über die Exteriorität des Geistes. Tübingen: Stauffenburg, 105–126.

Krämer, Sybille (1998), Das Medium als Spur und als Apparat, in: dies. (Hrsg.), Medien, Computer, Realität. Wirklichkeitsvorstellungen und Neue Medien. Frankfurt a. M.: Suhrkamp, 73–94.

Krämer, Sybille (2001), Kann das «geistige Auge» sehen? Visualisierung und die Konstitution epistemischer Gegenstände, in: Heintz, Bettina/Jörg Huber (Hrsg.), Mit dem Auge denken. Strategien der Sichtbarmachung in wissenschaftlichen und virtuellen Welten. Zürich/Wien/New York: Edition Voldemar/Springer, 347–364.

Krämer, Sybille (2002), Sprache – Stimme – Schrift: Sieben Gedanken über Performativität als Medialität, in: Wirth, Uwe (Hrsg.), Performanz. Zwischen Sprachphilosophie und Kulturwissenschaften. Frankfurt a. M.: Suhrkamp, 323–346.

Krämer, Sybille (2003), «Schriftbildlichkeit» oder: Über eine (fast) vergessene Dimension der Schrift, in: Krämer, Sybille/Horst Bredekamp (Hrsg.), Schrift – Bild – Zahl. München: Fink, 157–176.

Latour, Bruno (1990), Drawing things together, in: Lynch, Michael/Steve Woolgar (Hrsg.), Representation in scientific practice. Cambridge et al.: MIT Press, 19–68.

Lindner, Rolf (1984), Ohne Gewähr. Zur Kulturanalyse des Informanten, in: Jeggle, Utz (Hrsg.), Feldforschung. Qualitative Methoden in der Kulturanalyse. Tübingen: Tübinger Verein für Volkskunde, 59–71.

Luhmann, Niklas (1998, zuerst 1997), Die Gesellschaft der Gesellschaft. Band 1. Frankfurt a. M.: Suhrkamp.

Lynch, Michael (1992), Extending Wittgenstein: The pivotal move from epistemology to the sociology of science, in: Pickering, Andrew (Hrsg.), Science as practice and culture. Chicago/London: University of Chicago Press, 215–265.

Lynch, Michael (1993), Scientific practice and ordinary action. Cambridge: Cambridge University Press.

Lynch, Michael/Wes Sharrock (Hrsg.) (2003), Harold Garfinkel. Vol. 1. London et al.: Sage.

Malinowski, Bronislaw (1985, zuerst 1967), Ein Tagebuch im strikten Sinn des Wortes. Neuguinea 1914–1918. Frankfurt a. M.: Syndikat (Originaltitel: A diary in the strict sense of the term. London: Routledge & Kegan Paul).

Mauss, Marcel (1990, zuerst 1950), Die Gabe. Form und Funktion des Austauschs in archaischen Gesellschaften. Frankfurt a. M.: Suhrkamp (Originaltitel: Essai sur le don. Forme et raison de l'échange dans les sociétés primitives, in: l'Année Sociologique, seconde série, 1923–1924).

McLuhan, Marshall (1975, zuerst 1964), Understanding media. The extensions of man. London: Routledge & Kegan Paul.

Mead, George Herbert (1973, zuerst 1934), Geist, Identität und Gesellschaft aus der Sicht des Sozialbehaviorismus. Frankfurt a. M.: Suhrkamp (Originaltitel: Mind, self and society. From the standpoint of a social behaviorist. Chicago et al.: University of Chicago Press).

Mohn, Elisabeth (2002), Filming culture. Spielarten des Dokumentierens nach der Repräsentationskrise. Stuttgart: Lucius & Lucius.

Nassehi, Armin (1994), Die Form der Biographie. Theoretische Überlegungen zur Biographieforschung in methodologischer Absicht, in: BIOS. Zeitschrift für Biographieforschung, Oral History und Lebensverlaufsanalysen, Vol. 7, Nr. 1, 46–63.

Nassehi, Armin (2004), Die Theorie funktionaler Differenzierung im Horizont ihrer Kritik, in: Zeitschrift für Soziologie, Vol. 33, Nr. 2, 98–118.

Nassehi, Armin/Irmhild Saake (2002), Kontingenz. Methodisch verhindert oder beobachtet? Ein Beitrag zur Methodologie der qualitativen Sozialforschung, in: Zeitschrift für Soziologie, Vol. 31, Nr. 1, 66–86.

Obeyesekere, Gananath (1992), The apotheosis of Captain Cook. European mythmaking in the Pacific. Princeton: Princeton University Press.

Ochs, Elinor (1979), Transcription as theory, in: Ochs, Elinor/Bambi B. Schieffelin (Hrsg.), Developmental pragmatics. New York: Academic Press, 43–72.

Park, Robert E./Ernest W. Burgess (1969, zuerst 1924), Introduction to the science of sociology. Chicago: University of Chicago Press.

Park, Robert E./Ernest W. Burgess/Roderick D. McKenzie (1967, zuerst 1925), The city. Chicago: University of Chicago Press.

Polanyi, Michael (1966), The tacit dimension. Garden City, N. Y.: Doubleday.

Psathas, George (1973), Ethnotheorie, Ethnomethodologie und Phänomenologie, in: Arbeitsgruppe Bielefelder Soziologen (Hrsg.), Alltagswissen, Interaktion und gesellschaftliche Wirklichkeit. Band 2: Ethnotheorie und Ethnographie des Sprechens. Reinbek bei Hamburg: Rowohlt, 263–284.

Raible, Wolfgang (1993), Die Entwicklung ideographischer Elemente bei der Verschriftlichung des Wissens, in: Kullmann, Wolfgang/Jochen Althoff (Hrsg.), Vermittlung und Tradierung von Wissen in der griechischen Kultur. Tübingen: Narr, 15–37.

Raible, Wolfgang (1997), Von der Textgestalt zur Texttheorie. Beobachtungen zur Entwicklung des Text-Layouts und ihren Folgen, in: Koch, Peter/Sybille Krämer (Hrsg.), Schrift, Medien, Kognition. Über die Exteriorität des Geistes. Tübingen: Stauffenburg, 29–41.

Rammert, Werner/Ingo Schulz-Schaeffer (Hrsg.) (2002), Können Maschinen handeln? Soziologische Beiträge zum Verhältnis von Mensch und Technik. Frankfurt a. M.: Campus.

Reh, Sabine (2001), Textualität der Lebensgeschichte – Performativität der Biographieforschung, in: Handlung, Kultur, Interpretation, Vol. 10, Nr. 1, 29–49.

Renn, Joachim/Jürgen Straub/Shingo Shimada (Hrsg.) (2002), Übersetzung als Medium des Kulturverstehens und sozialer Integration. Frankfurt a. M.: Campus.

Rheinberger, Hans-Jörg (1992), Experiment – Differenz – Schrift. Zur Geschichte epistemischer Dinge. Marburg: Basilisken-Presse.

Rheinberger, Hans-Jörg (1994), «Alles, was überhaupt zu einer Inskription führen kann». Experiment, Differenz, Schrift, in: Haas, Norbert/Rainer Nägele/Hans-Jörg Rheinberger (Hrsg.), Im Zug der Schrift. München: Fink, 209–309.

Rheinberger, Hans-Jörg (2001, zuerst 1997), Experimentalsysteme und epistemische Dinge. Eine Geschichte der Proteinsynthese im Reagenzglas. Göttingen: Wallstein (Originaltitel: Toward a history of epistemic things. Synthesizing proteins in the test tube. Stanford: Stanford University Press).

Rorty, Richard (1987, zuerst 1980), Der Spiegel der Natur. Eine Kritik der Philosophie. Frankfurt a. M.: Suhrkamp (Originaltitel: Philosophy and the mirror of nature. Oxford: Blackwell).

Rottenburg, Richard (2002), Weit hergeholte Fakten. Eine Parabel der Entwicklungshilfe. Stuttgart: Lucius & Lucius.

Schatzki, Theodore R. (1996), Social practices. A Wittgensteinian approach to human activity and the social. Cambridge: Cambridge University Press.

Schatzki, Theodore R./Karin Knorr Cetina/Eike von Savigny (Hrsg.) (2001), The practice turn in contemporary theory. London: Routledge.

Scheffer, Thomas (2002), Das Beobachten als sozialwissenschaftliche Methode. Von den Grenzen der Beobachtbarkeit, in: Schaeffer, Doris/Gabriele Müller-Mundt (Hrsg.), Qualitative Forschung in den Gesundheits- und Pflegewissenschaften. Bern: Huber, 351–374.

Schütz, Alfred (1971), Gesammelte Aufsätze. Band 1: Das Problem der sozialen Wirklichkeit. Den Haag: Nijhoff.

Schütz, Alfred/Thomas Luckmann (1979), Strukturen der Lebenswelt. Band 1. Frankfurt a. M.: Suhrkamp.

Schwartz, Howard/Jerry Jacob (1979), Qualitative sociology. A method to the madness. New York: The Free Press.

Smith Bowen, Eleonore (Laura Bohannan) (1987, zuerst 1964), Die Rückkehr zum Lachen. Ein ethnologischer Roman. Reinbek bei Hamburg: Rowohlt (Originaltitel: Return to laughter. An anthropological novel. Garden City, N. Y.: Doubleday).

Soeffner, Hans-Georg (1989), Auslegung des Alltags – Der Alltag der Auslegung. Zur wissenssoziologischen Konzeption einer sozialwissenschaftlichen Hermeneutik. Frankfurt a. M.: Suhrkamp.

Soeffner, Hans-Georg (2000), Sozialwissenschaftliche Hermeneutik, in: Flick, Uwe/Ernst von Kardorff/Ines Steinke (Hrsg.), Qualitative Forschung. Ein Handbuch. Reinbek bei Hamburg: Rowohlt, 164–175.

Spradley, James P. (1979), The ethnographic interview. New York: Holt, Rinehart and Winston.

Spradley, James P. (1980), Participant observation. New York: Holt, Rinehart and Winston.

Stocking, George W. (1983), Observers observed. Essays on ethnographic fieldwork. Madison: University of Wisconsin Press.

Swidler, Ann (2001), What anchors cultural practices, in: Schatzki, Theodore R./Karin Knorr Cetina/Eike von Savigny (Hrsg.), The practice turn in contemporary theory. London: Routledge, 74–92.

Tedlock, Dennis (1993), Fragen zur dialogischen Anthropologie, in: Berg, Eberhard/ Martin Fuchs (Hrsg.), Kultur, soziale Praxis, Text. Die Krise der ethnographischen Repräsentation. Frankfurt a. M.: Suhrkamp, 269–287.

Thomas, William I. (1923), The unadjusted girl. With cases and standpoint for behavior analysis. Boston: Little, Brown & Company.

Thomas, William I./Florian Znaniecki (1918–1920), The Polish Peasant in Europe and America. Chicago: University of Chicago Press.

Thornton, Robert J. (1993), Die Rhetorik des ethnographischen Holismus, in: Berg, Eberhard/Martin Fuchs (Hrsg.), Kultur, soziale Praxis, Text. Die Krise der ethnographischen Repräsentation. Frankfurt a. M.: Suhrkamp, 240–268.

Tilly, Christopher (2001), Ethnography and material culture, in: Atkinson, Paul/ Amanda Coffey/Sara Delamont/John Lofland/Lyn Lofland (Hrsg.), Handbook of ethnography. London et al.: Sage, 258–272.

Weber, Max (1988, zuerst 1917), Der Sinn der «Wertfreiheit» der soziologischen und ökonomischen Wissenschaften, in: ders., Gesammelte Aufsätze zur Wissenschaftslehre. Tübingen: Mohr, 489–450.

Wellin, Christopher/Gary A. Fine (2001), Ethnography at work: Career socialization, settings and problems, in: Atkinson, Paul/Amanda Coffey/Sara Delamont/John Lofland/Lyn Lofland (Hrsg.), Handbook of ethnography. London: Sage, 323–338.

Whyte, William Foote (1967, zuerst 1943), Street corner society. The social structure of an Italian slum. Chicago: University of Chicago Press.

Wirth, Louis (1928), The ghetto. Chicago: University of Chicago Press.

Wittgenstein, Ludwig (1984, zuerst 1953), Philosophische Untersuchungen, in: ders., Tractatus logico-philosophicus. Tagebücher 1914–1916. Philosophische Untersuchungen. Frankfurt a. M.: Suhrkamp, 225–580.

Wittgenstein, Ludwig (1992, zuerst 1967), Zettel, in: ders., Bemerkungen über die Farben. Über Gewißheit. Zettel. Vermischte Bemerkungen. Frankfurt a. M.: Suhrkamp, 259–443.

Wolff, Stephan (1987), Rapport und Report. Über einige Probleme bei der Erstellung plausibler ethnographischer Texte, in: Ohe, Werner von der (Hrsg.), Kulturanthropologie. Berlin: Duncker & Humblot, 333–363.

Woolgar, Steve (Hrsg.) (1988), Knowledge and reflexivity. New frontiers in the sociology of knowledge. London: Sage.

Zimmerman, Don H./Melvin Pollner (1979), Die Alltagswelt als Phänomen, in: Weingarten, Elmar/Fritz Sack/Jim Schenkein (Hrsg.), Ethnomethodologie. Beiträge zu einer Soziologie des Alltagshandelns. Frankfurt a. M.: Suhrkamp, 64–104.

Götz Bachmann und Andreas Wittel

2.4 Medienethnographie

Eine kleine informelle Anfrage bei einigen Freunden und Kollegen[1] nach deren Wissen über Medienethnographien provozierte oftmals zwei Gegenfragen. Die erste: «Was genau meint ihr denn mit Medien?» Die zweite: «Was genau meint ihr mit Ethnographie?» Damit sind wir im Kern eines konzeptionellen Problems: Kombiniert man die beiden Begriffe, entsteht eine sozialwissenschaftliche Methode, die ungleich etwa der Organisationsethnographie keine unmittelbar evidenten Grenzen aufweist. Mehr noch: Sowohl «Medien-» als auch «-ethnographie» werden in der Kombination zu problematischen Begriffen. Unter Medienethnographie verstehen wir die Ethnographie über Menschen, die Medien nutzen, konsumieren, distribuieren oder produzieren. Diese erste Definition ist aus gutem Grund weit angelegt: Sie soll nicht die Funktion einer methodenpolizeilichen Grenzziehung des Feldes einnehmen, die dann Auskunft über Ein- oder Ausschluss bestimmter Arbeiten gibt. Vielmehr dient sie als Basislager, von dem aus die Vielfalt der Arbeiten zum Thema erkundet wird.

Als konzeptionelle Handreichung nimmt dieser Beitrag die Frage nach der Ethnographie (und nicht die Frage nach den Medien) zum Ausgangspunkt und strukturierenden Kriterium. Abschnitt 1 gibt Auskunft über den historischen Hintergrund ethnographischer Forschung. Abschnitt 2 arbeitet die Spezifik der Medienethnographie heraus. Kurz umrissen wird hier der Begriff der ‹Medien›, um dann drei Stränge ethnographischer Zugänge vorzustellen. Abschnitt 3 gibt einen Überblick zum Forschungsfeld, der sich zumeist auf den deutschen und angelsächsischen Sprachraum bezieht. Im Vordergrund stehen weniger die Forschungsergebnisse als vielmehr der methodische Zugang zum Feld. Im Abschnitt 4 diskutieren wir einige Vor- und Nachteile der Methode und stellen die wichtigsten Ergebnisse ethnographischer Medienforschung vor. Der Ausblick endet mit einigen prognostischen Überlegungen.

Lewis Henry Morgan, Franz Boas und William Halse Rivers Rivers begannen in den letzten Jahrzehnten des 19. Jahrhunderts mit systematischer und stationärer Feldforschung in fremden Gesellschaften, und Bronislaw Malinowski gab dieser Praxis in der Einleitung zu den «Argonauts of the Western Pacific» (1922) ihr Programm: Ethnographie hat das Ziel, ein holistisches und verstehendes Gesamtbild einer Kultur zu entwerfen. Zu diesem Zweck wird eine große Methodenvielfalt eingesetzt, die von der teilnehmenden Beobachtung bis zur Erhebung statistischer Daten oder der Analyse von schriftlichen bzw. oral tradierten Quellen reicht. Ethnographie wurde damit die Königsmethode der sich als Disziplin formierenden kolonialen Ethnologie (bzw. der britischen Sozial- und der US-amerikanischen Kulturanthropologie). Ein besonders wichtiger Meilenstein der Weiterentwicklung der Methode in diesem Kontext ist Max Gluckmans «Analysis of a social situation in Zululand» (1958): Das Ziel eines holistischen und verstehenden Zugangs wird hier nicht mehr über die Herstellung eines strukturfunktionalistischen Gesamtbilds einer Kultur angestrebt, sondern über eine politisch, kulturell und ökonomisch kontextualisierte Beschreibung einer (kolonialen) Situation, die aus bewusst offen gelegter Perspektive und in all ihrer Widersprüchlichkeit erkundet wird.

Zu diesem Zeitpunkt haben sich jenseits der Ethnologie auch an anderer Stelle bereits verwandte Traditionen entwickelt. Das Erwandern des provinziellen Hinterlands in der eigenen Gesellschaft wurde von Wilhelm Heinrich Riehl in seinem «Wanderbuch» (1869) zur wissenschaftlichen Methode geadelt. Fast ein halbes Jahrhundert später lebt Mathilde Hain zu Forschungszwecken ein Jahr in einem hessischen «Trachtendorf» (1936) und teilt das Alltagsleben der Dorfbewohner. Paul Lazarsfeld, Marie Jahoda und Hans Zeisel halten es Anfang der 1930er Jahre zwar weit weniger lang in dem von ihnen erforschten österreichischen Industriedorf aus. Dafür legen sie mit ihrer Studie zu den «Arbeitslosen von Marienthal» (1975, zuerst 1933) eine Gemeindestudie vor, die sich thematisch direkt mit den Konsequenzen der industriellen Moderne auseinander setzt und bis heute als ein Musterbeispiel dafür gilt, wie sich quantitative und qualitative Ansätze im Rahmen einer Ethnographie auf kreative Weise integrieren lassen.

Die dritte und für die Medienethnographie vielleicht wichtigste ethnographische Tradition formt sich aus der journalistischen und literarischen Erkundung der Fremde in der Großstadt. In den Jahren nach 1904 gibt der Autodidakt Hans Ostwald in der populären Reihe «Großstadt-Dokumente» insgesamt 51 Bände heraus: Viele dieser Bücher sind Sozialreportagen, Reiseführer durch den Großstadtdschungel und sozialpolitische Traktate zugleich: «Georg Bernhard ventures on a tour through the executive floors of a major bank; Albert Südekum visits a proletarian family in a one-room flat of a rear building; Arno Arndt mingles with the crowds at the horse racing track at *Hoppegarten*; Felix Salten deciphers the ceremonial etiquette at the Viennese Royal Ball; Max Winter spends the night with homeless people in the sewers below Vienna» (Jazbinsek et al. 2001, 4, sowie 1996). Der berühmteste Band (Band 3) ist Magnus Hirschfelds «Berlins drittes Geschlecht» (1991, zuerst 1904), ein facettenreiches Bild der schwulen Subkultur in den Bars, Badeanstalten und Parks im Berlin der Jahrhundertwende.

Während diese empirischen Arbeiten in Deutschland kaum akademischen Widerhall finden, werden zur gleichen Zeit in den USA solche Formen der Proto-Großstadtethnographie an den Universitäten sorgfältig gelesen und in die Chicago School of Sociology transformiert (dazu Lindner 1990): Wanderarbeiter, Arbeitslose, Gangs oder Spieler werden nun unter dem Banner der Soziologie erforscht. Paul G. Cresseys «Taxi Dance Hall» (1932) beispielsweise untersucht ein Etablissement, in dem Männer auf der Geschäftsbasis von «a dime a dance» Tänzerinnen mieten. Beobachtung, Interviews und statistische Daten verschmelzen hier zu einer umfassenden Darstellung eines Fragments der großstädtischen Lebenswelt.

Spätestens mit William F. Whytes «Street Corner Society» (1996) findet die Großstadtethnographie eine Form, die bis heute Gültigkeit besitzt. Whyte lebte dreieinhalb Jahre in einem Elendsviertel im Bostoner North End. In seiner Ethnographie konzentrierte er sich auf drei sehr unterschiedliche Gruppen: eine Gang von arbeitslosen oder unregelmäßig beschäftigten «corner boys», eine zweite Gruppe von eher aufstiegsorientierten «college boys» und schließlich die «racketeers», Gangster und Politiker, die sich ein mafioses Netzwerk aufgebaut haben und den Bezirk in ökonomischer Hinsicht weitestgehend kontrollieren. Whytes komplexes Porträt des Viertels ist holistisch und setzt dennoch bewusst auf einzelne Fallstudien. Sein verstehender Zugang basiert auf einem Prinzip, das heutzutage oft als dialogische Ethnographie bezeichnet wird: «Während ich schrieb», so Whyte (1996, 342), «zeigte ich Doc immer die verschiedenen Partien und ging sie im Detail mit ihm durch. Seine Kritik war für meine Überarbeitung von unschätzbarem Wert.» Auf diese Weise zeichnete er ein prozessuales, ja hochgradig dynamisches Bild des Viertels: «Ich drehte einen Film, anstatt ein Photo zu machen» (Whyte 1996, 324).

2. Von der Methode zur Medienmethode

Ethnographie ist durch drei Merkmale gekennzeichnet. Erstens sucht sie einen primär verstehenden Zugang. Zweites geht mit Ethnographie ein gewisser, wenn auch inzwischen stark gebrochener Holismus einher: Er ist thematisch fokussiert, blendet Widersprüche, Konflikte und Prozesse nicht aus und konzentriert sich oft nicht mehr auf ganze Kulturen, Ethnien oder Gemeinschaften, sondern eher auf die kontextualisierte «Teilhabe an der Introspektion sozialer Situationen» (Hirschauer/Amann 1997, 24). Drittens schließlich sind Ethnographien durch einen Methodenmix gekennzeichnet, der zumindest zwei Methoden immer mit einschließen muss: die teilnehmende Beobachtung (deren Teilnahmegrad allerdings stark variieren kann) sowie Gespräche mit den Erforschten – seien dies Expertengespräche, Informantengespräche, informelle Gespräche oder mehr oder weniger standardisierte Interviews (vgl. hierzu auch den Beitrag von Kalthoff in diesem Band).

Götz Bachmann und Andreas Wittel

2.1 Was macht eine Ethnographie zur Medienethnographie?

Medienethnographien, so unser anfangs aufgeschlagenes Basislager, sind Ethnographien über Menschen, die Medien nutzen, konsumieren, distribuieren oder produzieren. Im Vordergrund stehen dabei nicht unbedingt die Medien selbst. Mindestens ebenso relevant ist deren Integration in Alltäglichkeit und deren Einbettung in soziokulturelle Welten. Medienethnographien beruhen daher auf dem prekären Gleichgewicht des Zusammenspiels von Medium und Kontext. Auf der einen Seite analysieren sie Medien im Kontext sozialer Situationen. Auf der anderen Seite konzentrieren sie sich bei der Inspektion von sozialen Situationen auf das mediale Moment. Soziale Situationen in postindustriellen Gesellschaften sind medial vermittelt oder nicht, ko-präsent oder tele-präsent, face-to-face oder long-distant, und oft gehen soziale Situationen abrupt von einem Modus in den anderen über. Würden damit alle ethnographischen Erkundungen, die Mediennutzung thematisieren, zu Medienethnographien? Dann verlöre der Begriff seinen Sinn. Wir privilegieren im Folgenden solche Arbeiten, die Mediennutzungen ins Zentrum des Interesses stellen und das mediale Moment bei der Inspektion von sozialen Situationen aufmerksam studieren und dezidiert zum Thema machen.

2.2 Was sind Medien in der Medienethnographie?

Folgt man dem Common Sense, dann sind Medien zunächst einmal Massenmedien – darunter fallen zum Beispiel Fernsehen, Radio, Zeitungen, Bücher, reproduzierbare Bilder, Tonträger sowie Kino- und Videofilme. Informationen, Inhalte und Bedeutungen werden hier von einem Sender im Zentrum an viele Empfänger in der Peripherie gesendet. Der Weg verläuft weitgehend einseitig. Kommunikationsmedien hingegen ermöglichen reziproke ‹Two-Way-Kommunikation› zwischen zwei oder mehreren Akteuren in einer nicht ko-präsenten sozialen Situation – so der Brief, das Telefon, das Telegramm, das Fax, die E-Mail und die SMS. Neue Medien (also Informations- und Kommunikationstechnologien) wiederum überkommen die für die ‹alten› Medien relevante Unterscheidung zwischen Massen- und Kommunikationsmedien. Sie verschmelzen die bislang unterschiedlichen Bereiche Information (oder Unterhaltung) und Kommunikation sowohl in der medialen Form als auch in den Industrien, die für die Produktion der medialen Formen zuständig sind. So beinhaltet beispielsweise ein Mobiltelefon nicht nur eine neue Version des Kabeltelefons, sondern auch des Briefs, der Uhr, des Weckers, des Taschenrechners, der Fotokamera, der Videokamera, des Internets, des Fernsehens, der Spielekonsole, des Kalenders und des Walkmans.

Aber ist das Mobiltelefon, benutzt als Uhr oder Taschenrechner, dann noch ein Medium? Und wie steht es mit der Unzahl von Bereichen, die alle aus dem einen oder anderen guten Grund auch als Medien analysiert werden können? Speichermedien wie der Computer oder das Tagebuch; Kommunikationsformen wie Gesprächsgattungen oder die Sprache selbst; Rituale wie der Karneval oder der Gottesdienst; Kunstformen wie die Performance oder das Theater; wissenschaftliche Hilfsmittel wie das Mikroskop oder das Labor; bedeutungsvolle Alltagsutensilien wie Kleidung oder Möbel; abstrakte Systeme wie das Geld oder der Aktienmarkt – die Liste ließe sich lange weiterführen. Ohne bestreiten zu wollen, dass auch hier medienethnographische Ansätze interessante Ergebnisse zeitigen können, erschließen wir uns im Folgenden das Feld nicht von seinen Grenzen her, sondern eher von innen heraus. Entsprechend interessieren wir uns vor allem für Medien, von denen auch der Common Sense sagt, dass sie Medien sind, also Massenmedien, Kommunikationsmedien und neue Medien.

2.3 Wo setzt Medienethnographie an?

Medienethnographie kann sowohl an der Nutzung als auch an der Produktion ansetzen. Im einen Fall ist der räumliche und soziale Ansatzpunkt der Ethnographie oft ein privater Ort, wie das familiäre Wohnzimmer, oder ein öffentlicher Ort, wie die Diskothek. Die Ethnographie der Medienproduktion hingegen findet ihren Ort fast immer in Organisationen: Redaktionen, Produktionsstudios oder Medienlaboren. Nicht jede

Götz Bachmann und Andreas Wittel

Ethnographie einer Medienorganisation ist allerdings auch eine Medienethnographie. Letzteres ist in unserem Verständnis nur dann der Fall, wenn die Erforschung der Medienorganisation dazu dient, das Medium besser zu verstehen. Die Untersuchung der Unternehmenskultur einer Medienorganisation allein wäre also noch nicht unbedingt ein medienethnographisches Thema.

Medienethnographien konzentrieren sich dabei vorwiegend auf die kommunizierten Inhalte und weniger auf die technischen Träger. Oft wird ein Ausschnitt mittlerer Reichweite gewählt: zum Beispiel ein bestimmtes Genre oder eine Serie. Daneben finden sich vereinzelt Ethnographien, die nicht nur den Inhalt oder die Software, sondern auch die Hardware, also den materiellen Träger des Medieninhalts und dessen Technologie zum Thema machen (nicht die Fernsehserie, sondern den Videorecorder). Die ethnographische Erforschung der Nutzung der Hardware macht vor allem dann Sinn, wenn Medientechnologien neu sind und neue Umgangsformen mit Technik erzeugen. Sie wird also insbesondere in der Ethnographie neuer Medien relevant.

2.4 Wie viel Ethnographie braucht die Medienethnographie?

Die bekannteste Tradition der Medienethnographie sind die «New Audience Studies» der späten 1970er und 80er Jahre. In dieser Zeit begann in den britischen Cultural Studies eine Reihe von Wissenschaftlern, die Vielfalt der medialen Rezeptionsweisen und -situationen zu erkunden (siehe den Beitrag von Winter in diesem Band). Sie erforschten Medienrezeption in ihrem sozialen Kontext und deuteten, als inhaltliche Folge dieser methodologischen Innovation, die vormals eher als passiv konstruierten Zuschauer in aktive Sinnproduzenten um. Methodisch setzten die Klassiker dieser Tradition auf Gruppendiskussionen oder Interviews – etwa David Morleys Studien zur Schichtspezifik des Fernsehkonsums (1980) und zum familiären Fernsehkonsum (1986), Janice Radways Arbeiten zu den Leserinnen von Liebesromanen (1984), Ann Grays Untersuchung des Umgangs von Frauen mit Videorecordern (1992) sowie Ien

Angs Untersuchung von Dallas-Fans (1985), die sich gar auf die Analyse von Briefen beschränkt. Entsprechend hüteten sich die Autoren und Autorinnen dieser Studien, ihre Methode als Ethnographie zu bezeichnen. Dennoch wird bis heute die ethnographische Methode im Kontext der Medienforschung oft eng mit dieser Tradition verbunden – Ethnographie steht dann auf diffuse Weise für alle qualitativen und verstehenden Zugänge (zuletzt Moores 1996, 30).

Für einen methodischen Aufsatz ist solch eine extrem weit gefasste Verwendung des Ethnographiebegriffs natürlich problematisch. Ellen Seiter, selbst eine Protagonistin des US-amerikanischen Zweigs dieser Tradition (Seiter et al. 1989), bringt die Situation so auf den Punkt: «Very few media audience studies, even those using ethnographic or qualitative methods, have measured up to the normative standards of ethnography proper» (1999, 10). Stefan Beck (2000, 10) spricht gar von einem «ethnographic refusal» der ethnographisch arbeitenden Disziplinen gegenüber der Erforschung von medialen Kommunikationspraktiken. Auf der anderen Seite macht es wenig Sinn, einen großen Teil der Arbeiten der Medienforschung, die sich selbst als ethnographisch verstehen, aus methodenhygienischen Gründen auszuschließen. Wie im Folgenden noch genauer zu zeigen sein wird, wurden viele der methodischen Kompromisse im Bereich der Medienethnographie aus guten Gründen eingegangen, und mit Hirschauer und Amann (1997, 19) stimmen wir überein, dass bei Ethnographie «der Methodenzwang primär vom Gegenstand, und nicht von der Disziplin ausgehen muss». Um diese diffuse Situation für einen methodischen Aufsatz handhabbar zu machen, haben wir das Feld der Arbeiten in der Medienforschung, die sich selbst als ethnographisch bezeichnen, in drei methodische Stränge unterteilt:

Den ersten methodischen Strang der Medienethnographie bezeichnen wir mit Seiter als *Ethnography Proper*. Die Wissenschaftler sind hier über einen längeren Zeitraum in entweder einem oder einigen wenigen Feldern präsent, die in geographischer oder sozialer Hinsicht zumeist relativ klar umrissen sind. Oft sind diese Zeiträume über mehrere Jahre verteilt, sodass sich eine zusätzliche Langzeitperspektive ergeben kann. In manchen Fällen, insbesondere dann, wenn das Feld sich in einer nicht-westlichen Gesellschaft befindet, kann die Forschung über einen geschlossenen Zeitraum von Jahren andauern. Teilnehmende Beobachtung steht fast immer im Zentrum; Gespräche, Interviews sowie oft auch Dokumentenanalysen und die Heranziehung von statistischem Material ergänzen dieses Vorgehen.

Den zweiten Strang bilden *akkumulierte ethnographische Miniaturen.* Die Fokussierung auf einen Ort wird hier genauso aufgegeben wie das Ethos einer langen Anwesenheit im Feld. An dessen Stelle treten viele Kurzaufenthalte, die im Extremfall nur ein bis zwei Stunden andauern können. Mehr als pure Interviews werden solche Kurzaufenthalte dann, wenn sie (a) in der Lebenswelt der erforschten Menschen stattfinden, (b) durch Beobachtung zusätzliche Daten über diese Lebenswelt erheben und (c) diese Lebenswelt wiederum Thema des Interviews ist (und diese Daten daher mehr als nur illustrativen Zwecken dienen). So ist beispielsweise der familiäre Kontext der 18 Interviews zum Fernsehkonsum, die David Morley (1986) in Südlondoner Haushalten zuerst mit Paaren und dann mit der ganzen Familie durchführte, nicht nur eine Quelle für dekorative Farbtupfer, sondern Kern seines Themas. Denn die Interviewfragen reagieren auf den Kontext. Morley verstärkt diese Gewichtung des Kontexts, indem er im Buch 16 Familien in jeweils eigenen Porträts vorstellt – auch dies ein eher der Ethnographie zugewiesenes Textualisierungsmittel.

Den dritten und jüngsten Strang bilden *virtuelle Ethnographien.* Der Begriff «virtual ethnography» (Hine 2000) bezieht sich auf eine Form von qualitativer Internetforschung, die entweder bewusst auf die Ko-Präsenz der Ethnographin verzichtet oder dies zumindest in Kauf nimmt. Der virtuelle Raum, in dem sich Forscher und Erforschte begegnen, ist Cyberspace, während der reale bzw. körperliche Raum des Forschers der eigene Schreibtisch ist bzw. jeder beliebige Ort, der Internetzugang gewährt. Das ethnographische Reisen bezieht sich dann auf ein Wandern im Cyberspace bzw. auf das Anklicken verschiedener Websites. Inwieweit solche Formen der Exploration noch mit dem oben entwickelten Verständnis von Ethnographie zu vereinbaren sind, werden wir im nächsten Abschnitt diskutieren.

Natürlich sind die Grenzen zwischen diesen drei Strängen nicht klar zu ziehen, und oft finden sich Mischformen. Ein Beispiel: In Medienethnographien nicht-westlicher Gesellschaften durch westliche Wissenschaftler entsteht oft ein eigentümlicher Zwitter zwischen dem ersten und dem zweiten Strang: James Lulls Ethnographie «China turned on» (1991) beruht zwar nur auf Interviews, doch in der daraus entstandenen Monographie zum Fernsehkonsum im von politischen Umbrüchen gekennzeichneten China der frühen 1990er Jahre nimmt die Erschließung des Kontexts dieser Interviews einen ebenso großen Raum ein wie die Analyse der Interviews selbst. Es handelt sich also um ethnographische Miniaturen mit einer quasi makroethnographischen Rahmung.

3. Sichtung des medienethnographischen Forschungsfelds

Das Augenmerk der meisten Überblicksaufsätze, die die Bedeutung der Ethnographie für die Medienforschung austarieren, liegt auf den inhaltlichen Ergebnissen, die die mit den New Audience Studies verbundenen Studien zur Fernsehrezeption hervorgebracht haben (so Radway 1988; Ang 1989; Lull 1990, 1–27; Moores 1993; Geraghty 1998; Winter 1998; Hepp 1999).[2] In der folgenden Sichtung des Feldes liegt das Augenmerk dagegen auf der Medienethnographie als *Methode* (Orte, Zeiträume, Zugänge). Des Weiteren sichten wir auch Felder jenseits der New Audience Studies. Dabei haben wir nicht den Ehrgeiz, alle relevanten Arbeiten vorzustellen. Ebenso wenig sind die ausgewählten Studien ein ‹Best of› des Feldes. Sie haben vielmehr exemplarischen Charakter, indem sie ethnographische Medienforschung in einer bestimmten Form repräsentieren.

3.1 Die Herstellung von Medienprodukten

Das häufigste Anwendungsfeld der Ethnography Proper in der Medienforschung findet sich in der Erforschung der Produktion von Massenmedien. Ein frühes Beispiel ist die Ethnographie der Filmherstellung, die die

US-amerikanische Ethnologin Hortense Powdermaker zwei Jahre lang in den Filmstudios von Hollywood durchgeführt hat. Sie geht in «Hollywood, the Dream Factory» (1950) davon aus, dass das soziale System der Filmherstellung den Inhalt der Filme prägt. Powdermakers Ansatz wurde von einer Reihe späterer Untersuchungen aufgenommen und weitergeführt. Der Titel von Phillip Schlesingers Ethnographie der BBC-Nachrichtenredaktion, «Putting Reality Together» (1978), bringt diese ideologiekritische Tradition auf den Punkt: Die Herstellung von medialen Produkten wird ethnographiert, um die spezifische Ausformung dieser Produkte besser verständlich zu machen und oftmals auch zu kritisieren. Schlesinger beobachtete zu diesem Zweck über Jahre hinweg in mehreren, jeweils einige Wochen während Intervallen die Herstellung von Radio- und Fernsehnachrichten und führte 120 Interviews mit BBC-Mitarbeitern durch (methodisch und inhaltlich ähnlich auch Gaye Tuchman 1978).

Sowohl Schlesingers als auch Tuchmans Arbeiten sind stark vom ideologiekritischen Projekt der 1960er und 70er Jahre geprägt. Eine zeitgenössische Version dieser Tradition bietet beispielsweise Elisabeth Marianne Lien, die in «Marketing and Modernity» (1997) den Organisationsalltag in der Marketingabteilung eines großen skandinavischen Lebensmittelherstellers über mehrere Monate ethnographiert. Sie zeigt, wie in Werbekampagnen tiefgefrorene Hähnchen, Pizzen und Fertigmahlzeiten mit Image versehen und als zugleich moderne wie auch authentische Produkte konstruiert werden. Ute Süßbrichs (2004) Ethnographie des Media Lab am MIT (Massachusetts Institute of Technology) zeigt auf ähnliche Weise, wie im Netzwerk des Medienlabors Zukunft erfunden wird. Ein letztes Beispiel dieser Tradition: Gary Lee Downey untersucht in seiner Ethnographie «The machine in me» (1998) die Konstruktion von ‹Mensch› und ‹Maschine› im Herstellungsprozess von CAD/CAM-Systemen – Interfaces zwischen Ingenieuren und Designern auf der einen, Maschinen und Robotern in industriellen Produktionsanlagen auf der anderen Seite. Um diese komplizierte Materie ethnographisch zu erfassen, belegt Downey Kurse, nimmt an Meetings von Systementwicklern teil und begleitet sein (technisches) Untersuchungsobjekt auf Messen, organisationsübergreifenden Meetings und industriellen Anwendungsstätten. Im Verlauf dieses Prozesses erwirbt Downey volle Mitgliedschaft in der von ihm untersuchten Subkultur und unterrichtet am Schluss selbst Anfänger in der Anwendung von CAD/CAM-Systemen.

Solche Medienethnographien sind immer auch Organisationsethnographien und Arbeitsethnographien. Hier geht es eben um Medienorganisationen, die Medienprodukte herstellen. Entsprechend sind hier eher organisationsethnographische Herausforderungen zu bestehen – etwa der Feldzugang durch einen der Organisation zugehörigen Gatekeeper oder die Rollenfindung des Feldforschers. Im Zentrum des Interesses steht oftmals die Frage, inwiefern Arbeitsprozesse, Organisationsstrukturen sowie -kulturen die Herstellung von Medienprodukten beeinflussen. Eine methodische Herausforderung liegt also darin, sowohl das Produkt selbst als auch dessen arbeitsorganisatorischen Herstellungsprozess zu verstehen. Dies mag bei der Produktion einer Soap-Opera (z. B. Tulloch 1999) noch relativ einfach sein, bei der Produktion eines komplizierten technischen Systems wie dem der CAD/CAM-Anlagen dagegen ist dies schon schwieriger. Zusätzlich erschwert werden solche Untersuchungen oft dadurch, dass immaterielle Arbeit oft schlecht direkt zu beobachten ist – viele kreative Prozesse finden im Kopf statt. In dieser Situation ist die Anwesenheit bei Meetings besonders wichtig, da hier Ideen präsentiert, diskutiert und oft neu generiert oder weiterentwickelt werden. Teil der Biographie von Medienprodukten (in Anlehnung an Kopytoff 1986) sind die Entscheidungen, die im Verlauf des Produktionsprozesses getroffen werden. Insbesondere die Umwege, Sackgassen oder nicht verwirklichten alternativen Ideen können daher für die Analyse des Medienprodukts eine wichtige Rolle spielen. Auf diese Strategie greifen etwa Andreas Wittel, Celia Lury und Scott Lash (2002) zurück, die in zwei mehrmonatigen Fallstudien in Londoner New-Media-Firmen die Herstellung von interaktiven virtuellen Objekten beobachteten.

Massenmedien schaffen eine Vielzahl von Rezeptionssituationen, die oftmals im privaten bzw. häuslichen Bereich angesiedelt sind. Die Anwendung der Ethnography Proper wird in dieser Situation problematisch. Überträgt man die Methode eins zu eins auf dieses Feld, so lässt sich auf diesem Weg nur eine geringe Anzahl von Fernsehkonsumenten erforschen. Überdies ist der Feldzugang schwierig, weil eine längere Anwesenheit der Ethnographin im privaten Umfeld der Erforschten eine intime soziale Einbindung erfordert. Entsprechend dünn gesät sind in diesem Feld Arbeiten, die legitimerweise der Ethnography Proper zugerechnet werden können. Eine seltene und in methodischer Hinsicht herausragende Ausnahme ist Marie Gillespies Ethnographie des Fernsehkonsums von englischen Teenagern nordindischer Herkunft. Wir werden daher Gillespies Vorgehen etwas ausführlicher darstellen.

Marie Gillespies Ethnography Proper
Gillespie entwickelte in ihrem Beruf als Englischlehrerin ein Interesse an der kulturellen Situation von Migranten der zweiten oder dritten Generation in London. Sie lernte Punjabi, unterrichtete in einer Schule in dem West-Londoner Vorort Southhall und wohnte dort gemeinsam in einem Haus mit einer nordindischen Familie. Zunächst führte sie strukturierte Interviews mit insgesamt 333 Jugendlichen durch. Auf dieser Basis begann sie ihre beruflichen und privaten Kontakte zu nutzen, um ihr Wissen zu vertiefen. Diese Anfangsphase war geprägt durch ein Aufbrechen einfacher Taxonomien. Ihre ursprünglich entlang der Trennlinie zwischen indisch und britisch konstruierte Weltsicht verwandelte sich zusehends in ein komplexeres Bild mit multiplen Identitäten. In der zweiten Phase der Feldforschung verstärkte sich ihre Einbindung. Sie geriet als Vertrauenslehrerin in die aktive Rolle eines zweisprachigen ‹Cultural Brokers›. Gillespies Unterstützung bei Hausaufgaben oder ihre Hilfe im Kontakt mit Behörden erwiderten die indischen Familien mit üppigen Essenseinladungen. Auf diese Weise bekam sie einen Forschungszugang zum Familien- und Fernsehalltag, der sich fast ‹natürlich› entwickelte.

In der dritten Phase der insgesamt zweijährigen Feldforschung konzentrierte sich Gillespie vor allem auf die 16- bis 18-jährigen Teenager. Sie gab an der Schule Kurse im Fach Media Studies und setzte dort stark auf Kleingruppenarbeit. Die Diskussionen, bei denen sie selbst im Übrigen oftmals nicht anwesend war, zeichnete sie auf Tonband auf. Sie nahm an den morgendlichen informellen Unterhaltungen über das Fernsehprogramm des Vorabends teil. Viele dieser Gespräche hat sie ebenfalls aufgezeichnet. Nach der Beendung ihrer Feldforschung wohnte sie weiterhin in Southhall und schrieb somit ihre Doktorarbeit im direkten Umfeld der Erforschten – ein Vorgehen, das ihrer Ansicht nach nicht nur Vorteile hat: Zum einen musste sie der Versuchung widerstehen, noch mehr Datenmaterial zu sammeln, zum anderen ließ sich die notwendige Abkapselung in der Schreibphase nur schwer mit den sozialen Verpflichtungen in ihrem Feld vereinbaren, aus denen sie sich nicht einfach zurückziehen konnte (1995, 58–75).

Gillespie konzentrierte sich also auf ein lokal gebundenes und sozial eng verzahntes Netzwerk von Haushalten, in dem sie selbst als Lehrerin eine immer wichtigere Rolle einnahm. Diese beiden Elemente – ein Netzwerk von Haushalten und eine eigene Rolle in diesem Netzwerk – ermöglichten ihr den Kontaktaufbau und eine enge Einbindung in die Familien. Sie erschloss sich damit aber auch ein weit reichendes Wissen über den lebensweltlichen Kontext der Familien. Auf dem Schulhof und im Klassenzimmer öffneten sich ihr Diskussionszusammenhänge jenseits des Haushalts – einige von ihnen konnte sie durch ihre Position als Lehrerin steuern, andere versuchte sie eher ungestört zu dokumentieren. Letztlich wurden diese an halb-öffentlichen Orten geführten Diskussionen der indischen Teenager über das britische und indische Fernsehen zum Herzstück ihrer Ethnographie. Gillespie zeigt hier zum Beispiel, wie die Jugendlichen im Gespräch über die britische Soap «Neighbours» ihre eigene Lebenswelt und ihre kulturelle Situation als Migranten zweiter Generation verhandeln.

Götz Bachmann und Andreas Wittel

Es ist sicherlich kein Zufall, dass Gillespies Ethnographie ihren Schwerpunkt in der Erforschung halb-öffentlicher Diskussionsforen fand: Die Erforschung dieses Bereichs ist ein besonders vielversprechendes Instrument ethnographischer Medienforschung. Ellen Seiter (1999) ethnographierte beispielsweise über drei Jahre hinweg einmal im Monat eine Eltern-Selbsthilfegruppe, die den Fernsehkonsum ihrer Kinder diskutiert (auch Seiter hatte hier allerdings einen quasi natürlichen Zugang, da sie selbst eine der Mütter in der Gruppe war). Elizabeth Frazier (1987) interessiert sich im Rahmen ihrer Ethnographie von sieben Mädchencliquen für die Rezeption einer britischen Mädchenzeitschrift. Sie gibt den Mädchen fotokopierte Geschichten zum Lesen und stimuliert so Gruppen-Interviews in einem relativ ‹natürlichen› Kontext. Ein letztes Beispiel: Nancy K. Baym (1999) nahm über drei Jahre lang an virtuellen Interaktionen einer kleinen Gemeinschaft von Fans teil, die in einer Internet-Newsgroup namens «rec.arts.tv.soap» über die neuesten Entwicklungen der Soap «All my Children» diskutierten. Bayms Ansatz, der dem (dritten) Strang der virtuellen Ethnographie zuzurechnen ist, bietet eine vielversprechende methodische Annäherung zur Erforschung neuer sozialer Zusammenhänge. Die neuen Medien werden benutzt, um die Inhalte der so genannten alten Medien zu diskutieren.

Im Gegensatz zu solchen halb-öffentlichen Kontexten sind öffentliche Rezeptionssituationen von Massenmedien (Flughäfen, Kaufhäuser) oft durch Anonymität und Fluktuation gekennzeichnet. Hier gibt es in der Regel kein eng gestricktes soziales Netzwerk zu beobachten, sondern eine anonyme Masse oft vereinzelter Individuen. Ethnographische Teilnahme hat hier eine andere Qualität als etwa die Teilnahme in Privathaushalten. So warten etwa Thomas Sauter-Servaes und Stephan Rammler (2002) gemeinsam mit Fluggästen auf den nächsten Flug, um herauszufinden, wie das «Delaytainment» auf den Bildschirmen des Flughafens verbessert werden kann. In seinem engagierten Buch «Freaks talk back» (1998) rehabilitiert Joshua Gamson das eher übel beleumdete Genre der nachmittäglichen Talkshow als eine Bühne für nicht-konforme Lebensformen. Er nutzt zu diesem Zweck neben Interviews mit Produzenten und Gruppendiskussionen mit Fans auch teilnehmende Beobachtungen im Publikumsstudio – ein Ort, der überraschend selten zum Ausgangspunkt ethnographischer Forschung gemacht wird.

Solcherlei Formen der Ethnographie unterscheiden sich auf den ersten Blick kaum noch von dem zweiten Strang der Medienethnographie: den akkumulierten ethnographischen Miniaturen. Der Unterschied besteht allerdings darin, dass sich die oben beschriebenen Arbeiten auf einen Ort konzentrieren, während die akkumulierten Miniaturen viele Orte integrieren, oftmals verbunden mit einem stärkeren systematischen Anspruch. Akkumulierte ethnographische Miniaturen lassen sich auf öffentlich zugänglichen Events (Hepp und Vogelgesang 2003) recht einfach einsetzen – seien dies US-amerikanische Countrykonzerte (Ellison 1995) oder Bierzelte und Volksmusikfestivals (Grabowski 1999). Sarah Thornton (1995) entzauberte die legendäre britische «Club Culture» der frühen 1990er Jahre in Anlehnung an Pierre Bourdieu als Markt, in dem subkulturelles Kapital verhandelt wird. In ihrer Feldforschung hat sie 200 Clubs und 30 Konzerte besucht. Ben Malbon (1999) untersuchte ebenfalls die Rezeption von Discomusik, wählte aber einen anderen Zugang. Über Kleinanzeigen suchte er fremde Partner und verbrachte mit ihnen jeweils eine Nacht in einem Londoner Club. Zu Beginn der Tanznacht wie auch am nächsten Morgen führte er mit allen Partnern Interviews. Mit diesem Vorgehen konnte Malbon die Schwäche der ethnographischen Methode in von starker Fluktuation gekennzeichneten öffentlichen Räumen teilweise auffangen: Er gewann Zugang zu der subjektiven Club-Welt einzelner Akteure und zu deren jeweiligen Netzwerken. Damit war er mehr als ein beobachtender Flaneur, dessen Teilnahme sich in den vergleichsweise eher einsamen Tätigkeiten wie Musik hören, andere Besucher begutachten, tanzen oder Drogenkonsum erschöpft.

PRIVATE MEDIENNUTZUNG

Das weitaus häufigste Anwendungsfeld der akkumulierten ethnographischen Miniaturen ist die Erforschung privater Mediennutzung. Ein methodisch besonders elaboriertes Vorgehen zeichnet die Untersuchungen zum Fernsehkonsum aus, die James Lull in den 1980er Jahren in mehr als 300 Familien in Wisconsin und Kalifornien durchführte. Der

Feldaufenthalt dauerte hier jeweils drei bis sieben Tage. Während dieser Zeit lebten die Forscher mit den Erforschten: Sie aßen zusammen, schliefen im Haus, spielten mit den Kindern, beteiligten sich an der Hausarbeit und sahen gemeinsam mit den Familien fern. Die Feldaufenthalte gliederten sich in drei Phasen. Zunächst wurden «family histories, biographical scetches and descriptions of the physical environment» (Lull 1990, 178) erhoben. Die Forscher machten sich mit der familiären Situation vertraut und integrierten sich so weit wie möglich in das Familienleben. In der zweiten Phase rückte der gemeinsame Fernsehkonsum ins Zentrum des Interesses: «The observer must engage in conversation and enough physical activity to appear and feel normally situated in the place of study, yet he or she must not lead conversation or direct behaviour» (1990, 179). Der Feldaufenthalt endete mit einer dritten Phase: In Einzelinterviews diskutierten die Forscherinnen erste Thesen und Beobachtungen mit den Erforschten. Die vertraute Atmosphäre und das geteilte Vorwissen wirkten sich dabei laut Lull besonders vorteilhaft auf die Qualität der Interviews aus.

Forschungen dieser Art sind sehr aufwendig. In der Auswertung sind Daten aus vielen unterschiedlichen Kontexten zu bewältigen. In einem verwandten Projekt, in dem David Morley, Eric Hirsch, Roger Silverstone und Andrea Dahlberg «The Household Uses of Information and Communication Technologies» ethnographierten, führte ein ähnliches methodisches Vorgehen zu schwer zu bewältigenden Datenbergen. Letztendlich blieb den Wissenschaftlern nichts anderes übrig, als sich in der Auswertung auf einige wenige Fallstudien zu beschränken (Livingstone 1992; Hirsch 1992). Lull selbst ging dazu über, Studenten auszubilden, die er in Familien schickte. Damit konnte ein logistisches Grundproblem der Ethnographie von Medienrezeption – die Ungleichzeitigkeit der Erhebungen – kreativ umgangen werden: Die Gruppe um Lull ethnographierte den Fernsehkonsum von insgesamt 85 südkalifornischen Familien parallel (Lull 1990, 53). Der Vorteil liegt auf der Hand: Die Vergleichbarkeit und damit auch die Handhabbarkeit der Daten wird durch dasselbe Fernsehprogramm erhöht. Zwar sehen nicht alle das Gleiche, aber zumindest haben alle die gleiche Wahl. Allerdings muss für ein solches Vorgehen ein Preis gezahlt werden: Die Einheit von Autor und Feldforscher wird aufgegeben. Noch einen Schritt weiter in diese Richtung ging das von Sean Day-Lewis (1989) herausgegebene Buch «One Day in the Life of Television», das in der Tradition der ‹Mass-Observation›-Schule auf Selbstethnographie setzt: Am gleichen Tag ethnographierten in Großbritannien 18 000 Fernsehzuschauer ihre eigene Fernseherfahrung und 2500 Fernsehproduzenten ihren Arbeitstag. Aus diesem Datenmaterial entstand ein gigantischer Patchwork-Teppich über einen nationalen Durchschnitts-Fernsehtag.

Akkumulierte ethnographische Miniaturen bieten also einen erprobten Weg für die Rezeptionsforschung. Viele der Probleme, die mit der Ethnography Proper in der Rezeptionsforschung einhergehen, sind sehr viel schwächer ausgeprägt, dennoch werden die Grundprinzipien der ethnographischen Methode – Holismus, verstehender Zugang, ein Anteil an teilnehmender Beobachtung – zumindest ansatzweise erhalten. Der Feldzugang ist relativ einfach, weil die Forschungszeit beschränkt bleibt. Schwieriger wird es allerdings, wenn solche Forschungen Repräsentativitätskriterien einbauen. In privaten Situationen ist die Erforschung der Rezeption des gleichen Ereignisses durch unterschiedliche Haushalte aus logistischen Gründen oft problematisch. Ethnographien öffentlicher Rezeptionssituationen haben dagegen oft das Problem der starken Fluktuation und Anonymität. Mit allen ethnographischen Miniaturen geht schließlich ein Textualisierungsproblem einher: Lange Reihungen von Fallbeschreibungen werden schnell monoton, während quer gelagerte Analysen hingegen oft das verlieren, was Medienethnographie besonders auszeichnet – die Einbettung der Medien in den Alltagskontext.

3.3 Kommunikationsmedien

Die Ethnographie von Kommunikationsmedien hat einen anderen Ausgangspunkt als die Ethnographie von Massenmedien: Im Gegensatz zu den Massenmedien fallen Produktion und Rezeption nicht mehr auseinander. Durch diese Verschränkung von Produktion und Rezeption entstehen medial vermittelte soziale Situationen. In der Rezeption entspricht die soziale Situation zumeist dem Kontext der Mediennutzung. Im Fall der Kommunikationsmedien (und auch der neuen Medien) dreht sich dieses Verhältnis in gewisser Weise um: Jetzt ist das Medium eine Art technischer Kontext der sozialen Situation (der Situation der kommunizierenden Partner). Allerdings erschwert die dialogische Grundstruktur vieler Kommunikationsmedien eine ganzheitliche oder uneingeschränkte Teilhabe. Im Fall des Telefons wird diese Problematik besonders deutlich. Eine Teilhabe an der sozialen Situation der beiden Telefonierenden ist kaum möglich, weil die Situation privat und zweisam ist. Man könnte daher sagen, dass die Ethnographie der Nutzung von Kommunikationsmedien meistens genau das verpasst, um was es eigentlich gehen sollte: die medial vermittelte soziale Situation selbst.

Es ist also nicht überraschend, dass es nur relativ wenige Ethnographien zur Nutzung von Kommunikationsmedien gibt. Eine dieser Studien ist Lisa Rakovs (1992) «Gender on the Line». Bekannt als die «Telephone Lady», untersuchte sie in einer amerikanischen Kleinstadt die Rolle des Festnetztelefons im Alltag von 43 Frauen. Rakov wählte akkumulierte Miniaturen in der Rahmung einer Kleinstadtethnographie, um eine weibliche Kultur des Telefonierens zu erforschen, die aus der spezifischen Lebenssituation der kleinstädtischen Hausfrauen entsteht. Eine solche weit gefasste Kultur des Telefonierens ermöglicht durchaus auch die eigene Teilhabe. Friederike Valet (2000) ergriff die Chance, die Folgen eines Telefonausfalls zu dokumentieren, denn an der Abwesenheit des Kommunikationsmediums ließ sich einfacher teilnehmen als an dessen Gebrauch. Sie ethnographierte einen 13-tägigen Zusammenbruch des Telefonsystems in der schwäbischen Industriestadt Reutlingen. Ihre Diagnose: «Die Telefonkrise war ungemein kommunikativ» (2000, 118).

Zum Strang der virtuellen Ethnographie gehört die Erforschung von Datinglines, also von 0190-Nummern, die Telefonkontakt ermöglichen: Dirk Herzer (2000) unterhielt sich über einen längeren Zeitraum mit Teilnehmerinnen von Chatlines. Ziel der Studie ist die Beschreibung der Erwartungen, Wünsche und Hoffnungen der Teilnehmerinnen – eine Inspektion der Herstellung von Intimität und Vertraulichkeit von Gesprächspartnern, die sich am Telefon begegnen. Hier gelingt die ethnographische Untersuchung der medial vermittelten sozialen Situation selbst, freilich um den Preis der Ausdünnung der Datenbasis, die mit der virtuellen Ethnographie oft einhergeht.

Der Gebrauch des Mobiltelefons eignet sich besser zur Erkundung. Seine oftmals öffentliche Nutzung macht es für Ethnographen leichter zugänglich. Ein forschungsstrategisches Problem ist allerdings dessen de-lokalisierte Nutzung. Um es für den ethnographischen Zweck zu re-lokalisieren, wählte ein Forschungsteam der University of Surrey um Nina Wakeford in einer noch laufenden Forschung einen interessanten Ansatz: Sie ethnographierten die Londoner Buslinie 78. Routemaster-Busse fahren diese Strecke von der Victoria Station (einer eher reichen und stark touristisch geprägten Gegend) bis in die relativ armen Vororte im Norden Londons. Raffiniert ist diese Wahl nicht nur deshalb, weil sich damit ein Querschnitt durch Londons unterschiedliche soziale und ethnische Realitäten ergibt, sondern auch, weil der Gebrauch des Mobiltelefons in Bussen und Zügen (nicht aber in U-Bahnen) besonders gut zu beobachten ist: Oft ist die Hälfte aller Reisenden mit ihren Mobiltelefonen beschäftigt – telefonierend, textend, spielend, fotografierend oder in jüngster Zeit auch ‹Videocalls› durchführend bewältigen sie die Fahrt.

Neue Kommunikationsmedien wie das Mobiltelefon bieten für die Medienethnographie zudem die besondere Chance, deren Veränderungspotenziale von sozialen Konstellationen ins Visier zu nehmen. So wird durch das Aufkommen des Mobiltelefons Privatheit in öffentlichen Situationen neu ausgehandelt. Ein Beispiel: Jemand sitzt im Zug und hört per Mobiltelefon, dass sein/e Freund/in mit ihm/ihr Schluss macht; andere hören es auch; alle an der Situation Beteiligten reagieren und agieren in irgendeiner Form. Die Auswirkungen der Verbreitung neuer Kommunikationstechnologien ermöglicht also implizite diachrone Vergleiche. Sie erzeugen auf diese Weise medienethnographisch relevante Forschungsfragen, die über die Teilhabe an der Mediennutzung selbst hinausweisen. Um noch einmal zu obigem Beispiel zurückzukehren: Dass jemand am Mobiltelefon eine Liebesbeziehung beendet, ist aus medienethnographischer Sicht weniger relevant als das neu ausgehandelte Verhältnis von Öffentlichkeit und Privatheit, das durch solcherlei Praxen angestoßen wird und diese zugleich ermöglicht.

Götz Bachmann und Andreas Wittel

Ältere und etablierte schriftliche Kommunikationsmedien, wie die briefliche Korrespondenz, sind ethnographisch eher unergiebig, weil die direkte Teilhabe am Vorgang des Schreibens oder Lesens ebenso selten ein sinnvoller ethnographischer Zugang ist wie das Beobachten dieser Aktivitäten.[3] Neuere schriftliche Kommunikationsmedien wie die E-Mail verändern an diesem Zustand grundsätzlich erst einmal nichts. Da sich aber auch hier Auswirkungen auf einen Kontext beschreiben lassen, bieten sie sich für medienethnographische Forschungen viel besser an als längst etablierte schriftliche Kommunikationsmedien. So beobachtet Christina Gartsen (1994) im Rahmen einer zweijährigen Feldforschung in der transnationalen «Apple World» in Schweden, Frankreich und den USA, wie Neuigkeiten über ein kalifornisches Erdbeben über das damals brandneue Kommunikationsmedium E-Mail privatisiert und verarbeitet werden. Mit dem Aufkommen dieser neuen Kommunikationstechnologie entstehen folglich neue Formen von unternehmensinterner Transnationalität.

Neben dem diachronen Vergleich bietet sich hier auch der Vergleich der Einbettung einer Kommunikationsform in unterschiedlichen Kontexten an: Klaus Schönberger erkundet Nutzungsmuster der E-Mail in Arbeitsbeziehungen (2005) und privaten Kontakten (2003). Er wählt hierfür anstelle eines langen stationären Feldaufenthalts eine kreative Melange verschiedener Methoden. Zusätzlich zu Interviews am Arbeitsplatz und in der Wohnung fragte er seine Informanten nach sehr persönlichen Daten, bat sie etwa um die Erstellung von Freizeittagebüchern, ließ sich die E-Mail-Adressbücher zeigen und gewann einige der Befragten dafür, ihm alle erhaltenen und gesendeten E-Mails weiterzuleiten. Eine letzte und besonders vielversprechende Möglichkeit des medienethnographischen Vergleichs liegt in der Frage nach der Wahl unterschiedlicher Kommunikationskanäle in einem Kontext: Gabriele Bock (2000) führte über mehrere Monate in einem Industrieunternehmen der Hightech-Branche, in dem sie selbst vollzeitbeschäftigt war, eine Feldforschung durch und interessierte sich dabei vor allem dafür, wie innerhalb des Büros verschiedene Kommunikationsmedien genutzt werden und welche Medien die Beschäftigten wählten, um in Kooperation Nähe oder Distanz herzustellen.

Durch den Aufstieg der neuen Medien erhält Medienethnographie ein neues Untersuchungsfeld. Sie können beides sein: ein neues Untersuchungsfeld, aber auch ein neues ethnographisches Werkzeug. Die gewählten ethnographischen Zugänge könnten allerdings unterschiedlicher nicht sein. Hier finden sich alle drei ethnographischen Stränge sowie diverse Mischformen. Die Mehrzahl der Studien basiert auch hier auf akkumulierten Miniaturen. Eine der ersten und bis heute prominentesten Studien zum Umgang mit dem Internet inspiziert die Avantgarde jugendlicher Internetnutzer. Sherry Turkle (1998; die englische Ausgabe erschien 1995), eine klinische Psychologin und Wissenschaftssoziologin am MIT, geht vor allem der Frage nach, inwiefern das Medium Internet zu einer pluralen Identitätskonstruktion der User beiträgt. Sie erforscht hauptsächlich Menschen in MUDs (Multi User Domains; dies sind im weitesten Sinn Websites, die eine spielerische Interaktion der Teilnehmer stimulieren). Ihr theoretischer Ansatz ist eindeutig postmodern; dementsprechend verhält es sich mit den Ergebnissen ihrer Arbeit: Internetnutzer, verkörpert durch die jugendliche Avantgarde, sind Menschen, die plurale Identitäten haben und diese schnell und oft relativ problemlos wechseln können. Diese Menschen, so der Titel des Buchs, «leben im Netz», und RL ‹Real Life› ist nur ein Fenster unter vielen, wie einer der befragten Jugendlichen erklärt. Turkles Forschung basiert vor allem auf zwei methodischen Strategien, nämlich klinischen Datenanalysen und Kurzbeobachtungen von Internet-Usern, in der Regel in ihrem Wohn- oder Schlafzimmer, am Computer sitzend. Die Ethnographie erstreckt sich auf zwei Bereiche, zum einen (offline) auf den Arbeits- und Wohnraum der befragten Jugendlichen, zum anderen (online) auf die Inspektion virtueller Welten und virtueller Kommunikation. Turkles tendenziell technodeterministischer Ansatz ist meist angetrieben von Fragen nach den Veränderungspotenzialen des Internets für die Identitätskonstruktion seiner Nutzer.

Gleichzeitig mit dem Aufkommen der neuen Medien bildet sich in der Ethnographie der Strang der virtuellen Ethnographie (Hine 2000) heraus. Hines Monographie ist in weiten Teilen theoretischer und me-

Götz Bachmann und Andreas Wittel

thodologischer Art, doch an einem Fallbeispiel demonstriert sie ethnographische Forschung im virtuellen Raum. Im Jahre 1997 wurde Louise Woodward, ein 18-jähriges britisches Au-pair-Mädchen, wegen Mordes am acht Monate alten Kind ihrer Au-pair-Familie angeklagt. Der Fall hat in England und den USA beträchtliches Medieninteresse hervorgerufen und unter anderem zu Online-Diskussionen geführt sowie eine Reihe von Websites hervorgebracht. Hine fokussiert ihre Analyse vor allem auf drei Bereiche: zum einen auf eine inhaltliche Analyse der Websites, zweitens interviewte sie per E-Mail die Produzenten der Internetseiten, drittens beobachtete sie über den Zeitraum von einem Monat hinweg die Aktivitäten und Diskussionen zum Fall Woodward in verschiedenen Newsgroups und Chatrooms. Virtuelle Ethnographie stellt besonders radikal traditionelle Konzepte von Feld und Feldforschung in Frage. «If culture and community are not self-evidently located in place, then neither is ethnography» (Hine 2000, 64). Hine geht es also darum, Ethnographie an veränderte Bedingungen anzupassen, und das heißt in gewisser Weise, die Methode zu reformieren.

Ganz unproblematisch ist diese Position allerdings nicht. Die Natur des Problems liegt im Medium Internet, das immer beides ist: Inhalt und Kommunikation, Repräsentation und Konnektivität, ein kulturelles Artefakt und ein Medium zur Interaktion. Die Ethnographiehaltigkeit einer solchen Forschung hängt nun davon ab, ob das Internet vor allem als kulturelles Artefakt oder als Kommunikationsraum analysiert wird. Im letzteren Fall – Internet als Kommunikationsraum – lässt sich relativ plausibel argumentieren, dass etwa die Erforschung von Chatroom-Gesprächen mittels der Methode der teilnehmenden Beobachtung (die Forscherin beobachtet im Netz die gleichzeitig stattfindende Kommunikation oder nimmt sogar an dieser Kommunikation teil) möglich ist. Sieht man das Internet allerdings als kulturelles Artefakt oder als Pool verschiedener Inhalte, dann lässt sich ebenso plausibel argumentieren, dass eine Analyse von Chatroom-Gesprächen im Grunde nichts anderes ist als die Analyse von anderen Medieninhalten (etwa Zeitungsartikel, Kinofilme, Fernsehserien etc.) und dass die methodische Vorgehensweise weniger mit teilnehmender Beobachtung zu tun hat, sondern eher als eine klassische Inhaltsanalyse, Textanalyse oder Diskursanalyse zu verorten ist.

Auf der einen Seite handelt es sich also um die Analyse einer sozialen Interaktion (das klassische Terrain der Ethnographie), auf der anderen Seite ist diese soziale Interaktion ausschließlich textbasiert und insofern in ihrem Komplexitätsgrad erheblich reduziert. Die ethnographisch relevante Frage ist also, ob und bis zu welchen Grad sich Online-Kommunikation beobachten lässt. Die Beobachtung von Online-Kommunikation ist zweifellos an fundamentale Verstehensprobleme gekoppelt. Dies beginnt mit der Tatsache, dass etwa soziale und demographische Kategorien der Teilnehmer in einem Chatroom (Geschlecht, Alter, Wohnort, Nationalität, ethnische Zugehörigkeit etc.) nicht beobachtbar und deshalb auch nicht überprüfbar sind; die Ethnographin muss hier den Angaben der Erforschten vertrauen. Der verstehende Zugang wird aber auch deshalb erschwert, weil die Beobachtung von ausschließlich textbasierter Interaktion relativ kontextarm ist.

Dieses Manko kann allerdings aufgefangen werden, indem die Beobachtung der textbasierten Kommunikation über einen sehr langen Zeitraum erfolgt. Bayms oben dargestellte virtuelle Ethnographie von Soap-Opera-Fans ist ein Beispiel hierfür. Sie hat die Chatroom-Teilnehmer zwar nie face-to-face kennen gelernt, hat aber aufgrund ihrer langen Feldforschung mit vielen der von ihr ethnographierten Personen eine enge und persönliche Beziehung aufgebaut. Eine andere und recht beliebte Möglichkeit, die Probleme der virtuellen Ethnographie aufzufangen, liegt in der Kombination von Off- und Online-Interaktion. Anke Bahl (2002) kennt ihre Online-Gesprächspartner auch aus Offline-Begegnungen: teils, weil sie im Rechenzentrum der Universität mit ihnen zusammen surft, teils, weil sie sie auf Offline-Treffen kennen lernt, die aus der Online-Interaktion entstehen. Eine ähnliche Taktik verfolgt Nina Wakeford (2003) bei der Erforschung weiblicher digitaler Netzwerke. Sie fragt vor allem nach dem Veränderungspotenzial von neuen Medien für die Lebens- und Kommunikationsstile ihrer Untersuchungssubjekte. Dabei verwendet sie empirisches Material aus dem kontinuierlichen Besuch (insgesamt sechs Monate) eines Cyber-Cafés in London – hier handelt es sich also auch um eine klassische Ethnography Proper.

Ethnography Proper kann als eine Art Gegenprogramm zur virtuellen Ethnographie eingesetzt werden. Daniel Miller und Don Slater haben mit dem nicht ganz unbescheidenen Titel «The Internet: an ethnographic approach» (2000) eine viel beachtete Studie zum Gebrauch des Internets in Trinidad vorgelegt. Die Untersuchung ist ihren eigenen Angaben zufolge bewusst konservativ ausgelegt. Es handelt sich um eine klassische ethnologische Studie mit einem längeren Feldaufenthalt in der Fremde. Im Unterschied zu Turkles fünf Jahre vorher veröffentlichter Studie wird Cyberspace bei Miller und Slater entmystifiziert. Das Internet ist hier kein alles revolutionierendes Medium mehr, sondern eines, welches in das Alltagsleben von Menschen eingebettet ist und dieses Alltagsleben zumeist erleichtert. Cyberspace, so die Autoren, ist eben nicht «apart from offline-life» (2000, 7). Besonders interessant an der Studie ist die Relevanz von Geographie und Lokalität, also dem Kontext des Umgangs mit neuen Medien. Die Arbeit informiert weniger über den (generellen) Gebrauch des Internets am Beispiel von Trinidad, sondern vor allem über die spezifische Inselsituation der Bewohner Trinidads, die wiederum besondere Praktiken mit dem Medium erzeugt.

4. POTENZIALE UND PROBLEME DER MEDIENETHNOGRAPHIE

Die große Stärke von Ethnographie liegt in der Kombination der *Beobachtung* von menschlichem Handeln, der eigenen *Erfahrung* der erforschten Praxis, der *Teilhabe* an sozialen Situationen sowie der *Nachfrage* von Bedeutungen, subjektiven Sichtweisen und Hintergründen in Gesprächen, Interviews oder Gruppendiskussionen. In der Medienforschung wirkt sich diese Kombination besonders positiv aus. Allein die Beobachtung wäre in der Erforschung der Mediennutzung eine zu dünne Methode, denn oftmals gibt es hierbei nicht allzu viel zu sehen oder zu hören; allein die Auswertung der eigenen Erfahrung geht kaum über die subjektiven Eindrücke des Flaneurs hinaus, und allein das Interview verfehlt angesichts alltäglicher und nicht immer bewusster Medienpraktiken häufig die entscheidenden Sachverhalte. In der Kombination allerdings wird das Ganze mehr als die Summe seiner Teile: Die Fragen in Interviews werden spezifischer und alltagsnaher, die Antworten tendenziell ehrlicher, konkreter und genauer. Auch die Beobachtungen werden detaillierter, bedeutungsvoller und führen in Bereiche, die ursprünglich übersehen wurden. Die eigenen Erfahrungen gewinnen im Abgleich mit den Medienerfahrungen und -praxen anderer zusätzliche Schärfe, und die Teilhabe im Sinne einer sozialen und kulturellen Integration (oder auch Abstoßung) wird der reflexiven Analyse zugänglich.[4]

4.1 Medienethnographie als flexible Methode

Die Gewichtung der gerade dargestellten vier Elemente der Ethnographie ist flexibel. Dies ermöglicht es der Medienethnographie, je nach Medium und Ansatzpunkt unterschiedliche Zugänge zu entwickeln. Ethnography Proper mit ihrem besonders hohen Anteil an Teilnahme und Beobachtung hat ihre besonderen Stärken in Organisationen, in denen sich sowohl die Produktion von Medieninhalten als auch die Nutzung von Kommunikationsmedien und neuen Medien beobachten lässt, sowie in der Erforschung der Mediennutzung im Rahmen von sozialen Netzwerken und halb-öffentlichen Zusammenhängen wie Cliquen oder lokalen Subkulturen. Auch die Mediennutzung an öffentlichen Orten lässt sich auf diese Weise relativ leicht erschließen, führt aber oft eher zu einer Version von Ethnographie, die durch einen geringeren Anteil an Teilhabe des Feldforschers in festen Sozialzusammenhängen gekennzeichnet ist – hier sind entsprechend die Beobachtung, die eigene Medienerfahrung und die Nachfrage die wichtigsten Elemente des ethnographischen Zugangs.

Private und halb-öffentliche Mediennutzung bietet für die Ethnography Proper aufgrund des aufgesplitterten und intimen Feldes Schwierigkeiten im Bereich des Zugangs. Wenn sie gelingt, sind die Ergebnisse besonders dicht, weil hier das intensive und lang währende Zusammenspiel aller Elemente der Ethnographie ein sorgfältiges Erkunden der Situationen ermöglicht. Einfacher anzuwenden sind im privaten Bereich aber die akkumulierten ethnographischen Miniaturen, die fast immer

Götz Bachmann und Andreas Wittel

das Interview oder die Gruppendiskussion in den Vordergrund rücken – allerdings um den Preis einer tieferen Teilhabe oder einer ‹natürlichen› und alltäglichen Beobachtungssituation, die ja erst dann entsteht, wenn mit der Zeit die Präsenz des Feldforschers weniger spürbar wird. Auf eine gänzlich neue Weise interpretiert die virtuelle Ethnographie die vier Elemente der Beobachtung, der Erfahrung, der Teilhabe und der Nachfrage. Ohne körperliche Anwesenheit verlieren die vier Elemente einen Teil ihrer Stärke, gewinnen aber auch einen Raum neuer Möglichkeiten. Noch sind die meisten virtuellen Ethnographien gleichzeitig auch Ethnographien von Virtualität. Es ist aber vorherzusehen, dass Interaktionen im virtuellen Raum immer komplexer und immer selbstverständlicher werden. Entsprechend kann es in Zukunft wahrscheinlich zu fast jedem beliebigen Thema virtuelle Ethnographien geben. Die neuen Medien sind dann nicht mehr Gegenstand, sondern Mittel der Ethnographie.

4.2 Ansatzpunkte

Nicht alle Formen der Medienproduktion oder Mediennutzung eignen sich gleichermaßen zur ethnographischen Erkundung. Ein einfaches Beispiel zur Verdeutlichung: Die Praxis des Lesens (etwa eines Romans) ist ungleich schwieriger zu erforschen als die des Fernsehens. Im Fall des Lesens lässt sich die Mediennutzung nicht synchron mitvollziehen. Solange man sich nicht hinter die Lesende stellt und ihr über die Schulter schaut, lässt sich diese Praxis nicht teilen. Doch selbst wenn man dies täte, wäre wenig gewonnen. Lesen ist auch in Gesellschaft eine einsame Tätigkeit. Die Teilhabe macht also keinen Sinn, weil der Lesesituation keine Gemeinsamkeit eingeschrieben ist, an der man teilhaben könnte. Nicht so das Fernsehen. Man sieht nicht nebeneinander fern, sondern miteinander. Dazu kommt, dass «cool media» (McLuhan 1964, 22–33) wie das Fernsehen nicht in gleicher Weise die gesamte Aufmerksamkeit des Rezipienten bannen wie «hot media» (zum Beispiel das Buch oder auch das Kino). Fernsehen ist weniger linear als Lesen, es ist eine Tätigkeit, die parallel zu anderen Tätigkeiten ausgeübt werden kann. Dies macht die Situation der Mediennutzung komplexer und damit ertragreicher für die Medienethnographie.

Die Rezeption von massenmedialen Inhalten ist für den Beobachter zunächst eine Black Box. Was die Erforschten wie rezipieren, kann nur durch Reden herausgefunden werden. Ethnographie kann auf eine Vielzahl von Situationen zurückgreifen, in denen die subjektive Dimension der Rezeption auf ‹natürliche› Weise thematisiert wird: zeitgleiche oder zeitnahe Äußerungen wie individuelle und spontane Unmutsbekundungen; kommentierende Gespräche der Erforschten untereinander während des gemeinsamen Medienkonsums (Holly/Püschel/Bergmann 2001); Diskussionen der Rezeptionsgemeinschaft zu späteren Zeitpunkten (die gemeinsame Mahlzeit ist ein besonders fruchtbarer Ansatzpunkt – vgl. Keppler 1994); alltägliche soziale Situationen jenseits der ursprünglichen Rezeptionsgemeinschaft (zum Beispiel auf dem Schulhof oder in der Arbeitspause); schließlich konzentrierte und fachkundige Diskussionen von Medieninhalten in Fankreisen (seien dies Conventions, Chatrooms oder Fanclubs) oder sonstigen spezialisierten Öffentlichkeiten (Selbsthilfegruppen, schulische Arbeitsgruppen).

Solche ‹natürlichen› Situationen nützen Ethnographen oft auch für ihre Nachfragen. Aus praktischen Gründen können dabei Verabredungen zum gemeinsamen Medienkonsum nötig sein. Ethnographen können natürlich auch bewusst Gesprächssituationen inszenieren. Jenseits des Gesprächs gibt es eine Reihe weiterer Methoden, die subjektive Erfahrung erschließen: Medientagebücher der Erforschten; Clusterung beschrifteter Karten mit Medieninhalten oder -figuren; Herstellung und Diskussion assoziativer Collagen; Anfertigung von Mental Maps realer oder virtueller Räume. Experimentellere Formen, die bewusst noch stärker in den Alltag eingreifen, werden bis jetzt selten angewendet. Die Autoren dieses Aufsatzes arbeiten im Augenblick an einem Projekt (2004), in dem sowohl eine neue Form von Reality-TV entwickelt, produziert und ausgestrahlt wird als auch die privaten Konsumptionsmuster durch das Verschenken neuer Technologien verändert werden. Wir erwarten uns hiervon einen ethnographischen Zugriff auf Zukunft, der innovative Alltagspraxen im Entstehen dokumentiert.

　　　　　　　　　　　　　　　Götz Bachmann und Andreas Wittel

Insgesamt gesehen beruhen fast alle Medienethnographien auf der Einbettung der Medien in ihren Kontext. Hermann Bausinger hat bereits 1983 gezeigt, wie wichtig eine solche Kontextualisierung für die Medienforschung ist: Medienpraxen sind vieldeutig und damit erst in ihrer Einbettung in Lebenswelten und Alltagsroutinen verständlich. Medienethnographie untersucht nicht nur die Medienproduktion oder -nutzung im Kontext der sozialen Situation, sondern kontextualisiert auch ebendiese soziale Situation. Insbesondere neue Medien erzeugen eigene Kontexte, die sich ethnographisch untersuchen lassen. Auf der einen Seite erforschen Ethnographien dabei die Auswirkungen von Medien auf ihre Kontexte – wie gezeigt, ist dies insbesondere bei der Einführung von neuen Medientechnologien (Walkman, Mobiltelefon) der Fall. Auf der anderen Seite wird oft die Auswirkung der Kontexte auf das Medium untersucht. Dies ist nicht nur in den Ethnographien der Produktion von Medieninhalten das zentrale Thema, sondern auch ein Subtext der meisten ethnographischen Untersuchungen zur Rezeption von Massenmedien: Erst die Nutzung in spezifischen soziokulturellen Kontexten entscheidet wirklich über die Bedeutung des Texts. Medienethnographie betont daher fast immer diese zweite Seite. Selbst bei der Analyse der Einführung von Medientechnologie und deren Auswirkungen wird letztlich meist der *kreative Umgang* mit Medien (was machen Menschen mit Medien?) privilegiert. In der Welt der Medienethnographie gilt daher: context always wins.

Folglich ist es wenig überraschend, dass genau diese Fokussierung auf Mediennutzung im Kontext des Alltags zu den wichtigsten soziologischen Erkenntnissen der Medienethnographie geführt hat: Wir wissen jetzt, dass Menschen den Medieninhalten und deren suggestiven oder manipulativen Tendenzen nicht hilflos ausgeliefert sind; dass sie keine passiven Konsumenten sind, sondern aktive und mit Macht ausgestattete Rezipienten, die über eine hinreichende Kontrolle der Medien verfügen. Wir wissen ebenfalls, dass Massenmedien nicht einfach zu einer Homogenisierung von Kultur beitragen, sondern neue Differenzierungen ermöglichen. Es wurde hinreichend bestätigt, dass es eine Vielzahl von Rezeptionsmustern und Aneignungsformen gibt und dass es sich lohnt, diese Unterschiede mit Kategorien wie Alter, Geschlecht, Klasse, Bildungsgrad, Ethnizität und Territorialität zu analysieren. Solche Ergebnisse sind wichtig als Antwort auf deterministische Theorien. Wir meinen allerdings, dass diese Erkenntnisse inzwischen hinreichend belegt worden sind. Daher macht David Gauntletts (2000, 3) polemische Formel durchaus Sinn: Audience Studies sind tot. Wir teilen allerdings nicht seine Behauptung, dass Audience Studies keine relevanten Ergebnisse hervorgebracht haben, sondern sind im Gegenteil der Auffassung, dass die «klassische» Rezeptionsforschung mittlerweile alles herausgefunden hat, was herauszufinden war.

Die Frage danach, was Medien mit Menschen tun (und nicht, was Menschen mit Medien tun), liegt jedoch teilweise außerhalb der ethnographischen Expertise. Thesen zu quantitativ erfassbaren Medieneffekten werden sich letztendlich ethnographisch nicht falsifizieren lassen. Dies ist weniger eine Frage der fehlenden Repräsentativität als ein epistemologisches Problem: Viele Medieneffekte entziehen sich einem weichen Zugriff, denn sie werden als Effekte erst in der großen Zahl sichtbar. So kann eine der meistdiskutierten Fragen der Medienforschung – ist Gewalt im Fernsehen schädlich, führt sie zu einem realen Ansteigen von Gewalt in der Gesellschaft? – mit qualitativen Methoden nicht wirklich beantwortet werden. Zwar stößt hier auch die quantitative Forschung bisher an ihre Grenzen. Doch in einigen verwandten Bereichen kommen neuerdings quantitative Untersuchungen zu wohl fundierten Ergebnissen, die zentrale Ergebnisse der Cultural und Media Studies (vor allem die oft proklamierte Autonomie der Rezipienten und deren Fähigkeit, Medien weitgehend positiv zu nutzen) relativieren: so etwa Robert Putnams (2000) kulturpessimistische Studie «Bowling alone», die methodisch überzeugend die Menge des Fernsehkonsums in Korrelation setzt zum Verschwinden von Gemeinschaften und dem Verfall von Solidarbeziehungen. Die im Einzelfall wohl dokumentierten «social uses of television» (Lull 1980) vermögen an diesem vernichtenden Urteil nichts zu ändern. Context doesn't always win.

5. AUSBLICK

Mit dem Aufkommen digitaler Medien hat sich die Medienlandschaft dramatisch verändert. Im Folgenden soll skizziert werden, wo unserer Ansicht nach zukünftige Medienethnographie besonders wirkungsvoll zur Anwendung kommen kann. Im letzten Kapitel haben wir notiert, dass die traditionellen, vor allem von den Cultural Studies (und später den Media Studies) entwickelten New Audience Studies – so wichtig deren Erkenntnisse auch waren – jetzt nur noch bedingt neues kultur- und sozialwissenschaftliches Wissen generieren können. Ebenso unwahrscheinlich ist es, dass von den folgenden und eher postmodern ausgerichteten Traditionen in den Cultural Studies noch neue Impulse für die ethnographische Forschung ausgehen werden, da diese eher zu einer Rückkehr zur Text- und Diskursanalyse geführt haben. Abzuwarten bleibt, ob hier neuere Generationen der Theoriebildung, die oft auf lebensphilosophische Denktraditionen zurückgreifen, bessere theoretische Fundamente für ethnographische Forschungen bieten werden.

Dies bedeutet nicht, dass man sich von ethnographischer Rezeptionsforschung gänzlich abwenden sollte. Es geht vielmehr darum, das Erbe der New Audience Studies aufzunehmen und für neue Forschungsrichtungen produktiv zu machen. Wir sehen vor allem drei fruchtbare Wege für zukünftige Medienethnographie:

Erstens eine Medienethnographie, die sich nicht nur auf den Umgang mit einem spezifischen Medium konzentriert, sondern stattdessen die Nutzung von Medien in all ihrer Pluralität zum Thema macht. Lebenswelten sind Medienwelten vor allem in der Vielfalt von Mediennutzungen. Zu Fragen nach der Funktionalität von Medien und deren Kompatibilität tut sich etwa eine enorme Forschungslücke auf. Welche Formen von medial vermittelter Kommunikation (E-Mail, Text Message, Fax, Brief, Telefon etc.) werden wann und zu welchen Anlässen und Situationen von bestimmten sozialen Gruppen präferiert und warum? Das Gleiche gilt für Informationsmedien: Mit Hilfe welcher Medien informieren wir uns über lokalkulturelle und soziale Angebote, das Wetter, nationale und globale Nachrichten oder die letzten Sportergebnisse?

Welche Wechsel von verschiedenen medialen Interfaces und Platforms gehen damit einher, und inwiefern korrespondiert dies mit spezifischen Inhalten der Kommunikation, Information und der Unterhaltung?

Die zweite Weiterentwicklung der traditionellen New Audience Studies sehen wir in Ethnographien, die sich weniger auf Medienrezeption einlassen als auf die Erforschung von Usern; die also nicht Konsumenten von Medieninhalten untersuchen und diese dann als aktiv präsentieren, sondern von vornherein sich auf besonders aktive bzw. interaktive Formen der Mediennutzung konzentrieren.[5] Dies betrifft natürlich insbesondere die neuen oder digitalen Medien. Das Beispiel interaktives Fernsehen verdeutlicht, dass etwa mit dem Aufkommen von Reality-Soaps wie «Big Brother» nicht nur ein völlig neues Genre (mit ebenso neuen Inhalten, Zeichen und Repräsentationen) entstanden ist, sondern dass dies neue Formen von Interaktivität hervorbringt, über deren soziale, psychologische, politische und kulturelle Potenziale wir bislang nur wenig wissen. Ähnlich wie Science und Technology Studies die Schnittstellen von Menschen und Technologien inspirieren, sollte Medienethnographie die Interaktion von Menschen und Medien über verschiedene Interfaces zum Thema machen.

Drittens und eng verwoben mit dem letzten Punkt plädieren wir für Ethnographien, die nicht mehr systematisch trennen zwischen Medienproduktion einerseits und Mediennutzung andererseits und dann jeweils getrennte Forschungsfelder und -traditionen bedienen. Uns scheint es produktiver, nach Schnittstellen und Überlappungen zu suchen und diese zu analysieren. Die interaktiven neuen Medien zeichnen sich gerade dadurch aus, dass die Trennung zwischen Produktion und Rezeption aufgehoben wird. Wer im Fernsehen «Big Brother» anschaut und dann per E-Mail oder Telefon für den Ausschluss von bestimmten Teilnehmern votiert, ist nicht nur ein Konsument, sondern genauso sehr ein Koproduzent der nächsten Episoden. Dies gilt selbstverständlich auch für Internetnutzungen. Die theoretischen Implikationen der Aufhebung dieser Trennung sind bislang weitgehend unklar. Ethnographie kann hier – in der besten Tradition von William F. Whyte – Verständnis generierend und theoriebildend wirken.

Anmerkungen

1 Für Literaturhinweise und Kommentare zum Thema danken wir den Herausge-
    bern, Anke Bahl, Stefan Beck, Andreas Hepp, John Hutnyk, Michaela Kehrer, Hu
    bert Knoblauch, Celia Lury, David Morley, Liz Moor, Klaus Schönberger, Anja
    Schwanhäußer, Ute Süßbrich, Nina Wakeford und Bernd Jürgen Warneken.

2 Wilson und Peterson (2002) inspizieren vor allem Untersuchungen der neuen Me-
    dien, die aus der US-amerikanischen Cultural Anthropology hervorgegangen sind
    – auch sie konzentrieren sich vorwiegend auf die Ergebnisse. Eine bedenkenswerte
    Kritik der Reduktion von Medienethnographie auf ihre methodischen Aspekte ent-
    wickelt Eric Hirsch (1998).

3 Eine Ausnahme im Grenzbereich der Ethnographie ist Graham Badleys Autoethno-
    graphie seines eigenen Leseverhaltens (2004).

4 So erzeugen die Vorstellungen der Erforschten über die Erwartungen des Forschers
    an sie nicht nur «Störungen», sondern sind auch interessante Datenquellen.

5 Ähnliches schlagen Radway (1988) und DuGay (1996) vor.

Literatur

Ang, Ien (1985), Watching Dallas. Soap opera and the melodramatic imagination. Lon-
    don: Methuen.

Ang, Ien (1989), Wanted: Audiences. On the politics of empirical audience studies, in:
    Seiter, Ellen/Hans Borchers/Gabriele Kreutzner/Eva-Maria Warth (Hrsg.), Remote
    control. Television, audiences and cultural power. London/New York: Routledge,
    96–115.

Badley, Graham (2004), Das Lesen einer wissenschaftlichen Zeitschrift ähnelt dem
    Betreiben von ethnographischen Studien, in: Forum Qualitative Social Research,
    Vol. 5, Nr. 1. http://www.qualitative-research.net/fqs-texte/1-04/1-04badley-e.htm,
    Zugriff 23.09.2004.

Bahl, Anke (2002), Zwischen On- und Offline. Identität und Selbstdarstellung im Inter-
    net. München: KoPäd.

Bausinger, Hermann (1983), Alltag, Technik, Medien, in: Pross, Harry/Claus-Dieter
    Rath (Hrsg.), Rituale der Medienkommunikation. Gänge durch den Medienalltag.
    Berlin: Guttandin & Hoppe, 24–36.

Baym, Nancy K. (1999), Tune in, log on. Soaps, fandom, and on-line community. Thousand Oaks: Sage.

Beck, Stefan (2000), media.practices@culture, in: ders. (Hrsg.), Technogene Nähe. Ethnographische Studien zur Mediennutzung im Alltag. Münster: LIT, 9–17.

Bock, Gabriele (2000), Abgestufte Nähe. Kooperation und Kommunikation im Büroalltag, in: Beck, Stefan (Hrsg.), Technogene Nähe. Münster: LIT, 74–84.

Cressey, Paul G. (1969, zuerst 1932), The taxi-dance hall. A sociological study in commercialized recreation and city life. Chicago: University of Chicago Press.

Day-Lewis, Sean (Hrsg.) (1989), One day in the life of television. London: Grafton.

Downey, Gary Lee (1998), The machine in me. An anthropologist sits among computer engineers. New York: Routledge.

DuGay, Paul (1996), Consumption and identity at work. London: Sage.

Ellison, Curtis W. (1995), Country music culture. From hard times to heaven. Jackson: University of Mississippi Press.

Frazier, Elizabeth (1987), Teenage girls reading Jackie, in: Media, Culture & Society, Vol. 9, 407–425.

Gamson, Joshua (1998), Freaks talk back. Tabloid talk shows and sexual nonconformity. Chicago: University of Chicago Press.

Gartsen, Christina (1994), Apple world. Core and periphery in a transnational organizational culture. Stockholm: Stockholm Studies in Social Anthropology.

Gauntlett, David (Hrsg.) (2000), Web.Studies. Rewiring media studies for the digital age. London: Arnold Publishers.

Geraghty, Christine (1998), Audiences and «ethnography». Questions of practice, in: Geraghty, Christine/David Lusted (Hrsg.), The television studies book. London: Arnold Publishers, 141–157.

Gillespie, Marie (1995), Television, ethnicity and cultural change. London/New York: Routledge.

Gluckman, Max (1958), Analysis of a social situation in modern Zululand. Manchester: Rhodes-Livingston Paper, Nr. 28.

Grabowski, Ralf (1999), «Zünftig, bunt und heiter». Beobachtungen über Fans des volkstümlichen Schlagers. Tübingen: TVV.

Gray, Ann (1992), Video playtime. The gendering of a leisure technology. London: Routledge.

Hain, Mathilde (1936), Das Lebensbild eines oberhessischen Trachtendorfes. Jena: Diederichs.

Hepp, Andreas (1999), Cultural Studies und Medienanalyse. Eine Einführung. Opladen: Westdeutscher Verlag.

Hepp, Andreas/Waldemar Vogelgesang (Hrsg.) (2003), Populäre Events. Medienevents, Spielevents und Spaßevents. Opladen: Westdeutscher Verlag.

Herzer, Dirk (2000), «Und was suchst du auf der Linie?» Intentionen, Erwartungen und Wünsche bei der Nutzung von Datinglines, in: Beck, Stefan (Hrsg.), Techno-

Götz Bachmann und Andreas Wittel

gene Nähe. Ethnographische Studien zur Mediennutzung im Alltag. Münster: LIT, 103–114.

Hine, Christine (2000), Virtual ethnography. London: Sage.

Hirsch, Eric (1992), The long-term and the short-term of domestic consumption. An ethnographic case study, in: Silverstone, Roger/Eric Hirsch (Hrsg.), Consuming technologies. Media and information in domestic spaces. London: Routledge, 208–226.

Hirsch, Eric (1998), Bound and unbound entities. Reflections on the ethnographic perspectives of anthropology vis-à-vis Media and Cultural Studies, in: Hughes-Freeland, Felicia (Hrsg.), Ritual, performance, media. London/New York: Routledge, 208–228.

Hirschauer, Stefan/Klaus Amann (Hrsg.) (1997), Die Befremdung der eigenen Kultur. Zur ethnographischen Herausforderung soziologischer Empirie. Frankfurt a. M.: Suhrkamp.

Hirschfeld, Magnus (1991, zuerst 1904), Berlins drittes Geschlecht. Berlin: Rosa Winkel.

Holly, Werner/Ulrich Püschel/Jörg Bergmann (Hrsg.) (2001), Der sprechende Zuschauer. Wie wir uns Fernsehen kommunikativ aneignen. Opladen: Westdeutscher Verlag.

Jahoda, Marie/Paul F. Lazarsfeld/Hans Zeisel (1975, zuerst 1933), Die Arbeitslosen von Marienthal. Frankfurt a. M.: Suhrkamp.

Jazbinsek, Dietmar/Bernward Joerges/Ralf Thies (2001), The Berlin «Großstadt-Dokumente». A forgotten precursor of the Chicago School of Sociology. Berlin: Schriftenreihe der Forschungsgruppe Metropolenforschung am WZB (FS II 01–50).

Jazbinsek, Dietmar/Ralf Thies (1996), «Großstadt-Dokumente» – Metropolenforschung im Berlin der Jahrhundertwende. Berlin, Schriftenreihe der Forschungsgruppe Metropolenforschung am WZB (FS II 96–501).

Keppler, Angela (1994), Tischgespräche. Über Formen kommunikativer Vergemeinschaftung am Beispiel der Konversation in Familien. Frankfurt a. M.: Suhrkamp.

Kopytoff, Igor (1986), The biography of things. Commoditization as process, in: Appadurai, Arjun (Hrsg.), The social life of things. Commodities in cultural perspective. Cambridge: Cambridge University Press, 64–91.

Lien, Elisabeth Marianne (1997), Marketing and modernity. Oxford/New York: Berg.

Lindner, Rolf (1990), Die Entdeckung der Stadtkultur. Soziologie aus der Erfahrung der Reportage. Frankfurt a. M.: Suhrkamp.

Livingstone, Sonia (1992), The meaning of domestic technologies. A personal construct analysis of familial gender relations, in: Silverstone, Roger/Eric Hirsch (Hrsg.), Consuming technologies. Media and information in domestic spaces. London: Routledge, 113–130.

Lull, James (1980), The social uses of television, in: Human Communication Research, Vol. 6, 197–209.

Lull, James (1990), Inside family viewing. Ethnographic research on television's audiences. London: Routledge.

Lull, James (1991), China turned on. Television, reform, and resistance. London/New York: Routledge.

Malbon, Ben (1999), Clubbing. Dancing, ecstasy and vitality. London: Routledge.

Malinowski, Bronislaw (1922), Argonauts of the western pacific. An account of native enterprise and adventure in the archipelagoes of Melanesian New Guinea. London: Routledge.

McLuhan, Marshall (1964), Understanding media. The extensions of man. London: Routledge.

Miller, Daniel/Don Slater (2000), The internet. An ethnographic approach. Oxford: Berg.

Moores, Shaun (1993), Interpreting audiences. The ethnography of media audiences. London: Sage.

Moores, Shaun (1996), Satellite television and everyday life. Articulating technology. Luton: University of Luton Press.

Morley, David (1980), The «Nationwide» audience. Structure and decoding. London: BFI.

Morley, David (1986), Family television. Cultural power and domestic leisure. London: Routledge.

Powdermaker, Hortense (1950), Hollywood, the dream factory. An anthropologist studies the movie makers. Boston: Little Brown & Co.

Putnam, Robert (2000), Bowling alone. The collapse and revival of American community. New York: Simon & Schuster.

Radway, Janice (1984), Reading the romance. Women, patriarchy and popular literature. Chapel Hill/London: University of North Carolina Press.

Radway, Janice (1988), Reception study. Ethnography and the problems of dispersed audiences and nomadic subjects, in: Cultural Studies, Vol. 2, Nr. 3, 359–377.

Rakov, Lana (1992), Gender on the line. Woman, the telephone and community life. Urbana: University of Illinois Press.

Riehl, Wilhelm H. (1869), Handwerksgeheimnisse des Volksstudiums, in: Wanderbuch – als zweiter Teil zu «Land und Leute». Naturgeschichte des Volkes als Grundlage einer deutschen Social-Politik, Band 4. Stuttgart: J. G. Cotta'scher Verlag, 3–31.

Sauter-Servaes, Thomas/Stephan Rammler (2002), Die Notwendigkeit eines Verspätungsservices und erste Gestaltungsideen von Delaytainment an Flughäfen. Berlin: Schriftenreihe des WZB (FS II 02–112).

Schlesinger, Phillip (1978), Putting «reality» together. BBC news. London: Constable.

Schönberger, Klaus (2003), «... dass jemand mal vorbei schreibt». E-Mail im Alltag – zur Kulturanalyse eines neuen Mediendispositivs, in: Höflich, Joachim/Julian Gebhard (Hrsg.), Vermittlungskulturen im Wandel. Brief – E-Mail – SMS. Frankfurt a. M.: Peter Lang, 111–146.

Schönberger, Klaus (2005), Von der Entgrenzung der Arbeit zur Entgrenzung der Methoden ihrer Erforschung: Forschungsdesigns und Erhebungstechniken, in: Boes,

Götz Bachmann und Andreas Wittel

Andreas/Sabine Pfeiffer (Hrsg.), Informatisierte Arbeit. Informationsarbeit neu verstehen. Methoden zur Erfassung informatisierter Arbeit. München: ISF, 18–44.

Seiter, Ellen (1999), Television and new media audiences. Oxford: Clarendon Press.

Seiter, Ellen/Hans Borchers/Gabriele Kreutzner/Eva-Maria Warth (1989), «Don't treat us like we're stupid and naïve». Towards an ethnography of soap opera viewers, in: dies. (Hrsg.), Remote control. Television, audiences and cultural power. London: Routledge, 223–247.

Süßbrich, Ute (2004), Wie in Medienlaboratorien die Zukunft erfunden wird. Skizzen einer Ethnographie, in: Hirschfelder, Gunther/Birgit Huber (Hrsg.), Die Virtualisierung der Arbeit. Zur Ethnographie neuer Arbeits- und Organisationsformen. Frankfurt/New York: Campus, 405–418.

Thornton, Sarah (1995), Club cultures. Music, media and subcultural capital. Hannover: Wesleyan University Press.

Tuchman, Gaye (1978), Making news. A study in the construction of reality. New York: The Free Press.

Tulloch, John (1999), The implied audience in soap opera production, in: Alasuutari, Pertti (Hrsg.), Rethinking the media audience. The new agenda. London: Sage.

Turkle, Sherry (1998, zuerst 1995), Leben im Netz. Identität in Zeiten des Internet. Reinbek bei Hamburg: Rowohlt (Originaltitel: Life on the screen. Identity in the age of the internet. New York: Simon & Schuster).

Valet, Friederike (2000), Reutlingen, August 1998: Kein Anschluss unter 48 000 Nummern, in: Baumann, Margret/Helmut Gold (Hrsg.), Mensch, Telefon. Aspekte telefonischer Kommunikation. Heidelberg: Braus, 113–120.

Wakeford, Nina (2003), The embedding of local culture in global communication. Independent internet cafes in London, in: New Media and Society, Vol. 5, Nr. 3, 379–399.

Whyte, William Foote (1996, zuerst 1943, 1981 erweitert), Die Street Corner Society. Die Sozialstruktur eines Italienerviertels. Berlin/New York: de Gruyter (Originaltitel: Street Corner Society. The social structure of an Italian slum. Chicago/London: The University of Chicago Press).

Wilson, Samuel M./Leighton C. Peterson (2002), The anthropology of online communities, in: Annual Review of Anthropology, Vol. 31, 449–467.

Winter, Rainer (1998), Andere Menschen – andere (Medien-)Welten. Die Bedeutung der Ethnographie für die Medienforschung, in: medien praktisch, Nr. 3, 14–18.

Wittel, Andreas/Götz Bachmann (2004), Tatsächlich Teilnehmen, in: Hirschfelder, Gunther/Birgit Huber (Hrsg.), Die Virtualisierung der Arbeit. Zur Ethnographie neuer Arbeits- und Organisationsformen. Frankfurt/New York: Campus, 419–444.

Wittel, Andreas/Celia Lury/Scott Lash (2002), Real and virtual connectivity. New media in London, in: Woolgar, Steve (Hrsg.), Virtual society? Technology, cyberbole, reality. Oxford: Oxford University Press, 189–208.

Hans J. Wulff

2.5 FILMANALYSE

1. ANALYSE ALS TÄTIGKEIT UND ÜBERSETZUNG

Gibt es Rezeptbücher für Filmanalyse? Liegt gar ein standardisiertes Drehbuch vor, das dem Analysierenden sagt, was er in welcher Reihenfolge zu tun hat und zu welchem Zweck das geschieht? Dann würden ein Informationsfilm der Post, ein Klamaukfilm über die Amouren von Oberschülern und Antonionis *Professione: Reporter* (1975) über einen Leisten geschlagen, ihnen strukturelle Verwandtschaft unterstellt (was zumindest intuitiv keinen rechten Sinn zu machen scheint). Oder ist Analyse sensibel für das Besondere, wie ein Film seine Botschaft vorträgt, und dabei eingebunden in einen Horizont theoretischer Interessen, vielleicht sogar Teil der theoretischen Modellierung des Gegenstandes?

Im Folgenden geht es um die Praxis der Filmanalyse und die Wechselbeziehungen zwischen Filmanalyse und -theorie. Die Aufmerksamkeit gilt der Bewegung, die zwischen den spezifischen Gegebenheiten eines Werks und der Theorie des Films stattfindet.[1]

1.1 FILME ANALYSIEREN

Filmanalyse als Tätigkeit ist Ausdruck einer Kompetenz und selbst eine Kunst – sich auf das Exemplarische, das Besondere einzulassen, den Strategien nachzuspüren, in denen hier einem Gegenstand des Denkens (nicht unbedingt künstlerischer) Ausdruck verliehen wird. Eine Kunst, in der das Wissen um die signifikative und ästhetische Potenz der filmischen Mittel sich als Sensibilität bemerkbar macht, die es am Beispiel auffindet – wenn es denn auffallend und signifikativ verwendet ist. Analogien zur musikalischen Sensibilität drängen sich auf: Nur wer das Strukturprinzip der Fuge verstanden hat, kann das Fugenhafte am Werk unmittelbar erkennen. Sonst muss er den Umweg über formale Analyse gehen, und auch dann muss er wissen, dass die Melodie der einzelnen Stimme Gegenstand der Analyse ist, sonst verliert er sich in zusammenhanglosen Tönen. Das Werk muss erst als Bezugspunkt vorhanden sein, die Vorstellung dazu, dass es gestaltet und gestalthaft ist. Darin unterscheiden sich Musik- und Filmanalyse nicht. Verstehen kann sich nicht ereignen, ohne auf einen Hintergrund des Wissens zurückzugreifen. Analyse mit einer (durch Wissen vermittelten) Sensibilität für strukturelle Verhältnisse zu verbünden heißt nicht, die Analyse an blinde Einfühlung zu koppeln.[2]

Analysen sind Einzelwerken gewidmet, mehr oder weniger einzigartigen Darstellungen und Anverwandlungen eines Stoffs und Anlass mehr oder weniger einzigartiger Kunstprozesse in der Rezeption. Das Einzelwerk bleibt in der Analyse als Einzeltatsache erkennbar, ist kein Fall in einer nur statistischen Reihe.

1.2 DER RANG DES EXEMPLARISCHEN

Die Frage nach dem Stellenwert der Filmanalyse in der wissenschaftlichen Beschäftigung mit dem Film konzentriert sich auf den Rang des Exemplarischen in der Filmwissenschaft. Man kann ein großes Korpus von Filmen bilden und darin die Normalformen auszumachen versuchen. Man kann ein Gleiches versuchen, indem man die Standardformen aus der Handbuchliteratur eruiert (eine Technik, mit der unter anderem in Bordwell/Staiger/Thompson 1985 gearbeitet wird). Man kann das Sample verkleinern, indem man mit der Technik der «geschichteten Stichprobe» *(stratified sampling)* verfährt. Man kann ein Sample in seinen Prototypen darzustellen versuchen: Alles dies sind Techniken, die nicht das Exemplarische, sondern das Typische auffinden wollen. Kann Filmanalyse nach dem Typischen forschen?

Folgt man Collins, Radner und Collins (1993, 4f.), laufen gerade applikative Analysen – in denen ein vorher formuliertes Postulat am Einzelfilm erprobt wird – Gefahr, die Eigenständigkeit des Beispiels aus den Augen zu verlieren. Sie schreiben in ihrem polemischen Essay:

«Film theory, viewed in reference to its reigning master-narratives, is a history of foundational discourses that grounded film analysis according to axiomatic principles, whether they originated in phenomenology, psychology, linguistics, or dialectical materialism. Structuralist and poststructuralist film theory may have developed new points of inquiry like the issue of pleasure in the meta-psychology of film viewing, or the connections between signifying practice and gender difference, but this work, more often than not, was also dependent upon foundational master-narratives, whether Oedipal scenarios, or the simulated ‹hyperreal›, all of which provided handy ways of totalizing all forms and all dimensions of filmic representation according to a golden paradigm that once again furnished critics with both a mode of analysis and a basis for automatic evaluation.»

Dagegen steht der Versuch, Filmanalyse auf die Frage zu fundieren, wie Film arbeitet, und nicht mehr darauf, den Einzelfilm als Ausdruck eines abstrakten Ensembles von Prinzipien anzusehen. Wenn ein derartiges Interesse an der Analyse von Filmen den Eindruck der Bescheidenheit macht, fahren die Autoren fort (1993, 5), dann liegt das unter anderem daran, dass es sich so deutlich vom universalistischen Anspruch der Filmtheorie der vergangenen Dekaden unterscheidet.

1.3 Verstehen als Übersetzen

Es muss nicht unbedingt ein «master-narrative» sein, das den analytischen Zugang zum Beispiel reguliert, sondern tendenziell alle Annahmen und Vorstellungen einer Filmtheorie können in diese Funktion hineingestellt werden, seien sie formaler oder substanzieller Art. Filmanalyse ist eine hermeneutische Disziplin. Während die Hermeneutik nach Dilthey und Heidegger das Verstehen vor allem als subjektive Aneignung zu bestimmen versucht hat, soll hier auf die klassische Auffassung von Verstehen als Übersetzen zurückgegangen werden, die Roman Jakobson 1959 in einem weit über sein engeres Thema hinausweisenden Artikel über «Linguistische Aspekte der Übersetzung» wiederaufgegriffen hat:

«Verstehen heißt übersetzen, etwas (Strukturiertes) als etwas (Strukturiertes) erfassen. Die Bedeutung einer sprachlichen Äußerung (und genauso könnte man von der filmischen Äußerung handeln; H. J. W.) zu kennen bedeutet, sie mit einer anderen Äußerung wiedergeben können. (…) Zwischensprachliche Übersetzung gründet auf dieser

Hans J. Wulff

kognitiv und sprachlich fundamentalen Fähigkeit zur innersprachlichen Paraphrase und ist eingebettet in die umfassendere Fähigkeit zur intersemiotischen Übersetzung, zur Wiedergabe von Zeichen eines Systems in solche eines andersartigen Systems.» (1992, 481)

In der klassischen Zeichenlehre ist das Zeichen eine Einheit eines wahrnehmbaren Signifikanten und eines Signifikats, das manchmal als *res intelligibilis* aufgefasst wurde, somit als Gegenstand des Verstehens. Jakobsons Vorschlag, Intelligibilität als *Übersetzbarkeit* aufzufassen, gelingt es, eine im Subjektiven sich verlierende Verstehenslehre zurückzustellen auf ein handfestes, objektives, fast experimentell-empirisches Format (darauf macht Holenstein 1975, 54, aufmerksam). Diese Überlegung vorausgeschickt, lässt sich auch der Film als eine *res intelligibilis* ansehen, deren Übersetzbarkeit die Grundlage dafür ist, dass sie im kommunikativen Verkehr zirkulieren kann (zur Begründung dieser These vgl. Wulff 1999, 14ff.). Innerhalb dieser Rahmenvorgabe kann auch Filmanalyse als eine besondere Strategie, eine kontrollierte und explizite Form des «Übersetzens» lokalisiert werden.

Analysen sind Übersetzungen, die dem nachspüren, was das Intelligible an einem Film ist und worin die Bedingungen der Verstehbarkeit liegen. Der sinnlichen Präsenz des Films, seiner anschaulichen Fülle und Konkretheit steht so ein intellektuell-begriffliches Konzept gegenüber: Intelligibel am Film sind diejenigen Strukturen, die sich von der baren Präsenz des Erlebnisses ablösen lassen und die zum Objekt einer Erkenntnis und zum Anlass einer Einsicht in die Prozesse der Bedeutungskonstitution im Film werden können. Karl-Dietmar Möller schrieb zur Bedeutung des Filmbildes, es sei

«keineswegs durch eine möglichst vollständige Beschreibung von allem, was im Bild zu sehen ist, zu beschreiben. Sie ist eher als eine intersemiotische Übertragung eines Teils eines filmischen Diskurses in eine sprachliche Paraphrase zu erfassen. Diese Bedeutungsbeschreibungen in Form sprachlicher Paraphrasen sind keine wissenschaftlichen Bedeutungsbeschreibungen, sondern Beschreibungen von Teilnehmern am Spiel ‹einen Film verstehen›. Die Aufgabe einer Semantik des Films liegt u. a. darin, die Gesetzmäßigkeiten dieser Translation zu beschreiben.» (1984, 50f.)

Wenn man die Kategorie der Übersetzbarkeit als Grundlage der Filmanalyse nimmt, gewinnt man mehreres gleichzeitig:

1. Da ist zunächst die Wendung auf die Prozesse der Rezeption selbst. Filmanalyse ist auch gerichtet auf die Beschreibung der Operationen, die der Zuschauer am Text vollzieht. Das filmische Werk verändert so seinen Status, es wird zu einer Struktur, die Rezeptionsprozesse fundiert, mit Material versorgt und gleichzeitig präfiguriert. Alle Verstehensprozesse sind Übersetzungsprozesse. Verstehensprozesse sind darum natürlich außerdem Zeichenprozesse, sodass sich das Peirce'sche Konzept der «Semiose» recht unmittelbar auf die Modellierung von Textrezeptionen anwenden lässt – das filmische Zeichen wird umgesetzt, übersetzt in Gedankliches, in andere Zeichen. Zwar setzt genau hier die empirische Forschung an, doch lässt sich diese Abteilung der Filmanalyse nicht in empirische Arbeit auflösen, sie bleibt vielmehr bestimmt von einem theoretischen Anliegen. Die Empirie kann nur dazu helfen, Hypothesen schärfer zu fassen und manche Einzelprobleme detailliert zu untersuchen; ersetzen kann sie die Untersuchung der strukturellen Bedingungen und Formen von Rezeption oder Rezipierbarkeit nicht.

2. Da ist ferner die Wendung auf die Prozesse der Produktion, der Encodierung dessen, wovon die Rede sein soll, und auf die Lösung der Probleme, die dabei auftreten. Jede Produktion einer kommunikativen Äußerung geschieht im Vorgriff auf Verstehensprozesse. Das heißt, dass derjenige, der etwas aussagt, immer auf denjenigen vorgreift, der ihn verstehen soll. Der Gesamtakt einer Aussage umfasst darum eine Simulation des Verstehensakts. Dieser Vorgriff auf die Vollendung des Verkehrs der Mitteilung im Verstehen durch den Hörer, Leser oder Zuschauer wohnt allen Entscheidungen inne, die jemand trifft, der etwas aussagt. Alle dabei eingesetzten Mittel sind nicht nur gewählt, um dem Gegenstand angemessenen Ausdruck zu verleihen, sondern dienen auch dazu, die Verstehenstätigkeit zu leiten und die Intelligibilität des Ausgesagten abzusichern.

3. Da ist schließlich die Fundierung der Intelligibilität auf den Modalitäten und Formen der Repräsentation, mit denen der Film auf einen Stoff welcher Art auch immer zugreift und ihn dem kommunikativen

Verkehr zuführt. Film sei eine «Sprache», hieß es früher ebenso plausibel wie irreführend (Sprachen haben eine andere Bauweise als Filme, das hat Möller 1986 eindrücklich dargelegt). Filmische Strukturen sind ein Mittel der Kommunikation im Kino, würde man heute sagen, und es sind Konventionen, die den Aufbau der Bedeutung im filmischen Werk regulieren. Filme gehören einem Stil an, der historisch und regional variiert, der plagiiert, zitiert und ironisiert werden kann; aber sie sind nicht ganz in einen Stil aufzulösen, jeder einzelne Film trägt etwas Besonderes, das ist seinem Thema, seinem Tonfall der Darstellung und der Art, wie er seine Adressaten anspricht, geschuldet. Analyse arbeitet die besonderen Strategien heraus, in denen ein Film sein Publikum steuert und kontrolliert – auf allen Ebenen, auf denen das Material organisiert ist (von der visuellen Mikro- und Ton-Gestaltung über die Figurenanlage und die Darstellung des Environments bis zum Argumentativen, Narrativen und Thematischen).

Der Bogen schließt sich so: Wenn Filmanalyse dazu beitragen kann, Einblicke darin zu gewinnen, wie Film Gegenstände einsehbar macht, sie darstellt und für die Aktivitäten des Verstehens vorbereitet, dann hat sie ihren Ort bezogen und ist ein notwendiges Komplement der Arbeit an einer theoretischen Modellierung des Gegenstandes.

2. Grammatische und interpretierende Analyse

In der Praxis der Filmanalyse spielt die Unterscheidung zwischen *grammatischer* und *interpretierender* (bzw. «kritischer») Analyse eine zentrale Rolle. Sie ist nicht neu (so z. B. bei Möller 1986, 355) und geht letzten Endes zurück auf die hermeneutische Unterscheidung einer *ars intelligendi* und einer *ars explicandi*. Die «grammatische» Analyse interessiert sich für die formale Gestaltetheit des Werks als Bedingung von Bedeutungsproduktion; sie versucht nicht selbst, die Texte zu interpretieren, sondern nimmt die Tatsache, dass textuelle Strukturen Material und Vorgabe für Verstehensprozesse sind, als ihren eigenen Gegenstand und versucht, Bedingungen aufzuklären, die die Verstehbarkeit von Texten fundieren. In ungefähr diesem Sinn bestimmt Bordwell *analysis* als Beschreibung von Relationen zwischen Teilen und Ganzen (1993, 97; ähnlich hatte schon Gadamer hermeneutische Analyse als Bewegung vom Ganzen zu Teilen, von Teilen zum Ganzen und zurück usw. als zirkuläre Ableitungsstruktur beschrieben).

Die Unterscheidung ist wichtig, weil sie darauf aufmerksam macht, dass in manchen Analysen der filmische Text als Ausdrucksfläche von Konstruktionen, Theorien und auch «alltagswissenschaftlichen Annahmen» angesehen wird, die nicht spezifisch auf die filmischen Aussageformen hin konzipiert worden sind, oft sogar von der Tatsache, dass Filme Gegenstände des kommunikativen Verkehrs sind, ganz und gar absehen.

Die besondere Art und Weise, wie filmische Strukturen verschiedene Stoffe für eine Aussage respektive für eine Rezeption adaptieren, und die besondere Art und Weise, wie diese Aussage als kommunikative Tatsache beschaffen ist, bilden in derartigen Umgehensformen mit einem filmischen Text nicht den eigentlichen Gegenstand des Interesses. Dieses ist vielmehr darauf gerichtet, eine «Sinn-Interpretation» vorzustellen, die mehr von dem handelt, wovon die Rede ist, als davon, wie davon die Rede ist. Aufgabe der Analyse ist es, vom Wovon zum Wie fortzuschreiten – in der Annahme, dass der Gegenstand durch die Art der Darstellung erst als begreifbarer Gegenstand hervorgebracht wird. In Hitchcocks *The Thirty-Nine Steps* (1935) erspäht der Held unter seinem Fenster zwei Spione, die dem Mädchen, das bei ihm Unterschlupf gesucht hat, gefolgt sind; sie stehen im Lichtkegel einer Straßenlaterne, und wir sehen sie aus starker Aufsicht und großer Entfernung – das Bild ist eine «subjektive Einstellung», verlagert den Blickpunkt des Bildes ganz auf den Standort des Helden, sodass die Kameraposition der winzigen Montage aus einer Personalisierung der Erzählung heraus motiviert werden kann. In Ralph Thomas' Remake des Films (1959) gibt es eine ähnliche kleine Szene – aber das Bild, das die Spione zeigt, zeigt sie in Nahaufnahme, die Kamera ist auf Augenhöhe der Dargestellten. Keine Personalisierung, keine Subjektivierung – dafür macht sich die Erzählerinstanz kenntlich (weil sie die Instanz des Zeigens ist, die in jedem Moment des Films anwesend ist).

Hans J. Wulff

2.1 Sinnstrukturen

Sinnstrukturen sind einem Film nicht äußerlich und werden ihm nicht in einem willkürlichen Akt unterschoben. Vielmehr sind sie Teil und Implikation der semiotischen Mittel und Gegenstände, die der Film zu einem besonderen Konstrukt, zu einer Modellwelt zusammenfügt. Auch in der intentionalen Begründung des Films spielen Sinnstrukturen eine gewichtige, vielleicht sogar zentrale Rolle, sofern sie der eigentliche Bezugspunkt für die intentionale Hinwendung zu einem Film sind. Gerade die semantischen Strukturen des Films enthalten – über so elementare Dinge wie die Behandlung von Raum und Zeit hinaus – Bedeutungen, die mit dem Film im engeren Sinn gar nichts zu tun haben. Assoziationsstrukturen, wie sie in Ingmar Bergmans *Tystnaden* (*Das Schweigen*, 1963) genutzt werden, um eine modellhafte Auffassung des Sexuellen zu artikulieren, arbeiten mit Symbolen, Metaphern und Exempla (aus der Kulturgeschichte, aus allgemeinem Weltwissen, aus intertextuellen Reihen etc.; vgl. Wulff 1988), die zunächst außerhalb des Films ihren Ort haben. Insofern ist es legitim und notwendig, solche Beschreibungsverfahren in die Filmanalyse zu integrieren, die eigentlich filmunspezifisch sind. Das Problem, wie filmische Strukturen und das jeweilige theoretische Bezugsfeld miteinander integriert werden können, wird damit nicht beseitigt, sondern rückt im Gegenteil ins Zentrum der analytischen Arbeit.

2.2 North by Northwest – ein Beispiel

Auf den ersten Blick scheint evident, was eine Szene zeigt. Wie stark aber schon die Wahrnehmung einer kleinen Szene mit Interpretationsleistungen durchsetzt ist, fällt auf, wenn man Beschreibungen der gleichen Szene nebeneinander hält. Die berühmte Maisfeldszene aus Alfred Hitchcocks *North by Northwest* (1959) dient im Folgenden als Beispiel für das Problem, um das es hier geht. Wenn man sagt:

(1) In this scene, Roger Thornhill is trying to evade the crop-dusting plane,

äußert man sich auf der Ebene von «comprehension». Wenn man dagegen sagt:

(2) In this scene, Roger Thornhill is pursued by a phantom of the father he is seeking,

operiert man auf der Ebene von «interpretation» (beide Beispiele aus Bordwell 1993, 96). Bewegt sich die erste Aussage auf dem Niveau purer Inhaltsbeschreibung, ist die zweite von der Szene selbst referenziell fast abgekoppelt, die konkrete Fülle der filmischen Szene ist in eine Konstellation von symbolischen Rollen aufgelöst worden. Nun könnte man auch sagen und sich dabei auf ein Zwischenniveau zwischen beiden Aussagen stellen:

(3) Roger Thornhill wird von einer Frau verraten und kommt fast zu Tode.

Auch diese Aussage, die eine der narrativ wirksamen Funktionen der Szene benennt, ist im Rahmen eines analytischen Vorgehens, das etwa auf die Subjektivierungsstrategien der Sequenz abhebt, sinnvoll und richtig.[3] Von einem noch anderen Standort aus könnte man die gleiche Szene – wiederum recht nahe an ihrer stofflichen Qualität – so beschreiben:

(4) Roger Thornhill wird dazu gezwungen, sich zu Boden zu werfen und sich zu beschmutzen.

Was auf den ersten Blick eine abstruse und nicht analysewürdige Aussage zu sein scheint, kann im Kontext einer Untersuchung der «Entbürgerlichung» und späteren «Wiederverbürgerlichung» des Helden durchaus Sinn machen. Sie ist zugleich ein Beispiel dafür, dass gewisse Beobachtungen nur dann möglich sind, wenn ein Kontext gegeben ist, in dem sie sinnvoll sein können. Dass einer blond und blauäugig ist, sieht nur der, für den «blond und blauäugig» mit Bedeutungen besetzt sind, sagt Jürgen Henningsen.

(5) «Doch die vielen Gefahren, denen unser Held ausgesetzt ist, lassen ihn zum Mann reifen. Nach der großen Prüfung und Bewährung in der berühmten Szene mit dem Flugzeugangriff in der Prärie ist er kein kleiner Junge mehr.» (Schreckenberg 1994, 51)

Hans J. Wulff

Auch diese Aussage referiert auf die Maisfeldszene, nimmt sie als eine Station in einer Sozialisationsgeschichte. Das letzte Beispiel zeichnet die Rezeptionsbewegung selbst nach, verlässt die Ebene der Inhaltsbeschreibung, öffnet das Szenario für die Prozesse der Spannung:

(6) «Wir warten mit Thornhill auf den Unbekannten, dessen Erscheinen schon von weitem erkennbar sein muß in dieser öden Leere, und wir suchen die einzelnen Einstellungen regelrecht mit den Augen ab, begierig die geringste Veränderung im Raum sofort zu registrieren.» (Reif 1984, 76)

Im Hinblick auf die oben aufgeworfene Frage nach der Vergleichbarkeit von analytischen Aussagen zeigen die Beispiele, dass die «comprehension/interpretation»-Unterscheidung bei der Suche nach einer Antwort wenig hilfreich ist. Sie gehören zusammen, sind beide Teil der analytischen Bewegung zwischen Ganzem und Teilen, zwischen der Essenz der Geschichte und den Belegen, die sich am Material des Films festmachen lassen.

Bordwell spricht sich offenbar dafür aus, Akte der «comprehension» nur innerhalb der diegetischen, also narrativen Einheit der Fiktion (resp. der erzählten Welt) anzusiedeln, eine Beschränkung, die aus forschungsstrategischen Gründen sehr sinnvoll sein kann. Der Bezug auf die Verstehenstätigkeit lässt sich allerdings als empirisches Prüfkriterium wenden – dann wäre danach zu fragen, welche Rolle solche Konzeptualisierungen für die und in der Rezeption spielen. Der Nachweis von sehr nahe am Material angelagerten Strukturen wie solchen der Subjektivierung in Verstehensexperimenten ist jedoch problematisch, und es bedarf raffinierter experimenteller Designs, um die Wirkungsmächtigkeit derartiger Strukturen nachzuweisen.

2.3 ZEITKUNST UND PROTOKOLL

Wie die Musik und das Theater ist der Film eine Zeitkunst – darauf ausgelegt, dass der Rezipient in einen zeitlich abgeschlossenen und gegen die umgebende Alltagszeit abgegrenzten Prozess eintritt, den man «Filmsehen» nennt. Film ist ausgerichtet auf die Zeitlichkeit, in der er sich entfaltet. Viele Elemente des Films strukturieren Zeit, präfigurieren die Prozesse, in denen der Film angeeignet wird. Film ist «auf Wolken geschrieben», wie es einmal zum Theater hieß.

Man kann die Vorführung wiederholen und tritt doch wieder in den Prozess der Rezeption ein. Vorankündigungen und Prophezeiungen, Drohungen und Versprechen spielen in diesem Prozess eine Rolle. Eine alte dramaturgische Regel besagt, dass der Revolver, der am Ende die Rettung der bedrohten Heldin bedeuten wird, schon viel früher in die filmische Welt eingeführt werden muss, beiläufig, weil er erst am Ende zum signifikanten Objekt erhoben wird. Und auch Spannungsdramaturgien basieren darauf, dass die Erwartungen des Zuschauers die Szene zur Gefahr hin eröffnen. Sie bricht nicht ein (das wäre Schock und Überraschung), sondern sie ist angekündigt. James Bond steigt mit einer Blonden aus dem Auto aus; es ist Nacht; wir sehen das Geschehen aus großer Entfernung; das Paar geht in das Haus – und in dem Augenblick fährt die Kamera nach rechts; man sieht, dass – aus einer der Kamera nahen Position – ein Unbekannter das Geschehen beobachtet hat: Und nun weiß der Zuschauer, dass das kommende Liebesspiel auf grausamste Art unterbrochen werden wird, der Mörder ist nahe. Solche Muster spielen mit dem Nicht-Dargestellten, mit dem Induzierten und mit den Konventionen des Spannungskinos.

In vielen Anleitungen zur Filmanalyse spielt das Filmprotokoll eine wichtige Rolle, dient es doch dazu, das flüchtige Geschehen zu fixieren, es resistent gegen das Vergehen der Zeit zu machen. So wichtig das Protokoll in der Erfahrung auch ist, sosehr es zum genauen Hinsehen zwingt: Es bleibt in einem Dilemma gefangen. Denn wenn die Elemente eines Films in Zeit funktionieren und wenn sie dazu ausgelegt sind, Prozesse der Aneignung zu beeinflussen, bleibt genau dieses eine Dimension, die im Protokoll nicht erfasst werden kann. In Powells und Pressburgers Nonnendrama *Black Narcissus* (1947) zeigt der einzige *top shot* des Films (eine Aufnahme über dem Kopf des Akteurs) die intrigante Nonne, die die Mittagsglocke läutet – und man sieht, dass unterhalb des Glockenturms ein bodenloser Abgrund klafft; die Aufnahme kündigt den Tod der jungen Frau am Ende an, ihre Figur ist die einzige, die mit einer weiten Aufnahme in die Tiefe koordiniert ist; alle anderen weiten Aufnahmen

Hans J. Wulff

erfassen die endlose Weite der Hochgebirgslandschaft – als Blicke, die kein Ziel haben; nur das Bild in die Tiefe ist durch den Abgrund begrenzt. Kann ein Protokoll diese verborgene, nur vorbewusst wirksame und sprachlich kaum erfassbare Dynamisierung des Raums darstellen?

Ein Filmprotokoll ist bestenfalls eine Notation, die den Zugriff auf solche Größen der Beschreibung erleichtert, auf die die eigentliche Analyse zielt oder auf der sie fußt. Allerdings ist der Status des Protokolls als Notation in verschiedener Hinsicht ungeklärt:

Wird der Film als «leeres» Material genommen, oder setzt das Protokoll eine Interpretation des Films voraus? Kann man einen Film im Protokoll fixieren, ohne den Horizont des weiteren Sinns erfasst zu haben? Wird in Isabel Coixets Film *Mi Vida sin mí* (2003) die Tatsache, dass der Film keine Ausblicke auf unverbaute, offene Landschaften bietet, überhaupt auffallen, wenn man nicht vorher weiß, dass man dies mit dem Charakter der Heldin, mit dem sozialen Milieu der Akteure in Verbindung bringen kann?

Welche Abhängigkeiten zwischen protokollierten Elementareinheiten und Kontexten, also dem unmittelbaren Kontext («Kotext») des Films und dem historischen Kontext des «filmischen Codes» bestehen, ist ein zweites ungeklärtes Problem des Protokolls. In Stanley Kubricks *Lolita* (1962) tritt die Mutter der Heldin gelegentlich in einem Tigerfell-Badeanzug auf. Ist die aggressive erotische Bedeutung, die derartige Kleidungsstücke zu Beginn der 1960er Jahre hatten und die an zahllosen Beispielen aus der zeitgenössischen Populärkultur demonstrierbar ist, in einem Protokoll zu fixieren? Jim Carrey hat in seine Figur des «Tierdetektivs» Ace Ventura zahllose Bezüge zu Elvis Presley und Slapstick, zu den Verhaltensstilen von Lässigkeit und dem Typus des hyperaktiven Kinds, zu zahlreichen aktuellen Filmen und Filmfiguren wie Tarzan und anderem mehr verwoben – sind diese Bezüge, die doch in der Rezeption der Filme und in dem Vergnügen, das sie auslösen, eine so wichtige Rolle spielen, in einem Protokoll erfassbar?

Filmprotokolle helfen dabei, die Bewegung vom Ganzen zu Teilen und von diesen zum Ganzen zu steuern und zu kontrollieren, weil das Protokoll dazu zwingt, das Material genau zu fixieren. Das ist seine Leistung. Es kann darum Analyse nur stützen, aber sie weder ersetzen noch auslösen. Protokolle sind Hilfsmittel, keine Ergebnisse. Sie sind nützlich, entheben aber nicht der analytischen Reflexion. Das Problem verschärft sich noch, wenn man die höheren Gliederungseinheiten «Sequenzprotokoll, Sequenzgrafik», «Einstellungsprotokoll, Einstellungsgrafik» und «Schnittfrequenzgrafik» (Korte 1990, 28ff.) in den Blick nimmt.

3. Filmanalyse und Filmtheorie

Die Auseinandersetzung mit der lebendigen Fülle des Beispiels und der Konstruktion eines perspektivischen Punkts, der es gestattet, die besonderen oder besonders auffallenden Eigenheiten des Beispiels darzustellen oder gar zu erklären, führt zu einer kaum überschaubaren Produktivität im Feld filmanalytischen Arbeitens. Darum auch ist die Vorstellung einer «Totalanalyse» irreführend: Je nach Offenheit der Fragestellungen können immer wieder neue Strukturen und Eigenschaften am Werk aufgesucht werden. Aumont und Marie haben in ihrem Buch «L'analyse des films» (1988) drei wichtige Prinzipien benannt, die einer Filmanalyse zugrunde liegen sollten und die der Vorstellung der Möglichkeit einer «analyse totale» entgegenstehen:

• Relativität: Es existiert keine universelle Methode, um Filme zu analysieren;

• Begrenztheit: Die Analysetätigkeit ist endlos, weil immer noch weiterführbar;

• Prozessbezogenheit und Historizität: Analyse setzt Kenntnisse der Geschichte voraus, sowohl der des Films wie der bisherigen Diskurse zu den gewählten Beispielen (1988, 29; dargestellt nach Wuss 1993, 19).

Gerade diese Hin- und Herbewegung zwischen der Annäherung an die besonderen Gegebenheiten des einzelnen Films und dem Finden oder Entwerfen eines Fragepunkts macht den Wert der Filmanalyse für die Entwicklung der Filmtheorie aus. Man führt Filmanalysen nicht zum Selbstzweck durch (Wuss 1993, 19), vielmehr sucht man mit ihnen einen Erkenntnisgewinn zur Differenzierung theoretischer Überlegungen zu

　　　　　　　　　　　　　　　　　　　Hans J. Wulff

produzieren oder den Kanon der signifikanten Beispiele, die eine theoretische Annahme exemplifizieren, zu erweitern. Die Tatsache, dass den Analysen sehr verschiedene wissenschaftsinterne Interessen zugrunde liegen können, wird gleich noch genauer behandelt.

Das Wechselspiel zwischen Filmanalyse und -theorie wird von Knut Hickethier und Joachim Paech in ihrem Überblick über die Lage der Filmanalyse etwas formal behandelt und damit letztlich eingeengt auf eine Beziehung der Applikation theoretischer Aussagen über den Film auf das jeweilige Beispiel:

«Die Analyse als methodisch kontrollierte Auseinandersetzung mit dem Film ist, seitdem es ein theoretisches Bemühen um den Film gibt, immer auch betrieben worden. Filmanalyse ist Voraussetzung und auf spezifische Weise selbst auch eine Form von Filmtheorie. Und sie ist schließlich auch ein Ergebnis von Filmtheorie und Filmgeschichte, wenn sie deren allgemeine Aussagen an konkreten Produkten ständig neu überprüft und modifiziert.» (1979, 8)

Wie gesagt, diese Positionierung der Filmanalyse kann den Blickwinkel verengen, doch sie öffnet den Blick insofern, als sie fordert, Filmanalyse nicht als Beschreibung subjektiver Aneignung zu betreiben und auch nicht als Begründung eines ästhetischen Geschmacksurteils, sondern in engem Zusammenhang mit Aussagen, Postulaten und Problemen der Filmtheorie und -geschichte.

3.1 ARTEN DER ANALYSE

Analytische Arbeit kann in mindestens zweierlei Art und Weise systematisch bezogen sein auf Theorie-Arbeit: Ist eine Analyse applikativ, werden theoretische Vorgaben an Texten erprobt und überprüft; ist eine Analyse explorativ, sollen aus der genauen Beschreibung von Einzeltexten oder Gruppen von Einzeltexten Kriterien und Charakteristiken gewonnen werden, die theoriefähig sind, also in einer Theorie interpretiert werden können. Beide Verfahren sind legitim und vernünftig, es kommt auf den Kontext an, in dem eine Analyse steht. Analyse steht Theorie so keinesfalls gegenüber oder gar entgegen, sondern ist Teil der theoretischen Arbeit am Gegenstand. Analyse ohne Theorie oder zumindest eine aus dem Bemühen um Theorie entstehende Fragestellung ist sinnlos, kann bestenfalls introspektiver Bericht über ein Rezeptionserlebnis oder quantifizierte Erhebung über Werks- oder Rezeptionsdaten und Urteile über einen Film sein. Analyse dient aber gemeinhin dazu, theoretische Probleme zu exemplifizieren und zu diskutieren, sie präzise zu formulieren oder sie zu problematisieren (ähnlich Thompson 1995, 26).

Die Unterscheidung zwischen applikativen und explorativen Analysen ist natürlich nicht vollständig, es lassen sich ganze Funktionskataloge zusammenstellen, die das Analysieren noch genauer in den Zusammenhang mit Theorie stellen. Möller führt zum Beispiel die *exhaustive* Analyse als dritten Typus auf, «die einen gegebenen Film nach allen möglichen Aspekten so vollständig wie möglich analysiert» (1988, 109). Ein Sonderfall der applikativen Analyse ist – wiederum nach Möller – die *exemplarische* Analyse, in der die Methode «selbst zum Gegenstand» wird (1988, 110). In derartigen Anwendungen geht es weniger um das Verständnis eines Gegenstandes als vielmehr um das Verständnis der Methode und die Erkundung ihrer Mächtigkeit.

Über die Validität und Art der Daten, die in einer Analyse von Interesse sein können, lässt sich grundsätzlich keine Aussage machen. Auch introspektive Äußerungen über Filme und Filmrezeptionen können sinnvoll sein, können doch auf diese Weise höchst interessante Rezeptionsdokumente entstehen (so auch Korte 1986, 23f.), die natürlich selbst wieder Gegenstand und Anlass wissenschaftlicher Untersuchung bzw. Reflexion sein müssen. Erst im Wechselverhältnis von Arbeit am Beispiel, Reflexion der Quellen und Dokumente und Fortentwicklung der theoretischen Erfassung eines Gegenstandes entsteht wissenschaftliche Analyse.

Filmanalyse ist die methodisch kontrollierte Beschäftigung mit einem einzelnen Film oder einer Gruppe von Filmen. Worin besteht nun das Methodische, was sind überhaupt Methoden der Filmanalyse, wie ist methodische Kontrolle herzustellen?

Manche Einführungen in die Filmanalyse sind eigentlich Methodenkataloge. Ausgehend von der Vorstellung einer Relativität der Methoden werden «Methodengruppen» bzw. «-familien» gegründet und nacheinander vorgeführt. Filmanalyse kann dann recht mechanisch einem sol-

Hans J. Wulff

chen Katechismus folgend durchgeführt werden. In Faulstichs «Filminterpretation» (1988) werden zum Beispiel nacheinander benannt:

1. der strukturalistische «Zugriff», bei dem das Werk als geschlossenes Ganzes genommen wird und der Forscher das Ziel verfolgt, den besonderen Film auf formale Strukturen zurückzuführen, die seine innere Ganzheit ausmachen und ihm seine situationsunabhängige Qualität verleihen; dabei kann es um Strukturen des Vergleichens und des Unterscheidens (Gut und Böse, Junge und Alte, Reich und Arm, Diesseits und Jenseits, heiter und ernst etc.), der Verursachung (insbesondere narrative Kausalität, psychologische Motivation u. Ä.), um poetische und artifizielle Strukturen (Bildgestaltung, Lichtbehandlung, Bildformate u. Ä.), Qualitäten des Materials (wie Farbdramaturgien) oder syntaktische Muster (Montageformen, Sequenzübergänge u. Ä.) gehen.

2. die biographische Methode, die das filmische Werk als individuellen Ausdruck eines Künstlers auffasst, darin vielen literaturwissenschaftlichen Bemühungen ähnlich; die Herangehensweise fußt darauf, dass im Film ähnlich wie in Literatur und bildender Kunst ein Einzelner seine subjektive Erfahrung der Welt in ein künstlerisches Format umsetzt.

3. die literar-, kunst- oder filmhistorische Methode, die den Film in sein zeitgenössisches künstlerisches Umfeld hineinstellt und ihn als Ausprägung eines Zeitstils, als Beschäftigung mit zeitgenössischen Themen, als Antwort auf andere Werke darstellt.

4. die soziologische Methode, nach der Filme den Geschmack zeitgenössischer Publika widerspiegeln, aber auch historische Wunschphantasien darstellen, Themen der sozialen Wirklichkeit wie die jeweilige Ausprägung der Geschlechterrollen, politische Vorstellungen, die jeweilige historisch-moralische Wirklichkeit aufgreifen; so konnte Kracauer (1979) schon in den Filmen der 1920er Jahre ästhetische und diskursive Vorboten des kommenden Faschismus beobachten.

5. die (sozial-)psychologische Methode, die Filme als Reflexe auf psychosoziale Probleme, Syndrome und Komplexe auffasst; aus dieser Perspektive wird *Terminator II* (1992) zu einer Parabel über die Figur des Vaters und die Phantasie der Familie, die Solidarisierung des Roboters

mit seinen Schutzbefohlenen zu einer Initiation einer Patriarchen-Figur, das vorübergehende Zusammenfinden von Mutter, Vater und Kind zur imaginären Einheit der Familie, der schließliche Opfertod des Vaters zu einer sentimentalen Feier binnenfamilialer Solidarität.

6. schließlich die genrespezifische Filminterpretation, die davon ausgeht, dass sich im Verlauf der Filmgeschichte gewisse stoffliche und narrative Muster herausbilden, die zum allgemeinen Wissen werden und als Erwartungshorizont in die Rezeption mit eingehen; die Entwicklungsdynamik von Genres besteht darin, dass diese Muster zu Klischees absinken und dass die Neuproduktionen die *formulae* des Genres beständig fortentwickeln; so sind Bestimmungselemente des Western-Genres – Gut und Böse, *law and order*, die Rolle der *frontier*, Umgang mit Indianern u. Ä. – immer wieder neu in Erzählungen eingegangen; die rassistischen Dimensionen der amerikanischen Besiedlung spielen erst in den 1960er Jahren eine Rolle, und ein Film wie John Fords *The Searchers* (1956), der dieses Thema zum ersten Mal zentriert, bedeutet einen offenen Bruch mit dem, was bis dahin als «Western» galt; Genreanalyse positioniert einzelne Filme in den historischen Kontext von Genreentwicklung (zu filmischen Genres vgl. auch den Beitrag von Keppler in diesem Band).

Diese Liste verrät, dass in der Praxis der Filmanalyse eine große Vielfalt herrscht und dass kaum eine andere Wissenschaft derartig zahlreiche erprobte Zugänge zu ihrem Material hat. Es ist deshalb nur konsequent, dass Faulstich am Ende seines Buchs die Notwendigkeit des Methodenpluralismus einfordert. Man kann derartige Listen schnell verlängern – etwa um die Fragehorizonte der Intertextualität des Films, einer kulturwissenschaftlichen und -historischen Kontextualisierung des einzelnen Textes, einer historischen Dramaturgie, einer feministischen Geschichtsschreibung und dergleichen mehr. Solche Listen sind nicht vollständig, helfen vielleicht nur, das zu katalogisieren, welche Praktiken der Filminterpretation zu einem jeweiligen Zeitpunkt vorliegen oder Prominenz genießen. Das Kernproblem – darzulegen, wie die Vermittlung von Interesse, Gegenstand, Theorie und Methode der Beschreibung im jeweiligen Fall geschieht – erfassen sie aber nicht.

Gleichwohl durchzieht das Problem die Literatur zur Filmanalyse von

Hans J. Wulff

Beginn an. Die wohl umfassendste Typologie der Arten und Ansätze der Filmanalyse hat Schaaf (1980, 75ff.) vorgelegt. Methodenkataloge haben in der literaturwissenschaftlichen Einführungsliteratur eine Tradition, auf die sich auch Faulstich deutlich bezieht. So behandelt Manon Maren-Grisebachs Propädeutik «Methoden der Literaturwissenschaft» – darin durchaus Faulstichs Liste ähnlich – nacheinander die positivistische, geistesgeschichtliche, phänomenologische, existenzielle, morphologische und soziologische Methode (im Singular!) – nur, um sich sodann vehement gegen Methodenpluralismus zu wenden (1970, 5).[4]

Korte (1986, 30; 1990, 27f.; 1999, 21ff.) unterscheidet vier «Dimensionen» der Analyse respektive Textbeschreibung:

- Untersuchung der Filmrealität, d. h. Ermittlung aller am Film selbst feststellbaren Daten, Informationen, Aussagen;
- Untersuchung der Bedingungsrealität, d. h. Ermittlung der Kontextfaktoren, die die Produktion, die inhaltliche und formale Gestaltung des Films beeinflusst haben;
- Untersuchung der Bezugsrealität, d. h. Erarbeitung der historischen und/oder sozialen, ästhetischen Problematik, auf die der Film inhaltlich bezogen ist;
- Untersuchung der Wirkungsrealität, d. h. Erarbeitung der historisch-gesellschaftlichen Situation, Publikumsstruktur, Publikumspräferenzen, der Rezeptionsdokumente zur Entstehungszeit des Films (zeitgenössische Rezeption), aber auch der entsprechenden heutigen Daten.

Wie sehr das Ensemble von Fragehorizonten, die der Filmanalyse zugrunde liegen, historisch variiert und immer wieder neu konfiguriert wird, zeigt vor allem der Blick in die Textbücher, die im angloamerikanischen Sprachraum den jeweils neuesten Stand dokumentieren und an denen man leicht zeigen kann, wie einst zentrale Bereiche der Analyse zurücktreten, andere dagegen an Bedeutung gewinnen (stellvertretend für andere seien Nichols 1976, Nichols 1985, Hill/Gibson 1998, Hollows/Hutchings/Jancovich 2000, Stam/Miller 2000 genannt). Im deutschsprachigen Raum sei neben diversen Einführungen, die in den letzten Jahren erschienen sind, auf Felix (2002) verwiesen, der einen Überblick über gegenwärtige Paradigmata der Filmwissenschaft versucht.

Methode und struktureller Befund dürfen nicht miteinander verwechselt werden. In Frage steht, in welcher Beziehung Methoden und Analysen überhaupt stehen. Nicht selten findet man eine Art von «Rezeptbuch der Filmanalyse», in dem eine Schrittfolge von analytischen Operationen angegeben ist, deren Vollzug schließlich die «Analyse» produziert (wie sie etwa von Korte 1999, 55, vorgeschlagen wird). Gerade Einführungen verleiten dazu, das höchst sensible Gegenüber von Fragehorizont, Material und Kategorien der Materialbeschreibung in eine Art Katechismus umzusetzen. Damit gelingt zwar die Transformation von Kategorien der Materialbeschreibung in Abschlussklausuren, doch führt die Kanonisierung von Analyse in eine Folge von «Analyse-Schritten» zu einer Desensibilisierung gegenüber dem Material und der Tätigkeit der Analyse selbst. Sie wird zu einer Fingerübung, wenn sie aus dem weiteren Kontext des wissenschaftlichen Diskurses herausgebrochen wird.[5]

Dazu ein Beispiel: Faulstich (1986, 12f.) fordert, dass neben der Frequenzanalyse (die die Auftretensfrequenzen eines beliebigen Elements untersucht) auch die Kontingenz- oder Korrelationsanalyse angewendet werden müsse, die die dynamischen Veränderungen des Auftretens alternativer Elemente aus einem Repertoire von Elementen in Kombination mit denen eines anderen Repertoires untersucht. In Schlöndorffs *Die verlorene Ehre der Katharina Blum* (1975) korrespondiert zum Beispiel die absolute Zunahme naher Einstellungsgrößen mit dem Auftreten der Katharina Blum, und es verändert sich im Verlauf des Films die Verteilung von Auf- und Untersichten – am Beginn wird die Protagonistin vornehmlich aus der Aufsicht, gegen Ende hin immer mehr aus der Untersicht präsentiert, korrespondierend zu ihrer Entschlossenheit und Handlungsbereitschaft. Einstellungsgröße (von weiten zu nahen Einstellungen), Figurenauftritt und Einstellungsperspektive kovariieren – ein Befund von «Kontingenzanalyse». Woraus lässt sich nun aber an obigem Beispiel die Relevanz der Kamerahöhe für die Artikulation eines Inhalts wie der Entschlossenheit und Autorität von Personen ableiten? Was repräsentieren Untersichten? In Bergmans *Tystnaden* (1963) werden Auf- und Untersicht nicht zur Darstellung von Machtverhältnissen verwendet, sondern, abgeleitet aus dem Verhältnis von Körpergrößen, als Repräsentationen der Kinder- und Elternsicht interpretiert (Faulstich 1992, 80).

Es ist nicht allein der Gegenstand einer Analyse, der einen Bezugspunkt der Beurteilung stellen kann, sondern es besteht eine intime Abhängigkeit zwischen dem, wonach gefragt ist, und dem, worin die Mächtigkeit einer Analyse bestimmt werden kann. An der gleichen Filmszene kann man das Bild der Frau, die Syntax von Blickmontagen, die Raumdarstellung oder den Zusammenhang von Mise en Scène und Akten des Zeigens untersuchen und gelangt zu ganz unterschiedlichen Analysen, die man kaum miteinander vergleichen kann, auch wenn sie auf Aspekte und Einzelfakten an der Szene gerichtet sind, die in den verschiedenen Analysen gleichermaßen genannt werden. So könnte man die *Immenhof*-Trilogie (*Die Mädels vom Immenhof*, 1955; *Hochzeit auf Immenhof*, 1956; *Ferien auf Immenhof*, 1957) gleichermaßen unter dem Aspekt «Fortentwicklungen des Ufa-Stils», «Heimatfilm», «Modernisierung in der Nachkriegs-Landwirtschaft», «Generationen- und Geschlechterrollenbilder im Umbruch» oder auch «Touristisierung der Landschaft» untersuchen, würde hier vielleicht sogar am gleichen Material zu unterschiedlichen Lesarten kommen. Allen diesen Analysen ein gemeinsames Kriterium der Mächtigkeit zu unterstellen, wäre aber absurd.[6]

Damit soll hier nicht der Beliebigkeit das Wort geredet oder die Vorstellung eines analytischen Intuitionismus verteidigt werden, plädiert wird vielmehr für eine kontrollierte Beobachtung am Beispielfilm, die aus einer Hin- und Herbewegung zwischen theoretischen Annahmen und Strukturen des Beispiels gespeist wird. Filmanalyse in diesem Verständnis ist nicht dem Statistischen, sondern dem Signifikanten gewidmet. Man kann Frequenz-, Kontingenz- und andere Analysen über Ausprägungen der Kamerahöhe an Hunderten von Beispielfilmen machen, ohne dass sich etwas «Ergiebiges» in den Zahlen zeigen würde. Dagegen gibt es einige wenige Filme, in denen die Kamerahöhe Mittel der Artikulation eines Inhalts ist – nur in jenen Fällen ist eine Analyse der Kamerahöhe von Bedeutung.

Wollte man in einer heuristischen Skizze zusammentragen, wie unterschiedliche Fragestellungen, Gegenstände und Methoden in die Filmanalyse eingehen können, erscheint die Menge der Möglichkeiten unüberschaubar, widersprüchlich und heterogen. Eine Möglichkeit der Ordnung (vgl. Wulff 1985, 8) besteht darin, *Filmanalyse* grob zwischen drei verschiedenen Orientierungen des Interesses zu lokalisieren – zwischen einer Ausrichtung auf die Inhaltsstruktur (in einem substanziellen Sinn), auf die Textstruktur (in einem formalen Sinn) und auf die Rezeption (in einem weiten Sinn, der das Leben der Filme im Gesamt der sozialen Prozesse begreift, von individueller Rezeption bis zur Funktionalisierung des Films in den Lern- und Vergewisserungsprozessen der Propaganda).

Kaum ein anderes Medium integriert so viele Zeichensysteme wie der Film – sei es, dass sie als Modi der Abbildung, sei es, dass sie als Strukturen der abgebildeten Realität eine Rolle spielen. «Filmanalyse» als die methodisch kontrollierte Beschäftigung mit dem einzelnen Film, mit einem spezifischen Phänomen der filmischen Struktur oder der Filmgeschichte spiegelt die Vielfalt dessen, was ein Film zur Konstitution seines Sinnpotenzials nutzt. Deshalb kann der gleiche Film zum Anlass ganz unterschiedlicher Analysen werden, die auf Hypothesen und Modellen unterschiedlicher Bezugswissenschaften aufbauen.

4. Ausblick

Genau das ist das Problem: Filmanalyse, die der Formation von Sinnstrukturen nachzuspüren sucht, ist darauf angewiesen, sensibel für den jeweiligen Gegenstand zu bleiben. Es gibt keine vorgefertigten Wege, auf denen man die Architektur eines besonderen Films, die Aufgliederung seiner Thematik, die Strategien des Erzählens, den semiotischen Modus des ganzen Films oder einzelner Szenen (Realismus, Ironie, Symbolisierung, Verfremdung usw.) oder die ästhetischen Implikationen der Bildgestaltung zur Darstellung bringen kann. Filmanalyse muss sensibel sein für das, was ein Film macht, um seinen Inhalt vorzutragen. Sie muss aber auch wissend sein in Bezug auf die Mittel, mit denen ein Film arbeitet. Und vor allem muss sie skeptisch sein – skeptisch gegen das Dargestellte, weil kein Film die Realität selbst ist, sondern gestaltete Mitteilung, Ausdruck von Meinung, Verführung des Zuschauers, dramaturgische Zurichtung eines Gegenstandes, ästhetische, epistemologische, ideologische und moralische Positionierung des Zuschauers. Und nicht zuletzt skeptisch gegen sich selbst, weil das, was beim ersten Verstehen so evident erschien, zurückgefuhrt werden muss auf die Bedingungen der Form, in denen dieses Verstehen ermöglicht wurde.

Anmerkungen

1   Eine Bibliographie zur Filmanalyse findet sich in Wulff (2001). Die Geschichte der Auseinandersetzungen um die Filmanalyse, die spätestens mit Gerd Albrechts (1964) Artikel «Die Filmanalyse – Ziele und Methoden» eröffnet wurde, kann hier nicht nachgezeichnet werden (vgl. die kleine Bibliographie in Hickethier 1993, 26f., sowie Wulff 2001). Es geht dabei nicht nur um die Formen und Bedingungen der Gegenstandskonstitution innerhalb der wissenschaftlichen Disziplin, sondern häufig auch um die gesellschaftliche Standortbestimmung der Wissenschaft in einem sehr viel allgemeineren Sinn. Die wissenschaftlichen Analysen werden verortet in einem Rahmen, der eine Medienwissenschaft überhaupt legitimieren konnte, und unter diesem Aspekt lohnt die Durchsicht auch der älteren Literatur zur Filmanalyse. So wird etwa bei dem einen die Emanzipation des Zuschauers gegenüber der Massenkommunikation gefordert, bei einem anderen die Aufklärung darüber, welchen ideologischen Standpunkt derjenige einnimmt, der ein Medium benutzt.

2   In eine ähnliche Richtung weist Thomas Koebners Bild von der Interpretation als einer mehrfachen Bewegung der Anschauung des Beispiels und der Kontrolle der Beschreibung durch den Blick auf das Beispiel; dazu bedürfe es der Fähigkeit zur Einfühlung und zur Abstraktion, der ausreichenden Begründung und der Veranschaulichung am Beispiel (1990, 7). Der Rahmen, der der «Interpretation» gesteckt ist und der eine Kontrolle der Analyse selbst darstellt, ist sowohl werks- wie rezeptionsästhetischer Art: «Interpretation sucht und verdeutlicht die Funktion und Bedeutung von Zeichen, von Signalen für die verschiedenen Kontexte des Werks, die Zusammenhänge und Konflikte, ob sie offensichtlich oder verborgen sind» (ibid.).

3   Fink-Eitel rubrizierte die Szene als «Alptraum» – und man beachte, wie durch das Sprachspiel um «Insekt» herum «Sinn» erzeugt wird: «die Alptraumsequenz par excellence: Der Held in der tageshellen Einöde, durch die Totale ganz von oben zum Insekt verkleinert, gejagt von einem angeblich insektenvertilgenden Flugzeug» (1995, 546). Zur Analyse der raffiniert gebauten, vielschichtigen Sequenz in toto vgl. Wulff (1994; 1999, 204–221).

4 Ein Kuriosum am Rande: Auf eine Darstellung der strukturalistischen und der statistischen Methode hat Maren-Grisebach verzichtet, weil diese Spezialkenntnisse voraussetzten – als könnten Methoden voraussetzungslos sein!

5 Ein Beispiel sind fünf «Analysetypen» – Total-, Inhalts-, Struktur-, Pattern- und Wirkungsanalyse – in Ehrenspeck/Lenzen (2003), die dem Zweck dienen sollen, Methoden der Filmanalyse mit sozialwissenschaftlichen Fragestellungen kompatibel zu machen.

6 Insofern ist auch Skepsis geboten gegenüber der Hoffnung auf die Möglichkeit, durch «induktives Vorgehen» – also über den Prozess von der Materialbeschreibung zur Kontextualisierung des einzelnen Films – sicherzustellen, dass man auch dann noch auf analytische Befunde zurückgreifen könne, «wenn ein interpretativer Zusammenhang oder ein historisches Konstrukt sich aufgrund neuer Einsichten ändern sollte» oder sich gar «die Gesamtperspektive» wandele (vgl. Faulstich/Korte 1992, 9f.).

LITERATUR

Albrecht, Gerd (1964), Die Filmanalyse. Ziele und Methoden, in: Everschor, Franz (Hrsg.), Filmanalysen, Band 2. Düsseldorf: Altenberg, 233–270.

Aumont, Jacques/Michel Marie (1988), L'analyse des films. Paris: Nathan.

Bordwell, David (1993), Film interpretation revisited, in: Film Criticism, Vol. 17, Nr. 2/3, 93–119.

Bordwell, David/Janet Staiger/Kristin Thompson (1985), The classical Hollywood cinema. Film style and mode of production to 1960. New York: Columbia University Press.

Collins, Jim/Hilary Radner/Ava Preacher Collins (1993), Introduction, in: Collins, Jim/ Hilary Radner/Ava Preacher Collins (Hrsg.), Film theory goes to the movies. New York/London: Routledge, 1–7.

Ehrenspeck, Yvonne/Dieter Lenzen (2003), Sozialwissenschaftliche Filmanalyse. Ein Werkstattbericht, in: Ehrenspeck, Yvonne/Burkhard Schäffer (Hrsg.), Film- und Fotoanalyse in der Erziehungswissenschaft. Ein Handbuch. Opladen: Leske + Budrich, 439–450.

Faulstich, Werner (1986), Methodologische Überlegungen zur Theorie und Praxis der Filmanalyse, in: Augen-Blick. Marburger Hefte zur Medienwissenschaft, Nr. 6, 5–20.

Faulstich, Werner (1988), Die Filminterpretation. Göttingen: Vandenhoeck & Ruprecht.

Faulstich, Werner (1992), Das Absurde als Metapher für Tabu und Emanzipation: «Das Schweigen» (1963), in: Faulstich, Werner/Helmut Korte (Hrsg.), Fischer Filmgeschichte. Vol. 4: Zwischen Tradition und Neuorientierung. 1961–1976. Frankfurt a. M.: Fischer, 68–85.

Faulstich, Werner/Helmut Korte (1992), Vorwort der Herausgeber zum Gesamtprojekt, in: Faulstich, Werner/Helmut Korte (Hrsg.), Fischer Filmgeschichte. Vol. 4: Zwischen Tradition und Neuorientierung. 1961–1976. Frankfurt a. M.: Fischer, 7–10.

Felix, Jürgen (Hrsg.) (2002), Moderne Film Theorie. Mainz: Bender.

Fink-Eitel, Hinrich (1995), Lust und Weisheit des Scheines. Die Alptraumwelt Alfred Hitchcocks, in: Deutsche Zeitschrift für Philosophie, Vol. 43, Nr. 3, 539–547.

Hickethier, Knut (Hrsg.) (1993), Film- und Fernsehanalyse. Stuttgart: Metzler.

Hickethier, Knut/Joachim Paech (1979), Einleitung. Zum gegenwärtigen Stand der Film- und Fernsehanalyse, in: dies. (Hrsg.), Didaktik der Massenkommunikation. Vol. 4: Methoden der Film- und Fernsehanalyse. Stuttgart: Metzler, 7–23.

Hill, John/Pamela Church Gibson (Hrsg.) (1998), The Oxford guide to film studies. New York: Oxford University Press.

Holenstein, Elmar (1975), Roman Jakobsons phänomenologischer Strukturalismus. Frankfurt a. M.: Suhrkamp.

Hollows, Joanne/Peter Hutchings/Mark Jancovich (Hrsg.) (2000), The film studies reader. London: Arnold.

Jakobson, Roman (1992, zuerst 1959), Grundsätzliche Übersetzbarkeit. Linguistische Aspekte der Übersetzung, in: ders., Semiotik. Frankfurt a. M.: Suhrkamp, 481–491.

Koebner, Thomas (1990), Vorwort, in: ders. (Hrsg.), Autorenfilme. Elf Werkanalysen. Münster: MAkS Publikationen, 5–8.

Korte, Helmut (1986), Vom Filmprotokoll zur Filmanalyse. Erfahrungen im Umgang mit der Analyse von Filmen, in: Augen-Blick. Marburger Hefte zur Medienwissenschaft, Nr. 3, 21–48.

Korte, Helmut (1990), Kunstwissenschaft – Medienwissenschaft. Methodologische Anmerkungen zur Filmanalyse, in: Korte, Helmut/Johannes Zahlten (Hrsg.), Kunst und Künstler im Film. Hameln: Niemeyer, 21–42.

Korte, Helmut (1999), Einführung in die systematische Filmanalyse. Ein Arbeitsbuch. Berlin: Schmidt.

Kracauer, Siegfried (1979, zuerst 1947), Von Caligari zu Hitler. Eine psychologische Geschichte des deutschen Films. Frankfurt a. M.: Suhrkamp (Originaltitel: From Caligari to Hitler. A psychological history of the German film. Princeton: Princeton University Press).

Maren-Grisebach, Manon (1970), Methoden der Literaturwissenschaft. Bern/München: Francke.

Möller, Karl-Dietmar (1984), Schichten des Filmbildes und Ebenen des Films, in: Dutz, Klaus D. (Hrsg.), Die Einstellung als Größe einer Filmsemiotik. Zur Ikontheorie des Filmbildes. Münster: MAkS Publikationen, 45–90.

Möller, Karl-Dietmar (1986), Filmsprache. Eine kritische Theoriegeschichte. Münster: MAkS Publikationen.

Möller, Karl-Dietmar (1988), Zur Filmwissenschaft als Disziplin, in: Paech, Joachim (Hrsg.), Methodenprobleme der Analyse verfilmter Literatur. Münster: Nodus Publikationen, 107–111.

Nichols, Bill (Hrsg.) (1976), Movies and methods. An anthology. Vol. 1. Berkeley/Los Angeles/London: University of California Press.

Nichols, Bill (Hrsg.) (1985), Movies and methods. An anthology. Vol. 2. Berkeley/Los Angeles/London: University of California Press.

Reif, Monika (1984), Film und Text. Zum Problem von Wahrnehmung und Vorstellung in Film und Literatur. Tübingen: Narr.

Schaaf, Michael (1980), Theorie und Praxis der Filmanalyse, in: Silbermann, Alphons/Michael Schaaf/Gerhard Adam (Hrsg.), Filmanalyse. Grundlagen, Methoden, Didaktik. München: Oldenbourg, 33–140.

Schreckenberg, Ernst (1994), Wenn Filme Texte sind. Zur Brauchbarkeit eines wissenschaftlichen Terminus für die Filmanalyse, in: Filmbulletin, Vol. 36, Nr. 5, 44–51.

Stam, Robert/Toby Miller (Hrsg.) (2000), Film and theory. An anthology. Malden/Oxford: Blackwell.

Thompson, Kristin (1995), Neoformalistische Filmanalyse. Ein Ansatz, viele Methoden, in: montage/av, Vol. 4, Nr. 1, 23–62.

Wulff, Hans J. (1985), Vorwort, in: ders. (Hrsg.), Filmbeschreibungen. Münster: MAkS Publikationen, 7–10.

Wulff, Hans J. (1988), Auszüge aus einer textsemiotischen Analyse von Ingmar Bergmans «Das Schweigen», in: Augen-Blick. Marburger Hefte zur Medienwissenschaft, Nr. 6, 49–67.

Wulff, Hans J. (1994), Die Maisfeld-Szene aus «North by Northwest». Eine situationale Analyse, in: montage/av, Vol. 3, Nr. 1, 97–114.

Wulff, Hans J. (1999), Mitteilen und Darstellen. Elemente einer Pragmasemiotik des Films. Tübingen: Narr.

Wulff, Hans J. (2001), Filmanalyse. Eine Arbeitsbibliographie, in: Medienwissenschaft/Hamburg. Berichte und Papiere 21, 1999. http://www.rrz.uni-hamburg.de/Medien/berichte/arbeiten/0021_03.html, Zugriff 09.02.05.

Wuss, Peter (1993), Filmanalyse und Psychologie. Strukturen des Films im Wahrnehmungsprozess. Berlin: sigma.

Stephan Wolff

2.6 TEXTANALYSE

1. HINTERGRUND DER METHODE

1.1 WAS IST EIN TEXT?

In den traditionell mit Texten befassten Disziplinen (wie Philologie, Philosophie, Literaturwissenschaft, Linguistik) lässt sich in der zweiten Hälfte des letzten Jahrhunderts eine markante Ausweitung des Textbegriffs beobachten. Textlinguisten etwa setzen Text mit der «Gesamtmenge der in einer kommunikativen Interaktion auftretenden kommunikativen Signale» gleich (Kallmeyer/Klein/Meyer-Hermann/Netzer/Siebert 1974, 45), wobei dahingestellt bleibt, ob diese Signale sprachlicher oder nicht-sprachlicher Art sind. Semiotisch orientierte Autoren öffnen den Textbegriff noch weiter und beziehen ihn auf die Verwobenheit und das Zusammenwirken *aller denkbaren* Zeichensysteme (Flusser 1987, 40). Insofern dieses Verständnis nicht unerheblich über die alltagssprachliche Bedeutung von Text als einer zusammenhängenden, formal abgrenzbaren Äußerung in Schriftform hinausgeht, erscheint es nur konsequent, wenn manche Autoren das Wort Text nur mehr in Anführungszeichen verwenden (Fish 1980).

Ein derart ent-grenzter Textbegriff erschwert die begriffliche wie die empirische Abgrenzung dessen, was (k)ein Text ist und von daher Gegenstand einer Textanalyse werden kann. Um dem abzuhelfen, wurden in der Textlinguistik diverse Standards vorgeschlagen, die es erlauben sollen, ein sprachliches Gebilde als Text im Sinne eines kommunikativen Ereignisses anzuerkennen. Die prominenteste Liste stammt von de Beaugrande und Dressler (1981), die eine Kombination von textinternen und verwenderzentrierten Kriterien für «Textualität» anbieten. Bei genauerer Inspektion stellen sich bei den meisten dieser Kriterien deutliche Schwachstellen heraus. Die genannten Standards sind nicht gleichwertig (Kohärenz versus Kohäsion), zum Teil in sich widersprüchlich (wie im Fall von Situationsadäquatheit) oder in dieser Allgemeinheit kaum operationalisierbar (Informativität, Intentionalität, Akzeptabilität).

Angesichts derartiger Unübersichtlichkeiten[1] erscheint es sinnvoll, eher restriktiv vorzugehen und den Anwendungsbereich der Textanalyse zunächst nur auf die *geschriebene* Sprache bzw. auf *schriftlich vermittelte* Kommunikation einzugrenzen. Berücksichtigt werden sollen nur solche schriftlich vorliegenden Daten, die *ohne Intervention des Forschers* zustande gekommen und aufgezeichnet worden sind. Diese Einschränkung erscheint angebracht, weil in der empirischen Forschung Datenaufzeichnung und Datenverarbeitung oftmals in Form der Überführung in schriftliche Form geschieht (wie im Fall von Feldnotizen, Interviewprotokollen oder Gesprächstranskriptionen), es aber unsinnig wäre, alle Studien, die sich auf schriftliches Datenmaterial stützen, der Textanalyse zuzuschlagen. Allerdings können diese schriftlichen Daten ihrerseits wiederum sehr wohl zum Gegenstand textanalytischer Untersuchungen gemacht werden (Anderson/Sharrock 1984).

1.2 EXKURS ZUR SCHRIFTLICHKEIT

Eine Beschränkung auf schriftliches Material empfiehlt sich für die Textanalyse schon deshalb, weil sich die Bedingungen für schriftgestützte Kommunikation nicht unerheblich von denen mündlicher Kommunikation unterscheiden. Dies mag ein kurzer Exkurs in die Evolution der Schrift verdeutlichen.

Die Schrift ist keineswegs schon als Kommunikationsmittel entstanden. Zunächst erfüllte sie ganz andere Bedürfnisse: insbesondere solche der Aufzeichnung und der Registrierung; sie diente zudem als Erinnerungsstütze oder zur demonstrativen Markierung von Machtansprüchen (Ong 1987, Luhmann 1997). Für kommunikative Zwecke, etwa in Form von Briefen und anderen Texten, die sich ausdrücklich an Leser wenden, um ihnen etwas mitzuteilen, findet die Schrift erst im 2. Jahrtausend vor unserer Zeitrechnung Verwendung. Der kommunikative Gebrauch von Schrift entsteht gleichsam parasitär. Er baut auf einer voll ausgearbeite-

Stephan Wolff

ten Universalschrift auf und fügt den genannten Funktionen lediglich eine weitere hinzu, die dann freilich, insbesondere nach Erfindung des Buchdrucks, eine enorme Dynamik entfaltet und immer neue Gelegenheiten für Schreiben und Lesen von Texten entstehen lässt.

Die evolutionäre Bedeutung der Schrift besteht darin, dass sie das Mitgeteilte für im Moment noch nicht absehbare Situationen und sich daraus ergebende Reaktionen bewahrt und so verzögerte und indirekte kommunikative Anschlüsse ermöglicht. Schrifttexte reduzieren die Situationsbezogenheit der Kommunikation und machen sie tendenziell für beliebige Personen (oder einen größeren Personenkreis), an beliebigen Orten und zu beliebigen Zeiten produzentenunabhängig rezipierbar. Diese Leistung wird mit größerer Unsicherheit im Hinblick auf das richtige Verständnis beim Rezipienten des Geschriebenen erkauft. Die Unsicherheit betrifft nicht nur den Leser, sondern auch und gerade den Verfasser des Textes, der sich niemals sicher sein kann, ob das, was er sagen wollte, vom Leser entsprechend verstanden wurde oder dieser nicht etwas ganz anderes aus seinem Text bzw. zwischen dessen Zeilen liest.

In der schriftlichen Kommunikation fehlen Intersubjektivität sichernde Mechanismen wie der Sprecherwechsel oder Vorkehrungen für eine «Reparatur» fehlgeschlagener, nicht angenommener oder auch delikater Kommunikationsangebote, die in Gesprächen im kurzphasigen Hin und Her der Gesprächszüge den Anwesenden eine rasche, reziproke und fein dosierbare Abklärung des gegenseitigen (Un-)Verständnisses ermöglichen (vgl. den Beitrag von Keppler in diesem Band). Ein sich über schriftliche Kommunikation reproduzierendes Kommunikationssystem operiert somit weniger sequenziell als «konnexionistisch» (Luhmann 1997, 267).

Auf die in der mündlichen Kommunikation enthaltene Redundanz muss in Texten weitgehend verzichtet werden. Vieles, was angesichts der situativen Einbettung des Gesprächs stillschweigend als selbstverständlich (kommuniziert) unterstellt werden kann, bedarf nun ausdrücklicher Formulierung. Schriftlichkeit erhöht somit nicht nur die Reichweite der Kommunikation; sie steigert zugleich das Risiko der Selbst- und Fremdtäuschung und gefährdet damit die Akzeptierung von Kommunikationen.

Schrift ermöglicht eine Schwerpunktverschiebung der Kommunikation in Richtung auf die Übermittlung von *Informationen*. Schriftliche Texte haben gleichsam ein objektiveres Verhältnis zu ihrem Thema, was es dann wieder möglich macht, die subjektive Art der Behandlung des Themas zu bemerken und dem Autor zuzurechnen (Luhmann 1997, 276). Der schriftliche Text muss auf andere Quellen der Verbindlichkeit verweisen als personale Authentizität und sprachliche Überzeugungskraft bzw. er muss diese Effekte mit seinen Mitteln zu rekonstruieren versuchen.

1.3 Allgegenwart und Unsichtbarkeit von Texten

Schriftliche Texte sind zu einem beherrschenden Element alltäglicher wie institutioneller Kommunikation geworden (Smith 1984). Sie begegnen uns in unzähligen Formen und Varianten: als Tagebücher, Krankenakten, Betriebsanleitungen, E-Mails, Verträge, wissenschaftliche Aufsätze, Abschiedsbriefe, Urteilsgründe, Testamente, T-Shirt-Aufdrucke, Werbeanzeigen oder Zeitungsartikel. In und durch Texte können unterschiedlichste Formen kommunikativer Arbeit verrichtet werden: vertragliche Verpflichtungen eingehen, Geschehnisse dokumentieren, zum Kauf anreizen, jemanden einer Tat bezichtigen, die eigene Identität finden und Wahrheiten verkünden. Es gibt vermutlich keinen gesellschaftlichen Handlungsbereich, der nicht von seinen Mitgliedern die Kompetenz zur Erstellung, Rezeption und zum Umgang mit Texten verlangt.

Angesichts dessen überrascht die vergleichsweise geringe wissenschaftliche Beschäftigung mit Texten als einem eigenständigen sozialen Phänomen (Watson 1997). Wenn Texte *als Texte* überhaupt zum Gegenstand gemacht wurden, geschah dies traditionellerweise von Seiten nicht empirisch vorgehender Wissenschaften wie der Theologie, der Philologie oder der Literaturwissenschaft, für die eher Exegese, Etymologie, Stilkritik und kulturgeschichtliche Verortung im Vordergrund stehen. Bevorzugte Berücksichtigung findet dabei nur eine exklusive Teilmenge textlicher Phänomene: nämlich Texte der «Hochkultur» bzw. solche mit vermeintlich hoher kultureller Bedeutung.

Bemerkenswerter als dieser selektive Blick der Geisteswissenschaften auf das Phänomen Text ist die weitgehende «Unsichtbarkeit» von Texten als Gegenstand in den sozialwissenschaftlichen Disziplinen, wenn man von der eher selbstbezüglichen Debatte um ethnographische Texte einmal absieht (Wolff 1987; Geertz 1990; Berg/Fuchs 1993). Die Sozialwissenschaften behandelten bis in die jüngste Vergangenheit Texte lediglich als bloßes Medium, als eine Art Fensterscheibe (Gusfield 1976), durch die hindurch man auf die eigentlich interessierenden Personen, Aktivitäten oder Sachverhalte zu blicken suchte (der Fensterscheibe entspricht der «Kanal» der klassischen Medienforschung!). Texte stoßen somit primär als «Texte über …», d. h. als Daten zweiter Ordnung, auf Interesse. Thematisiert wird die Fensterscheibe nur, wenn unglückliche oder unpassende Formulierungen den Durchblick erschweren oder verzerren, wobei man von der grundsätzlichen Eliminierbarkeit derartiger Unklarheiten und von der selbstverständlichen Machbarkeit transparenter Darstellungen ausgeht. Die Frage, wie ein Text beschaffen sein muss, um diesen «Fensterscheibeneffekt» hervorzurufen, bleibt typischerweise ungestellt.

1.4 DER AKTIVE TEXT

Ausgangspunkt jeder eigenständigen Textanalyse ist die Vermutung, dass hier eine *eigenständige Leistung* des Textes vorliegt (Smith 1990) und es sich daher lohnt, nach deren *Systematik*, aber auch nach den interpretativen *Instrumenten* und *Kompetenzen zu* suchen, die hierfür auf Seiten der Produzenten und Rezipienten nötig sind. Schriftliche Aufzeichnungen nicht als bloße Ressourcen alltäglicher wie wissenschaftlicher Interpretation zu behandeln, sondern sie zum eigentlichen *Topos* der Untersuchung zu machen, wurde insbesondere von e*thnomethodologischen* Autoren empfohlen (Knauth/Wolff 1991; Watson 1997). Die Fruchtbarkeit eines solchen Perspektivenwechsels demonstrierte als Erster Harold Garfinkel in seiner berühmten Studie über ««Gute› organisatorische Gründe für ‹schlechte› Krankenakten» (1967).

Während einer Untersuchung über Patientenkarrieren war Garfinkel aufgefallen, dass die einschlägigen Klinikunterlagen nur lückenhaft und ungenau ausgefüllt waren. An diesem für ihn als Forscher ärgerlichen Umstand fehlender Daten in «schlechten Krankenakten» nahm das Klinikpersonal eigenartigerweise keinen Anstoß. Garfinkel konnte zeigen, dass dann, wenn man die besonderen Bedingungen des Klinikbetriebs in Rechnung stellt, sich das Ärgernis des Forschers plötzlich als eine für die Beteiligten in der Situation durchaus rationale und nachvollziehbare Form der Gestaltung von Dokumenten entpuppte. Die Bedeutung und die besondere Rationalität der Einträge in den Krankenakten vermag nur zu ermessen, wer über die typischen Abläufe des Patientenkontakts, über die Umstände, unter denen die Eintragungen gemacht werden, über die zu erwartenden Leser sowie über die Beziehung zwischen ihnen und den Verfassern Bescheid weiß. Obwohl prinzipiell immer verschiedene Interpretationen des Akteninhalts möglich sind, gibt es so etwas wie eine Standardlesart – zumindest für den befugten und kompetenten Leser. Dieser kann bei der Lektüre nämlich eine begründete Vorstellung darüber gewinnen, ob und wie die Arbeit in Hinblick auf das, was man unter den gegebenen Umständen als normal und vernünftig erwarten würde, erledigt wurde.

Der – durch Garfinkels Untersuchung repräsentierten – «frühen» Ethnomethodologie gelang eine grundlegende Klärung der *sozialen Produziertheit* und *situativen Lesbarkeit* von schriftlichen Dokumenten (Wolff 2000). Sie setzt sich freilich nicht konkret mit ihnen *als Texten* auseinander.

Einen wichtigen Hinweis für die Weiterentwicklung der Textanalyse gab Garfinkel allerdings schon in diesem frühen Aufsatz. Er stellte darin die These auf, dass seine Akten *Äußerungen in einem Gespräch* ähneln, dessen Beteiligte sich zwar nicht kennen, aber gleichwohl in der Lage sind, Anspielungen und indirekte Hinweise zu verstehen, weil sie bereits wissen, worüber geredet werden könnte. Insoweit, als es sich in beiden Fällen um methodische und interaktive Herstellungsprozesse sozialer Realität handelt, besteht aus ethnomethodologischer Sicht eine grundsätzliche Übereinstimmung zwischen gesprochenen und geschriebenen Diskursen.

Garfinkels Anregung ist von der ethnomethodologischen Konversationsanalyse zunächst nicht aufgegriffen worden. Erst Ende der 1970er

Jahre, d. h., nachdem man die wesentlichen Bestandteile jener interaktiven «Maschinerie» rekonstruiert hatte, deren sich die Gesellschaftsmitglieder bei der praktischen Realisierung ihrer alltäglichen Gesprächskontakte bedienen (vgl. Sacks/Schegloff/Jefferson 1974), wandte sich das Interesse auch Phänomenen zu, die sich in der *interaktiven Dichte* ihres Vollzugs von Alltagsgesprächen unterscheiden. In diesem Zusammenhang wurden zunächst ‹schriftliche Konversationen› zum Gegenstand, zum Beispiel Briefwechsel (Mulkay 1985); später zunehmend Texte, denen ihr interaktiver Charakter auf den ersten Blick weniger deutlich anzusehen ist wie wissenschaftliche Aufsätze (Watson 1978, Anderson/Sharrock 1984), Gutachten (Knauth/Wolff 1991) und Zeitungsmeldungen über politische Reden (Atkinson 1983, 1984).

Seit den 1990er Jahren lassen sich auch die empirisch orientierten, sozialwissenschaftlichen Varianten der *Diskursanalyse* zunehmend von der Konversationsanalyse inspirieren (van Dijk 1997; Potter 2004), d. h., sie versuchen, den Text nicht mehr vom Satz, sondern primär von der Interaktion her zu denken und zu analysieren. Allerdings unterscheiden sich Diskursanalytiker von ihren konversationsanalytischen Kollegen generell durch ihre Betonung der Bedeutung des Kontextes. Während Konversationsanalytiker sich primär auf den Kontext im Gespräch bzw. im Text beziehen, akzentuieren Diskursanalytiker den Kontext des Gesprächs/Textes:

«(...) discourse studies (...) deal both with the properties of text and talk and with what is usually called the context, that is, the other characteristics of the social situation or the communicative event that may systematically influence text and talk. In sum, discourse studies are about talk and text in context» (van Dijk 1997, 3).

Je nachdem, wie weit sie diesen Rahmen ziehen, schwanken Diskursanalytiker zwischen einem eher abstrakten Diskurskonzept (z. B. ‹medizinischer Diskurs›) und einem eher konkreten, auf ein bestimmtes Beispiel bezogenen Gebrauch des Diskursbegriffs. Diese Ambiguität wird noch gesteigert, wenn, wie in der so genannten Kritischen Diskursanalyse (Fairclough 2001) oder bei post-strukturalistischen Autoren, Diskurs (zugleich) als Bezeichnung für eine übergeordnete Konfiguration von Ideen, Ideologien, Machtbeziehungen und Praktiken auftaucht, die ganze soziale Handlungsfelder (wie die Psychiatrie) oder übergeordnete zeitliche («die Moderne») oder räumliche Kontexte («Nachkriegsdeutschland») umgreift. Bemerkenswert und im Sinne einer empirischen Textanalyse problematisch ist die Bereitschaft vieler Diskursanalytiker, von der Beschäftigung mit dem konkreten Text (zu) schnell zum Ko-Text (seinem Verhältnis zu anderen Texten) oder zum weiteren außersprachlichen Kon-Text überzugehen (vgl. Prior 1997) und damit den konkreten Text nur als illustratives Beispiel zu benutzen.

1.5 DIE ANATOMIE EINES TATSACHENBERICHTS

Als *Klassiker* der konversationsanalytisch vorgehenden Textanalyse gilt mittlerweile die Studie «K ist geisteskrank» der kanadischen Soziologin Dorothy Smith (1976). Smith' minuziöse Rekonstruktion der «Anatomie eines Tatsachenberichtes» belegt, dass und inwiefern schriftliche Texte keine ihren Rezipienten und deren Interpretationen ausgelieferten, passiven Darstellungen von Wirklichkeit sind, sondern ihre Lesbarkeit *aktiv* strukturieren, also gleichsam systematische Versuche darstellen, mit ihren Lesern ins Gespräch zu kommen. Die besondere Leistung eines *Tatsachenberichts* ist diesbezüglich eine zweifache: Er soll beim Leser den Eindruck einer objektiven und stabilen Wirklichkeit hervorrufen, gleichzeitig aber die Tatsache wie die Mechanismen ihrer textlichen Vermitteltheit unsichtbar werden lassen.

Der von ihr analysierte Text besteht aus einem Bericht über ein Interview, das eine ihrer Studentinnen mit einer Freundin («Angela») geführt hatte, die gebeten worden war, über jemand («K») aus ihrer Bekanntschaft zu erzählen, der geisteskrank geworden war. Im Hinblick auf die grundlegende Frage der «Tatsächlichkeit» des Berichteten interessierte sich Smith insbesondere dafür, wie es der Erzählerin gelingt, ihre Version der Geschehnisse (nämlich dass K geisteskrank sei) gegenüber einer potenziellen Infragestellung durch eine konfligierende Version der Ereignisse (etwa: K ist bloß ein bisschen verschroben) zu stabilisieren, wie also «eine gegebene Version als *die* Version etabliert wird, welche von den anderen als *das, was geschehen ist,* betrachtet wird» (Smith 1976, 384).

Stephan Wolff

Angela wie ihre Interviewpartnerin gehen erklärtermaßen vom Vorliegen einer Geisteskrankheit bei K aus. Alle Aussagen des Textes können vom Leser *als Dokumente* für dieses zugrunde liegende Muster gelesen werden. Aus textanalytischer Sicht ist die entscheidende Frage nun nicht, ob diese Darstellung richtig oder falsch war, sondern welche Darstellungsformate und welche Hinweise im Hinblick auf die Bestimmung der Angemessenheit der Beschreibung und der Glaubwürdigkeit des Berichts durch die Autorin eingesetzt werden, sodass für den Leser nicht nur die «Aussonderungsoperation» (K ist nicht mehr normal, sondern geisteskrank) nachvollziehbar wird, sondern darüber hinaus der Text als *Widerspiegelung der Realität* lesbar wird.

Eine dieser Techniken besteht in der *Selbsttypisierung* der Berichterstatterin als Freundin von K, die sich ausdrücklich und so lange wie irgend möglich um eine normalisierende Interpretation ihrer Beobachtungen bemüht. Alle anderen im Bericht vorkommenden, K ebenfalls als abweichend bzw. geisteskrank typisierenden Personen werden desgleichen als K-freundlich bzw. als diesbezüglich neutral beschrieben. Der Bericht betont, dass die endgültigen Beobachtungen zufällig und die Feststellungen der verschiedenen Zeugen *unabhängig* voneinander zustande gekommen seien und sich insoweit *ergänzen*, wobei eine stufenweise *Steigerung* von K-nahen zu K-fernen Gewährspersonen vorgenommen wird. Solche kumulativen Autorisierungen (vgl. für weitere Beispiele Watson 1978; Wolff 1995; Potter 1996) sichern die Objektivität und Zuverlässigkeit der Darstellung sowie die Glaubwürdigkeit ihrer Autorin (vgl. Wooffitt 1992; Wolff/Müller 1997). Aber auch die Gültigkeit der Diagnose wird textlich abgesichert, indem alle Befunde in eine Richtung weisen und Hinweise, welche eventuell eine andere Diagnose andeuten könnten, nicht auf gleiche Weise textlich strukturiert sind, sondern gleichsam nur herumliegen (Smith 1976, 389f.).

Die Schilderungen des Verhaltens von K werden in einer bestimmten Weise «verpackt». Smith bezeichnet das textliche Format, das dabei durchgehend zum Einsatz kommt, als *Kontraststruktur*. Der erste Teil einer solchen Kontraststruktur besteht in einer Art Instruktion oder Regel, welche die Leser konsultieren können, wenn sie die Relevanz der eigentlichen Schilderung im zweiten Teil entschlüsseln wollen. Zunächst wird ein Kontext der Normalität präsentiert (a), auf den bezogen deutlich wird, dass Ks im zweiten Teil (b) geschildertes Verhalten massiv von der Normalität abweicht bzw. K nicht in der Lage ist, sich wie ein kompetentes Gesellschaftsmitglied situationsgerecht zu verhalten. Durch ihren Einbau in Kontraststrukturen werden Beobachtungen, die für sich genommen vielleicht bemerkenswert, aber nicht wirklich merkwürdig sind, in einen interpretativen Kontext gestellt, der nur den Schluss auf systematische Kompetenzmängel zulässt.

(a)   Es war offensichtlich, dass sie entsetzliche Angst davor hatte, irgend jemand könnte ihr zu nahe kommen, insbesondere ein Mann,

(b)   und trotzdem spielte sie uns vor (offenbar auch sich selber), dass dieser oder jener Typ scharf auf sie war.

(a)   Wenn sie Geschirr spülte,
(b)   war es hinterher schmutzig.

(Smith 1976, 377f.)

Kontraststrukturen können gebündelt und so in ihrer Intensität und rhetorischen Kraft gesteigert werden. Das nächste Beispiel zeigt eine Kontraststruktur, die ihrerseits aus zwei Kontraststrukturen zusammengesetzt ist.

(A)

(a)   Wenn etwas total schief gegangen war, und zwar *deutlich* durch ihre Schuld,
(b)   leugnete sie sanft ab, davon etwas zu wissen.

(B)

(a)   Aber sie geriet wegen Kleinigkeiten,
(b)   wie eine durchgebrannte Sicherung, völlig aus der Fassung.

(Smith 1976, 379)

Die massive Verwendung dieses Formats (11 von 13 Beschreibungen von Ks Verhalten folgen diesem Muster) erzeugt einen kumulativen Effekt. Der Leser gerät dadurch in die Situation, *von sich aus* die Schlussfolgerung auf Geisteskrankheit treffen zu müssen, will er sich nicht selbst in seiner Normalität in Frage stellen. Das «Aktive» des Textes besteht somit darin, den Leser zu einer *Implikationshandlung* zu veranlassen, ohne selbst als ‹gewollt› bzw. ‹gemacht› zu erscheinen.

Selbstverständlich ist dies keine Aussage darüber, was der Leser *glaubt*, sondern eine Feststellung über die *soziale Lesbarkeit* des Textes. Lesbarkeit bedeutet nicht, dass der betreffende Text für jeden faktischen Leser vollständig verständlich sein müsste. Lesbarkeit lässt sich nur für alle praktischen Zwecke erreichen. Sie hängt von der Bereitschaft der Leser ab, Unklarheiten in Kauf zu nehmen und Sinnlücken ad hoc interpretativ zu bereinigen. Lesbarkeit ist so gesehen ein grundsätzlich interaktives Phänomen. Es erscheint deshalb sinnvoll, von *sozialer* Lesbarkeit zu reden.

Der Idee des aktiven Textes korrespondiert die Vorstellung vom *Lesen als einer methodischen Aktivität*, da der strukturierende Effekt des Textes durch den Leser aktiviert bzw. animiert werden muss (McHoul 1982; ten Have 1999b).

2. Darstellung der Methode

2.1 Zentrale methodische Prämissen

Die sozialwissenschaftliche Textanalyse in der Tradition von Garfinkel und Smith bemüht sich in der Arbeit am konkreten Material herauszufinden, was sich in und an Texten über deren innere Organisiertheit entdecken lässt. Die Analyse entwickelt sich also aus dem Material selbst. Es geht nicht darum, theoretische Fragestellungen und praktische Probleme von außen an Texte heranzutragen, in Texten nach entsprechenden Belegen zu fahnden oder aus ihnen entsprechende Hinweise zu extrahieren. Gegenstandsbezogene Problemstellungen (wie die nach der Wirklichkeitstreue von Nachrichten, der Objektivität von Berichterstattern, der Plausibilität von Darstellungen oder der Berechtigung von Einschätzungen) müssen daher zunächst *respezifiziert* werden.

Harvey Sacks formuliert diesbezüglich die heuristische Empfehlung, man solle abstrakte Konzepte wie Wirklichkeitstreue, Plausibilität, Objektivität, Glaubwürdigkeit etc. mit dem Verb «tun» oder «machen» verbinden. Auf diese Weise würden sie als *Effekte* gesellschaftlichen Handelns und damit als *Handlungsprobleme* der Beteiligten kenntlich und damit überhaupt erst einer empirischen Untersuchung zugänglich gemacht. Eingedenk dessen ergeben sich folgende *methodische Prämissen* für das textanalytische Vorgehen:

- Texte werden als *methodische Herstellungen* verstanden. Die Geordnetheit wird in den Texten selbst, nicht aber in ihren äußerlichen kognitiven, psychologischen oder sozialen Bedingungen oder Faktoren ihrer Realisierung oder Rezeption gesucht.
- Texte werden als *praktische Lösungen* von Darstellungsproblemen ihrer Autoren verstanden. Ziel ist es, sowohl diese Darstellungsprobleme zu bestimmen als auch Praktiken und Formate zu isolieren, die es den Beteiligten ermöglichen, ihre Darstellungs- bzw. Verständnisprobleme zu lösen.
- Texte werden als *situierte* soziale Phänomene behandelt. Situiertheit bezieht sich zum einen auf ihre Einbettung in eine kommunikative Konstellation. Texte sind als Züge in einer Handlungssequenz zu lesen, auf die sie sich beziehen, und auf die bezogen sich ihre spezifische Verständlichkeit und Rationalität ergeben (vgl. Heath/Luff 1996). Die Situiertheit von Texten betrifft zudem ihre Einbettung in bestimmte gesellschaftliche Handlungsfelder und institutionelle Arrangements. Allerdings findet dieser Kontext analytisch nur insoweit Berücksichtigung, als sich am Material zeigen lässt, dass sich die Beteiligten auf diesen Umstand hin orientieren, und sei es durch seine systematische Neutralisierung (vgl. Wolff 1995, 133ff. für Neutralisierungstechniken in Bezug auf Gender und Ethnizität).
- Texte werden als *reflexive* Phänomene verstanden, die aktiv für ihre Verständlichkeit und Akzeptanz sorgen. Textanalyse bezieht sich deshalb auch auf die Frage, wie sich Texte mit tatsächlichen oder möglichen Gegenargumenten bzw. alternativen Versionen auseinander setzen bzw. diesbezüglich argumentativ Vorsorge treffen (wobei anzumerken ist, dass der systematische Stellenwert dieser Prämisse zwi-

Stephan Wolff

schen diskurs- und konversationsanalytischen Forschern umstritten ist).

2.2 Vorgehen

Das forschungspraktische Vorgehen der Textanalytiker entspricht im Wesentlichen dem der Diskurs- und Konversationsanalyse (vgl. Hutchby/ Wooffitt 1998; Potter 2004; ten Have 1999a sowie den Beitrag von Keppler in diesem Band), weshalb wir uns hier auf wenige Hinweise beschränken.

Insoweit Texte natürliche Daten darstellen, sollte auf jedwede Codierung, Paraphrasierung oder Re-Formatierung verzichtet werden. Im Hinblick auf das untersuchte Korpus gelten eher pragmatische Erwägungen. Textanalysen sind erfolgreich an einzelnen Sätzen oder Kapitelüberschriften (Sacks 1972; Lepper 2000, 49ff.) wie auf der Grundlage komplexer und umfangreicher Textsammlungen durchgeführt worden (Atkinson 1984; Wolff 1995; Eglin/Hester 2003). Ausgangspunkt war aber auch bei Letzteren eine sehr sorgfältige Untersuchung weniger, möglichst gut miteinander kontrastierender Texte, deren Ergebnisse dann vorzugsweise an vermeintlich ‹abweichenden Fällen› aus dem Korpus sukzessive auf ihre Reichweite überprüft wurden (*deviant case* analysis). Die getroffenen Aussagen sollten grundsätzlich möglichst *alle* im Korpus befindlichen Texte einbeziehen. Im Zweifel ist der möglichst detaillierten und tief gehenden Untersuchung weniger Texte immer der Vorzug zu geben.

Die Untersuchung beginnt mit einfachen Beobachtungen über *Auffälligkeiten oder Regelmäßigkeiten* im Material. Zum Beispiel könnte dem Analytiker auffallen, dass er eine eher knappe Artikelüberschrift nicht nur auf Anhieb versteht, sondern daraus ziemlich genau auf Inhalt und Tenor des folgenden Artikels schließen kann; dass er nur aufgrund eines kurzen Gutachtens ohne Ansehen der Person versteht, wie es zu einer Tat gerade bei dieser Person kommen konnte; oder spürt, dass jemand wie er mit dieser Heiratsanzeige (gerade nicht) gemeint ist. Da es Ziel der Analyse ist, die *methodischen Grundlagen der sozialen Lesbarkeit* von Texten durch kompetente Gesellschaftsmitglieder zu entdecken, besteht der nächste Schritt darin, nach der impliziten Methodik des eigenen Schlussfolgerns zu fragen und diese zu systematisieren. (Sacks spricht von einer «inference making machine», vgl. Sacks 1985.)

Der Textanalytiker könnte sich gleichfalls über Regelmäßigkeiten und Eigentümlichkeiten in seinem Material wundern, etwa über die eigentümliche Gliederung der Darstellung in schriftlichen Urteilsbegründungen; darüber, dass Zitate aus Reden in Parteitagsberichten oft eine bestimmte rhetorische Form besitzen; oder dass amtliche Schriftstücke in bestimmten Behörden einzeilig, in anderen eineinhalbzeilig formatiert sind. Hier richtet sich das analytische Interesse darauf, welche darstellerischen Aufgaben durch diese besondere Verpackung der Darstellung gelöst werden, sowie darauf, welche weiteren Optionen den Beteiligten diesbezüglich zur Verfügung stehen.

3. Zur Textanalyse medialer Texte

3.1 Beschreibungen und ihre Implikationen

Wir haben bereits eine Reihe struktureller Probleme kennen gelernt, denen sich die Autoren von Beschreibungen gegenübersehen. Bei der textlichen Bearbeitung dieser Probleme ergibt sich eine grundsätzliche Schwierigkeit: Beschreibungen können, wie elaboriert sie auch immer ausfallen mögen, ihren Gegenstand niemals endgültig erfassen oder erschöpfend wiedergeben. Diese ‹Lücken› lassen sich nur begrenzt durch explizite Formulierungen, Begründungen und Erklärungen ausfüllen, sondern müssen *reflexiv*, d. h. durch die Art und Weise der Textgestaltung – gleichsam nebenbei – erledigt werden. Die diesbezügliche Abwägung kann insbesondere im Falle mehrerer Rezipientengruppen zum Problem werden (z. B. wenn Gerichte bei Presseerklärungen mit den Verfahrensbeteiligten, mit anderen Instanzen, mit der juristischen und der politischen Fachöffentlichkeit und der Presse als Lesern rechnen müssen).

Stephan Wolff

Die Kunst besteht darin, die Interpretation weder ganz dem Leser zu überlassen (im Sinne der *reader-response-theory*), den Text aber auch nicht durch Instruktionen gegen Interpretationsversuche hermetisch abzuschließen. Die Rezipienten erwarten geradezu, einigermaßen «offene», d. h. interpretationsbedürftige Texte präsentiert zu bekommen (Eco 1992). Dem Text(-Autor) muss es gelingen, Sinnlücken und interpretative Rätsel in seine Beschreibung so zu integrieren, dass sie ein kompetenter Leser der angezielten ‹interpretativen Gemeinschaft› in erwartbarer Weise schließen bzw. auflösen wird.

Als methodischer Zugang zur Analyse von Beschreibungen bietet sich in erster Linie die Kategorisierungsanalyse *(Membership Categorization Analysis)* an, die auf den Arbeiten von Harvey Sacks (1972) zum methodischen Charakter von Beschreibungen fußt. Sacks hatte das methodische Instrumentarium, dessen sich Gesellschaftsmitglieder bei der Erstellung wie bei der Identifizierung von Beschreibungen bedienen, am Beispiel der beiden Sätze «The baby cried. The mommy picked it up» entwickelt. Auch ohne das Geringste über die konkreten Umstände zu wissen, wird jeder kompetente Leser diese beiden Sätze *als Geschichte* verstehen, in der es um ein weinendes Kleinkind und seine Mutter geht, welche dieses, eben weil es weint, hochhebt. Alternative Lesarten (z. B. ‹Baby› bezeichnet einen Erwachsenen, der mit seinem Kosenamen angeredet wird, oder die «Mutter» ist nicht die Mutter dieses Kindes, oder sie hebt irgendeinen Gegenstand auf usw.) bleiben grundsätzlich möglich, aber nur in ausdrücklicher Absetzung gegen die durch den Text erkennbar präferierte Variante.[2]

Angesichts ihrer sprachlich reduzierten Form erweisen sich *Schlagzeilen* als idealer Testfall für die analytische Reichweite des von Sacks vorgeschlagenen Instrumentariums.

3.2 Wie funktioniert eine Schlagzeile?

Überschriften von Zeitungsartikeln (und andere parolenartige Äußerungen auf Wahlplakaten oder in Werbeanzeigen) sind ein beliebtes Thema der Textanalyse (Francis/Hester 2004; Lee 1984; Lepper 2000; Silverman 2001). Sie bieten sich nicht nur wegen ihrer leichten Zugänglichkeit, sondern auch deshalb als Untersuchungsgegenstand an, weil sie im Zusammenhang der Mediennutzung eine bedeutsame Rolle spielen. Überschriften ermöglichen es, die *Aufmerksamkeit* des Lesers auf eine bestimmte Geschichte zu lenken; sie überreden ihn dazu, den annoncierten Bericht *tatsächlich zu lesen*, und bereiten ihn schließlich auf eine *bestimmte Lesart* des Geschriebenen vor und instruieren ihn, wie er die folgende Geschichte verstehen soll. Diese Punkte wollen wir an folgender (zufällig über Google News ausgewählter) Schlagzeile nachvollziehen:

Ehemann begeht Selbstmord, Frau erwacht aus Koma

Diese hiermit annoncierte, ursprünglich aus Italien stammende Meldung erschien im Januar 2005 in den meisten deutschsprachigen Tageszeitungen. Gut ein Viertel aller Überschriften war so wie wiedergegeben formuliert. Ein weiteres Viertel ersetzt «Ehemann» durch «Mann». Manchmal wird noch ein «dann» eingefügt. Bei der anderen Hälfte der Überschriften werden dem Satz die Worte «Erschütterndes Ehedrama:» vorangestellt, oder es ist von «Romeo und Julia» die Rede, verbunden meist mit einer Ortsangabe («in Italien» oder «aus Padua»). Die analysierte Schlagzeile stellt somit die knappste, d. h. die am meisten auf die rekonstruktive Mitarbeit des Lesers angewiesene Variante dar.

Die Wirkungsweise des von Sacks angesprochenen «Teilnehmer-Kategorisierungs-Apparats» (Membership Categorization Device oder kurz: MCD) wird deutlich, wenn man sich vor Augen führt, dass mit der Auswahl einer bestimmten Beschreibungskategorie zugleich auf andere dazu passende ‹natürliche› Kategorien verwiesen wird, mit denen zusammen sie eine «Kollektion» bildet. In unserem Beispiel verweisen die Bezeichnungen «Mann» und «Frau» auf die Kategorie «Ehepartner» und beide zusammen auf die Kollektion «Ehepaar». Dieser Kollektionsbildung helfen manche Zeitungsredakteure noch dadurch nach, dass sie ausdrücklich von «Ehemann» sprechen. Wir haben somit eine Geschichte vor uns, die mit der Beziehung der beiden Personen *als Ehepaar* zu tun hat, nicht etwa mit einer *Familienangelegenheit*.

In einem standardisierten Beziehungspaar gehen beide Partner typi-

Stephan Wolff

scherweise bestimmte gegenseitige Verpflichtungen ein. Sacks spricht deshalb von einer R(esponsibility)-Kollektion, in Abgrenzung zu K(nowledge)-Kollektionen, bei denen eine Wissensdifferenz im Vordergrund der Beziehung steht (wie bei Arzt Patient oder Professor–Student). Von den beiden in der Überschrift genannten Personen kann man konventionellerweise erwarten, dass sie sich zu gegenseitiger Fürsorglichkeit, Unterstützung und dauernder Gemeinsamkeit verpflichtet fühlen.

Sacks formuliert noch zwei *Anwendungsregeln* für die Handhabung des MCD: Die *Konsistenzregel* besagt, wenn eine Population von Personen kategorisiert ist und eine Kategorie dieses MCD benutzt wurde, um die erste Person zu charakterisieren («Mann»), dann sollte man die folgenden Kategorisierungen als aus diesem MCD stammend hören. Dies macht verständlich, warum in keiner der Überschriften von «Ehefrau» die Rede ist bzw. sein musste. Ein kompetentes Gesellschaftsmitglied wird nämlich zunächst einmal dieser «Hörermaxime» folgen, d. h. beide Personen einer einzigen Kollektion zuordnen. Dies schließt den Fall aus, dass die Frau zu einer ganz anderen Paarbeziehung gehört.

Die *Ökonomieregel* besagt, dass grundsätzlich *eine* Kategorie zur Kennzeichnung einer Person ausreicht. Der Ehemann mag noch Jäger, Parteimitglied oder Autofahrer sein, diese Eigenschaften sind aber für die folgende Geschichte nicht relevant, die sich also primär um den Aspekt ihrer Paarbeziehung dreht.

Die Kategorisierung geht über eine bloße Etikettierung insoweit hinaus, als mit einer Kategorie bestimmte *sozial erwartbare Handlungsweisen und Attribute* verbunden sind. Dies gilt ebenso umgekehrt: Wenn wir von einer Person hören, dass sie eine bestimmte kategorienbezogene Aktivität ausübt, können wir auf eine bestimmte Kategorie bzw. Kollektion schließen, der diese Person angehört. Von einem Ehemann beispielsweise kann man erwarten, dass er sich um seine kranke Partnerin kümmert. *Diese* Frau ist aber nicht bloß krank, sondern lag über längere Zeit im Koma. Für einen offenbar kinderlosen Ehemann ist ein Selbstmord *in dieser Situation* eine durchaus nachvollziehbare Tat. Er ist Ausdruck einer besonderen, aber zu dieser Kategorisierung durchaus passenden Emotionalität, nämlich des Wunsches, dem geliebten Partner in den scheinbar sicheren Tod zu folgen. Der Selbstmord ist eindeutig der *Selbstmord eines*

Ehemanns, nicht etwa der einer psychisch gestörten oder einer in vielleicht verwerflicher Weise selbstbezogenen Person. Man stelle sich die Veränderung der impliziten Moral der Aussage vor, wenn in der Schlagzeile von einem «Vater» die Rede gewesen wäre, insoweit, als «Väter» kategorisierte Personen der institutionellen Erwartung unterliegen, primär für ihre Kinder zu sorgen.

Wir können allein aufgrund der vorgenommenen Kategorisierungen und der weiteren geschilderten Aktivitäten darauf schließen, dass die Situation für den Ehemann hoffnungslos erschien und es niemand gab, an den er sich noch um Trost wenden konnte.

Der Autor der Überschrift macht sich dabei die implizite Leseregel zunutze, dass *zuerst genannte* Begebenheiten auch vor den danach genannten abgelaufen sind (nur eine von etwa 50 Überschriften verwendete ein «dann»). Jeder kompetente Leser weiß somit nach diesen sechs knappen Worten, dass ihn eine tragische Geschichte eines Liebespaars erwartet, denen es – wie Romeo und Julia – nur im Tod vergönnt sein wird, wieder zusammenzukommen.

Die Fruchtbarkeit der Kategorisierungsanalyse hat sich gerade in der Medienforschung an einer Vielzahl von Untersuchungen erwiesen. Zusammenfassungen einschlägiger Studien und grundsätzlicher methodischer Erwägungen bieten die Sammelbände von Hester/Eglin (1997) und Jalbert (1999) sowie die Monographien von Jayyusi (1984) und Lepper (2000).

Besonders hervorgehoben zu werden verdient die Studie von Eglin/Hester (2003) über die massenmediale Behandlung des so genannten «Montreal Massacre», bei dem ein Täter im Jahre 1989 14 junge Frauen umbrachte. Bei der medialen Auseinandersetzung darüber, ob es sich hier ‹nur› um ein monströses Verbrechen, ein anti-feministisches Fanal (wie der Täter behauptete), eine menschliche Tragödie, die Tat einer psychisch schwer gestörten Person oder um eine sinnlose und bizarre Horrorgeschichte gehandelt hat, bedienen sich die verschiedenen Beteiligten Personen und Medien zur Sinnstiftung jeweils unterschiedlicher kategorialer Zuordnungen, narrativer Herleitungen und deren moralischer und politischer Implikationen (vgl. Stetson 1999; Böttger/Wolff 1992). Bemerkenswert an dieser minuziösen Studie der textlichen Herstellung eines

Stephan Wolff

Tatbestandes ist insbesondere der Nachweis, welch tiefe Einblicke in die moralische Ordnung einer Gesellschaft eine solche textimmanente, unter strikter Berücksichtigung (ethno-)methodologischer Indifferenz durchgeführte Untersuchung eröffnet.

3.3 Rhetorik

Textanalytische Rekonstruktionen der ‹Aktivität› von Texten können sich nicht darauf beschränken zu untersuchen, wie Ereignisse, Personen oder Gegenstände beschrieben, kategorisiert sowie in Geschichten eingebaut werden und welche konventionellen Implikationen sich damit etablieren lassen. Darüber hinaus muss für jeden Text die Frage beantwortet werden, wie er sich mit dem Umstand oder der Möglichkeit *alternativer* Versionen der in ihm gemachten oder implizierten Aussagen, Feststellungen oder Behauptungen auseinander setzt.

Man darf die textanalytische Untersuchung der Rhetorik von Texten nicht mit Wirkungs- oder Rezeptionsforschung oder mit den psychologischen Untersuchungen zum Textverstehen verwechseln (für eine frühe kritische Auseinandersetzung mit diesen Ansätzen aus ethnomethodologischer Sicht vgl. Anderson/Sharrock 1979). Die textanalytische Frage richtet sich allein darauf, wie eine Beschreibung organisiert ist, um sich gegen alternative Versionen der Geschehnisse zu behaupten bzw. um sich von vorneherein gegen erwartbare Infragestellungen zu wappnen. Potter (1996, 107) schlägt vor, diesbezüglich zwischen *offensiver* und *defensiver* Rhetorik zu unterscheiden.

Es dürfte nicht überraschen, dass Textautoren sich ganz ähnlicher rhetorischer Formate wie etwa politische Redner bedienen (Heritage/Greatbatch 1986). Wenn man sich beispielsweise ansieht, welche wörtlichen Zitate aus politischen Reden in Zeitungsberichten wieder auftauchen, dann zeigt sich (Atkinson 1983, 1984; Clayman 1990; Heritage/Clayman/Zimmerman 1988), dass es sich dabei in der Regel um Redepassagen handelt, die sich durch die Verwendung von *Kontraststrukturen* und von so genannten *Dreierlisten* auszeichnen. Der Umstand, dass dies genau jene Stellen sind, an denen typischerweise applaudiert wird, relativiert diesen Befund nicht. Wie die folgenden Beispiele zeigen, zeichnen sich nämlich auch berühmte Literaturstellen, zeremonielle Formeln oder erfolgreiche Werbeslogans durch die bevorzugte Verwendung dieser Verpackungsformen aus.

(1) – (2) – (3)	Mitbürger! Freunde! Römer! hört mich an:
(1) – (2)	Begraben will ich Caesarn, nicht ihn preisen.
(1)	Was Menschen Übles tun, das überlebt sie,
(2)	Das Gute wird mit ihnen oft begraben.

(Shakespeare, Julius Caesar, Grabrede des Antonius)

(1) – (2) – (3)	Liberté, égalité, fraternité
	Blut, Schweiß und Tränen
	Ich kam, sah und siegte
(1) – (2)	Fly high, pay low. (German Wings)
(1) – (2)	Wie Kleingeld, nur besser. (Geldkarte)
(1) – (2)	Bald ist es so weit …! (VW, Teaser-Werbung)
(1) – (2) – (3)	Nimm gutes Mehl, nimm bessres Mehl, am besten nimm gleich Rosenmehl.
(1) – (2) – (3)	Schöner machen, selber machen, D-C-Fix auf 1000 Sachen.

Diese rhetorischen Formate finden sich ebenfalls in längeren Texten, die ihre Leser für eine bestimmte Position gewinnen wollen (wie Editorials), oder in jenen, die gegnerische Positionen polemisch attackieren. Atkinson (1984) verweist zum Beispiel auf die massive Verwendung von Kontrastformulierungen im «Kommunistischen Manifest».

Ein Problem offensiv ausgerichteter Texte besteht darin, dass negative Bewertungen strukturell gesehen *dispräferierte* Aktivitäten darstellen. Wie man aus der Untersuchung mündlicher Interaktion weiß, wird eine zustimmende Bewertung typischerweise anders formuliert als eine nicht-zustimmende. Wir finden in Texten die in Gesprächen ermittelten Merkmale solcher dispräferierter Äußerungen in modifizierter Form

Stephan Wolff

wieder. Infragestellungen und Meinungsverschiedenheiten werden nicht gleich zu Beginn, sondern erst an späterer Stelle eines Textes platziert und dann mit relativierenden Begründungen oder Erläuterungen versehen. Typischerweise wird zunächst referiert, was *für* die opponierte Position spricht, bevor man seine Einwände platziert. Wie Knauth/Wolff (1991) am Beispiel von *psychiatrischen Obergutachten* zeigen, ermöglicht es dieses eigentlich taktvolle Format, bei geschickter Nutzung gleichwohl zu sehr eindeutigen Qualifizierungen der gegnerischen Version zu gelangen. Dafür kommen einleitende positive Bewertungen in Frage, die reine Formalia oder Nebensächlichkeiten betreffen, oder Begründungen, die auf einen veränderten Stand des hierbei relevanten Wissens oder auf die nur selektive Erfüllung zentraler Gutachterpflichten hinweisen.

«Die Auseinandersetzung mit der Kleptomanie ist inhaltlich sicher richtig, aber doch weitgehend obsolet, da bessere Erklärungsmuster als die Kleptomanie heute zur Verfügung stehen. (…)

Sinnlosigkeit der Tat: Auch dieses einst klassische Symptom hat heute viel von seiner forensischen Bedeutung verloren» (Knauth/Wolff 1991, 46).

In diesem Beispiel verstärkt die Aufrechterhaltung der taktvollen Form den negativen Eindruck, insofern auf diese Weise zum Ausdruck gebracht wird, dass – bei einem Gutachten, das so weit hinter dem heutigen Stand der Forschung zurückbleibt – die kritische Bewertung *beim besten Willen* nicht zu vermeiden gewesen war.

4. EINSCHÄTZUNG DER METHODE

4.1 VORTEILE

Texte, und Medientexte zumal, sind *öffentlich zugängliche* Daten. Sie kommen in praktisch allen alltagsweltlichen wie in institutionellen Handlungsfeldern vor und sind für die Produktion und Reproduktion dieser Handlungsfelder, für die Ausbildung und Stabilität der Identitäten der dabei involvierten Akteure wie für die massenmediale Konstitution gesellschaftlicher Wirklichkeiten von zentraler Bedeutung (Smith 2001). Die Textanalyse profitiert davon, dass Texte mit Blick auf das Problem der *Vermittelbarkeit* für einen breiten Kreis von Rezipienten verfasst und gelesen werden. Da sich Texte als – wie immer gelungene – praktische Lösungen der dabei auftretenden Darstellungsprobleme verstehen lassen, kann diese Rezipientenorientierung als heuristischer Schlüssel zu ihrer Rekonstruktion dienen. Texte liegen als *bereits fixierte* Daten vor. Erhebungen, Aufzeichnungen, Transkriptionen und andere Formen der rekonstruktiven Datenverarbeitung (Bergmann 1985) erübrigen sich somit. Texte sind eine besonders *vollständige* Datenform, insofern sie ihre Formatierung mitbringen, zu der auch die Kombination mit Bildern und anderen Medien gehören kann. Texte stellen schließlich eine *eigenständige* Form der kommunikativen Wirklichkeitskonstruktion dar. Manche Phänomene existieren allein in Textform bzw. erhalten in Textform ihren eigentlichen Charakter (z. B. Novellen, Zeitungsartikel, Akten, Gerichtsurteile). Für sie gilt der alte Juristenspruch: «Quod non est in actis, non est in mundo». Wer sie untersuchen will, kommt um eine Untersuchung von Texten *als Texten* nicht herum (vgl. Potter 2004, 613f.).

4.2 PROBLEME UND SCHWIERIGKEITEN

Das grundlegende Problem jeder Textanalyse besteht darin, dass manche der klassischen Validierungsstrategien wie die Konversationsanalyse nicht ohne weiteres anzuwenden sind. Während sich in Gesprächen die Beteiligten beständig gegenseitig ihr Verständnis signalisieren bzw. vermeintliche Fehler korrigieren, kann man sich bei textlich vermittelter Kommunikation diesen Umstand nur in weit geringerem Maß für die Absicherung seiner Analyse zunutze machen. Einen gewissen Ausgleich bietet die stärkere Nutzung des Aspekts der inneren Sequenzialität und Geordnetheit schriftlicher Texte, zumal die Verfasser (wie die Rezipienten) schriftlicher Texte vor einer analogen Schwierigkeit wie der Analytiker stehen. Sie können die Rezeptionssituation nicht überblicken und auftretende Missverständnisse aus den Reaktionen ihrer Leser nicht er-

Stephan Wolff

schließen und zeitnah ‹reparieren›. Sie können sich zudem nur im begrenzten Maß darauf verlassen, dass ihre Leser im Zweifel schon die nötigen Kontextinformationen ergänzen werden. Daher müssen sie ihre Texte möglichst *selbstgenügsam* gestalten, d. h. sich in besonderer Weise um die leichte Identifizierbarkeit und rhetorische Absicherung der gewünschten (Standard-)Lesart bemühen.

Die Sicherstellung einer weitgehenden Kontextfreiheit des Textverstehens ist das Ergebnis der methodischen Darstellungsarbeit in Anbetracht des weitgehenden Fehlens situativer Interpretationsressourcen. Die textanalytische Reduktion des Kontextes auf den textlich-sequenziellen Zusammenhang kann so gesehen nicht als unnötiger methodischer Purismus oder gar als Ausdruck einer positivistischen Borniertheit abgetan werden. Sie entspricht im Gegenteil gerade der Besonderheit ebendieses empirischen Gegenstandes.

Der bekannten methodischen Schwäche diskursanalytischer und symbolisch-interaktionistischer Vorgehensweisen, nämlich den Kontext zu beschwören, ohne diesen Kontext *im Text* anders als metaphorisch oder assoziativ tatsächlich aufweisen zu können, steht auf Seiten der sozialwissenschaftlichen Textanalyse die Problematik eines methodisch elaborierten, aber möglicherweise allzu engen sequenziellen Kontextverständnisses gegenüber. Deshalb ist gerade bei der Textanalyse die Versuchung groß, im Zweifel *Kontextinformationen* zur Klärung heranzuziehen und so in eine «wilde Analyse» zu verfallen. Wie die angeführten Untersuchungen zeigen, lohnt es sich aber, dieser Versuchung zu widerstehen und die gegebenen immanenten Analysemöglichkeiten auszuschöpfen. Wann immer dies die Materiallage erlaubt, sollte zudem eine Analyse des ‹Gesprächs› zwischen dem untersuchten Text und den darauf folgenden bzw. ihm vorangehenden Texten (wie Widersprüche, Stellungnahmen, Aufforderungen, Belehrungen) erfolgen.

Demgegenüber ist die Frage der *Kombinierung* der Textanalyse mit anderen Methoden mit Vorsicht zu behandeln. Selbst die methodischen Anleihen aus der Diskurs- und Konversationsanalyse müssen immer zuerst auf ihre Angemessenheit im konkreten Fall überprüft werden.

Eine weitere Schwäche kann man darin sehen, dass die Gesellschaftsmitglieder keine Textanalyse benötigen, um die Welt zu verstehen; denn sie verfügen bereits über die Kompetenzen, um sich die Bedeutung von Texten in selbstverständlicher und unproblematischer Weise zugänglich zu machen. Die Textanalyse vermag keine Aussagen über eine bessere, ‹fairere› oder gar ‹wahre› Gestaltung von Texten zu machen. Sie liefert auch keine Hypothesen über die Gründe für spezifische Einseitigkeiten und Verzerrungen. Wohl aber ergeben sich Hinweise auf die besonderen Darstellungsprobleme von Textproduzenten und auf die ihnen zu deren Lösung zur Verfügung stehenden und praktischen Instrumentarien. Außerdem lassen sich kommunikative *Implikationen* und *Nebenfolgen* der jeweiligen Textgestaltung abschätzen. In diesem Sinn könnte eine angewandte Variante der Textanalyse durchaus die Funktion einer sozialwissenschaftlichen Supervision erfüllen.

5. AUSBLICK

Ein Blick auf die Literaturlage zeigt Anfang der 1990er Jahre eine deutliche Zunahme textanalytischer Studien und einschlägiger Überblicksartikel (z. B. Atkinson/Coffey 1997), allerdings ausgehend von einem bescheidenen Ausgangsniveau. Gründe für die im Ganzen gesehen noch geringe Verwendung mögen die – etwa im Vergleich zur Inhaltsanalyse (vgl. hierzu den Beitrag von Christmann in diesem Band) – strikteren methodischen Vorgaben sowie das Beharren auf textimmanenter Rekonstruktion sein, wodurch die gerade in der Medienforschung gern genutzten Möglichkeiten zur Triangulierung mit anderen Datenquellen und Verfahren erheblich eingeschränkt werden.

Gleichwohl kann man die Perspektiven der Textanalyse gerade im Medienbereich als eher positiv einschätzen. Sie bietet als sozialwissenschaftlich fundierte und rigoros empirische Forschungsstrategie eine willkommene Alternative zu überkommenen Formen der Beschäftigung mit Medientexten wie Psychoanalyse, traditionelle Inhaltsanalyse, Ideologiekritik, Ästhetik oder Semiotik (vgl. Titscher/Wodak/Meyer/Vetter 1998).

Stephan Wolff

Neue Untersuchungsfelder sind zurzeit am ehesten in den Bereichen Werbung, organisatorische Kommunikation und neue Medien zu erwarten. Methodisch wird neben dem weiteren Ausbau der Kategorisierungsanalyse die Untersuchung der *Kombination von Text und Bild* sowie die vorsichtige Ausweitung der Analyse in Richtung auf den Bereich der Literatur- und Filmanalyse im Vordergrund stehen. Von einer tragfähigen und erprobten textanalytischen Methodik für all jene Bereiche, die heute, vielleicht ein wenig vorschnell, unter «Medientexten» subsumiert werden, sind wir allerdings noch ziemlich weit entfernt.

ANMERKUNGEN

1   Die momentane Irritation geht so weit, dass man schon eine Preisfrage ausloben muss, um sich hinsichtlich der Frage «Brauchen wir einen neuen Textbegriff?» schlau zu machen (Fix/Adamzik/Antos/Klemm 2002). Die eingereichten Antworten scheinen den Unsicherheiten der Fragesteller nicht abgeholfen zu haben.

2   Texte grundsätzlich ‹gegen den Strich› lesen zu wollen, würde Zweifel an der sozialen Kompetenz der Leser begründen. Wissenschaftlich ist dies dagegen eine legitime Forschungsstrategie. Vertreter der «kritischen Textanalyse» tun dies programmatisch. Man verfehlt damit freilich systematisch die für Texte grundlegenden Herstellungs- und Verständnissicherungsmethoden.

LITERATUR

Anderson, Digby C./Wes W. Sharrock (1979), Biasing the news. Technical issues in «media studies», in: Sociology, Vol. 13, Nr. 3, 367–385.

Anderson, Robert J./Wes W. Sharrock (1984), Analytical work. Aspects of the organization of conversational data, in: Journal for the Theory of Social Behaviour, Vol. 14, Nr. 1, 103–124.

Atkinson, Maxwell J. (1983), Two devices for generating audience approval. A comparative study of public discourse and texts, in: Ehlich, Konrad/Henk van Riemsdijk

(Hrsg.), Connectedness in sentence, discourse and text. Tilburg Studies in Language and Literature, Vol. 4. Tilburg: Tilburg University, 199–235.

Atkinson, Maxwell J. (1984), Our masters' voices. The language and body language of politics. London/New York: Routledge.

Atkinson, Paul/Amanda Coffey (1997), Analysing documentary realities, in: Silverman, David (Hrsg.), Qualitative research. Theory, method and practice. London/Thousand Oaks/New Delhi: Sage, 45–62.

Beaugrande, Robert de/Wolfgang Dressler (1981), Einführung in die Textlinguistik. Tübingen: Niemeyer.

Berg, Eberhard/Martin Fuchs (Hrsg.) (1993), Kultur, soziale Praxis, Text. Die Krise der ethnographischen Repräsentation. Frankfurt a. M.: Suhrkamp.

Bergmann, Jörg R. (1985), Flüchtigkeit und methodische Fixierung sozialer Wirklichkeit. Aufzeichnungen als Daten der interpretativen Soziologie, in: Bonß, Wolfgang/Heinz Hartmann (Hrsg.), Entzauberte Wissenschaft. Zur Relativität und Geltung soziologischer Forschung. Soziale Welt, Sonderband 3. Göttingen: Schwartz, 299–320.

Böttger, Andreas/Stephan Wolff (1992), Text und Biographie. Zur textlichen Organisation von Lebensbeschreibungen in psychiatrischen Gerichtsgutachten, in: BIOS. Zeitschrift für Biographieforschung und Oralität, Vol. 4, Nr. 1, 21–47.

Clayman, Steven (1990), From talk to text. Newspaper accounts of reporter-source interactions, in: Media, Culture & Society, Vol. 12, Nr. 1, 79–103.

Dijk, Teun A. van (1997), The study of discourse, in: ders. (Hrsg.), Discourse as structure and process. London/Thousand Oaks/New Delhi: Sage, 1–34.

Eco, Umberto (1992), Interpretation and overinterpretation (Umberto Eco and Richard Rorty, Jonathan Culler, Christine Brooke-Rose). Hrsg. von Stefan Collini. Cambridge: Cambridge University Press.

Eglin, Peter/Stephen Hester (2003), The Montreal massacre. A story of membership categorization analysis. Waterloo/Ontario: Wilfrid Laurier University Press.

Fairclough, Norman (2001), Globaler Kapitalismus und kritisches Diskursbewusstsein, in: Keller, Reiner/Andreas Hirseland/Werner Schneider/Willy Viehöver (Hrsg.), Handbuch sozialwissenschaftliche Diskursanalyse. Band 1: Theorien und Methoden. Opladen: Leske + Budrich, 335–352.

Fish, Stanley (1980), Is there a text in this class? The authority of interpretive communities. Cambridge/London: Harvard University Press.

Fix, Ulla/Kirsten Adamzik/Gerd Antos/Michael Klemm (Hrsg.) (2002), Brauchen wir einen neuen Textbegriff? Antworten auf eine Preisfrage. Frankfurt a. M.: Lang.

Flusser, Vilém (1987), Die Schrift. Hat Schreiben Zukunft? Göttingen: Immatrix.

Francis, David/Stephen Hester (2004), An invitation to ethnomethodology. Language, society and interaction. London/Thousand Oaks/New Delhi: Sage.

Garfinkel, Harold (1967), «Good» organizational reasons for «bad» clinical records, in: ders., Studies in ethnomethodology. Englewood Cliffs, NJ: Prentice Hall, 186–207.

Geertz, Clifford (1990, zuerst 1988), Die künstlichen Wilden. Der Anthropologe als Schriftsteller. München/Wien: Hanser (Originaltitel: Works and lives. The anthropologist as author. Stanford: Stanford University Press).

Gusfield, Joseph (1976), The literary rhetoric of science. Comedy and pathos in drinking driver research, in: American Sociological Review, Vol. 41, Nr. 4, 16–34.

Have, Paul ten (1999a), Doing conversation analysis. A practical guide. London/Thousand Oaks/New Delhi: Sage.

Have, Paul ten (1999b), Structuring writing for reading. Hypertext and the reading body, in: Human Studies, Vol. 22, Nr. 2–4, 273–298.

Heath, Christian/Paul Luff (1996), Documents and professional practice. «Bad» organizational reasons for «good» clinical records, in: Proceedings of the Conference on Computer Supported Cooperative Work. Boston: ACM Press, 354–363.

Heritage, John C./Steven Clayman/Don H. Zimmerman (1988), Discourse and message analysis. The micro-structure of mass media messages, in: Hawkins, Robert P./John M. Wiemann/Suzanne Pingree (Hrsg.), Advancing communication science. Merging mass und interpersonal processes (Annual Review of Communication Research, Vol. 16). Newbury Park et al.: Sage, 77–109.

Heritage, John/David Greatbatch (1986), Generating applause. A study of rhetoric and response at party political conferences, in: American Journal of Sociology, Vol. 92, Nr. 1, 110–157.

Hester, Stephen/Peter Eglin (Hrsg.) (1997), Culture in action. Studies in membership categorization analysis. Washington, D. C.: University Press of America.

Hutchby, Ian/Robin Wooffitt (1998), Conversation analysis. Principles, practices and applications. Cambridge: Polity Press.

Jalbert, Paul L. (Hrsg.) (1999), Media studies. Ethnomethodological approaches. Lanham/New York/Oxford: University Press of America.

Jayyusi, Lena (1984), Categorization and the moral order. London: Routledge & Kegan Paul.

Kallmeyer, Werner/Wolfgang Klein/Reinhard Meyer-Hermann/Klaus Netzer/Hans-Jürgen Siebert (1974), Lektürekolleg zur Textlinguistik. Band 1: Einführung. Frankfurt a. M.: Athenäum Fischer.

Knauth, Bettina/Stephan Wolff (1991), Zur Fruchtbarkeit der Konversationsanalyse für die Untersuchung schriftlicher Texte – dargestellt am Fall der Präferenzorganisation in psychiatrischen «Obergutachten», in: Zeitschrift für Soziologie, Vol. 20, Nr. 1, 36–49.

Lee, John R. E. (1984), Innocent victims and evil-doers, in: Women's Studies International Forum, Vol. 7, Nr. 1, 69–73.

Lepper, Georgia (2000), Categories in text and talk. London/Thousand Oaks/New Delhi: Sage.

Luhmann, Niklas (1997), Die Gesellschaft der Gesellschaft. Frankfurt a. M.: Suhrkamp.

McHoul, Alex W. (1982), Telling how texts talk. Essays on reading and ethnomethodology. London: Routledge & Kegan Paul.

Mulkay, Michael (1985), The word and the world. London: Allen & Unwin.

Ong, Walter J. (1987, zuerst 1982), Oralität und Literalität. Die Technologisierung des Wortes. Opladen: Westdeutscher Verlag (Originaltitel: Orality and literacy. The technologizing of the word. London: Methuen).

Potter, Jonathan (1996), Representing reality. Discourse, rhetoric and social construction. London/Thousand Oaks/New Delhi: Sage.

Potter, Jonathan (2004), Discourse analysis, in: Hardy, Melissa/Alan Bryman (Hrsg.), Handbook of data analysis. London/Thousand Oaks/New Delhi: Sage, 607–624.

Prior, Lindsay (1997), Following Foucault's footsteps. Text and context in qualitative research, in: Silverman, David (Hrsg.), Qualitative research. Theory, method and practice. London/Thousand Oaks/New Delhi: Sage, 63–79.

Sacks, Harvey (1972), On the analyzability of stories by children, in: Gumperz, John J./Dell Hymes (Hrsg.), Directions in sociolinguistics. The ethnography of communication. New York: Rinehart & Winston, 325–345.

Sacks, Harvey (1985), The inference-making machine. Notes on observability, in: van Dijk, Teun A. (Hrsg.), Handbook of discourse analysis. Vol. 3: Discourse and dialogue. London: Academic Press, 13–23.

Sacks, Harvey/Emanuel A. Schegloff/Gail Jefferson (1974), A simplest systematics for the organization of turn-taking in conversation, in: Language, Vol. 50, Nr. 2, 696–735.

Silverman, David (2001), Interpreting qualitative data. Methods for analysing talk, text and interaction. London/Thousand Oaks/New Delhi: Sage.

Smith, Dorothy E. (1976), K ist geisteskrank. Die Anatomie eines Tatsachenberichtes, in: Weingarten, Elmar/Fritz Sack/Jim Schenkein (Hrsg.), Ethnomethodologie. Beiträge zu einer Soziologie des Alltagshandelns. Frankfurt a. M.: Suhrkamp, 368–415.

Smith, Dorothy E. (1984), Textually mediated social organization, in: International Social Sciences Journal, Vol. 34, Nr. 1, 59–75.

Smith, Dorothy E. (1990), The active text. Texts as constituents of social relations, in: dies., Texts, facts, and feminity. Exploring the relations of ruling. London: Routledge & Kegan Paul, 120–158.

Smith, Dorothy E. (2001), Texts and the ontology of organizations and institutions, in: Studies in Cultures, Organizations and Societies, Vol. 7, Nr. 2, 159–198.

Stetson, Jeff (1999), Victim, offender and witness in the emplotment of news stories, in: Jalbert, Paul L. (Hrsg.), Media studies. Ethnomethodological approaches. Lanham/New York/Oxford: University Press of America, 77–110.

Titscher, Stefan/Ruth Wodak/Michael Meyer/Eva Vetter (1998), Methoden der Textanalyse. Leitfaden und Überblick. Opladen: Westdeutscher Verlag.

Watson, Rod (1978), Categorization, authorization and blame-negotiation in conversation, in: Sociology, Vol. 12, Nr. 1, 105–113.

Watson, Rod (1997), Ethnomethodology and textual analysis, in: Silverman, David (Hrsg.), Qualitative research. Theory, method and practice. London/Thousand Oaks/New Delhi: Sage, 80–98.

Wolff, Stephan (1987), Rapport und Report. Zu einigen Problemen beim Erstellen ethnographischer Texte, in: Ohe, Walter von der (Hrsg.), Beiträge zur Neubegründung der Kulturanthropologie. Berlin: Duncker & Humblot, 333–363.

Wolff, Stephan (1995), Text und Schuld. Die Rhetorik psychiatrischer Gerichtsgutachten. Berlin/New York: de Gruyter.

Wolff, Stephan (2000), Dokumenten- und Aktenanalyse, in: Flick, Uwe/Ernst von Kardorff/Ines Steinke (Hrsg.), Qualitative Forschung. Ein Handbuch. Reinbek bei Hamburg: Rowohlt, 502–513.

Wolff, Stephan/Hermann Müller (1997), Kompetente Skepsis. Eine konversationsanalytische Untersuchung zur Glaubwürdigkeit in Strafverfahren. Opladen: Westdeutscher Verlag.

Wooffitt, Robin (1992), Telling tales of the unexpected. The organization of factual discourse. Hemel Hempstead: Harvester Wheatsheaf.

Gabriela B. Christmann
2.7 INHALTSANALYSE

1. ZUR GESCHICHTE DER INHALTSANALYSE

1.1 QUANTITATIVE INHALTSANALYSE

Max Weber schlug im Jahre 1910 auf dem ersten Deutschen Soziologentag vor, dass Zeitungsinhalte systematisch analysiert werden sollten. Ziel müsse es sein, Inhalte von Zeitungen im historischen Verlauf quantitativ zu erfassen, um Veränderungen zu ermitteln:

«(...) wir werden nun, deutlich gesprochen, ganz banausisch anzufangen haben damit, zu messen, mit der Schere und dem Zirkel, wie sich denn der Inhalt der Zeitungen in quantitativer Hinsicht verschoben hat im Laufe der letzten Generation, nicht am letzten im Inseratenteil, im Feuilleton, zwischen Feuilleton und Leitartikel, zwischen Leitartikel und Nachricht, zwischen dem, was überhaupt an Nachricht gebracht wird und was heute nicht mehr gebracht wird (...). Es sind erst die Anfänge solcher Untersuchungen vorhanden, die das zu konstatieren suchen (...) und von diesen Anfängen werden wir zu den qualitativen übergehen.» (Weber 1911, 52)

Obwohl Zeitungsinhalte schon lange vor Webers Appell empirisch untersucht worden sind, gab es zu jener Zeit noch keine systematisch verfahrende *Methode* der Inhaltsanalyse.[1] Die Methode ist erst im Rahmen der Propagandaforschung entwickelt worden.

Als während des Ersten Weltkriegs die Kriegsparteien erstmals in großem Umfang Propagandamaterialien einsetzten und als im Zweiten Weltkrieg die ‹Waffe› der propagandistischen Kriegsführung noch intensiver genutzt wurde, entstand das Bedürfnis, systematisches Wissen über die Strukturen und Wirkungsweisen von Propaganda zu erlangen. Daraus entwickelte sich ein allgemeines Interesse für Medieninhalte. Da in jener Zeit die Vorstellung von einem einfachen Wirkungszusammenhang vorherrschte, wonach ein bestimmter Stimulus bei allen Menschen zu einer gleichartigen Reaktion führt, war die Frage nach den Medien-

Gabriela B. Christmann

inhalten mit der Frage verbunden, welche Wirkungen sie beim Rezipienten hervorrufen.[2]

In diesem historischen Kontext und vor dem Hintergrund des klassischen Stimulus-Response-Modells wurden in den 1940er Jahren – insbesondere in Forschungsprojekten von Harold D. Lasswell – erste methodische Ansätze für eine *quantitative* Inhaltsanalyse entwickelt. Doch erst in dem von Bernard Berelson (1952) vorgelegten Lehrbuch «Content Analysis in Communication Research» sind die bis dahin ausgearbeiteten Verfahrensweisen systematisch zusammengestellt und verfeinert worden. Berelsons grundlegende Definition der Inhaltsanalyse lautet: «Content analysis is a research technique for the objective, systematic, and quantitative description of the manifest content of communication» (1952, 18). Kennzeichen der Inhaltsanalyse sind demnach die Quantifizierung, das systematische Vorgehen, die Objektivität und die Fokussierung auf manifeste Inhalte.[3]

Die Gründerväter der Kommunikationswissenschaft, Harold D. Lasswell und Bernard Berelson, haben einen bedeutenden Anteil an der Methodenentwicklung der quantitativen Inhaltsanalyse gehabt. Auch in der Folgezeit bemühte man sich vor allem in der Kommunikationswissenschaft um die Weiterentwicklung dieser quantitativen Methode (vgl. Brosius/Koschel 2001, 156).[4]

1.2 Qualitative Inhaltsanalyse

Die *qualitative* Inhaltsanalyse ist aus einem ganz anderen Zusammenhang hervorgegangen. Es war Siegfried Kracauer, der einen wesentlichen Beitrag für die Entwicklung des Ansatzes leistete. Im Jahre 1952 setzte er sich in seinem Aufsatz «The Challenge of Qualitative Content Analysis» kritisch mit Berelsons Konzeption auseinander. Kracauer wendet sich gegen Quantifizierungen und gegen die damit einhergehenden Vereinheitlichungen. Der Vereinheitlichung setzt er das Analyseziel entgegen, Einzelfälle mit ihren jeweils spezifischen Bedeutungen zu erfassen. Kracauer argumentiert, dass die atomistische Erfassung isolierter Daten die Interrelation der Daten vernachlässigt und Sinnzusammenhänge auflöst. Texte müssten in ihrer Gesamtstruktur als bedeutungsvolles Ganzes betrachtet werden. Auch die Analyse von ‹manifesten› Inhalten greift gemäß Kracauer zu kurz. Ziel des Forschers müsse es sein, zwischen den Zeilen zu lesen und ‹latenten› Inhalten nachzugehen. Der Forscher ist gehalten, verschiedene Interpretationsmöglichkeiten zu berücksichtigen.

Diese Anregungen wurden in den 1970er Jahren zunächst von neomarxistisch ausgerichteten Autoren aufgegriffen (vgl. Ritsert 1972; Prokop 1977). Ritsert entwickelte ein Konzept für eine ideologiekritische Inhaltsanalyse, das Dimensionen der qualitativen Inhaltsanalyse Kracauers wie auch Überlegungen Adornos aufnimmt.[5] Im Unterschied zu Kracauer steht Ritsert dem quantifizierenden Vorgehen allerdings nicht grundsätzlich ablehnend gegenüber. Es geht ihm um eine Methodologie der Ideologiekritik, nicht um die Ausarbeitung einer strikt *qualitativ* verfahrenden Inhaltsanalyse. Bei Prokop, der es vorzieht, von einer «Produktanalyse» zu sprechen (vgl. 1977, 28), ist dies ähnlich. In dem von ihm herausgegebenen Band «Produktanalysen» sind ausschließlich Forschungsbeiträge enthalten, die der methodischen Ausrichtung der quantitativen Inhaltsanalyse folgen.

Zu Beginn der 1980er Jahre trat Holger Rust mit einem Ansatz hervor, der sich dem Anspruch nach um eine kultursoziologisch ausgerichtete, theoretische Bestimmung der Untersuchungsobjekte von Inhaltsanalysen bemüht. Rust bedient sich des begrifflichen Instrumentariums der Semiotik (vgl. Rust 1980a; 1980b; 1981). Er legt einen weiten Textbegriff zugrunde: Verschiedenste ‹kulturelle Äußerungen›, zu denen auch massenmediale Produkte zählen, werden dort als Texte begriffen (vgl. z. B. Rust 1980a, 228). Inhaltsanalysen müssen gemäß Rust die spezifische kulturelle Kontextuierung ihrer Texte berücksichtigen. Außerdem müssen sie in Betracht ziehen, mit welchen strukturellen Mustern welche Bedeutungen konstruiert werden.[6]

Die genannten Beiträge setzen sich mehr oder weniger stark von der Inhaltsanalyse Berelsons ab. Sie plädieren für eine anders geartete Inhaltsanalyse und entwerfen jeweils spezifische *methodologische Programme. Methodische Verfahrensregeln* für die praktische Umsetzung einer qualitativen Inhaltsanalyse entwickeln sie jedoch nicht.

Gabriela B. Christmann

Methodische Konzepte für eine ‹qualitative Inhaltsanalyse› sind erst in den 1980er Jahren ausgearbeitet worden (vgl. Mühlfeld et al. 1981; Mostyn 1985; Mayring 1985; Wittkowski 1994). Die ersten Ansätze sind sich in der methodischen Konzeption sehr ähnlich. Sie haben gemeinsam, dass Datensegmente isoliert, schrittweise zusammengefasst und kategorial zugeordnet werden. Kennzeichen der Ansätze ist somit eine Vorgehensweise, die man als ‹atomistisch-reduktiv› bezeichnen könnte, obwohl – und dies ist widersprüchlich – der Anspruch einer ‹qualitativen› Analyse vertreten wird. Die ‹qualitative Inhaltsanalyse› nach Philipp Mayring ist der am meisten zitierte und am besten ausgearbeitete Ansatz dieser methodischen Richtung (vgl. Abschnitt 2).[7] Darüber hinaus existieren spätestens seit den 1990er Jahren – im Rahmen der ‹Grounded Theory› und der ‹Ethnographic Content Analysis› – methodische Verfahren, die sequenzanalytisch und interpretativ vorgehen und den Prinzipien des interpretativen Paradigmas sehr viel besser gerecht werden können als die Ansätze der atomistisch-reduktiven Richtung (vgl. Abschnitt 4). Bislang sind diese Analysemethoden in der Kommunikationsforschung jedoch nur wenig beachtet worden.

Erst seit den 1980er Jahren kann man also von *Methoden* der ‹qualitativen Inhaltsanalyse› sprechen. Vor diesem Hintergrund fällt es schwer, eine klassische inhaltsanalytische Studie zu bestimmen.[8] Freilich sind schon früh qualitative Analysen durchgeführt worden. Die erste bedeutende Studie dieser Art ist das monumentale Werk von William I. Thomas und Florian Znaniecki (1927) «The Polish Peasant in Europe and America». Die Autoren haben verschiedenste Materialien – darunter autobiographische Aufzeichnungen, persönliche Dokumente, Briefe und nicht zuletzt Leserbriefe eines wöchentlich erscheinenden polnischen Bauernmagazins (der «Gazeta Swiateczna») – herangezogen und unter Verzicht auf standardisierte Verfahren analysiert. Die Studie ist ein frühes Zeugnis der Chicago School, die in der Folgezeit zahlreiche qualitative Untersuchungen hervorbrachte. Obwohl Thomas und Znaniecki wie auch andere Autoren der späteren Chicago School ihre Daten mittels qualitativer Verfahren analysiert haben, wäre es jedoch verfehlt, ihre Studien als ‹qualitative Inhaltsanalysen› zu bezeichnen.[9] Dies gilt für die zahlreichen Arbeiten, die ihnen nachfolgten, gleichermaßen.

2. Atomistisch-reduktive Verfahren: das Beispiel der ‹Qualitativen Inhaltsanalyse› nach Mayring. Darstellung und Kritik

Während das *Programm* einer qualitativen Inhaltsanalyse in Opposition zur quantitativen ‹Vorgängerin› entwickelt wurde, ist das *methodische Vorgehen* – etwa in der heute etablierten Fassung der ‹qualitativen Inhaltsanalyse› nach Mayring – wie bei keiner anderen Methode der qualitativen Sozialforschung stark an die Logik des nomothetisch-deduktiven Paradigmas angelehnt. Dies wird in der folgenden Darstellung des Verfahrens deutlich werden (vgl. die Abschnitte 2.1 bis 2.3). Von Seiten qualitativer Sozialforscher ist deshalb Kritik laut geworden (vgl. Abschnitt 2.4).

2.1 Arbeitsprinzipien

Die ‹qualitative Inhaltsanalyse› nach Mayring soll theoriegeleitet sein, sie soll systematisch bzw. in hohem Maß regelgeleitet vorgehen, das heißt, sie soll das Datenmaterial in kleine Einheiten zerlegen und Codierregeln folgen. Nicht zuletzt soll sie die Gütekriterien der sozialwissenschaftlichen Forschung erfüllen, insbesondere soll sie intersubjektiv überprüfbar und replizierbar sein (vgl. z.B. Mayring 1985, 192; 1992, 24f.; 1993a, 13; 1993b, 86; 2000a, 469 u. 471; 2000b, Abs. 7). Quantifizierungen müssen in Mayrings Inhaltsanalyse zwar nicht notwendigerweise angestrebt werden, sie werden aber nicht ausgeschlossen, sondern als sinnvolle Ergänzung angesehen. Mayring betont, dass sich sein Modell einer ‹qualitativen Inhaltsanalyse› von der «interpretativen, hermeneutischen Bearbeitung» von Texten stark unterscheidet (Mayring 1993b, 86).

Das Material der ‹qualitativen Inhaltsanalyse› Mayrings umfasst Kommunikate aller Art, darunter Medienerzeugnisse und Interviewdaten. Die Kommunikate können sprachliche, (film-)bildliche, musikalische oder plastische Materialien sein, vorausgesetzt, dass sie mittels entsprechender Notationsverfahren fixiert wurden (vgl. Mayring 1991,

209; 2000a, 468f.). Spezielle inhaltsanalytische Verfahren für (film-)bildliche, musikalische oder plastische Daten liegen jedoch nicht vor. Mayring hat die Methode (in einem Forschungsprojekt zur Verarbeitung von Arbeitslosigkeit) für die Analyse von Interviews entwickelt.[10] Das Verfahren steht somit in einem spezifischen Kontext. Will man Mayrings Inhaltsanalyse auf Medienmaterialien anwenden, so stellen sich Probleme. Es müssen Modifikationen bzw. Anpassungen für die Medienanalyse vorgenommen werden (vgl. Dittmann 1999, 19).

2.2 ARBEITSSCHRITTE

Die ‹qualitative Inhaltsanalyse› Mayrings ist in folgende Arbeitsschritte untergliedert (vgl. Mayring 1991, 210; 1993a, 49f.): Am Anfang steht die Festlegung des Materials, das heißt, es wird bestimmt, welche Teile des Datenmaterials für die Analyse herangezogen werden. In der Regel werden jene Segmente gewählt, die Antworten auf die Forschungsfrage versprechen. Es wird sodann geklärt, unter welchen Bedingungen das Datenmaterial zustande gekommen ist, welche Personen im Rahmen der Interviews beteiligt waren, inwiefern es Störungen gab (Analyse der Entstehungssituation) etc. Im nächsten Schritt werden die formalen Charakteristika des Materials festgehalten: Hier geht es um die Frage, wie das Material erhoben, aufgezeichnet, aufbereitet und transkribiert wurde und inwiefern die jeweiligen Verarbeitungsformen gegebenenfalls Einfluss auf die Texte hatten. Sodann wird eine Entscheidung über die Richtung der Analyse getroffen. Es wird festgelegt, auf welche Aspekte man sich in der Analyse zu konzentrieren hat. Danach werden theoretische Differenzierungen der Fragestellung entwickelt. Dies geschieht vor dem Hintergrund von bestehenden Theorien und empirischen Befunden. Dann wird darüber entschieden, welche Analysetechnik(en) der ‹qualitativen Inhaltsanalyse› zum Einsatz kommen soll(en) (Zusammenfassung, Explikation und/oder Strukturierung) und wie das Ablaufmodell strukturiert sein soll. Eine weitere vorbereitende Maßnahme ist die Definition der Analyseeinheiten. Mayring unterscheidet zwischen der ‹Codiereinheit› (dem kleinsten Textbestandteil, der kategorisiert werden darf), der ‹Kontexteinheit› (dem größten Textbestandteil, der kategorisiert werden darf) und der ‹Auswertungseinheit› (die die Reihenfolge der auszuwertenden Textteile festsetzt). Erst jetzt kann die Analyse des Datenmaterials auf der Basis des theoretisch abgeleiteten Kategoriensystems erfolgen (Analyseschritte mittels des Kategoriensystems). Entsprechend der vorab getroffenen Wahl des Analyseinstruments bedient sich der Forscher der Techniken der zusammenfassenden, der explizierenden und/oder der strukturierenden Inhaltsanalyse. Zu den abschließenden Arbeitsschritten gehören die Rücküberprüfung des Kategoriensystems an Theorie und Material, die Interpretation der Ergebnisse in Richtung der Hauptfragestellung und die Anwendung der inhaltsanalytischen Gütekriterien.

2.3 Techniken

Oben sind verschiedene Techniken der ‹qualitativen Inhaltsanalyse› erwähnt worden: Mayring unterscheidet in seinen frühen Werken zwischen der ‹zusammenfassenden›, der ‹explizierenden› und der ‹strukturierenden› Inhaltsanalyse (vgl. Mayring 1985, 193–206; 1992, 25–40; 1993a, 52–93; 1993b, 86–89). Inzwischen hat er der zusammenfassenden Inhaltsanalyse die Unterkategorie der ‹induktiven Kategorienbildung› hinzugefügt (vgl. Mayring 2000a, 472; 2000b, Kap. 4.1; 2000c, 74–76). Im Rahmen der induktiven Kategorienbildung geht es darum, unter Zuhilfenahme der zusammenfassenden Inhaltsanalyse Kategorien aus dem Material herauszuarbeiten. Die Kategorien werden hier strikt aus den Daten, nicht aus einer Theorie abgeleitet. Grundsätzlich versteht Mayring die genannten Techniken als eigene inhaltsanalytische Verfahren.[11]

Ziel einer *zusammenfassenden* Inhaltsanalyse ist es, das Material so zu reduzieren, dass es das Grundmaterial repräsentiert. Durch Streichung von unbedeutenden Textteilen, durch Abstraktion, Integration, Selektion und Bündelung werden die wesentlichen Inhalte des Textes herausgearbeitet. In den Regelkatalogen Mayrings (1993a, 58) findet man hierfür Arbeitsanweisungen der folgenden Art:

Gabriela B. Christmann

«Z1: Paraphrasierung.

Z1.1 Streiche alle nicht (oder wenig) inhaltstragenden Textbestandteile wie ausschmückende, wiederholende, verdeutlichende Wendungen!

Z1.2 Übersetze die inhaltstragenden Textstellen auf eine einheitliche Sprachebene!

Z1.3 Transformiere sie auf eine grammatikalische Kurzform!»

Die *explizierende* Inhaltsanalyse dient dazu, unverständliche Textstellen zu klären. Zu diesem Zweck werden Explikationsmaterialien gesammelt: Materialien aus dem unmittelbaren Umfeld des Textes (enge Kontextanalyse) und/oder text-externe Materialien (weite Kontextanalyse). Die text-externen Materialien können in Form von spezifischen Informationen zur Entstehungssituation, allgemeinen Informationen zum kulturellen Kontext, Lexikoneinträgen etc. vorliegen. Auf der Basis der Explikationsmaterialien wird eine explizierende Paraphrase formuliert. Sie fasst sämtliche Materialien zusammen, die für die Klärung zugelassen worden sind. Diese Paraphrase wird an die Stelle des zu explizierenden Segments gesetzt. Der Prozess ist abgeschlossen, wenn die Explikation nach Einschätzung des Forschers ausreicht. Wenn dies nicht der Fall ist, wird nach weiterem Explikationsmaterial gesucht. Die explizierende Inhaltsanalyse folgt im Vergleich zur zusammenfassenden Inhaltsanalyse der entgegengesetzten Logik. Sie reduziert nicht, sie erweitert.

Im Rahmen der *strukturierenden* Inhaltsanalyse werden die Analyseeinheiten des Datenmaterials vorab festgelegten, theoretisch abgeleiteten Kategorien zugeordnet. Die Strukturierung des Materials kann unter formalen, inhaltlichen, typisierenden und/oder skalierenden Aspekten erfolgen. «Grundgedanke ist dabei, dass durch die genaue Formulierung von Definitionen, typischen Textpassagen (‹Ankerbeispielen›) und Codierregeln ein Codierleitfaden entsteht, der die Strukturierungsarbeit entscheidend präzisiert» (Mayring 2000a, 473). Darin unterscheidet sich die strukturierende Inhaltsanalyse von der induktiven Kategorienbildung.

Mayring formuliert, dass sich die Formen seines Modells der ‹qualitativen Inhaltsanalyse› anbieten, wenn «eine mehr oder weniger theoriegeleitete Textanalyse» angestrebt wird. «Für eine explorativ-interpretative Erschließung des Materials eignen sie sich weniger» (Mayring 1993b, 89). In Fällen, in denen die Fragestellungen offener sind, hält auch Mayring Verfahren der ‹Grounded Theory› für zweckmäßiger (vgl. 1991, 213; 2000a, 474).

2.4 KRITIK

Auch wenn die ‹qualitative Inhaltsanalyse› Mayrings inzwischen relativ verbreitet ist, ist sie doch im Vergleich zu anderen qualitativen Methoden eher untypisch. Lamnek (1993, 216) formuliert dies wie folgt: «Insgesamt kann man dieses inhaltsanalytische Verfahren nur als beschränkt den, aus den Implikationen des interpretativen Paradigmas abgeleiteten, Merkmalen qualitativer Sozialforschung entsprechend betrachten.»

Im Zusammenhang mit der ‹qualitativen Inhaltsanalyse› Mayrings werden typischerweise die folgenden Aspekte als problematisch angesehen:

- Die Methode geht nicht offen vor, sie untersucht die Daten in aller Regel mit einem vorab entwickelten, theoretisch abgeleiteten Analyseschema (vgl. Lamnek 1993, 199; Groeben/Rustemeyer 1995, 528). Flick (1995, 215) äußert daher Bedenken: «Die schnelle Kategorisierung mit von außen herangetragenen, theoretisch begründeten Kategorien verstellt möglicherweise eher den Blick auf den Inhalt des Textes, als dass sie den Text und seine (Un-)Tiefen auszuloten erleichtert.»
- Die Daten werden nicht in ihrer Ganzheit analysiert, sondern zergliedert (vgl. Lamnek 1993, 216).
- Die Methode geht nicht interpretativ, sondern reduktiv vor (vgl. Lamnek 1993, 216).
- Explikationen beschäftigen sich nicht grundsätzlich interpretativ mit potenziellen Sinndimensionen des Textes, sie sind lediglich auf unverständliche Stellen beschränkt. Letztlich treten durch Explikationsmaterialien gewonnene Paraphrasen an die Stelle der zu klärenden Textstelle (Flick 1995, 215).

Kurzum: Die Vorgehensweise widerspricht dem Forschungsverständnis der qualitativen Sozialforschung, die interpretativ arbeitet, jede kommunikative Äußerung in ihrer jeweiligen Realisierungsform ernst nimmt, grundsätzlich jedes Segment im Datenmaterial als bedeutungstragend

Gabriela B. Christmann

ansieht und selbst Wiederholungen bzw. Dopplungen beachtet (die bei Mayring ‹nicht bedeutungstragende Teile› sind).

Somit trifft die Kritik, die Kracauer einst an der quantitativen Inhaltsanalyse Berelsons formulierte, letztlich auch auf die ‹qualitative Inhaltsanalyse› Mayrings zu: Die Methode verstümmelt und verzerrt die Ausgangsdaten, zerstört Sinnzusammenhänge und lässt das ‹bedeutungsvolle Ganze› des Textes außer Acht.

3. Anwendungsfelder: von der Medienmethode zur allgemeinen Analysemethode

Die Inhaltsanalyse gehört zu den Methoden, die ursprünglich für die Analyse von Medienmaterialien konzipiert worden sind. Klassische Forschungsfelder der Inhaltsanalyse innerhalb der Kommunikationsforschung sind (beginnend mit der Propagandaforschung) die politische Kommunikation, die mediale Darstellung von Gewalt und Kriminalität, die mediale Darstellung von Frauen, Männern und Minoritäten wie auch der Bereich des Wertewandels (vgl. Brosius/Koschel 2001, 167–170; Bonfadelli 2002, 33–39). Auf diesen Gebieten sind zunächst quantitative Inhaltsanalysen durchgeführt worden. Seit den 1990er Jahren folgten ihnen ‹qualitative› – teilweise in Kombination mit quantitativen – Inhaltsanalysen.[12]

Eine typische Studie ist die Untersuchung Rösers (1992) über ‹Frauenzeitschriften und weiblichen Lebenszusammenhang›. Die Autorin kombiniert eine quantitative mit einer – ideologiekritisch ausgerichteten – ‹qualitativen› Inhaltsanalyse. Am Beispiel der Frauenzeitschrift «Brigitte» arbeitet sie heraus, wie sich Frauenleitbilder für die Themenbereiche ‹Beruf›, ‹Privates› und ‹Politik› im Zeitraum von 1970 bis 1989 gewandelt haben. Die Ergebnisse werden mit Frauenleitbildern der Zeitschriften «Cosmopolitan», «Elle» und «Tina» aus den Jahren 1988 und 1989 verglichen. Rösers Befunde sind vielfältig. Die Autorin kann unter anderem zeigen, dass Frauenzeitschriften ‹eine Egalität *der* Frauen propagieren›, dass sie ihre Positionen in Übereinstimmung zur Mehrheitsmeinung der weiblichen Bevölkerung vertreten und dass sie fast ausschließlich positive Perspektiven anbieten (vgl. Röser 1992, 304–308).

Typischerweise hat die klassische Inhaltsanalyse nicht nur auf Printmedien Anwendung gefunden. Schon früh hat man quantifizierende inhaltsanalytische Codierverfahren auch für die Analyse von Radiosendungen, Bildern und Filmen eingesetzt. In der Logik des nomothetisch-deduktiven Paradigmas, im Rahmen eines streng Hypothesen prüfenden Vorgehens, eines auf Variablen gestützten Zergliederns von Daten und eines hochgradig selektiven Codierens, ist dies weitgehend unproblematisch. Von qualitativ ausgerichteten Inhaltsanalysen erwartet man demgegenüber, dass sie aufgrund von offeneren Fragestellungen komplexere Analyseverfahren für (audio-)visuelle Materialien anbieten. Faktisch tun sie dies jedoch nicht.

Somit muss man feststellen, dass das Anwendungsgebiet der bisherigen Entwürfe ‹qualitativer Inhaltsanalysen› im Bereich der Medienmaterialien im Vergleich zu quantitativen Inhaltsanalysen eingeschränkter ist.[13]

Da (‹qualitative›) Inhaltsanalysen in immer mehr Disziplinen,[14] in unterschiedlichen Forschungsgebieten und im Zusammenhang mit verschiedensten Fragestellungen Anwendung finden und da inhaltsanalytische Verfahren heute zunehmend als Auswertungsmethode für offene Interviews[15] eingesetzt werden, hat sich die Inhaltsanalyse von einer Methode der Medienanalyse zu einer allgemeinen Analysemethode entwickelt.

Gabriela B. Christmann

4. Sequenzanalytisch-interpretative Analyse-verfahren: ‹Grounded Theory› und ‹Ethnographic Content Analysis›

Mit den Analyseverfahren der ‹Grounded Theory› und der – daran ange-lehnten – ‹Ethnographic Content Analysis› liegen methodische Instru-mente vor, die für die Kommunikationsforschung geeignet sind und den Prinzipien qualitativer Sozialforschung gerecht werden können.

Der Ansatz der ‹Grounded Theory› ist von Barney Glaser und Anselm L. Strauss in den 1960er und 70er Jahren entwickelt worden. Der Ansatz steht in der Tradition des amerikanischen Pragmatismus und des symbo-lischen Interaktionismus. Während die frühen Arbeiten zur ‹Grounded Theory› einen Schwerpunkt auf der gegenstandsbezogenen Theorie-entwicklung hatten, gerieten im Laufe der Zeit die *methodischen Verfah-rensweisen* in den Vordergrund, mit denen die Herausarbeitung einer ‹Grounded Theory› bewerkstelligt wird. Ausführliche Darstellungen zum methodischen Vorgehen finden sich zum Beispiel in Corbin/Strauss (1990), Strauss/Corbin (1990), Strauss/Corbin (1994), Strauss (1994), Flick (1995, 197–206) und Böhm (2000).

Das Verfahren hat seine Stärke darin, dass selbst große Datenmengen analytisch aufgebrochen – und dennoch in ihrer spezifischen Fallstruk-tur wieder zusammengesetzt – werden können.[16] Im Vergleich zu den atomistisch-reduktiv verfahrenden ‹qualitativen Inhaltsanalysen› lie-gen die Vorteile des Ansatzes darin, dass grundsätzlich an Originaltexten gearbeitet wird, dass keine Paraphrasierungen und Reduktionen vorge-nommen werden, dass sequenzanalytisch vorgegangen wird, dass Kate-gorien stringent aus dem Material herausentwickelt werden und dass die Einbettung von Kategorien im Gefüge der Gesamtstrukturen betrachtet wird. Das Verfahren kann der strukturellen Komplexität von kommuni-kativen Vorgängen gerecht werden.

Zentrale Arbeitsprinzipien der ‹Grounded Theory› sind Codierverfah-ren. Strauss unterscheidet drei Codierebenen: Im Rahmen des *offenen* Co-dierens wird der zu analysierende Text Zeile für Zeile und Wort für Wort durchgearbeitet. Die im Datenmaterial enthaltenen Phänomene werden

– durch die Zuweisung von ‹Codes› – benannt. Im fortschreitenden Analyseprozess werden die Phänomene mit ihren Eigenschaften, Dimensionen und Ausdifferenzierungen verglichen und kategorisiert. Auf diese Weise entstehen Kategorien, die in sich sehr differenziert sind. Im Rahmen des *axialen* Codierens dreht sich die Analyse um die Achse *einer* Kategorie. Hier geht es darum, die Einbettung der Kategorie bzw. ihre typischen Beziehungen zu anderen Kategorien zu untersuchen. Innerhalb des *selektiven* Codierens wird geprüft, ob die identifizierten Kategorien durch eine Kernkategorie zusammengehalten werden. Das Schreiben von Memos und die Erstellung von Diagrammen unterstützen den Analyseprozess. Erste Ideen über strukturelle Zusammenhänge werden festgehalten, systematisch überprüft und ständig überarbeitet.

Ursprünglich ist das Verfahren der ‹Grounded Theory› für ethnographische Feldprotokolle und Interviewtranskripte entwickelt worden. Heute umfasst das Einsatzgebiet unter anderem Face-to-Face-Gesprächssituationen, schriftsprachlich konstituierte Texte und Medienmaterialien.

Eine – auf Medienmaterialien spezialisierte – *Variante* der ‹Grounded Theory› ist die ‹Ethnographic Content Analysis› (ECA) Altheides. Altheide charakterisiert das Verfahren in seinem Lehrbuch mit dem Titel «Qualitative Media Analysis» wie folgt: «Despite the clear similarities with the approach of *grounded theory*, ECA differs in emphasis and approach. (…) ECA is not oriented to theory development but is more comfortable with clear descriptions and definitions compatible with the materials. Central to both, however, is the importance of constant comparison, contrasts, and the theoretical sampling» (1996, 17).

Untersuchungen, die sich im Bereich der Medienforschung der Analyseverfahren der ‹Grounded Theory› bzw. der ‹Ethnographic Content Analysis› bedienen, sind allerdings noch rar (vgl. Hijmans/Peters 2000, 408).

5. Ausblick

Es scheint, dass atomistisch-reduktiv verfahrende ‹qualitative Inhalts-analysen› bei Forschern, die sich dem nomothetisch-deduktiven Paradigma verpflichtet fühlen, größeren Anklang finden als bei Forschern, die sich eher dem interpretativen Paradigma zurechnen. Zumindest weiß man die Vorteile einer induktiven Kategorienentwicklung zu schätzen: Sie kann dazu dienen, valide(re) Erhebungsinstrumente für quantitative Inhaltsanalysen zu entwickeln. Vor diesem Hintergrund ist eine steigende Zahl von empirischen Arbeiten feststellbar, in denen qualitative und quantitative Inhaltsanalysen kombiniert werden.[17] Man kann davon ausgehen, dass entsprechende Methodenkombinationen in Zukunft weiterhin zunehmen.[18]

In Forschungskontexten des interpretativen Paradigmas werden atomistisch-reduktiv verfahrende ‹qualitative Inhaltsanalysen› teilweise eingesetzt, um umfangreiche Datenkorpora speziell von Interviewtexten zu analysieren. Dennoch dürfte es eine große Zahl von Forschern geben, die vor dem Hintergrund der oben genannten Kritikpunkte sequenzanalytisch und interpretativ verfahrende Analysemethoden bevorzugen. Die Verfahren der ‹Grounded Theory› und speziell der ‹Ethnographic Content Analysis› bieten sich hierfür als methodische Instrumente an.

Hijmans und Peters (2000, 408) plädieren für einen stärkeren Einsatz der ‹Grounded Theory› im Rahmen der Kommunikationsforschung. Sie halten die ‹Grounded Theory› für eine Methode, die dem von ihnen konstatierten «cultural and interpretive turn» auf dem Gebiet der Medienanalyse gerecht werden kann.[19]

Es ist nicht abzusehen, ob in der Kommunikationsforschung die analytischen Verfahrensweisen der ‹Grounded Theory› bzw. der ‹Ethnographic Content Analysis› künftig an die Stelle von atomistisch-reduktiv verfahrenden ‹qualitativen Inhaltsanalysen› treten werden.

Es steht jedoch fest, dass mit dem Erscheinen zahlreicher aktueller Methodenbeiträge zur Bild-, Foto- und Filmanalyse in jüngster Zeit zumindest für die Analyse von (audio-)visuellem Material nunmehr ausgearbeitete qualitative Analysemethoden zur Verfügung stehen, die diesem komplexen Datenmaterial besser gerecht werden können, als die bisherigen Entwürfe für ‹qualitative Inhaltsanalysen› dies können (vgl. die Beiträge von Regener und Wulff in diesem Band). Daher ist es wahrscheinlich, dass man für die Analyse dieser Datenmaterialien künftig stärker auf die spezifischeren Methoden zurückgreift.

ANMERKUNGEN

1 Merten (1983, 34) bezeichnet diese Periode als «Phase der Intuition».

2 Heute wird es weithin als problematisch angesehen, wenn man vom Medieninhalt Rückschlüsse auf Wirkungen beim Rezipienten zieht (vgl. Merten/Großmann 1996, 80; Brosius/Koschel 2001, 166; Bonfadelli 2002, 16f.).

3 Die ersten beiden Elemente sind bis heute anerkannte Prinzipien. Bei den zuletzt genannten Elementen (‹Objektivität›, ‹manifeste Inhalte›) ist dies anders. Der Begriff der ‹Objektivität› ist durch den Begriff der ‹intersubjektiven Nachvollziehbarkeit› abgelöst worden. Und die Forderung, ausschließlich ‹manifeste Inhalte› zu berücksichtigen, wird heute als problematisch angesehen. Man kann nicht davon ausgehen, dass eine Aussage grundsätzlich von allen Rezipienten in gleicher Weise verstanden (vgl. Spöhring 1989, 193; Groeben/Rustemeyer 1995, 534f.; Merten/Großmann 1996, 74; Brosius/Koschel 2001, 159). Eine scharfe Trennung zwischen ‹manifesten› und ‹latenten› Inhalten ist nicht möglich.

4 Die Inhaltsanalyse ist in der Kommunikationswissenschaft diejenige Methode, die am häufigsten eingesetzt wird (vgl. Brosius/Koschel 2001, 156). Allerdings gilt diese Aussage nur für die quantitative Inhaltsanalyse.

5 Ritsert (1972) bezieht sich auf Mitschriften und Protokolle aus einem Seminar, das Adorno im Jahr 1961 über «Probleme der qualitativen Inhaltsanalyse» abhielt.

6 Auf die Frage, wie die qualitative Inhaltsanalyse methodisch verfahren soll, gibt Rust – und dies thematisiert der Autor selbstkritisch – keine Antwort (vgl. Rust 1980b, 5f.; 1981, 196 u. 201).

7 Die genannten Ansätze haben ihre Verfahrensweisen vor allem für die Analyse von Interviewtexten entwickelt.

8 Als ‹klassische Studie› für eine ‹qualitative Inhaltsanalyse› führt Mayring die Untersuchung Ritserts (1964) «Zur Gestalt der Ideologie in der Populärliteratur über den Zweiten Weltkrieg» an (vgl. z. B. Mayring 2000a, 470). Das konkrete qualitative Vorgehen ist in dieser Studie jedoch nur schwer nachvollziehbar.

Gabriela B. Christmann

9 Die Studien arbeiteten in der Regel mit Analyseverfahren, die im Rahmen der Ethnographie üblich, mit dem Verfahren der ‹qualitativen Inhaltsanalyse› jedoch nicht vergleichbar sind.

10 Die starke Ausrichtung an Interviewtexten wird in den folgenden Abschnitten noch deutlich werden.

11 Groeben/Rustemeyer (1995, 536f.) führen zu Recht an, dass die Abgrenzung dieser inhaltsanalytischen Techniken nicht plausibel ist. Sie argumentieren, dass Zusammenfassung, Explikation und Strukturierung in der klassischen Inhaltsanalyse untrennbar zusammengehören.

12 Behnke und Meuser (1999, 45) vertreten die Auffassung, dass die Geschlechterforschung «einen generellen Bedeutungszuwachs qualitativer Verfahren in der empirischen Sozialforschung» beförderte (vgl. auch Ayaß in diesem Band).

13 Es sei denn, die ‹qualitative Inhaltsanalyse› übernimmt die selektiven Codiervorgänge der quantitativen Inhaltsanalyse, womit sie sich kaum noch von ihr unterscheiden würde.

14 Zu diesen Disziplinen gehören neben der Publizistik und der Kommunikationswissenschaft die Politikwissenschaft, die Soziologie, die Erziehungswissenschaft, die Psychologie und die Linguistik.

15 Vgl. z. B. die Arbeit von Vicini (1993) über ethno-theoretische Vorstellungen, die Erzieher im Hinblick auf die Beratung haben, oder die Arbeit von Bauer et al. (1998) über biographische Verläufe von Alzheimer-Patienten.

16 Es existiert eine Reihe von Computerprogrammen, die die Arbeit erleichtern und beschleunigen (z. B. NUDIST, Atlas.ti). Vgl. den Beitrag von Friese in diesem Band.

17 Vgl. Merten/Großmann (1996, 78). Im Rahmen einer systematischen Recherche nach Arbeiten, die die Methode der ‹qualitativen Inhaltsanalyse› benutzen, fand Hijmans (1996, 93f.) nur wenige Einträge. Die Autorin stellte außerdem fest, «that some studies combined qualitative and quantitative methods, where the qualitative part was merely mentioned and not elaborated, being the pilot for the ‹real study›» (Hijmans 1996, 94).

18 Beispielsweise öffnet sich die Publizistik- und Kommunikationswissenschaft in der Bundesrepublik Deutschland zunehmend gegenüber qualitativen Methoden. Davon zeugt die Tagung «Kontrast, Kongruenz, Komplement – ‹Qualitative› und ‹quantitative› Methoden in der Kommunikationsforschung», die im Jahre 2003 von der Fachgruppe «Methoden» in der Deutschen Gesellschaft für Publizistik- und Kommunikationswissenschaft durchgeführt wurde. Fragen der Vereinbarkeit, der Möglichkeiten und der Grenzen von Methodenkombinationen standen im Zentrum dieser Tagung.

19 «We think this approach meets a much-needed claim for a truly systematic qualitative analysis of media materials and audience reception» (Hijmans/Peters 2000, 408).

Literatur

Altheide, David L. (1996), Qualitative media analysis. Thousand Oaks: Sage.

Bauer, Joachim/Jörg Qualmann/Godehard Stadtmüller/Hedwig Bauer (1998), Lebenslaufuntersuchungen bei Alzheimer-Patienten. Qualitative Inhaltsanalyse prämorbider Entwicklungsprozesse, in: Kruse, Andreas (Hrsg.), Psychosoziale Gerontologie. Band 2: Intervention. Göttingen: Hogrefe, 251–274.

Behnke, Cornelia/Michael Meuser (1999), Geschlechterforschung und qualitative Methoden. Opladen: Leske + Budrich.

Berelson, Bernard (1952), Content analysis in communication research. Glencoe: The Free Press.

Böhm, Andreas (2000), Theoretisches Codieren. Textanalyse in der Grounded Theory, in: Flick, Uwe/Ernst von Kardorff/Ines Steinke (Hrsg.), Qualitative Forschung. Ein Handbuch. Reinbek bei Hamburg: Rowohlt, 475–484.

Bonfadelli, Heinz (2002), Medieninhaltsforschung. Grundlagen, Methoden, Anwendungen. Konstanz: UVK.

Brosius, Hans-Bernd/Friederike Koschel (2001), Methoden der empirischen Kommunikationsforschung. Eine Einführung. Wiesbaden: Westdeutscher Verlag.

Corbin, Juliet/Anselm L. Strauss (1990), Grounded theory research. Procedures, canons and evaluative criteria, in: Zeitschrift für Soziologie, Vol. 19, Nr. 6, 418–427.

Dittmann, Kristian (1999), Die Globalisierung im Spiegel der Presse. Eine qualitative Inhaltsanalyse der öffentlichen Debatte in Deutschland 1997. Marburg: Tectum.

Flick, Uwe (1995), Qualitative Sozialforschung. Theorie, Methoden, Anwendung in Psychologie und Sozialwissenschaften. Reinbek bei Hamburg: Rowohlt.

Groeben, Norbert/Ruth Rustemeyer (1995), Inhaltsanalyse, in: König, Eckard/Peter Zedler (Hrsg.), Bilanz qualitativer Forschung. Band 2: Methoden. Weinheim: Deutscher Studien Verlag, 523–554.

Hijmans, Ellen (1996), Review essay. The logic of qualitative media content analysis. A typology, in: Communications, Vol. 21, Nr. 1, 93–108.

Hijmans, Ellen/Vincent Peters (2000), Grounded theory in media research and the use of the computer, in: Communications, Vol. 25, Nr. 4, 407–432.

Hirzinger, Maria (1991), Biographische Medienforschung. Wien: Böhlau.

Kracauer, Siegfried (1952), The challenge of qualitative content analysis, in: Public Opinion Quarterly, Vol. 16, Nr. 4, 631–642.

Lamnek, Siegfried (1993), Qualitative Sozialforschung. Band 2: Methoden und Techniken. Weinheim: Psychologie Verlags Union.

Mayring, Philipp (1985), Qualitative Inhaltsanalyse, in: Jüttemann, Gerd (Hrsg.), Qualitative Forschung in der Psychologie. Grundfragen, Verfahrensweisen, Anwendungsfelder. Weinheim/Basel: Beltz, 187–211.

Mayring, Philipp (1991), Qualitative Inhaltsanalyse, in: Flick, Uwe/Ernst von Kardorff/ Heiner Keupp/Lutz von Rosenstiel/Stephan Wolff (Hrsg.), Handbuch Qualitative Sozialforschung. Grundlagen, Konzepte, Methoden und Anwendungen. München: Psychologie Verlags Union, 209–213.

Mayring, Philipp (1992), Analytische Schritte bei der Textinterpretation, in: Huber, Günter L. (Hrsg.), Qualitative Analyse. Computereinsatz in der Sozialforschung. München/Wien: Oldenbourg, 11–41.

Mayring, Philipp (1993a, zuerst 1983), Qualitative Inhaltsanalyse. Grundlagen und Techniken. Weinheim: Deutscher Studien Verlag.

Mayring, Philipp (1993b), Einführung in die qualitative Sozialforschung. Eine Anleitung zu qualitativem Denken. Weinheim: Psychologie Verlags Union.

Mayring, Philipp (2000a), Qualitative Inhaltsanalyse, in: Flick, Uwe/Ernst von Kardorff/Ines Steinke (Hrsg.), Qualitative Forschung. Ein Handbuch. Reinbek bei Hamburg: Rowohlt, 468–474.

Mayring, Philipp (2000b), Qualitative Inhaltsanalyse, in: Forum Qualitative Sozialforschung/Forum: Qualitative Social Research, Vol. 1, Nr. 2. http://www.qualitative-research.net/fqs-texte/2-00/2-00mayring-d.htm, Zugriff 03.06.2004.

Mayring, Philipp (2000c), Qualitative Inhaltsanalyse. Grundlagen und Techniken. Weinheim/Basel: Beltz.

Merten, Klaus (1983), Inhaltsanalyse. Einführung in Theorie, Methode und Praxis. Opladen: Westdeutscher Verlag.

Merten, Klaus/Brit Großmann (1996), Möglichkeiten und Grenzen der Inhaltsanalyse, in: Rundfunk und Fernsehen, Vol. 44, Nr. 1, 70–85.

Mostyn, Barbara (1985), The content analysis of qualitative research data. A dynamic approach, in: Brenner, Michael/Jennifer Brown/David Canter (Hrsg.), The research interview. Uses and approaches. London: Academic Press, 115–145.

Mühlfeld, Claus/Paul Windolf/Norbert Lampert/Heidi Krüger (1981), Auswertungsprobleme offener Interviews, in: Soziale Welt, Vol. 32, Nr. 2, 325–352.

Prokop, Dieter (Hrsg.) (1977), Massenkommunikationsforschung. Band 3: Produktanalysen. Frankfurt a. M.: Fischer.

Ritsert, Jürgen (1964), Zur Gestalt der Ideologie in der Populärliteratur über den Zweiten Weltkrieg, in: Soziale Welt, Vol. 15, Nr. 4, 244–267.

Ritsert, Jürgen (1972), Inhaltsanalyse und Ideologiekritik. Ein Versuch über kritische Sozialforschung. Frankfurt a. M.: Athenäum.

Röser, Jutta (1992), Frauenzeitschriften und weiblicher Lebenszusammenhang. Themen, Konzepte und Leitbilder im sozialen Wandel. Opladen: Westdeutscher Verlag.

Rust, Holger (1980a), Struktur und Bedeutung. Studien zur qualitativen Inhaltsanalyse. Berlin: Spiess.

Rust, Holger (1980b), Qualitative Inhaltsanalyse. Begriffslose Willkür oder wissenschaftliche Methode?, in: Publizistik, Vol. 25, Nr. 3, 5–23.

Rust, Holger (1981), Methoden und Probleme der Inhaltsanalyse. Eine Einführung. Tübingen: Narr.

Spöhring, Walter (1989), Qualitative Sozialforschung. Stuttgart: Teubner.

Strauss, Anselm L. (1994, zuerst 1987), Grundlagen qualitativer Sozialforschung. Datenanalyse und Theoriebildung in der empirischen soziologischen Forschung. München: Fink (Originaltitel: Qualitative analysis for social scientists. Cambridge: Cambridge University Press).

Strauss, Anselm L./Juliet Corbin (1990), Basics of qualitative research. Grounded theory procedures and techniques. Newbury Park: Sage.

Strauss, Anselm L./Juliet Corbin (1994), Grounded theory methodology. An overview, in: Denzin, Norman K./Yvonna S. Lincoln (Hrsg.), Handbook of qualitative research. Thousand Oaks: Sage, 273–285.

Thomas, William I./Florian Znaniecki (1927, zuerst 1918–1920), The Polish peasant in Europe and America. A classic work in immigration history. New York: Knopf.

Vicini, Sandro (1993), Subjektive Beratungstheorien. Bernische ErziehungsberaterInnen reflektieren ihre Praxis. Bern: Lang.

Weber, Max (1911), Soziologie des Zeitungswesens, in: Simmel, Georg/Ferdinand Tönnies/Max Weber et al., Verhandlungen des Ersten Deutschen Soziologentages vom 19.–22. Oktober 1910 in Frankfurt a. M. Tübingen: Mohr, 42–52.

Wittkowski, Joachim (1994), Das Interview in der Psychologie. Interviewtechnik und Codierung von Interviewmaterial. Opladen: Westdeutscher Verlag.

Angela Keppler
2.8 Konversations-
und Gattungsanalyse

Die Methode der Konversationsanalyse hat sich in den 6oer und 7oer Jahren des vergangenen Jahrhunderts in den USA als eigene soziologische Forschungsrichtung aus der Ethnomethodologie heraus entwickelt. Diese wurde entscheidend von den Arbeiten Harold Garfinkels geprägt, aber auch von den Interaktionsanalysen Erving Goffmans. Die Konversationsanalyse konzentrierte sich zunächst hauptsächlich auf die Analyse so genannter *ordinary conversations*, also von Alltagsgesprächen im weitesten Sinn. Gegenstand der Konversationsanalyse waren hier vor allem Aufzeichnungen von real abgelaufenen «natürlichen» kommunikativen Interaktionssituationen. Die Konversationsanalyse befasst sich dabei nicht mit der Formulierung und dem Testen vorgängiger Hypothesen. Vielmehr ist es ihr Ziel, über induktive Forschungsstrategien die Merkmale und wiederkehrenden Regelmäßigkeiten verbaler und non-verbaler Kommunikation zu identifizieren. Im Unterschied etwa zu linguistischen Betrachtungsweisen von Sprache und Kommunikation ist hierbei aber nicht das Interesse an der Sprache als solcher leitend; im Mittelpunkt steht vielmehr die Analyse von Kommunikation als Interaktion und damit als ein Vollzug sozialen Handelns.

Gegenstand der konversationsanalytischen Forschungen sind zunächst soziale, über Sprache realisierte Handlungen und Interaktionen sehr unterschiedlicher Größenordnung. Diese reichen von der Analyse der in den Fluss der Rede eingestreuten «oh»s oder «mhm»s über die Untersuchung von Frage-Antwort-Sequenzen in verschiedenen Redekontexten, über die gemeinschaftsbildende Rolle von Dia-Abenden oder Tischgesprächen bis hin zu der Analyse von Politiker-Reden. Von dem ursprünglichen Ausgangspunkt der Konversationsanalyse, der *ordinary conversation*, haben sich in den letzten Jahrzehnten Forschungsrichtungen abgezweigt, die sich auch der Analyse von Kommunikationen in institutionellen Zusammenhängen widmen. Hier geht es um Kommunikationsformen, in denen mehr oder weniger offizielle oder formalisierte aufgaben- bzw. rollenbezogene Aktivitäten im Mittelpunkt stehen: zum Beispiel um Interaktionen zwischen Arzt und Patient, Gesprächsstrategien in Gerichtsverhandlungen, Vorstellungsgespräche, Unterrichtsstunden in der Schule und in der Universität und schließlich medienspezifische Kommunikationsformen, hier insbesondere Radio und Fernsehen.

Ausgangspunkt dieser Forschungen war in erster Linie ein *komparatives* Interesse. Die Strukturen und Praktiken, wie sie der Organisation von wechselseitiger unmittelbarer Face-to-Face-Kommunikation zugrunde liegen, wurden als eine grundlegende kollektive Matrix angesehen, durch die soziale Interaktion in ihrem Vollzug von den Beteiligten gesteuert wird. Sie bilden den Hintergrund, vor dem es gilt, die Spezifika institutionalisierter Formen des Sprechens herauszuarbeiten, die kennzeichnend für je besondere Institutionen und Organisationen wie etwa das Fernsehen sind. Hier geht es darum zu untersuchen, wie spezifische Formen der institutionellen und/oder öffentlichen Kommunikation funktionieren. Ziel der Konversationsanalyse ist es dabei nachzuvollziehen, wie sich die Gesprächsteilnehmer in einem bestimmten sozialen Kontext in einer bestimmten sprachlichen Gattung, etwa dem journalistischen Interview, bewegen und damit: wie sie diese oder eine andere kommunikative Gattung produzieren und reproduzieren. Sie kann dies für alle Bereiche der institutionellen und öffentlichen Produktion sozialen Wissens und sozialer Orientierung leisten. Diese Ergebnisse sind keineswegs allein für eine kommunikationstheoretische Grundlagenforschung von Interesse. Sie sind von unschätzbarem Vorteil für eine qualitativ verfahrende Sozialwissenschaft, die sich für die in beständiger Veränderung befindlichen Prozesse der medialen Wissens- und Politikvermittlung interessiert. Schließlich lebt unsere «Informationsgesellschaft» von den vielfältigen Prozeduren, mit denen Wissen kommunikativ wiedergegeben, weitergegeben, angewendet und bearbeitet wird. Eine genaue Analyse dieser Prozeduren vermag deutlich zu machen, wie gesellschaftliche Realität sich in kommunikativen Prozessen erhält und verändert.

Die Entwicklung dieser Forschungsrichtung wird zunächst in zwei kurzen Schritten umrissen (Abschnitte 1 und 2).[1] Anschließend wird

Angela Keppler

vorgestellt, wie Formen institutioneller Kommunikation mit den Mitteln der Konversationsanalyse erforscht worden sind (Abschnitt 3). Im vierten Abschnitt wird ausführlicher dargelegt, wie eine intensive Erforschung der medialen Kommunikation insbesondere des Fernsehens – mit den methodischen Prinzipien der Konversationsanalyse in Gang gebracht werden kann. Diese Betrachtung hat in dem vorliegenden Rahmen den Charakter eines Beispiels dafür, wie Prozesse der technisch vermittelten Kommunikation ausgehend von konversationsanalytischen Verfahren erfolgreich untersucht werden können, auch wenn sie dabei – wie im Fall des Fernsehens – durch andere, für die Erfassung der Spezifika der jeweiligen Kommunikationsform hilfreiche Methoden ergänzt werden müssen.

1. Ethnomethodologie als Ausgangspunkt der Konversationsanalyse

Die Fragestellung der Ethnomethodologie und ihres Begründers Harold Garfinkel knüpft an die Arbeiten von Alfred Schütz an, der über eine phänomenologische Bestimmung der invarianten, universellen Strukturen der Lebenswelt der interpretativen, handlungstheoretischen Soziologie ein methodologisches Fundament verschaffen wollte. Wie Thomas Luckmann schreibt, war das Ziel von Schütz eine philosophische Begründung der Sozialwissenschaften, die wiederum eine exakte Analyse der Konstitution der gesellschaftlichen Wirklichkeit voraussetzt, wie sie in der vorwissenschaftlichen Erfahrung, im sozialen Handeln stattfindet.[2] Während für Schütz die Konstitution von Phänomenen als Bewusstseinsleistungen im Vordergrund steht, überführt Garfinkel diesen Ansatz zu der soziologischen Frage nach der Entstehung sozialer Ordnung im Handeln. Vor dem Hintergrund seiner Auseinandersetzung mit dem Parsons'schen Strukturfunktionalismus interessiert sich die Ethnomethodologie für die Produktion von Sinn in alltäglichen Handlungen. Das

Problem der Entstehung von Intersubjektivität wird so zu einer empirischen Frage.³

Der Begriff *ethnomethodology* wurde von Harold Garfinkel geprägt in Anlehnung an das in der kognitiven Anthropologie entwickelte Konzept der *ethnoscience*. Ziel der kognitiven Anthropologie ist es, mit Hilfe semantischer Analysen aus dem in Handlungsvollzügen benutzten Vokabular kulturelle Orientierungsschemata zu bestimmen. In diesen Orientierungsschemata – so die Grundannahme – ist die spezifische Erfahrungswelt der Mitglieder einer Kultur repräsentiert, und sie haben daher handlungsleitende und handlungsdefinierende Bedeutung. Stärker noch als den kognitiven Anthropologen galt Garfinkels Interesse dem, was die Mitglieder einer Gesellschaft bei ihren alltäglichen Handlungen und Verrichtungen wissen, denken – und vor allem *tun*. Den Unterschied zwischen *ethnoscience* und *ethnomethodology* hat Lindsey Churchill, eine Mitarbeiterin Garfinkels, treffend so zusammengefasst:

«Ethnoscience refers to the science that primitive people have, to the explanations they make about the nature and causes of natural events. In the same way ethnomethodology refers to the methods that persons use to carry out the activities that make up their everyday life» (1971, 183).

Nach Garfinkel stellen die formalen Eigenschaften alltäglicher Handlungen als ein «praktisch-organisatorischer Vollzug» den Gegenstandsbereich der Ethnomethodologie dar. Eine der zentralen Forschungsmaximen Garfinkels lautet dementsprechend:

«(...) every feature of an activity's sense, facticity, objectivity, accountability, communality is to be treated as a contingent accomplishment of socially organized common practices» (1967, 33).

Das Ziel der Ethnomethodologie ist demnach eine Beschreibung der «Methodologie des Alltagshandelns», also der Ethno-Methodologie, durch die sich die Gesellschaftsmitglieder in ihren tagtäglichen Verrichtungen orientieren. Deshalb wird es zum Grundsatz dieser Forschung, «(...) to treat practical activities, practical circumstances, and practical sociological reasoning as topics of empirical study, and by paying the most commonplace activities of daily life the attention usually accorded

Angela Keppler

to extraordinary events, seek to learn about them as phenomena in their own right» (Garfinkel 1967, 1).

In der ethnomethodologischen Einstellung wird all das eingeklammert, was dem Sozialwissenschaftler über die Welt des Alltags bekannt ist. Nur jene Techniken der Gesellschaftsmitglieder werden als für die Untersuchung relevante Phänomene betrachtet, die von ihnen dazu benutzt werden, für sich selbst und für andere die soziale Ordnung zu produzieren, diese im Vollzug hervorzubringen und aufrechtzuerhalten, sie zu erkennen und zu erklären. Garfinkel stellt damit die Frage, wie alltägliches Verstehen erreicht und vollzogen wird – und wie die dabei erworbenen Verständnisse denen, die sie haben, ihrerseits verständlich sind. Ergebnis einer ethnomethodologischen Untersuchung soll die Beschreibung und Erklärung dessen sein, wie die Gesellschaftsmitglieder den «Sinn einer sozialen Ordnung» im Handlungsvollzug herstellen und wie sie ihn untereinander explizieren können.

Das Konzept der Ethnomethodologie lässt sich an drei zentralen Begriffen zusammenfassend erläutern:

1. Soziale Wirklichkeit ist eine fortwährende Leistung und Hervorbringung konkreter Akteure. Hieraus folgt, dass das, was für die Handelnden Wirklichkeit ist, nicht in einem singulären Akt produziert wird, sondern eine fortwährende Leistung ist. Darin liegt aber auch die Möglichkeit einer sukzessiven oder auch sprunghaften Änderung. Denn das, was für Handelnde in einer Situation wirklich ist oder als Wirklichkeit relevant wird, kann sich jederzeit auch ändern. Garfinkel folgert hieraus, dass jede soziale Situation, jedes soziale Zusammentreffen, jedes soziale Ereignis einen von den Handelnden hergestellten partikulären Charakter hat. Dieser Vorgang, in dem in einer Situation die Einmaligkeit dieser Situation produziert wird, wird in der Ethnomethodologie (wie auch in der Konversationsanalyse) als «lokale (oder kontextsensitive) Partikularisierung» bezeichnet. Soziale Wirklichkeit wird somit als eine Realität verstanden, die lokal, also im jeweiligen Ablauf des Handelns, in einer bestimmten Situation, audiovisuell (durch Sprechen, Hören, Wahrnehmen, Interagieren) im Miteinander der Beteiligten erzeugt wird. Ziel der Forschung ist es, das Wie der Herstellung und Fortschreibung von Orientie-

rungen, d. h. die Methoden dieser Produktion von sozialer Wirklichkeit, im Detail zu erfassen.

2. Handlungen und Äußerungen haben einen «indexikalen Charakter». Das bedeutet, dass sie für die Interaktionspartner nur dann verstehbar sind, wenn der Handlungskontext auf die Elemente hin zur Kenntnis genommen wird, die für das Verstehen dieser Handlungen und Äußerungen nötig sind. Daraus folgt, dass einzelne Handlungen und Äußerungen erst dann einen spezifischen Sinngehalt erhalten, wenn sie auf den je konkreten, situativen Handlungskontext bezogen werden.

3. Handlungen und Äußerungen stehen nicht nur in einem Kontext, sie bilden diesen mit. Daraus ergibt sich ein in gewisser Weise zirkulärer Zusammenhang: Zum Sinnverstehen von Handlungen muss man auf den situativen Kontext rekurrieren; der Kontext aber wird wiederum in und durch ebendiese Handlungen hervorgebracht und geformt. Dies nennt Garfinkel die unvermeidbare «Reflexivität praktischer Handlungen». Garfinkels eigenes Beispiel hierfür ist eine Warteschlange: Wenn man vor einem Fahrkartenschalter steht, dann produziert man durch die Art, wie man sich aufreiht, nachrückt, innehält usw., zusammen mit den anderen Wartenden eine Schlange. Zugleich dient diese Form der Koordination als Kontext dafür, dass das je eigene Tun als Teil der gemeinschaftlichen Tätigkeit des Wartens wahrgenommen wird. Die Wirklichkeit des Wartens – oder allgemein: die Wirklichkeit einer sozialen Welt – bildet sich zusammen mit dem handelnd erworbenen Wissen um die Koordinaten dieser Wirklichkeit heraus.

2. Grundlagen und Vorgehensweise der Konversationsanalyse

Die Konversationsanalyse knüpft direkt an das ethnomethodologische Forschungsprogramm an. Sie teilt die ethnomethodologische Sichtweise, dass die soziale Wirklichkeit eine «Vollzugswirklichkeit» (Bergmann

Angela Keppler

1994, 6) ist. Sie konzentriert sich auf die Analyse von Alltagsgesprächen und -handlungen. Neben den Arbeiten von Harvey Sacks waren vor allem die Arbeiten von Emanuel Schegloff und Gail Jefferson für die Konversationsanalyse grundlegend (Heritage 1985; Levinson 1983; Sacks/Schegloff/Jefferson 1974; Schegloff/Sacks 1973; Schenkein 1978).

2.1 GRUNDLAGEN DER KONVERSATIONSANALYSE

Wie eng die Konversationsanalytiker an das Programm Garfinkels anknüpfen, wird an der folgenden Darstellung deutlich:

«We have proceeded under the assumption (an assumption borne out by our research) that insofar as the materials we worked with exhibited orderliness, they did so not only for us, indeed not in the first place for us, but for the coparticipants who had produced them. If the materials (records of natural conversations) were orderly, they were so because they had been methodically produced by members of the society for one another, and it was a feature of the conversations that we treated as a data that they were produced so as to allow the display by the coparticipants to each other of their orderliness, and to allow the participants to display to each other their analysis, appreciation, and use of that orderliness. Accordingly, our analysis has sought to explicate the ways in which the materials are produced by members in orderly ways that exhibit their orderliness, have their orderliness appreciated and used, and have that appreciation displayed and treated as the basis for subsequent action.» (Schegloff/Sacks 1973, 290)

Ziel der Konversationsanalyse ist es, empirisch die impliziten Methoden zu erfassen, durch die die Teilnehmer eines Gesprächs in einem Gespräch im Vollzug ihrer (sprachlichen) Handlungen die Geordnetheit der Handlungen zum einen herstellen, zum anderen auch die Äußerungen ihrer Gesprächspartner auf die in diesen zum Ausdruck kommende Geordnetheit hin analysieren und drittens die Resultate dieser Analysen wieder in ihren Äußerungen manifest werden lassen. Grundlegend ist hier der Gedanke, dass kein Element einer Interaktion als zufällig oder als mehr oder weniger wichtig betrachtet werden kann, sondern dass sich die Geordnetheit sozialer Interaktionen an jeder Stelle des Gesprächs zeigt («order at all points»). Wie Jörg Bergmann schreibt, lautet die Leitfrage der Konversationsanalyse dementsprechend: «Was sind die generativen

Prinzipien und Verfahren, mittels derer die Teilnehmer an einem Gespräch in und mit ihren Äußerungen und Handlungen die charakteristischen Strukturmerkmale und die ‹gelebte Geordnetheit› (Garfinkel) des interaktiven Geschehens, in das sie verwickelt sind, hervorbringen?» (1991a, 215).

John Heritage fasst die Grundorientierung aller konversationsanalytischen Studien in drei grundlegenden Annahmen zusammen:

«(1) interaction is structurally organized; (2) contributions to interaction are both context shaped and context renewing; and (3) these two properties inhere in the *details* of interaction so that no order of detail in conversational interaction can be dismissed *a priori* as disorderly, accidental or irrelevant» (Heritage 1985, 1).

Ein zentrales Ergebnis der Forschungen in diesem Rahmen betrifft das System des Sprecherwechsels, also der Abfolge von Redebeiträgen im Verlauf von Gesprächen.[4] Das System des Sprecherwechsels, so hat sich herausgestellt, funktioniert weitgehend unabhängig von Zeit und Ort der sprachlichen Interaktion. Kontextübergreifende Verfahren der Organisation von Redehandlungen verleihen den Kontexten bestimmter Gespräche eine für die Teilnehmer erkennbare Struktur. Dem steht auf der anderen Seite die Beobachtung gegenüber, dass jede einzelne Äußerung bestimmte kontextuelle und situative Bezüge aufweist. Es ist gerade die kontextunabhängige Struktur der Gesprächsorganisation, die festlegt, wie und auch wo im Vollzug der sprachlichen Interaktion die «Kontextsensitivität» sich entfalten kann. «The particularities of context», schreiben Sacks et al., «are exhibited in systematically organized ways and places, and those are shaped by the context-free organization» (Sacks/Schegloff/Jefferson 1974, 699). Es sind somit die kontextübergreifenden Verfahren der Redeorganisation, die es Sprechern durch «kontextspezifische Partikularisierung» erlauben, ihre Äußerungen auf ihre oder ihren jeweils spezifischen Rezipienten zuzuschneiden. Die an einem Gespräch Beteiligten, so kann man sagen, bringen in jede einzelne Redesituation Verfahren mit, die es ihnen erlauben, sich im Verlauf des Gesprächs aufeinander einzustellen und so den besonderen Kontext dieses Gesprächs zu schaffen.

Angela Keppler

Grundlegendes Kennzeichen konversationsanalytischer Untersuchungen ist ein gegenstandsadäquates, vom Material geleitetes Vorgehen. Vor dem Hintergrund eines von der Ethnomethodologie geprägten Selbstverständnisses gilt es, «im Fortgang der Analyse die Methoden erst zu bestimmen, die für dieses Phänomen adäquat sind» (Bergmann 1991a, 216). Dennoch lassen sich methodische Prinzipien angeben, an denen sich konversationsanalytische Untersuchungen orientieren.

Diese betreffen zum einen das Untersuchungsmaterial: Gegenstand sind ausschließlich Aufzeichnungen real abgelaufener natürlicher Interaktionen. Diese müssen in ihrem ursprünglichen real-zeitlichen Ablauf fixiert und dürfen nicht erst im Nachhinein rekonstruiert werden. Daraus folgt die zweite methodische Forderung: Sprachliche Interaktionen müssen durch technische Reproduktionsmedien (Tonband, Video) aufgezeichnet und in schriftlichen Transkriptionen festgehalten werden (vgl. hierzu den Beitrag von Hartung in diesem Band). Dadurch werden sie nicht nur für die Analyse beliebig oft wiederholbar, entscheidend ist hierbei auch der Grundgedanke, kein Gesprächselement a priori als zufällig oder unbedeutend auszugrenzen. Demzufolge darf das Datenmaterial nicht etwa von «irrelevanten Details» bereinigt werden, d. h., Stockungen, Versprecher, Pausen, Äußerungsüberlappungen etc. müssen erhalten bleiben und im Transkript dokumentiert werden. Zu diesem Grundsatz, das Originalgeschehen im Verlauf der Datenaufbereitung möglichst genau zu bewahren, gehört es auch, im Gang der Analyse das zeitliche Geschehen nicht als beliebig, die Transkripte also etwa nicht als «zeitlosen Text» zu betrachten, sondern dem zeitlichen Ablauf des Geschehens zu folgen (Sequenzialität der Vorgehensweise).[5] Es geht in dieser Analyse darum, formale Organisationsprinzipien von Interaktionen zu identifizieren und zu rekonstruieren. Dabei werden diese Ordnungsstrukturen als methodische Lösungen für strukturelle Probleme der Interaktionssituation aufgefasst, wobei es darauf ankommt, in der Analyse genau diese Probleme zu rekonstruieren. Dabei darf nie vergessen werden, dass die bei der kommunikativen Bearbeitung kommunikativer Probleme entstehenden Ordnungsmuster in jedem Moment inter-

aktiv erzeugt werden und dass es sich dabei um empirische Gegebenheiten handelt. In der Analyse geht es darum, sowohl die konversatio-
nellen Probleme als auch die Methoden zu rekonstruieren, die den Handelnden als Lösung für dieses Problem dienen. Externe Erklärungsvaria-
blen wie Interaktionskontext, Motive oder soziale Rollen werden nicht
als Vorabwissen in die Analyse einbezogen. Untersucht werden soll vielmehr, in welcher Weise die Interaktionsteilnehmer kontextuelle Gegebenheiten, Motive, Wissensgehalte oder soziale Identitäten analysieren,
in ihren Äußerungen reproduzieren und manifest werden lassen bzw.
wie sie ihre sprachlichen Handlungen darauf einstellen. Untersucht
werden soll, wie die Gesprächsteilnehmer, was immer Anlass und Gegenstand ihrer Unterhaltungen sein mag, sich in ihren Gesprächen orientieren – und wie sie aus den gegebenen Anlässen im Vollzug des kommunikativen Austauschs Orientierungen gewinnen.

3. Die Analyse institutioneller Kommunikation

Wie eingangs erwähnt, hatte die ethnomethodologische Konversationsanalyse zunächst ihren Schwerpunkt im Bereich der alltäglichen Unterhaltungen. In den 1980er Jahren kam vor allem im angelsächsischen
Raum die Untersuchung von Interaktionsvorgängen in «institutionellen» Kontexten hinzu. Die Bezeichnung «institutionell» wird hier
zunächst sehr allgemein für Interaktionen verwendet, die in einen Ar-
beits- oder Aufgabenvollzug eingebettet sind. Beispiele für konversationsanalytische Studien in institutionellen Kontexten sind etwa die Arbeiten von Max Atkinson und Paul Drew zu Gerichtsverhandlungen, von
Alec McHoul zur Interaktion im Schulunterricht, von John Heritage und
David Greatbatch zu Nachrichteninterviews (vgl. Atkinson/Drew 1990;
McHoul 1978; Heritage/Greatbatch 1991). Unter dem Stichwort «institutional interaction» werden hierbei Phänomene untersucht, die sich
durch folgende drei Merkmale auszeichnen: Institutionelle Interaktion
beinhaltet zum einen eine Orientierung zumindest eines der Kommuni-

Angela Keppler

kationsteilnehmer im Hinblick auf ein Ziel, eine Aufgabe oder Identität der jeweiligen Institution. Institutionelle Interaktion unterliegt zum anderen oft speziellen und besonderen Beschränkungen, die von einem oder beiden Interaktionspartnern als Erfordernis der gegebenen Situation akzeptiert werden. Und institutionelles Sprechen ist zum Dritten mit besonderen Rahmungen und Prozeduren verbunden, die signifikant sind für spezifische institutionelle Kontexte (vgl. Drew/Heritage 1992).

3.1 Studies of Work

Ein Untersuchungsfeld in diesem Rahmen sind die aus der Ethnomethodologie heraus entstandenen Studies of Work. «Die ‹Studies of Work› konzentrieren sich darauf, in der genauen Beschreibung eines Arbeitsvollzugs zu bestimmen, worin die für diese Arbeit spezifischen Kenntnisse und Fertigkeiten bestehen» (Bergmann 1991b, 270). Es geht darum zu bestimmen, nach welchen Regeln und Verfahren die tagtäglichen Arbeitsvollzüge in beruflichen Kontexten ablaufen. Es geht weiter darum herauszufinden, worin die spezifischen Kompetenzen oder Kompetenzsysteme bestehen, die für einen bestimmten Typus von Arbeit charakteristisch sind – um die spezifischen Kenntnisse und Fertigkeiten eines bestimmten Arbeitsfeldes, eines Berufs oder eines bestimmten Arbeitsvollzugs. Diese Kompetenzen finden sich weder in Lehr- oder Handbüchern, sie kommen auch nicht in retrospektiven Befragungen zum Ausdruck. Zwischen dem Lehrbuchwissen oder den offiziellen Regeln einer Arbeit und der tatsächlichen Praxis ihrer Ausführung, so die leitende Annahme, besteht immer eine deutliche Diskrepanz. Denn in der Letzteren geht es um Fähigkeiten und Entscheidungen, die nicht nach Lehrbuch, sondern je nach Kontext anders einzusetzen bzw. zu treffen sind. Gerade dafür interessieren sich die Studies of Work. Die leitende Fragestellung lautet: wie sich in der Ausführung praktischer Tätigkeiten – in den Details ihres Vollzugs – die Spezifität einer bestimmten Arbeit konstituiert. Dementsprechend beziehen die Studies of Work alles in ihre Analysen ein, was sich im Vollzug der Arbeitstätigkeiten – auch über einen längeren Zeitraum hinweg – ereignet. Neben der sprachlichen Interaktion der

Arbeitenden finden hier zum Beispiel auch der technische Umgang mit Instrumenten, die Manipulation und räumliche Organisation von Objekten oder die im Arbeitsablauf entstehenden Bild- und Schriftdokumente Berücksichtigung, um ein genaueres Bild der tatsächlichen sozialen Wirklichkeit instrumenteller Tätigkeiten zu gewinnen (zu den Studies of Work vgl. auch den Beitrag von Bergmann in diesem Band).[6]

3.2 Die Analyse von Medienbotschaften

Ein weiteres wichtiges Arbeitsfeld der Konversationsanalyse ist die Untersuchung von Medienbotschaften. Im Sinne der Studies of Work, aber mit einer stärkeren Konzentration auf kommunikative Vorgänge geht es hier darum, die spezifischen praktischen Kompetenzen zu beschreiben, die der Ausführung spezifischer beruflicher Tätigkeiten – zum Beispiel der eines Nachrichtenjournalisten in Radio oder Fernsehen – zugrunde liegen. Untersucht wird hier, wie die interpersonale Kommunikation als ein Medium der Konstruktion von Nachrichten eingesetzt und ausgestaltet wird. Fernsehinterviews beispielsweise sind als eine spezifische Interaktionsform von ihrer kommunikativen Struktur an die spezielle Aufgabe angepasst, ein Gespräch für Zuhörer zu schaffen (vgl. Heritage/Clayman/Zimmerman 1988; Heritage/Greatbatch 1991).

Forschungen haben darüber hinaus gezeigt, dass insbesondere Nachrichteninterviews besondere Formen des Redezugwechsels aufweisen, durch die sie sich nicht nur von einem Informationsgespräch in einer alltäglichen Kommunikationssituation in signifikanter Weise unterscheiden, sodass es gerade die kommunikative Form ist, durch die die von Journalisten verlangte Neutralität der Berichterstattung strukturell erzeugt wird.[7] Diese Analysen können zeigen, wie spezifische Formen der *öffentlichen Kommunikation* funktionieren. Denn zusammen mit einer Aufklärung der Differenz zu alltäglichen Informationsgesprächen ergibt sich hier zugleich ein Einblick in die Prozeduren, mit denen der mediale Nimbus eines Sendeformats hervorgebracht wird – so etwa die kommunikativen Strategien, durch die sich Interviewer oder Nachrichtenreporter als Inhaber eines «neutralen» Standpunkts präsentieren.[8] Der spezifische Charakter von Nachrichteninterviews zeigt sich an der Art und Weise, wie Äußerungen aufeinander folgen. Beispielsweise halten Interviewer und Interviewte in diesen medialen Kontexten viele «Rückmeldungsaktionen» zurück, die in der alltäglichen interpersonalen Kommunikation notwendig sind, um eine Unterhaltung erfolgreich zu gestalten. Auch sind die einzelnen Äußerungen bzw. Redezüge von Interviewern und Interviewten in der Regel wesentlich länger, als dies in alltäglichen Unterhaltungen üblich ist. Bei Interviewern ist dies deshalb so, weil sie nicht nur eine simple Frage stellen, sondern weil ihre Redezüge oft Hintergrundinformationen enthalten, die die Zuhörer respektive das Publikum eventuell benötigen, um die Relevanz der nachfolgenden Frage zu erkennen. Egal, wie fraglich diese Hintergrundinformationen den Interviewten auch scheinen mögen, sie halten sich in der Regel so lange mit eigenen Bemerkungen zurück, bis der Interviewer seine Frage formuliert hat. Bei Interviewten fallen die Reaktionen deshalb oft länger aus als im Alltag, weil sie, auch wenn die Frage mit einem einfachen Ja oder Nein beantwortet werden könnte, doch annehmen, dass von ihnen eine ausführlichere, an die Adresse des Publikums gerichtete Antwort erwartet wird. Überdies sind die Rederechte im Rahmen eines Nachrichteninterviews von vornherein asymmetrisch verteilt, da Zeit und Ziel des Gesprächs einseitig durch den Interviewer vorgegeben werden und es nur ihm gestattet ist, Fragen an sein Gegenüber zu stellen. Die Informationen, die für Zuhörer und Zuschauer durch ein Nachrichteninterview hervorgebracht werden, sind das Ergebnis einer sehr differenzierten und von anderen Gesprächsformen – einschließlich anderer Formen des Interviews oder des öffentlichen Gesprächs – durchaus verschiedenen kommunikativen Strategie, die ihrerseits nur gelingen kann, wenn beide Parteien bei ihrer Verwirklichung kooperieren.

4. Konversationsanalyse als Weg zu einer Methode der Analyse medialer Produkte

Einige der bislang vorgestellten Beispiele zeigen bereits, dass die Konversationsanalyse auch zur Analyse technisch vermittelter Formen öffentlicher Kommunikation wie der von Radio und Fernsehen eingesetzt werden kann. Dies kann grundsätzlich in dreifacher Hinsicht geschehen (zu einer umfassenden Übersicht s. a. Ayaß 2004). Es können – wie dies im Rahmen der Studies of Work zum Teil geschehen ist – Abläufe der *Produktion* medialer Erzeugnisse zum Gegenstand der Forschung gemacht werden, bei denen der Handlungszusammenhang untersucht wird, in dessen Verlauf mediale Produkte entstehen.[9] Oder es können Prozesse der *Rezeption* untersucht werden, also die Handlungszusammenhänge, innerhalb deren Medienprodukte wahrgenommen, angeeignet und erörtert werden, wobei es insbesondere auf die Kommunikationsformen ankommt, mit denen Sendungen kommentiert und rekonstruiert, bewertet und diskutiert werden. Hier geht es um Prozesse der Medienaneignung – darum, wie das mediale Angebot in die Ordnung des Alltags hineingeholt wird und auf diese Weise dort seine Wirkung tut.[10] Drittens sind es auch die medialen *Produkte*, zu deren Erforschung die Konversationsanalyse einen besonderen Beitrag leisten kann. Sie hat dies bisher vor allem in der Analyse von Radio-Phone-in-Sendungen und mit der Erforschung von Fernsehnachrichten getan. Deutlich wird hier allerdings, dass im einen Fall nicht zufällig eine Kommunikationsform der technisch vermittelten Kommunikation gewählt wurde, die auf den auditiven Kanal beschränkt ist,[11] und im anderen Fall eine Gattung des Fernsehens untersucht wurde, die klarerweise wortdominiert ist. Eine Kommunikationsforschung hingegen, die die strengen, in der Konversationsanalyse etablierten Forderungen der Materialangemessenheit ernst nimmt, wird sich mit dieser Bevorzugung der akustischen Dimension nicht zufrieden geben können. In der Analyse von Produkten des Fernsehens muss es vielmehr darum gehen, möglichst den gesamten kommunikativen Gehalt dieser Produkte zu erfassen, also das, was einerseits Ziel der medialen Produktionsvorgänge, andererseits Gegenstand der rezeptiven Aneignung dieser Produktionen ist. Diese Produktanalyse ist eine entscheidende Schnittstelle der Medienanalyse, da alle Aktivitäten auf Seiten der Produktion und Rezeption immer auf *diese* Produkte bezogen und also im vollen Sinn nur zu verstehen sind, wenn *deren* Sinn ohne Verkürzung verstanden werden kann.

Wie dies für die audiovisuelle Kommunikation vor allem des Fernsehens gelingen kann, wird im Folgenden dargelegt. Das Forschungsziel ‹konventioneller› konversationsanalytischer Studien – die so genannte natürliche Gesprächssituationen als Datengrundlage haben – ist es, wie schon erwähnt, auf dem Weg einer strikt empirischen Analyse die formalen Strukturelemente und Mechanismen zu bestimmen, mittels deren die Handelnden soziale Ordnung herstellen. Die Handlungssituation im Rahmen der Produkte von Film und Fernsehen freilich ist gegenüber der interpersonalen Kommunikation in nicht-institutionalisierten Kontexten eine durchaus andere. Gesprächssituationen im Fernsehen sind hochgradig institutionalisiert, inhaltlich mehr oder weniger vorbestimmt und inszeniert. Bei fiktionalen Sendungen (in Spielfilmen oder Unterhaltungsserien) folgen die Dialoge einer schriftsprachlich konstituierten Vorlage, dem Drehbuch. In nicht-fiktionalen Sendungen gibt es Sendetypen, in denen Sprachhandlungen ebenfalls bis ins Detail vorgeplant sind. Hier können indes Elemente des eher ‹spontanen› Sprechens eingebaut sein (wie bei einem Interview zwischen Journalist und Politiker in den Nachrichten). Es gibt aber auch Sendetypen, in denen Sprachhandlungen nur grob vorgeplant sind, in denen die Handelnden also gewisse Spielräume für Spontaneität haben (z. B. bei Talkshows). Und es gibt Sendungen, in denen der verbale Austausch gar nicht im Zentrum der audiovisuellen Kommunikation steht – man denke an Sportübertragungen, Musiksendungen oder Filme mit nur sparsamen Dialogen.

Das bedeutet, dass man, wenn man die Konversationsanalyse zur Untersuchung medial vermittelter Kommunikationsprozesse heranzieht, auf eine besondere Weise der spezifischen materialen Verfasstheit der audiovisuellen technischen Kommunikation Rechnung tragen muss. Wie dies geschehen kann, wird in vier Schritten verdeutlicht. (1) Die Analyse medialer Produkte muss sich ohne Reserve auf die ästhetische Eigenart dieser Produkte einlassen – insbesondere auf die konstitutive

Einheit von Bild und Ton (Abschnitt 4.1). (2) Das Verfahren der Transkription kann auch auf die Analyse medial vermittelter audiovisueller Kommunikationsprozesse übertragen werden (Abschnitt 4.2). (3) Die Analyse medialer Produkte muss sich – wie in den Bereichen der mündlichen Kommunikation – zentral als Gattungsanalyse verstehen (Abschnitt 4.3), (4) was jedoch erneut eine besondere Reflexion des Begriffs medialer und speziell filmischer Gattungen verlangt (Abschnitt 4.4). Als *filmisch* wird hier eine Form der bildlichen Darbietung bezeichnet, die so unterschiedliche Medien wie das Kino und das Fernsehen teilen. Als *Filme* hingegen sollen hier vorwiegend diejenigen Formen verstanden werden, die als Spiel- oder Dokumentarfilme für eine Verwendung auch außerhalb des Fernsehens gemacht sind (eine Verwendung, die sie allerdings nicht immer finden). Das Fernsehen, dem die nachstehenden Überlegungen gelten, ist nach diesem Verständnis als ein filmisches *Medium* zu verstehen, das sich allerdings von dem Charakter der in ihm unter anderem ausgestrahlten *Filme* gravierend unterscheidet.[12]

4.1 EINHEIT VON BILD UND TON

Bei der Analyse der audiovisuellen technischen Kommunikation kommt es wesentlich darauf an, diese in der Einheit ihrer sichtbaren und hörbaren Komponenten zu erfassen. Denn allein deren Zusammenwirken macht den kommunikativen Gehalt der entsprechenden Produkte aus. Grundsätzlich gilt es daher, die hier oft noch vorherrschende Konzentration auf den sprachlichen Kanal zu überwinden und die entscheidende Rolle, die den *Bildern* im Rahmen des filmischen Diskurses zukommt, in die Analyse einzubeziehen. Sowohl hinsichtlich des sprachlichen als auch des visuellen Diskurses benötigen wir Verfahren, die uns in die Lage versetzen, die Komplexität und die spezifische kommunikative Eigenart dieser Produkte zu erfassen, um nicht allein manifeste, sondern auch latente Bedeutungsstrukturen auf eine überzeugende und methodisch transparente Art und Weise analysieren zu können. Nur durch eine *Kombination* von filmanalytischen und konversationsanalytischen Verfahren lässt sich eine der Komplexität des Gegenstandes angemessene

Angela Keppler

Methode entwickeln (zu Filmanalyse vgl. den Beitrag von Wulff in diesem Band). Wegen der erwähnten Verfasstheit von Sendungen des Fernsehens kann die Konversationsanalyse die Last der Untersuchung dieser Kommunikationsformen nicht allein tragen; ihre Methodik eröffnet aber einen unverzichtbaren Weg zur Erfassung des tatsächlichen Gehalts dieser Produkte.

Dieser Gehalt besteht aus den in ihnen angelegten *Möglichkeiten des Verstehens*. Der aus Ethnomethodologie und Konversationsanalyse vertraute Ansatz beim Verstehen kann also auch hier erhalten bleiben; freilich sind dies nicht primär Verständnisse, die Handelnde in ihrem Handeln haben, sondern solche, auf die sie in ihrem Handeln stoßen, und dies nicht bei realen Interaktionspartnern, sondern bei Gebilden, die ihrem Verstehen zugänglich sind. Was die hier vorgeschlagene Form der Analyse filmischer Kommunikationsweisen explizit macht, sind in den Produkten angelegte Möglichkeiten der Wahrnehmung, die im Gebrauch des Mediums Fernsehen aufgenommen oder außer Acht gelassen werden können.

Die in filmischen Produkten *angelegte* potenzielle Rezeption darf nicht mit der tatsächlich stattfindenden *faktischen* Rezeption gleichgesetzt werden. Dies gilt für die technisch vermittelte Kommunikation generell. Wie die mediale Kommunikation nichts wäre ohne die Vorgaben des medialen Produkts, so wäre andererseits das Medium nichts ohne die Freiheiten seines sozialen Gebrauchs. Diese *Spielräume* der Aneignung medialer Erzeugnisse jedoch wären nicht gegeben, wenn sie nicht in einem *Widerspiel* mit den angeeigneten Strukturen stünden. In der Machart der medialen Produkte treffen die Intentionen der Produzenten und Kommunikatoren auf die Erwartungen der Rezipienten, jedoch ohne dass die eine Seite von der anderen determiniert wäre. Erst in der Brechung durch das gesendete Produkt gewinnt mediale Kommunikation ihre spezifische Dynamik. Der bei der Analyse dieser Produkte leitende Grundsatz sollte sein, dass die Orientierungen, die von ihnen nahe gelegt werden, nicht davon zu trennen sind, *wie* sie von ihnen nahe gelegt werden.

Im Fall von Fernsehsendungen und Spielfilmen lassen sich dabei *Typen medialer Inszenierung* unterscheiden. In der Untersuchung dieser

Typen kann ermittelt werden, wie die Form dieser Inszenierungen das kulturelle Wissen konturiert, das von ihnen präsentiert wird.

4.2 DAS VERFAHREN DER TRANSKRIPTION

Ein basaler Schritt bei dieser Untersuchung ist – wie bei der Konversationsanalyse – die Herstellung eines Transkripts des audiovisuellen Geschehens. Der wesentliche Sinn von Transkripten liegt darin, den interpretativen Zugang zum Gegenstand mit einem methodisch kontrollierten Vorgehen zu verbinden (vgl. hierzu den Beitrag von Hartung in diesem Band). Die im Rahmen der Konversationsanalyse entwickelten Transkriptions- und Analysemethoden bieten sowohl im Hinblick auf die Datenaufbereitung als auch auf die Dateninterpretation wichtige Impulse für die Erforschung bildsprachlicher Zusammenhänge. Im Hinblick auf die Verfahren der Transkription verbaler und non-verbaler Kommunikationsvorgänge, bei dem auf der einen Seite die Detailliertheit des Materials adäquat wiedergegeben werden muss, aber auch das Material «lesbar» bleiben soll, sind die hier entwickelten Transkriptionskonventionen eine unschätzbare Hilfe.[13] Im Unterschied zu anderen Autoren, die sich zu einer hermeneutischen Filmanalyse bekennen, die ohne eine Verschriftlichung des audiovisuellen Materials in Form von Filmprotokollen auskommt, da ihrer Meinung nach moderne Aufzeichnungstechniken wie Video oder DVD diese unnötig machen,[14] erscheint aus einer konversationsanalytischen Perspektive eine Speicherungstechnik, die die Flüchtigkeit des Materials für Analysezwecke aufhebt, unbedingt notwendig. Denn auch bei der Fixierung auf Video oder DVD bleibt die durch die Materialität des Films bedingte Flüchtigkeit des Untersuchungsgegenstands erhalten. Mit dieser muss *analytisch* gebrochen werden, um ihr *interpretativ* gerecht werden zu können. Eine dem jeweiligen Untersuchungsgegenstand angepasste schriftsprachliche Transkription des audiovisuellen Materials ist daher sowohl für die Genauigkeit der Analysen als auch für deren wissenschaftliche Darstellung notwendig. Auch wenn eine Verschriftlichung audiovisuellen Materials nicht mehr als ein Protokoll darstellt, also weder eine Repräsentation und erst recht keine Deutung des filmischen Materials beinhaltet, so stellt sie doch einen Untersuchungsschritt dar, der nicht umgangen werden sollte.

Die trotz dieser Wiederholbarkeit bestehend bleibende Flüchtigkeit des Materials bleibt also ein Problem, dem man methodisch begegnen muss und kann. Aufgrund der Vielzahl von gleichzeitig ablaufenden und gespeicherten Informationen, die zudem auf verschiedenen Kanälen (visuell, auditiv) erfolgen, deren Zusammenspiel erst den filmischen Gehalt im eigentlichen Sinn ausmacht, ist die Entwicklung eines systematischen Beschreibungsinventars Voraussetzung für eine verstehende Rekonstruktion und Interpretation des audiovisuellen Bedeutungsprozesses.[15]

4.3 Zum Begriff medialer Gattungen

Wie bereits erwähnt, ist es für mediale Produkte wie für alle kommunikativen Äußerungen wesentlich, dass sie Gattungen angehören oder doch in einem Verhältnis zu Gattungen stehen. Einen günstigen Ausgangspunkt für die Analyse von im weitesten Sinn filmischen Gattungen stellt darum das Konzept der «kommunikativen Gattungen» dar, wie es von Thomas Luckmann vorgeschlagen wurde.[16] Dieser Ansatz – der Gattungen in einen wissenssoziologischen wie auch handlungstheoretischen Rahmen stellt – geht davon aus, dass es sich bei Gattungen um kommunikative Formen handelt, die auf spezifischem Wissen sowohl von Produzenten als auch von Rezipienten beruhen. Kommunikative Vorgänge werden als «Muster zur Lösung kommunikativer Probleme gesellschaftlichen Handelns» (Luckmann 1986, 200) betrachtet und sollen in ihrer Formenvielfalt und konkreten Ausprägung beschrieben werden. Trotz der gravierenden Unterschiede in dem untersuchten Material lässt sich der Grundgedanke dieses Vorschlages auch auf die Untersuchung der Kommunikation durch Radio, Film und Fernsehen übertragen.[17] Denn auch hier haben wir es mit Produkten zu tun, die auf ihre Weise Antworten auf kommunikative Probleme oder Bedürfnisse anbieten – mit medialen Angeboten, die je nachdem (eher) in das eine oder das andere Genre fallen.

Grundsätzlich gilt es, mediale Gattungen als eine Unterklasse der Gattungen der Kommunikation zu verstehen. Gattungen der Kommunikation sind Schemata der Ordnung kommunikativer Sequenzen, die den Teilnehmern eine Orientierung über die Art des stattfindenden Kommunikationsprozesses bieten. Gattungen in diesem Sinn sind für eine gewisse Dauer feststehende Prozeduren der Kommunikation. Das Besondere an Gattungen der Kommunikation ist gerade, dass sie bereits durch die Art ihres *Verlaufs* eine Orientierung erzeugen, die alles prägt, was *im* Verlauf der jeweiligen kommunikativen Einheit zur Sprache und zur Anschauung kommt. Dies ist auch bei der direkten mündlichen Kommunikation der Fall, etwa wenn eine Belehrung stattfindet, über jemanden geklatscht wird oder ein Ereignis der Vergangenheit rekonstruiert wird (vgl. Keppler 1994, Keppler/Luckmann 1991, Keppler 1989 und 1988 sowie 1987). Entsprechend stellen mediale Gattungen verfestigte Arten der Inszenierung dar – festliegende Arten, in denen im Film von etwas berichtet, eine Geschichte erzählt oder ein Gesprächsverlauf dargeboten wird. Zu den für eine Gattung charakteristischen Faktoren können zum Beispiel bildliche Motive, narrative Abläufe, die Wahl von Schauplätzen, Arten der Kommentierung, der Einsatz von Musik oder bestimmte visuelle Dramaturgien gehören. Welche dieser Faktoren ausschlaggebend sind, lässt sich nicht allgemein sagen; sicher ist nur, dass Gattungen stets signifikante *Konfigurationen* filmischer Merkmale darstellen. Zu einer Talkshow beispielsweise gehört der Schauplatz einer Gesprächssituation, an der mindestens zwei Personen beteiligt sind, deren Gespräch auch das Zentrum der visuellen Dramaturgie des Films bildet und außerdem ein Gesprächsverlauf, der – im Vergleich etwa zum politischen Interview – eher auf persönliche Episoden und Erfahrungen gerichtet ist.

Gattungen des Fernsehens sind etablierte Möglichkeiten der Komposition filmischer Produkte, die eben dadurch, dass sie etabliert sind, auch die Möglichkeit der Kombination, Rekombination und Abweichung erlauben. Jeder individuelle Film bewegt sich in und zu den Konventionen der Genres, denen er angehört und die er in seiner Darstellungsweise berührt. Wegen dieser Beweglichkeit des Verhältnisses filmischer Gattungen ist es freilich sinnlos, eine endgültige Typologie ihrer Verhältnisse entwickeln zu wollen. Zum einen könnte eine solche Typologie

Angela Keppler

immer weiter verfeinert werden, sodass es kein natürliches Ende der Auf-
listung von Gattungen gibt. Zum andern ist die Abgrenzung zwischen
Gattungen nie so stark fixiert, dass sich eindeutige Kriterien der Zugehörigkeit zu ihnen angeben ließen. Hier hat Wittgensteins Wort von der
«Familienähnlichkeit» einen guten Sinn: Filmische Gattungen sind Familien der Gestaltung von Bewegungsbildern, deren Mitglieder sich in
vielem unterscheiden und doch vom gleichen Stamm sein können – und
die oft zugleich intensive Beziehungen zu anderen Stämmen unterhalten.

Dabei ist gerade der Unterschied zum Status von Gattungen der mündlichen Kommunikation von großer Bedeutung. Anders als bei der Betrachtung von Medienprodukten können die Teilnehmer an einer Konversation jederzeit den Gang der Ereignisse beeinflussen; sie können
unterbrechen, Zäsuren markieren, Widerspruch anmelden oder die Ver-
bindlichkeiten des gewählten Gesprächsformats absichtlich oder unab-
sichtlich verletzen. Die Zuschauer von Filmen oder Fernsehsendungen
dagegen sind bestimmten Verläufen des Gesehenen – der äußeren Abfolge der jeweils sichtbaren Ereignisse, dem Wortwechsel zwischen den
Figuren etc. – oft zwangsläufig ausgesetzt, solange sie den Film überhaupt verfolgen.[18] So groß ihr Deutungsspielraum auch sein mag, den
visuellen und akustischen *Rhythmus* der betrachteten Produkte können
sie nicht verändern. Dieser liegt vor, an diesem verändert sich im Lauf
der filmischen Kommunikation nichts. Das sind Strukturen des Produkts, innerhalb deren sich erst der Raum für eine Zuweisung von Bedeutungen, Wertungen und Typisierungen bildet. Natürlich ändert sich
beispielsweise die Einschätzung des *Tempos* von Filmen ganz erheblich;
alte Actionfilme kommen uns heute außerordentlich langsam vor, so
langsam, dass sie möglicherweise gar nicht mehr als Actionfilme zählen.
Aber in die Geschwindigkeit des Films können die Zuschauer nun einmal auf keine Weise eingreifen, während sie beispielsweise die Erzählge-
schwindigkeit einer mündlichen Narration durch entsprechende Zuhö-
reraktivitäten durchaus beeinflussen können. Dennoch, und das ist nun
wieder das Gemeinsame, hat auch das technisch unvermittelte mündliche Erzählen bestimmte zeit- und kulturbedingte Formen, die durchaus *vorgeben*, wie eine Erzählung zu gliedern, zu beginnen und abzu-

schließen ist. In der Praxis des Erzählens haben sich Regeln ausgebildet, die Sprecher und Zuhörer beachten müssen (oder besser: die sie nicht beachten können, da es hier erhebliche Variationsmöglichkeiten gibt), wenn sie sich im Modus des Erzählens miteinander verständigen wollen. Die durch frühere kommunikative Praktiken entstandene Vorgabe des Gesprächsformats legt bestimmte Möglichkeiten fest, innerhalb deren ein – je nach Formalisierungs- und Verfestigungsgrad der Gattung – mehr oder weniger weiter Variationsspielraum besteht.

4.4 Der Status medialer Gattungen

An dieser Stelle ist es wichtig, sich genauer den Status von Gattungen vor Augen zu führen – und zwar zunächst den Sinn, den diese Einteilung weniger in der Theorie, als vielmehr in der Praxis des Umgangs mit filmischen Bildern hat. Filmische Gattungen sind von Seiten der Hersteller wie auch der Zuschauer stets mit *Erwartungen* verbunden, man könnte geradezu sagen: Sie *sind* Erwartungen, die von beiden Seiten mit den jeweiligen Filmen verbunden sind. Die Produzenten erwarten, dass sie beim Publikum so und so aufgenommen werden, das Publikum erwartet, dass es durch den Film so und so informiert oder unterhalten wird. Diese Erwartungen können erfüllt oder enttäuscht werden. Eine Gattung bildet sich nur dann heraus, wenn die mit ihren Exemplaren verbundenen Erwartungen einigermaßen verlässlich erfüllt werden: wenn das Publikum in den Produkten das findet, was es erwartet hat, oder auch etwas, das seine Erwartungen übertrifft; wenn die Produzenten etwas finden oder erfinden, was vom Publikum entsprechend geschätzt wird. Insofern sind filmische Gattungen etwas, deren Bestehen und deren Kontur zwischen Produzenten und Publikum gleichsam *ausgehandelt* werden muss; in diesem Sinn sind sie Resultate der filmischen Kommunikation, Resultate aber, die in jeder weiteren Kommunikation, in ihrer Fortsetzung immer wieder auf dem Prüfstand stehen.[19]

Die Merkmale filmischer Gattungen, bedeutet dies, sind nichts Erstes, sondern sie stellen eine konstitutive Komponente in dem Verhältnis von Produktion, Produkt und Rezeption dar. Genauso wenig aber sind die Intentionen der Hersteller ein Erstes, aus dem alles Weitere folgen würde. Denn was so intendiert wird, ist ja ein jeweiliges, gattungsmäßig immer schon – wie immer vorläufig – umrissenes Produkt mit den entsprechenden formalen Eigenschaften, deren Wirkung auf ein Publikum notorisch unterbestimmt bleibt. Die Erwartung eines Publikums bezieht sich stets auf solche filmischen Eigenschaften – Gliederung von Informationen, Handlungsführung, typische Schauplätze und Charaktere, Rhythmen, Sprachebenen etc. –, die sich in der Geschichte einer Gattung als tragend herausgebildet haben und die nun aber – jedenfalls ‹for the time being› – tatsächlich tragende, gattungskonstituierende *Eigenschaften* der betreffenden Filme sind. Diese Eigenschaften sind in der Tat innere Merkmale der betreffenden Produkte, Merkmale freilich, um es nochmals zu betonen, die es nicht geben könnte ohne die Praxis der Wahrnehmung von Filmen und Sendungen mit allem, was dazu sozial und ökonomisch gehört. Filmischen Gattungen, mit anderen Worten, kommt eine relative Autonomie gegenüber Produzenten und Rezipienten zu – eine Autonomie allerdings, die nur innerhalb der Praxis des herstellenden und wahrnehmenden Umgangs mit diesen Produkten besteht.

Es darf also nicht vergessen werden, dass filmische Gattungen letztlich immer Gattungen von Bewegungsbildern sind, die von Herstellern und Zuschauern in einer bestimmten Weise klassifiziert werden und die vermöge dieser Klassifizierung eine besondere Signifikanz gewinnen. Denn nicht allein die einzelnen Filme oder Sendungen, auch die Gattungen, zu denen sie gruppiert werden, haben eine Bedeutung, die auf diejenige der jeweiligen Produkte einwirkt. Für die Verfassung eines filmischen Produkts ist daher seine – wie immer fragile – Gattungszugehörigkeit ein wichtiger Bestandteil. Innerhalb dieser Zugehörigkeit entfaltet es sein individuelles Gesicht, wenn auch manchmal so, dass sich dabei zugleich die Kontur der Gattung verändert – so wie der Film *Dirty Harry* (Regie: Don Siegel, USA 1971) den Polizeifilm oder die Sendung *Samstag Nacht* in Deutschland den Typus bis dahin «humoristisch» genannter Sendungen verändert – und zur Sparte *Comedy* transformiert – hat.[20] Filmische Gattungen aber unterscheiden sich nicht allein dadurch, ob in ihnen Fakten mitgeteilt oder Storys entwickelt werden, und wenn ja, wie dies geschieht, sondern zugleich dadurch, was für eine *Einstellung* oder *Sicht* mit faktischen oder nichtfaktischen Ereignissen vermittelt wird. Mit diesen Sichtweisen sind häufig evaluative Gewichtungen verbunden, durch die etwas als wichtig oder unwichtig, ratsam oder bedenklich, zukunftsweisend oder veraltet, als «in» oder «out», als lohnend oder vergeblich oder im engeren Sinn als moralisch richtig oder falsch qualifiziert wird. Diesen Formen kultureller – und damit: in verschiedenen Bedeutungen werthafter – Orientierungen, die durch unterschiedliche Gattungen der medialen Kommunikation angeboten werden, ist eine umfassende Analyse des Gebrauchs filmischer Gattungen auf der Spur. Das, was in diesen Formen kommuniziert wird, ist von dem nicht zu trennen, wie sich Kommunikation anhand dieser Formen vollzieht. In der Konfiguration ihrer formalen Gestaltung entwerfen die unterschiedlichen Sendungen des Fernsehens häufig spezifische Sichtweisen der im Rahmen ihrer Inszenierung dramatisierten Ereignisse und Verhältnisse. Auf diese Weise wird den Zuschauern ein *Verständnis* der jeweils gezeigten Situationen angeboten, dem sie in ihrer Aneignung der Sendungen folgen oder auch nicht folgen, dem gegenüber sie sich aber nicht neutral verhalten können. Zugleich bilden sich mit dem Erfolg der jeweiligen Sendegattungen Orientierungsmuster heraus, die sich eben darin als gesellschaftlich *relevante* Formen des Wissens erweisen: Sie sind einer Vielzahl von Zuschauern bekannt und werden von einer Vielzahl von Zuschauern in den Haushalt ihrer Kenntnis der gesellschaftlichen Wirklichkeit übernommen.

5. Ausblick

Es dürfte ein lohnendes Unterfangen sein, in konkreten Analysen filmischer Produkte die Dynamik zu untersuchen, mit der ein Medium wie das Fernsehen das jeweils herrschende Verständnis der Welt – und damit die soziale Welt – verändert. Hierbei muss freilich eine weitere Besonderheit beachtet werden. Anders als Filme, wie sie im Kino oder innerhalb von Fernsehprogrammen gezeigt werden, stellt «das Fernsehen» selbst

Angela Keppler

keine Sinneinheit dar, die für sich untersucht werden könnte. Denn das heutige Fernsehen ist eine permanente Bewegung *von* und eine permanent mögliche Bewegung *zwischen* Sendungen, die keinen Anfang und kein Ende kennt. Gewiss, die Sendungen haben einen Anfang und ein Ende (die freilich mehr oder weniger genau markiert sein können); das Fernsehen jedoch, verstanden als Inbegriff der ablaufenden Sendungen, kennt Anfang und Ende nicht. Es gibt hier keinen inneren Abschluss des Sehens, wie ihn das Ende eines Kinofilms bildet. Es geht immer weiter, und es geht immer anders. Auf jede Sendung folgt eine weitere, jede wird von vielen weiteren und andersartigen begleitet, am Ende einer jeden kann man zu weiteren und andersartigen wechseln, die gerade am Anfang oder mitten im Geschehen sind.

Diese Sukzession und Simultaneität der unterschiedlichsten Sendeformen macht Fernsehen aus. Jeder hier gezeigte Beitrag steht in direkter Konkurrenz zu anderen und im unmittelbaren Kontext vorheriger sowie nachfolgender Beiträge. Fernsehen ist ein Kontinuum der in ihm ausgestrahlten Sendungen. Diese aber verhalten sich diskontinuierlich zueinander. Damit stellt es eine eigenständige Art der filmischen Bewegung und Bewegtheit dar, für die nun nicht länger der Kinofilm als ein theoretisches Modell einstehen kann. Denn die im Fernsehen sichtbaren Abläufe unterliegen nicht dem Rhythmus einzelner Filme, sondern folgen einer Bewegung der Abwechslung und Unterbrechung, die selber keiner geordneten Choreographie unterliegt – besonders deshalb, weil sie von jedem Benutzer anders realisiert werden kann. Dass zwischen den nacheinander und gleichzeitig ausgestrahlten Sendungen und Sendeformen keine Kontinuität besteht, darin liegt die besondere Kontinuität des TV-Angebots. Es stellt unterschiedliche filmische Gattungen in den Zusammenhang einer durchgehenden Sendezeit. Es verbindet Formen, zwischen denen es oft keine innere Verbindung gibt außer der Zeit, in der sie nacheinander oder gleichzeitig auftreten. Das Fernsehen schafft eine Zeit filmischer Übergänge, die keinem dramaturgischen Ziel untergeordnet sind. Zu erforschen, wie es durch die Art seiner Kommunikationen das alltägliche Verständnis der Handelnden fortwährend modifiziert und transformiert, wie es selbst ein dynamischer Teil der Welt ist, die es mit seinen Programmen in Bewegung hält, dürfte – zusammen mit Analysen über Prozesse medialer Produktion und Rezeption – wichtige Erkenntnisse über die Kommunikationsprozesse in heutigen Gesellschaften liefern. Das hier vorgestellte Verfahren der Fernsehanalyse ist ein Beispiel dafür, wie, ausgehend von der Konversationsanalyse, Untersuchungen zur technisch vermittelten Kommunikation in Gang gebracht werden können. Diese Möglichkeiten sind keineswegs auf den Bereich des Fernsehens beschränkt; neben klassischen Medien wie Zeitung, Radio und Film können auch neuere Kommunikationstechniken, wie sie etwa das Internet bietet, daraufhin untersucht werden, wie Ordnungen und Orientierungen im Vollzug der jeweiligen Art der Kommunikation herausgebildet und aufrechterhalten werden. Denn hierin liegt der unverzichtbare Vorteil des konversationsanalytischen Zugriffs gerade für die technisch vermittelte Kommunikation: Durch ihn lässt sich verfolgen und festhalten, wie im Verlauf dieser Kommunikationen ein gesellschaftlicher Sinn hergestellt wird, der als Sinn nur verständlich wird, wenn die interaktiven Prozesse seiner Herstellung transparent gemacht werden können.

ANMERKUNGEN

1 Ich kann mich hier kurz fassen, da bereits vorzügliche Überblicksdarstellungen und Einführungen zur Ethnomethodologie und Konversationsanalyse in Methodenhandbüchern zur qualitativen Sozialforschung vorliegen; ich verweise insbesondere auf Bergmann (1991a), Bergmann (1991b), Heritage (1984), Eberle (1997).

2 Thomas Luckmann in der Einleitung zu Schütz (1971).

3 Grundlegende Beiträge zur Entstehungsgeschichte sind: Bergmann (1988), Bergmann (1991b), Heritage (1984), Garfinkel (1967), Garfinkel (1972), Garfinkel/Sacks (1970), Psathas (1979).

4 Zum Modell der Sprecherwechselorganisation vergleiche den paradigmatischen Aufsatz von Sacks/Schegloff/Jefferson (1974).

5 Bergmann (1991a, 217) hat die Logik des Vorgehens konversationsanalytischer Untersuchungen detailliert dargestellt.

6 Klassische Studien sind hier: Lynch (1985) über die Labortätigkeit von Neurobiologen, Sudnow (1978) über die Improvisationstätigkeit von Jazzmusikern. Einen kurzen Überblick über die neuere Forschungslage gibt Ayaß (2004, 12).

　　　　　　　　　　　　　　　　　　　　　　　　　　　Angela Keppler

7 Insbesondere John Heritage und David Greatbatch (vgl. Heritage/Clayman/Zimmerman 1988, Greatbatch 1988 und 1998) haben mit Mitteln der Konversationsanalyse Nachrichteninterviews im Hörfunk und im Fernsehen untersucht. Für den Bereich der Massenmedien sind außerdem die Arbeiten von Atkinson (1984) und Ayaß (1997) zu nennen. Für eine Übersicht vgl. Ayaß (2004).

8 Siehe hierzu insbesondere Clayman (1997).

9 So Clayman/Reisner (1998) zu Redaktionssitzungen einer Zeitung oder Heath/Luff (2000) über eine Nachrichtenagentur. Dazu gehört auch die frühe ethnographische Studie von Tuchman (1978).

10 Auch diesem Bereich liegen einige exemplarische Studien vor: Keppler (1993 und 1994) zeigte in ihren Untersuchungen auf, in welchen Formen diese kommunikativen Aneignungen erfolgen und welche Rolle und Funktion diese kommunikativen Praktiken für die Herstellung der sozialen Entität Familie spielen; ähnlich Untersuchungen von Hepp (1998), Klemm (2000) und die Beiträge in Holly/Püschel/Bergmann (2001).

11 Nicht zufällig befasste sich eine der ersten konversationsanalytischen Untersuchungen (Sacks 1972) überhaupt mit Telefongesprächen.

12 Die hier vorgeschlagene Methodik wird ausführlich dargelegt in Keppler (2006), insbes. Kapitel 3.

13 Den aktuellen Stand des Transkriptionsverfahrens repräsentiert das von Selting et al. entwickelte Gesprächsanalytische Transkriptionssystem (GAT), vgl. Selting et al. (1998).

14 Stellvertretend: Reichertz (2000).

15 Für weiterführende Überlegungen siehe Keppler (2006).

16 Vgl. insbes. Luckmann (1986, 191–200). Die film- und fernsehwissenschaftliche Gattungsforschung lehnt sich dagegen in einem hohen Maß an literaturwissenschaftliche Gattungs- und Genrekonzeptionen an. Sie ist stark beeinflusst von der Unterscheidung zwischen primären (i. e. ‹mündlichen›) und sekundären (i. e. komplexen schriftlichen, v. a. literarischen) Genres sowie von Ongs (1982) Überlegungen zu einer sekundären, ‹literalisierten› Oralität. Zur Diskussion des Verhältnisses von filmischen und literarischen Gattungen vgl. auch Duff (2000) sowie Hohenberger (1988).

17 Ein früher Versuch in dieser Richtung ist Keppler (1985).

18 Selbst dort, wo ihnen durch Anrufe oder Abstimmungen per Telefon Einflussmöglichkeiten gegeben sind, bleiben diese vergleichsweise marginal: Auf das *Setting* der betreffenden Sendungen können sie nur im seltensten Fall Einfluss nehmen.

19 Vgl. hierzu die aufschlussreiche Diskussion zum Thema eines «kommunikativen Kontrakts» im Rahmen einer Pragmatik des Films in der Zeitschrift montage/av 2002 (Vol. 10, Nr. 2) und 2003 (Vol. 11, Nr. 1).

20 Spielfilme oder Fernsehsendungen können auch mehr oder weniger parodistische Kommentare zu Gattungen und ihren Grenzen sein – wie in *Pulp Fiction* in Bezug

auf den Actionfilm oder der 1988–1992 auf RTL ausgestrahlten Show *Alles nichts oder* in Bezug auf die große Fernsehunterhaltung.

LITERATUR

Atkinson, Max (1984), Our masters' voices. The language and body language of politics. London: Routledge.

Atkinson, Max/Paul Drew (1990), Order in court. The organization of verbal interaction in judicial settings. London et al.: Macmillan.

Ayaß, Ruth (1997), «Das Wort zum Sonntag». Fallstudie einer kirchlichen Sendereihe. Stuttgart: Kohlhammer.

Ayaß, Ruth (2004), Konversationsanalytische Medienforschung, in: Medien & Kommunikationswissenschaft, Vol. 52, Nr. 1, 5–29.

Bergmann, Jörg R. (1988), Ethnomethodologie und Konversationsanalyse. 1: Ethnomethodologie. Untersuchungen zur methodischen Erzeugung von sozialer Wirklichkeit im alltäglichen Handeln. Kurseinheit der Fernuniversität Hagen.

Bergmann, Jörg R. (1991a), Konversationsanalyse, in: Flick, Uwe et al. (Hrsg.), Handbuch qualitative Sozialforschung. Grundlagen, Konzepte, Methoden und Anwendungen. München: Psychologie Verlags Union, 213–218.

Bergmann, Jörg R. (1991b), Ethnomethodologie, in: Flick, Uwe et al. (Hrsg.), Handbuch qualitative Sozialforschung. Grundlagen, Konzepte, Methoden und Anwendungen. München: Psychologie Verlags Union, 269–272.

Bergmann, Jörg R. (1994), Ethnomethodologische Konversationsanalyse, in: Fritz, Gerd/Franz Hundsnurscher (Hrsg.), Handbuch der Dialoganalyse. Tübingen: Niemeyer, 3–16.

Churchill, Lindsey (1971), Ethnomethodology and measurement, in: Social Forces, Vol. 50, 183–191.

Clayman, Steven (1997), Footing in the achievement of neutrality. The case of news-interview discourse, in: Drew, Paul/John Heritage (Hrsg.), Talk at work. Cambridge: Cambridge University Press, 163–198.

Clayman, Steven/Ann Reisner (1998), Gatekeeping in action. Editorial conferences and assessments of newsworthiness, in: American Sociological Review, Vol. 63, Nr. 2, 178–199.

Drew, Paul/John Heritage (1992), Analyzing talk at work. An introduction, in: Drew, Paul/John Heritage (Hrsg.), Talk at work. Interaction in institutional settings. Cambridge: Cambridge University Press, 1–65.

Duff, David (Hrsg.) (2000), Modern genre theory. Harlow et al.: Longman.

Eberle, Thomas S. (1997), Ethnomethodologische Konversationsanalyse, in: Hitzler, Ronald/Anne Honer (Hrsg.), Sozialwissenschaftliche Hermeneutik. Opladen: Leske + Budrich, 245–280.

Garfinkel, Harold (1967), Studies in ethnomethodology. Englewood Cliffs: Prentice Hall.

Garfinkel, Harold (1972), Remarks on ethnomethodology, in: Gumperz, John/Dell Hymes (Hrsg.), Directions in sociolinguistics. New York: Holt, Rinehart & Winston, 301–324.

Garfinkel, Harold/Harvey Sacks (1970), On formal structures of practical actions, in: McKinney, John C./Edward A. Tiryakian (Hrsg.), Theoretical sociology. Perspectives and developments. New York: Appleton Century Crofts, 337–366.

Greatbatch, David (1988), A turn-taking system for British news interviews, in: Language and Society, Vol. 17, 401–430.

Greatbatch, David (1998), Conversation analysis. Neutralism in British news interviews, in: Bell, Allan/Peter Garrett (Hrsg.), Approaches to media discourse. Oxford: Blackwell, 163–185.

Heath, Christian/Paul Luff (2000), Animating texts. The collaborative production of news stories, in: dies. (Hrsg.), Technology in action. Cambridge: Cambridge University Press, 61–68.

Hepp, Andreas (1998), Fernsehaneignung und Alltagsgespräche. Fernsehnutzung aus der Perspektive der Cultural Studies. Opladen: Westdeutscher Verlag.

Heritage, John (1984), Garfinkel and ethnomethodology. Cambridge: Polity Press.

Heritage, John (1985), Recent developments in conversation analysis, in: Sociolinguistics, Vol. 15, 1–19.

Heritage, John/Steven Clayman/Don H. Zimmerman (1988), Discourse and message analysis. The micro-structure of mass media messages, in: Hawkins, Robert/John Wiemann/Suzanne Pingree (Hrsg.), Advancing communication science. Merging mass and interpersonal processes. Newbury Park: Sage, 77–109.

Heritage, John/David Greatbatch (1991), On the institutional character of institutional talk. The case of news interviews, in: Boden, Deirdre/Don H. Zimmerman (Hrsg.), Talk and social structure. Cambridge: Polity Press, 93–137.

Hohenberger, Eva (1988), Die Wirklichkeit des Films. Dokumentarfilm, ethnographischer Film, Jean Rouch. Hildesheim et al.: Olms.

Holly, Werner/Ulrich Püschel/Jörg Bergmann (Hrsg.) (2001), Der sprechende Zuschauer. Wie wir uns Fernsehen kommunikativ aneignen. Opladen: Westdeutscher Verlag.

Keppler, Angela (1985), Präsentation und Information. Zur politischen Berichterstattung im Fernsehen. Tübingen: Narr.

Keppler, Angela (1987), Der Verlauf von Klatschgesprächen, in: Zeitschrift für Soziologie, Vol. 16, Nr. 4, 288–302.

Keppler, Angela (1988), Beispiele in Gesprächen. Zu Form und Funktion exemplarischer Geschichten, in: Zeitschrift für Volkskunde, Vol. 84, Nr. 1, 39–57.

Keppler, Angela (1989), Schritt für Schritt. Das Verfahren alltäglicher Belehrungen, in: Soziale Welt, Vol. 40, Nr. 4, 538–556.

Keppler, Angela (1993), Fernsehunterhaltung aus Zuschauersicht. Beobachtungen bei Tischgesprächen, in: Holly, Werner/Ulrich Püschel (Hrsg.), Medienrezeption als Aneignung. Methoden und Perspektiven qualitativer Medienforschung. Opladen: Westdeutscher Verlag, 103–113.

Keppler, Angela (1994), Tischgespräche. Über Formen kommunikativer Vergemeinschaftung am Beispiel der Konversation in Familien. Frankfurt a. M.: Suhrkamp.

Keppler, Angela (2006), Mediale Gegenwart. Eine Theorie des Fernsehens am Beispiel der Darstellung von Gewalt. Frankfurt a. M.: Suhrkamp (im Druck).

Keppler, Angela/Thomas Luckmann (1991), «Teaching». Conversational transmission of knowledge, in: Markova, Ivana/Klaus Foppa (Hrsg.), Asymmetries in dialogue. Hemel Hempstead: Harvester Wheatsheaf, 143–165.

Klemm, Michael (2000), Zuschauerkommunikation. Formen und Funktionen der alltäglichen kommunikativen Fernsehaneignung. Frankfurt a. M. et al.: Lang.

Levinson, Stephen C. (1983), Pragmatics. Cambridge: Cambridge University Press.

Luckmann, Thomas (1986), Grundformen der gesellschaftlichen Vermittlung des Wissens. Kommunikative Gattungen, in: Kölner Zeitschrift für Soziologie und Sozialpsychologie. Sonderheft 27: Kultur und Gesellschaft, 191–211.

Lynch, David (1985), Memory systems of the brain. Animal and human cognitive processes. New York: Guilford Press.

McHoul, Alec (1978), The organization of turns at formal talk in the classroom, in: Language in Society, Vol. 7, 183–213.

montage/av. Zeitschrift für Theorie und Geschichte audiovisueller Kommunikation (2002), Vol. 10, Nr. 2, Pragmatik des Films.

montage/av. Zeitschrift für Theorie und Geschichte audiovisueller Kommunikation (2003), Vol. 11, Nr. 2, Anfänge und Enden.

Ong, Walter J. (1982), Orality and literacy. The technologizing of the word. London: Methuen.

Psathas, George (1979), Die Analyse von Alltagsstrukturen und das ethnomethodologische Paradigma, in: Sprondel, Walter/Richard Grathoff (Hrsg.), Alfred Schütz und die Idee des Alltags in den Sozialwissenschaften. Stuttgart: Enke, 178–195.

Reichertz, Jo (2000), Die frohe Botschaft des Fernsehens. Kulturwissenschaftliche Untersuchung medialer Diesseitsreligion. Konstanz: UVK.

Sacks, Harvey (1972), A single instance of a phone-call opening; caller-called; etc., in: ders. (1992), Lectures on conversation. Band 2. Oxford: Blackwell, 542–553.

Sacks, Harvey/Emanuel A. Schegloff/Gail Jefferson (1974), A simplest systematics for the organization of turn-taking in conversation, in: Language, Vol. 50, Nr. 4, 696–735.

Schegloff, Emanuel A./Harvey Sacks (1973), Opening up closings, in: Semiotica, Vol. 8, 289–327.

Angela Keppler

Schenkein, Jim (Hrsg.) (1978), Studies in the organization of conversational interaction. New York: Academic Press.

Schütz, Alfred (1971), Das Problem der Relevanz. Frankfurt a. M.: Suhrkamp.

Selting, Margret et al. (1998), Gesprächsanalytisches Transkriptionssystem (GAT), in: Linguistische Berichte, Band 173, 91–122.

Sudnow, David (1978), Ways of the hand. The organization of improvised conduct. London: Routledge.

Tuchman, Gaye (1978), Making news. A study in the construction of reality. New York: The Free Press.

Detlef Garz und Friedhelm Ackermann

2.9 Objektive Hermeneutik

> Das ganze Leben ist ein Quiz,
> und wir sind nur die Kandidaten.
> Das ganze Leben ist ein Quiz,
> ja und wir raten, raten, raten.
>
> *Hape Kerkeling*

1. Einleitung

Der Frankfurter Soziologe Ulrich Oevermann hat in den vergangenen 40 Jahren ein ebenso umfangreiches wie kreatives ‹work in progress› unter der Überschrift ‹objektive Hermeneutik› vorgelegt, innerhalb dessen *methodische* und *methodologische Überlegungen* untrennbar verbunden mit der *theoretischen Konzeption* sind. Mehr noch: Theorie und Methode müssen als zwei Elemente einer Einheit verstanden werden – als Elemente, die auf einer horizontalen Ebene nicht nur in einem Passungsverhältnis zueinander stehen, sondern als Elemente, die in der Vertikalen wechselseitig im Prozess der Ausarbeitung der Konzeption auseinander hervorgegangen sind: Theoretische Probleme gaben den Anstoß zur Entwicklung einer vollständig neuen Methodik, die wiederum zur Aufdeckung neuer theoretischer Sachverhalte beigetragen hat, welche wiederum auf die Methodik zurückgewirkt haben, die wiederum usw. Sucht man einen angemessenen Begriff für dieses Vorgehen, so bietet sich am ehesten die Vorstellung des ‹bootstrapping› an, d. h. des wechselseitigen Festschnürens von zwei Elementen, die systematisch zusammengehören und sich zugleich gegenseitig bedingen. Für die objektive Hermeneutik ist dieses wechselseitige Bedingungsverhältnis charakteristisch. Aus ihrer Sicht liegt die Schwäche vieler anderer Verfahren der qualitativen Forschung gerade darin, den systematischen Zusammenhang von Theorie und Methode zu vernachlässigen und daher zu unterstellen, Theorien und Methoden ließen sich auf mehr oder weniger beliebige Art und Weise zusammenbinden. Häufig wird dann die Methode an einen zuvor entworfenen Theoriekosmos ‹angehängt›.

Um der spezifischen Vorgehensweise der objektiven Hermeneutik folgen zu können, haben wir uns entschlossen, diesen Beitrag mit einer Skizze der theoretischen Konzeption zu beginnen, wobei wir bereits an den entsprechenden Stellen auf die Affinität von Theorie und Methode verweisen, bevor wir in einem zweiten, nur analytisch unabhängigen Schritt die Methodologie und Methodik knapp vorstellen. Daran schließt sich die Untersuchung des für die objektive Hermeneutik bedeutungsvollen Mediums Fernsehen an. Hierbei soll neben den inhaltlichen Aussagen vor allem deutlich werden, dass diese Darstellung, die Ergebnisse und die mit ihr einhergehende Kritik nur aufgrund der spezifischen Vorgehensweise der Methode gewonnen werden konnten: Theoretische Aussagen werden aufgrund der extensiven Analyse von Datenmaterialien getroffen, Theorie wird aus Fällen bzw. der Lebenspraxis selbst generiert, Theorie ist geronnene Lebenspraxis.

2. Die theoretische Grundlegung

Der Grundbegriff der Oevermann'schen Theorie ist der der Lebenspraxis. Um ihn zu erläutern, müssen wir, sehr plakativ, einige anthropologische Annahmen einführen, die auch aus einer historischen Perspektive deutlich machen, was eine genuin menschliche Lebenspraxis auszeichnet, wobei unter Lebenspraxis sowohl die Aktivitäten von Subjekten als auch von Gruppen oder Nationen gefasst werden können.

Phylogenetisch wird der Übergang des Menschen von der Natur zur Kultur durch die Sprache markiert, der eine zentrale Bedeutung bei dieser Zäsur zukommt. Oevermann spricht hier von einer ‹Transformationsdimension›, die mit der Sprache einhergeht. Diese Dimension besteht vor allem darin, dass die Sprache sehr spezifische Auswirkungen für die menschliche Lebenspraxis hat. Worin bestehen diese?

Zentral ist, dass der menschlichen Sprache eine Bedeutungsfunktion in dem Sinn zukommt, dass sie für jede Lebenspraxis sowohl einen raum-zeitlichen Handlungs- als auch einen Spielraum eröffnet. Unter Handlungsraum wird dabei jede Tätigkeit im ‹Hier und Jetzt›, also in der Gegenwart, verstanden. Er betrifft die ‹Mitte des Menschen› und ist insofern in seiner anthropologischen Bedeutung mit dem Status vergleichbar, der auch Tieren, vor allem den Primaten, zukommt. Dem gegenüber steht jener Bereich, den Oevermann als Spielraum kennzeichnet und der jene reflexiven Teile umfasst, die den Menschen vom Tier unterscheiden. So enthält er jene ontogenetischen Elemente der Bildung von Hypothesen, wie sie exemplarisch von Piaget untersucht wurden, oder des kontrafaktischen Denkens, das von Habermas herausgestellt wurde. Diese typischerweise dem Menschen zugehörigen Fähigkeiten ermöglichen es schließlich, Betrachtungen über Vergangenheit und Zukunft – dabei eben auch über den (eigenen) Tod hinaus – anzustellen.

In diesem Zusammenhang verweist Oevermann vor allem auf die Möglichkeit, aber auch auf die Unabweisbarkeit der folgenden Fragen:

1. Woher komme ich? (Geburt und zuvor)
2. Wer bin ich? (Identität)
3. Wohin gehe ich?

Diese Fragen sind ubiquitär; sie stellen sich für jeden Menschen, und zwar als strukturelles Problem der Bewältigung von Lebenspraxis: Oevermann bezeichnet sie als Fragen nach der Bewährung des Menschen. Es sind Fragen, denen wir nicht ausweichen können, selbst wenn wir sie nicht direkt stellen, und selbst wenn wir sie nicht zu beantworten suchen, entkommen wir, solange wir als Subjekte an einer Lebenspraxis teilnehmen, einer wie auch immer gearteten impliziten Beantwortung nicht, einfach bereits durch die Führung unseres Lebens.

Mit der Etablierung eines Spielraums, der uns als Subjekte aus der Eingebundenheit in das ‹Hier und Jetzt› des Gegenwärtigen herausführt, gilt dann aber auch: ‹Wer die Wahl hat, hat die Qual!› (vgl. Fehlhaber 2004). Wir können nicht nur, wir müssen wählen. Das heißt, wir müssen handeln, ohne Ergebnisgewissheit zu haben. Diese Konstellation fasst Oevermann unter der Überschrift einer (dialektischen) Verbindung von Entscheidungszwang und Begründungsverpflichtung zusammen.

Detlef Garz und Friedhelm Ackermann

Lebenspraktische Entscheidungen unterliegen in der Regel keinem Richtig-falsch-Kalkül. Wir haben es mit Vernunft und nicht mit Rationalität zu tun,[1] was bedeutet, dass es keinen vorgängigen Maßstab gibt, der uns in der Richtigkeit unserer Entscheidungen in sicherer Weise anleiten könnte. Daraus folgt, so Oevermann, dass es sich um eine ‹begründungslose Entscheidung› handelt, also um eine mit Risiko behaftete Entscheidung, die nicht von einer übergeordneten Instanz ‹gedeckt› bzw. vom Stärkeren her legitimiert werden kann. Im Umkehrschluss folgt dann daraus aber, dass genau diese Unwägbarkeit die Offenheit von Zukunft und damit allererst die Entstehung des Neuen ermöglicht.

Paradigmatisch für diese Krise der Entscheidung steht das adoleszente Subjekt, das sich (in dieser Formulierung in modernen westlichen Gesellschaften, im Prinzip aber generell) mit der zu einer Krise führenden Frage auseinander setzen muss, ‹Was will ich, der/die sich nun von seinen/ihren Eltern loslöst (und auch über die kognitiven Kapazitäten verfügt, dies zu tun), werden?› bzw. ‹Was will ich aus meinem Leben machen – worin liegt meine Bewährung?›. Die Adoleszenzkrise ist nun gerade deshalb so heftig, weil dem Subjekt aufgrund seiner ontogenetischen Entwicklung Optionen offenbar werden und weil es sich zugleich den Entscheidungen, die im Sinne einer offenen und damit zugleich unsicheren Zukunft anstehen, nicht entziehen kann.

Menschliche Tätigkeiten finden also im Wechsel zwischen Handlungsraum und Spielraum statt, die ihrerseits den Ort schaffen für das Wechselspiel von Entscheidungszwang und Begründungsverpflichtung. Jede Lebenspraxis trifft auf Vorgefundenes, das in der Form von Routinen für deren fortlaufenden Charakter einsteht. Davon zu unterscheiden sind Krisen, die in einem dialektischen Verhältnis zu Routinen stehen. Ja, es lässt sich sagen, dass Lebenspraxen durch das Aufeinandertreffen und die Abfolge von Krise und Routine gekennzeichnet sind, wobei das Emergente, das «I» im Sinne von George Herbert Mead, aus der Auseinandersetzung mit Krisen hervorgeht.

Oevermann unterscheidet drei Formen, die Krisen annehmen können.

1. Die Krise im Sinne von ‹brute facts›, also als Geschehnisse, die unvermittelt auf die Lebenspraxis einstürzen (z. B. ein Unfall).

2. Die Krise im Sinne von Entscheidungskrisen, also als Verpflichtungen, die (wie bereits oben beschrieben) sich einer Lebenspraxis notwendigerweise stellen.
3. Schließlich die Krise durch Muße (in Kunst und Wissenschaft, aber auch – gewissermaßen als Vorläuferin dazu – in der Entwicklung des Kindes), also als Ereignis, das sich aufgrund von Kontemplation und Reflexion einstellt.

Lebenspraktisch zentral ist die Entscheidungskrise, die sich in Permanenz stellt, während sowohl die Krise durch Muße für das erwachsene Subjekt eine Ausnahme darstellt, die in speziell ausdifferenzierten Handlungsräumen behandelt wird, als auch die Krise durch einbrechende ‹brute facts› Ausnahmecharakter in dem Sinn hat, dass sie nur im Nachhinein bearbeitet bzw. abgearbeitet werden kann.

Am deutlichsten tritt die Bedeutung der Entscheidungskrise wohl am Beispiel der Ontogenese hervor. Die hiermit einhergehenden Krisen sind konstitutiv für die Umwelt und damit die Entwicklung des Kindes;[2] sie sind vorgängig, und das Kind muss mit dem Erwerb von Routinen in Permanenz auf diese Herausforderungen antworten. Es muss diese Krisen jeweils stillstellen, um nachfolgende bewältigen zu können.

In diesem Zusammenhang tritt auch die Bedeutung und der Stellenwert von Institutionen hervor: Jede Institution ist eine Antwort auf ein Problem, eben auf eine Krise, wie man sich leicht deutlich machen kann, wenn man an Einrichtungen wie Ehe/Familie, Schule oder Universität denkt.

Lebenspraxis bildet, erhält und transformiert sich, und damit nähern wir uns unseren methodologischen und methodischen Überlegungen an, nach rekonstruierbaren Regeln. Zunächst ist es plausibel, dass die Bildungsgeschichte einer an ein Subjekt gebundenen Lebenspraxis sich im Wechsel- und Zusammenspiel von universellen Regeln einerseits[3] und sozio-historischen Regeln andererseits[4] vollzieht. In ihrem Zusammenwirken bilden diese Regeln in ihrer jeweiligen Gemengelage immer auch eine Sequenz, die von Oevermann als ein permanenter Ablauf von Eröffnung und Beschließung von Sozialität konzipiert wird. Der klassische Fall hierfür findet sich im Akt der Begrüßung, der in seiner einfachsten Form genau aus diesen beiden Elementen – dem Gruß und dem Zurück-

Detlef Garz und Friedhelm Ackermann

Grüßen – bestehen kann. Oevermann bezeichnet die miteinander verlinkten Elemente als *Erzeugungsparameter* sowie als *Auswahl- und Entscheidungsparameter*.[5]

Bleiben wir beim Beispiel der an ein Subjekt gebundenen Lebenspraxis, so umfasst der Erzeugungsparameter alles, was Natur und Kultur als Rahmungen für dieses subjektive Leben bereitstellen, so dass wir von einer Grund-Folge-Beziehung sprechen können. Dieses Regelwerk lässt sich mit dem auf einer Sequenzanalyse beruhenden Verfahren der objektiven Hermeneutik rekonstruieren, sodass die Eingebettetheit eines Lebens als Lebenspraxis in seine Umwelt zum Vorschein kommt. Es wird deutlich, was der jeweilige Fall ‹ist›, aber auch, indem in der methodischen Arbeit Optionen benannt werden, was der Fall nicht ist, aber hätte sein oder werden können.

Diesem Erzeugungsparameter steht der Auswahl- und Entscheidungsparameter gegenüber, der zum Inhalt hat, wie ein Ablauf sich tatsächlich vollzieht, d. h., welche Wahlen bzw. Entscheidungen vom Subjekt angesichts der Palette an Möglichkeiten faktisch getroffen wurden. So zeigt sich, ob im Falle einer Begrüßung dieser Gruß erwidert wurde, und gegebenenfalls auch, wie dieser Gruß erwidert wurde. Denkt man an längere Ketten der Sequenzierung, so bietet sich als Prototyp zur Erläuterung der Dialektik von Erzeugungs- und Auswahl- bzw. Entscheidungsparametern die Biographie bzw. Autobiographie an: Am mit der Biographie einhergehenden Zeitpfeil können Einbettungen und Optionen in dem Sinn eingesehen und abgetragen werden, dass sich permanent Möglichkeiten eröffnen, die durch Akte der Wahl, also durch Entscheidungen, in eine bestimmte Richtung gelenkt und dadurch (vorläufig) geschlossen werden. Das gilt für so genannte große Entscheidungen: Soll ich nach dem Abitur studieren, eine Lehre aufnehmen, Zivildienst leisten oder etwas ganz anderes machen, wie für ‹kleinere› Entscheidungen, die zum Beispiel aus der ersten folgen: Was soll ich studieren? Wenn ich X studiere, wo soll ich es tun? Oder noch tiefer heruntergebrochen: Soll ich heute ins Seminar gehen, soll ich mich darauf vorbereiten usw.? Insofern scheint das eingangs gewählte Motto in leicht abgewandelter Form nicht ganz unzutreffend zu sein: ‹Das ganze Leben ist ein Spielraum, und wir sind nur die Kandidaten, wir wählen, wählen, wählen›.

Klassisch dargestellt findet sich das hier aufgezeigte dialektische Muster bei Karl Marx: «Die Menschen machen ihre eigene Geschichte, aber sie machen sie nicht aus freien Stücken, nicht unter selbstgewählten, sondern unter unmittelbar vorgefundenen, gegebenen und überlieferten Umständen» (1969, 115).

3. Methodologie und Methodik

Wie sieht nun der methodische Zugriff aus, mit dem die objektive Hermeneutik Lebenspraxis erfasst oder, in der Terminologie Oevermanns, mit dem sie die Sinnstrukturiertheit von Welt rekonstruiert? Wie eingangs erläutert, bilden Theorie und Methode zwei Seiten einer Medaille. Insofern Praxis durch ein System von Regeln konstituiert wird, ist es notwendig, diese Regeln in ihrem Ablauf, also sequenzanalytisch, zu rekonstruieren. Dies kann nicht anders geschehen als durch die Inanspruchnahme unserer «intuitiven Regelkompetenz», über die wir als erwachsene Subjekte immer schon verfügen und die wir dann auf der Ebene der Forschung «durch [unsere] methodisch explizite Auslegung (...) realisieren» (Oevermann 2004a, 202). Es sind also genau diejenigen Regeln, die Praxis erzeugen, die wir auch zu ihrer Entschlüsselung in Anspruch nehmen. Die Sequenzanalyse, so Oevermann (2004a, 203) im Anschluss an Adorno, schmiegt sich an die Wirklichkeit an. Sie rekonstruiert sowohl die Regeln der Erzeugung von Lebenspraxis als auch diejenigen der Auswahl, sodass wir es immer mit mindestens drei Zügen im Vollzug der Lebenspraxis und dann eben auch mit drei Zügen der Rekonstruktion zu tun haben. Diese Minimalsequenz verläuft wie folgt:

1. Es liegen vor die von der vorhergehenden Sequenz erzeugten Anschlussmöglichkeiten,
2. hieraus wählt die jeweilige Praxis eine aus und macht sie durch Vollzug zur Wirklichkeit und
3. schafft damit erneut Anschlussmöglichkeiten (vgl. Oevermann 2004a).

Detlef Garz und Friedhelm Ackermann

Wechselt man nun auf die Ebene der Kunstlehre, geht also zur praktischen Durchführung der Auswertung über, lassen sich die folgenden fünf Schritte benennen:

1. Die Festlegung der Fragestellung im Hinblick auf das Forschungsinteresse. Dies ist vor allem wichtig, um im Prozess der Interpretation das eigene Ziel nicht aus den Augen zu verlieren. Texte können im Hinblick auf eine fast unendliche Anzahl von Fragen hin interpretiert werden. Die für das eigene Vorgehen interessante Frage muss daher explizit benannt werden.

2. Die Feststellung des Texttyps. D. h., in welcher Form liegt das Material vor, als Interview, als Bild, als Musikstück o. Ä.? Hierbei geht es um die Rahmung des vorliegenden Textes, zum Beispiel im Fall einer Fotografie: Zu welchem Anlass werden Fotografien erstellt? Was wird abgebildet (und auch: was nicht)? Wann werden Porträtfotos, Gruppenfotos oder auch Landschaftsfotos erstellt? Oder: Wann, zu welchem Anlass werden Briefe geschrieben? Warum werden sie mit einem Datum versehen?

3. Die sequenzielle Vorgehensweise. Dies geschieht im Sinne der oben vorgestellten Anschmiegung an die zu interpretierende Realität.

4. Die extensive Sinnauslegung in einer Gruppe. Dies dient dazu, zunächst möglichst vielfältige Lesarten zu bilden und diese dann nach und nach wieder in Auseinandersetzung mit dem Text zu reduzieren, sodass

5. eine Strukturhypothese im Hinblick auf die Fragestellung formuliert werden kann (vgl. Garz 1997, 2001; Wernet 2000). Hingewiesen sei noch darauf, dass es durchaus einiger Übung bedarf, bis die oder der Einzelne angemessen am Interpretationsgeschehen teilhaben kann.

4. Medienanalyse als immanenter Gegenstand der objektiven Hermeneutik

Eine objektiv hermeneutische Medienanalyse ist an deren textanalytische Variante nicht nur anschlussfähig, vielmehr resultiert sie aus deren Methodologie selbst. Diese quasi naturwüchsige Kompatibilität findet ihren Begründungszusammenhang im Textverständnis der objektiven Hermeneutik. Der Textbegriff – und dies ist für das Verständnis der objektiven Hermeneutik zentral – ist bei Oevermann weiter gefasst als zum Beispiel in den Literaturwissenschaften. Text ist in diesem Verständnis grundsätzlich nicht an Sprache gebunden, vielmehr wird alles, was an Materialien bedeutsam werden kann, als Text verstanden, als Protokoll, das von Individuen unter Verwendung von Konstruktionsregeln, einer generativen Grammatik, verfasst wurde.[6] Die Annahme einer immer schon symbolisch vorstrukturierten Wirklichkeit und damit implizit die Prämisse einer jenseits von Texten nicht sinnhaft erfahrbaren Welt begründet in diesem Sinn deren Textförmigkeit und legitimiert es methodologisch, «alle Lebensäußerungen wie ein Werk zu analysieren» (Oevermann 1986, 51), also «die gesamte soziale Alltäglichkeit, so wie sie protokolliert uns vorliegt» (ebd.). Hier wird deutlich, dass auch ‹Texte›, die im klassischen Sinn nicht als solche verstanden werden wie bildnerische oder gestaltende Kunst, Fotografie oder Film,[7] bei Oevermann als Texte gelten (zu einer detaillierten Auseinandersetzung mit dem Textbegriff vgl. den Beitrag von Wolff in diesem Band).

Texte – in diesem erweiterten Verständnis – lassen sich nun problemlos zum Gegenstand objektiv hermeneutischer Analyse machen, da sie «durch die von der Sprachtheorie rekonstruierten Regeln und lebensweltlichen Normen erzeugt werden und wir, da wir als sozialisierte Subjekte über intuitives Wissen von diesen Regeln problemlos verfügen, demnach auch jederzeit in der Lage sind, die durch sie erzeugten Bedeutungsstrukturen von Texten zu rekonstruieren» (Oevermann 1983a, 123f.). Hierzu müssen nur auf der «Ebene der Kunstlehre Vorkehrungen getroffen (…) werden, das intuitive Urteil über die Regelangemessenheit von Textteilen ungetrübt zur Anwendung zu bringen» (ebd., 124).

Detlef Garz und Friedhelm Ackermann

Dennoch verbleiben Restriktionen, erscheint die objektive Hermeneutik auf den ersten Blick nicht unmittelbar geeignet zur Analyse anderer symbolisch strukturierter Gegenstandsbereiche wie der Fotografie, des Films oder auch bildnerischer und gestaltender Kunst. Neben den Schwierigkeiten, eine textanalytische Methodik in die den jeweiligen Erfordernissen des Gegenstandsbereichs adäquaten methodischen Mittel zu übersetzen, ist es vor allem die scheinbar fehlende Zeitlichkeit des Objekts, die eine Übertragbarkeit der objektiven Hermeneutik auf Gegenstände bildnerischer oder gestaltender Kunst schwer möglich erscheinen lassen. Folgen verbalsprachliche Interaktionen ihrem Wesen nach immer schon einer Sequenzialität entlang einer durch die Realität und den Erfordernissen von Kommunikation vorstrukturierten linearen Zeitachse, trifft dies auf den Aufbau von Bildern oder gestaltender Kunst in der Regel nicht zu. Vielmehr erscheint hier Ungleichzeitiges zeitlich fixiert und drängt sich dem Beobachter en bloc und simultan ins Bewusstsein.[8] Die Sequenzialität des Gegenstandes kann hier somit – anders als in verbalsprachlichen Texten – nicht präsupponiert werden, muss aber trotzdem berücksichtigt werden, um den Erfordernissen der sequenzanalytischen Interpretation Genüge zu tun.

Grundsätzlich scheint eine Medienhermeneutik an eine Texthermeneutik – im Folgenden bezogen auf die Analyse von Bildern – durchaus anschlussfähig zu sein, da «ihre jeweiligen Gegenstandsbereiche trotz aller Unterschiede hinsichtlich der symbolischen Präsentationsmittel eines gemeinsam haben: Sowohl Texte wie Bilder sind Bedeutungs- und Sinngebilde, die von sprach- und handlungsfähigen Subjekten nachvollzogen werden können» (Müller-Doohm 1990, 210).

Unter der Annahme, dass Texte generell als sinnstrukturiert und regelgeleitet zu betrachten sind, lässt sich für jede Sequenz eines Protokolls ein so genannter Normalkontext herstellen, d. h. ein Handlungskontext, in dem der Text als sinnvoll verwendeter erscheint. Prinzipiell gilt dies auch für Bilder. Um die objektive Hermeneutik nun auf bildliche Objekte anzuwenden, sind folgende Vorannahmen zu machen:

«a. Wie für Texte, so ist auch für Bilder ein Normalkontext angebbar.

b. Dann läßt sich konsequenterweise auch an Bildern ein objektiver Bedeutungsgehalt rekonstruieren.

c. Die Erschließung dieses objektiven Gehalts ist an ein irgendwie systematisiertes Wahrnehmungs- und Interpretationsverfahren gebunden.

d. Die Sequenzanalyse ist nicht die einzige, wohl aber die zweckmäßigste Form einer solchen Systematisierung» (Englisch 1991, 136).

4.1 OBJEKTIV-HERMENEUTISCHE MEDIENANALYSE KONKRET – ZWEI BEISPIELE

OBJEKTIV-HERMENEUTISCHE FOTOANALYSE

In seiner objektiv-hermeneutischen Analyse von Soldatenfotos unternimmt Bernhard Haupert (1994) den Versuch, sich anhand von Originalfotografien der Persönlichkeit des im Zweiten Weltkrieg gefallenen Panzerfahrers Josef Schäfer anzunähern. Er geht dabei von der Hypothese aus, dass sich auch mittels Fotografien Deutungsmuster und Typisierungen rekonstruieren lassen. Sein Vorgehen illustriert dabei sehr plastisch den Schritt der Feststellung des Texttypus (Schritt 2, s. o.) in der objektiv-hermeneutischen Medienanalyse.

Hierzu charakterisiert er vorab die Fotografie als soziologisches Datum. Das Standardformat des Bildes ist das Gemälde, als Erinnerungsmedium lange Zeit nur bestimmten Schichten vorbehalten. Bei der Produktion eines Gemäldes wird mittels bestimmter Techniken und Materialien ein Ausschnitt der Wirklichkeit auf eine Leinwand, Tafel oder Wand gebannt. Erst die Entwicklung der Fotografie ermöglichte es auch unteren Schichten, das Bild als Erinnerungsmedium zu verwenden. Nach Haupert dient die Fotografie im Wesentlichen zwei Zwecken:

«Zum einen gewährt es einen eingeschränkten Schutz vor Vergänglichkeit. Es ist das visuelle Erinnerungsmedium, dessen Visualität jedoch stets des sprachlichen Ausdrucks bedarf. Visuelle Vergegenwärtigung und Erinnerung des Gestern bedürfen des Fotos. Zum anderen können Bilder, etwa in Werbung etc., strategisch eingesetzt werden, wobei der strategische Gebrauch sich visueller Signale bedient» (ebd., 296f.).

Die Fotografie ist dabei zweifach in Interaktionszusammenhänge eingebettet: Einmal gibt es die Interaktion, als deren Ergebnis das Foto vorliegt, zum anderen die Interaktion beim Betrachten der Fotografie. Beide

Interaktionseinbettungen hat die Fotoanalyse zu berücksichtigen. Und auch die Voraussetzungen der ‹Erstinteraktion› beim Entstehen des Bildes, also dem Augenblick, in dem fotografiert wird, sind zweifach: Das Foto kann latent auf andere bezogen sein (z. B. Porträt, Bewerbungsfoto) oder lediglich der individuellen Erinnerung an ein bestimmtes Ereignis dienen (z. B. Urlaubsfotos). Im ersten Fall sind die potenziellen späteren Betrachter als Interaktionspartner schon beim Entstehungsprozess der Fotografie präsent.

Diese Interaktionseinbettungen sind Ausdruck von bestimmten Erwartungshaltungen, die den Produktionsprozess beeinflussen: «Für wen sind die Fotos gedacht? Wem will ich sie verehren? Wer ist im Moment der Aufnahme vor meinem inneren und äußeren Auge präsent? Wem lächele ich zu?» (ebd., 289). Und «diese Erwartungshaltungen beeinflussen den Produktionsprozeß und verweisen auf die Struktur der sozialen Realität, die fallspezifisch im Foto Gestalt gewinnt» (ebd.).

Bezogen auf die Porträtfotografie stellen sich darüber hinaus die Fragen: «Was will ein Porträt? Warum werden Porträts produziert?» (ebd.). In Beantwortung dieser Fragen charakterisiert Haupert das Porträt wie folgt:

«Ein Porträt (…) ist Präsenzersatz, dient der Überbrückung von Anwesenheits- und Erinnerungslücken – sei es vor dem Tode für den Abwesenden, sei es nach dem Tode ‹im Gedenken›. Porträts waren die Erinnerungsmedien der oberen Klassen. Erst die Entwicklung der Fotografie schafft auch für das Kleinbürgertum und das Proletariat die Möglichkeit, sich ‹Ahnengalerien› einzurichten» (ebd., 289f.).

Im weiteren Verlauf seiner Analyse wendet sich Haupert einem soldatischen Porträtfoto zu und vertritt die These, dass dieser Fototyp eine Nachlassfunktion mit der Botschaft ‹Erinnert euch an mich› besitzt. Das Porträt hat für die Zurückbleibenden einen Erinnerungswert und sorgt dafür, dass man im Falle des Todes nicht spurlos bleibt, wenn das Foto dann in der ‹guten Stube› aufgestellt und mit einem Trauerflor versehen wird. Und so stellt Haupert die These auf, dass das soldatische Porträt den Soldatentod prinzipiell vorwegnehme; der potenzielle ‹Held› sendet den Hinterbliebenen vor seinem Tod ein Andenken für den Fall seines Todes. Und diese Antizipation der Interaktion der Hinterbliebenen vor den Porträts hat Einfluss auf die Interaktion während der Produktion der Fotografie. Nach dieser Rahmung und deren Interpretation übersetzt Haupert eine Porträtfotografie in einen verbalsprachlichen Text (Auszüge):

«Josef trägt die schwarze Panzerjacke mit Hoheitsadler auf der rechten Brustseite und den Totenkopf am Kragenspiegel. Wir sehen nur den oberen Teil des Oberkörpers (Büste), die Arme sind nur in Ansätzen erkennbar. Josef trägt ein dunkelblaues Hemd, einen schwarzen Binder sowie ein Schiffchen mit den Emblemen der Deutschen Wehrmacht (Reichskokarde und Hoheitsadler). Das Original des Porträtfotos ist handkoloriert. Die Uniform schwarz, das Hemd dunkelgrau, die Schulterklappen in der Waffenfarbe der Panzertruppen rosa, der Kragenspiegel ist mit einer roten Kordel eingefaßt (…). Aufs Erinnerungsfoto des Helden gehört ein militärisches Outfit.
Die Haare sind kurz geschnitten, gepflegt, das Kinn rasiert. Sein Schiffchen hat sich Josef kühn, verwegen aufgesetzt. Das Bild strahlt Identifikation mit der Kleidung aus. Die Uniform paßt im doppelten Sinne. Sie paßt zu ihm und seinem stattlichen Aussehen; sie paßt zu Josef und seiner inneren Verfassung» (ebd., 295f.).

Diese Darstellung kann nicht recht überzeugen, allerdings nicht deshalb, weil – wie Georg Peez (2004, 14) kritisiert – die Beschreibung externes Kontextwissen verwendet (Hoheitsadler, Embleme etc.) und die «Analyse unreflektiert mit diversen Elementen historischen Vorwissens kombiniert» wird (ebd.), sondern weil – und hier ist Peez zuzustimmen – Haupert die verbalsprachliche bzw. narrative Darstellung der Fotografie mit Elementen der Interpretation vermischt und die «Beschreibung (…) sogleich in recht spekulative, emotional getönte Deutungen über(geht), in denen ebenfalls die selbst aufgestellten Sequenzierungsregeln unbeachtet bleiben» (ebd., 14f.). Trotz dieser Kritik bleibt festzuhalten, dass von Haupert entscheidende Impulse zur objektiv-hermeneutischen Interpretation von Fotos ausgehen.

Unseres Erachtens überzeugender löst diese narrative Darstellung bildnerischer Elemente zum Beispiel Karl Matthias Mingot (1993) in seiner Interpretation des Vorspanns einer Folge der ARD-Fernsehserie *Lindenstraße*. Auch wenn es sich nicht um eine Foto-, sondern eine Filmanalyse handelt, überzeugt die – im Gegensatz zu Haupert neutralere – Überführung eines außersprachlichen Protokolls in eine sprachliche Notation und ist problemlos auch auf die Fotoanalyse übertragbar:

«Es handelt sich bei diesem Bild um die von einem leicht erhöhten Standort aus und bei strahlend blauem Himmel gemachte Aufnahme einer Großstadt. Die Bildmitte zeigt mehrere turmartige Bauwerke, die das umgebende Häusermeer überragen. (Zwei der Türme sind problemlos als die der Frauenkirche in München identifizierbar)» (ebd., 156).

Auch Mingot nutzt hier externes Kontextwissen (Münchner Frauenkirche), die Beschreibung ist jedoch im Gegensatz zu Haupert sachangemessener und trennt vor allem Beschreibung und Interpretation.

Objektiv-hermeneutische Analyse von Werbespots

Wie geht die objektive Hermeneutik mit dem Medium Film um? Im Gegensatz zu Bildern oder gestaltender Kunst folgt zwar auch der Film einer linearen Zeitachse, präsentiert dem Betrachter jedoch – im Gegensatz zu verbalsprachlicher Interaktion – eine Vielzahl von Ebenen, Bildern, Interaktionen, Musik, Texten aus dem Off etc. Um die Prinzipien der Sequenzanalyse überhaupt zur Anwendung bringen zu können, ist es notwendig, diese Ebenen getrennt zu analysieren.

Anschaulich illustriert dieses Vorgehen die Studie von Aufenanger et al. (1995) zur Struktur von Werbesendungen für Kinder. Den Autoren geht es dabei um die Analyse von in Kinderwerbung auffindbaren Weltbildern und Argumentationsmustern sowie um die Frage, «wie Werbung in Bezug auf Kinder als Rezipienten kommuniziert» (ebd., 87). Hierfür wurden insgesamt 20 Sendungen analysiert.

Im Hinblick auf die Werbespots waren folgende Gesichtspunkte Gegenstand der Interpretation: das Darstellen von Geschlechtsrollen, das Aufgreifen von kindlichen Themen, die Beziehung von Kindern zu Gleichaltrigen und zu erwachsenen Personen, das implizite, innewohnende Bild des kindlichen Rezipienten und das Wissen um das Produkt.

Hier ein Beispiel für eine Transkription aus dieser Studie (Auszug aus Aufenanger/Kühn/Lingkost et al. 1995, 95):

Take	Handlung
I	Zu Beginn des Spots ist der Kopf einer Barbiepuppe sichtbar, begleitet von zwei Trommelschlägen. Sie hat lange blonde Haare und trägt einen pinkfarbenen Hut mit weißen Tupfen. An der Stirnseite ihres Hutes ist ein Blumenstrauß mit drei Blüten zu erkennen. Der Kopf der Puppe wird von einer Kinderhand zur Seite gedreht. Der gesamte Spot ist von schneller rhythmischer Keyboardmusik untermalt. In der linken oberen Ecke ist das Firmenlogo «*Barbie*» bis zum Ende des Spots zu sehen.
2	Es wird das Gesicht eines rothaarigen Mädchens mit schwarzem Hut eingeblendet, die ihren Kopf zur linken Seite dreht. Unmittelbar daran anschließend atmet das Mädchen mit weit geöffnetem Mund hörbar ein, als Ausdruck affektierten Staunens oder großer Überraschung. In den Takes 2 – 4 hört man passend zu der unterlegten Musik eine singende Frauenstimme:
3	Nun ist der Kopf eines braunhaarigen Mädchens mit Ohrring zu sehen, das mit den Wimpern klimpert und wie das Mädchen in Take 2 äußerstes Erstaunen zur Schau stellt.
4	Auf einem Tisch sind die hintereinander liegenden Unterarme dreier Mädchen zu sehen. Jede hält eine *Barbie* in der Hand. Die Puppen werden so gehalten, daß nur die vorderste von ihnen sichtbar ist. Nacheinander wird zuerst die mittlere, dann die hintere *Barbie* nach links ins Bild geschoben, so daß die drei Puppen nebeneinander sichtbar sind.
5	Die Köpfe des blonden und des braunhaarigen Mädchens sind im Profil am linken und rechten Bildrand; ihre Blicke sind einander zugewandt. Das braunhaarige Mädchen hält eine *Barbie* in der linken Hand und berührt mit dem Zeigefinger ihrer rechten Hand den Rücken der Puppe. Währenddessen spricht das Mädchen die Worte:

Text
Gehen wir bummeln?
Du glaubst Du hörst nicht recht, Du glaubst Du siehst nicht recht, ich spreche mit Dir Barbie, ja die spricht mit Dir, echt.
Meine sagt:

Interpretation des ersten Takes (eine ausführliche Interpretation findet sich bei Aufenanger et al. 1995, 97–103):

Im ersten Take wird ein neues Produkt, die Anziehpuppe *Barbie*, gezeigt, die sich bisher nicht im Angebot dieser Produktmarke befunden hat. Mit der aus dem Off an die Zuschauer gerichtete Frage «Gehen wir bummeln?» entsteht der Eindruck, dass die im Bild zu sehende Puppe mit einem Mechanismus ausgestattet ist, bei dessen Betätigung sie sprechen kann. Durch die Tatsache, dass sich die Takes schnell anschließen und in ihnen jeweils ein Mädchen in gespielter Verwunderung zu sehen ist, wird dieser Eindruck noch verstärkt, zumal den folgenden Takes noch ein Lied unterlegt ist, welches auch den Namen der Puppe «Ich spreche mit Dir Barbie» nennt.

Das ‹Bummeln› wird als eine eher den Frauen zugeordnete Form der Freizeitgestaltung in einer konsumorientierten Gesellschaft interpretiert. Das ‹Bummeln› selbst dient dem Ausdruck von Verbundenheit, Selbstvergewisserung in der Clique und dem Zeitvertreib. Die angesprochenen Personen haben also Zeit und auch Spaß und Freude an der genannten Beschäftigung. Sie ist also nicht von einer fremden Person zu erwarten, aber auch nicht von einer Puppe und wird sich im sozialen Zusammenhang nicht an ein Kind richten. Sie ist auch nicht Teil der Umgangssprache von Kindern. Indem die Firma Mattel die Puppe mit dieser Äußerung ausstattet, hat sie deren Personifizierung in der Position eines Erwachsenen zum Ziel und verleiht ihr gleichzeitig den Anschein von Handlungskompetenz. Den Kindern ist es möglich, durch das Puppenspiel mit Emotionen und Handlungen zu experimentieren und verschiedene Perspektiven ihres Erfahrungsumfeldes zu testen, in dem sie aktiv diese Rolle übernehmen. Bei der Interpretation der Eingangssequenz wird jedenfalls deutlich, dass sie nicht aus dem unmittelbaren Erfahrungs- und Erlebnisfeld des Kindes abgeleitet sein kann, sondern hier zukünftige Handlungs- und Erfahrungsräume vorgeschlagen werden, die als feststehender Ausdruck eher dem weiblichen Lebenszusammenhang zugeschrieben werden.

5. Die Zentralität des Mediums Fernsehen für die objektive Hermeneutik

Denn im Quiz passiert,
was wir so gern seh'n.
Es lebe hoch,
das Deutsche Fernseh'n
Hape Kerkeling

Aus einer erkenntnistheoretischen bzw. methodologischen Perspektive gesehen versucht Oevermann für seinen Ansatz im Allgemeinen, aber auch für das Gebiet der Medien, hier im Hinblick auf die Frage nach deren kulturindustrieller Ausrichtung im Besonderen, einen Anschluss an die Arbeiten von Adorno und Horkheimer herzustellen bzw. zu fragen, wie sich deren Theorie und Methodologie in den modernen Sozialwissenschaften weiterführen lassen. Oevermann tritt in diesem Zusammenhang mit dem Anspruch an zu zeigen, dass die von ihm entwickelte objektive Hermeneutik die angemessene methodische Ausformulierung von Adornos Postulat zur sachhaltigen Analyse sozialer Handlungen ist, welches jedoch bisher methodisch und systematisch nur ansatzweise realisiert wurde. Adorno selbst hat ja nur wenige empirische Forschungen im klassischen Sinn betrieben, sondern aufgrund seiner Fähigkeiten intuitiv Strukturanalysen durchgeführt.

Sachhaltigkeit meint bei Adorno wie auch bei Oevermann, dass die Strukturanalyse sich am Gegenstand in einer Weise orientieren muss, die das Material (die Sache) selbst zum Sprechen bringt. Methodisch bedeutet dies, nicht mit vorgeprägten bzw. feststehenden Begriffen und Kategorien an die soziale Wirklichkeit heranzutreten und nach einer Übereinstimmung zwischen dieser und den Kategorien zu suchen, sondern vielmehr aus der Sache selbst heraus methodisch angeleitet zu theoretisieren.

Im Mittelpunkt der diesbezüglichen medientheoretischen Überlegungen und Studien, die von Ulrich Oevermann vorgelegt wurden, steht die These, dass das Fernsehen als ein Medium der ‹Selbstinszenierung› agiert, d. h., dass es sich um seiner «selbst willen, um für sich eine Bedeutung zu erlangen, in Szene setzt, statt hinter einer Hingabe an eine Sache zurückzutreten» (Oevermann 1996, 213). Die durchgehende, gerade durch das Fernsehen erst hervorgerufene Problematik besteht nach dieser Auffassung darin, dass das Fernsehen sich nicht darauf fokussiert, Inhalte und Inszenierungen, die von ‹außen› kommen, an ein Publikum zu vermitteln, sondern dass es sich selbst nach dem Muster ‹Das Mündel will Vormund werden› in den Mittelpunkt des Geschehens stellt. Die Pathologie, die mit diesem Vorgehen transportiert wird, ist so tief greifend, dass Oevermann, in diesem Punkt an Habermas anschließend (vgl. Habermas 1990), von einem durch diese Selbstinszenierungslogik induzierten ‹Strukturwandel der Öffentlichkeit in der Moderne› spricht.

Oevermann spannt einen aus vier Ebenen bestehenden Analyserahmen auf, den es bei einer empirischen Erschließung des Mediums Fernsehen ernst zu nehmen gilt. Er unterscheidet:

1. die Fernsehkommunikation als zugleich «technologisch ermöglicht und restringiert» (1996, 198),
2. das Programmschema in seinem Tages- und Wochenrhythmus,
3. die Präsentation der einzelnen Sendungen und schließlich
4. die Sendungen selbst.

Die Ebenen zwei und drei sind zwar nach Oevermanns Ansicht zentral, werden aber in der Regel nicht untersucht. Herkömmliche Studien setzen vielmehr erst auf der vierten Ebene – und damit, so Oevermann, zu spät – ein, da sie die Einbettungsverhältnisse, d. h. den relevanten Kontext, systematisch vernachlässigen. Im Weiteren gehen wir, Oevermann folgend, nur auf die zentralen Aussagen der Ebenen zwei bis vier ein.

Zu 2. Die Analyse des Programmschemas ergibt, so Oevermann, dass sich das Fernsehen, auch und gerade in Abhebung von anderen Medien wie den Printmedien, einer ‹Rundumversorgung› der Zuschauer widmet. Dies trifft sowohl inhaltlich als auch zeitlich zu: Es gibt kaum einen Themenbereich, den das Fernsehen nicht behandelt, und diese Behandlung erfolgt nicht nur rund um die Uhr, sondern, stärker noch, sie strukturiert die Lebenszeit des Zuschauers, indem Eingriffe in die Freizeit vorgenommen werden, die so weit gehen, dass diese sich schließlich fast gänzlich nach den Vorgaben des Fernsehens ordnet. Daraus folgt, dass die Unterscheidung «von Privatheit und Öffentlichkeit, eine der zentralen Errungenschaften der bürgerlichen Gesellschaft, neofeudalisierend wieder ein (gerissen wird)» (ebd., 200f.).

Zu 3. Eine Analyse von Fernsehansagen und den Präsentationen der Sendungen, besonders jedoch der Begrüßungshandlung durch den Sprecher, ergibt, so Oevermann, dass «beständig die elementare und für die menschliche Praxis konstitutive Regel der Reziprozität massiv verletzt wird, indem der Fernsehzuschauer mit der Entbietung der Tageszeit oder einem Willkommensgruß begrüßt wird, korrelativ dazu auch verabschiedet wird, als ob tatsächlich eine konkrete gemeinsame Praxis zwischen dem Sender und dem Zuschauer eröffnet bzw. beschlossen worden wäre» (ebd., 202). In dem Umstand, dass das Fernsehen gerade keine gemeinsame Praxis herstellen kann – Oevermann spricht von einer «monologische(n) Non-Praxis» (ebd., 203) bzw. einer «Pseudo-Gemeinschaft» (ebd., 205) –, dies aber gegenüber dem Zuschauer durch den Versuch zur Vergemeinschaftung in Anspruch nimmt, begründet sich eine «Beziehungsfalle», aus der es, definitionsgemäß, für den Zuschauer kein Entrinnen gibt. Wir wollen dies an einem kurzen Beispiel – der Analyse einer Begrüßung – darstellen und dazu exemplarisch die wohl bekannteste Arbeit von Ulrich Oevermann im Hinblick auf die Medienanalyse kurz vorstellen. Sie wurde zuerst 1983 auf einer Konferenz zu Theodor W. Adornos 80. Geburtstag vorgestellt (vgl. Oevermann 1983b), bereits damals heftig diskutiert und bietet bis heute Anlass für Auseinandersetzungen.

Der analysierte Text beginnt folgendermaßen (vgl. für die vollständige Interpretation Oevermann 1983b, 235ff.):

«Guten Abend, meine Damen und Herren»

Oevermann beginnt mit der kontextfreien Interpretation des ersten Teils der vorliegenden Äußerung, nämlich mit der Grußformel «Guten Abend», und fragt im Sinne einer ‹Normalitätsunterstellung›, in welchen Kontexten diese Äußerung gefallen sein könnte bzw. wie deren Bedeutungsstruktur beschaffen ist. Auf die ausführliche Analyse dieser Sequenz folgt die je getrennte Interpretation der nachfolgenden Äußerungen «meine Damen und Herren»… «und willkommen im ersten Programm»

… «vor allem die Tierfreunde unter Ihnen begrüßen wir herzlich» … «Es gibt nämlich gleich wieder einmal ‹Tiere vor der Kamera› zu sehen» … «wobei heute Felsenkänguruhs die Hauptrolle spielen».

Im Anschluss an die Interpretation erfolgt die Einführung des Kontextes, innerhalb dessen die Äußerung tatsächlich gefallen ist: Es handelt sich um die Begrüßung des Fernsehsprechers vor der Abendansage nach der Tagesschau im Ersten Programm des Deutschen Fernsehens. Evident ist, dass die oben genannten Bedingungen für die Begrüßungshandlung von diesem Kontext nicht gedeckt werden, da der Fernsehzuschauer weder zurückgrüßen noch den Gruß verweigern kann. Letzteres hängt mit der kommunikativen Eigenart des Fernsehens zusammen: Es ist ein Ein-Weg-Medium. Insofern also eine Begrüßung die Eröffnung einer (potenziellen) Kooperation zwischen zwei Handlungspartnern impliziert, verlangt sie gleichzeitig nach einer regelgerechten Erwiderung dieses Kooperationsangebots. Erfolgt eine solche Äußerung im Fernsehen, adressiert an den Zuschauer, entsteht, so Oevermann, eine Beziehungsfalle, d. h. für den vorliegenden Fall, dass zwei sich ausschließende Aufforderungen gleichzeitig an einen Adressaten herangetragen werden. In unserem Fall der Fernsehkommunikation heißen sie: ‹Grüß mich zurück› (qua Begrüßung als potenzieller Interaktionseröffnung) und ‹Du kannst mich nicht zurückgrüßen› (qua Ein-Weg-Kommunikation des Fernsehens).

Oevermann fasst seine Interpretation der Begrüßungshandlung des Fernsehansagers «Guten Abend, meine Damen und Herren» so zusammen:

«Die Begrüßung, mit der die Abendansage beginnt, konstituiert also eine durch die objektiven Bedingungen nicht gedeckte Interaktions-Reziprozität und erzeugt den Schein einer personalisierten Sozialbeziehung zwischen Sprecher und Auditorium. Sie reproduziert somit die Strukturlogik von Entfremdung und Verblendung» (ebd., 250).

Erneut wird deutlich, dass Oevermann mit seiner Interpretation den Kern von Adornos und Horkheimers kulturindustriellen Thesen empirisch zu erfassen sucht. Dies zeigt sich auch an anderer Stelle, an der Oevermann unter Berücksichtigung des gesamten Textes sowie der genannten Ebenen seine Interpretation zusammenfasst. Seine Analyse, so Oevermann, gelte «sowohl im Hinblick auf die Einrichtung der einbettenden und rahmenden Interaktion zwischen Fernsehen als Anstalt oder Institution und Fernsehpublikum, die durch Zerstörung der Reziprozität gekennzeichnet ist, als auch im Hinblick auf eine der individuellen Autonomie entsprechende sachbestimmte Auseinandersetzung mit der Realität der Außenwelt in ihrer Eigengesetzlichkeit, der durch Selbstinszenierung des Fernsehens von vornherein der Boden entzogen wurde» (ebd., 266).

Zu 4. Die Analyse der Sendungen selbst hat, so Oevermann, vor allem die Aufdeckung der ‹fernsehspezifischen Logik der Selbstinszenierung› zum Ergebnis. Anhand einer Reihe von Beispielen kommt er zu einer Bewertung in drei Schritten:

«1. Im Fernsehen wird in der Regel nicht eine Sache dargestellt oder behandelt, sondern inszeniert. Bedeutung wird nicht aus dem wirklichen Leben übernommen, sondern durch Inszenierungen hergestellt.
2. Die Inszenierung ist darauf gerichtet, Lebendigkeit um jeden Preis zu erzeugen – nach der Beziehungsfallen produzierenden Maxime: ‹Sei spontan.›
3. Sie vollzieht sich wesentlich durch den Mechanismus der Veräußeralltäglichung des Alltäglichen, bis ins Groteske gesteigert in den Talk-Shows und dem sogenannten Reality-TV» (ebd., 211).

6. Fazit

Aus Sicht der objektiven Hermeneutik sind es vor allem zwei Punkte, die das Auftreten des Fernsehens zum Problem werden lassen, wohlgemerkt: das Auftreten und nicht notwendigerweise die Art und Weise, wie sich das Medium aufgrund seiner Verfasstheit darstellen muss. Es sind dies (1) die festgestellte Tendenz zur Selbstinszenierung und (2) der damit verbundene kritisch zu beurteilende Beitrag des Fernsehens zum ‹Strukturwandel der Öffentlichkeit›.

«Im Unterschied zu allen bisher bekannten totalisierenden Vergemeinschaftungs-gruppen in der Neuzeit, wie zum Beispiel der Kirche, der Kommune oder dem Staat, kennt die Fernsehkommunikation nicht die konstitutive Differenz von Öffentlichkeit und Privatheit, (da) sie Inhalte von öffentlichem Interesse in die privatesten Sozial-räume transportiert, also den Typus öffentlicher Veranstaltung und Darbietung der Kommunikationsstruktur nach extrem privatisiert».

Damit wird «die Differenzierung von Privatheit und Öffentlichkeit, eine der zentralen Errungenschaften der bürgerlichen Gesellschaft» (Oever-mann 1996, 200f.), wieder zerstört.

ANMERKUNGEN

1   Vgl. für eine wissenschaftshistorisch und -theoretisch begründete und in diesem Zusammenhang verwandte Auffassung Stephen Toulmin (2001), dessen zentrale Begriffe für die hier vorgenommene Unterscheidung ‹reason› und ‹rationality› sind.

2   Oevermann (2004b) unterscheidet folgende Krisen der Ontogenese:
    1. die Ablösungskrise der Geburt;
    2. die Ablösung von der frühkindlichen Mutter-Kind-Symbiose;
    3. die Ablösung aus der ödipalen Triade und
    4. die Ablösung von der Herkunftsfamilie in der Bewältigung der Adoleszenzkrise.

3   Wie Sprache, Kognition und Moral, deren Entwicklung einer Logik des Zuerst und des Danach folgt.

4   Diese Regeln sind kulturell und historisch spezifisch, und für ihre Begründung gibt es kein ‹knock-down-Argument›, so ist es zum Beispiel eine Sache der Überein-kunft, ob Rauchen mit 12, 14 oder 16 Jahren erlaubt sein soll.

5   Vgl. dazu auch die Gegenüberstellung von Ligaturen und Optionen bei Dahrendorf (1979), die dort allerdings eher deskriptiv eingeführt werden.

6   Vgl. hierzu Leber/Oevermann (1994, bes. 384ff.); zur Kritik des Textbegriffs bei Oevermann vgl. Bude (1982).

7   Vgl. hierzu Haupert (1994), Haupert/Schäfer (1991) und Reichertz (1992; 1994) (Fotografie), Englisch (1991), Mingot (1993) (Film) und für den Bereich Kunst bzw. Plakat Loer (1994), Ackermann (1994), als Überblick Beck (2003).

8   Vgl. hierzu auch die Ausführungen von Georg Peez (2004).

Literatur

Ackermann, Friedhelm (1994), Die Modellierung des Grauens, in: Garz, Detlef/Klaus Kraimer (Hrsg.), Die Welt als Text. Theorie, Kritik und Praxis der objektiven Hermeneutik. Frankfurt a. M.: Suhrkamp, 195–225.

Aufenanger, Stefan/Michael Kühn/Angelika Lingkost et al. (1995), Weltbilder und Argumentationsmuster in Kinderwerbung, Werbespots und Spielsendungen, in: Charlton, Michael/Klaus Neumann-Braun/Stefan Aufenanger/Wolfgang Hoffmann-Riem et al.: Fernsehwerbung und Kinder. Das Werbeangebot in der Bundesrepublik Deutschland und seine Verarbeitung durch Kinder. Band 1: Das Werbeangebot für Kinder im Fernsehen. Opladen: Leske + Budrich, 87–182.

Beck, Christian (2003), Fotos wie Texte lesen. Anleitung zur sozialwissenschaftlichen Fotoanalyse, in: Ehrenspeck, Yvonne/Burkhard Schäffer (Hrsg.), Film- und Fotoanalyse in der Erziehungswissenschaft. Opladen: Leske + Budrich, 55–71.

Bude, Heinz (1982), Text und soziale Realität, in: Zeitschrift für Sozialisationsforschung und Erziehungssoziologie, Vol. 2, 134–143.

Dahrendorf, Ralf (1979), Lebenschancen. Anläufe zur sozialen und politischen Theorie. Frankfurt a. M.: Suhrkamp.

Englisch, Felicitas (1991), Bildanalyse in strukturalhermeneutischer Einstellung, in: Garz, Detlef/Klaus Kraimer (Hrsg.), Qualitativ-empirische Sozialforschung. Konzepte, Methoden, Analysen. Opladen: Westdeutscher Verlag, 133–176.

Fehlhaber, Axel (2004), Bewährung und Religion. Rekonstruktive Fallanalysen als Beitrag zur (Religions-)Lehrerforschung. Unveröffentlichte Dissertation: Universität Oldenburg.

Garz, Detlef (1997), Die Methode der Objektiven Hermeneutik. Eine anwendungsbezogene Einführung, in: Friebertshäuser, Barbara/Annedore Prengel (Hrsg.), Handbuch Qualitative Forschungsmethoden in der Erziehungswissenschaft. Weinheim: Juventa, 535–543.

Garz, Detlef (2001), Der ‹homo socialis›. Zu Methodologie und Theorie der Objektiven Hermeneutik, in: Hug, Theo (Hrsg.), Einführung in die Methodologie der Sozial- und Kulturwissenschaften. Baltmannsweiler: Schneider Verlag Hohengehren, 255–261.

Habermas, Jürgen (1990, zuerst 1962), Strukturwandel der Öffentlichkeit. Untersuchungen zu einer Kategorie der bürgerlichen Gesellschaft. Frankfurt a. M.: Suhrkamp.

Haupert, Bernhard (1994), Objektiv-hermeneutische Fotoanalyse, am Beispiel von Soldatenfotos aus dem Zweiten Weltkrieg, in: Garz, Detlef/Klaus Kraimer (Hrsg.), Die Welt als Text. Theorie, Kritik und Praxis der objektiven Hermeneutik. Frankfurt a. M.: Suhrkamp, 281–314.

Haupert, Bernhard/Franz J. Schäfer (1991), Jugend zwischen Kreuz und Hakenkreuz. Biographische Rekonstruktion als Alltagsgeschichte des Faschismus. Frankfurt a. M.: Suhrkamp.

Leber, Martina/Ulrich Oevermann (1994), Möglichkeiten der Therapie-Verlaufs-Analyse in der Objektiven Hermeneutik, in: Garz, Detlef/Klaus Kraimer (Hrsg.), Die Welt als Text. Theorie, Kritik und Praxis der objektiven Hermeneutik. Frankfurt a. M.: Suhrkamp, 383–427.

Loer, Thomas (1994), Werkgestalt und Aneignung, in: Garz, Detlef/Klaus Kraimer (Hrsg.), Die Welt als Text. Theorie, Kritik und Praxis der objektiven Hermeneutik. Frankfurt a. M.: Suhrkamp, 341–382.

Marx, Karl (1969, zuerst 1852), Der achtzehnte Brumaire des Louis Bonaparte, in: Marx, Karl/Friedrich Engels, Werke, Band 8. Berlin: Dietz, 111–207.

Mingot, Karl Matthias (1993), Die Struktur der Fernsehkommunikation. Der objektive Gehalt des Gesendeten und seine Rezeption, in: Holly, Werner/Ulrich Püschel (Hrsg.), Medienrezeption als Aneignung. Opladen: Westdeutscher Verlag, 151–172.

Müller-Doohm, Stefan (1990), Aspekte einer kultursoziologischen Bildhermeneutik, in: Neumann, Klaus/Michael Charlton (Hrsg.), Spracherwerb und Mediengebrauch. Tübingen: Narr, 205–219.

Oevermann, Ulrich (1983a), Hermeneutische Sinnrekonstruktion: Als Therapie und Pädagogik missverstanden, in: Garz, Detlef/Klaus Kraimer (Hrsg.), Brauchen wir andere Forschungsmethoden? Beiträge zur Diskussion interpretativer Verfahren. Frankfurt a. M.: Scriptor, 113–155.

Oevermann, Ulrich (1983b), Zur Sache. Die Bedeutung von Adornos methodologischem Selbstverständnis für die Begründung einer materialen soziologischen Strukturanalyse, in: Friedeburg, Ludwig von/Jürgen Habermas (Hrsg.), Adorno Konferenz 1983. Frankfurt a. M.: Suhrkamp, 234–289.

Oevermann, Ulrich (1986), Kontroversen über sinnverstehende Soziologie. Einige wiederkehrende Probleme und Mißverständnisse in der Rezeption der ‹objektiven Hermeneutik›, in: Aufenanger, Stefan/Margrit Lenssen (Hrsg.), Handlung und Sinnstruktur. München: Kindt, 19–83.

Oevermann, Ulrich (1996), Der Strukturwandel der Öffentlichkeit durch die Selbstinszenierungslogik des Fernsehens, in: Honegger, Claudia/Jürg M. Gabriel/René Hirsig et al. (Hrsg.), Gesellschaften im Umbau. Identitäten, Konflikte, Differenzen. Zürich: Seismo, 197–228.

Oevermann, Ulrich (2004a), Adorno als empirischer Sozialforscher im Blickwinkel der heutigen Methodenlage, in: Gruschka, Andreas/Ulrich Oevermann (Hrsg.), Die Lebendigkeit der kritischen Gesellschaftstheorie. Wetzlar: Büchse der Pandora, 189–234.

Oevermann, Ulrich (2004b), Sozialisation als Prozess der Krisenbewältigung, in: Geulen, Dieter/Hermann Veith (Hrsg.), Sozialisationstheorie interdisziplinär. Aktuelle Perspektiven. Stuttgart: Lucius & Lucius, 155–181.

Peez, Georg (2004), Im Foto ist alles gleichzeitig. http://www.medienpaed.com/04-1/peez04-1.pdf, Zugriff 25. 12. 2004.

Reichertz, Jo (1992), Der Morgen danach. Hermeneutische Auslegung einer Werbefotografie in zwölf Einstellungen, in: Hartmann, Hans A./Rolf Haubl (Hrsg.), Bilderflut und Sprachmagie. Fallstudien zur Kultur der Werbung. Opladen: Westdeutscher Verlag, 140–163.

Reichertz, Jo (1994), Selbstgefälliges zum Anziehen. Benetton äußert sich zu Zeichen der Zeit, in: Schröer, Norbert (Hrsg.), Interpretative Sozialforschung. Auf dem Weg zu einer hermeneutischen Wissenssoziologie. Opladen: Westdeutscher Verlag, 253–280.

Toulmin, Stephen (2001), Return to reason. Cambridge: Harvard University Press.

Wernet, Andreas (2000), Einführung in die Interpretationstechnik der Objektiven Hermeneutik. Opladen: Leske + Budrich.

Robert Schändlinger

2.10 VISUELLE ETHNOGRAPHIE

Visuelle Verfahren, die Verwendung von Fotografie und Filmen sind in der Ethnographie üblich, seit die Techniken zur Verfügung stehen. Die richtungweisenden Standardwerke wie «The Balinese Character» von Gregory Bateson und Margaret Mead (1942) oder «The Nuer. A Description of the Modes of Livelihood and Political Institutions of a Nilotic People» von Edward E. Evans-Pritchard (1940) verwenden Fotografien ebenso wie Bronislaw Malinowskis «Argonauts of the Western Pacific» (1922). Auch wenn eine systematische und methodisch reflektierte Zusammenarbeit von Film und Ethnographie nicht vor dem Ende des Zweiten Weltkriegs beginnt,[1] wird programmatisch viel früher gefordert, sich Gedanken zu machen über Methode und Zweck der Verwendung von Film und Fotografie als Aufzeichnungsmedien.

Félix-Louis Regnault hatte 1895 mit einer von Etienne J. Marey entwickelten Kamera auf der Exposition Ethnographique de l'Afrique Occidentale eine töpfernde Wolof-Frau aufgenommen. Regnault beeinflusste die konzeptionellen Vorstellungen von einem wissenschaftlichen Film vor allem durch seine umfangreiche publizistische Tätigkeit, in der er sich bis in die 1930er Jahre für die wissenschaftliche Nutzung der Kinematographie einsetzte. Auf einem internationalen ethnographischen Kongress in Paris wurde 1900 auf Regnaults Initiative eine Resolution veröffentlicht, in der die filmische Dokumentation des Gebrauchs von ethnographischen Sammlungs- und Ausstellungsstücken in Museen gefordert wird.[2]

In Deutschland hoffte man durch den Einsatz technikgestützter Aufzeichnungsverfahren noch vor der Etablierung des Feldforschungsaufenthalts durch Malinowski als dem prägenden fachwissenschaftlichen Paradigma, die Ethnographie wissenschaftlich nobilitieren zu können, weil die Ungenauigkeit der Berichte von Reisenden als Datenquelle durch die filmische Aufzeichnung eliminiert werden könnte (Oskar Polimanti 1921, zit. nach Böhl 1985, 78).

Handelt es sich bei dem Plädoyer für den Einsatz von Film und Fotografie um die methodisch-reflektierte Sicherung eines deskriptiven Erfahrungswissens und seine systematische Auswertung als Basis einer wissenschaftlichen Beschreibung von fremden Kulturen? Wenn die Soziologie auf jenes Wissen nicht weitgehend zugunsten mathematisch-statistischer oder begrifflich-typologisierender Verfahren verzichten will, sollte geprüft werden, ob die in der Ethnographie programmatisch erhobenen Forderungen nach Absicherung der Beobachtung und Beschreibung durch technische Aufzeichnungsmedien nicht Modellcharakter haben könnten für eine Wissenschaft von der eigenen Gesellschaft. Zumindest für die Beschäftigung mit visuell sich manifestierenden kulturellen Phänomenen liegt der Einsatz jener Medien nahe.

1. Hintergrund und Praxis visueller Verfahren im Kontext der Soziologie

1.1 Problemaufriss

Nach einzelnen Ansätzen war der Beitrag von Margot Berghaus in dem 1989 von Endruweit und Trommsdorff herausgegebenen «Wörterbuch der Soziologie» im deutschsprachigen Raum der erste an repräsentativer Stelle veröffentlichte Beitrag zum Stichwort «visuelle Soziologie».[3]

Visuelle Soziologie wird von Berghaus als ein Forschungsansatz beschrieben, der visuellen Quellen, Methoden und Darstellungsweisen in Abgrenzung zu ausschließlich sprachlichem Material zentrale Bedeutung einräumt. Der Terminus wurde ursprünglich aus dem Amerikanischen übernommen. Bezeichnenderweise handelt es sich bei den Beiträgen von Douglas Harper «Fotografien als sozialwissenschaftliche Daten» (2000) und Norman K. Denzin «Reading Film – Filme und Videos als sozialwissenschaftliches Erfahrungsmaterial» (2000) in dem von Uwe Flick, Ernst von Kardorff und Ines Steinke herausgegebenen Handbuch «Qualitative Forschung» um Übersetzungen aus dem Amerikanischen.

Mittlerweile ist mit «Filming Culture» von Elisabeth Mohn (2002) eine dem ethnomethodologischen Ansatz verpflichtete Arbeit von grundlagentheoretischer Bedeutung für eine Forschungspraxis mit der (Video-)Kamera und deren Auswertung in einem soziologischen Visualisierungslabor erschienen. Aber nach wie vor steht die visuelle Praxis in den deutschsprachigen Publikationen der Sozialwissenschaften nicht im gleichen Maß im Mittelpunkt des Interesses wie in den USA.[4]

Allerdings ist der Begriff einer visuellen Soziologie auch dort nicht so gebräuchlich und eindeutig definiert, wie Berghaus suggeriert. Vielmehr herrscht gerade in den Ansätzen einer visuellen Fachrichtung innerhalb der amerikanischen Soziologie eine schwer überschaubare Vielfalt und Heterogenität von Konzepten, Methoden und Praktiken.

Die visuelle Dimension in der sozialwissenschaftlichen Forschung betrifft entweder die Arbeit mit Abbildungen und Darstellungen wie Fotografien, Filme und Videoaufnahmen oder die sichtbaren Manifestationen sozialer Tatbestände und Ereignisse als etwas der Anschauung Zugängliches und Abbildbares. Berghaus unterscheidet mit der Verwendung visueller Daten, der Anwendung visueller Methoden und der Theoriediskussion um die Implikationen visueller versus verbaler Träger drei Ebenen, auf denen die visuelle Dimension in die Soziologie eingeführt wird.

Visuelle Daten, vom Forscher selbst hergestellt oder als Auswertung vorhandener Zeugnisse, können als Informationsquelle, zur Dokumentation, Ergebnisdarstellung oder Kommentierung verwendet werden. Berghaus setzt für die Verwendung solcher Daten eine gewisse «visuelle Ergiebigkeit» des Themas voraus. Im Einzelnen zählt sie neben der Beschäftigung mit Randgruppen, die sich durch ihr abweichendes Verhalten, durch eine extreme soziale Situation oder als ethnische Minderheiten auszeichnen, die Auswertung von Familienfotografien zur Untersuchung des Wandels familiärer Rituale, der Geschlechterrollen und Generationenbeziehungen in der Familiensoziologie, die Analyse urbaner Entwicklungen mit Hilfe von Stadtansichten, Luft- und Archivbildmaterial in der Stadt-, Gemeinde- und Landsoziologie auf. So berichtet Douglas Harper (2000, 405 und 410) davon, dass er durch Luftaufnahmen von Milchviehbetrieben einen Strukturwandel der Wirtschaftsweise

Robert Schändlinger

feststellen und seine unter ‹normalem› Blickwinkel gewonnenen Erkenntnisse ergänzen konnte.[5]

Schließlich nennt Berghaus (1989, 675) die umfangreiche, zuerst 1979 erschienene Studie Erving Goffmans zur Geschlechterrollendarstellung in der amerikanischen Werbung als ein Beispiel für eine Soziologie, die sich mit visuellem Material beschäftigt. Wahrscheinlich ist dieser Ansatz, der Produkte der Massenkommunikation auf ihre sozialindikativen Gehalte hin untersucht, in der Soziologie am wenigsten umstritten, sodass er in die akademische Forschungspraxis ohne größere Schwierigkeiten integrierbar ist.

Die visuelle Ergiebigkeit von Randgruppenthemen wie die Aufnahmen von Gefängnisinsassen, Landstreichern, Alkoholikern, pauperisierter oder extrem reicher Schichten als Voraussetzung für eine soziologische Untersuchung muss zumindest dann vorsichtiger beurteilt werden, wenn der Forscher oder die Forscherin selbst fotografieren oder filmen. In diesem Fall handelt es sich um Feldstudien, die unter den Aspekten des Feldzugangs, der Rollenfindung, der Verwendung des Materials in methodologischer und forschungspraktischer Hinsicht äußerst komplex sind und differenziert beurteilt werden müssen.

Douglas Harpers Feldforschungen im Milieu der amerikanischen Wanderarbeiter, Tramps und Hobos machen die Schwierigkeiten solcher Studien deutlich. Über einen Zeitraum von etwa einem Jahr hatte Harper durch teilnehmende Beobachtung und informelle Interviews das Leben von Hobos einer amerikanischen Großstadt untersucht und eine Reihe von Fotografien aufgenommen. Nach seiner Darstellung war er mit den Aufnahmen unter ästhetischen Gesichtspunkten zufrieden. Er hatte jedoch über die Lebenswelt der Hobos nur wenig mehr erfahren, als er aus den allgemein zugänglichen Studien und illustrierten Reportagen nicht ohnehin schon kannte. Erst als er in einer zweiten Phase seines Projekts mit den Hobos Tausende von Meilen auf Güterzügen durch die USA reiste, kam er zu befriedigenden Ergebnissen. Dabei machte er allerdings die Erfahrung, dass der Fotoapparat eher hinderlich als nützlich war (Harper 1982, 61).

Die Anwendung von Verfahren zur visuellen Aufzeichnung stellt für Berghaus neben der Auswertung visuellen Materials eine zweite Ebene der Einführung visueller Aspekte in die sozialwissenschaftliche Forschung dar. Eine auf Aufzeichnungsgeräte gestützte Forschungspraxis eignet sich aber, wie die Erfahrungen von Harper verdeutlichen, nicht für alle Milieus. Weniger problematisch war dagegen eine Untersuchung, die in einer als Modell konzipierten Wohnstadt durchgeführt wurde. Es sollte herausgefunden werden, wie die Gestaltung des Raums durch die Stadtplanung und die Architektur mit der Entwicklung sozialer Strukturen zusammenhängt. Die Wahrnehmungen des räumlichen Zusammenhangs durch eine nach Kriterien wie Alter, Geschlecht, Ethnie und Einkommen differenzierte Gruppe von Bewohnern sollten erforscht werden. Methodologisch stand die Entwicklung von Fragen im Vordergrund, die die Antworten der Bewohner nicht allzu sehr im Vorhinein strukturieren sollten (Wagner 1979b, 86). Voruntersuchungen hatten ergeben, dass Fotografien zu solchen Antworten anregten. Darum wurde der ausgewählten Bewohnergruppe eine Serie von Fotografien vorgelegt, die verschiedene Typen von Häusern, Verkehrsschildern, öffentlich zugänglichen und allgemein genutzten Plätzen und Räumen wie Bushaltestellen, Restaurants, Recyclingsammelstellen darstellten, um in Kombination mit sehr einfachen Fragen Kommentare über Eindrücke, Gefühle und Erfahrungen in der neuen Stadt zu stimulieren (Wagner 1979b, 87).

Von Forschungsprojekten, in denen in ähnlicher Weise die visuellen Dokumente als Stimuli in narrativen Interviews verwendet wurden, wird wiederholt berichtet. Im Vordergrund stehen ein interaktiver Zugang zum Untersuchungsfeld und die Beteiligung der Personen, die von den Untersuchungen betroffen sind, am Forschungsprozess. Die fotografischen Aufzeichnungen sind in diesem Fall Mittel, um mit den dargestellten Personen ins Gespräch zu kommen. So fotografierte Douglas Harper einen Allround-Mechaniker bei der Arbeit. Bei den nächsten Besuchen dienten die Fotografien als Grundlage für ausführliche und wenig strukturierte Interviews über die Arbeit des Mechanikers. Auf diese Weise wurden Themen angesprochen, deren Bedeutung dem Interviewer bei der unmittelbaren Beobachtung gar nicht bewusst war.

Auf den pragmatischen Nutzen von Fotografien hat John Collier bereits in seinem zuerst 1967 erschienenen Standardwerk «Visual Anthropology» hingewiesen. Collier[6] schildert die Situation zu Beginn einer

Robert Schändlinger

qualitativen Studie über die Arbeit auf einem Hochseefischerboot in ihrer explorativen Phase. Der Forscher ist mit der Schwierigkeit konfrontiert, sich mit den Fischern über deren Arbeit verständigen zu wollen, ohne die spezielle Sprache zu kennen, mit denen Arbeitsvorgänge und -geräte präzise beschrieben werden. In dieser Situation eignen sich Fotografien, die aufgenommen werden können, ohne die Arbeitsabläufe durch ständige Nachfragen zu stören. Der Forscher hält Ereignisse fotografisch fest, die er sich nachträglich erläutern lassen kann. Collier betont den sozialen und kommunikativen Aspekt der fotografischen Recherche. Er geht davon aus, dass die Aufgenommenen selbst ein Interesse haben, die Fotografien in ihrem privaten Familien- und Freundeskreis sowie in ihrer Gemeinde zu zeigen. Vielleicht allzu optimistisch rechnet Collier damit, dass die Fotografien dem Feldforscher einen Zugang zu fremden Untersuchungsfeldern und -milieus erschließen.

Die Merkmale der beschriebenen Projekte sollten ausreichen, um sie einem ethnomethodologischen Forschungskonzept zuordnen zu können, wenn man unter dem Aspekt größtmöglicher Allgemeingültigkeit eine Gegenpraxis zu den herkömmlichen Verfahren der empirischen Sozialforschung versteht. Gegenüber diesen versucht die Ethnomethodologie durch Beobachtung und vor allem durch Hinzuziehung des Wissens, das die Beteiligten selbst von ihren Handlungen haben, die Methoden aufzudecken, die den Alltagshandlungen bestimmter kultureller und sozialer Gruppen zugrunde liegen (Hohenberger 1988, 155). Allerdings hat Jörg Bergmann (2000, 121) darauf hingewiesen, dass die Ethnomethodologie zu ausschließlich unter dem Aspekt der Kritik des dominierenden strukturfunktionalen Theoriemodells und des akzeptierten empirischen Methodenkanons der empirischen Sozialforschung rezipiert worden sei. Dies gelte insbesondere für den deutschsprachigen Raum, sodass erst mit Verzögerung realisiert worden sei, dass die Ethnomethodologie ein eigenes Forschungsprogramm verfolgt.

Nicht nur die Herstellung visueller Daten, sondern auch die Auswertung vorgefundenen Materials weist Berührungspunkte mit dem ethnomethodologischen Ansatz auf. Um beispielsweise bei der Auswertung von Familienfotografien über die statistische Zählung der Häufigkeit bestimmter Bildelemente hinauszukommen und auch qualitativ etwas über die Fotos sagen zu können, ist es notwendig, die Fotografen selbst und die Benutzer der Fotografien zu befragen. Denn die Produktion und Verwendung der Fotos sind ein konventionalisierter sozialer Prozess und ein Medium für Beziehungen. Zur Beschreibung der Fotos müssen soziale, kommunikative, technische und ästhetische Aspekte ihrer Produktion und ihres Gebrauchs erfasst werden. Im Einzelnen sind die Anlässe, zu denen Fotos gemacht werden, der Vorgang der Aufnahme, das Verhalten vor und hinter der Kamera während der Aufnahme, die Techniken der Entwicklung, die Art der Aufbewahrung sowie des Zeigens und Ausstellens, die an der Aufnahme beteiligten Personen, die Aufnahmeorte, Themen und Aktivitäten und der Stil der Fotos zu berücksichtigen (Musello 1979, 104f.).

Ein vielseitig verwendbares Konzept zur Auswertung audiovisuellen Materials wurde von Richard Chalfen entwickelt. Dieser analysierte Filme, die er mit Gruppen von Jugendlichen gemacht hatte. Die Gruppen waren nach Alter, Geschlecht, Schichtzugehörigkeit und Ethnie unterschiedlich zusammengesetzt und realisierten in Erzählstil, Inhalt, Gestaltung, Konzept und Durchführung unterschiedliche Filme und Formen der Arbeitsorganisation. Chalfen fand heraus, dass ein gesetzmäßiger Zusammenhang zwischen den Filmen und den sozialen Erfahrungen der Jugendlichen bestand (Chalfen 1981, 29f.). Chalfen verstand seine Untersuchungen als Fortsetzungen und Erweiterungen der Forschungen von Sol Worth und John Adair (Worth/Adair 1972). Diese führten eine Gruppe von Navajo in die technische Handhabung von Filmgeräten ein und regten sie an, Filme zu beliebigen Themen aus dem Alltag herzustellen. In der Gestaltung der Filme erkannten Worth und Adair signifikante Unterschiede der Raum-, Zeit- und Wirklichkeitswahrnehmung im Vergleich zu den Filmen weißer Amerikaner. Chalfens Erweiterung dieser Untersuchung bestand vor allem darin, die Ergebnisse von Worth und Adair für die Untersuchung visueller Produkte von Gruppen anzuwenden, die sich primär nicht nach ethnischen, sondern sozialen Gesichtspunkten und nach dem Geschlecht unterschieden.

Die Arbeiten von Worth, Adair und Chalfen gehen über die Auswertung visuellen Materials oder die Anwendung von Verfahren der visuellen Aufzeichnung in der Forschung hinaus. Während diese Arbeiten methodologische Fragen der Materialauswertung und Feldforschungspraxis berühren, stellen die Arbeiten von Worth, Adair und Chalfen Beiträge zu einer Theorie der visuellen Kommunikation dar, die Berghaus als dritte Ebene der Einführung einer visuellen Dimension in die Soziologie aufgezählt hat (Berghaus 1989, 673f.). Die Theorie der visuellen Kommunikation versucht, semiotische und semiologische Konzepte aus ihrer linguistischen Fixierung auf die Sprache herauszulösen und auf visuelle Kommunikation als einem Teilgebiet von Kommunikation überhaupt anzuwenden. Auf diese Weise werden neben den audiovisuellen Medien wie Film, Fotografie, Fernsehen auch Kleidung, Mode, Mimik und Gestik untersucht, die als regelhafte Zeichensysteme wie eine Sprache behandelt werden, ohne damit gleichgesetzt zu werden.[7]

Selbstverständlich ist dieser Ansatz einer visuellen Soziologie weder auf den Gebrauch bestimmter Medien noch auf einen klar definierten Zeitabschnitt zu begrenzen. Er beschäftigt sich mit der prähistorischen Höhlenmalerei gleichermaßen wie mit der Entwicklung der Zentralperspektive in der abendländischen Malerei, technikgeschichtlichen Aspekten der Fotografie oder einzelnen Filmen.[8] Umfang und Heterogenität der Beiträge zu den «Studies in the Anthropology of Visual Communication», die seit 1975 von Sol Worth herausgegeben wurden und seit 1980 als «Studies in Visual Communication» erscheinen, lassen die Komplexität und die bis zur Konturlosigkeit erweiterte Unüberschaubarkeit der methodischen und thematischen Vielfalt einer Theorie der visuellen Kommunikation erkennen.

Umso überraschender, ja geradezu paradox muss es erscheinen, wenn die Darstellungen der historischen Perspektiven einer visuellen Fachrichtung innerhalb der Soziologie nicht mehr als die letzten vier Jahr-

zehnte seit etwa 1960 berücksichtigen. Berghaus beschränkt sich in ihrem Lexikonbeitrag auf diesen Zeitraum mit den Argumenten, dass seit
diesem Zeitpunkt sowohl der Mediengebrauch allgemein als auch das
Bewusstsein seines Einflusses auf die öffentliche Meinungsbildung zuge-
nommen habe. Ausdrücklich weist Berghaus in ihrem Lexikonbeitrag
auf die Erfahrung des meinungsbildenden Einflusses der Berichterstattung über den Vietnamkrieg als entscheidendem Impuls für die Entwicklung einer visuellen Soziologie hin (1989, 674).[9]

2. Visuelle Verfahren in der Ethnographie

2.1 «The Pencil of Nature» – der Wirklichkeitseindruck und -gehalt des fotografischen Bildes

In dem grundlegenden Essay über «Ethnographische Autorität»,[10] in
dem James Clifford (Clifford 1988) untersucht, wie Darstellungen und
Beschreibungen fremder Kulturen bestimmten Regeln und Konventionen folgen, damit sie als wissenschaftlich und wahr gelten, kommt Bronislaw Malinowskis zuerst 1922 unter dem Titel «Argonauts of the Western Pacific» erschienenem Bericht seines Forschungsaufenthalts bei den
Trobriandern in Melanesien besondere Bedeutung zu. Denn es handelt
sich nach Clifford «um ein archetypisches Werk jener Generation von
Ethnographen, die der wissenschaftlichen Validität der teilnehmenden
Beobachtung erfolgreich Geltung verschafften» und das Genre einer auf
teilnehmender Beobachtung basierenden Ethnographie zur Vollendung
brachten (Clifford 1988, 11).

Clifford selbst weist auf die herausgehobene Funktion der Fotografien
in den «Argonauten» hin. So wird als Frontispiz eine fotografische Darstellung mit der Legende «Eine Kula-Zeremonie» verwendet. Der Austausch eines Muschelhalsbandes als Zeremonie, die Anordnung der
beteiligten Personen, ihre Konzentration auf den Vorgang selbst suggerieren die authentische Wiedergabe eines echten Ereignisses im Leben

Robert Schändlinger

der Melanesier. Aber der Leser und Betrachter Clifford ist skeptisch: Schaut nicht einer der sich vorneigenden Trobriander in die Kamera statt auf das Ritual? Auch das Frontispiz der «Argonauten» bringt eine Verbindung aus Realität und Vergangenheit ins Spiel, die Roland Barthes als den Sinngehalt der Fotografie beschreibt: ‹Es-ist-so-gewesen› (Barthes, zit. n. Wortmann 2003, 146f.). In der gleichen Weise verbürgt die Fotografie die Anwesenheit des Ethnographen, der ein Fragment aus der Realität herausgreift und dieses für das Foto und die Publikation arrangiert. Clifford gibt zu bedenken, dass der Kula-Tausch als das Thema von Malinowskis Buch auf der Fotografie in perfekter Weise sichtbar gemacht und innerhalb des Rahmens der Wahrnehmung zentriert wurde (Clifford 1988, 4f.). «Das erste Kapitel der ‹Argonauten›, mit seinen auffallend plazierten Fotografien vom Zelt des Ethnographen, das zwischen den Häusern von Kiriwini (sic!) steht» (Clifford 1988, 10), wird in der Interpretation von Clifford zur literarischen Charta einer neuen ethnographischen Autorität, die sich auf die Erfahrung des Ethnographen als Feldforscher stützt.

Clifford schenkt der Tatsache, dass für die Konstitution der auf den Feldaufenthalt gestützten ethnographischen Autorität Fotografien, ihre Anordnung und Beschriftung eine besondere Rolle spielen, keine weitere Beachtung. Aber was könnte die Anwesenheit des Ethnographen besser beweisen als Fotografien, die er selbst aufgenommen hat oder die ihn selbst zeigen? Der Ethnograph macht sich den auf dem technischen Vorgang der selbsttätigen Aufzeichnung beruhenden Wirklichkeitseindruck des fotografischen Bildes zunutze.

Die Wirklichkeit scheint sich dem lichtempfindlichen Trägermaterial selbst einzuschreiben. «The process by which natural objects may be made to delineate themselves without the Aid of the Artist's Pencil» (zit. n. Newhall 1984, 21), nannte William Henry Fox Talbot den Titel seines Vortrags, in dem er am 31. Januar 1839 vor der Royal Society über seine Versuche berichtete, in einer Camera obscura erzeugte Bilder auf lichtempfindlichem Trägermaterial zu speichern. In einem Artikel, der zwei Tage später in der «Literary Gazette» erschien, beschrieb er das 1835 von seinem Landhaus aufgenommene Bild als den ersten überlieferten Fall eines Hauses, das sein eigenes Porträt gemalt habe. Und die in mehreren Lieferungen zwischen 1844 und 1846 fortgesetzte Publikation über seine

Versuche hob den Aspekt der Selbsttätigkeit der naturgetreuen Abbildung bereits im Titel hervor: Es war der «Pencil of nature», der die Bilder malte. (Genau genommen dazu gebracht wurde: «made to delineate themselves», als hätte der Fotograf die sich selbst abbildenden Objekte überlistet.)

Es war ebendiese Wirkung des fotografischen[11] Bildes, die es Étienne J. Marey nahe legte, ab 1882 die Fotografie für die Dokumentation von Bewegung zu nutzen. Als Mediziner und Physiologe entwickelte Marey verschiedene Instrumente zur Sichtbarmachung und Messung physiologischer Vorgänge. Die Fotografie erschien als ein Instrument erweiterter sinnlicher Wahrnehmung, die die Wirklichkeit direkt als «the language of the life itself» konserviere (Braun 1983, 21).

Man muss diese Versuche wissenschaftsgeschichtlich im Kontext der «empirischen Wende» nach dem Vorbild der Naturwissenschaften sehen.[12] Die Verwendung der Fotografie und Kinematographie zur Bewegungsdokumentation sollte das Material einer empirischen Praxis der Medizin und der sich als akademische Disziplin gerade erst konstituierenden Physiologie liefern. Dafür waren distanzierte und neutrale Beobachtungs- und Aufzeichnungsverfahren nötig, die frei von verzerrenden Einflüssen der Subjektivität des Forschers und der Situation erschienen. Die Ergebnisse mussten nach naturwissenschaftlichem und technischem Vorbild mathematisch-statistisch verfügbar, reproduzierbar und experimentell überprüfbar sein.

Der Wirklichkeitseindruck des fotografischen Bildes, der im Wesentlichen aus dem technischen Vorgang der selbsttätigen Aufzeichnung des Bildes der äußeren Realität resultiert, liegt der Überzeugung zugrunde, der Film könne Realität konservieren. In den 1959 veröffentlichten und von den – nach ihrem eigenen Selbstverständnis – führenden Vertretern ihres Fachs unterzeichneten «Leitlinien zur völkerkundlichen und volkskundlichen Filmarbeit» wird als wichtigstes Kriterium des ethnographischen Forschungsfilms der Wirklichkeitsgehalt der Aufnahmen beschrieben (dokumentiert in Wolf 1967, 43). Mit ihm steht und fällt der Forschungsfilm, wie er in der «Encyclopedia Cinematographica» des Instituts für den Wissenschaftlichen Film (IWF) in Göttingen gesammelt wird. Im Einzelnen enthalten die Leitlinien Anweisungen und Regeln

Robert Schändlinger

für die Aufnahme und Gestaltung des Films zur Steigerung des Wirklichkeitsgehalts. Auch wenn in Publikationen aus dem Umkreis des Instituts die Vorstellungen vom wissenschaftlichen Film variiert wurden, je nachdem, ob er zum Beweis oder zur Illustration von Theorien wie der Kulturkreislehre dienen sollte oder als vollständiges, im Vergleich mit dem Auge unbestechliches Aufzeichnungsmittel konzeptualisiert wurde, das allerdings keine eigene Theorie generieren könne, nichts änderte sich an der Aufgabe, die dem Film im Rahmen der Wissenschaft zugewiesen wird: «Beweise zu liefern, und diese Beweise darf der Wissenschaftler natürlich nicht selbst hergestellt haben. Daher muß sein Film als ungetrübter Kamera-Blick auf das Reale inszeniert sein, damit das Reale selbst zum Beweis wird» (Hohenberger 1988, 152).

Wie nachhaltig und langfristig die empiristische «Auffassung, wonach das Reale selbst seine Erkenntnis in sich trägt» (Hohenberger 1988, 153), die Vorstellung vom wissenschaftlichen Film im Institut prägte, zeigt eine Kontroverse zwischen Irenäus Eibl-Eibesfeldt und Hans-Ulrich Schlumpf.

Es ging in der Diskussion zwischen Eibl-Eibesfeldt und Schlumpf nur vordergründig darum, in welchem Maß ein Film gestaltet sein darf, ohne die Grenzen der Wissenschaftlichkeit zu verletzen. Es ging fundamentaler darum, was ein Film ist und wie er im Forschungsprozess verwendet werden kann. Den Standpunkt, den Eibl-Eibesfeldt vertrat, fasst Schlumpf (nur aus dessen Perspektive ist die Kontroverse dokumentiert: Schlumpf 1987, 49–65) dahin gehend zusammen, dass der Film aufzeichnen soll, was sich vor dem Kameraobjektiv befindet. Je geringer der Eingriff des Filmemachers in die ablaufenden Ereignisse, aber auch in der Gestaltung des Films ist, desto höher sei der wissenschaftliche Wert der Aufzeichnung. Schlumpf gibt allerdings zu bedenken, dass die nach den Kriterien von Eibl-Eibesfeldt ideale Aufnahme eines Ereignisses von einem einzigen Standpunkt aus, mit nur einer Einstellungsgröße und ohne jeden Schnitt, von dem aufgenommenen Ereignis so gut wie nichts würde erkennen lassen.[13] Allein durch den technisch erzwungenen Wechsel einer Aufnahmekassette oder Filmrolle entsteht ein Zeitsprung. Und selbst wenn in einem fertigen Film nichts als die beiden Rollen aneinander gehängt werden, wird eine Kontinuität suggeriert, die nicht bestanden hat. Im Übrigen ist auch der in nur einer einzigen Einstellung aufgenommene, also im technischen Sinn ungeschnittene Film, wenn er die Aufmerksamkeit des Zuschauers durch Kamerabewegungen und Veränderungen des Bildausschnitts (Einstellungsgrößen) oder Verlagerung der Schärfentiefe lenkt, montiert. Man spricht auch von einer «Montage im Bild» (Peters 1993, 45) oder einer inneren Montage.

Alle Konzepte der Filmgestaltung, die die lange ungeschnittene Einstellung gegenüber der Montage bevorzugen, können sich auf André Bazin berufen. Dieser argumentierte zum Zeitpunkt ihrer innovativen Einführung im Spielfilmbereich im Interesse des Zuschauers für die lange ungeschnittene Einstellung. So bemerkt er zu der bis dahin unüblichen systematischen Anwendung der Tiefenschärfe in *Citizen Kane* (1941), dass die Kamera bei Orson Welles mit gleich bleibender Schärfe das gesamte Blickfeld umschließe, sodass nicht mehr der Schnitt den Gegenstand auswählt, «den wir sehen sollen und der damit eine ‹Bedeutung› a priori erhält, sondern es ist das Bewußtsein des Zuschauers, das nun gezwungen ist (...), den eigentlichen dramatischen Bereich der Szene zu bestimmen» (zit. nach Beller 1993, 29). Deswegen können Karel Reisz und Gavin Millar in ihrem zuerst 1953 (und in einer erweiterten Auflage 1968) erschienenen Standardwerk Bazin den «Philosophen» der Theorie von Authentizität und Objektivität in der Filmmontage nennen (Reisz/Millar 1988, 190).

Die lange und ungeschnittene Einstellung suggeriert eine Zurücknahme des gestaltenden Eingriffs des Filmemachers. Zur Chiffre für Authentizität und wissenschaftliche Objektivität wird sie aber erst in Verbindung mit technischen Möglichkeiten, die ab etwa 1960 eine realitätsnahe Beobachtung ermöglichen. So schreibt Volker Wortmann über die Montage im beobachtenden Film des «direct cinema», dass durch die Beibehaltung der natürlichen Chronologie der Ereignisse und die Kopplung längerer, ununterbrochener Passagen dem Betrachter der Eindruck vermittelt werden soll, an den gefilmten Ereignissen teilhaben zu können. Nach ihrem Selbstverständnis sahen die Protagonisten des «direct cinema» «in ihren Arbeiten auch nicht mehr als eine mediale Verdopplung ihrer unmittelbaren, ungefilterten Erfahrung vor Ort, letztlich die Verdopplung der Realität selbst» (Wortmann 2002, 196).

Robert Schändlinger

Wenn man der Einfachheit halber die Montage als einen nicht vom Ende der Aufnahmekapazität der Filmtechnik erzwungenen, sondern bewusst gestalteten Schnitt versteht, so ist klar, dass es keinen Film ohne Schnitt gibt. In dem fertig geschnittenen Film, der sich von Einstellung zu Einstellung aufbaut, ist ein Schnitt «ein Schluß, eine Folgerung, eine Assoziation, eine Behauptung, eine Geschichte, und damit Teil jener Fiktion, die sich der Macher oder die Macherin des Films erdacht haben. Was wir am Schluß auf der Leinwand oder am Bildschirm sehen, ist genauso ein Konstrukt wie ein Spielfilm, *im besten Falle eine Rekonstruktion von Wirklichkeit*» (Schlumpf 1987, 57).

Schlumpfs Rede ist irreführend, wenn sie nahe legt, dass die Qualität eines wissenschaftlichen oder dokumentarischen Films an der Übereinstimmung mit der Realität zu messen sei. Vielmehr konstruiert der Film nach den ihm eigenen Gesetzen eine eigene filmische Realität. Jeder Film konstituiert ein eigenes raum-zeitliches Kontinuum. Diese filmische Realität verweist auf die außer- und vorfilmische Realität. Der Grad der Übereinstimmung des filmischen Bildes mit der außerfilmischen Realität als Abbild ist kein Kriterium der Wahrheit oder Wissenschaftlichkeit des Films. Die Kamera zeichnet im fiktionalen Film in genau der gleichen Weise die vor ihr befindlichen Motive und Menschen auf wie im dokumentarischen. Die Bilder haben im fiktionalen und dokumentarischen Film die gleiche visuelle Präsenz und Evidenz. Auch eine wissenschaftliche Dokumentation ist ein Film, der die Realität entsprechend den Regeln und Gesetzen der filmischen Darstellung repräsentiert. Der Unterschied zwischen einem fiktionalen und einem dokumentarischen Film kann höchstens darin bestehen, wie der Film auf die außer- und vorfilmische Realität verweist. Das gilt auch für eine wissenschaftliche Dokumentation.[14]

Auch wenn Schlumpf die Eignung der filmischen Aufzeichnung zur Rohdatenerfassung selbst gegen den Vorbehalt der Nutzung moralisch eher fragwürdiger Knickoptiken oder Zooms, die die Aufgenommenen über die Aufnahmerichtung der Kamera täuschen, konzediert, so insistiert er doch, dass dies nicht die eigentliche Aufgabe eines Films ist, der sich unter wissenschaftlichen Gesichtspunkten mit kulturellen oder sozialen Phänomenen beschäftigt. Wenn eine filmische Aufzeichnung sich nicht darin erschöpfen soll, Rohdaten für die Auszählung der Häufigkeit bestimmter Handreichungen oder Bewegungsstereotypien zu liefern, sondern vorgeführt werden soll, dann «gelten andere Gesetze als die der ‹Datenerhebung› und der ‹Sample-Technik›, dann gelten die Gesetze der *Filmsprache*, die ihr eigenes Vokabular, ihre eigene Grammatik und Syntax hat, und die wie jede lebendige Sprache historisch gewachsen ist und sich dauernd weiterentwickelt» (Schlumpf 1987, 51).

Um den Unterschied zu dem Konzept eines ethnographischen Films, das diesen zu nichts anderem als zur Aufzeichnung von Daten verwenden will, hervorzuheben, ist zunächst die Analogie von Film und Sprache angemessen, weil sie bewusst macht, dass ein Film Realität regelhaft repräsentiert und intentional als Äußerung eines Autors oder Sprechers in einem sozialen und interaktiven Kontext verstanden werden muss.[15]

Auch die Standards von Filmgenres mit hohem Authentizitäts- und Wahrheitsanspruch bilden sich nicht als aufnahme- und kameratechnischer Fortschritt einer permanent perfektionierten Realitätsabbildung heraus, sondern in einem langwierigen und komplexen Prozess gegenseitiger Beeinflussung von technischen Möglichkeiten, Zuschauererwartung und dem Einsatz filmischer Gestaltungsmittel als Strategien der Produzierenden.[16] Auch jene Filmgenres setzen «einen mehr oder weniger gemeinsamen Erfahrungsschatz (aus vergangenen Produktionen) bei den Beteiligten voraus, eine Erkenntnis von abschätzbaren Spielräumen für Konstanten und Varianten, von strukturellen, historisch sich entwickelnden Zusammenhängen zwischen bestimmten Formen und Motiven, Inhalten und Intentionen voraus» (Kreuzer 1979, 20).

In diesem Sinn ist der Film ein Mittel der Kommunikation, das analog zur Sprache eine Geschichte hat und sich verändert.

Ein Film unterscheidet sich jedoch auch von der Sprache in wesentlichen Aspekten. Ein (Film-)Bild sagt nicht: «Ein Mann geht über die Straße», sondern es zeigt, wie er geht, wie er gekleidet ist, ob er groß oder klein ist, es zeigt die Straße, Gebäude, den Himmel, das Wetter. Das (Film-)Bild besteht gegenüber der Sprache aus einer Vielzahl von konkreten Einzel- und Detailbestimmungen, die einerseits eine sprachlich kaum erreichbare Präzision und Komplexität der Beschreibung ermöglichen, andererseits nahezu unendlicher symbolischer Deutung offen stehen.

Vollends fragwürdig ist die Analogie von Film und Sprache, wenn die Übernahme linguistischer Begriffe wie Grammatik und Syntax suggeriert, dass es für den richtigen Aufbau eines Films normativ gültige Regeln gibt. Das ist jedoch allenfalls für stark standardisierte Produkte der Fall, zu denen die nach verbindlichen Leitlinien des IWF hergestellten Filme in jedem Fall gezählt werden können. Ansonsten machen gerade die fachwissenschaftlichen Kontroversen über Methodologien um normative Verfahren zur Herstellung strukturell gleicher und damit systematisch auswertbarer Filme deutlich, dass Regeln höchstens als Konventionalisierung bestimmter Darstellungsweisen und Gestaltungsformen vorstellbar sind, die so verbreitet sind, dass sie die Erfahrung eines Publikums als dessen Rezeptionserwartung und Filmwahrnehmung steuern. Auch die Ablehnung aufnahme- und montagetechnischer Gestaltung erhöht nicht die Objektivität, den Wirklichkeitsgehalt oder die Wissenschaftlichkeit eines Films. Vielmehr ist diese Ablehnung selbst ein Element der Rhetorik eines Films, dessen Funktion darin besteht, die Konstitution der filmischen Darstellung als Repräsentation der Realität ebenso wie die Konstitution des wissenschaftlichen Objekts als reales Faktum durch die filmische Darstellung unsichtbar zu machen.

Mit einem kommunikationstheoretischen Ansatz hat Manfred Hattendorf (1994) die Strategien der Authentisierung von Dokumentarfilmen untersucht. Unter den von ihm exemplarisch analysierten historisch bedeutenden Dokumentarfilmen befindet sich kein ausdrücklich als ethnographisch anerkannter Film. Allerdings scheint mir die Beschreibung der Herausbildung von Strategien zur Objektivierung und Authentisierung filmischer Darstellungen im Austausch mit den Rezeptionserfahrungen des Publikums ohne weiteres auf den ethnographischen Film übertragbar.

Es überrascht nicht, dass Protagonisten des ethnographischen Films sich erst spät mit Fragen der Gestaltung von Filmen beschäftigen. Demgegenüber dominieren lange Zeit Fragen der richtigen Handhabung der Kamera im Feld, so, als entscheide sich dort, bei der Aufnahme als einer Form teilnehmender Beobachtung, die Qualität des ethnographischen

Films. Stellvertretend und beispielhaft seien hier die Veröffentlichungen von Rolf Husmann genannt. Dieser ist seit 1992 Referent am Institut für den Wissenschaftlichen Film in Göttingen und selbst als Ethnodokumentarfilmer hervorgetreten. Während er sich in einem frühen Aufsatz mit Aspekten der kameragestützten Feldforschung beschäftigt («Film and Fieldwork: Some Problems Reconsidered», 1983), beschreibt er in dem später erschienenen Aufsatz die Bedeutung der Postproduktion («Wo der Film entsteht? Zur Bedeutung der Postproduktion im Prozeß der ethnographischen Filmarbeit», 1995). Die im Titel gestellte Frage, wo ein Film entsteht, beantwortet Husmann, indem er die Bedeutung der Postproduktion im Prozess ethnographischer Filmarbeit hervorhebt, und zwar mit der ausdrücklichen Begründung, dass dieses Thema in der Literatur zur Visuellen Anthropologie stark vernachlässigt werde.

Als eine Ausnahme unter den ethnographischen Filmautoren wird man David MacDougall betrachten müssen, der wie kaum jemand außer vielleicht Jean Rouch über einen längeren Zeitraum die Diskussion über den ethnographischen Film nicht nur durch die eigene Filmarbeit beeinflusst, sondern auch durch seine auf diese Erfahrung gestützten Publikationen vorangebracht hat. Bezeichnenderweise dominieren auch in seinen frühen Veröffentlichungen Fragen der Kameraführung und -aufnahme im Feld. Mit seinem Konzept des nichtprivilegierten Kamerastils hat MacDougall geradezu paradigmatischen Einfluss in der (Ethno-)Dokumentarfilmszene gewonnen. Auf Fragen der Gestaltung kam MacDougall, als er in den 1970er Jahren bei australischen Aborigines Filmaufnahmen machte. Er bemerkte, dass er, im Unterschied zu seinen bisherigen Erfahrungen mit der Filmarbeit in Ostafrika, keinen Zugang zu der Gesellschaft der Aborigines fand. Er führte das darauf zurück, dass der am beobachtenden Film orientierte Kamerastil bestimmte Formen der Exposition, der Charakterentwicklung und des Konfliktaufbaus voraussetzt, die er bei den Aborigines nicht fand. Die Schwierigkeit lässt sich dahin gehend zusammenfassen, dass in den Ritualen nicht sichtbar wird, um was es geht: «Noch kenne ich keine beobachtenden Filme, in denen die traditionelle Gesellschaft der Aborigines Außenstehenden verständlich gemacht wird, mit Ausnahme vielleicht von Kim McKenzies ‹Waiting for Harry›, und selbst dieser Film bedient sich eines gesprochenen Kommentars des Anthropologen Les Hiatt» (MacDougall 1988, 61). MacDougall löste das Problem mit einem von Aborigines gesprochenen Text, den er in Anlehnung an das Stilmittel des inneren Monologs einen «inneren Kommentar» nannte.

Filmhistorisch und -gestalterisch wird der innere Kommentar als eine Form der Subjektivierung wahrgenommen, die deutlich die ästhetischen und sozialen Grundlagen von Filmen des klassischen Hollywoodstils in Frage stellt, deren Geschichten sich scheinbar wie von selbst erzählen. Kameraführung und Montage dieser Filme versetzen den Zuschauer in die Position eines durch keine sozialen oder zeitlich-räumlichen Schranken behinderten Beobachters. In ausdrücklicher Abgrenzung zu diesem Stil hat MacDougall seinen Begriff des nichtprivilegierten Kamerastils entwickelt (1984, 75f.).

3. Zum Stand der Diskussion um eine okulare Epistemologie in den Sozialwissenschaften

3.1 Filme und Videos als sozialwissenschaftliches Erfahrungsmaterial – Norman K. Denzins Beitrag zu einer visuellen Soziologie

Das skizzierte Konzept des wissenschaftlichen Films in der Ethnographie gehört zu einem Typus von Epistemologie, den Norman K. Denzin ‹wissenschaftlichen Realismus› nennt. Dieser zeichnet sich durch eine Bevorzugung des Auges gegenüber den anderen Sinnen aus und die Annahme, dass es eine Realität gibt, die von einem wissenschaftlichen Beobachter aufgezeichnet werden kann (Denzin 1997, 31).

Tatsächlich setzt die kinematographische Praxis eine aufzeichenbare Realität voraus. Gleichzeitig reproduziert das Kino beim Publikum die Überzeugung von einer visuell darstellbaren Wahrheit als einer durch die selbsttätige Aufzeichnung Evidenz gewinnenden Darstellung der Realität (Denzin 1995, 15). Denzin spricht von einer ‹cinematic society›, denn das Kino als Massenmedium der Darstellung gesellschaftlicher Realität unterstützt die Ausbildung dieser Epistemologie (1995, 6).

Selbstverständlich ist diese Epistemologie falsch, weil sie die Wahrnehmung einer Situation auf das Auge eines unbeteiligten Beobachters reduziert[17] (Denzin 1997, 34; fast gleich lautend Denzin 1995, 197), die Realität also nicht nur nicht vollständig erfasst, sondern ein äußerst artifizielles Konstrukt ist. Ihr größtes Defizit besteht darin, dass sie Verstehen ausschließt, denn gesehen zu werden oder selbst etwas zu sehen führt nicht dazu, das Gesehene zu verstehen. Vielmehr setzt Verstehen voraus, dass das auf seine visuellen Aspekte reduzierte Subjekt in die Welt einbezogen wird (Denzin 1995, 27).

Auf den Unterschied zwischen Sehen und Verstehen baut Denzin seine Überlegungen zu einer sozialwissenschaftlichen Epistemologie auf, an die eine visuelle Soziologie anknüpfen kann. Denzin selbst bezieht sich immer wieder auf filmische Verfahren. So nennt er namentlich Woody Allen, Robert Altman und John Cassavetes als Repräsentanten eines ‹experiential cinema›. Dieses zeichne sich dadurch aus, dass es gelebte Erfahrungen repräsentieren könne (Denzin 1997, 41 u. 48 Anm. 6).

Denzin misst die gesellschaftliche oder wissenschaftliche Bedeutung von Filmen also nicht daran, in welchem Maß die filmischen Darstellungen im Sinn eines Abbilds mit der Realität übereinstimmen. Sondern er sucht nach Mustern, wie sich filmische Realitätsdarstellungen und wissenschaftliche Realitätsvorstellungen gegenseitig beeinflussen.

Mit dem Begriff der ‹cinematic society› beschreibt Denzin nicht nur eine Dominanz visueller Medien, sondern die Tatsache, dass es keinen gesellschaftlichen Bereich gibt, dessen (Selbst-)Wahrnehmung und Darstellung nicht medial beeinflusst ist. Denzin geht davon aus, dass es keinen direkten Zugang zur Realität gibt. Nicht nur der Zugang zur Realität, sondern auch das Alltagsleben und seine Wirklichkeit sind grundsätzlich symbolisch vermittelt. Die Repräsentationen der Realität sind aber keine objektiven Darstellungen, sondern von Ideologie, Klasse, Nation, Geschlecht und ethnischer Zugehörigkeit beeinflusst. Die Aufgabe einer nach Denzins Auffassung kritischen Soziologie bestehe darin, die «Systeme der Repräsentation und Interpretation zu ‹lesen› und zu analysieren» (2000, 417).

Robert Schändlinger

So suggestiv der Begriff der ‹cinematic society› als Anknüpfungs-punkt einer visuellen Soziologie erscheint, so missverständlich ist er doch, wenn man nicht berücksichtigt, dass sicher das Fernsehen das Medium ist, in dem in der Gegenwart Vorstellungen von der Realität gebildet und angeeignet werden. Auf jeden Fall ist das Fernsehen in einem größeren Maß im Alltag präsent und beeinflusst nicht nur Wirklichkeitsvorstellungen, sondern Verhaltensweisen in einer Weise, wie es dem konventionellen Kino nicht möglich ist.

Denzin widmet der Allmacht und -gegenwart des Fernsehens unter dem Titel «Video Justice» ein Kapitel in «Cinematic Society». Es geht darin um die Berichterstattung über die Gerichtsverhandlung gegen O. J. Simpson, die nicht an juristischen Maßstäben gemessen werden kann, sondern von Denzin als «pure media, Gonzo justice, infotainment as news, cash-for-interviews journalism» (1995, 209) bezeichnet wird. Die moralische Empörung ist so groß wie hilflos. Das Repertoire wissenschaftlicher Kritik reicht offensichtlich nicht aus, um die Wirkung der Berichterstattung außer Kraft zu setzen.

Problematisch erscheint mir, dass Denzin die skizzierte Berichterstattung als ein Ergebnis des ‹cinematic apparatus› beschreibt, der vollständig in die Privatsphäre Simpsons eingedrungen sei und keine Ecke unberührt oder unaufgenommen (unphotographed) lasse. Das ist im Kontext von Denzins Ansatz noch nachvollziehbar, da er die ‹cinematic society› mit dem Blick des Voyeurs verknüpft, wird aber missverständlich, wenn die Unterschiede zwischen dem konventionellen Medium Film und dem Livemedium Fernsehen nivelliert werden.

Wenn man unter einem Dispositiv die räumliche Anordnung versteht, in der ein Betrachter zu einer bestimmten Ordnung der Dinge so in Beziehung gesetzt wird, dass seine Wahrnehmung dieser Situation dadurch definiert wird (Paech 1991, 43), so ist offensichtlich die dispositive Anordnung von Film, Kino und Zuschauer einerseits und der beschriebenen Fernsehberichterstattung andererseits völlig verschieden. Das Fernsehen als Livemedium steht in der dispositiven Anordnung eher in der Tradition des Radios als der des Films. Der konventionelle Film ist Teil des Programms. Aber deswegen Fernsehen und Film/Kino mit dem gleichen Begriff des ‹cinematic apparatus› zu bezeichnen, verwischt die völlig unterschiedliche Wirkungsweise und alltagskulturelle Implementation beider Medien. Das Fernsehen kann in einem Maß an die alltägliche Realität heran- und hineinreichen, wie es dem Kino allein aus technischen, aber auch aus sozialen und kommunikativen Gründen nicht möglich ist.

Manfred Faßler verwendet den Begriff des Dispositivs, um die erheblichen materialen und konzeptionellen Unterschiede zwischen Kinematographie, Television und algorithmusbasierter Bildgenerierung zu skizzieren. Diese Unterschiede umreißt er damit, dass der dominierende konventionell narrative Film im Interesse des ‹Realitätseindrucks› durch die Hinzunahme immer neuer Realitätsindizes wie Ton, Farbe, Aufnahmen mit verbesserter Kameratechnik für den Zuschauer die Idee aufrechterhalte, mit dem Abgebildeten unmittelbar konfrontiert zu sein. Die auf diese Weise erzeugte Illusion werde in der Television verkleinert und durch die Einbettung in private Räume deutlich gemindert. Der kommunikativ dichtere Rezeptionsraum des Fernsehens ermögliche andere Realitätsversprechen, die Faßler aber nicht näher beschreibt. Schließlich lasse die Chrom-artige Oberfläche computergenerierter Audiovisualität kaum noch referenzielle Illusionen aufkommen. Als entscheidend für die dispositive Anordnung sieht Faßler, «dass computergenerierte Audiovisualität *keine Auslagerung in einen speziellen Fremdraum* (Kino, Autokino) und auch *keine singuläre Umnutzung eines Wohnraumes* (wie durch Fernsehen) erfordert» (2003, 270).

Diese Skizze reicht als Argument gegen die voreilige Subsumierung medialer Realitäten unter einen Begriff, wie sie sich bei Denzin andeutet. Sie ist aber insbesondere als Beschreibung des Fernsehens ungenügend, da sie den wesentlichen Aspekt des Fernsehens als Livemedium nicht erfasst, der für seine Dominanz als Leitmedium in einer globalisierten Informationsgesellschaft bzw. für die Inszenierung von Spektakeln wie der Verfolgung O. J. Simpsons grundlegend ist.[18] Dass das Eindringen des Fernsehens in den privaten Raum keine Umnutzung des Wohn-(oder welchen Zimmers auch immer, da mittlerweile von einer Ausstattung der Haushalte mit mehr als einem Apparat auszugehen ist)zimmers ist, sondern der Eigengesetzlichkeit des Mediums entspricht, hat Günther Anders schon vor dem Hintergrund seiner Fernseherfahrungen während

Robert Schändlinger

der 1940er und 50er Jahre in den USA nicht nur eindringlich, sondern als medienspezifische Gestaltung der Kommunikation der direkten Adressierung des Zuschauers beschrieben: «Schalte ich den Präsidenten ein, so sitzt er, obwohl tausend Meilen von mir entfernt, plötzlich neben mir am Kamin, um mit mir zu plaudern. (Daß er die gesendete Gemütlichkeit in Millionen Exemplaren ausstreut, nur am Rande.) Erscheint die Fernsehansagerin auf dem Schirm, dann gewährt sie mir in absichtlich unabsichtlicher Zu-Neigung die tiefsten Einblicke, so als hätte sie etwas mit mir. (Daß sie es mit allen Männern hat, nur am Rande.) Beginnt die Radiofamilie ihre Sorgen auszubreiten, so zieht sie mich ins Vertrauen, als sei ich ihr Nachbar, Hausarzt oder Pfarrer. (Daß sie jedermann ins Vertrauen zieht, daß sie da ist, *um* ins Vertrauen zu ziehen, daß sie d i e Nachbarsfamilie schlechthin ist, nur am Rande.)» (Anders 1961, 118)

Wenn das Fernsehen als das Medium der symbolischen Vermittlung des Alltagslebens und seiner Wirklichkeit in der skizzierten dominierenden Weise in den Mittelpunkt des Interesses von Denzin für eine visuelle Soziologie rückt, ist es nicht überzeugend, wie er auf die Filme und die diese begleitenden Reflexionen von Minh-ha Trinh Bezug nimmt. Für Denzin stellen die filmische Praxis und theoretischen Konzeptionen von Trinh eine Wirklichkeitsdarstellung in Frage, wie sie sich als ästhetische Strategie eines beobachtenden Films weitgehend unhinterfragt zu einem Teil (nicht nur) der US-amerikanischen Filmindustrie einschließlich seiner allumfassenden Präsenz in kommerziellen Fernsehserien und Nachrichtensendungen entwickelt hat (Denzin 2000, 420). Es stellen sich allerdings Fragen nach der Reichweite (und Wirkungsintensität) und dem Zielpublikum einerseits sowie nach der Gestaltung der Filme Trinhs andererseits. Zwar dekonstruieren diese Filme durch den Gebrauch von unbeendeten Schwenks, jump cuts, Einstellungen ohne Ausgangs- und Zielpunkt die Vorstellung vom Dokumentarischen, indem sie dessen Eigenschaft als eine hergestellte Darstellung (fiction) permanent durchschaubar machen. Allerdings laufen ihre Konstruktionen Gefahr, den Bezug zum Gegenstand zu verlieren und für einen empirischen Kontext zu wenig ergiebig zu sein.

Aber mindestens so gravierend wie die Gefahr des Gegenstandsverlusts ist die Frage, wie die Filme gestaltet sein müssen, damit sie ein Publikum finden. Die Frage scheint umso mehr berechtigt, als der Ansatzpunkt einer visuellen Soziologie in der Gegenwart, wie Denzin sie versteht, nichts anderes als die ubiquitäre Präsenz des Fernsehens sein kann. Dessen Einfluss und Wirkungsweise ist weder durchleuchtet noch außer Kraft gesetzt durch Filme, die im Grenzbereich zwischen ethnographischer Dokumentation und Experiment die Illusion eines «ungefilterten Zugangs zur Wirklichkeit» (Trinh n. Denzin 2003, 420) in Frage stellen, bei denen aber keiner hinguckt, weil diese Filme grässlich anzusehen sind (Mohn 2002, 204). Zwar eröffnen die Filme Trinhs nach der Darstellung Denzins «dem Betrachter einen Raum, der es ihm erlaubt, die Politiken der Repräsentation im Dokumentarfilm kritisch nachzuvollziehen und zu bewerten» (Denzin 2000, 423), aber doch nur, wenn er diese Filme auch ansieht.

3.2 Vorschläge für eine Lehrpraxis mit Filmen?

Die Frage der Rezeption erörtert Denzin nicht ausreichend, zumal wenn man den von ihm selbst formulierten Anspruch ernst nimmt, dass die Mitglieder des Publikums als empirische Subjekte, die in spezifischen Verhältnissen nach Geschlechts-, Klassen- und ethnischer Zugehörigkeit zueinander in Beziehung stehen, und nicht als textuelle Konstruktionen verstanden werden (Denzin 1997, 247).

Indem er lediglich zwischen einer realistischen und einer subversiven Lesart von Filmen unterscheidet, erörtert Denzin die Frage einer publikumsbezogenen Vermittlung des Produkts bzw. des durch dieses dargestellten Sachverhalts verkürzt und wenig differenziert.[19] Die realistische Lesart eines Films besteht im Wesentlichen darin, den Film wörtlich zu nehmen als das, was er von seinen Produzenten gemeint ist. Diese Lesart braucht nicht weiter berücksichtigt zu werden, da es einer kritischen visuellen Soziologie um die unter jener Oberfläche zu entschlüsselnde subversive Lesart eines Films geht. «In dieser Perspektive sprechen Filme nicht von universellen Gegebenheiten menschlicher Existenz. Sie zeugen von begrenzten und menschlichen Erfahrungen, wie sie vom Fotografen oder Filmer eingefangen werden» (Denzin 2000, 424). In der Pra-

Robert Schändlinger

xis realisiert sich eine subversive Lesart durch eine auf Neben- statt Hauptakteure gelenkte Aufmerksamkeit, durch die Gegenüberstellung der Positionen der verschiedenen Geschlechter und Altersgruppen in der filmischen Erzählung, durch die Beobachtung der Idealisierung kultureller Schlüsselkonzepte wie Familie, Arbeit, Religion.

In den weiteren Ausführungen weist Denzin zwar darauf hin, dass die Lektüre und Analyse von Filmen Soziologen einen Einblick in Sachverhalte gewähren, die sie anders nicht bekommen würden. Die Vorgehensweise wird aber nur wenig präzise als umfassende Untersuchung der Produktion und Distribution von Filmen sowie ihrer Aneignung durch das Publikum angedeutet mit dem Ziel, auf einer Ebene kritischer Kulturanalyse Einsichten und Erkenntnisse zu erlangen, die andere soziologische Methoden nicht erlauben. Als Beispiele nennt Denzin die Filme Frank Capras aus den 1930er und 40er Jahren, die eine soziale Vergangenheit wiederzubeleben versuchten, um den Mythos vom autonomen Individuum in der modernen Gesellschaft aufrechterhalten zu können.

Was bedeutet Denzins Hinweis anderes, als dass für eine Sozialgeschichtsschreibung Filme als Dokumente für die Bilder, die die Menschen in einer Gesellschaft über sich selbst machten, berücksichtigt werden müssen, wenn man sich eine vollständige, dichte, präzise, detaillierte und genaue Vorstellung von einer bestimmten Epoche machen will? Aber warum sollte man aufwendig und zeitraubend Filme analysieren, wenn man sie auf ihren ideologischen Gehalt reduziert und nicht die komplexe ästhetische Gestaltung zum Gegenstand sozialwissenschaftlicher Reflexion und Erfahrungsbildung wird?

Wie vermitteln sich die durch die Analyse gewonnenen Einsichten mit den Filmen Trinhs, und welche Folgerungen sind für eine visuelle Soziologie der Gegenwart daraus abzuleiten, wenn es denn tatsächlich um die symbolisch vermittelte Realität des Alltags gehen soll, für die das Fernsehen und nicht der Film das Leitmedium darstellt?

Schließlich entwickelt Denzin in Anlehnung an Collier und Collier Prinzipien einer kritischen visuellen Analyse, in denen wiederum die Ansätze einer von Filmen und theoretischen Reflexionen angeregten okularen Epistemologie kaum auffindbar sind. Vielmehr erinnern jene Prinzipien an eher allgemeine Ratschläge zur Vorgehensweise bei der Organisation von Lehrveranstaltungen mit Filmen und Fotografien als Lektüre und Analyse einzelner visueller Produkte. Sie beziehen noch nicht einmal den Produktions- und Distributionszusammenhang ein, in dem jene Produkte entstanden sind und in dem sie zirkulieren. Vielmehr lassen die Prinzipien einer kritischen visuellen Analyse ein Modell der individuellen Rezeption des Medienprodukts durchscheinen. Formulierungen wie «Sehen und hören Sie die Materialien und lassen Sie sie zu Ihnen sprechen. Spüren Sie ihren Wirkungen nach und schreiben Sie Ihre Empfindungen und Eindrücke nieder. Schreiben Sie alle Fragen auf, die Ihnen in den Sinn kommen. Formulieren Sie Ihre Forschungsfrage» (Denzin 2000, 427) deuten die Richtung an, in die die Prinzipien die Rezeption steuern.[20] Erweiterbar und übertragbar sind sie auf die Anleitung von Lerngruppen in einer seminaristischen Öffentlichkeit. Daraus lässt sich jedoch kaum ein grundlagentheoretisch abgesichertes Konzept einer okularen Epistemologie entwickeln. Sicher darf man von Denzins Beitrag zu Film und Video als sozialwissenschaftlichem Erfahrungsmaterial kein konsistentes Theoriekonzept erwarten. Vielmehr sollte man ihn als Anregung für eine vielfältige Praxis mit Film in soziologischen Lehrveranstaltungen und Forschungen lesen, die sich kaleidoskopisch mit verschiedenen Aspekten der spezifischen Qualität von audiovisuellem Material beschäftigt.[21]

4. «Filming Culture» – zur Konstruktion von Wirklichkeit

Von größerer systematischer Stringenz als die Beiträge Denzins ist die Arbeit von Elisabeth Mohn. Ihre Veröffentlichung präsentiert Ergebnisse insbesondere für einen (video-)kameragestützten Forschungsprozess. Mohn geht davon aus, dass ein empirisch betriebener Wissensprozess eine kulturwissenschaftlich orientierte Forschung und dokumentarfilmische Arbeit verbindet, ja «in der *Visuellen Anthropologie* können dokumentarfilmische Methoden und Kulturforschung regelrecht zusammenfallen» (2002, 50f.). In Anlehnung an Jörg Bergmann stellt sie fest, dass man in den 1960er Jahren durch die Entdeckung des Alltags als Thema die Verarmung des deskriptiven Wissens in den Sozialwissenschaften zu überwinden hoffte. Das Interesse an der rohen, weder numerisch noch ästhetisch transformierten Bild- und Tonaufzeichnung entwickelte sich parallel zu den entsprechenden technischen Möglichkeiten und ihrer Konzeptualisierung in einem Modell des beobachtenden Dokumentarfilms. Weitaus rigider als bei Dokumentarfilmschaffenden wird bei sozialwissenschaftlichen Ansätzen ein Verzicht auf jede Gestaltung in Form von sinnhafter Strukturierung gefordert. Denn das soziale Geschehen wird entsprechend dem ethnomethodologischen Ansatz als in sich sinnhaft unterstellt, sodass der Einsatz technischer Aufzeichnungsmedien mit der Hoffnung verbunden ist, jenes Geschehen unverstellt registrieren zu können.

Aber selbstverständlich gibt es die rohe und gar nicht von Interesse geleitete Aufzeichnung nicht. Denn die Gestaltung einer filmischen Aufnahme beginnt nicht erst mit der Montage oder Kommentierung in der Postproduktion. Sondern bereits die Wahl eines Standpunkts und der Blickrichtung der Kamera, der Bildausschnitt (Einstellungsgröße), die Bewegung der Kamera mit einem Objekt oder die Ersetzung der Fahrt durch einen Zoom (die übergangslose Veränderung der Einstellungsgröße), der Wechsel der Schärfentiefe etc. sind von Interesse geleitete Merkmale einer Aufnahme, auch wenn diese nicht geschnitten ist. Einen Bildausschnitt festzulegen bedeutet Selektion, das weiß auch Mohn, die als Filmemacherin über langjährige Erfahrung in der Kameraarbeit verfügt (2002, 149).

Man merkt während der Lektüre, welche Mühe es Mohn bereitet, diese Erkenntnisse, die sich in der Filmwissenschaft und -theorie längst Bahn gebrochen haben, gegenüber den Erwartungen der an den von ihr beschriebenen Projekten beteiligten Sozialwissenschaftler durchzusetzen, während sie Varianten der Repräsentation von Wirklichkeit und der Gestaltung von Filmen durchspielt, wie sie in den letzten Jahrzehnten im Bereich des dokumentarischen und ethnographischen Films in kritischer Auseinandersetzung mit jenen dem beobachtenden Film unterstellten Wahrheits- und Authentizitätsansprüchen entwickelt wurden.

Auch wenn die Ergebnisse zum Teil vorhersagbar gewesen wären, greift sie dem Gang der Erfahrungsbildung nicht vor. So brachte die Erkenntnis, dass in einem sozialwissenschaftlichen Kontext im Unterschied zu einem künstlerischen Feld der Gegenstandsbezug filmischer Verfahren als unumgänglich gilt, das Projekt in eine Krise und führte zu einer Neuorientierung (Mohn 2002, 116–118). Dass der Sozialwissenschaftler die experimentellen Filme Minh-ha Trinhs grässlich zum Anschauen findet, überrascht ebenso wenig wie die Bemerkung der Filmwissenschaftlerin, die einen Videofilm der Autorin spannend findet, aber dazu rät, die wissenschaftlichen Schlussfolgerungen zur Erläuterung des in einem molekularbiologischen Institut aufgenommenen Films beiseite zu lassen, um «ganz anders zu gucken als die Biologen» (Mohn 2002, 204 und 95). Aber Mohn bewertet die unterschiedlichen Positionen nicht wahrheits- oder erkenntnistheoretisch. Vielmehr fragt sie danach, was verschiedene Konzepte des Dokumentierens zum kulturwissenschaftlichen Forschungsprozess beizutragen haben und welche praktischen Effekte sich aus der Befolgung der Varianten des Dokumentierens ergeben (Mohn 2002, VI und 68).

Mit diesem Ziel entwickelt Mohn eine Systematik dokumentarischer Strategien, die auf den Stand der Theoriedebatte sowohl in den Sozialwissenschaften wie den des dokumentarischen Films abgestimmt ist. Ihre Untersuchung kann also gar nicht anders, als im Interesse eines vielfältigen Zugangs zur Realität als Untersuchungsgegenstand mit einem Plädoyer der Mischung von Methoden und Vorgehensweisen zu enden (Mohn 2002, 227).

Der empirisch betriebene Wissensprozess wird schließlich in Phasen geteilt. Für die Aufnahme mit der Kamera im Feld erscheint eine situationssensitive Kameraführung nicht nur als ausreichende Zurücknahme der Filmemacherin gegenüber dem augenblicklichen Situationsverlauf, sondern ermöglicht es auch, das Potenzial eines fremden Blicks in die filmische Beobachtung einzubringen (Mohn 2002, 153f.). Völlig davon getrennt wird eine zweite Phase, in der jene Aufnahmen als Material analytisch nach den Interessen der Sozialwissenschaftlerinnen und -wissenschaftler unter den Bedingungen eines Labors ausgewertet und aufbereitet werden (Mohn 2002, 145 und 171).

Schließlich kommt zu der Aufzeichnungs- und Analysephase die Erarbeitung einer Präsentation, die sich durch die virtuelle Anwesenheit von Rezipientinnen und Rezipienten auszeichnet (Mohn 2002, 212). Die Präsentation selbst als die lesende, lauschende und beobachtende Haltung der Rezipienten ist ihrerseits Teil des kulturwissenschaftlichen Forschungsprozesses und kann als solcher mit eigenem epistemologischen Status thematisiert werden.

5. Ausblick: Anforderungen einer visuellen Epistemologie

Auch wenn Denzin sich immer wieder auf filmische Verfahren bezieht und namentlich Woody Allen, Robert Altman und John Cassavetes als Repräsentanten eines ‹experiential cinema› nennt, in dem gelebte Erfahrungen des Alltags dargestellt werden können (Denzin 1997, 41 und 48, Anm. 6), so werden diese Hinweise nicht ausgeführt. Denzin beschreibt weder die eingesetzten stilistischen Mittel oder die Kameratechnik, noch entwickelt er diese Hinweise zu einer okularen Epistemologie weiter.

Kann es eine okulare Epistemologie der Soziologie geben? Manfred Faßler stellt fest, dass eine mediensoziologisch oder kommunikationssoziologisch belastbare Theorie der Audiovisualität fehlt, die sich an Film, Fernsehen, Video und schlussendlich am binären Netz bilden müsste (2003, 255f.). Faßler deutet dieses Desiderat vor dem Hintergrund der Wissenschaftsgeschichte der Soziologie, deren Wissen unverändert im Schriftkörper industrie-moderner Kulturen siedelt. «Damit war das mediale Paradigma ihrer Wahrheitsfindung entschieden. Und zugleich lieferte dies bis in unsere Gegenwart hinein Gründe (die ich hier nicht ‹gut› nennen möchte), sich mehrheitlich weder mit Fotografien noch mit Cinemascope, weder mit Radio noch mit Audiovisualität des Fernsehens, des Videos oder der Netzmedialität zu befassen» (Faßler 2003, 251).

Von der Schrift als dem medialen Paradigma der Soziologie zu sprechen heißt, dass die Übernahme visueller Verfahren die Methodologie und Praxis der Wissenschaft verändern würde. Fragen der Repräsentation von Wirklichkeit müssen neu gestellt werden. In der Ethnographie begann die Repräsentationskrise damit, dass räumlich eingrenzbare Orte als klassische Gegenstände der Beschreibung immer weniger isoliert betrachtet werden können, sondern in ihrer vielfältigen Verflechtung mit parallelen, getrennten, aber simultanen Welten gesehen werden müssen (Marcus 1995, 35).

Der Anspruch jener eingangs erwähnten Klassiker der Ethnographie bestand darin, dass die Nuer, Trobriander, Bewohner Balis ihre angemessene Beschreibung durch den im Feld als teilnehmenden Beobachter beteiligten Ethnographen gefunden haben. Insbesondere in der Form der Beschreibung von Menschengruppen, die niemals zuvor wissenschaftlich dargestellt worden waren, verbindet sich mit dem Paradigma der Feldforschung die Vorstellung einer ersten Entdeckung. Dies kann kein tragfähiges Forschungsmodell mehr sein, denn das Problem der Darstellung der Simultaneität hat das der Entdeckung unbekannter Völker oder Kulturen ersetzt (Marcus 1995, 44). Wie die literarische Moderne sieht sich die Ethnographie vor die Schwierigkeit gestellt, in dem linearen Medium der Schrift simultane Ereignisse darstellen zu müssen. Genau dies leistet die Filmmontage. Ihr gelingt die multiperspektivische Darstellung und diskontinuierliche Erzählung, nach der die ethnographische Beschreibung suche. Die Gleichzeitigkeit von Ereignissen finde in der Parallelmontage ihre angemessene Darstellung.

Nun ist diese Entdeckung nicht neu. Bereits Arnold Hauser beschrieb in seiner zuerst 1953 erschienenen «Sozialgeschichte der Kunst und Literatur» den Film als die stilgeschichtlich repräsentative Kunstgattung. Denn in der Montagetechnik und den zeitlich-räumlichen Mischformen des Films drücke sich ein Zeitbegriff aus, «dessen Grundzug die Simultaneität ist» (Hauser 1978, 1007). In der Darstellung simultaner Handlungen im Film durch Parallelmontagen finde jener Zeitbegriff seinen adäquaten Ausdruck.

Die Integration filmischer Verfahren in die ethnographische Schreibpraxis bleibt bei Marcus ähnlich wie bei Denzin allerdings mehr eine erklärte Absicht, als dass sie in seiner eigenen Darstellung erkennbar würde. Auch das Zitat aus der Erzählung «Small World» von David Lod-

Robert Schändlinger

ges, auf die Marcus als Beispiel einer guten Einführung in das Problem der Simultaneität in der ethnographischen Darstellung hinweist, lässt nicht erkennen, auf was der Einfluss filmischer Verfahren hinausläuft. Denn in der beliebigen Verknüpfung von Ereignissen an den verschiedensten Orten in der Welt deutet sich nichts anderes an als das, was in der Liveberichterstattung des Fernsehens längst Wirklichkeit ist. Es handelt sich dabei allerdings nicht um eine Parallelmontage, wie der Begriff zur Beschreibung der filmischen Darstellung zeitgleicher Handlungsverläufe verwendet wird.

Anlage und Gestaltung von Elisabeth Mohns «Filming Culture» lassen eher als der kurze Aufsatz von Marcus erkennen, wie eine von filmischen Verfahren beeinflusste Schreib- und Darstellungspraxis aussieht. Denn «das Collagieren von Materialien ist eine der Filmbearbeitung ähnelnde Erzählweise und bricht mit der Konvention wissenschaftlicher Texte, Dokumente ausschließlich als noch zu interpretierende Daten zu handhaben» (Mohn 2002, X).

Im Rückblick auf die Geschichte des ethnographischen Films stellt David MacDougall fest, dass die Aufmerksamkeit zu sehr dem visuell Darstellbaren galt. Was fehlte, war nicht der Körper, sondern der Ausdruck des Gefühls, in diesem Körper als historische Person und sozialer Akteur zu leben (1995, 249). In der filmischen Darstellung der Subjektivität der historischen Person als sozialer Akteur sieht MacDougall die entscheidende Problematik der Anthropologie wie des Dokumentarfilms. Denn durch diese Darstellung werden nach seiner Auffassung gesellschaftliche Entwicklungen und Widersprüche für den Zuschauer erfahrbar gemacht.

Subjektivität ist das Ergebnis der Gestaltung des Films und der Zuschreibung durch den Rezipienten (MacDougall 1995, 222). Sie ist keine Funktion des visuellen Standpunkts, sondern entsteht aus der unterschiedlichen Kombination von drei kinematographischen Modi, die MacDougall Erzählung, Adressierung und Perspektive nennt (1995, 226). Unter Perspektive versteht MacDougall nicht den Standpunkt eines Erzählers oder Berichterstatters, sondern einen Raum für den filmischen Ausdruck, und unterscheidet drei Modi der Perspektive: den der Zeugenschaft (testimony), als den Modus der ersten Person, in dem sich Subjektivität durch die Selbstdarstellung der Filmsubjekte ausdrückt; den der Implikation (implication) als Modus, in den der Betrachter durch Identifikation mit den Darstellungen als einem Prozess gelebter Erfahrung einbezogen wird; und schließlich den der Exposition (exposition) als Modus, in dem eine Erzählung in der dritten Person über andere in der dritten Person Zugang zu deren Bewusstsein oder Gefühlen gibt (1995, 227/28). Der Film ist demnach das Medium, in dem sich die Subjektivität der historischen Person so ausdrückt, dass der Rezipient durch die Gestaltung in das Schicksal der Dargestellten einbezogen wird. Dann wäre also über die filmische Form das deskriptive Erfahrungswissen für die Soziologie erschließbar, nach dem eingangs gefragt wurde.

ANMERKUNGEN

1 Als «acte de naissance officiel du film ethnographique» bezeichnet Claudine de France den 1948 erschienenen Aufsatz «Cinéma et sciences humaines – le film ethnologique existe-t-il?» von André Leroi-Gourhan (DeFrance 1982, 1).

2 Der Hinweis auf Regnault ist von Gotthard Wolf übernommen, der das Selbstverständnis des Instituts für den Wissenschaftlichen Film (IWF) in Göttingen und die Anlage der «Encyclopaedia Cinematographica» ausdrücklich in die Tradition der Entschließung des Kongresses von 1900 stellt (Wolf 1967, 113).

3 1984 veröffentlichte Martin Taureg in der «Kölner Zeitschrift für Soziologie und Sozialpsychologie» einen Aufruf zur Mitarbeit an der Institutionalisierung einer visuellen Anthropologie (Taureg 1984). 1986 berichtete Taureg in «film theory» unter dem Titel «Visuelle Soziologie – ein neues Fachgebiet» von der 4. Internationalen Konferenz der International Visual Sociology Association, die im Juni desselben Jahres am Zentrum für Interdisziplinäre Forschung der Universität Bielefeld stattgefunden hatte (Taureg 1986).

4 In der Zeitschrift «Soziographie» wurden immer wieder Beiträge veröffentlicht, die sich mit Film und Fotografie in den Sozialwissenschaften unter methodologischen Gesichtspunkten beschäftigen. Siehe beispielhaft Thommen (1991), Volk (1991), Fiechter/Gisler/Schumacher (1992, 51 – 80), Gloor (1992), Nebel (1992). Die Zeitschrift hat mittlerweile ihr Erscheinen eingestellt.
Die wahrscheinlich neueste Veröffentlichung, die sich mit Fotografien als sozialwissenschaftlicher Quelle beschäftigt, ist Volk (1996).

Robert Schändlinger

5   Die methodisch-didaktische Bedeutung der visuellen Vorstellung von wirtschaft-lichen Betriebseinheiten für die Lehre hob Rexford Tugwell hervor, der in den 1920er Jahren an der Columbia-Universität Ökonomie unterrichtete. Wie eine Baumwollfarm aussieht und worin sie sich von einer Reisfarm unterscheidet, fand Tugwell wichtige Fragen, an die Harper fast wörtlich anzuknüpfen scheint. Das 1925 erschienene Lehrbuch «American Economic Life and the Means of its Im-provement» war im Auftrag von Tugwell von dessen damaligem Schüler Roy Stry-ker illustriert worden, der zwischen 1935 und 1943 die sozialdokumentarische Fotografie im Auftrag verschiedener Behörden der US-Regierung leitete und koor-dinierte (Fleischhauer/Brannan 1988, 4).

6   Collier gehörte als Fotograf zu einem Kreis von Mitarbeitern, die zwischen 1935 und 1943 unter Leitung von Roy Stryker und in Kooperation mit Soziologen, Jour-nalisten, Ökonomen für verschiedene Behörden im Auftrag der Regierung sozial-dokumentarische Dossiers über die Auswirkungen der ökonomischen Krise insbe-sondere auf kleine Landwirtschaftsbetriebe anfertigten. Eines dieser Dossiers von Collier, in dem die Lebensbedingungen einer hispanischen Farmerfamilie in New Mexico beschrieben werden, wird unter dem Titel «The Juan Lopez Family» in Fleischhauer/Brannan (1988, 294–311) vorgestellt.

7   Sol Worth hat mit Jay Ruby ein Forschungsprojekt skizziert, das Umfang und Kom-plexität eines solchen Ansatzes andeutet (Worth/Ruby 1981).

8   Ähnlich weit holt Volker Wortmann aus, der Strategien der Authentisierung von Bildern von der Spätantike bis zur Gegenwart untersucht. Wortmann begründet seinen Ansatz damit, dass eine Geschichte der authentischen Darstellung noch nicht geschrieben sei. Er will zeigen, dass die Authentisierungsmuster von Bildern nicht an die Technizität der Bilddarstellung gebunden sind. Vielmehr sei das au-thentische Bild «eine ästhetische Größe der gesamten abendländischen Kulturge-schichte, beschreibbar als Zusammenspiel verschiedener bedeutungskonstituie-render Faktoren der Darstellung» (Wortmann 2003, 16).

9   Die Zäsur stimmt unter politischen und auch forschungsbiographischen Gesichts-punkten. Denn tatsächlich ist eine Zunahme von Veröffentlichungen und Untersu-chungen, die einer visuellen Soziologie zugerechnet werden können, seit den späten 1960er Jahren zu bemerken. Allerdings bekommt man nur eine unvollstän-dige Vorstellung vom Feld einer visuellen Praxis der Soziologie, wenn man die wei-ter zurückreichende Tradition außer Acht lässt. Die kontinuierliche Entwicklung einer visuellen Fachrichtung innerhalb der Sozialwissenschaften von irgendeinem Zeitpunkt in der Vergangenheit bis zur Gegenwart könnte zwar kaum nachgewie-sen werden. Aber man kann an gar nicht so wenigen historischen Beispielen zei-gen, wie Fotografie, Film und Sozialwissenschaften konzeptuell aufeinander bezo-gen wurden. Für einen umfassenden Blick über die Vorgeschichte einer visuellen Soziologie siehe die Abschnitte über die sozialdokumentarischen Fotografien, die im Auftrag der Farm Security Administration in den 1930er und 40er Jahren in den

USA hergestellt wurden, und über die britische Dokumentarfilmschule unter der Ägide von John Grierson ab Ende der 1920er Jahre in Schändlinger (1998, 25–39). Ich verdanke Ruth Ayaß den Hinweis, dass in der Neuveröffentlichung des «Wörterbuchs der Soziologie» von Endruweit und Trommsdorff (2002) der Beitrag zur visuellen Soziologie ersatzlos gestrichen wurde. Dies kann man kaum anders als einen Beleg für den immer noch prekären Stand einer visuellen Fachrichtung innerhalb der Sozialwissenschaften werten.

10 Norman K. Denzin hat darauf aufmerksam gemacht, dass in der poststrukturalistischen Diskussion Autorität, Validität und Legitimität in gleichem Sinn gebraucht werden, um zu beschreiben, wie Texte einen Anspruch auf Wahrheit und Authentizität reklamieren (Denzin 1997, 6). Er selbst plädiert für den Gebrauch von Legitimität und Autorität, weil diese Begriffe den Sachverhalt, um den es geht, deutlicher bezeichnen (Denzin 1997, 28, Anm. 7).

11 Die technischen Details und Unterschiede der verschiedenen Verfahren wie der Daguerreotypie und Kalotypie werden nicht berücksichtigt. Stattdessen kommt es auf den Aspekt der mechanischen Realitätsabbildung als das jenen gemeinsame Merkmal an. Zu technikgeschichtlichen Details der Fotografie und ihrer industriellen Produktion siehe Newhall (1984) und Freund (1980).

12 Meine Darstellung folgt Taureg (1983, 1990), der sich auf Lepenies (1978) beruft.

13 Anschaulich beschreibt Elisabeth Mohn die Schwierigkeit, mit einer Videokamera in einem molekularbiologischen Labor einen Standpunkt für eine Aufnahme zu finden. Der für einen Notizbuch-Ethnographen beste, weil von den Mitarbeitern selten benutzte Beobachtungsplatz scheidet wegen Gegenlicht aus. «Das Filmteam wählt daher einen ungewöhnlichen Beobachtungsstandort. Vom Fenster aus, mitten im Geschehen, an Plätzen, wo in der Regel gearbeitet wird. Auf der Lauer sein, nach einem freien Platz am Fenster, wird Teil der Beobachtungstätigkeiten. Während es die Lichtverhältnisse in diesem Fall erzwingen, den Beforschten ‹auf die Pelle zu rücken›, erfordert der Bildausschnitt eine gewisse Distanz zum Geschehen» (Mohn 2002, 72).

14 Grundlegend zu den Realitätsbezügen des (dokumentarischen) Films Hohenberger (1988, 61–64).

15 Die Analogie vom Film und Sprache reicht bis in die Anfänge der Stummfilmtheorie zurück (für einen historisch-systematischen Überblick siehe Möller-Naß 1986). Während jedoch diese Analogie meist metaphorisch gemeint war, hat Christian Metz seit etwa Mitte der 1960er Jahre die Möglichkeit untersucht, die strukturalistische Linguistik auf filmtheoretische und -wissenschaftliche Problemstellungen anzuwenden.

16 Nach Wortmann (2003, 157) sind es im 20. Jahrhundert vornehmlich die dokumentarischen Genres des Films, deren Authentizität *per definitionem* über jeden Verdacht erhaben ist. Diese Authentizität ist aber «vor allem kulturelle Zuschreibungspraxis und nur mittelbar die Folge technischer Bildentstehung» (Wortmann 2003, 155).

17 Die Analogie dieser Konstruktion zu der der Übertragung der Gesetze der Zentralperspektive auf die als realistisch empfundene zweidimensionale Darstellung des Raums ist offensichtlich. Das wichtigste Merkmal dieser Perspektive ist «die Zentrierung der Erscheinungen auf das Auge des Betrachters. (...) Man nannte diese Erscheinungen *die Realität*» (Berger 1996, 16). John Berger vergleicht diesen Betrachter mit Gott. So enthalte diese zentralperspektivische Anordnung der Abbilder einen Widerspruch in sich, der mit der Erfindung des Fotoapparats erfahrbar werde. Denn die fotografische Aufnahme mache die Standpunktbezogenheit der Wahrnehmung unabweisbar bewusst (Berger 1996, 18). Grundsätzlicher und mit ausdrücklich wissenschaftskritischem Impetus hat Paul K. Feyerabend die Konzeption der zentralperspektivischen Raumkonstruktion in Frage gestellt und den Aspekt der Standortgebundenheit der Wahrnehmung hervorgehoben. Das Privileg des göttlichen Standpunkts wird bei Feyerabend zum Zwangsapparat. Die Illusion der Realitätsabbildung durch die Anwendung der Gesetze der Zentralperspektive auf die Raumdarstellung in der zweidimensionalen Ebene gelte nur für einen Einäugigen mit unbeweglich festgeschraubtem Kopf (Feyerabend 1984, 23). Ausgehend von dem Unterschied zwischen dem Problem der Darstellung der Wirklichkeit und dem Problem der Darstellung der Weise, wie die Realität dem Betrachter erscheint, betont Feyerabend, dass eine lange Übung dazu gehöre, in der Wahrnehmung den Unterschied zwischen Ding und Erscheinungsweise zu treffen. Aber auch diese Übung verbessere die Wahrnehmung nicht, mache sie nicht wirklichkeitsbezogener (Feyerabend 1984, 80/81).

18 Die Funktionsweise des Fernsehens habe ich in Anlehnung an den Film «Videogramme einer Revolution» von Harun Farocki und Andrei Ujica am Beispiel des Sturzes des Diktators Ceauşescu sowie am Beispiel der Berichterstattung über den Golfkrieg von 1993 in Schändlinger (1998, 254–264) erörtert. Wie sich durch die dispositiven und technischen Charakteristika des Fernsehens eine vom dokumentarischen Kinofilm verschiedene Authentizitätserwartung als Simulation der Teilnahme entwickelt, habe ich in Schändlinger (1998, 265–280) beschrieben.

19 Hier verkürzt der Beitrag zum Handbuch bis zur Verfälschung. Denn selbstverständlich diskutiert Denzin an anderer Stelle ausführlich Konzepte empirischer Rezeption. Als empirisch versteht er von Menschen an konkreten Orten ausgedrückte Erfahrungen (Denzin 1997, 247). Es gehe dem Forscher darum, ein Subjekt oder eine Klasse von Subjekten in einer historischen Situation zu verstehen (Denzin 1997, 248). Weiter gehende, auf Erfahrung gestützte Beschreibungen von Rezeptionsprozessen bei der Arbeit mit ethnographischen Filmen findet man bei Martinez (1992). Die Schlussfolgerungen von Martinez für die Organisation von Lehrveranstaltungen sind aus dem Bereich der Visuellen Anthropologie ohne weiteres in den der Soziologie übertragbar.

20 Der Hinweis auf Collier und Collier verwundert, da Denzin nicht nur unbemerkt lässt, dass die Anweisungen von Collier und Collier in einem engen Zusammen-

hang mit der nachträglichen Auswertung visuellen Materials stehen, das in einer Feldforschung erhoben wurde. So wie das ganze Buch in Aufbau und Systematik den praktischen Problemen folgt, wie sie sich im Feld ergeben (Collier/Collier 1986, 3), so dient die Reduktion und Verdichtung des Materials letzten Endes einer am Zählen und Messen orientierten (Collier/Collier 1986, 190), ja computergestützten Auswertung, ohne die nach dem Verständnis der Autoren die Kamera kein Instrument einer modernen Anthropologie sei (Collier/Collier 1986, 16). Collier und Collier orientieren sich offensichtlich an einem Wissenschaftsmodell, dessen empiristische Grundlagen Denzin sonst in der Begründung einer dem Stand der medialen Entwicklung angemessenen visuellen Fachrichtung kritisiert.

21 Eine Skizze für ein curriculares Konzept einer visuellen Soziologie stellte Leonard Henny bereits 1987 vor (1997). So bruchstückhaft Hennys Entwurf ist, so weist er doch über die Anleitung einer Rezeption einzelner Filme oder die Steuerung von Gruppenprozessen, in denen Denzins Entwurf von Film und Video als sozialwissenschaftliches Erfahrungsmaterial stecken zu bleiben droht, hinaus. Bereits im Titel «Teaching Visual Sociology and Teaching Sociology Visually» deutet Henny insofern eine Erweiterung der Diskussion um eine visuelle Fachrichtung an, als er darauf aufmerksam macht, dass Soziologie visuell gelehrt werden kann.

Literatur

Anders, Günther (1961), Die Antiquiertheit des Menschen. Über die Seele im Zeitalter der zweiten industriellen Revolution. München: Beck.

Bateson, Gregory/Margaret Mead (1942), Balinese character. A photographic analysis. New York: New York Academy of Sciences.

Beller, Hans (Hrsg.) (1993), Handbuch der Filmmontage. Praxis und Prinzipien des Filmschnitts. München: TR-Verlagsunion.

Berger, John (1996, zuerst 1972), Sehen. Das Bild in der Welt der Bilderwelt. Reinbek bei Hamburg: Rowohlt (Originaltitel: Ways of seeing. Based on the BBC television series with John Berger. London: British Broadcasting Corporation).

Berghaus, Margot (1989), Soziologie, visuelle, in: Endruweit, Günter/Gisela Trommsdorff (Hrsg.), Wörterbuch der Soziologie, Band 3. Stuttgart: Ferdinand Enke, 673–675.

Bergmann, Jörg R. (2000), Ethnomethodologie, in: Flick, Uwe/Ernst von Kardorff/Ines Steinke (Hrsg.), Qualitative Forschung. Ein Handbuch. Reinbek bei Hamburg: Rowohlt, 118–135.

Böhl, Michael (1985), Entwicklung des ethnographischen Films. Die filmische Dokumentation als ethnographisches Forschungs- und universitäres Unterrichtsmittel in Europa. Göttingen: Edition Herodot.

Braun, Marta (1983), The photographic work of E. J. Marey, in: Studies in Visual Communication, Vol. 9, Nr. 4, 2–23.

Chalfen, Richard (1981), A sociovidistic approach to children's filmmaking: The Philadelphia project, in: Studies in Visual Communication, Vol. 7, Nr. 1, 2–32.

Clifford, James (1988, zuerst 1983), Über ethnographische Autorität, in: Trickster, Nr. 16, 4–36 (Originaltitel: On ethnographic authority, in: Representations, Vol. 1, Nr. 2, 118–146).

Collier, John Jr./Collier, Malcolm (1986, zuerst 1967), Visual anthropology. Photography as a research method. Albuquerque: University of New Mexico Press.

DeFrance, Claudine (1982), Cinéma et anthropologie. Paris: Edition de la Maison des Sciences de l'Homme.

Denzin, Norman K. (1995), The cinematic society. The voyeur's gaze. London/Thousand Oaks/New Delhi: Sage.

Denzin, Norman K. (1997), Interpretive ethnography. Ethnographic practices for the 21st century. Thousand Oaks/London/New Delhi: Sage.

Denzin, Norman K. (2000), Reading film. Filme und Videos als sozialwissenschaftliches Erfahrungsmaterial, in: Flick, Uwe/Ernst von Kardorff/Ines Steinke (Hrsg.), Qualitative Forschung. Ein Handbuch. Reinbek bei Hamburg: Rowohlt, 416–428.

Endruweit, Günter/Gisela Trommsdorff (Hrsg.) (2002), Wörterbuch der Soziologie. Stuttgart: Lucius & Lucius (2. Aufl.).

Evans-Pritchard, Edward E. (1940), The Nuer. A description of the modes of livelihood and political institutions of a Nilotic people. Oxford: Clarendon Press.

Faßler, Manfred (2003), Soviel Medien waren nie. Quo vadis Mediensoziologie und Kommunikationssoziologie?, in: Orth, Barbara/Thomas Schwietring/Johannes Weiß (Hrsg.), Soziologische Forschung: Stand und Perspektiven. Ein Handbuch. Opladen: Leske + Budrich, 251–276.

Feyerabend, Paul K. (1984), Wissenschaft als Kunst. Frankfurt a. M.: Suhrkamp.

Fiechter, Ursula/Priska Gisler/Christian Schumacher (1992), «Jedes Möbelstück sollte wenn irgend möglich einmal ganz im Bild sein». Videofilme von Wohnzimmereinrichtungen und deren Auswertung, in: Soziographie, Nr. 5, 51–80.

Fleischhauer, Carl/Beverly W. Brannan (Hrsg.) (1988), Documenting America, 1935–1943. Berkeley/Los Angeles/Oxford: University of California Press.

Freund, Gisèle (1980, zuerst 1974), Photography & society. Boston: Godine (Originaltitel: Photographie et société. Paris: Éditions du Seuil).

Friedrich, Margarete (1984), Die Fremden sehen. Ethnologie und Film. München: Trickster.

Gloor, Daniela (1992), Kulturvorstellungen photographisch erfaßt, in: Soziographie, Nr. 5, 81–108.

Goffman, Erving (1979), Gender advertisements. New York: Harper & Row.

Harper, Douglas A. (1982), Good company. Chicago: University of Chicago Press.

Harper, Douglas A. (2000), Fotografien als sozialwissenschaftliche Daten, in: Flick, Uwe/Ernst von Kardorff/Ines Steinke (Hrsg.), Qualitative Forschung. Ein Handbuch. Reinbek bei Hamburg: Rowohlt, 402–416.

Hattendorf, Manfred (1994), Dokumentarfilm und Authentizität. Ästhetik und Pragmatik einer Gattung. Konstanz: UVK.

Hauser, Arnold (1978, zuerst 1953), Sozialgeschichte der Kunst und Literatur. München: Beck.

Henny, Leonard (1987), Teaching visual sociology and teaching sociology visually, in: Husmann, Rolf (Hrsg.), Mit der Kamera in fremden Kulturen. Aspekte des Films in Ethnologie und Volkskunde. Emsdetten: Gehling, 173–179.

Hohenberger, Eva (1988), Die Wirklichkeit des Films. Dokumentarfilm, ethnographischer Film, Jean Rouch. Hildesheim/Zürich/New York: Georg Olms.

Husmann, Rolf (1983), Film and fieldwork. Some problems reconsidered, in: Bogaart, Nico C. R./Henk W. E. R. Ketelaar (Hrsg.), Methodology in anthropological filmmaking. Papers of the IUAES-Intercongress Amsterdam 1981. Göttingen: Edition Herodot, 93–111.

Husmann, Rolf (1995), Wo entsteht ein Film? Zur Bedeutung der Postproduktion im Prozeß ethnographischer Filmarbeit, in: Ballhaus, Eduard/Beate Engelbrecht (Hrsg.), Der ethnographische Film. Einführung in Methoden und Praxis. Berlin: Reimer, 121–141.

Kreuzer, Helmut (1979), Von der Nipkow-Scheibe zum Massenmedium. Hinweise zur Geschichte und Situation des Fernsehens – und zu diesem Band, in: Kreuzer, Helmut/Karl Prümm (Hrsg.), Fernsehsendungen und ihre Formen. Typologie, Geschichte und Kritik des Programms in der Bundesrepublik Deutschland. Stuttgart: Reclam, 9–24.

Lepenies, Wolf (1978), Das Ende der Naturgeschichte. Wandel kultureller Selbstverständlichkeiten in den Wissenschaften des 18. und 19. Jahrhunderts. München/Wien: Hanser.

MacDougall, David (1984, zuerst 1982), Ein nichtprivilegierter Kamerastil, in: Friedrich, Margarete (Hrsg.), Die Fremden sehen. Ethnologie und Film. München: Trickster, 73–83 (Originaltitel: Unprivileged camera style, in: RAIN (Royal Anthropological Institute News), Nr. 50, 1982).

MacDougall, David (1988), Versuche mit dem inneren Kommentar, in: Trickster, Nr. 16, 46–61.

MacDougall, David (1995), The subjective voice in ethnographic film, in: Devereaux, Leslie/Roger Hillman (Hrsg.), Fields of vision. Essays in film studies, visual anthropology, and photography. Berkeley/Los Angeles/London: University of California Press, 217–255.

Malinowski, Bronislaw (1979, zuerst 1922), Argonauten des westlichen Pazifik. Ein Bericht über Unternehmungen und Abenteuer der Eingeborenen in den Inselwelten von Melanesisch-Neuguinea. Frankfurt a. M.: Syndikat (Originaltitel: Argonauts of the Western pacific. An account of native enterprise and adventure in the archipelagoes of Melanesian New Guinea. New York: Reynolds).

Marcus, George E. (1995), The modernist sensibility in ethnographic writing and the cinematic metaphor of montage, in: Devereaux, Leslie/Roger Hillman (Hrsg.), Fields of vision. Essays in film studies, visual anthropology, and photography. Berkeley/Los Angeles/London: University of California Press, 35–55.

Martinez, Wilton (1992), Who constructs anthropological knowledge? Towards a theory of ethnographic spectatorship, in: Crawford, Ian Peter/David Turton (Hrsg.) (1992), Film as ethnography. Manchester/New York: Manchester University Press, 131–161.

Mohn, Elisabeth (2002), Filming Culture. Spielarten des Dokumentierens nach der Repräsentationskrise. Stuttgart: Lucius & Lucius.

Möller-Nass, Karl-Dietmar (1986), Filmsprache. Eine kritische Theoriegeschichte. Münster: MAkS-Publikationen.

Musello, Christopher (1979), Family photography, in: Wagner, Jon (Hrsg.), Images of information. Still photography in the social sciences. Beverly Hills/London: Sage, 101–118.

Nebel, Klaus Aurelius (1992), Die Fotografie des Fremden. Zur Beziehung zwischen Foto, Fotograf und Fotografierten bei der Vermittlung von Fremden-Bildern, in: Soziographie, Nr. 5, 109–126.

Newhall, Beaumont (1984, zuerst 1982), Geschichte der Photographie. München: Schirmer-Mosel (Originaltitel: History of photography from 1939 to the present. London: Secker and Warburg).

Paech, Joachim (1991), Nähe durch Distanz: Anmerkungen zur dispositiven Struktur technischer Bilder, in: HDTV – ein neues Medium? ZDF-Schriftenreihe, Heft 41 (Technik), 43–53.

Peters, Jan Marie (1993), Theorie und Praxis der Filmmontage von Griffith bis heute, in: Beller, Hans (Hrsg.), Handbuch der Filmmontage. Praxis und Prinzipien des Filmschnitts. München: TR-Verlagsunion, 33–47.

Reisz, Karel/Gavin Millar (1988, zuerst 1953), Geschichte und Technik der Filmmontage. München: Filmlandpresse (Originaltitel: The technique of film editing. London: Focal Press).

Schlumpf, Hans-Ulrich (1987), Warum mich das Graspfeilspiel der Eipo langweilt. Gedanken zur Wissenschaftlichkeit ethnologischer Filme, in: Husmann, Rolf (Hrsg.), Mit der Kamera in fremden Kulturen. Aspekte des Films in Ethnologie und Volkskunde. Emsdetten: Gehling, 49–65.

Taureg, Martin (1983), The development of standards for scientific films in German ethnography, in: Bogaart, Nico C. R./Henk W. E. R. Ketelaar (Hrsg.), Methodology in anthropological filmmaking. Papers of the IUAES-Intercongress, Amsterdam 1981. Göttingen: Edition Herodot, 61–85.

Taureg, Martin (1984), Für die Entwicklung einer visuellen Anthropologie. Ein Aufruf zur Diskussion und Mitarbeit, in: Kölner Zeitschrift für Soziologie und Sozialpsychologie, Vol. 36, Nr. 2, 426–428.

Taureg, Martin (1986), Visuelle Soziologie. Ein neues Fachgebiet. IV. Internationale Konferenz der International Visual Sociology Association. 19.–22. Juni 1986, Universität Bielefeld, Zentrum für Interdisziplinäre Forschung, in: Film Theory, Nr. 13, 3–5.

Taureg, Martin (1990), Ist Wirklichkeit konservierbar? Zum Verhältnis von Realität und Repräsentativität im ethnographischen Film, in: Blümlinger, Christa (Hrsg.), Sprung im Spiegel. Filmisches Wahrnehmen zwischen Fiktion und Wirklichkeit. Wien: Sonderzahl, 211–226.

Thommen, Daniel (1991), Soziologische Filmrealität, in: Soziographie, Nr. 4, 19–31.

Volk, Andreas (1991), Hubertus von Amelunxen, Peter Herzog und Timm Starl im Gespräch. Photographiebetrachtung, in: Soziographie, Nr. 4, 85–104.

Volk, Andreas (Hrsg.) (1996), Vom Bild zum Text. Die Photographiebetrachtung als Quelle sozialwissenschaftlicher Erkenntnis. Zürich: Seismo.

Wagner, Jon (Hrsg.) (1979a), Images of information. Still photography in the social sciences. Beverly Hills/London: Sage.

Wagner, Jon (1979b), Perceiving a planned community, in: ders. (Hrsg.), Images of information. Still photography in the social sciences. Beverly Hills/London: Sage, 85–100.

Wolf, Gotthard (1967), Der wissenschaftliche Dokumentationsfilm und die Encyclopaedia Cinematographica. München: Barth.

Worth, Sol/John Adair (1972), Through Navajo eyes. An exploration in film communication. Bloomington/London: Indiana University Press.

Worth, Sol/Jay Ruby (1981), An American community's socialization to pictures. An ethnography of visual communication, in: Gross, Larry (Hrsg.), Sol Worth. Studying visual communication. Philadelphia: University of Pennsylvania Press, 200–203.

Wortmann, Volker (2003), Authentisches Bild und authentische Form. Köln: von Halem.

3 THEMEN UND IHRE METHODEN

Jörg R. Bergmann
3.1 STUDIES OF WORK

1. MEDIEN IN DER ARBEITSWELT

Die medienwissenschaftliche Forschung hat sich bislang in einem thematischen Korridor bewegt, der wesentliche gesellschaftliche Teilbereiche, in denen Medien eine wichtige Rolle spielen, weitgehend unbeachtet links liegen lässt. Dieser Korridor folgt der unausgesprochenen Leitvorstellung, dass Medien in erster Linie als Unterhaltungs- und Informationsmedien fungieren. Ob es dabei um Bücher, Zeitungen, Filme, Rundfunk- und Fernsehsendungen, Videos o. Ä. geht, Medien erscheinen in dieser Perspektive fast nur als Verbreitungs- und Konsumtionsmedien, deren Rezeption primär in der Freizeit- und Privatsphäre erfolgt und kaum in übergreifende Handlungsabläufe integriert ist. An dieser thematischen Engführung lässt sich erkennen, wie sehr die Medienforschung auch heute noch von ihrer Vorgeschichte, der Literatur- und Zeitungswissenschaft, geprägt ist.

Die Konzentration auf die konsumtive Verwendung von Medien übersieht, dass bei der technischen Entwicklung eines neuen Mediums in der Regel dessen potenzielle Unterhaltungsfunktion als nebensächlich galt oder gar nicht bedacht wurde. Als Edison 1877 die Stanniolwalze als Aufzeichnungsmaschine einführte, hatte er nicht die Konservierung und Verbreitung von Musik im Sinn, sondern eine Rationalisierung der Geschäftskommunikation. Der Phonograph, so seine Erwartung, würde lediglich als Diktiergerät in Büros Erfolg haben, weil er geeignet erschien, die teure und mangelhafte Praxis der Stenographie zu ersetzen (vgl. Katz 2004). Ähnliche Beobachtungen lassen sich auch für die Erfindung und Entwicklung anderer Medien machen.[1] Die weitgehende Beschränkung der Medienforschung auf konsumtive Medienerzeugnisse ist jedoch nicht nur im Hinblick auf die Entstehungsgeschichte, sondern auch im Hinblick auf die heutigen Verwendungskontexte von Medien problematisch. Mit der fortschreitenden Digitalisierung und Miniaturisierung der Informationstechnologie sind Medien in alle Funktionssysteme der Gesellschaft eingedrungen und aus dem modernen Arbeitsalltag gar nicht mehr wegzudenken. Sämtliche modernen Verkehrs-, Transaktions- und Warendistributionssysteme würden ohne medial vermittelte Kommunikation und Koordination in kürzester Zeit kollabieren, bildgebende Verfahren zählen heute in der Medizin, in den Ingenieurswissenschaften und anderen technischen Disziplinen zum Arbeitsalltag, die sozialen Kontrollinstanzen haben in den vergangenen Jahren – über das Pass-»Bild« hinaus – eine beispiellose Medialisierung erfahren, Organisationen verlassen sich in ihren Funktionsabläufen (Dokumentation, Kommunikation, Entwicklung etc.) zunehmend auf die verschiedenartigsten Formen der medialen Übermittlung und Speicherung.

Sosehr jedoch die Medialisierung weite berufliche und arbeitsweltliche Felder durchdrungen hat, so wenig findet dieser Vorgang bislang in der Medienforschung Beachtung. Das hat seinen Grund nicht zuletzt darin, dass die Situation des Mediengebrauchs in der Arbeitswelt in der Regel eine völlig andere ist als bei der Rezeption von Unterhaltungsmedien. Börsenmakler, Chirurgen, Journalisten oder Piloten blicken zwar auf einen «Monitor», aber eben nicht auf einen «Fernseher», sie rezipieren nicht Sendungen, sondern benutzen die medial übermittelten Informationen für die erfolgreiche Durchführung von Arbeitsschritten. Medien sind hier eine Ressource professioneller Arbeit und lassen sich sinnvollerweise nur in diesem Kontext analysieren. Auf eine solche De-Zentrierung sind die herkömmlichen Methoden der Medienforschung – mit Ausnahme der Rezeptionsstudien – nicht eingestellt. An diesem Punkt hilft der Forschungsansatz der Studies of Work weiter, der sich aus einer ethnomethodologischen Perspektive mit der Konstitutionslogik von Arbeitsvollzügen befasst und dabei auf die Bedeutung von Medien und medialen Objekten gestoßen ist.

Jörg R. Bergmann

2. Ethnomethodologie und Studies of Work

«Ethnomethodologie» bezeichnet nach Harold Garfinkel (1967), der diesen Begriff geprägt und wesentlich mit Inhalt gefüllt hat, einen Untersuchungsansatz, der soziale Ordnung bis in die Verästelungen alltäglicher Situationen hinein als eine methodisch generierte Hervorbringung der Mitglieder einer Gesellschaft versteht. Ziel der Ethnomethodologie ist es, das operative Fundament der im alltäglichen Handeln als selbstverständlich hingenommenen sozialen Ordnung, d. h. die Techniken und Mechanismen, die Ethno-Methoden ihrer situativen Produktion auf empirischem Weg zu bestimmen.

In Fortführung dieses Programms hat Garfinkel in den 1970er Jahren zusammen mit einigen Mitarbeitern damit begonnen, die spezifischen Fertigkeiten von professionellen Akteuren bei der Produktion von sozialer und «natürlicher» Ordnung in juristischen, medizinischen, administrativen und technischen Kontexten zu untersuchen. Ausgangspunkt dieses Interesses an professionsspezifischen Kompetenzen war eine These, die sich sehr früh in den Arbeiten von Garfinkel findet und die bis heute von zentraler Bedeutung für die Ethnomethodologie ist. Soziale Ordnung, so Garfinkel, lässt sich nicht zurückführen auf die Internalisierung normativer Verhaltenserwartungen und einen daraus resultierenden kognitiven Konsens, wie das funktionalistische Theorien zumeist tun. Stattdessen muss man davon ausgehen, dass zwischen Normen und Regeln einerseits und aktuellem Handeln andererseits eine prinzipielle Kluft besteht. Normen und Regeln determinieren das Handeln nicht, sondern müssen von den Akteuren immer erst situiert, also interpretativ in die Situation hinein vermittelt werden. Damit stehen Akteure vor dem Dauerproblem, der Situation mit ihren immer je besonderen Anforderungen gerecht zu werden, gleichzeitig aber in ihren Handlungen die Anerkennung situationsübergreifender Regeln und Normen deutlich zu machen. Die Vermittlung dieser widersprüchlichen Anforderungen gelingt nie endgültig, sondern immer nur dadurch, dass mit der Fortführung der Kommunikation die als gegeben unterstellte Verständigung und Zustimmung vom Interaktionspartner nicht zurückgenommen wird. Aus dieser Perspektive erscheint soziale Ordnung als emergente, kontinuierliche Produktion einer sich fortsetzenden Kommunikation.[2]

Bezieht man diese Überlegungen auf verberuflichte Arbeitskontexte, erkennt man, dass die spezifischen Kompetenzen eines Professionellen gerade in seiner Fähigkeit liegen, diese Spannung zwischen allgemeinen Regeln (normativen Vorschriften) und den jeweils spezifischen Bedingungen eines Einzelfalls auszuhalten und zu vermitteln. Diese Kompetenzen sind allerdings schwer zu fassen, sie lassen sich nicht formalisieren, nicht in Lehr- und Handbüchern abbilden und werden auch in der Arbeits- und Berufssoziologie erst seit kurzem thematisiert (vgl. vor allem Rauner 2002). Zwischen den Lehrbuchdarstellungen, den offiziellen Regeln einer Arbeit, die immer nur modellhafte Versionen eines Arbeitsvorgangs liefern können, und dem tatsächlichen, praktischen Arbeitsvollzug in situ besteht ein Hiatus – das, was die Alltagserfahrung als Unterschied zwischen Theorie und Praxis kennt. Trotz gründlicher theoretischer Vorbildung muss jede Arbeit – vom Fahren eines Sattelschleppers über das Klavierspielen bis zum Führen eines mathematischen Beweises – immer erst als praktische Tätigkeit erlernt werden. Dabei erwirbt sich der Praktiker die Fähigkeit, Kontingenzen zu erkennen und sich auf sie einzustellen, Entscheidungen über den Verlauf der Arbeit nicht schematisch, sondern von Moment zu Moment zu treffen und im Umgang mit den situativen Unwägbarkeiten und lokalen Konstellationen irgendwie die beobachtbare Adäquanz und Effizienz seines Tuns zu bewerkstelligen. Dieses «Irgendwie» ist in den Beschreibungen der Praktiker wie der Soziologen bislang systematisch ausgespart worden. Die Studies of Work machen nun genau dieses «Irgendwie» zu ihrem ersten Thema, indem sie danach fragen, «wie genau» in der körperlich-handwerklichen Ausführung praktischer Tätigkeiten – in den Details ihres Vollzugs – die Besonderheit einer bestimmten Arbeit sich herausbildet.

Versuche, die spezifischen Kompetenzen professioneller Arbeit mit Hilfe allgemeiner soziologischer Kategorien zu erfassen, sind aus Sicht der Ethnomethodologie zum Scheitern verurteilt, da gerade die Praktiken der situativen Vermittlung von Besonderem und Allgemeinem diese Kompetenzen ausmachen. Weil diese Praktiken durch langjährige Übung eingespielt und den Professionellen zur zweiten Natur geworden

Jörg R. Bergmann

sind, können sie auch nicht einfach abgefragt werden. Ebenso unmöglich ist es, für eine Beobachtungsstudie im Vorhinein zu bestimmen, worin die besonderen Anforderungen und professionellen Fertigkeiten einer beruflichen Tätigkeit liegen. Deshalb lassen sich die Studies of Work darauf ein, alles, was sich während der Ausführung einer Arbeitstätigkeit ereignet, in der Untersuchung zu berücksichtigen. Das Augenmerk gilt nicht allein der sprachlichen und nicht-sprachlichen Interaktion der Professionellen, sondern auch dem technischen Umgang mit Instrumenten, der Manipulation und räumlichen Organisation von Objekten oder den im Arbeitsablauf entstehenden Bild- und Schriftdokumenten. Dies zeigt sich besonders deutlich in jenen Studies of Work, welche sich mit der Arbeit von Naturwissenschaftlern befassen (exemplarisch: Lynch 1985 über «art and artefact» in einem neuroanatomischen Labor und Garfinkel/Lynch/Livingston 1981 über die Entdeckung eines Pulsars durch ein Astronomenteam) und welche zusammen mit anderen «Laboratory Studies» wichtige neue Impulse in der Wissenschaftssoziologie gesetzt haben (vgl. hierzu auch den Beitrag zur medialen Präsentation qualitativer Sozialforschung von Bergmann in diesem Band).

An diesem Punkt unterscheiden sich die Studies of Work auch klar von der Konversationsanalyse, die ja ebenfalls aus der Ethnomethodologie hervorgegangen ist und sich wesentlich auf die Analyse der Organisationsprinzipien sprachlicher und nicht-sprachlicher Interaktion beschränkt (vgl. zur Konversationsanalyse den Beitrag von Keppler in diesem Band). Zwar werden in den Studies of Work die Analyseprinzipien der Konversationsanalyse etwa für die Untersuchung der sprachlichen Kommunikation unter Wissenschaftlern übernommen, doch durch neue theoretische Konzepte und methodische Verfahren entscheidend erweitert und verändert. In theoretischer Hinsicht sind die Studies of Work bemüht, die lokale Produktion von sozialer Ordnung in den verkörperten Arbeitspraktiken *(embodied practices)* der Akteure ganz ins Zentrum zu rücken und damit Arbeit als ein in Wahrnehmungen, Kognitionen und Aktivitäten sich realisierendes Ganzes zu verstehen. Ihr Gegenstand ist das verkörperte Wissen, das sich in der selbstverständlichen Beherrschung kunstfertiger Praktiken materialisiert und das für die erfolgreiche Ausführung einer bestimmten Arbeit konstitutiv ist.

Da nicht im Vorhinein zu entscheiden ist, in welchen Details und Strukturmerkmalen die «gelebte Ordnung» (Garfinkel) eines Arbeitsablaufs sich manifestiert und die situative Kompetenz eines Praktikers sich zeigt, setzen die Studies of Work eine Vielfalt von Methoden ein, und sie machen dabei Anleihen nicht nur bei der Konversationsanalyse, sondern auch bei anderen Verfahren (vor allem der Ethnographie und der Textanalyse). Von zentraler Bedeutung ist dabei immer, einen zu untersuchenden Arbeitsvorgang zunächst in seinem realen zeitlich-räumlichen Ablauf, seinen materialen Ausformungen und selbst produzierten Dokumenten (Schriftstücke, Diagramme etc.) so genau wie möglich durch Aufzeichnungen zu erfassen[3] und ethnographisch Zugang zu den Kommunikations-, Denk- und Wahrnehmungsweisen des Untersuchungsfelds zu gewinnen. Tätigkeitsbezogene Äußerungen der Praktiker während der Ausführung einer Arbeit können den Forscher dann sensibilisieren für die spezifischen Aufgabenkonstellationen und Lösungsverfahren, die sich in den gewöhnlichen Arbeitspraktiken verkörpern und in denen sich die für eine Arbeit charakteristischen Orientierungsmuster und Relevanzstrukturen ausprägen. Eine besondere Beobachtungsmöglichkeit bieten «Störungen» oder «trouble-maker» (z. B. ungeschickte Anfänger), die während einer Arbeit auftreten können und die dem Forscher in besonderer Weise Gelegenheit verschaffen, den praktischen Einsatz ordnungserzeugender Tätigkeiten – und damit die arbeitsspezifische Kompetenz, die zu ihrer Ausführung erforderlich ist – zu beobachten.

3. Medienanalysen im Rahmen der Studies of Work

Die Studies of Work erheben nicht den Anspruch, ein Teilgebiet der Medienforschung zu sein. Aber weil sie sich bei der Analyse von Arbeitsabläufen konsequent auch auf die in Arbeitskontexten beobachtbare Verwendung von Medien beziehen, liefern sie für die Medienforschung wichtige innovative Impulse. Hierzu drei Beispiele:

Jörg R. Bergmann

Charles Goodwin hat mit seinen frühen Arbeiten, die sich mit den Funktionen nonverbaler Aktivitäten in der sozialen Interaktion befassen und zum Beispiel zeigen, welche Rolle der Blickkontakt im Hinblick auf die Sicherstellung der Ko-Orientierung der beteiligten Akteure spielt (vgl. Goodwin 1981), wesentlich dazu beigetragen, das Feld der Konversationsanalyse in den Bereich der mimisch-gestischen Kommunikation hinein zu erweitern. In seinen neueren Arbeiten hat Goodwin diese Einbeziehung der visuellen Kommunikation intensiviert, indem er untersucht, wie in der Arbeit von Archäologen, Ozeanographen oder Rechtsanwälten die Interpretation einzelner Objekte oder Ereignisse mit Hilfe graphischer oder medialer Repräsentationen kommunikativ hergestellt und fixiert wird. So spielte etwa in dem berühmten Fall Rodney King aus dem Jahr 1992, bei dem vier weiße Polizisten des Los Angeles Police Department angeklagt waren, einen schwarzen, unbewaffneten Autofahrer mit ihren Schlagstöcken krankenhausreif geprügelt zu haben, eine zufällige Videoaufzeichnung des Tathergangs eine zentrale Rolle. Goodwin (1994, 615ff.) zeigt nun in einer minuziösen Analyse, wie der Verteidiger und der Sachverständige der Angeklagten in der Gerichtsverhandlung mit diesem Video, das als sicheres Beweisstück der Anklage galt, umgehen. Für die aufgezeichneten Ereignisse wird mittels einer Reihe diskursiver Praktiken – etwa der Hervorhebung, der Umcodierung oder der graphischen Repräsentation – ein neuer Interpretationsrahmen etabliert: «Thus when King is hit yet another blow, this is transformed from a moment of visible violence (...) into a demonstration that the ‹period of deescalation has ceased›» (1994, 617). Ziel dieser Umdeutungsarbeit der Verteidigung ist es, für die scheinbar selbst-evidenten Ereignisse auf dem Videoband eine alternative «professional vision» zu entwickeln. Die Geschworenen, offensichtlich erfolgreich instruiert, das aufgezeichnete Geschehen mit den professionellen Augen eines Polizisten zu betrachten, sprachen daraufhin die Angeklagten frei (was dann zu den bekannten gewalttätigen Unruhen in Los Angeles führte).

Mit dieser Studie und weiteren Arbeiten (vgl. Goodwin 1995, 2000; Goodwin/Goodwin 1996) hat Charles Goodwin exemplarisch gezeigt, wie die enge analytische Perspektive der Konversationsanalyse und die weite ethnographische Perspektive der Studies of Work verbunden werden können und welcher Art die reflexiven Beziehungen sind, die zwischen medialen Objekten, berufsbezogenen Wahrnehmungs- und Deutungsprozessen sowie kommunikativen Abstimmungs- und Absicherungsverfahren bestehen. Eine an Goodwin anknüpfende Studie ist die Arbeit von Lorenza Mondada (2003) über die Verwendung von bildgebenden Verfahren und Video im Rahmen von chirurgischen Operationen. Stärker noch als Goodwin ist das Untersuchungsfeld bei Mondada durch Reflexivität gekennzeichnet. Die chirurgischen Eingriffe, die der Gegenstand der Untersuchung sind, wurden mittels Laparoskopie durchgeführt, d. h., der Arzt schaut während der Operation nicht auf den Körper des Patienten, sondern auf einen Bildschirm, auf dem die von einer endoskopischen Kamera aufgenommenen Bilder aus dem Körperinnern des Patienten dargestellt werden. Diese chirurgische Arbeit am Bildschirm, die vom Arzt großes visuelles Geschick verlangt, wird in den Daten von Mondada überlagert zum einen von den Face-to-Face-Interaktionen des Operationsteams, zum andern durch die Audio-Kommunikation des Operateurs mit einem Experten, der sich in einem entfernten Hörsaal befindet, in den die Operation per Videoschaltung übertragen und von einem großen Ärztepublikum im Rahmen einer Fortbildung verfolgt wird. Es handelt sich also um ein höchst komplexes, vielschichtiges Ereignis, bei dem die verschiedenen kommunikativen Vorgänge sich auf das präsentierte visuelle Material beziehen, doch umgekehrt auch das, was visuell dokumentiert wird, von der Kommunikation bestimmt werden kann (so etwa, wenn der Chirurg in Reaktion auf eine Frage des Experten die endoskopische Kamera zu Demonstrationszwecken auf ein besonderes Objekt fokussiert). Diese reflexiven Beziehungen werden noch dadurch gesteigert, dass natürlich auch der Forscher in die Produktion der Sichtbarkeit eines Bildes und die Bedeutsamkeit des Geschehens einbezogen ist, wie bereits Goodwin (1994, 607) notiert hat: «The analysis in this article makes extensive use of the very same practices it is studying».

Als drittes Beispiel dafür, wie Medien in den Studies of Work zum Gegenstand der Analyse werden, sei hier noch kurz eingegangen auf diejenigen Studien, die sich mit der Verwendung von Informationstechnologien und computervermittelter Kommunikation in professionellen

Jörg R. Bergmann

Kontexten befassen. Eine wichtige Rolle spielte hier die Studie von Lucy Suchman (1987), in der die Autorin – Anfang der 1980er Jahre als Forscherin am Xerox Palo Alto Research Center (PARC) beschäftigt – unter Bezug auf die Arbeiten Harold Garfinkels auf der Grundlage detaillierter empirischer Beobachtungen und audiovisueller Aufzeichnungen zeigt, welche Probleme konzeptionell und praktisch in der Mensch-Maschine-Kommunikation entstehen können, wenn bei der Entwicklung derartiger Systeme planbasierte Modelle zugrunde gelegt werden und der situierte, lokale Charakter des menschlichen Handelns unberücksichtigt bleibt. Diese Studie hat nicht nur grundlegende Diskussionen in der Techniksoziologie ausgelöst (vgl. Button 1993, Heath/Luff 2000) und die «Workplace Studies» angestoßen (Knoblauch/Heath 1999; Luff/Hindmarsh/Heath 2000; Heath/Button 2002), sondern vor allem auch das Forschungsfeld zur Human-Computer-Interaction (HCI) stark beeinflusst und wesentlich zur Begründung des neuen Forschungsfelds zur «Computer Supported Cooperative Work» (CSCW) beigetragen.[4] Eine der Prämissen der CSCW-Forschung ist, dass Arbeitsaktivitäten und die Interaktion mit dem Computer unausweichlich situativer Art sind und keineswegs den Ideen und Vorgaben der Systementwickler deckungsgleich folgen. So ist etwa, wie Christian Heath und Mitarbeiter in zahlreichen Studien zeigen (vgl. etwa Heath/Luff 1999), die Arbeit an einem Computer – zum Beispiel vor einem Kontrollbildschirm – oft arbeitsteilig organisiert mit der Folge, dass die Akteure besondere Koordinations- und Antizipationsleistungen im Hinblick auf das Tun der Arbeitskollegen erbringen müssen. Prüfen, Wahrnehmen, Denken, Wiedererkennen, Erstaunen, Befürchten, Irritiertsein etc. finden deshalb in Kontexten dieser Art häufig gerade nicht als innerpersonale, psychische Vorgänge statt, sondern werden als Teil des eigenen kommunikativen Verhaltens in höchst differenzierter und impliziter Manier für die Kollegen transparent gemacht, womit eine rasche Synchronisierung von Orientierungen und Wissensständen erreicht wird.[5] In die gleiche Richtung weist die auf 15-monatiger teilnehmender Beobachtung beruhende Studie von Michaela Goll (2002) über ein vernetztes Unternehmen: Die computervermittelte Kommunikation dient hier immer auch dazu, die Orientierungen und Tätigkeiten räumlich verteilt arbeitender Organisationsmitglieder so zu koordinieren und füreinander transparent zu machen, dass Uninformiertheit, doppelte Arbeit, unklare Zuständigkeiten etc. vermieden und informelle Beziehungen, Klatsch, Ironie – trotz des fehlenden gemeinsamen Gangs zur Cafeteria – gepflegt werden können.

Hatten die ethnographischen Studien in der frühen CSCW-Forschung sich noch ganz darauf beschränkt, die Verwendung der neuen Informationstechnologie in kooperativen Arbeitszusammenhängen zu beobachten, wurde ziemlich rasch klar, dass diese Untersuchungen auch einen unmittelbaren Anwendungsbezug haben. Systemdesigner benötigen ja bereits bei der Entwicklungsarbeit ein Wissen über die späteren Nutzungsweisen, und sie können zu diesem Wissen über ethnographische Beobachtungen und Videoaufzeichnungen vor Ort gelangen. Daraus ergeben sich ganz neue Einsatzmöglichkeiten für die Ethnographie und Videoanalyse im Prozess der Systementwicklung etwa zum Zweck der Bedarfsermittlung und Qualitätssicherung,[6] ein Prozess, der selbst wiederum im Sinn einer Meta-Ethnographie beobachtet werden kann. So untersucht etwa Monika Büscher (i. E.), wie Landschaftsarchitekten mit unterschiedlichen Repräsentationsmedien – von der Handzeichnung bis zum CAD – die visuellen und landschaftlichen Effekte von städtischen und ländlichen Entwicklungsvorhaben einschätzen. Dafür beobachtet sie die Kooperation von Landschaftsarchitekten und Computerwissenschaftlern und stellt fest, dass mit dem Einsatz neuer Medien auch die Entwicklung neuer Wahrnehmungsformen und neuer epistemischer Praktiken einhergeht.

4. Der Gewinn für die Medienforschung

Auch wenn die Studies of Work keine Einzelmethode der Medienforschung bilden (und von sich aus auch keine sein wollen), ist der Gewinn, den die Medienforschung aus diesem Ansatz ziehen kann, beträchtlich.

Zum einen muss die Medienforschung endlich ernsthaft zur Kenntnis nehmen, dass es neben den üblichen Massenmedien Zeitung, Buch,

Rundfunk, Film, Fernsehen und Internet zum Einsatz zahlreicher Medien in den vielfältigsten Arbeitsbereichen kommt und dass diese Medien auch für sie ein prominentes Thema sind. Mit der Vorstellung, wonach Medien in reservierten kommunikativen Arenen ihren Platz haben, hinkt die Medienforschung der technologischen und gesellschaftlichen Entwicklung, bei der Medien in immer weitere Lebensbereiche diffundieren, hoffnungslos hinterher – sie veraltet zunehmend gegenüber ihrem eigenen Gegenstand.

Zum andern sind die Studies of Work für die Medienforschung Anregung und Provokation zugleich, insofern sie mit ihrer ethnomethodologischen Perspektive das Augenmerk des Sozialforschers ganz auf den Einzelfall und die lokalen, situativen Praktiken der Welterzeugung richten. Garfinkel selbst (2002) hat in seinen programmatischen Arbeiten von der «haecceitas» des Sozialen gesprochen und als Fokus des ethnomethodologischen Interesses herausgestellt. Gemeint ist mit diesem Begriff, der wörtlich die «Dieses-jetzt-Hierheit» der Dinge bezeichnet, dass alles Soziale immer nur als ein Individuelles, Einmaliges existiert – ein Merkmal also, das man gerade eliminiert, wenn man das Soziale in allgemeinen Begriffen beschreibt und unter vorgegebene, theoretisch abgeleitete Kategorien subsumiert. Natürlich kann keine Wissenschaft vor dem Wunder der Singularität verharren, doch Garfinkels Verweis auf die «haecceitas» alles Sozialen kann auch der Medienforschung helfen, bei aller notwendigen Formalisierung und Generalisierung nicht den lokalen, reflexiven Konstitutionsprozess des Sozialen aus dem Blick zu verlieren.

Weiterhin können die Studies of Work richtungweisend für die Medienforschung auch durch ihre radikale, ethnomethodologisch begründete Kontextualisierungsperspektive werden, aus der betrachtet es wenig sinnvoll erscheint, Medien aus ihrem Verwendungskontext herauszulösen. Diese Konzentration auf «media-in-use» statt auf isolierte Medienprodukte ist nicht nur dort produktiv, wo Medien im Rahmen von professioneller Arbeit Verwendung finden. Das zeigt eindrucksvoll eine Studie von Ferrell/Milovanovic/Lyng (2001), bei der es zunächst gar nicht um Medien ging, sondern um eine ethnographische Fallanalyse einer subkulturellen Gruppierung, in deren Zentrum das halblegale «BASE-

Jumping» steht, also das Fallschirmspringen von Gebäuden, Antennen, Brücken oder Anhöhen.[7] Erst im Verlauf der Untersuchung zeigte sich, welch hohen Stellenwert Medien in dieser Szene haben, in erster Linie die vom Boden aus oder von den Springern selbst während des Flugs angefertigten Videoaufnahmen, die oft unmittelbar nach der Landung betrachtet, später dann zu Filmen geschnitten und unter den Fans vertrieben werden, die ihrerseits mit Kameras bestückt an den großen Treffen zu bestimmten Sprungereignissen («Bridge Day») teilnehmen.[8] Diese Videoaufnahmen der Sprünge erhalten ihre soziale Signifikanz erst durch die spezifischen Verwendungsweisen in der Subkultur der BASE-Jumper, die wiederum ohne diese permanente mediale Selbstdokumentation gar nicht erst entstanden wäre.

Schließlich machen die Studies of Work auf ein Phänomen aufmerksam, dessen Bedeutung für die heutige Medienforschung kaum hoch genug eingeschätzt werden kann. Die im Rahmen professioneller Arbeit produzierten und verwendeten Medienobjekte stehen nicht isoliert für sich, sondern durchlaufen einen Prozess des «recycling», bei dem sie in neuen Kontexten in anderer Form reproduziert oder in andere Medien transformiert werden. Hier findet sich die in der Ethnomethodologie postulierte Reflexivität alles Sozialen in Gestalt einer medialisierten Reflexivität, die aber keineswegs auf den Umgang mit Medien in der Arbeitssphäre beschränkt ist. Auch die Massenmedien und der private Einsatz von Medien (Fotos, Videos) sind von derartigen «media loops» (Manning 1998) gekennzeichnet. Dabei werden dann nicht nur Ereignisse zu Bildern und diese Bilder wieder zu Ereignissen, vielmehr verändert sich das Verhältnis von Ereignis zu medialem Abbild grundsätzlich, insofern das Abbild in den Ereignisverlauf eingreift und das Ereignis – auch für die Teilnehmer – nur mehr ein Anlass für die mediale Dokumentation ist. Letztlich kommt es hier zu regelrechten Spiralen von medialisierter Reflexivität – an der im Übrigen auch die Medienforscher teilhaben, wenn sie ihrerseits die Bilder, die das Feld hervorbringt, in ihren eigenen Publikationen reproduzieren.

Jörg R. Bergmann

1 Allerdings bewegt sich die Medienforschung im Hinblick auf den frühen, nicht-fiktionalen Film, wie ein neuerer Sammelband feststellt, noch immer in einem «uncharted territory» (Hertogs/de Klerk 1997). Richtungsweisend sind hier die Arbeiten von Friedrich Kittler (1986), der den engen Zusammenhang von technischer Medienentwicklung und militärischem Verwendungskontext aufzeigt.

2 Zu den Parallelen, die hier zwischen Ethnomethodologie und Systemtheorie sichtbar werden, vgl. insbesondere Wolfgang Schneider (2004, 293ff.).

3 Vgl. Bergmann (1985) zu den unterschiedlichen methodologischen Implikationen von maschinellen Aufzeichnungen, protokollierten Beobachtungen und erfragten Auskünften.

4 Suchmans Studie hat aber auch Umorientierungen in der Kognitionswissenschaft und der AI-Forschung befördert: War man es dort gewohnt, mit einem verhältnismäßig starren Handlungsmodell zu operieren, wurden jetzt Kognitionsvorgänge konzeptionell näher an Kommunikationsvorgänge herangerückt und bei der Formalisierung von Handlungen deren situativ-emergente Qualität stärker in Betracht gezogen.

5 An diesem Punkt werden neuartige Verbindungen zwischen Ethnomethodologie und kognitionswissenschaftlichen Ansätzen sichtbar, die Kognitionsprozesse nicht auf gehirnphysiologische Vorgänge reduzieren, sondern als «distributed cognition» materialisiert in der kommunikativen Ökologie von Arbeits- und Lernkontexten lokalisieren und über ethnographische Methoden zu bestimmen suchen; vgl. zum «Distributed Cognition»-Ansatz Edwin Hutchins (1995) und als Sammelband mit exemplarischen Analysen Engeström/Middleton (1996).

6 Dieser Prozess wird von Seiten der Sozialwissenschaftler keineswegs nur positiv gesehen. Vgl. etwa die kritische Stellungnahme von Graham Button (2000) sowie die Erfahrungsberichte im gleichen Heft der Zeitschrift «Design Studies».

7 BASE ist ein Akronym, gebildet aus Bezeichnungen für die Absprungorte «Buildings, Antennas, Spans, Environment».

8 Diese rasche mediale Vergegenwärtigung nach einem Ereignis und in das Ereignis hinein wird bereits von Angela Keppler (1994, 208) für den Einsatz der Videokamera bei Familienfesten berichtet und dort ebenfalls als Verlängerung des Ereignisses interpretiert.

Literatur

Bergmann, Jörg R. (1985), Flüchtigkeit und methodische Fixierung sozialer Wirklichkeit. Aufzeichnungen als Daten der interpretativen Soziologie, in: Bonß, Wolfgang/ Heinz Hartmann (Hrsg.), Entzauberte Wissenschaft. Zur Relativität und Geltung soziologischer Forschung (Sonderheft 3 der «Sozialen Welt»). Göttingen: Schwartz, 299–320.

Büscher, Monika, Vision in motion, in: Environment and Planning A. http://www.ist-palcom.org/publications/files/Vision_in_motion.pdf, Zugriff 15.09.2005.

Button, Graham (Hrsg.) (1993), Technology in working order. Studies of work, interaction and technology. London: Routledge & Kegan Paul.

Button, Graham (2000), The ethnographic tradition and design, in: Design Studies, Vol. 21, Nr. 4, 319–332.

Engeström, Yrjö/David Middleton (Hrsg.) (1996), Cognition and communication at work. Cambridge: Cambridge University Press.

Ferrell, Jeff/Dragan Milovanovic/Stephen Lyng (2001), Edgework, media practices, and the elongation of meaning. A theoretical ethnography of the Bridge Day event, in: Theoretical Criminology, Vol. 5, Nr. 2, 177–202.

Garfinkel, Harold (1967), Studies in ethnomethodology. Englewood Cliffs, NJ: Prentice Hall.

Garfinkel, Harold (2002), Ethnomethodology's program. Working out Durkheim's aphorism. Lanham et al.: Rowman & Littlefield.

Garfinkel, Harold/Michael Lynch/Eric Livingston (1981), The work of a discovering science construed with materials from the optically discovered pulsar, in: Philosophy of the Social Sciences, Vol. 11, 131–158.

Goll, Michaela (2002), Arbeiten im Netz. Kommunikationsstrukturen, Arbeitsabläufe, Wissensmanagement. Opladen: Westdeutscher Verlag.

Goodwin, Charles (1981), Conversational organization. Interaction between speakers and hearers. New York: Academic Press.

Goodwin, Charles (1994), Professional vision, in: American Anthropologist, Vol. 96, Nr. 3, 606–633.

Goodwin, Charles (1995), Seeing in depth, in: Social Studies of Science, Vol. 25, Nr. 2, 237–274.

Goodwin, Charles (2000), Practices of colour classification, in: Mind, Culture and Activity, Vol. 7, Nr. 1/2, 19–36.

Goodwin, Charles/Marjorie H. Goodwin (1996), Seeing as a situated activity. Formulating planes, in: Engeström, Yrjö/David Middleton (Hrsg.), Cognition and communication at work. Cambridge: Cambridge University Press, 61–95.

Heath, Christian/Graham Button (Hrsg.) (2002), Workplace studies, in: British Journal of Sociology, Vol. 53, Nr. 2.

Heath, Christian/Paul Luff (1999), Collaboration and control. Crisis management and multimedia technology in London underground line control rooms, in: Computer Supported Cooperative Work, Vol. 1, Nr. 1, 69–94.

Heath, Christian/Paul Luff (2000), Technology in action. Cambridge: Cambridge University Press.

Hertogs, Daan/Nico de Klerk (Hrsg.) (1997), Uncharted territory. Essays on early nonfiction film. Amsterdam: Stichting Nederlands Filmmuseum.

Hutchins, Edwin (1995), Cognition in the wild. Cambridge: MIT Press.

Katz, Mark (2004), Capturing sound. How technology has changed music. Berkeley: University of California Press.

Keppler, Angela (1994), Tischgespräche. Über Formen kommunikativer Vergemeinschaftung am Beispiel der Konversation in Familien. Frankfurt a. M.: Suhrkamp.

Kittler, Friedrich (1986), Grammophon Film Typewriter. Berlin: Brinkmann & Bose.

Knoblauch, Hubert/Christian Heath (1999), Technologie, Interaktion und Organisation. Die Workplace Studies, in: Schweizerische Zeitschrift für Soziologie, Vol. 25, Nr. 2, 163–181.

Luff, Paul/Jon Hindmarsh/Christian Heath (Hrsg.) (2000), Workplace studies: Recovering work practice and informing system design. Cambridge: Cambridge University Press.

Lynch, Michael (1985), Art and artefact in laboratory science. A study of shop work and shop talk in a research laboratory. London: Routledge & Kegan Paul.

Manning, Peter (1998), Media loops, in: Bailey, Frankie/Donna Hale (Hrsg.), Popular culture, crime, and justice. Belmont: Wadsworth, 25–39.

Mondada, Lorenza (2003), Working with video: How surgeons produce video records of their action, in: Visual Studies, Vol. 18, No. 1, 58–73.

Rauner, Felix (2002), Berufswissenschaftliche Forschung. Implikationen für die Entwicklung von Forschungsmethoden, in: Fischer, Martin/Felix Rauner (Hrsg.), Lernfeld: Arbeitsprozess. Baden-Baden: Nomos, 443–476.

Schneider, Wolfgang L. (2004), Grundlagen der soziologischen Theorie. Band 3. Sinnverstehen und Intersubjektivität. Hermeneutik, funktionale Analyse, Konversationsanalyse und Systemtheorie. Wiesbaden: IVS Verlag für Sozialwissenschaften.

Suchman, Lucy (1987), Plans and situated actions. The problem of human-machine communication. Cambridge: Cambridge University Press.

Ruth Ayaß

3.2 GENDER STUDIES

1. MEDIEN UND GESCHLECHT

In der Medienforschung werden seit den 1980er Jahren die Zusammenhänge zwischen Medien und Geschlecht systematisch untersucht (z. B. Modleski 1982, 1983; Radway 1984; Ang 1986; Seiter et al. 1989). Zunächst wurde dabei das Augenmerk auf zwei Bereiche gelegt: die Darstellung von Frauen *in* den Medien und die Rezeption von bestimmten Sendeformen *durch* Frauen. Es ist, nachdem frühere Studien sich zum Beispiel auf die Darstellung der Frauen in der Werbung konzentriert hatten, nun besonders eine Sendeform, auf die sich die Untersuchungen spezialisieren: «soap operas», Familienserien. Die Titel dieser Untersuchungen spiegeln die Fragestellungen entsprechend wider: «Women and Soap Operas» (Geraghty 1991), «Soap Operas and Women's Talk» (Brown 1994), «Women as Audiences» (Nightingale 1990), «Television and Women's Culture» (Brown 1990), «Women and Television» (Baehr/Dyer 1987) etc.

Der vorliegende Beitrag kann nicht annähernd die Fülle der Untersuchungen zusammenfassen, die zum Thema Medien und Geschlecht erschienen sind. Allein die Untersuchungen zu bestimmten *medialen Produkten*, in denen ein enger Zusammenhang zum Thema Geschlecht postuliert wird, zum Beispiel wegen der stereotypen Darstellung von Frauen in Werbung und Serien, sind Legion. Dieser Beitrag möchte vielmehr die Erträge und Probleme der Studien unter *methodischen* Gesichtspunkten diskutieren und sie methodologisch im Kontext der Gender Studies verorten. Denn viele der bisherigen Untersuchungen zum Thema Geschlecht und Medien, so gewinnbringend ihre Resultate im Einzelnen sind, bleiben hinter dem Niveau und den Erkenntnissen der Gender Studies zurück.

2. Gender Studies (Geschlechterforschung)

Zu den Grundsätzen und Erträgen der Gender Studies liegt eine Reihe von kurzen und längeren Publikationen auch in deutscher Sprache vor (z. B. Gildemeister/Wetterer 1992; Feministische Studien 1993; Gildemeister 2000), sodass sich die Darstellung hier auf das Wesentliche konzentrieren kann:

Die Geschlechterforschung ist vor dem Hintergrund der Frauenforschung entstanden (und teils auch in Abgrenzung davon). Deren Ziel war es, die gesellschaftliche Ausgrenzung, Benachteiligung und Unterdrückung von Frauen wissenschaftlich zu thematisieren *und* (alltags-) politisch zu verändern. Entsprechend beschäftigten sich diese Untersuchungen mit der sozialen Situation von Frauen in verschiedenen Kontexten, alltäglichen (z. B. privaten), institutionellen (z. B. beruflichen), auch medialen. (Ein deutschsprachiges Beispiel für die Thematisierung von Frauen und Medien ist Fröhlich 1992.)

Typisch ist für diese Studien die Annahme einer grundlegenden Differenz zwischen Männern und Frauen. Mit dieser Differenzannahme ist, so die Kritik der Gender Studies an solchen Untersuchungen, ein erkenntnistheoretisches Dilemma quasi in die Untersuchungen selbst eingelagert. «Für die Forschung ergab sich als Problem, dass sie zum Ausgangspunkt hatte, was das Ergebnis ihrer Analysen war (...)» (Gildemeister 2000, 214). Gildemeister und Wetterer hatten 1992 in einem fulminanten Aufsatz dieses Phänomen als «Reifizierung von Zweigeschlechtlichkeit in der Frauenforschung» kritisiert. Gemeint ist damit, dass sich mit der fortwährenden Annahme einer Differenz zwischen ‹Frauen› und ‹Männern› die gesellschaftliche Konstruktion von Zweigeschlechtlichkeit in die wissenschaftliche Forschung hinein fortsetzt und, indem von einer Zweigeschlechtlichkeit in den wissenschaftlichen Konzepten der sozialen Konstruktion von Geschlecht («gender») ausgegangen wird, sich ein heimlicher Biologismus einschleicht. Die Kritik galt insbesondere der feministischen Sozialwissenschaft, welche sich, wie Gildemeister und Wetterer ausführten, «an der sozialen Konstruktion von Zweigeschlechtlichkeit beteiligt» (1992, 204), da sie die gesellschaftliche Klassifikation in zwei Geschlechter als unhinterfragten Ausgangspunkt wissenschaftlicher Argumentationen setzt. Dies führt dazu, dass die Analysen unfreiwillig zu einer «Reifizierung und bloßen Verdopplung der ‹natürlichen› Zweigeschlechtlichkeit beitragen (können)» (1992, 214).

Gender Studies hingegen begreifen Geschlecht als eine Kategorie, die in alltäglichen Situationen von den Interagierenden selbst erst durch ihr Handeln *hervorgebracht* wird. West und Zimmerman hatten dafür 1987 – eine Formulierungstechnik von Harvey Sacks aufgreifend – den Begriff «doing gender» geprägt. Diese wissenschaftliche Beschäftigung mit der Herstellung von Geschlecht geht vor allem auf die ethnomethodologischen Untersuchungen von Garfinkel (1967) und Kessler/McKenna (1978) zurück, auch Goffmans interaktionistischer Ansatz (1977, 1979) ist in dem Zusammenhang relevant. In seiner berühmten «Agnes»-Studie hat Garfinkel (1967) am Fall einer Transsexuellen rekonstruiert, mit welchen Mitteln Geschlecht hergestellt, ja *im* Interaktionsprozess erst erworben wird. Kessler und McKenna (1978, 24ff.) zeigen die Optionen dritter Geschlechter an der Figur des «berdache» auf, welche in einer ganzen Reihe von Kulturen zu finden ist und es einzelnen Mitgliedern erlaubt, befristet oder auf Dauer das Geschlecht zu wechseln. Der Unterschied zwischen Frauenforschung und Gender Studies besteht zugespitzt formuliert darin, dass Gender Studies das zu untersuchen sich anschicken, was Frauenforschung als gegeben voraussetzt.

3. DIE ONTOLOGISIERUNG VON GESCHLECHT IN DER MEDIENFORSCHUNG

Gildemeisters und Wetterers Diagnose, wissenschaftliche Literatur reproduziere die Zweigeschlechtlichkeit, trifft auffallend deutlich für viele der Studien zum Thema Medien und Geschlecht zu. Zunächst wird mit der Fokussierung auf Frauen suggeriert, dass sie ‹anders› seien als Männer, es werden Frauen zudem als das Abweichende, das gesondert zu Beschreibende, behandelt. Dies spiegelt sich insbesondere in der «Women-

Ruth Ayaß

and-X»-Logik in den Titeln der frühen Untersuchungen wider (s. o.). Die Ontologisierung von Geschlecht in der Medienforschung lässt sich exemplarisch anhand zweier prominenter Studien aufzeigen, zum einen an John Fiskes «Television Culture» (1987), zum anderen an David Morleys «Television, Audiences and Cultural Studies» (1992). Andere Untersuchungen berufen sich vielfach auf diese beiden Texte, die nicht nur zentral sind in den Cultural Studies, sondern auch in der neueren Medienforschung den nahezu sakrosankten Status moderner Klassiker haben.

3.1 ‹GENDERED TELEVISION›?

In zwei Kapiteln der Monographie «Television Culture», eines überschrieben mit «Femininity», das andere mit «Masculinity», diskutiert Fiske das von ihm so genannte «Gendered Television». Darunter sind Techniken des Mediums zu verstehen, das Publikum nach Geschlecht zu strukturieren («gendering its audience») und geschlechtsspezifische Erzählstrukturen zu entwickeln («development of gender-specific narrative forms») (1987, 179). Als Beispiele für dieses «gendered television» werden Fernsehserien herangezogen, auf der einen Seite Soap-Operas wie *Dallas* oder *Denver Clan*, auf der anderen Seite «action series» wie *The A-Team*. Fiske benennt unter Rückgriff auf die zentrale Literatur aus den 1980er Jahren (Brown, Seiter, Modleski etc.) die wesentlichen Merkmale von Soap-Operas: die offene, polyseme Erzählstruktur, die im Wesentlichen durch die Abwesenheit einer narrativen Schließung erzeugt wird; die Vielfalt der Charaktere und Handlungsstränge; die Dominanz des gesprochenen Worts und des intimen Gesprächs über Probleme etc.

Fiske bezeichnet Soap-Operas als «feminine narrative» – im Gegenzug zum «masculine narrative» der Aktionsserien, die sich entsprechend durch andere erzählerische Merkmale auszeichnen wie Geschlossenheit der narrativen Struktur, geringere Polysemie, Betonung von Leistung und Handlung, Zielorientiertheit der Handlung und Ausklammerung von Frauen aus der Erzählung. Im Folgenden behandelt Fiske dann die unterschiedlichen Erzählformen des Fernsehens als männliche resp. weibliche Texte und beschreibt sie auf ihre Lesarten hin.

Die kontrastive Analyse der beiden Erzählstrukturen führt zu einer tabellarischen Gegenüberstellung von semantischen Feldern, nach denen Geschlechterdifferenzen in unserer Gesellschaft konstruiert seien, in der das «maskuline» Wortfeld mit Begriffen wie «active», «success», «head», «mind», «penis», «sky» etc. besetzt wird, das «weibliche» im Gegenzug mit Begriffen wie «passive», «failure», «heart», «body», «vagina», «earth» etc. (1987, 203). Diese binäre Charakterisierung wird von Fiske als kulturelle Konstruktion bezeichnet:

«It is important to remember here that these characteristics are cultural constructs of masculinity and femininity and in no way form a set of natural differences between males and females, however much the physical differences between the sexes may be mobilized in an attempt to naturalize them» (Fiske 1987, 204).

Natürlich ist sich Fiske, wie andere Autoren auch (z. B. David Morley, s. u.), der gesellschaftlichen Konstruktion von Geschlechtszuschreibungen und der Tendenz, diese zu naturalisieren, bewusst. Doch diese Konzession bezieht sich allein darauf, dass die *beiden* sozialen Geschlechter gesellschaftlich konstruiert seien. Was sich dadurch einschleicht, ist ein Festhalten an binären Konstruktionen und damit – genau wie dies Gildemeister und Wetterer für die feministische Frauenforschung feststellten – ein latenter Biologismus in der Aufrechterhaltung der Zweigeschlechtlichkeit. Der Text ist übersät von zweigeschlechtlichen Konstruktionen, in denen von «masculine» bzw. «feminine texts», «masculine» bzw. «feminine desire», «masculine» bzw. «feminine pleasures» etc. die Rede ist. Doch Medientexte werden nicht nur durchweg als männliche oder weibliche Texte vergeschlechtlicht, sie werden im Weiteren zudem mit stereotypen gesellschaftlichen Zuschreibungen der Geschlechter in eins gesetzt (Männer als final orientiert, Frauen dagegen als zyklisch veranlagt etc.) und darüber hinaus als Grundlage einer speziell weiblichen respektive männlichen Rezeption definiert. So gilt die endlose Erzählstruktur von Serien einmal als «an articulation of a specific feminine definition of desire and pleasure that is contrasted with the masculine pleasure of final success» (1987, 183), dann wiederum heißt es, die Erzählstruktur ermutige «women's desire to be implicated with the lives of the characters on the screen» (1987, 184). Nur folgerichtig ist dann, unter Rekurs auf Chodorow, die Gleichsetzung von offener «weiblicher» Erzählstruktur der Serien mit der Identität der Zuschauerinnen als «dezentrierten» Subjekten. Die Darstellung schreckt auch vor Parallelisierungen von Sexualität und Erzählstruktur (männliche Texte haben einen Abschluss, und männliche Sexualität ist final orientiert) und damit vor kaum mehr als latent zu bezeichnenden biologistischen Zuschreibungen nicht zurück.

Die Argumentation ist so verwirrend wie hermetisch: Serien sind zunächst per se feminine Texte, weil sie im Unterschied zu Action Series (männlichen Texten) keine narrative Schließung haben; als Texte ohne narrative Klimax strukturieren sie das Sehverhalten der Zuschauer*innen*, kommen ihnen zugleich entgegen (weil sie weiblichem «desire» entsprechen); zusammen bilden sie das Äquivalent zu weiblicher Arbeit, weil der Mangel an narrativer Schließung der endlosen Wiederkehr der Hausarbeit entspreche (eine These, die vor allem Modleski 1983 vertreten hat). Die hermetische Struktur der Argumentation, die Voraussetzung, Argumentation und Schlussfolgerung umkehrt, ist hier nicht das eigentliche Problem. Das Problem liegt in der durchgängigen Dichotomisierung, die der Text betreibt. Dieser Kreislauf «weiblicher» Merkmale wird nämlich wiederum mit einem anderen Merkmalsset kontrastiert: «Feminine work, feminine viewing practices, and feminine texts combine to produce decentered, flexible, multifocused feminine subjectivities. All of these elements are contrasted with male work, masculine texts, and a masculine subjectivity» (1987, 196).

Diese Darstellung ist weniger eine Analyse eventueller zweigeschlechtlicher medialer Erzählstrukturen, sie ist selbst Erzeuger von Zweigeschlechtlichkeit par excellence, die darüber hinaus gesellschaftliche Stereotypen der 1950er Jahre («the housewive», «the breadwinner»; 1987, 206) in die fiktionalen Texte einschreibt (1987, 206f.). (Und in der Logik des Textes damit dann auch: in die Identitäten seiner Leser.) Fiske versäumt es, Medien selbst als soziale *Orte* einer eigenständigen Herstellung von Zweigeschlechtlichkeit zu fassen und setzt sie stattdessen in eins mit alltäglichen Geschlechterstereotypen.

Gegenevidenzen werden ausgeklammert, etwa die Tatsache, dass auch Familienserien, vor allem einige «prime time»-Serien, aber auch manche

Action Series, nicht in diese binäre Optik passen. Dass auch in Familienserien (dem ‹weiblichen› Text) redende Männer auftreten, macht den Text nicht zu etwas Drittem, Anderem, sondern wird als «‹feminine› inflection» bezeichnet, die aus diesen Männern «feminized men» (1987, 186) werden lässt, was erlaubt, die binäre Codierung aufrechtzuerhalten. Diese binäre Codierung durchzieht den ganzen Text, und mitunter merkt man dem Autor das Unbehagen dabei an: «To clarify my argument I have couched it in overly simple binary oppositions, but not all television is gendered along such clear lines» (1987, 218).

Die durchgängige Vergeschlechtlichung von Medientexten und schließlich die nicht minder durchgängige geschlechtliche Kontrastsemantik offenbaren einen Essenzialismus, der der Analyse vorausgeht und selbst als Geschlechterideologie, die er ja entlarven wollte, einherkommt. Fiskes Darstellung produziert vielmehr in seiner Unterteilung der Kapitel «Gendered Television: Femininity» und «Gendered Television: Masculinity» – allerdings recht unfreiwillig – selbst ein ‹gendered narrative›. Es wird nicht aufgezeigt, *wie* sich Geschlecht und Geschlechter in Medien darstellen, dargestellt werden oder darstellen lassen. Es wird von zwei Geschlechtern ausgegangen, deren Kontraste aufgezeigt werden, wobei Zwischenpositionen oder Grautöne nicht zugelassen sind. Im Zusammenhang mit Geschlechteruntersuchungen führt eine solche Herangehensweise zu einem *nicht hintergehbaren Essenzialismus*. Um in einem Bild von Gildemeister und Wetterer zu bleiben: Es ist wie in der Geschichte vom Wettrennen zwischen Hase und Igel. Der Igel ist immer schon da.

3.2 ‹Gendered Television Viewing›?

Ein ähnlich gelagertes Problem lässt sich an David Morleys «Television, Audiences and Cultural Studies» aufzeigen. Anders als Fiske betreibt Morley nicht von vornherein durch die Gliederung des Textes eine Reifizierung der Zweigeschlechtlichkeit, das Problem ist hier anders gelagert. Unter der Überschrift «The Gendered Framework of Family Viewing» (1992, 133ff.) untersucht Morley die geschlechtliche Praxis der Medien-

Ruth Ayaß

rezeption in Familien. Mit 18 Londoner Familien wurden ausführliche Gruppendiskussionen über ihr Rezeptionsverhalten geführt. Männer üben die Kontrolle über die Wahl des Programms aus, planen den Fernsehabend, sind im ausschließlichen Besitz der Fernbedienung, reden weniger beim Fernsehen, schauen vorwiegend Dokumentationen und Nachrichten, so die Resultate. Frauen im Gegenzug reden mehr, fühlen sich schuldig, wenn sie fernsehen, schauen ungeplanter, können nicht mit dem Videorecorder umgehen, haben eine Vorliebe für Liebesfilme etc.

Wie Fiske ist auch Morley sich bewusst, dass Geschlecht eine soziale Konstruktion ist. Doch kommt es auch hier, wie zuvor schon bei Fiske (und vielen anderen auch), zu den in dieser Literatur typischen graphischen Gegenüberstellungen von Gegensatzpaaren. Schon in der Struktur der Tabelle ist eine Dichotomisierung der Geschlechter und damit eine Polarität in den ihnen zugeschriebenen Aktivitäten angelegt (Morley 1992, 156):

«MASCULINE	FEMININE
Activity	Watching television
Factual programmes	Fictional programmes
Realist fiction	Romance»

Auf die Darstellung dieser binären Tabelle folgt direkt der antizipierte Einwand, dass die Situation vielleicht doch nicht so eindeutig ist:

«It could be claimed that my findings in this respect exaggerate the ‹real› differences between men's and women's viewing and underestimate the extent of ‹overlap› viewing as between men and women» (1992, 156).

Tatsächlich ergäben seine Resultate eine stärkere Trennung geschlechtlicher Praktiken als die gängigen Befunde aus Surveys. Doch selbst wenn, so Morley weiter, die Interviewpartner ihre Verhaltensweisen falsch dargestellt hätten («had systematically misrepresented their behavior to me»; 1992, 156), so sei doch immer noch interessant, dass sie *diese* Form der Fehldarstellung («misrepresentation»; 1992, 157) gewählt und für die falsche Darstellung ihres aktuellen Verhaltens klassische männliche und weibliche Stereotype produziert hätten («belie the complexity of their actual behavior»; 1992, 156).

Das Interessante an dieser Argumentation liegt nicht nur im Aufrechterhalten der binären Konstruktion, sondern in der Vorstellung, man gewinne über dieses methodische Procedere (Familieninterviews und Gruppendiskussionen im Fall dieser Untersuchung) Einsicht in die alltäglichen Praktiken und ‹wahren› Verhaltensweisen der Geschlechter – und nicht vielmehr eine Geschlechts*darstellung* («portrayal of gender» im Sinne Goffmans 1979). Was man mit den Selbstauskünften aus solchen Befragungen zur Medienrezeption erhält, sind ja vielmehr *Geschlechterstilisierungen* seitens der *Befragten.* Ein Beispiel, das eine solche These unterstützt: Befunde aus telemetrischen Messungen kommen, was die geschlechtsspezifischen Rezeptionsgewohnheiten (z. B. Programmpräferenzen) betrifft, zu *anderen* Resultaten als die Selbstauskünfte aus Befragungen. Wie Cornelißen nach einer Sekundärauswertung bestehender Untersuchungen zeigt, «polarisierten die Befragungsergebnisse die Programmpräferenzen der Geschlechter» (1998, 117/118). Es bestanden teils deutliche Differenzen zwischen telemetrischen Nutzungsdaten und Selbstauskünften über Befragungen. Stets spiegelten telemetrische Auswertungen weniger deutliche Geschlechterdifferenzen wider als die Resultate aus Befragungen. Cornelißen folgert, dass «Aussagen über Programmpräferenzen auch Formen der Selbststilisierung sein können, die Unterschiede zwischen den Geschlechtern herausstreichen» (ibid., 119). Die in Interviews erfolgende *Selbstdarstellung* von Medienrezeption gibt also nicht einfach Auskunft über Geschlechterdifferenzen, sondern kann *selbst* ein *Ort* von Geschlechtskonstruktion seitens der Rezipienten sein. Geschlechtsspezifische Medienaneignungen, so sie denn vorgefunden werden (Cornelißen spricht in diesem Zusammenhang auch von einer «Instabilität einschlägiger Befunde»; 1998, 62), sind somit «als Folge *und Ausdruck* der sozialen Konstruktion von Weiblichkeit und Männlichkeit zu begreifen» (1998, 180; Hervorhebung R. A.).

Zu erkennen, dass in und während der Medienrezeption selbst sowie in den Selbstdarstellungen zum Rezeptionsverhalten ein «doing gender» erfolgt, ist aber nur eine Seite der Medaille. Die andere ist zu erkennen, dass und wie wissenschaftliche Untersuchungen selbst an dieser Konstruktion beteiligt sind und zu diesen Darstellungen beitragen. Nicht die *Rezipienten* leisten hier ‹Fehldarstellungen›, wenn sie zum Beispiel ihre

Programmpräferenzen stilisieren. Die «misrepresentation» erfolgt hier auf wissenschaftlicher Ebene, wenn ein binäres Muster benutzt und auch bei Gegenevidenzen durchgehalten wird. In Morleys Untersuchung werden ja die Befragten qua Methode fast zu einem «portrayal of family» gezwungen. Die Befunde sind, wenn man sie wie Morley als Dokumente für das «wahre» Leben während der Medienrezeption heranzieht, genau genommen wertlos, sie zeigen eher die in den Familien konstruierten und kultivierten Familienmythen auf.

Eingangs wurde festgestellt, dass die Untersuchungen aus den Medienwissenschaften zum Thema Geschlecht den Erkenntnissen der Gender Studies hinterherhinken. Fiskes und Morleys Untersuchungen sind dabei keineswegs dramatische Ausnahmen. Es ließe sich eine Fülle weiterer Beispiele anführen. So bat etwa Gray (1987, 42) in einer ähnlich gelagerten (und auch von Morley als Beleg angeführten) Untersuchung die interviewten Frauen, technische Geräte des Haushalts in zwei Farbkategorien – blau und rosa – einzuteilen. Sie erhielt, bei dieser Fragestellung nicht wirklich überraschend, eine klare Zweiteilung von rosafarbenen Bügeleisen auf der einen Seite und blauen technischen Geräten auf der anderen, dabei zum Beispiel ein «deep indigo of the remote control». Auch hier ist, um in dem Bild von Gildemeister und Wetterer zu bleiben, der Igel längst da.

4. Inhaltliche und methodische Desiderata

Es stellt sich die Frage, wie sich mögliche Geschlechterpraktiken überhaupt untersuchen lassen, wenn jegliche Vorannahme, dass es zwei Geschlechter gebe, die Gefahr einer essenzialistischen Verkürzung nach sich zieht. Mehrere Punkte lassen sich benennen.

Um einer Reifizierung der Zweigeschlechtlichkeit im Forschungsprozess zu begegnen, wäre es sicher sinnvoll, auf jegliche Formen von Binärcodierungen zu verzichten, die in Gestalt von tabellarischen Gegenüberstellungen des Typs «feminine»/«masculine» in der Literatur speziell der Medienforschung allenthalben verbreitet sind. Solche Tabloide verkürzen zum einen empirische Resultate und laden dazu ein, die Welt (in diesem Fall: das Datenmaterial) aus einer geschlechterbifokalen Brille zu sehen. Zum anderen zwingen sie möglicherweise heterogene Phänomene in die Zwangsjacke einer Kategorie, «feminine» oder «masculine», sodass sie letztendlich selbst weniger Typen-bildend, sondern Stereotype-bildend fungieren – eine «Positivierung der Differenz» im Sinne Gildemeisters und Wetterers (1992, 203). Ein subsumtionslogisches Vorgehen dieser Art entspricht nicht den Gütekriterien einer qualitativen Methodologie. Zur Subsumtionslogik solcher «all-in-one»-Kategorien schreiben Ang und Hermes lakonisch:

«The common-sense equation that women are women because they are women is in fact an empiristic illusion» (1991, 314).

Die Befreiung von einer bloß subsumtionslogischen Haltung impliziert auch einen Verzicht auf Prämissen, in denen bedenkenlos (und zugleich höchst voraussetzungsvoll) von einer grundlegenden Geschlechterdifferenz ausgegangen wird sowie davon, dass die soziale Kategorie Geschlecht (und nur diese) bestimmend sei für zum Beispiel Medienprodukte oder die Medienrezeption. Der Verzicht auf grundlegende Differenzannahmen lenkt die Aufmerksamkeit stattdessen auf Gegenevidenzen, die eben nicht einer Zweigeschlechtlichkeit entsprechen und nur schwer in binären Geschlechterkategorien erfasst werden können, etwa im «gender-bending», «gender-blurring», «gender-blending» (etwa: verbiegen, verwischen, vermischen; vgl. hierzu exemplarisch die Untersuchung «Puzzling Gender» über De- und Rekonstruktionen von Geschlecht im Musikfernsehen von Bechdolf 1999).

4.2 Interaktion der Kategorie Geschlecht mit anderen sozialen Kategorien

In vielen bisherigen Studien wird die soziale Kategorie Geschlecht *a priori* gesetzt. In ihrer Übersicht über aktuellere Literatur zum Thema Geschlecht und Medienrezeption schreiben Ang und Hermes dazu kritisch:

«We cannot presume *a priori* that in any particular instance of media consumption gender will be a basic determining factor. In other words, media consumption is not always a gendered practice (...)» (1991, 321).

Nicht nur, dass die Primärsetzung von Geschlecht möglicherweise irreführend ist. Durch diese A-priori-Fokussierung auf Geschlecht werden weitere zentrale Kategorien – wie soziale Herkunft, Alter, ethnischer Hintergrund, Bildung oder Beruf – vernachlässigt. Identitäten von Menschen setzen sich jedoch aus verschiedenen Facetten zusammen, und nicht in jeder Situation spielt die Geschlechtszugehörigkeit die tragende Rolle.

«Die Geschlechtlichkeit von Personen mag zwar als Hintergrunderwartung immer präsent sein, aber nicht in jedem Kontext wird das Geschlecht zu einer sozialen Ordnungskategorie. Es gibt Situationen, in denen Geschlechtszugehörigkeit durch andere soziale Merkmale überdeckt oder auch gezielt neutralisiert wird» (Heintz/Nadai 1998, 82).

Ein Beispiel aus der Rezeptionsforschung: Es mehren sich die Indizien, dass für die Medienrezeption weniger das Geschlecht, sondern vor allem die Mediensozialisation von zentraler Bedeutung ist. Nach allen bestehenden Hinweisen spielt die Generationszugehörigkeit und damit das *Alter* der Rezipienten eine erheblich größere Rolle als ihre Geschlechtszugehörigkeit. Cornelißen zum Beispiel merkt an, dass sich «die Altersgruppen bezogen auf die Fernsehnutzung sehr viel deutlicher unterscheiden als die Geschlechtergruppen» (1998, 90). Diese und andere Erkenntnisse werden verdeckt durch eine Fokussierung auf Geschlecht. Gerade die bei Heintz und Nadai angesprochenen Praktiken wie Neutralisierung oder Überdeckung sind interessant, also die Beobachtung der

Kategorie Geschlecht im situativen Kontext und in Interaktion mit *anderen* Kategorien. Als methodischer Zugriff darauf bietet sich die so genannte «membership categorization analysis» an (vgl. hierzu den Beitrag von Wolff in diesem Band). Welches sind die «category bound activities», die einer Kategorie zugewiesen werden oder von ihnen erwartet werden? Um einen Begriff von Goffman (1981) zu beleihen: Welches ist das primäre «footing» der jeweiligen Situation? Wo und wie vollziehen sich «changes in footing»? Gibt es Ambivalenzen?

4.3 Zur Passung von Gender Studies und qualitativen Methoden

Von verschiedenen Seiten wurde die ‹Passung› von Frauenforschung respektive Geschlechterforschung mit qualitativen Methoden betont (vgl. zusammenfassend zu diesen Positionen und zugleich kritisch Abels 1997 und Behnke/Meuser 1999). Begründet wurde dies unter anderem mit der subjektiven Perspektive auf Alltagshandeln, welche in qualitativen Verfahren eingenommen werde, dem ‹verstehenden› Ansatz des interpretativen Paradigmas und damit verbunden der Abwesenheit eines hierarchischen Verhältnisses zwischen Forscher und Beforschtem, während im Gegenzug quantitative Methoden als Instrumente ‹männlicher› Herrschaftsausübung verstanden werden. Abels zufolge ist diese Argumentation «insofern erstaunlich, als sich die Frauenbewegung und die feministische Forschung an zentralen Punkten ihrer Argumentation gleichermaßen auf quantitativ erhobene Daten gestützt haben» (1997, 134/135). Zudem sei die Argumentation essenzialistisch, da sie «einen gleichsam ‹natürlichen› Zusammenhang nahelegt» (1997, 135). Behnke und Meuser (1999, 13) weisen darauf hin, dass viele der qualitativen Verfahren von Männern entwickelt wurden. Auch sind qualitative Verfahren keineswegs per se herrschaftsfrei und können nicht unerhebliche Zwänge auf die Beforschten ausüben, was sich am Beispiel der so genannten «Zugzwänge des Erzählens» im narrativen Interview veranschaulichen ließe (Behnke/Meuser 1999, 16). Als weiteres Beispiel kann die Reaktivität der Beobachteten in ethnographischen Verfahren angeführt werden.

Ruth Ayaß

Der Zusammenhang zwischen Thema und Methode ist keineswegs so eindeutig, wie es intuitiv zu vermuten wäre. Der (quantitativen) Untersuchung von Grant, Ward und Rong (1987) zufolge (auf der Basis von zehn Jahrgängen zehn führender soziologischer Fachzeitschriften) verwenden Frauen zwar häufiger qualitative Methoden als Männer: «However, for both genders quantitative methods are the most common choice» (1987, 860). Und auch hinsichtlich des Themas gibt es ein kontra-intuitives Resultat: «Writing about gender increased the probability that women's and men's work would be quantitative» (1987, 861).

Dennoch ist die Passung von qualitativer Methodologie und Gender Studies nicht unbegründet. Gerade die Infragestellung von Common-Sense-Vorstellungen wie der ‹natürlichen› Zweigeschlechtlichkeit sind erheblich einfacher mit qualitativen Verfahren zu bewerkstelligen, die grundsätzlich von der Fremdheit der untersuchten Wirklichkeit ausgehen und bereit sind, das Vertraute zu ‹befremden› (vgl. hierzu Hirschauer/Amann 1997).

Aber auch *innerhalb* des qualitativen Paradigmas ist nicht jede Methode gleichermaßen für jede Fragestellung geeignet. In diesem Zusammenhang fällt auf, dass fast alle Untersuchungen zum Thema Medien und Geschlecht mit nur einer Methode, dem leitfadengestützten Interview, vorgehen. Wenn man mit Behnke und Meuser die Stärke qualitativer Methoden auch darin sieht, dass sie beleuchten können, «wie soziale Strukturen dadurch reproduziert werden, daß den Handelnden die *Einsicht in die Mechanismen der Reproduktion wie in die eigenen Teile daran verstellt* ist» (1999, 37; Herv. R. A.), stellt sich schon als methodisches Problem, wie ausgerechnet über Frageverfahren die im Alltag ‹fraglos› hingenommene und als natürlich empfundene Zweigeschlechtlichkeit analysiert werden kann, ohne in eine bloße Verdoppelung von Common-Sense-Annahmen zu verfallen.

5. Methodisches Fazit

Nicht jede qualitative Methode ist also gleichermaßen für jede Fragestellung geeignet, und insbesondere die Selbstvergessenheit, mit der alltäglich Interagierende (und die Forscher in ihrem Alltag sonst auch) die Zweigeschlechtlichkeit leben, zwingt die Gender Studies stärker noch als andere Forschungsgebiete zum reflexiven Methodengebrauch. Doch jeder Methode des qualitativen Paradigmas stellt sich in der Genderforschung dasselbe Dilemma: zugleich einzuklammern, worauf sich doch eigentlich das Interesse der Analyse richtet.

Carol Hagemann-White (1993, 75) schlägt hierzu eine Forschungsstrategie vor, «welche die Differenzperspektive abwechselnd ernst nimmt und außer Kraft setzt». Zu diesem Wegschauen-und-Hinschauen-zugleich kann zum Beispiel gehören, im Material den Untersuchten befristet ihren Gender-Status zu nehmen (also nicht nur ihre Namen, sondern ihr Geschlecht zu ‹anonymisieren›), nach vermeintlich Typischem zu suchen und im nächsten Schritt das vermeintlich Typische systematisch in Zweifel zu ziehen, darauf zu achten, wie *verschieden* sich (nicht ‹die› Geschlecht*er*, sondern:) Geschlecht darbietet, kurz: Ambivalenzen zuzulassen und auszuhalten.

In der Medienforschung wäre eine solche Abkehr von hermetischen Argumentationen zugunsten hermeneutischer Interpretationen das, was bislang gesucht wurde: der Unterschied ums Ganze.

Literatur

Abels, Gabi (1997), Zur Methodologie-Debatte in der feministischen Forschung, in: Friebertshäuser, Barbara/Annedore Prengel (Hrsg.), Handbuch Qualitative Forschungsmethoden in der Erziehungswissenschaft. Weinheim/München: Juventus, 131–143.

Ang, Ien (1986, zuerst 1985), Das Gefühl Dallas. Zur Produktion des Trivialen. Bielefeld: Daedalus (Originaltitel: Watching Dallas. Soap opera and the melodramatic imagination. London: Methuen).

Ruth Ayaß

Ang, Ien/Joke Hermes (1991), Gender and/in media consumption, in: Curran, James/ Michael Gurewitch (Hrsg.), Mass media and society. London/New York: Arnold, 307–328.

Baehr, Helen/Gillian Dyer (Hrsg.) (1987), Boxed in. Women and television. New York: Pandora.

Bechdolf, Ute (1999), Puzzling Gender. Re- und De-Konstruktionen von Geschlechterverhältnissen in und beim Musikfernsehen. Weinheim: Deutscher Studienverlag.

Behnke, Cornelia/Michael Meuser (1999), Geschlechterforschung und qualitative Methoden. Opladen: Leske + Budrich.

Brown, Mary E. (Hrsg.) (1990), Television and women's culture. London: Sage.

Brown, Mary E. (1994), Soap operas and women's talk. The pleasure of resistance. Thousand Oaks: Sage.

Cornelißen, Waltraud (1998), Fernsehgebrauch und Geschlecht. Zur Rolle des Fernsehens im Alltag von Frauen und Männern. Opladen: Westdeutscher Verlag.

Feministische Studien (1993), Kritik der Kategorie Geschlecht, Vol. 11, Nr. 2.

Fiske, John (1987), Television culture. London/New York: Routledge.

Fröhlich, Romy (Hrsg.) (1992), Der andere Blick. Aktuelles zur Massenkommunikation aus weiblicher Sicht. Bochum: Brockmeyer.

Garfinkel, Harold (1967), Passing and the managed achievement of sex status in an «intersexed» person (part 1), in: ders., Studies in ethnomethodology. Englewood/Cliffs, NJ: Prentice Hall, 116–185.

Geraghty, Christine (1991), Women and soap opera. A study of prime-time soaps. Cambridge: Polity Press.

Gildemeister, Regine (2000), Geschlechterforschung (gender studies), in: Flick, Uwe/ Ernst von Kardorff/Ines Steinke (Hrsg.), Qualitative Forschung. Ein Handbuch. Reinbek bei Hamburg: Rowohlt, 213–223.

Gildemeister, Regine/Angelika Wetterer (1992), Wie Geschlechter gemacht werden. Die soziale Konstruktion der Zweigeschlechtlichkeit und ihre Reifizierung in der Frauenforschung, in: Knapp, Gudrun-Axeli/Angelika Wetterer (Hrsg.), Traditionen-Brüche. Entwicklung feministischer Theorie. Freiburg: Kore, 201–254.

Goffman, Erving (1977), The arrangement between the sexes, in: Theory and Society, Vol. 4, Nr. 3, 301–331.

Goffman, Erving (1979, zuerst 1976), Gender advertisements. New York: Harper & Row.

Goffman, Erving (1981, zuerst 1979), Footing, in: ders., Forms of talk. Oxford: Blackwell, 124–159 (Original in: Semiotica, Vol. 25, 1–19).

Grant, Linda/Kathryn B. Ward/Xue Lan Rong (1987), Is there an association between gender and methods in sociological research?, in: American Sociological Review, Vol. 52, Nr. 6, 856–862.

Gray, Ann (1987), Behind closed doors. Video recorders in the home, in: Baehr, Helen/ Gillian Dyer (Hrsg.), Boxed in. Women and television. New York: Pandora, 38–54.

Hagemann-White, Carol (1993), Die Konstrukteure des Geschlechts auf frischer Tat ertappen? Methodische Konsequenzen einer theoretischen Einsicht, in: Feministische Studien, Vol. 11, Nr. 2, 68–78.

Heintz, Bettina/Eva Nadai (1998), Geschlecht und Kontext. De-Institutionalisierungsprozesse und geschlechtliche Differenzierung, in: Zeitschrift für Soziologie, Vol. 27, Nr. 2, 75–93.

Hirschauer, Stefan/Klaus Amann (Hrsg.) (1997), Die Befremdung der eigenen Kultur. Zur ethnographischen Herausforderung soziologischer Empirie. Frankfurt a. M.: Suhrkamp.

Kessler, Suzanne J./Wendy McKenna (1978), Gender. An ethnomethodological approach. Chicago: University of Chicago Press.

Modleski, Tania (1982), Loving with a vengeance. Mass produced fantasies for women. London: Methuen.

Modleski, Tania (1983), The rhythms of reception. Daytime television and women's work, in: Kaplan, E. Ann (Hrsg.), Regarding television. Critical approaches. An anthology. Los Angeles: University Publications of America, 67–75.

Morley, David (1992), Television, audiences and Cultural Studies. London/New York: Routledge.

Nightingale, Virginia (1990), Woman as audiences, in: Brown, Mary E. (Hrsg.), Television and women's culture. London: Sage, 25–36.

Radway, Janice (1984), Reading the romance. Women, patriarchy and popular literature. Chapel Hill: University of North Carolina Press.

Seiter, Ellen/Hans Borchers/Gabriele Kreutzner/Eva-Maria Warth (1989), «Don't treat us like we're so stupid and naïve». Towards an ethnography of soap opera viewers, in: dies. (Hrsg.), Remote control. Television, audiences, and cultural power. London: Routledge, 223–247.

West, Candace/Don H. Zimmerman (1987), Doing gender, in: Gender and Society, Vol. 1, Nr. 2, 125–151.

Rainer Winter

3.3 CULTURAL STUDIES

1. DIE PERSPEKTIVE DER CULTURAL STUDIES

Der transdisziplinäre Ansatz der Cultural Studies widmet sich der Analyse kultureller Erfahrungen, Praktiken und Repräsentationen, die in ihren netzwerkartigen bzw. intertextuellen Verknüpfungen betrachtet werden, unter den Gesichtspunkten von Macht, Differenz und Handlungsmächtigkeit. Ihr notwendig perspektivischer Zugang zur Kultur betrachtet diese im Sinne von Raymond Williams (1958) als «whole way of life». Sie ist nicht ein Subsystem oder ein Feld, sondern durchdringt und formt jeden Aspekt des sozialen Lebens. So ist die gewöhnliche Kultur des Alltags ein zentraler Forschungsbereich von Cultural Studies, den sie wie die interpretative Soziologie aufmerksam beschreiben und analysieren. Ihre Untersuchungen und das Wissen, das sie hervorbringen, sollen in einem zweiten Schritt die Reflexivität der im Alltag Handelnden steigern und ihnen Möglichkeiten zur Veränderung einschränkender Lebensbedingungen aufzeigen.

Kultur gehört also nicht einzelnen Individuen oder zeichnet sie aus, vielmehr ist sie das Medium, mittels dessen geteilte Bedeutungen, Rituale, soziale Gemeinschaften und Identitäten produziert werden.

In den aktuellen Diskussionen von Cultural Studies werden eine Vielfalt von Themen behandelt, von der Globalisierung der Medien über den Sport bis zur «queer identity». Die Fragestellungen entstehen in der Regel in lokalen Kontexten, partikulare «Objekte» werden zur Analyse ausgewählt, und es wird ein situiertes, perspektivisches Wissen erzeugt. Infolge historischer und geographischer Kontingenzen, die kulturelle Praktiken und Kontexte weltweit formen, gibt es eine Vielfalt national oder regional geprägter Cultural-Studies-Traditionen, in denen Kultur jedoch nicht mit Sprache gleichgesetzt oder als «Wesen» einer Nation bzw. einer Region betrachtet, sondern als offener, vielfach umkämpfter, polyphoner und relationaler Prozess verstanden wird (Frow/Morris 2003, 498).

Zweifellos nehmen die Medien eine zentrale Bedeutung in den Forschungen der Cultural Studies ein. Ausgehend von Richard Hoggarts Studie «The Uses of Literacy» (1957), in der er in einer autobiographischen Betrachtung mittels dichter Beschreibungen den negativen Einfluss der kommerziellen Massenkultur in den 1950er Jahren auf die Lebensweise der Arbeiterklasse in Leeds kritisch erörterte, lässt sich die Entstehung von Cultural Studies selbst als Reaktion auf die Veränderungen der Lebensformen durch die Veralltäglichung neuer Medien deuten. Insbesondere das Fernsehen wurde dann zum Gegenstand von Studien, die für die Entwicklung der Disziplin wichtig wurden (vgl. Fiske 1987; Hartley 1992).

Epistemologisch betrachtet, vertreten Cultural Studies wie der Pragmatismus oder der soziale Konstruktionismus eine anti-objektivistische Sicht des Wissens. Sie haben sich in kritischer Auseinandersetzung mit der Vorstellung entwickelt, die «Logik der Forschung» sei in den Sozialwissenschaften dieselbe wie in den Naturwissenschaften, die nach Gesetzmäßigkeiten sucht. Dagegen sind Cultural Studies immer an partikularen, lokal und historisch geprägten Kontexten orientiert. Ihre Wissensobjekte existieren nicht unabhängig von der Forschung, sondern werden durch sie (mit) erzeugt und als kontingente theoretische Objektkonstruktionen betrachtet. Das Eingeständnis der «partiality» im Sinne von Donna Haraway (1997), die damit sowohl die Beschränkungen der Forschung durch zeitliche, räumliche und soziale Faktoren bezeichnet, als auch die Motivation durch Ideologien, Interessen und Begehren sowie die Verankerung in Machtstrukturen, zeichnet diesen Ansatz aus, der nicht «Objektivität» im klassischen Sinn, sondern Dialog, Reflexivität und Selbstreflexivität anstrebt. Ziel ist «eine Vielfalt partialen, verortbaren, kritischen Wissens, das die Möglichkeit von Netzwerken aufrechterhält, die in der Politik Solidarität und in der Epistemologie Diskussionszusammenhänge genannt werden» (Haraway 1995, 84). So wurden seit den Anfängen von Cultural Studies in der Erwachsenenbildung in Großbritannien Studierende dazu angeregt, über ihre eigene Lebenssituation, ihre Herkunft und ihren Werdegang nachzudenken und diese

Reflexionen in die Forschung einzubringen, um auf diese Weise die eigene soziale Position und das Verhältnis zum Untersuchungsobjekt zu klären (Winter 2004).

Das Eingeständnis der Positionalität des Zugangs, der Situierung und Lokalisierung des Wissens bedeutet nun aber nicht, dass Cultural Studies reduktionistisch vorgehen und Ansprüche auf ein umfassendes rationales Wissen aufgeben. Im Gegenteil: Je nach Fragestellung werden theoretische Zugänge und Methoden unterschiedlicher Disziplinen in Form einer Bricolage kombiniert, um facettenreich und differenziert das Forschungsobjekt zu konstruieren (vgl. Göttlich et al. 2001). Im Idealfall werden kulturelle Praktiken und Repräsentationen dann multiperspektivisch im Dialog unterschiedlicher Zugänge und Methoden analysiert (Kellner 1995), was die notwendige Begrenztheit einzelner methodischer Zugänge sichtbar macht und umgeht. Cultural Studies fordern, dass im Untersuchungsdesign und in der Darstellung der Forschungsergebnisse mitreflektiert wird, dass andere Methoden bzw. ihre Kombination, aber auch Transgressionen möglich sind (Johnson et al. 2004, 42), um zu neuen Perspektiven zu gelangen. So ist im Forschungsprozess die Realisierung von Reflexivität unerlässlich. Auf diese Weise kann zum Beispiel deutlich werden, wie die räumliche und zeitliche Lokalisierung des Forschers seine Untersuchung mitbestimmt. Auch der Dialog mit Anderen intensiviert die gewünschte Reflexivität.

2. METHODEN UND KONZEPTE DER CULTURAL STUDIES

2.1 TEXTUELLE UND KONTEXTUELLE ANALYSEN

Die frühen Studien zum Fernsehen veranschaulichen, dass zum einen «close reading»-Techniken aus dem Bereich der Literaturwissenschaft und Literaturkritik auf Fernsehserien und -shows übertragen wurden (vgl. Fiske 1987), weil anders als in der Medienwirkungsforschung die

Analyse der kulturellen Bedeutung medialer Texte als zentral angesehen wurde. Von Anfang an wurden diese aber nicht als isolierte, diskrete Entitäten betrachtet, sondern in ihren inter- und kontextellen Beziehungen zum Thema. Der *radikale Kontextualismus* von Cultural Studies (Grossberg 1999) geht davon aus, dass sich die Bedeutung von Texten und Praktiken nur in Beziehung zu komplexeren sozialen und kulturellen Kräften bestimmen lässt.

So werden die semiotische «Umgebung» von Untersuchungsobjekten und die Beziehungen zwischen Medien und anderen räumlichen und zeitlichen Kontexten des sozialen Lebens zum Thema (Frow/Morris 2003, 501), indem zum Beispiel Fernsehtexte zur Skandalberichterstattung und zur sozialen Situation von Frauen in der US-Medienkultur in Beziehung gesetzt werden (Mellencamp 1992).

Zum anderen wurde, ausgehend von den semiotisch und ethnographisch orientierten Subkulturstudien in Birmingham, die Rezeption und Aneignung medialer Texte untersucht, die netzwerkartig mit kulturellen und sozialen Praktiken verknüpft sind, die sie initiiert oder modifiziert haben. Dabei zeigte sich, dass soziale und kulturelle Praktiken im Umgang mit Medien nicht von deren Produktionsbedingungen bzw. von deren textuell-ästhetischer Struktur abgeleitet oder abgelesen werden können. Eine wesentliche Einsicht von Cultural Studies ist, dass es immer eine Interpretationsvariabilität und plurale Möglichkeiten des Gebrauchs gibt (Winter 1995, 2001). Wie John Frow und Meaghan Morris (2003, 506) schreiben: «Structures are always structures-in-use, and that uses cannot be contained in advance.»

So gibt es in der Perspektive von Cultural Studies keine «richtige» oder «wahre» Lesart von medialen Texten. Mediale Texte sind keine monologischen und abgeschlossenen Entitäten, sondern komplexe Konstellationen von Zeichen und Bedeutungen, sodass sie in sozialen Kontexten unterschiedlich, bisweilen widersprüchlich gedeutet und verstanden werden. Ihre soziale (Weiter-)Existenz ist ein offener und unabgeschlossener Prozess. Vor diesem Hintergrund müssen auch die Lesarten von Forschern und Forscherinnen relativiert und in ihrer kontextuellen Gebundenheit betrachtet werden.

So hat Janice Radway in «Reading the Romance» (1984) die Interpretationen von in der Literaturkritik geschulten Leserinnen den Lesarten von Fans des Genres gegenübergestellt. Ihr Ziel war es, die Erfahrungen und Praktiken von Frauen im Umgang mit diesem populären Genre möglichst umfassend zu erforschen. Hierzu kombinierte sie die textuelle Analyse mit quantitativen und qualitativen Methoden (Fragebogen, Gruppendiskussionen, Interviews). Zusätzlich brachte sie psychoanalytische und feministische Positionen in die Diskussion ein. Der bewusst eingegangene Dialog von Theorien und Methoden half ihr, die Beschränkungen einer rein textuellen Analyse zu überwinden und eindrucksvoll zu zeigen, wie Texte in interpretativen Gemeinschaften vielfältig konstruiert und erlebt werden.

Was die Analyse medialer Texte betrifft, dominierten innerhalb von Cultural Studies zunächst strukturalistische Interpretationsstrategien. Vor allem Roland Barthes' «Mythen des Alltags» (1964) und die narratologischen Analysen von Vladimir Propp, Umberto Eco und Gérard Genette lieferten die methodische Grundlage für die Analyse populärer Texte. Dabei wird die strukturale Analyse zu gesellschaftlichen Ideologien und Kontexten in Beziehung gesetzt. So hat Will Wright (1975) in einer für die Entwicklung von Cultural Studies einflussreichen Studie die Veränderung der Erzählstrukturen von Westernfilmen in Beziehung zu den kulturellen und sozialen Transformationen der US-amerikanischen Gesellschaft gesetzt. Gerade die Analyse von Genres orientiert sich an der Intertextualität, denn es wird untersucht, wie zum Beispiel Spielfilme die Konventionen des Genres wiederholen, variieren oder neue Elemente einführen (zur Analyse filmischer Genres vgl. auch die Beiträge von Keppler und Wulff in diesem Band). Zudem werden die kulturellen und politischen Dimensionen eines Genres untersucht, indem textuelle Formen und Rezeptionspraktiken zueinander in Beziehung gesetzt werden. Die Popularität von Filmgenres wird durch die Zuschauer mitgeschaffen, die sich an deren vorhersehbarem Ablauf und an den eingebauten Überraschungen erfreuen. Sie ist raum- und zeitgebunden sowie in den sozialen und kulturellen Beziehungen verankert, auf die sich mediale Texte beziehen und die sie mit Geschichten versorgen, die in alltäglichen Kontexten in eigene persönliche Erzählungen münden können. Eine wichtige Frage der Forschung ist, durch welche Mechanismen ein Genre interessant bleibt, wie es ihm gelingt, seine Zuschauerschaft zu behalten, zu verändern oder neu zusammenzustellen (vgl. Creeber 2001).

Das erklärte Ziel von Cultural Studies ist es, Texte im Kontext umfassenderer kultureller Praktiken und sozialer Machtbeziehungen zu betrachten, wie sie zum Beispiel durch den Produktionskontext und die damit verbundenen ökonomischen Beziehungen bestimmt sind. Deshalb rücken die Spannungen zwischen Text und Kontext ins Zentrum. Mediale Texte werden zu Momenten größerer kultureller Formationen.

So werden in poststrukturalistischen Ansätzen das polyseme Potenzial, die Widersprüche und die Möglichkeit vielfältiger Lesarten in sozialen Kontexten herausgearbeitet. So zeigt Yvonne Tasker (1993), wie Actionfilme nicht einfach dominante Vorstellungen von Männlichkeit reproduzieren, sondern mit diesen Kategorien spielen und sogar zu kritischen Lesarten einladen können. Im Rahmen von Cultural Studies werden Texte also kontextualisiert, die herkömmlichen Trennungen zwischen Text, Erfahrung und Praxis werden problematisiert und aufgehoben.

Ansätze, die Prozesse politischer Hegemonie untersuchen, widmen sich zum Beispiel dem «close reading» von Politikerreden, um die Verschränkungen des Populären und des Dominanten aufzuzeigen. So kann die Analyse kleiner kultureller Einheiten (wie in den Reden von Bush und Blair zur Bekämpfung des Terrors) Einblicke in komplexe strategische Machtverhältnisse geben (Johnson et al. 2004, 170–186). Mediale Texte werden hier in ihrem Beitrag zur Stabilisierung von Herrschaft gelesen. Dies ist aber nur einer unter vielen möglichen Zugängen. Es zeichnet Cultural Studies aus, dass sie die «partiality» ihrer Zugänge offen legen, um in einen Dialog mit Anderen über ihre Objektkonstruktionen und Lesarten einzusteigen. Wie Donna Haraway schreibt, «erweist sich Objektivität so als etwas, das mit partikularer und spezifischer Verkörperung zu tun hat und definitiv nichts mit der falschen Vision eines Versprechens der Transzendenz aller Grenzen und Verantwortlichkeiten. Die Moral ist einfach: Nur eine partiale Perspektive verspricht einen objektiven Blick» (Haraway 1995, 82). So kann die detaillierte Analyse einzelner situationaler Momente in der kulturellen Produktion, Zirkulation und Rezeption eines populären Genres zeigen, in welche komplexen kulturellen sowie sozialen Auseinandersetzungen es verstrickt ist und welche Möglichkeiten der Bedeutungskonstruktion und des Vergnügens es beinhaltet.

2.2 ETHNOGRAPHISCHE UND (AUTO-)BIOGRAPHISCHE ANALYSEN

Bei der Analyse von Rezeptions- und Aneignungsprozessen steht bei Cultural Studies die ethnographische Perspektive im Vordergrund (zur Medienethnographie vgl. auch den Beitrag von Bachmann/Wittel in diesem Band). Damit ist in der Regel aber nicht eine ausgedehnte ethnographische Feldarbeit wie in Soziologie und Ethnologie gemeint (zu den Methoden der Ethnographie vgl. auch den Beitrag von Kalthoff in diesem Band), sondern die teilnehmende Beobachtung kultureller Praktiken des modernen und postmodernen Lebens, die einen Zugang zur Zirkulation von Bedeutungen (Fiske 1999) und so einen Einstieg in kulturelle Kreisläufe (Johnson et al. 2004) ermöglichen soll. Dabei ist die ethnographische Perspektive oft mit autobiographischen Elementen verknüpft.

So hat Ien Ang (1986) in ihrer Studie zu *Dallas* die Analyse der Reaktionen von Zuschauerinnen mit ihrer eigenen Einschätzung der Serie verbunden. Die persönliche Affinität zu einem Untersuchungsobjekt, bisweilen auch das eigene Fan-Tum, und die Selbstreflexion sind wichtige Ressourcen im Forschungsprozess von Cultural Studies.

«My existence as a fan, my experiences, along with whatever other resources are available for describing the field of popular practices and their articulations to social and political positions, are the raw material, the starting point of critical research» (Grossberg 1988, 68).

Berühmt geworden, aber heftig umstritten sind die Widerstandsstudien, die davon ausgehen, dass die Rezeption und Aneignung medialer Texte zu subversiven Vergnügen und zur Ermächtigung führen können, die auch gesellschaftliche Folgen haben. Insbesondere John Fiske (Winter/Mikos 2001) hat die Möglichkeiten symbolischen Widerstandes und von

Selbstermächtigung hervorgehoben, die durch den Konsum und die Aneignung polysemer medialer Texte entstehen und entfaltet werden können.

Viele bezweifeln, dass diese widerspenstigen Praktiken weiter gehende systemische Folgen haben (Morris 2003). Daher wird in neueren Arbeiten gefordert zu untersuchen, welche spezifischen Effekte ein partikularer lokaler Widerstand haben kann und wie er auf andere Erfahrungen, Ereignisse und Praktiken in unterschiedlichen Bereichen des sozialen Lebens einwirkt (Winter 2001). Phänomene der Populärkultur werden aus möglichst vielen Blickwinkeln analysiert (Morris 2004), um die verschiedenen Formen des symbolischen Kampfs mit dem Dominanten und auch die daraus resultierenden Widersprüche aufzeigen zu können. So wird in «The Madonna Connection» (Schwichtenberg 1993) gezeigt, wie deren evokative Medienspektakel zur Konstruktion unterschiedlicher subkultureller Identitäten beitragen. Die ethnographische Analyse von widerspenstigen Erfahrungen und Praktiken ist so weiterhin ein zentrales Thema von Cultural Studies.

In neueren ethnographischen Arbeiten wird diese Perspektive auch als zu einseitig und reduktionistisch kritisiert. Sie verweise eher auf die theoretischen Vorstellungen der Forschenden als auf die gelebten Wirklichkeiten. So entstand die Forderung und die ethische Verpflichtung, den Welten der Anderen möglichst gerecht zu werden. Eine Möglichkeit hierfür ist der Dialog zwischen den Forschenden und den Untersuchten, in dem Vorurteile abgebaut und die Grenzen des eigenen Verständnisses überwunden werden sollen. Der Textur gelebter Leben soll so aus der Sicht der Beteiligten (mehr) Gerechtigkeit widerfahren. In einem weiteren Schritt sollen auch im Alltag bestehende Machtbeziehungen in Frage gestellt werden. «Research that is more fully participatory will aim to use the research process itself to empower those who are being researched» (Johnson et al. 2004, 215).

Ein weiteres wichtiges Merkmal dieser neuen Formen von Ethnographie ist die Selbstreflexivität. Der Forschende soll sich über seine eigene Situiertheit, seine sozialen und politischen Verpflichtungen sowie seine theoretischen Vorannahmen klar werden, damit er leichter Zugang zu den Welten der Untersuchten findet. Dabei impliziert Selbstreflexivität aber nicht, dass ein «wahres» Wissen der Welt möglich ist (Haraway 1997, 16). Eher zeigt sie die Begrenzungen unserer Weltsicht auf und auch, dass verschiedene Interpretationen unserer eigenen Welt und der der Anderen möglich sind. In den Formen kritischer Autoethnographie führt Selbstreflexivität dazu, dass der Forscher untersucht, welche Erlebnisse und sozialen Diskurse seine Erfahrung bestimmt haben (Bochner/Ellis 2002).

Zudem ist es wichtig, die Polyvokalität des Feldes in ethnographischen Untersuchungen einzufangen. So zeigt die Forschung zum Beispiel, dass mediale Texte ganz unterschiedlich gebraucht werden können. Gelebte Erfahrungen sollen von verschiedenen Stimmen wiedergegeben werden, um zu vermeiden, dass eine Stimme für die «Wahrheit» einer Erfahrung steht, und um die Besonderheit einzelner Erfahrungen angemessen zu erfassen (Saukko 2003, 64ff.). Auch in den Darstellungen der Forschungsergebnisse kommt es zu einer Interaktion zwischen den Stimmen der Anderen und der Stimme des Forschers. Die Berücksichtigung autobiographischer Erfahrungen führt auch zu Experimenten in der Darstellung der Forschungsergebnisse, die bis zur «performance» von Erfahrungen und Praktiken reichen kann (Denzin 2003). In der qualitativen Medienforschung kommt dieser methodologischen Neuorientierung eine wichtige Bedeutung zu. Zum einen fordern dialogische Beziehungen den Forscher dazu auf, seine eigenen medialen Erfahrungen und Praktiken, seine Vorlieben und Abneigungen kritisch zu hinterfragen. Zum anderen werden die Informanten, die beispielsweise über Formen problematischen Medienkonsums berichten, als Subjekte ernst genommen, die eine eigene Sicht entwickelt haben. Zudem werden sie aufgefordert, diese zur Darstellung zu bringen. Der Forscher nimmt nicht die Rolle des unabhängigen Beobachters ein. Er ist eher ein unterstützender Mitspieler. Seine Subjektivität wird wie die der Untersuchten durch die medialen Praktiken der heutigen Gesellschaften, insbesondere durch die Populärkultur, geprägt, worüber er sich im Forschungsprozess klar werden sollte.

«Popular culture matters (...) precisely because its meanings, effects, consequences, and ideologies can't be nailed down. As consumers and as critics, we struggle with this proliferation of meanings as we make sense of our own social lifes and cultural identities» (Jenkins et al. 2002, 11).

Auch bei den neuen Formen von Ethnographie steht die kritische Analyse sozialer Formen von Ungleichheit im Zentrum, die aufgedeckt, von verschiedenen Perspektiven her analysiert und auf Möglichkeiten zur Veränderung und zur Steigerung von Handlungsmächtigkeit der Untersuchten geprüft werden sollen.

3. Schluss

Nachdem es lange Zeit in den Cultural Studies keine explizite Methodendiskussion gab, wird diese seit kurzem geführt. Dies mag damit zusammenhängen, dass diese transdisziplinäre Forschungsrichtung sich nun selbst als eine Art Disziplin formiert, die aber ihren Ursprüngen treu bleiben und eine Kritik der Macht mit Möglichkeiten der Intervention verbinden möchte. Cultural Studies sind immer an der Analyse von Kontexten orientiert. Deshalb entwerfen sie keine globale Theorie, und die verwendeten Methoden hängen von den jeweiligen Fragestellungen ab. Die Analyse eines einzelnen kulturellen Elements beinhaltet seine komplexen Beziehungen zu anderen kulturellen Elementen und gesellschaftlichen Kräften.

Literatur

Ang, Ien (1986, zuerst 1985), Das Gefühl Dallas. Zur Produktion des Trivialen. Bielefeld: Daedalus (Originaltitel: Watching Dallas. Soap opera and the melodramatic imagination. London: Methuen).

Barthes, Roland (1964, zuerst 1957), Mythen des Alltags. Frankfurt a. M.: Suhrkamp (Originaltitel: Mythologies. Paris: Éditions du Seuil).

Bochner, Arthur P./Carolyn Ellis (Hrsg.) (2002), Ethnographically speaking. Autoethnography, literature, and aesthetics. Walnut Creek: Altamira Press.

Creeber, Glen (Hrsg.) (2001), The television genre book. London: BFI.

Rainer Winter

Denzin, Norman K. (2003), Performance ethnography. London/Thousand Oaks/New Delhi: Sage.

Fiske, John (1987), Television culture. London: Routledge.

Fiske, John (1999, zuerst 1994), Wie ein Publikum entsteht. Kulturelle Praxis und Cultural Studies, in: Hörning, Karl H./Rainer Winter (Hrsg.), Widerspenstige Kulturen. Cultural Studies als Herausforderung. Frankfurt a. M.: Suhrkamp, 238–263.

Frow, John/Meaghan Morris (2003), Cultural Studies, in: Denzin, Norman K./Yvonna S. Lincoln (Hrsg.), The landscape of qualitative research. Theories and issues. London/Thousand Oaks/New Delhi: Sage, 489–539.

Göttlich, Udo/Lothar Mikos/Rainer Winter (Hrsg.) (2001), Die Werkzeugkiste der Cultural Studies. Perspektiven, Anschlüsse und Interventionen. Bielefeld: Transcript.

Grossberg, Lawrence (1988), It's a sin. Politics, post-modernity and the popular. Sidney: Power Publications.

Grossberg, Lawrence (1999, zuerst 1995), Was sind Cultural Studies?, in: Hörning, Karl H./Rainer Winter (Hrsg.), Widerspenstige Kulturen. Cultural Studies als Herausforderung. Frankfurt a. M.: Suhrkamp, 43–83.

Haraway, Donna (1995, zuerst 1988), Situiertes Wissen, in: dies., Die Neuerfindung der Natur. Primaten, Cyborgs und Frauen. Frankfurt a. M./New York: Campus, 73–97.

Haraway, Donna (1997), Modest_witness@second_millenium. Feminism and technoscience. London: Routledge.

Hartley, John (1992), Tele-ology. Studies in television. London/New York: Routledge.

Hoggart, Richard (1992, zuerst 1957), The uses of literacy. London: Penguin.

Jenkins, Henry/Tara McPherson/Jane Shattuc (2002), The culture that sticks to your skin. A manifesto for a new cultural studies, in: dies. (Hrsg.), Hop on pop. The politics and pleasures of popular culture. Durham: Duke University Press, 3–26.

Johnson, Richard/Deborah Chambers/Parvati Raghuram/Estella Tincknell (2004), The practice of cultural studies. London/Thousand Oaks/New Delhi: Sage.

Kellner, Douglas (1995), Media culture. London/New York: Routledge.

Mellencamp, Patricia (1992), High anxiety. Catastrophe, scandal, age, and comedy. Bloomington: Indiana University Press.

Morris, Meaghan (2003, zuerst 1990), Das Banale in den Cultural Studies, in: Hepp, Andreas/Carsten Winter (Hrsg.), Die Cultural Studies Kontroverse. Lüneburg: zu Klampen, 51–83.

Morris, Meaghan (2004, zuerst 1998), zu früh – zu spät. Geschichte in der Populärkultur. Wien: Löcker.

Radway, Janice A. (1984), Reading the romance. Women, patriarchy, and popular literature. London: Verso.

Saukko, Paula (2003), Doing research in cultural studies. London/Thousand Oaks/New Delhi: Sage.

Schwichtenberg, Cathy (Hrsg.) (1993), The Madonna connection. Representational politics, subcultural identities, and cultural theory. Boulder: Westview Press.

Tasker, Yvonne (1993), Spectacular bodies. Gender, genre and the action cinema. London: Routledge.

Williams, Raymond (1958), Culture and society 1780–1950. London: Chatto & Windus.

Winter, Rainer (1995), Der produktive Zuschauer. Medienaneignung als kultureller und ästhetischer Prozess. Köln: von Halem.

Winter, Rainer (2001), Die Kunst des Eigensinns. Cultural Studies als Kritik der Macht. Weilerswist: Velbrück Wissenschaft.

Winter, Rainer (2004), Critical pedagogy, in: Ritzer, George (Hrsg.), Encyclopedia of social theory, Vol. 1. London/Thousand Oaks/New Delhi: Sage, 163–167.

Winter, Rainer/Lothar Mikos (Hrsg.) (2001), Die Fabrikation des Populären. Der John Fiske-Reader. Bielefeld: Transcript.

Wright, Will (1975), Six guns and society. A structural study of the western. Berkeley/Los Angeles: University of California Press.

Susanne Regener

3.4 Visuelle Kultur

1. Visuelle Kultur – Umfeld des Bildes[1]

Fotografieren, Bilder herstellen, Filmen sind Interaktionen, die sich zwischen Bild, Lebensgeschichte, Bildgedächtnis, verschiedenen Medien, Techniken, Software, Produzenten und Konsumenten entwickeln. Die heutige digitale Bildkultur ist eine sich ausbreitende Hybridkultur, in der sich verschiedene künstlerische mit populären und kommerziellen Ebenen vermischen und in der sich Realität und Virtualität zu neuen Bildern, Wahrnehmungsmustern und neuen Blicken formieren.

Dieser Situation trägt das Forschungsfeld *Visuelle Kultur* Rechnung, in dem das Alltagsleben und die Perspektive des Konsumenten in den Vordergrund gestellt werden. «Visuelle Kultur ist eine Taktik, keine akademische Disziplin» (Mirzoeff 1999, 4). Sie artikuliert über traditionelle Fachgrenzen hinweg verschiedene Fragestellungen und Zugangsweisen. *Visuelle Kultur* beschäftigt sich mit der Bildervielfalt in unserer und in fremden Kulturen unter der Voraussetzung, dass man sich nicht auf die Bilder an sich bezieht, sondern auf die Tendenz, die eigene Existenz zu visualisieren und zu Bildern zu machen. *Visuelle Kultur* kann als Konzept dazu dienen, Verbindungen multi- und transdisziplinärer Art herzustellen. Ihre Gegenstände können sowohl populäre Bilder der Werbung als auch Gemälde, private Fotografien oder Spielfilme sein; ihre Themen sind sehr heterogen: Sie reichen vom Image einer Landschaft (Oosterbaan 2002, 17) über die Darstellung von Gewalttätern in der Presse (Regener 2003b) oder die Dokumentation einer interkulturellen Performance (Fusco 1998) bis zur Orgasmusdarstellung im schwulen Pornofilm (Dyer 1998).

«Visual Culture directs our attention away from structured, formal viewing settings like the cinema and art gallery to the centrality of visual experience in everyday life.

At present different notions of viewing and spectatorship are current both within and between all the various visual subdisciplines» (Mirzoeff 1998, 7).

Bild-Diskursanalyse ist ein methodischer Zugang der *Visuellen Kultur*, der über eine ikonographische Analyse hinaus diesem multidisziplinären Blick gerecht wird. Verbindungen von Bildern mit Bildern, ihre wechselseitigen Beeinflussungen und Modifikationen stehen in einem intermedialen Zusammenhang von Texten, Tönen, Filmbildern, Internetbildern, musealen Bildern sowie Buch- und Presse-Abbildungen. Ausgehend von der digitalen Bildkultur soll die Vergangenheit und Gegenwart von Fotografien aus dem privaten Umfeld von Rezipienten bzw. Konsumenten bzw. Usern thematisiert werden.

2. Traditionelle Bildfunktionen und neue Blickkulturen

Das fotografische Bild als Repräsentant der Wirklichkeit, das fotografische Bild als Illustration, das fotografische Bild als Kommunikationsanlass, das fotografische Bild als Beweis – das Sprechen über fotografische Bilder bezieht sich, so scheint es, immer auf ihren Indexcharakter. Ist es nicht gerade der Index, jenes Versprechen auf einen Wirklichkeitsbezug und die physikalische Existenz eines Referenten, der den Reiz des Bildes ausmacht? Doch Computerkunst stellt seit ungefähr einem Jahrzehnt die vermeintlichen Sicherheiten des Mediums über Objektivität und Authentizität fotografischer Repräsentation in Frage. Mit der Computerkunst wird der Indexbegriff problematisch.

Susanne Regener

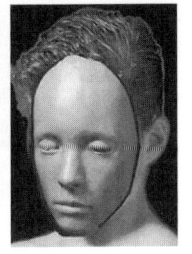

Abb. 1: Keith Cottingham, Studien zu der Serie Fictitious Portraits, Ausschnitt (Cottingham 1995)

In der Kunst, zum Beispiel in der Arbeit *Fictitious Portraits* des Amerikaners Keith Cottingham (Abb. 1), wird eine neue Blickkultur angedeutet. Cottingham verbindet digitale Malerei und Montage, kopiert Bilder verschiedener Geschlechter, Rassen und Altersstufen übereinander; er benutzt also traditionelle Bilder für die Entstehung von etwas Neuem, das Herkömmliches nachahmt. Cottingham problematisiert den Zusammenhang von Bild und Identität:

«Dadurch, daß ich ein Porträt als multiple Persönlichkeit konzipiere, wird das ‹Selbst› nicht als ein Wesen präsentiert, das ein für alle Mal feststeht, sondern als Ausdruck der ständig im Flusse befindlichen Wechselbeziehung zwischen Gesellschaftlichem und eigenem Inneren. Jeder Ausdruck ist gleichzeitig eine Sicht von sich und auf sich selbst» (1995, 160/162).

Das Spiel mit der Identität lässt den Index in den Hintergrund treten. Verunsicherungen über Referenz und Objektivität entstehen, die eine Tradition haben.

Die Geschichte der Fotografie zeigt, dass der Ausdruck von Identität und Ähnlichkeit in der Porträtfotografie immer schon ein viel diskutiertes Thema war. Von Anfang ihrer Erfindung an beschäftigten sich die Quellen zur Fotografie mit dem Problem von Nachahmung, Ähnlichkeit, mit dem Für und Wider von Hilfsmitteln wie Retusche und Unschärfe und mit der Wahrheit der Abbildung (Kemp 1980). Heute allerdings, im Zeitalter des Internets, wird die Darstellung des Selbst offenbar anders erlebt. Die amerikanische Psychologin und Soziologin Sherry Turkle behauptet, dass uns die Erfahrungen, die wir im Internet machen, dazu verhelfen, «die Wirklichkeit, das Selbst und den anderen als Konstrukte» zu erkennen (1999, 429). Das heißt, über die neuen Medien werden langsam

Ideen von multipler Identität in unser Alltagsleben integriert. In Kunst- und Kulturwissenschaft interessiert die Frage, wie neue Kulturtechniken und Bildpraktiken die Darstellung des Menschen, möglicherweise den Menschen selbst, verändern. Anhand von Bildpraktiken der Selbstdarstellung im Internet lässt sich zeigen, dass neue Bild- und Blickkulturen in einem Diskurs traditioneller Zusammenhänge stehen.

Die Wirklichkeit der Bilder I: Niemals zuvor wurde die wissenschaftliche und öffentliche Diskussion darüber vehementer geführt als nach den Ereignissen des 11. September. Haben die im Fernsehen gezeigten Bilder des einstürzenden World Trade Centers das Attentat erst *real* gemacht? Machten diese Bilder Spielfilme real bzw. wurde die Realität dem Film nachgebaut? Klaus Theweleit hat zahlreiche Kommentare von Kulturwissenschaftlern und Künstlern der CNN-Crash-Bilder gesammelt. Für viele Kommentatoren gilt der Verdacht, dass das Kinobild realer geworden ist als die Wirklichkeit (2002, 69). Ein Ereignis und die Ähnlichkeit von Bildern bringen Zuordnungen (paranoisch) durcheinander.

Die digitalen Bildherstellungsprozesse verändern unsere Einstellung, unsere Wahrnehmung und unsere Produktion von Fotografien. Das Fotografische ist nicht mehr länger allein in Kategorien von Geschichte, Ästhetik, Semiotik zu beschreiben, sondern – wie Philippe Dubois (1998, 62) betont – das Fotografische ist epistemisch zu denken. Zu fragen ist nun, in welcher Beziehung ein Foto zum Raum, zur Wirklichkeit, zu den Subjekten und den es umgebenden Texten steht. Dieser das Bild betreffende Diskurs ist es, der eine Blickkultur beschreibt. Blickkultur lässt sich verstehen als die Gesamtheit aller kommunikativen und ikonographischen Faktoren, die die Betrachtung von anderen Menschen und Dingen (Objekte und Situationen) und von Bildern sowie die eigene Produktion von konkreten Bildern und Vorstellungsbildern beeinflussen.

Die Wirklichkeit der Bilder II: Während des Irak-Kriegs informierten Kriegsspezialisten in deutschen Nachrichtensendungen das Publikum über Echtheit oder Fälschung von Bildern, die direkt aus dem Kriegsgeschehen mittels Videophone, quasi live, geschickt wurden.[2] Es ist eine neue Entwicklung, dass der Glaube an das televisuelle Nachrichten-Live-Bild erschüttert und nun der medialen Praxis einer (öffentlichen) Reflexion unterzogen wird.

Susanne Regener

Kunst, Alltagspraxis, Medienpraxis und Expertenwissen thematisieren die Illusion eines indexikalischen Zusammenhanges zwischen Referent und Bild. Der fotografische Index ist manipulierbar, mithin ein Fake-Index. Um zu untersuchen, wer etwas zeigen will und was und wie etwas zur Ansicht kommt, benötigt man einen wissenschaftlichen Zugang, der die Bilder (Fotografie und andere Visualisierungstechniken) in umfassender Weise begreift. Notwendig ist ein Zugang, der in der Fotografie bzw. im Bild ein intermediales Objekt zur Herstellung eines spezifischen Blicks und gewandelter Selbstdarstellungsmodalitäten erkennt. Der Film *A. I.* (*Artificial Intelligence*, USA 2001) von Steven Spielberg, übrigens zum Zeitpunkt des Attentats auf das World Trade Center gerade fertig gestellt, greift diese Aspekte auf: Der Filmplot wird von der Frage des Roboter-Jungen geleitet, ob er ein wirklicher Mensch ist oder nur eine Maschine – er möchte *real* werden. Mensch zu sein, so wird suggeriert, heißt *real* zu sein. Der Film nimmt ein archaisches Motiv der Subjektwerdung auf: Erinnerung an eine Vergangenheit durch Bilder. Man erweckt das Roboter-Kind, indem man die Bilder seines Vorlebens zeigt, ihm einen halluzinativen Projektionsraum bietet. Ein großes Projekt der Fotografie war (und ist) es, dem Individuum eine (Familien-)Genealogie zu ermöglichen und abrufbare Vergangenheitsbilder bereitzustellen. *A. I.* ist ein Film, der mit Bildern einer harmonischen Familie und einem offensichtlich durchschnittlichen Körper- und Gesichtsausdruck das Erkennen auf die Probe stellt. Die feingliedrigen Aliens haben bei Spielberg kein Gesicht mehr, das an eine individuelle Differenz erinnern könnte.[3]

3. Scanning Images – Umgang mit Bildern

User – eine neue (geschlechts- und altersneutrale) Bezeichnung für die Konsumenten des Mediums Internet – sind Rezipienten und Produzenten zugleich. Es sieht so aus, dass das Netz dem User die Chance gibt, sich neu und anders zu erfahren, sich zu entfalten und sogar immer wieder zu entwerfen. Die User scheinen zunächst jedoch konventionell zu agieren. Ihre Bildproduktion und Bildverwaltung ist die der Knipser (Starl 1995). Erst nach und nach treten Modifikationen auf, die von Technik, Apparat und Software abhängig sind. Ein neues Problem kreist um das Verhältnis von Öffentlichkeit und Privatheit. Konnte man früher noch von privaten Fotoalben sprechen, die nur einem begrenzten Publikum (Familie und Freunde) zur Ansicht kamen, sind diese Bildkonvolute im Internet strukturell öffentlich und global einsehbar, aber faktisch auf eine lokale Rezipientenschicht ausgerichtet.

Unser alltäglicher Umgang mit Bildern ist heute einer, der am besten mit dem Begriff *Scanning* zu beschreiben ist: Unsere Augen wandern, wir überfliegen Bilder, wir suchen sie schnell nach Zeichen der Bedeutung ab und kategorisieren sie entsprechend. Bilder zu erkennen, sich mit ihnen zu beschäftigen, heißt in Zeiten und Räumen des Internets, die Bilder durch sich hindurchgehen *zu* lassen, mithin nicht nur ein *scanning*, sondern – wenn man es genau nimmt – auch ein *digesting*, ein Verdauen, ein Verarbeiten. So lässt sich auch eine Bemerkung von Flusser (2003, 71) verstehen, der 1991 schrieb, wir bräuchten uns den Fotoapparat nicht umzuhängen, da wir ihn schon längst im Bauch hätten.

Scanning Images ist aber nicht nur eine Metapher für das schnelle pausenlose Bilderkonsumieren, sondern auch eine für das Einbringen eigener Bilder in den öffentlichen Kontext. Die Technologie der Webcams bzw. der digitalen Fotoapparate und die fotofähigen Mobiltelefone bieten die Möglichkeit des *Making Images*. An einen PC angeschlossen, kann man mit der Webcam live hergestellte Bilderfolgen und die gespeicherten Fotos aus digitalen Apparaten an eine größere Community weitergeben und auf einen Klick (global) sichtbar machen.

Die Webcam ist nicht nur Apparat für das selbstverliebte Bildermachen, sondern durch ihren (suggerierten) Live-Bezug steht sie in engem Zusammenhang zu öffentlicher Video-Überwachung und polizeilicher Kontrolle. Überwachungsbilder sind heute ubiquitär, und ihre Politiken sind in Wissenschaft, Kunst und Populärkultur präsent.[4]

Susanne Regener

3.1 PROTHESE WEBCAM

Mit der Webcam, die man an den Computer zu Hause anschließt, kann heute jeder User selbst in eine solch öffentliche Bildproduktion einsteigen. Weil die Geräte billig und ein Live-Stream für die private Gebrauchsweise offenbar noch zu kompliziert und zu kostspielig ist, liefert die Webcam bislang zumeist nur ruckartige Bilder, die an Apparate der Vorgeschichte des Films wie Kinetoskop, Spirograph, Bioskop und Chronofotografie erinnern (Mannoni 2002, 362–378). Doch auch so scheint die Webcam auf der privaten, nicht-kommerziellen Homepage für den User eine Art visueller Beweis für einen leibhaftigen, performativen Anschluss an die Welt des Virtuellen zu sein (Regener 2003a). Die Webcam ist eines jener Hilfsorgane, mit denen sich der Mensch als «Prothesengott» (Sigmund Freud) inszeniert. An einem neuen Ort *(personal homepage)* wird mit der fotografisch festgehaltenen Performance die telematische Präsenz des Menschen manifestiert.

Abb. 2: Screenshot: Webcam-Bild auf privater Homepage, www.doris-welt.de (Zugriff am 02.07.2003)

Doris liebt das Internet, wie der bedruckte Hintergrund ihrer Website kundtut (Abb. 2). Mit ihrem aktuellen Webcambild und den archivierten Fotografien wird eine Schnittstelle zwischen Körper und Erscheinung aufgebaut,[5] die auch einen Kontaktwunsch beherbergt und Zeichen von Authentizität sein will: «Hier gibt's was zu sehen (...) Alle 20 Sekunden erscheint automatisch eine neue Aufnahme, natürlich nur, wenn ich da bin, wenn nicht, dann nicht ;-)» (www.doris-welt.de). Eine Unmittelbarkeit von Wahrnehmen und Aussenden wird verbunden mit der Illusion, die Kamera sei auch das Hilfsorgan für eine Interaktion. Die mittlerweile berühmte erste Girlcam-Betreiberin Jenni (www.jennicam.org) begründete ihren Exhibitionismus kurzerhand so: «Ich fühlte mich einsam ohne die Kamera» (Burgin 1999, 96). Verschiedene intermediale Bezüge (Rajewsky 2002, 3) werden hier sichtbar: Die Affirmation einer Überwachungstechnik für den privaten, intimen Gebrauch der Selbstdarstellung beruht nicht nur auf einer Gewöhnung an öffentliches Fotografiert- und Gefilmt-Werden, sondern auch auf der anschaulichen Vermittlung von Prothesen in Nachrichtensendungen (Videophone) und Spielfilmen (Bildtelefone z. B. in *Metropolis* von Fritz Lang 1927, Stanley Kubricks *2001 – A Space Odyssey* 1968, *Lost Highway* von David Lynch 1997). Im Fernsehen sind mittlerweile europaweit *Big-Brother*-Formate und verwandte Sendungen verbreitet, in denen freiwillig eingeschlossene Abenteurer, reuige Ehemänner oder Operationswillige sich von Kameras beobachten lassen.

3.2 Das vernetzte Selbst

Der User ist in ein Netz versponnen: Voyeurismus und Exhibitionismus, Überwachung und Selbstdarstellung, freiwillig und unfreiwillig, privat und öffentlich – die Dichotomien sind längst aufgehoben, ein wildes Agieren macht sich breit, Paranoia auf der einen Seite produzierend, Normgrenzen überschreitendes Handeln auf der anderen Seite: Trotz ständig steigender Überwachung ist die Bedrohung nicht mehr auszumachen, das Böse nicht mehr zu erkennen, wie in den öffentlichen Diskursen über die Selbstmordattentäter und Amokläufer deutlich wird (Regener 2004; 2003b). Gleichzeitig werden immer wieder Fälle von grenzüberschreitendem Mediengebrauch bekannt: Die Folter-Fotos der Soldaten aus Abu Ghraib gehen um die Welt; die Angeklagten im Vergewaltigungs- und Mordprozess von Saarbrücken sollen den Missbrauch des Jungen Pascal gefilmt haben (Süddeutsche Zeitung, 24.9.2004). Amateur-Fotografie und -Film orientieren sich an den Pornographie-Produktionen, wie sie im Internet kommerziell betrieben werden, sind aber ebenso vom «Porn-Chic» der zeitgenössischen Modefotografie wie einschlägiger Fernsehsendungen beeinflusst.

Das panoptische Sehmaschinen-Paradigma von Michel Foucault hat eine neue medienhistorische Facette erhalten: Der Mensch verinnerlicht den Blick der Macht, er steht nicht mehr außerhalb, sondern macht sich zum Zentrum einer Blickvielfalt.

«Das Subjekt unterwirft sich einer phantastischen Macht, die mehr zu sehen vermag, als es selbst an sich zu erkennen in der Lage ist: Robinson auf einer einsamen Insel, von Kameras umstellt» (Schmidt 2002, 187).

In der «Kontrollgesellschaft» (Gilles Deleuze) ist das (Selbst-)Image von den aufeinander bezogenen öffentlichen und privaten Blickkulturen geprägt, wobei die Prozesse der Kontrolle zunehmend unsichtbarer werden. Die Homepage, die Webcam, die Texte (z. B. Weblogs) und die Bilder (Fotogalerien, Fotologs) sind «Technologien des Selbst», die – wie Michel Foucault (1988, 18) sie beschreibt – dazu verwendet werden, sich individuell mit eigenen Meinungen auszudrücken, sich darzustellen, sich als Subjekt zu formen. Dieses Agieren der privaten User im Internet scheint die Netzstruktur zu benutzen und weiterzuentwickeln – jede Aktion zielt auf Interaktion und auf Selbstdarstellung in einer Öffentlichkeit.

«Die Amateurfotografen machen gewagte Expeditionen, sie bringen Dokumente mit», schrieb Jean-François Lyotard (1985, 93) Mitte der 1980er Jahre und erhob die Amateurfotografie zur fast ethnologischen Untersuchung. Wenn man einen solchen reflexiven Anteil einbezieht, dann wird deutlich, dass man es heute immer noch mit der Erforschung von Grenzen zu tun hat, wenn Amateure Bilder produzieren. Wie früher – zu Zeiten analoger Knipserfotografie – geht es auch bei der Bildproduktion im Online-Bereich um Gestaltung, um Auseinandersetzung mit der Umwelt, um die lebensgeschichtliche Verortung:

«Der Knipser ordnet die Bilder der Welt, wie er sie sieht, zu einem Gefüge, indem er sich jederzeit und ohne weiteres wiederzufinden vermag» (Starl 1995, 23).

Dieses Gefüge ist im Internet ausgeweitet insofern, als das Bild ein interaktives Umfeld (Verlinkung) und ein intermediales Umfeld (Texte, Musik, Film) hat. Das Foto wird mithin mobilisiert für den Auftritt in der Öffentlichkeit, wie die private Seite eines Schweizers zeigt (Abb. 3).

Abb. 3: Screenshot, http://www.rehmann.ch (Zugriff am 16.11.04)

Er baut sich hier eine Party-Gemeinschaft auf, die durch Bilderschauen, Text-Kommentare, Chat, Linkliste vielfach miteinander vernetzt ist. Das *World Wide Web* führt zu einem Überschwang des Zeige-Wunsches. Das hat es vorher noch nicht gegeben: Man kann sein Fotoalbum nun ‹der ganzen Welt› zeigen, man kann es leicht mit Fotos von anderen ergänzen und mit kommerziellen Bildern mischen. Dadurch entsteht eine neue Archivsituation: Die als «gallery» oder «Fotoalbum» bezeichneten Bildkonvolute verweisen einerseits auf die Nähe zur öffentlichen Inszenierung, andererseits auf das traditionelle Knipser-Archiv.[6] Diesem Interagieren zwischen lokalem Wahrnehmen der Selbstpräsentation und der Illusion globaler Wirkmächtigkeit muss in einer Analyse von Visualisierungen im Netz Rechnung getragen werden. Eine Netzkritik, die das Begehren nach dem neuen Medium auf seine Begrenzungen, seine Ideologien und Politiken hinweist, ist unerlässlich (Lovink/Schultz 1997) und relativiert die These von der allgemeinen Demokratisierung von Wissen und Zugang zu Medien.

Susanne Regener

Mit der Webcam kristallisierte sich ein spezifisches Bild heraus, das die Anschlussfähigkeit des Users an das Netz symbolisiert und damit gerade auch den Wunsch ausdrückt, integrativer Teil einer neuen medialen Bewegung zu sein. Die Aufzeichnungen der Webcam werden in einzelne Fotografien zerlegt und das Selbstporträt gefeiert: Ähnliche Einstellungen, die Dokumentation einer Performance, werden wieder und wieder reproduziert (Abb. 4).

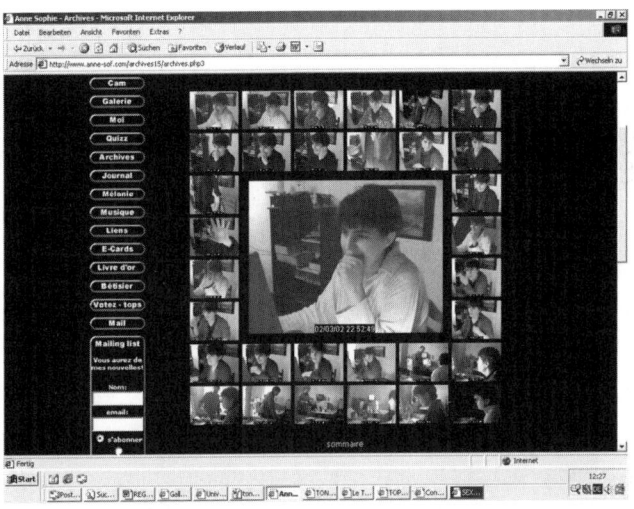

Abb. 4: Screenshot, Webcambilder-Archiv, www.anne-sof.com (Zugriff am 25.02.04)

Das Objektiv ist – bei Frauen und Männern gleich – auf den User und seinen Computerarbeitsplatz ausgerichtet. Der Blick in den Computer wird durch die Verbindung von Kamera mit dem Computer eingefangen (Abb. 5). Dieses Porträt ist nur wahrnehmbar, wenn man als User die gleiche Haltung am Computer einnimmt, wenn quasi ein Spiegelbild entsteht. Ich möchte für diesen Fall von Selbstdarstellung vom *telematischen Bild* sprechen. Das Bild gerät in Bewegung und symbolisiert jene technische Entwicklung und räumliche Ausweitung, die unter der Bezeich-

Abb. 5: http://magerquark.de (Zugriff am 15.06.03)

nung Telematik kursiert und nach Vilém Flusser «als eine Technik zum selbstbewegten Näherrücken von Entferntem gedeutet werden kann» (zitiert nach Bollmann 1995, 18). Ohne besondere Anstrengungen (Reisen, Museumsbesuche) gelingt die Raumerweiterung für den User: Er/Sie wird Teil einer technoimaginären Welt, indem er/sie nicht mehr nur Rezipient, sondern auch Akteur ist. Man kann die Überlegungen von Flusser wörtlich nehmen: Für die User scheint mit diesen Bildern eine Vertrautheit gewährleistet zu sein. Aus dem Utopischen ins Machbare – die Informationsgesellschaft verwirklicht sich über die visuelle und kommunikative Nähe, globaler Austausch ist über Videokonferenzen und mit von Webcams gestützten Chats längst erprobt. Die fotofähigen Mobiltelefone setzen auf einer anderen Ebene das telematische Bild fort und suggerieren ständige körperliche Präsenz und Nähe. Nähe ist nicht mehr als räumliche und zeitliche Entfernung definiert, sondern dadurch, dass möglichst viele Informationen und Bilder ausgetauscht werden.

Das telematische Bild ist Ausdruck für einen neuen Einstieg ins Bild: die *Immersion*. Der User ist von verschiedenen Wirklichkeiten umzingelt, er wird angehalten, sich darin zu positionieren und auch jene Wirk-

Susanne Regener

lichkeit zu produzieren, die seinen eigenen Körper betrifft. Bei den telematischen Prozessen geht es also aus einer epistemologischen Perspektive nicht mehr nur um Abbildung, sondern um Verschmelzung. Dieser Aspekt des Einflusses digitaler Medien wird unterschätzt, wenn man, wie Hans Belting (2001, 23) das tut, von der Vorstellung ausgeht, dass wir im Blick zu unseren Körpern auf Distanz gehen, was ja bedeutet, dass wir ein Original des realen Menschen ausmachen können.

Sich selbst zu entwickeln und für sich selbst zu sorgen – «to take care of yourself» (Foucault 1988, 19f.) – sind die Grundsätze einer Selbstverortung in der Bilderwelt und des eigenen *Imaging*. Die Homepage als Technologie des Selbst ist in steigendem Maß eine Technologie der Verbildlichung (Pikturalisierung) und weniger eine der Verschriftlichung (Skripturalisierung).

4. Verwandtschaft der Bilder und Kanalwechsel

In der bildenden Kunst, der Literatur und der Populärkultur gibt es historische Bezüge, die davon handeln, der Realität durch Bildermachen habhaft zu werden. Andy Warhol experimentierte mit einer Vorstellung von Realzeit bereits 1964: Der 16-mm-Film *Empire* zeigt in einer einzigen Einstellung acht Stunden lang das Empire State Building. Warhol wollte damit die Grenzüberschreitung von Wirklichkeit und Kunst demonstrieren. Die Videotechnik ist in einem gewissen Sinn als Vorläufer der Webcam anzusehen – jedenfalls da, wo sie als ein Versprechen zeitlicher Unendlichkeit gedacht wird. Von dem amerikanischen Schriftsteller Don DeLillo wurde 1997 die mit dem Bildermachen und Bilderwahrnehmen verbundene neue Blickkultur beschrieben. Während einer Autofahrt auf dem Highway filmt ein Kind aus dem hinteren Autofenster mit einer Videokamera, wie einem Mann am Steuer seines fahrenden Autos in den Kopf geschossen wird. Das Mädchen filmt zufällig die Tat des Texas-Highway-Killers. Diese Sequenz – beliebiger Mann am Steuer eines

Autos sackt plötzlich blutüberströmt zusammen – wird im US-Fernsehen wieder und wieder wie in einer Endlosschleife gezeigt.

«Sie zeigen es, weil es da ist, weil sie es zeigen müssen, weil sie dazu da sind, für unsere Unterhaltung zu sorgen. Je öfter du das Band siehst, desto toter und kälter und gnadenloser wird es. Das Band saugt dir die Luft aus der Brust, aber du schaust es dir jedesmal an» (DeLillo 2000, 189).

Nur wenige Jahre später wird eine ähnliche Faszination für das reale Ausgeliefertsein den unstillbaren Konsum der Bilder vom brennenden und einstürzenden World Trade Center begleiten.

Die Tragödie vom 11. September wurde insbesondere von Foto- und Film-Amateuren dokumentiert – ein Material, das teilweise in den öffentlichen Nachrichtensektor eingespeist wurde. Diese Form von Kanalwechsel, explosionsartiger Verbreitung der Bilder und der Vermischung von Amateur/Kommerz und privat/öffentlich ist in einer weltweit gezeigten Fotoausstellung dokumentiert: «here is new york» (2002)[7] ist nach dem Konzept einer Gruppe von Schriftstellern, Museumskuratoren und der Fotoagentur *Magnum* eine Anti-Kunstmarkt-Ausstellung, denn die Fotografien stammen sowohl von Profi-Fotografen als auch von Knipsern. Die Herkunft bleibt anonym, die Fotos sind nicht beschriftet. Unter der Überschrift «Demokratie der Bilder» («a democracy of photographs») werden die Bilder nicht, wie üblich, in Rahmen und mit Passepartout gehängt, sondern das Papier mit Klammern auf Leinen befestigt. Im Angesicht der Katastrophe werden die Unterschiede zwischen Künstler und Laien sowie zwischen Produzenten und Konsumenten verwischt. Es gibt nur noch Zeitzeugen. Der Umschlag der Broschüre zur Ausstellung (Abb. 6) verwendet eine Fotografie, die die zerberstende Skyline von New York zeigt – ein Schnappschuss, unscharf, durch einen Vordergrund gestört. Die Knipser-Fotografie wird aufgewertet, der Laie integriert in die Welt der dokumentarischen Fotografie. Die Fotos – ein erneuter Kanalwechsel – sind im Internet für einen geringen Festpreis zu kaufen, d. h., auch die Distribution wird globalisiert. Das Projekt «here is new york» ist Beispiel für eine Partizipation in der (visuellen) Kultur. Der Konsum von Bildern bestimmt unsere eigene Bilderproduktion ebenso wie das Eingreifen in die Räume des Cyberspace. Beispielhaft zeigt sich dies etwa an der Beob-

Susanne Regener

achtung, dass die Lomographie erst zum Massenphänomen wurde, als Ende der 1990er Jahre Ausstellungsräume für die Amateurfotos im Internet entstanden (www.lomo.ch, Zugriff am 12.10.2004).

Abb. 6: Infoheft, Vorder- und Rückseite: here is new york: die demokratie der bilder – fotoausstellung zum 11. september 2001

5. Fotografie und *Visuelle Kultur*

Bilddiskursanalytisch ist die Frage, was denn neu an der fotografischen Situation ist, nur vergleichend zu beantworten. Im Grunde ist das Neue – die Selbstdarstellung von privaten Usern im Internet – lediglich eine neue Interpretation und Kontextualisierung oder Dekontextualisierung eines kulturellen Vorgangs (Groys 1999, 50). Die Performance des Users – ob mittels Webcam-Bild, eingespeister digitaler Fotografien oder Bildvernetzungen – entsteht im Diskurs der Kontrollgesellschaft. Das bedeutet eine Neubewertung des allgemeinen Verständnisses von real/virtuell und analog/digital und Entwicklung des verwandelten panoptischen Blicks. Das, was du siehst, verändert sich, du veränderst dich mit dem, was du siehst, könnte die Leitformel der Immersionssituation lauten.

Aus diesem Komplex von Bild-Imaging und Bild-Vernetzung haben sich verschiedene Fragen herauskristallisiert. *Visuelle Kultur* bzw. *Visual Culture Studies* fragen danach, wie die Bilder entstehen, wer sie an welche Orte bringt, was sie bewirken und wohin die Bilder uns leiten. Man schreibt nicht mehr über Fotografien, sondern über ihre intermedialen Vernetzungen, über Blickpraktiken, über User-Repräsentationen und Technologien des Selbst mittels Fotografien. Die Bildproduktion des (privaten) Users im Internet zu beobachten heißt, seine (neu gewonnene) Aktivität in Bezug auf eine Partizipation an der Kultur zu verfolgen, eine Partizipation, die möglicherweise neue, alternative Strategien entwirft (Rogoff 1999). Eine solche Strategie wäre die Auflösung von Gender-Dichotomien im Cyberspace. Die Frage nach der Neudefinition des Subjekts angesichts massenwirksamer Raumeroberung in den neuen Medien spielt im Forschungsfeld *Visuelle Kultur* eine wichtige Rolle (Lummerding 2003, 179). Die feministische kritische Kulturanalyse ist Teil dieser Auseinandersetzung, eingedenk ihrer Hauptfrage, in welcher Weise wir Bilder *(images)* von Männern und Frauen anschauen und die geschlechtsspezifische Unausgeglichenheit bewerten (Jones 2003, 6; Mulvey 2003, 47–52). Der verwandelte panoptische Blick hat möglicherweise für die Frau größere Folgen von Verunsicherung und Paranoia: Die französische Künstlerin Orlan führt das postmoderne Verhältnis der Frau zum Bild vor Augen. Über Jahre ließ sie operative Eingriffe in ihrem Gesicht vornehmen, nach historischen Bildfragmenten gestalten. Die Bildwerdung während und nach den Operationen wurde auf Video und mit Fotografien festgehalten (Sobieszek 1999, 277). Orlan zeigt als multimediale Künstlerin das aktive Aufgehen in der Bilderwelt (mit körperlicher Konsequenz) und gleichzeitig auch einen Opferstatus: *image victim* könnte man im Anschluss an das populäre *fashion victim* sagen und damit eine Auswegslosigkeit postmoderner Image-Entwürfe vorwegnehmen. Das Prekäre an Orlans Fotografien ist, dass der Status der Selbstentwürfe ambivalent bleibt. Nicht Differenz von Medium und Körper, sondern Ein-

tauchen in eine reale oder virtuelle permanente Veränderung des Körpers und des Gesichts ist Idee des zukünftigen Umgangs mit der Bilderwelt, wobei noch zu entscheiden ist, wer Opfer ist und wer nicht. Jedenfalls hat die Verunsicherung über das Image schon einen pathologischen
Begriff: Dysmorphophobie meint die – überwiegend bei Frauen anzutref-
fende – Einbildung, ein hässliches Gesicht zu haben (vgl. dazu eine Website von Betroffenen: www.dysmorphophobie.de). Der Erfolg der Schön-
heitschirurgie scheint unaufhaltsam.

Denkt man an die medizinische Wortbedeutung von Immersion,
nämlich das Dauerbad als therapeutisches Mittel, so könnte man auch
von einem visuellen Dauerbad, von andauernder Selbstbespiegelung
mittels Prothesen sprechen: Die Webcam, das digitale Fotoalbum, die
Foto-Ranking-Archive (z. B. www.hotornot.com) sind freiwillige Selbst-
kontrolle und exhibitionistische Neugier, um mit anderen eine Gemeinschaft zu bilden.

Der allseits und allerorts verfügbare Blick auf den User, in sein/ihr
Wohn- oder Schlafzimmer, in sein/ihr Fotoalbum bringt nicht nur den
Begriff des Privaten in neue Dimensionen, sondern verändert auch un-
sere kulturellen Vereinbarungen über das, was Intimität darstellt. Damit
sind neue Selbstdarstellungsformen, eine «Prostitution des Privaten»
(Tholen 2002, 152), angesprochen, die man schon in den alten Medien
bei den Affekt-Talkshows der privaten TV-Sender oder den televisuellen
Big-Brother-Formaten studieren kann.

Das interdisziplinäre Projekt *Visuelle Kultur* knüpft insofern an das
Programm der *Cultural Studies* an, als es in der Tradition von John Fiske
(2001; siehe auch Lutter/Reisenleitner 2002; Bromley/Göttlich/Winter
1999) die Populär- und Alltagskultur in den Mittelpunkt der Analyse von
Geschichte und Entwicklung von Fotografien im Internet stellt (vgl. den
Beitrag von Winter in diesem Band). Öffentlichkeit, so könnte man vermuten, bekommt jene multiperspektivischen und multikulturellen Ak-
zente, weil jetzt im Internet erstmals auch Bevölkerungsschichten daran
teilnehmen, die bisher ausgeschlossen waren. *Visuelle Kultur* ist ein Feld,
in dem die Kulturpraktiken des Bildermachens, Bilderarchivierens und
Bilderverbreitens in Verbindung gebracht werden mit der Veränderung
der Diskurspraktiken (verstanden als Einheit von institutionellen, ideo-

logischen, medialen, geschlechtsspezifischen Handlungs- und Entschei-
dungsmustern). Von zentralem Interesse sind hier demnach die Verschränkungen von verschiedenen ästhetischen Milieus und historischen
wie gegenwärtigen Bild- bzw. Blickkulturen.

Dieser Diskurs ist eine Einladung, die ungeheure Mächtigkeit der Bilder im Privaten zu beschreiben als eine Mobilmachung von Bildern im
Gefüge verschiedener Medien. Und er regt an, der Frage nachzugehen, ob
das Feld der neuen Freiheit der Fotografie nicht lediglich auf Kontrolle
aufbaut.

ANMERKUNGEN

1 Ich danke Gunnar Schmidt für Diskussionen und Anregungen zu diesem Beitrag.
2 In einem Beitrag der Tagesthemen (22.3.2003) wurden Militär-Experten eingela-
den, CNN-Bilder zu analysieren, siehe auch Adelmann (2004).
3 Bereits 20 Jahre vor Spielbergs Film (die Idee dazu stammt von Stanley Kubrick)
hatte *Blade Runner* von Ridley Scott (USA 1982; Director's Cut 1991) eine ähnliche
Thematik: die Vermenschlichung der Maschine und die Unsicherheit über ihren
humanen oder nicht-humanen Charakter – was schließlich darin mündet, dass das
Bild wichtiger ist als die ‹Wahrheit› über die Figur.
4 Dazu hat das Zentrum für Kunst und Medien (ZKM) in Karlsruhe 2001/02 eine umfangreiche Ausstellung gezeigt (Levin/Frohne/Weibel 2002).
5 Die Techniken und Apparate rücken auf den Körper vor, oder wie Claudia Benthien
(2001, 320) schlussfolgert: «Der Mensch muss sich sozusagen mit Technik beklei-
den, um nicht länger nackt zu sein.»
6 Ernst (2002, 136f.) weist auf neue sprachliche Vereinbarungen im Internet hin,
ohne jedoch die Strukturen genauer zu analysieren.
7 In Deutschland wurde die Ausstellung von der Bundeszentrale für Politische Bildung organisiert; gezeigt wurden 500 der ca. 7000 Fotografien der New Yorker Ori-
ginal-Ausstellung.

Susanne Regener

Adelmann, Ralf (2004), Zwischen Kontrolle und Retro-Kontrolle. Das Videografische im televisuellen Diskurs. Vortrag, Symposion Infame Bilder, Synema. Wien, 14.–16.05.2004.

Belting, Hans (2001), Bild-Anthropologie. Entwürfe für eine Bildwissenschaft. München: Fink.

Benthien, Claudia (2001), Die Epidermis der Kunst. Stelarcs Phantasmen, in: Gendolla, Peter (Hrsg.), Formen interaktiver Medienkunst. Frankfurt a. M.: Suhrkamp, 319–339.

Bollmann, Stefan (1995), Vorwort. Von einem Kursbuch Neue Medien, in: ders. (Hrsg.), Kursbuch Neue Medien. Trends in Wirtschaft und Politik, Wissenschaft und Kultur. Reinbek bei Hamburg: Rowohlt, 9–23.

Bromley, Roger/Udo Göttlich/Carsten Winter (Hrsg.) (1999), Cultural Studies. Grundlagentexte zur Einführung. Lüneburg: zu Klampen.

Burgin, Victor (1999), Jennis Zimmer, in: Schade, Sigrid/Georg C. Tholen (Hrsg.), Konfigurationen. Zwischen Kunst und Medien. München: Fink, 94–103.

Cottingham, Keith (1995), Fictitious portraits, in: Amelunxen, Hubertus von/Alexis Cassel/Stefan Iglhaut/Florian Rötzer (Hrsg.), Fotografie nach der Fotografie. Dresden/Basel: Verlag der Kunst, 160–165.

DeLillo, Don (2000, zuerst 1997), Unterwelt. München: Goldmann (Originaltitel: Underworld. New York: Scribner).

Dubois, Philippe (1998, zuerst 1990), Der fotografische Akt. Versuch über ein theoretisches Dispositiv. Amsterdam/Dresden: Verlag der Kunst (Originaltitel: L'acte photographique et autres essais. Paris: Nathan).

Dyer, Richard (1998), Idol thoughts. Orgasm and self-reflexivity in gay pornography, in: Mirzoeff, Nicholas (Hrsg.), Visual culture reader. London/New York: Routledge, 504–515.

Ernst, Wolfgang (2002), Das Rumoren der Archive. Ordnung aus der Unordnung. Berlin: Merve.

Fiske, John (2001), Cultural Studies und Alltagskultur, in: Winter, Rainer/Lothar Mikos (Hrsg.), Die Fabrikation des Populären. Der John Fiske-Reader. Bielefeld: Transcript, 139–177.

Flusser, Vilém (2003), Medienkultur. Frankfurt a. M.: Fischer (3. Aufl.).

Foucault, Michel (1988), Technologies of the self, in: Martin, Luther M./Huck Gutman/Patrick H. Hutton (Hrsg.), Technologies of the self. A seminar with Michel Foucault. Amherst: University of Massachusetts Press, 16–49.

Fusco, Coco (1998), The other history of intercultural performance, in: Mirzoeff, Nicholas (Hrsg.), Visual culture reader. London/New York: Routledge, 363–371.

Groys, Boris (1999), Über das Neue. Versuch einer Kulturökonomie. Frankfurt a. M.: Fischer.

Jones, Amelia (2003), Introduction. Conceiving the intersection of feminism and visual culture, in: Jones, Amelia (Hrsg.), The feminism and visual culture reader. London/New York: Routledge, 1–7.

Kemp, Wolfgang (Hrsg.) (1980), Theorie der Fotografie. Band 1: 1839–1912. München: Schirmer/Mosel.

Levin, Thomas Y./Ursula Frohne/Peter Weibel (Hrsg.) (2002), CTRL Space. Rhetorics of surveillance from Bentham to Big Brother. Karlsruhe: ZKM/MIT Press.

Lovink, Geert/Pit Schultz (1997), Anmerkungen zur Netzkritik, in: Münker, Stefan/Alexander Roesler (Hrsg.), Mythos Internet. Frankfurt a. M.: Suhrkamp, 338–367.

Lummerding, Susanne (2003), Cyberspace oder die Konvergenz von Phantasma und Symptom, in: Mörtenböck, Peter/Helge Mooshammer (Hrsg.), Visuelle Kultur. Körper – Räume – Medien. Wien: Böhlau, 177–189.

Lutter, Christina/Markus Reisenleitner (2002), Cultural Studies. Eine Einführung. Wien: Löcker.

Lyotard, Jean-François (1985), Immaterialität und Postmoderne. Gespräche. Jean-François Lyotard mit Jacques Derrida. Berlin: Merve.

Mannoni, Laurent (2002), Geburt und Kommerzialisierung der Chronophotographie, in: Dewitz, Bodo von/Werner Nekes (Hrsg.), Sehmaschinen und Bilderwelten. Ich sehe was, was du nicht siehst! Die Sammlung Werner Nekes. Göttingen: Steidl, 362–378.

Mirzoeff, Nicholas (1998), What is visual culture?, in: ders. (Hrsg.), Visual culture reader. London/New York: Routledge, 3–13.

Mirzoeff, Nicholas (1999), An introduction to visual culture. London/New York: Routledge.

Mulvey, Laura (2003), Visual pleasure and narrative cinema, in: Jones, Amelia (Hrsg.), The feminism and visual culture reader. London/New York: Routledge, 44–53.

Oosterbaan, Warna (2002), The images of visual culture. Assumptions, definitions and reality, in: Gierstberg, Frits/Warna Oosterbaan (Hrsg.), The image society. Essays on visual culture. Rotterdam: NAi Publishers, 10–21.

Rajewsky, Irina O. (2002), Intermedialität. Tübingen/Basel: Francke.

Regener, Susanne (2003a), Das Webcam-Projekt. Studienprojekt am Institut für Empirische Kulturwissenschaften der Universität Tübingen. http://www.webcam-projekt.de.

Regener, Susanne (2003b), Masken des Bösen. Der Erfurter Amokläufer in den Medien, in: Kümmel, Albert/Erhard Schüttpelz (Hrsg.), Signale der Störung. München: Fink, 199–207.

Regener, Susanne (2004), Facial politics. Bilder des Bösen nach dem 11. September, in: Löffler, Petra/Leander Scholz (Hrsg.), Das Gesicht ist eine starke Organisation. Köln: DuMont, 203–224.

Rogoff, Irit (1999), Wegschauen. Partizipation in der visuellen Kultur, in: Texte zur Kunst, Vol. 9, Nr. 36, 98–112.

Schmidt, Gunnar (2002), Zeit des Ereignisses. Zeit der Geschichte. Am Beispiel der Multiperspektivität, in: Chi, Immanuel/Susanne Düchting/Jens Schröter (Hrsg.), ephemer_temporär_provisorisch. Aspekte von Zeit und Zeitlichkeit in Medien, Kunst und Design. Essen: Klartext, 175–196.

Sobieszek, Robert A. (1999), Ghost in the shell. Photography and the human soul 1850–2000. Cambridge/London: MIT Press.

Starl, Timm (1995), Knipser. Die Bildgeschichte der privaten Fotografie in Deutschland und Österreich von 1880 bis 1980. München: Stadtmuseum.

Theweleit, Klaus (2002), Der Knall. 11. September, das Verschwinden der Realität und ein Kriegsmodell. Frankfurt a. M./Basel: Stroemfeld/Roter Stern.

Tholen, Georg C. (2002), Die Zäsur der Medien. Kulturphilosophische Konturen. Frankfurt a. M.: Suhrkamp.

Turkle, Sherry (1999, zuerst 1995), Leben im Netz. Identität in Zeiten des Internet. Reinbek bei Hamburg: Rowohlt (Originaltitel: Life on the screen. Identity in the age of the internet. New York: Simon & Schuster).

4 MEDIALE AUFBEREITUNG UND PRÄSENTATION MEDIALER DATEN

Susanne Friese

4.1 Computergestützte Analyse qualitativer Daten

Diese Einführung in computergestützte qualitative Datenanalyse (CUQ-DAS) beginnt mit einem Rückblick auf die nunmehr 20-jährige Geschichte der softwaregestützten qualitativen Datenanalyse (Abschnitt 1). Im Anschluss daran (Abschnitt 2) wird der Zusammenhang zwischen Software und Analysemethode erläutert. Ein allgemein anwendbares Modell zur qualitativen Datenanalyse und die Umsetzung der einzelnen Schritte mit Hilfe von Software wird in Abschnitt 3 vorgestellt. Dies ergibt einen ersten Eindruck, welche Funktionen wichtig und für welchen Zweck notwendig sind. Eine genauere Erläuterung der zentralen Funktionen von CUQDAS bietet Abschnitt 4. Ziel ist es, dem Leser einen Kriterienkatalog an die Hand zu geben, der es ermöglicht, eine gut informierte Entscheidung zu treffen, wenn es darum geht, eine Software auszuwählen, die den projektbezogenen und persönlichen Bedürfnissen entspricht.

1. Zur Geschichte der softwaregestützten qualitativen Datenanalyse

Das erste Programm, das zur Unterstützung qualitativer Datenanalyse entwickelt wurde, war «THE ETHNOGRAPH» (http://www.qualisresearch.com). Das Programm wurde 1985 auf den Markt gebracht. Zu Beginn der 1990er Jahre kamen weitere Programme hinzu wie «Nud*ist 3», «MAX», «HyperResearch» oder «ATLAS.ti». Zu diesem Zeitpunkt waren alle Programme noch DOS-basiert und boten einfache Codier- und Abfragemöglichkeiten. Trotzdem konnte man schon damals nicht behaupten, dass alle Programme funktionsidentisch und austauschbar gewesen wären. Die Programmentwickler waren zumeist selbst Forscher und entwickelten die Software für die Zwecke ihrer eigenen Projekte. Dies hatte zur Folge, dass die Anforderungen des Projekts, die Forschungsfrage und der methodische Ansatz oftmals die Entwicklung und das Design der Software bestimmten. Das Forschungsprojekt, welches zum Beispiel zur Entwicklung von «Nud*ist 3» führte, bestand u. a. aus einer Umfrage, die auch eine große Anzahl von Antworten auf offene Fragen beinhaltete. Dies erforderte ein Werkzeug, das es ermöglichte, Daten automatisch einzulesen und zu bearbeiten. Die erste Version von «MAX» (heute «MAXqda») wurde ursprünglich ebenfalls für den Zweck entwickelt, Antworten auf offene Fragen in Befragungen auszuwerten. Das Design und die Funktionen der beiden Programme waren dennoch nicht gleich, da beide auf unterschiedlichen methodischen Ansätzen basierten. «MAX» wurde mit dem Ziel entwickelt, eine fallorientierte Quantifizierung zu unterstützen, die sich im Wesentlichen an die bei Weber und Schütz beschriebenen Typenbildungen resp. Typisierungen anlehnt (vgl. hierzu Kuckartz 1995).

Die Entwicklung von «ATLAS.ti» wurde von einer Kombination aus drei traditionellen Ansätzen beeinflusst: der Phänomenologie, der Hermeneutik und der Grounded Theory (Böhm/Legewie/Muhr 1992). Dieses Erbe ist heute, zum Beispiel in den Begriffen «Code-Familie» und «Offenes Codieren», immer noch erkennbar (vgl. Glaser/Strauss 1967 sowie den Beitrag von Christmann in diesem Band). Methodisch gesehen hat diese Herkunft in der heutigen Version der Software jedoch keine Bedeutung. Die Funktionen können auch im Zusammenspiel mit anderen Methoden und Ansätzen verwendet werden. Wenn man die Herkunft und Entwicklung der einzelnen Programme betrachtet, lässt sich leicht erkennen, dass hinter jedem Programm eine Geschichte steht.

Mit der zunehmenden Entwicklung von CUQDAS haben sich die Programme ausdifferenziert. Die beiden Hauptfunktionen der Programme aus den frühen Entwicklungsjahren waren das Codieren und die Abfrage. Unter Codieren versteht man die Klassifikation von Merkmalen sowie die Zuordnung von Schlüsselbegriffen und Kategorien zu relevanten Datensegmenten als Ergebnis einer menschlichen Interpretationsleistung (Kuckartz 1998; s. auch Abschnitt 4).

Susanne Friese

Heutzutage geht der Funktionsumfang der meisten Programme weit über diese Ursprünge hinaus. Es lässt sich aber auch, zumeist im Freeware-Bereich, Software finden, welche sich immer noch auf die beiden wesentlichen Funktionen stützt. Für bestimmte Nutzergruppen ist dies ausreichend und bietet alles, was benötigt wird. Eine Übersicht aller verfügbaren kommerziellen und kostenfreien Programme findet sich auf der Webseite http://caqdas.soc.surrey.ac.uk/links1.htm.

2. Anwendungsmöglichkeiten von CUQDAS

CUQDAS kann neben der Unterstützung des Analyseprozesses auch in der Phase der Datenerhebung und für die Ergebnispräsentation verwendet werden. Dieses Anwendungsspektrum ist sicherlich nicht für jede Studie erforderlich, aber es gibt eine Reihe von Situationen, in denen es sinnvoll einsetzbar ist. Ein Anwendungsfall für die Verwendung von CUQDAS in der Phase der Datenerhebung ist gegeben, wenn Daten unterschiedlicher Medientypen wie Text, Bild, Ton und Video über einen längeren Zeitraum erhoben werden. Dies ist zum Beispiel in ethnographischen Studien üblich. Feldnotizen können direkt in die Software eingegeben, erste Interpretationen in Memos festgehalten und mit den entsprechenden Stellen verknüpft werden. Fotos können eingelesen und nach Kriterien wie Zeitpunkt und Thema gruppiert und organisiert sowie um Kommentare und Bildbeschreibungen ergänzt werden. So entsteht im Verlauf des Datenerhebungsprozesses ein Bilderarchiv. Das Gleiche gilt für kurze Videosequenzen.

Eine weitere Option wäre, einen Laptop als Aufnahmegerät zu verwenden und das Audiomaterial dem wachsenden Datenarchiv innerhalb eines CUQDAS-Pakets hinzuzufügen. In dieser Phase findet noch keine detaillierte Analyse statt, aber wertvolle Gedanken können sofort aufgeschrieben und den entsprechenden Datenquellen elektronisch angeheftet werden. Dies setzt ein wenig technisches Verständnis und eine adäquate technische Ausrüstung voraus, insbesondere wenn Daten verschiedenen Medientyps erhoben werden. Allerdings ist es heutzutage auch für den Laien möglich, mit multimedialen Daten zu arbeiten (vgl. hierzu auch den Beitrag von Hartung in diesem Band). Die meisten Laptops können auch zur Aufzeichnung von Interviewdaten verwendet werden und speichern das Ergebnis in digitaler Form. (Es bleibt noch die Suche nach einem guten Mikrophon.) Aufnahmegeräte mit Flash-Card liefern ebenfalls digitale Daten, die direkt auf den Computer übertragen werden können. Auch digitale Video- und Fotokameras haben die breite Masse erreicht, und dank kostengünstiger und nutzerfreundlicher Software muss man auch zur Weiterverarbeitung visuellen Materials auf dem Computer kein Experte mehr sein. Die Erstellung eines wachsenden Datenarchivs während der Datenerhebungsphase kann selbstverständlich auch erfolgen, wenn man nur mit Textdaten arbeitet. Die technischen Voraussetzungen und Kenntnisse können dann entsprechend geringer sein.

Eine andere, wenn auch nicht sehr häufig genutzte Möglichkeit von CUQDAS ist ihre Verwendung im Zusammenhang mit der Präsentation von Ergebnissen, wie zum Beispiel von Coffey, Holbrook und Atkinson (1996) vorgeschlagen. Derzeit verfügt nur die Software «ATLAS.ti» über HTML- und XML-Ausgabeoptionen.[1] Andere Hersteller ziehen aber sicherlich in absehbarer Zeit nach. Ausgabeoptionen im Format HTML und XML ermöglichen die Publikation eines Projekts entweder als Hypermediapräsentation im Web oder auf CD oder DVD, und zwar unabhängig von der Software, mit der die Analyse durchgeführt wurde.[2]

Noch findet man nicht sehr viele Hypermediapräsentationen. Dies kann daran liegen, dass die ethischen Richtlinien zur Veröffentlichung von Interviewdaten nur bedingt auf Bild-, Ton- oder Videomaterial übertragen werden können und neue Richtlinien erst erarbeitet werden müssen (vgl. Pink 2001). Es mag aber auch damit zusammenhängen, dass leistungsfähige Computer mit großem Festplattenspeicher erst in jüngster Zeit für den Standardanwender zur Verfügung stehen. Eine verbesserte Nutzerfreundlichkeit spielt sicherlich auch eine Rolle. Ohne einen Experten zu involvieren, wären ‹hausgemachte› Multimedia- und Hypermediaproduktionen vor einigen Jahren noch nicht möglich gewesen.

Susanne Friese

Häufig wird die Frage gestellt, welche Software für welchen methodischen Ansatz geeignet ist. Die Antwort auf diese Frage ist einfach: Solange der analytische Ansatz beinhaltet, dass das Datenmaterial codiert wird, kann jedes der CUQDAS-Pakete angewendet werden. Es ist ein Irrtum zu glauben, dass einige Softwareprogramme nur in Kombination mit bestimmten Methoden verwendet werden müssen oder eben nicht verwendet werden können. Ebenso wenig kann man davon ausgehen, dass sich auf irgendeine Art und Weise ein methodischer Ansatz von selbst ergibt, nur weil man Daten mit Hilfe von CUQDAS analysiert.

Eine optimale Voraussetzung zum Erlernen von CUQDAS ist ein methodisches Grundverständnis. Es ist nicht Sinn und Zweck von CUQDAS, den Analyseprozess zu dirigieren und zu manipulieren. Die Software soll die Analyse nur unterstützen. Es ist der Anwender, der die Software für seine Zwecke einsetzen und handhaben soll, damit die Software die Aufgaben ausführen kann, die dem ausgewählten analytischen Ansatz entsprechen. Daher wird im Folgenden ein einfaches und allgemein gehaltenes Modell der qualitativen Datenanalyse skizziert unter Berücksichtigung, wie die einzelnen Schritte in der computergestützten Analyse umgesetzt werden können.

Nach Seidel (1998) basiert ein analytischer *Code & Retrieve*-Ansatz darauf, dass das Datenmaterial aufgebrochen, in kleinere Teilstücke und Einheiten zerlegt und nach Themen und Konzepten sortiert wird. Dies lässt sich gut mit dem Legen eines Puzzles vergleichen. Meistens beginnt man mit dem Legen der Rand- und Eckstücke, da diese einfach zu erkennen sind. Solche Rand- und Eckteile in der qualitativen Datenanalyse sind zum Beispiel soziodemographische Merkmale aus Interviews oder strukturelle Merkmale anderer Datentypen. Das Datenmaterial kann im ersten Schritt den entsprechenden Gruppen und Merkmalen zugeordnet werden. Als Nächstes sucht man sich farblich ähnliche Teile heraus, zum Beispiel alle Teile, die wie ein Stück Himmel, Wald oder Wiese aussehen. Dann versucht man, alle Teile eines Bildbereiches zusammenzusetzen, sortiert nach Nuancen, Farbschattierungen oder Mustern, die zusammenpassen könnten und so weiter. Ähnlich kann man sich das Codieren vorstellen. Um beim Beispiel Interview zu bleiben: Eine mögliche Art der Vorgehensweise wäre es, mit Themencodes zu beginnen, zum Beispiel alle Datensegmente, die eine positive Einstellung zu einem bestimmten Thema widerspiegeln, oder eine Beschreibung eines bestimmten Begriffs, Gegenstands oder Ereignisses aus der Sicht der Interviewten. Stellt man Nuancen fest, codiert man sie ebenfalls. Oft wird aber der Fall gegeben sein, dass man Nuancen und Differenzierungen nicht sofort erkennt, sondern erst, wenn man sich Datensegmente zu einem Thema gezielt noch einmal, und zwar ohne den umgebenden Kontext, anschaut. Es ist dann viel einfacher, Varianten zu erkennen, die nun mit Unterbegriffen codiert werden können. Dieser Prozess ist mit Hilfe der Software leicht zu bewältigen. Die Ausdifferenzierung von anfänglichen Themencodes führt dann zur Kategorienbildung. Dies ist eine Voraussetzung, um Datensegmente miteinander vergleichen und kontrastieren zu können. Die einzelnen Elemente können dann nach verschiedenen Kriterien gesichtet werden, um zum Beispiel wiederkehrende Muster, Sequenzen, Klassifizierungen, Typen oder Prozesse zu finden. Ziel ist es, das in Einzelteile heruntergebrochene Datenmaterial wieder zusammenzufügen, allerdings in einer anderen Form als zuvor. Es soll ein aussagefähiges Gesamtbild zum Beispiel in Form eines Modells oder eines Netzwerks entstehen, das nicht mehr der linearen Form des Ausgangsmaterials entspricht, sondern Antworten auf die Forschungsfragen gibt.

Dieser Prozess beinhaltet drei wesentliche Schritte: *Bemerken (notice), Sammeln (collect) und Nachdenken (thinking about)*. Diese drei Schritte finden sich in fast allen qualitativen Analyseansätzen wieder (vgl. Seidel 1998, 2).[3]

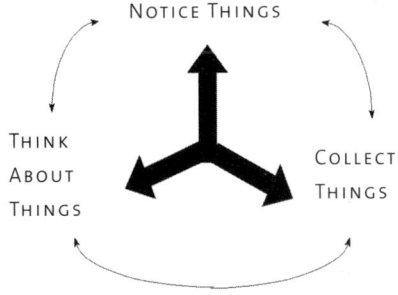

Abb. 1: «Qualitative data analysis» –
aus Seidel (1998, 2)

Bemerken: Wenn man einen Aufsatz oder Artikel liest, hat man oft einen Stift oder Textmarker in der Hand, um etwas zu unterstreichen, zu markieren oder um sich Notizen am Seitenrand zu machen. So verfährt man auch im ersten Schritt der qualitativen Datenanalyse. Man liest sich das Datenmaterial durch bzw. hört oder schaut es sich an. Für die computergestützte Analyse muss zunächst das Datenmaterial aufbereitet werden, damit es in die Software eingelesen werden kann. Text kann in der Regel in üblichen Textverarbeitungsprogrammen geschrieben werden. Je nach Software müssen dabei bestimmte Formatierungsregeln und Formate beachtet werden. Es gibt immer noch Programme, die nur ASCII-Zeichen akzeptieren, die meisten neueren Programme unterstützen jedoch Dokumente im Word- oder Rich-Text-Format.

Nachdem das Datenmaterial digital zur Verfügung steht, kann es in die Software eingelesen werden, und man kann mit dem Durchlesen, Anhören oder Ansehen der Daten beginnen. Hierbei ersetzen Maus und Tastatur den Stift.

Sammeln: Mit der Zeit wird man immer wieder auf Datensegmente stoßen, die einander inhaltlich ähnlich sind und die etwas Gemeinsames bedeuten. Es wird vielleicht mehrfach eine positive Einstellung zu einem bestimmten Thema geäußert, oder es geht um das Verhältnis zu einer bestimmten Person, um einschneidende Erlebnisse aus der Kindheit der befragten Person, um ähnliche oder gleiche Handlungsabläufe oder Ähnliches. Alle Textsegmente, die etwas gemeinsam haben, werden unter einem Schlüsselwort (dem Codewort) gesammelt. Das Codewort wird am Seitenrand vermerkt. Diese Art von Zuordnen durch das Sammeln und Benennen von Textsegmenten wird auch als *Codieren* bezeichnet.

In der computergestützten Analyse markiert man das Segment, welches man codieren möchte, mit der Maus und fügt dem Segment ein oder mehrere Codeworte hinzu. Dies ist in vielen Programmen einfach per Funktionen der Maus möglich. Alle Programme erlauben überlappende und ineinander verschachtelte Codierungen, denn in der qualitativen Analyse sind Bedeutungsinhalte nicht immer eindeutig oder lassen sich nicht genau an einem vollständigen Satz oder Absatz festmachen. Bis ein voll ausgereiftes Kategoriensystem entsteht, ist ähnlich viel Zeit wie bei einer manuellen Analyse aufzuwenden. Software vereinfacht allerdings die einzelnen Arbeitsschritte, da Modifikationen einfacher durchzuführen sind. Notizen und erste Interpretationen können Datensegmenten und Codes direkt elektronisch hinzugefügt werden und über Such- und Abfragefunktionen auch schnell wiedergefunden werden.

Nachdenken: Um es vereinfacht darzustellen: Dem Codieren folgt das ‹Nachdenken›. Wie in obigem Modell dargestellt, verlaufen die drei Arbeitsschritte Bemerken, Sammeln und Nachdenken allerdings nicht völlig getrennt voneinander und auch nicht notwendigerweise sequenziell.

Ziel des ‹Nachdenkens› ist es, Strukturen und Zusammenhänge in den Daten zu erkennen. Hierzu werden die gesammelten Daten gezielt nach bestimmten Codes oder Codekombination durchgesehen, wobei ein ständiges Vergleichen der einzelnen Datensegmente besonders wichtig ist. Dieser Prozess vereinfacht die Reflexion und verdeutlicht Zusammenhänge, die man vorher aufgrund der Fülle des Datenmaterials, der vielen Überlagerungen von Bedeutungsinhalten oder wegen der Überlagerung durch den Kontext nicht gesehen hat. Hierbei wird man neue Zusammenhänge entdecken, Codes umbenennen, neu erstellen oder löschen, und der Prozess des Bemerkens, Sammelns und Nachdenkens beginnt wieder von vorn.

In dieser Phase des Analyseprozesses werden in der computergestützten Analyse Suchfunktionen eingesetzt. Eine Abfrage kann entweder

Susanne Friese

sehr einfach sein, d. h. aus nur einzelnen Codeworten bestehen, oder aus einer Reihe von Codeworten, die logisch miteinander verknüpft sind. Als Standard werden Boole'sche- und Näherungsoperatoren angeboten. Mit Hilfe von Boole'schen Operatoren können zum Beispiel «und»- oder «oder»-Verknüpfungen erstellt werden. Näherungsoperatoren werden eingesetzt, um die Überlappung von zwei oder mehr Codes oder Sequenzen zu finden. Manche Programme bieten zusätzlich semantische Operatoren, die Datensegmente auf der Basis von nutzerdefinierten Code-Verbindungen abrufen. Code-Abfragen können auch mit Datenattributen wie Alter, Geschlecht, Ausbildung oder ähnlichen Merkmalen verbunden werden. Dies ermöglicht die Eingrenzung der Ergebnislisten auf bestimmte Personengruppen oder Eigenschaften. In einigen Programmen ist es auch möglich, Beziehungszusammenhänge graphisch in Form von Netzwerken oder Modellen darzustellen.

4. Was sollte bei der Auswahl einer Software beachtet werden?

4.1 Voraussetzungen

Wie erwähnt, ist es für eine sinnvolle Nutzung von CUQDAS in den allermeisten Fällen notwendig, dass der gewählte methodische Ansatz davon ausgeht, die Daten zu codieren.[4] Des Weiteren sollte eine klare Unterscheidung zwischen quantitativen Inhaltsanalyseprogrammen wie «Sonar Professional» oder «FolioVIEWS» und der hier beschriebenen CUQDAS-Software getroffen werden. Der Schwerpunkt von CUQDAS liegt auf kontextreichen Analysen, *thick descriptions* (Geertz 1973) und Verstehen, nicht auf der Quantifizierung qualitativen Datenmaterials. Daher muss man sich vor der Entscheidung für ein Softwarepaket die Frage stellen, welche Methode für die Datenanalyse verwendet werden soll und welchen Datentyp die Methode erzeugt (biographische Lebensgeschichten, visuelles Material, ethnographische Notizen etc.).

Nachdem die Entscheidung getroffen wurde, dass CUQDAS-Software zur Unterstützung der Datenanalyse eingesetzt werden soll, stellt sich eine weitere Frage: Welches der auf dem Markt angebotenen Programme soll angeschafft werden? Die im Folgenden beschriebenen Software-features und Variationen können als Entscheidungshilfe für Auswahlkriterien dienen.[5]

4.2 DATENEINGABE

Nicht jedes Programm unterstützt notwendigerweise das gewünschte Datenformat. Daher ist im Vorfeld zu überlegen, welche Art(en) von Daten erhoben werden soll(en). Werden nur Daten erhoben, die verschriftet werden können, oder beinhaltet der Datenpool auch Bild-, Audio- oder Videomaterial? Im letzteren Fall lässt sich die Auswahl auf nur wenige Programme reduzieren. Wenn nur Textdokumente analysiert werden sollen, ist es lohnenswert, sich die Unterschiede zwischen Programmen anzuschauen, die nur reine txt-Dokumente oder auch Word- oder Rich-Text-Dokumente unterstützen. Programme, die nur das Einlesen reiner txt-Dateien erlauben, sind in der Regel einfacher und bieten weniger Funktionen. Dies erleichtert allerdings auch oftmals das Erlernen des Programms. Zudem ist für manche Zwecke ein anspruchsloseres Programm durchaus ausreichend. Ein weiteres Thema ist die Editierbarkeit von Dokumenten. Falls eine solche Option von Relevanz ist, sollte darauf geachtet werden, ob Dokumente bearbeitet werden können, auch nachdem sie in ein Programm eingelesen und codiert wurden.

4.3 CODIERUNG

Im Zusammenhang mit der Codierung ist Folgendes zu beachten: Was ist die kleinstmögliche Analyseeinheit? Nicht alle Programme erlauben die Codierung von beliebigen Segmentgrößen; häufig muss man sich zu Beginn für eine Analyseeinheit entscheiden. Wie werden Codierungen dargestellt? Sind sie gut sichtbar, übersichtlich und gegebenenfalls auch in-

Susanne Friese

teraktiv? Wird automatisches Codieren unterstützt? Dies kann eine sehr
nützliche Funktion sein, wenn es um die Codierung struktureller Merkmale geht oder um ein Zusammenfassen von Textstellen unter einem
Code, dem bestimmte Konzepte auf der Basis von im Text vorkommenden Worten zugeordnet werden können. Welche Strukturierungs-
möglichkeiten für das Codiersystem bietet die Software? Falls es für die
Analyse notwendig ist oder der eigenen Arbeitsweise entgegenkommt,
ist darauf zu achten, auf welche Art und Weise Codes hierarchisch organisiert und dargestellt werden.

4.4 Memos und Kommentare

In der qualitativen Datenanalyse gewinnt man viele Einsichten, Ideen
und Erkenntnisse im Prozess des Schreibens. Daher ist es wichtig, sich
anzuschauen, für welche Zwecke Kommentare und Memos geschrieben
und an welche Objekte sie angeheftet werden können. Wird unterschieden, ob es sich um kurze Notizen, Codedefinitionen oder Memos handelt, oder gibt es nur eine Form für das Schreiben von Notizen jeglicher
Art? Inhaltlich und methodisch gesehen kommt diesen Arten von Anmerkungen eine unterschiedliche Bedeutung zu. Daran schließt sich die
Frage an, wie Notizen, Memos oder Kommentare bzw. deren Inhalte wiedergefunden werden können. Wird diese Aufgabe von einer Suchfunk-
tion unterstützt? Wie wird angezeigt, dass eine Anmerkung für ein Objekt geschrieben wurde? Welche Ausgabeoption gibt es? Werden Anmerkungen allein oder im Kontext der mit ihnen verknüpften Objekte
ausgegeben?

4.5 Suchfunktionen

Die Suchfunktionen eines Programms sind besonders wichtig, denn in
der Datenabfrage sind Computer wesentlich effizienter und schneller als
ein Mensch. Es bestehen zum einen unterschiedliche Suchfunktionen,
zum anderen werden die Suchergebnisse unterschiedlich angezeigt.

Kann nach Worten, Zeichenketten oder Textmustern gesucht werden? Textsuchfunktionen sind in der Regel vorhanden, wichtiger ist aber die Frage, welche Abfragemöglichkeiten es auf der Basis der Codes gibt. Wie ist die Suchmaschine aufgebaut? Welche Operatoren stehen zur Verfügung? Können Gesamtergebnisse gefiltert werden, um nur Datensegmente bestimmter Personengruppen oder Merkmalsausprägungen darzustellen? Wie komfortabel kann auf die Ergebnisse zugegriffen werden? Kann man sich die Ergebnisse im Kontext ansehen? Können die Ergebnisse als Textdatei ausgegeben werden?

4.6 Ausgabe von Ergebnissen

Es ist nicht immer wünschenswert oder zumutbar, ausschließlich vor dem Computerbildschirm zu arbeiten. Dies ist ein Grund, sich die Möglichkeiten der Datenausgabe näher anzuschauen. Wichtig ist die Form der Ausgabe aber auch für das Übernehmen von Ergebnissen in Berichte oder der Transfer von Projektdaten und Teilergebnissen in andere Programme. Optimal wäre es, wenn alle Ausgaben sowohl auf dem Bildschirm angezeigt und editiert als auch gespeichert oder ausgedruckt werden können. Bezüglich der Ausgabeformate sind «Rich Text»- komfortabler als «nur Text»-Ausgaben. Ein weiterer Aspekt betrifft die in der Ausgabe enthaltenen Quellengaben. Können Segmente schnell und eindeutig dem Ursprungsdokument zugeordnet werden? Können Quellenangaben auch weggelassen oder auf ein Minimum reduziert werden? Dies ist oft wünschenswert, wenn man eine Liste von Zitaten in Berichte übernehmen will.

Manche Programme bieten quantitative Ausgabeoptionen, zum Beispiel eine Übersicht über Worthäufigkeiten oder die Anzahl der Codierungen per Code oder Dokument. Diese Ausgaben können zum Teil auch in einem mit «Excel» kompatiblen Format abgespeichert werden. Des Weiteren bieten einige Programme eine Schnittstelle zu «SPSS». Je nach gewählter Methode kann ein Nichtvorhandensein einer dieser Funktionen ein Ausschlusskriterium sein.

Susanne Friese

4.7 Sonstige Funktionen

Wenn man in einem Forscherteam arbeitet, ist darauf zu achten, welche Supportfunktionen die Software für Teamarbeit bietet. Können verschiedene Nutzer eingerichtet und angemeldet werden, sodass nachvollzogen werden kann, wer welche Aufgaben bearbeitet hat? Können unterschiedliche Rechte vergeben werden, und können Teilprojekte zu einem gemeinsamen Projekt zusammengeführt werden?

Die Möglichkeit der graphischen Darstellung in Form von Netzwerken und Modellen ist eine Funktion, die von immer mehr Programmen angeboten wird. Es ist darauf zu achten, ob nur ein oder eine beliebige Anzahl von Modellen oder Netzwerken pro Projekt erstellt werden kann. Welche Objekte können miteinander verknüpft werden, nur Codes oder auch andere Objekte wie Memos oder Zitate? Ferner ist zu beachten, ob der Zugriff auf das Quellenmaterial auch von der graphischen Benutzeroberfläche aus möglich ist. Manchmal dient die angebotene Modellfunktion nur dazu, als Filter eingesetzt zu werden, und unterstützt nicht unbedingt die konzeptuelle Arbeit auf einer höheren Ebene. Ein weiteres Unterscheidungsmerkmal zwischen den Programmen besteht darin, ob die Art der Verknüpfung zwischen zwei Objekten vom Anwender beliebig benannt oder ob die Verknüpfung nur in Form einer einfachen graphischen Linie dargestellt werden kann.

4.8 Weitere Entscheidungskriterien

Die Dauer, die man zum Erlernen der einzelnen Programme benötigt, ist individuell verschieden. Je komplexer ein Programm, je mehr Funktionen es also bietet, desto länger ist auch die Einarbeitungszeit. Um Anfängerfehler zu vermeiden, ist es empfehlenswert, zum Erlernen der Programme einen professionellen Workshop zu besuchen. Wichtig ist auch die Frage nach den allgemeinen Computerkenntnissen. Nutzer mit wenig Computererfahrung sind mit einem einfacheren Programm wahrscheinlich besser bedient. Das Gleiche trifft auf Anwender zu, die nur wenige Basisfunktionen zum Codieren und für Abfragen benötigen.

Als weiteres Entscheidungskriterium sollte berücksichtigt werden, ob ein Programm nur für ein spezifisches Projekt oder auch für zukünftige Projekte und damit wahrscheinlich auch andere Nutzergruppen angeschafft werden soll. Wenn die Software primär einem spezifischen Projekt dienlich sein soll, dann kann ein Programm gewählt werden, das den Projektanforderungen am ehesten entspricht. Erfolgt die Beschaffung mit einer längerfristigen Perspektive, sollte möglicherweise ein Programm gewählt werden, das viele Optionen bietet, auch wenn diese im Moment nicht gebraucht werden.

5. Schluss

Die Entscheidung für ein Programm ist letztlich eine Angelegenheit der Intuition. Alle Hersteller bieten freie Demoversionen an, die man von den entsprechenden Webseiten herunterladen kann.[6] Anhand der zumeist ebenfalls angebotenen Einführungstutorien lässt sich ein Gefühl für das Programm entwickeln, indem man ein Beispielprojekt Schritt für Schritt aufbaut und durchspielt. Nicht jede Benutzeroberfläche spricht jeden Nutzer gleichermaßen an. Nimmt man die Herstellerbeschreibung als Grundlage, mag ein Programm alle gewünschten Funktionen bieten, aber möglicherweise empfindet man die Benutzeroberfläche als wenig komfortabel oder findet unpraktisch, wie das Datenmaterial von der Software gehandhabt oder dargestellt wird. Dies lässt sich nur herausfinden, indem man eigene, wenn auch zunächst nur minimale praktische Erfahrung mit mehreren Programmen sammelt.

Susanne Friese

Anmerkungen

1 Weitere Informationen hierzu finden sich auf folgender Webseite: http://www.atlasti.de/xml/ unter dem Titel: «ATLAS.ti goes XML».

2 Auf folgenden Webseiten lassen sich Beispiele für Hypermediapräsentationen finden: http://www.lboro.ac.uk/departments/ss/visualising_ethnography/index.html oder http://lucy.ukc.ac.uk/Stirling/index.html.

3 Der Aufsatz von Seidel steht online unter http://www.qualisresearch.com zur Verfügung. Es ist empfehlenswert, ihn in ganzer Länge zu lesen.

4 Das Programm «ATLAS.ti» bietet zusätzlich zu der Codierfunktion noch eine Hypertextfunktion, die nicht erfordert, dass das Datenmaterial zuerst codiert werden muss. Diese Funktion ist u. a. einsetzbar für die Analyse von Debatten und Diskussionen.

5 Weitere Entscheidungshilfen finden sich auf der Webseite des *CAQDAS Networking*-Projekts: http://caqdas.soc.surrey.ac.uk/.

6 Im Internet findet sich des Weiteren eine Reihe von Softwarebeschreibungen und -vergleichen, die die Funktionen verschiedener Programme gegenüberstellen und zum Teil auch bewerten. Alexa und Züll (1999) beschreiben 15 Programme, siehe auch http://www.gesis.org/Publikationen/Berichte/ZUMA_Arbeitsberichte/99/99_06abs.htm. Neuere Übersichten finden sich unter http://www.quarc.de/software.html und http://caqdas.soc.surrey.ac.uk/, alle Zugriff 31.08.2004.

Literatur

Alexa, Melina/Cornelia Züll (1999), Commonalities, differences and limitations of text analysis software. The results of a review. ZUMA-Arbeitsbericht, Nr. 99/06. http://www.gesis.org/Publikationen/Berichte/ZUMA_Arbeitsberichte/99/99_06abs.htm, Zugriff 31.08.2004.

Böhm, Andreas/Heiner Legewie/Thomas Muhr (1992), Kursus Textinterpretation. Globalauswertung und grounded theory. Unveröffentlichtes Manuskript. Technische Universität Berlin.

Coffey, Amanda/Beverly Holbrook/Paul Atkinson (1996), Qualitative data analysis. Technologies and representations, in: Sociological Research Online, Vol. 1, Nr. 1. http://www.gesis.org/Publikationen/Berichte/ZUMA_Arbeitsberichte/99/99_06abs.htm, Zugriff 31.08.2004.

Geertz, Clifford (1973), The interpretation of cultures. Selected essays by Clifford Geertz. New York: Basic Books.

Glaser, Barney G./Strauss, Anselm L. (1967), The discovery of grounded theory. Strategies for qualitative research. Chicago: Aldine.

Kelle, Udo/Susann Kluge (1999), Vom Einzelfall zum Typus. Fallvergleich und Fallkontrastierung in der qualitativen Sozialforschung. Opladen: Leske + Budrich.

Kuckartz, Udo (1995), Case-oriented quantification, in: Kelle, Udo (Hrsg.), Computeraided qualitative data analysis. London: Sage, 158–166.

Kuckartz, Udo (1998), Computergestützte Analyse qualitativer Daten. Eine Einführung in Methoden und Arbeitstechniken. Opladen: Westdeutscher Verlag.

Pink, Sara (2001), Doing visual ethnography. Images, media and representation in research. London: Sage.

Seidel, John (1998), Qualitative data analysis. http://www.qualisresearch.com, Zugriff 31.08.2004.

Martin Hartung

4.2 DATENAUFBEREITUNG, TRANSKRIPTION, PRÄSENTATION

1. AUSWIRKUNGEN DER DIGITALISIERUNG

In der Welt der Medien ist die so genannte Digitalisierung in den letzten Jahren mit atemberaubender Geschwindigkeit vorangeschritten. Für die Medienforschung bedeutet das, dass inzwischen alle empirischen Daten entweder schon originär in einem digitalen Format vorliegen (z. B. beim digitalen Radio und Fernsehen oder der Digital-Fotografie), digital aufgezeichnet werden können (Audio- oder Videoaufzeichnungen) oder sich ohne Qualitätsverluste in ein digitales Format konvertieren lassen (fast alle «analogen» Datenbestände). Auch die Auswertung erzeugt weitere Daten im digitalen Format wie Transkripte, Texte, Tabellen und Graphiken. Für die wissenschaftliche Arbeitsweise bedeutet das, dass sich alle Datenformen als Datei auf einem PC speichern, dort in jeder gewünschten Weise bearbeiten und die gewonnenen Ergebnisse ebenfalls mit Hilfe des PCs in vielfältiger Weise präsentieren lassen. Durch die Möglichkeit, den PC mit jeder erdenklichen Funktionalität durch die Installation der entsprechenden Software auszustatten, ist er zu dem zentralen Arbeitswerkzeug in der gesamten qualitativen Sozialforschung geworden. Dabei bietet die Digitalisierung für die Forschungspraxis erhebliche Vorteile:

- Digitale Aufzeichnungen haben eine deutlich höhere Qualität. Sie erleichtern damit nicht nur die Rezeption und Auswertung, sondern ermöglichen unter Umständen auch bisher nicht mögliche Wahrnehmungen durch den Forscher.
- Digitale Daten lassen sich am PC komfortabler und effizienter bearbeiten und auswerten als mit externen Geräten. Wer bisher mit Video- und Kassettenrecorder arbeiten musste, weiß die Bedienung eines Video- oder Soundplayers am PC sehr schnell zu schätzen.

- Verbesserte Aufzeichnungsqualität und Erweiterung der Bearbeitungs- und vor allem Darstellungsmöglichkeiten ermöglichen eine vertiefte Wahrnehmung sozialer Interaktionen. Wenn man die Aufzeichnung metaphorisch als das Mikroskop des Sozialwissenschaftlers bezeichnet, dann bedeutet die Digitalisierung den Fortschritt vom optischen zum Elektronen-Mikroskop. Auf diese Weise konstituieren sich nicht nur neue Forschungsgegenstände, auch der bisher erreichte Forschungsstand muss auf der Grundlage der neuen Wahrnehmungsmöglichkeiten überprüft und gegebenenfalls revidiert werden.

Die teilweise dramatischen Veränderungen betreffen aber nicht nur den Forschungsprozess selbst, sondern auch die Präsentation seiner Ergebnisse. Weil die der Analyse zugrunde liegenden Daten bei einem Vortrag in vielfältiger Weise vorgestellt werden können, wird der Nachvollzug für die Zuhörer wesentlich erleichtert. Das gilt auch für Print-Publikationen, in denen Daten nicht mehr nur auf die Repräsentation als Transkript beschränkt sind, sondern denen sie unproblematisch in ihrer Originalform (z. B. auf CD oder zum Download im Internet) beigefügt werden können (soweit es keine Einschränkungen durch den Datenschutz oder das Urheberrecht gibt). Da sie bei Online-Publikationen sogar direkt in den digitalen Text eingearbeitet werden können, sind hier ganz neue Darstellungsformen möglich. Beispielsweise wird das klassische Textelement «Versprachlichung von Daten-Wahrnehmungen» einer datengestützten Publikation von seiner Darstellungsfunktion zugunsten der Analysefunktion entlastet.

Einen Nachteil hat die Digitalisierung allerdings. Gerade die hohe Geschwindigkeit des technischen Fortschritts macht es schwierig, Aussagen über die Zukunft und die weitere Entwicklung von digitalen Datenformaten und der entsprechenden Hardware zu machen. Für eine langfristige Archivierung ist es also nicht einfach, die richtige Entscheidung zu treffen. Da ein großer Teil der empirischen Daten in den Sozialwissenschaften aber ohnehin nur innerhalb eines einzigen Projekts ausgewertet werden und deshalb nicht für die Ewigkeit zur Verfügung stehen müssen, stellt sich dieses Problem jedoch in der Forschungspraxis eher selten.

Die methodologischen Auswirkungen der Digitalisierung auf Daten-

Martin Hartung

interpretation und Datenrepräsentation sind bislang noch kaum reflektiert worden. Das liegt sicher auch daran, dass die neuen Verfahrensweisen in der Forschungspraxis immer noch vielfach unbekannt sind, oft werden sie auch nur unzureichend beherrscht und deshalb eher nicht genutzt. Deshalb gibt dieser Beitrag einen Überblick über die wichtigsten Vorgehensweisen und den aktuellen Stand der Technik.

2. Aufzeichnung von TV-Sendungen

Vor 25 Jahren begann mit der Einführung des VHS-Aufzeichnungssystems die Ära der privaten TV-Mitschnitte. Erst durch diese Technik wurde die Durchführung von datengestützten Medienanalysen mit vertretbarem Aufwand möglich, und inzwischen gehört der Einsatz von VHS-Videorecordern zum Standard in der qualitativen Medienforschung. Seit der Einführung von DVD-Recordern im Jahr 2002 sind die Tage dieses Standards gezählt: Die Umstellung auf das digitale Aufzeichnungsformat MPEG 2 ist in vollem Gang und wird wohl in kurzer Zeit abgeschlossen sein (MPEG ist die Abkürzung für «Motion Picture Expert Group», einer Expertenkommission zur Entwicklung und Definition von Kompressionsstandards). Schon jetzt sind in den Regalen der Elektronik-Fachmärkte VHS-Recorder kaum noch zu finden, während der Preisverfall des Nachfolgers DVD-Recorder fast monatlich verfolgt werden kann. Für die Forschungspraxis bedeutet das, dass neue Aufzeichnungen derzeit nur noch im Format MPEG 2 gemacht werden sollten und schon vorhandenes Datenmaterial auf VHS-Bändern zur weiteren Verwendung in das neue Format konvertiert werden sollte. Bei der Konvertierung geht es weniger darum, das Material zu «retten», denn VHS-Recorder wird es sicher noch ein paar Jahre lang geben, sondern von den komfortablen Bearbeitungs- und Abspielmöglichkeiten am PC Gebrauch machen zu können.

Auch wenn in der aktuellen Umbruchphase eine Vielzahl von unterschiedlichen Gerätetypen auf dem Markt ist, lässt sich doch absehen, dass für die Arbeit in der Medienforschung vor allem zwei Verfahren mit den entsprechenden Geräten relevant sind, die im Folgenden beschrieben werden.

2.1 DVD-Recorder mit Festplatte

Der direkte Nachfolger des traditionellen VHS-Videorecorders ist ein DVD-Recorder mit einer Festplatte. Auf der Festplatte werden zunächst die gewünschten TV-Sendungen im Format MPEG 2 aufgezeichnet. Die maximale Aufzeichnungskapazität ist dabei abhängig von der Größe der Festplatte (zurzeit zwischen 80 und 250 GB) und der gewählten Kompression. Auf einer 80-GB-Festplatte können zwischen 17 (maximale Qualität) und 102 Stunden (maximale Kompression) Videoaufzeichnungen gespeichert (und jederzeit wieder gelöscht oder überschrieben) werden. In einem zweiten Schritt werden die archivwürdigen Sendungen auf DVD gebrannt, was je nach Kompression und Speichermedium für eine komplette DVD zwischen fünf und 60 Minuten dauert. Dabei können die Videodaten auch weiter komprimiert werden, sodass bis zu zwölf Stunden auf einer DVD archiviert werden können (bei maximaler Qualität nur zwei Stunden). Bislang hat sich für die Aufzeichnung auf DVD noch kein einheitliches Medien-Format durchgesetzt, sodass es momentan noch unterschiedliche Speichermedien gibt, die nicht immer austauschbar sind:

- DVD-RAM: Die Medien können laut Herstellerangaben bis zu 100 000-mal bespielt und gelöscht werden und existieren in zwei unterschiedlichen Typen sowie älteren und neueren Versionen. Davon abhängig können sie zwischen 2,6 und 9,4 GB speichern.
- DVD-R: Die Rohlinge können nur einmal beschrieben werden und fassen entweder 3,95 oder 4,7 GB.
- DVD-RW: Diese Weiterentwicklung der DVD-R kann bis zu 1000-mal beschrieben und gelöscht werden und speichert 4,7 GB. Auch wenn diese Medien theoretisch in den meisten DVD-Playern lesbar sein sollten, treten in der Praxis doch häufig Probleme auf.
- DVD + RW: Dieser Standard ist kompatibel mit DVD-R und DVD-RW

Martin Hartung

und verursacht beim Gerätewechsel die geringsten Probleme. Er fasst 4,7 GB.

Auch wenn die meisten Brenner mehrere Formate beherrschen, gibt es bislang keinen, der alle Standards unterstützt.

Durch die Aufzeichnung auf digitalen Medien (HDD/DVD) statt auf Magnetbändern wird eine sehr präzise und komfortable Navigation in der Videosequenz möglich. Jede gewünschte Position der Sequenz kann ohne mühsames Spulen gezielt angesprungen werden, die Geschwindigkeit der Wiedergabe kann in vielen Stufen beschleunigt oder verlangsamt werden bis hin zur Abfolge von Einzelbildern, die beliebig lange in höchster Qualität auf dem Bildschirm angezeigt werden. Die Editierfunktionen ermöglichen es, zum Beispiel Werbeblöcke sehr präzise und ohne großen Aufwand aus dem Video zu löschen.

Verfügt der DVD-Recorder über die entsprechenden Anschlüsse, können auch externe Videoquellen angeschlossen und auf DVD gebrannt werden. Um einen digitalen Camcorder anzuschließen, ist eine Firewire-Schnittstelle («iLink») notwendig, eine analoge Videokamera braucht einen S-VHS-Eingang. Über einen SCART-Eingang lässt sich auch ein VHS-Videorecorder anschließen, um die schon vorhandenen Videokassetten in das digitale Format MPEG 2 zu konvertieren und auf DVD zu brennen.

2.2 PC MIT TV-KARTE

Da die Videodaten in der qualitativen Medienforschung ohnehin an einem PC bearbeitet werden und dieser schon über eine Festplatte (und Anschlüsse für weitere Festplatten) und einen DVD-Brenner verfügt, ist es im Allgemeinen sinnvoll, auf ein «Stand-alone-Gerät» zu verzichten und stattdessen den Arbeitsplatz-Rechner zum digitalen Videorecorder «aufzurüsten». Dazu ist eine so genannte TV-Karte notwendig, die für wenig Geld zu haben ist (momentan etwa ein Drittel eines HDD-DVD-Recorders). Eine solche Karte besteht (in der analogen Ausführung) aus zwei Komponenten, dem Tuner und dem Decoder. Der Tuner ist ein Empfänger, wie er auch in jedem Fernseher oder Videorecorder verwendet wird, der das Signal aus der Antennen-Eingangsbuchse aufnimmt und daraus ein analoges Video/Audio-Signal erzeugt. Der Decoder schlüsselt diese Daten auf und leitet den Ton an die Soundkarte, das Bild an die Graphikkarte weiter. Die eigentliche Digitalisierung in das Format MPEG 2 und das Speichern der entsprechenden Datei auf der Festplatte leistet eine spezielle Software, die den Karten meist beigefügt ist. Voraussetzung für eine hochwertige Aufzeichnung im Format MPEG 2 ist allerdings, dass die Karte das Videobild in der für PAL optimalen Auflösung von 768 mal 576 Bildpunkten darstellen kann. Bis vor kurzem gab es TV-Karten fast nur in der gerade beschriebenen analogen Ausführung. Da inzwischen aber Fernsehsignale mehr und mehr digital angeboten werden und das analoge Fernsehen in Deutschland bis 2010 vollständig abgeschaltet wird, wächst die Zahl der auf dem Markt angebotenen digitalen TV-Karten stetig. Da das Fernsehsignal bei ihnen schon digitalisiert als MPEG-2-Datenstrom ankommt, sind sie deutlich einfacher gebaut. In der Forschungspraxis dürfte das Hauptproblem darin bestehen, überhaupt einen Fernsehanschluss – ob Antenne, Satellit oder Kabel, ob analog oder digital – im privaten Arbeitszimmer oder universitären Büro vorzufinden, an den die Karte angeschlossen werden kann. Zudem ist die Eingangsempfindlichkeit der Tuner nicht so hoch wie bei einem Fernseher, sodass die Karten auf ein starkes und sauberes Signal angewiesen sind. Dieses wird aber immer schlechter, je mehr Empfänger an einer Antenne angeschlossen sind.

Ein weiteres Problem könnte sich ergeben, wenn im PC kein Steckplatz mehr für eine weitere Karte frei ist (oder wenn man mit einem Laptop arbeiten will). Für diese Situation werden TV-Karten auch als externe Box angeboten, die über USB («Universal Serial Bus») oder den Schnittstellen-Standard IEEE 1394 («Firewire») an den PC angeschlossen werden.

Sind die entsprechenden Anschlüsse vorhanden, können auch an eine TV-Karte externe Videoquellen angeschlossen werden wie digitale oder analoge Videokameras oder ein VHS-Videorecorder.

Für die MPEG-2-Dateien auf der PC-Festplatte gelten natürlich dieselben Vorteile wie bei einem DVD-Recorder: Sie lassen sich präzise und komfortabel navigieren (abhängig von der verwendeten Software, dem

«Videoplayer»), sehr einfach «schneiden», um zum Beispiel die Werbeblöcke zu entfernen oder Clips für eine Präsentation zu erstellen, und
haben beim Kopieren keinerlei Qualitätsverlust. Hinzu kommt die Möglichkeit, Standbilder aus der Videosequenz zu kopieren und etwa in Publikationen zu verwenden. Mit einem entsprechenden Brennprogramm
lassen sich die MPEG-2-Dateien auf DVD brennen.

3. KONVERTIERUNG VON VHS-AUFZEICHNUNGEN

Da es DVD-Recorder erst seit 2002 gibt, dürften die meisten Videodaten
immer noch auf VHS-Bändern gespeichert sein. Es lohnt sich, sie in das
digitale Format MPEG 2 zu konvertieren, weil man damit einen deut-
lichen Gewinn bei Bearbeitung und Präsentation erzielen kann. Für diese
Konvertierung gibt es drei Möglichkeiten, von denen zwei schon vorgestellt wurden:

- DVD-Recorder: Über eine SCART-Buchse können ein VHS-Recorder
  an einen DVD-Recorder angeschlossen und die Bänder einfach über-
  spielt werden.
- PC mit TV-Karte: Auch an eine TV-Karte im PC kann ein VHS-Recorder angeschlossen werden, wenn sie über den entsprechenden Anschluss verfügt.
- Kombi-Recorder: Diese Geräte verfügen sowohl über ein VHS-Kasset-
  ten-Laufwerk als auch über ein DVD-Laufwerk in einem Gehäuse, sodass die Konvertierung von einem Medium auf das andere sehr einfach ist.

4. Aufzeichnung von verbaler Interaktion

Vor der Aufzeichnung von verbalen Interaktionen muss die Entscheidung getroffen werden, ob nur der Ton oder auch das Bild aufgenommen werden soll. Der Videoeinsatz ist dabei gut zu überlegen, denn er bringt neben dem Gewinn auch erhebliche Probleme bei der Aufzeichnung, Auswertung und Präsentation der Daten mit sich.

In die Welt der reinen Audioaufzeichnung hat die Digitalisierung schon wesentlich früher Einzug gehalten, nämlich 1987 mit der Einführung der ersten DAT-Recorder («Digital Audio Tape»). Sie zeichnen allerdings auf einem Magnetband auf, was eine sehr komplexe und störanfällige Mechanik notwendig macht (wie beim Videorecorder Schrägspuraufzeichnung mit Kopfumschlingung). Deshalb sind DAT-Recorder auch bis heute verhältnismäßig teuer in Anschaffung und Unterhaltung. Abhilfe schaffen hier die 1992 in den Markt eingeführten portablen Mini-Disk-Recorder («Portis»), die auf einer kleinen Diskette aufzeichnen und deshalb gegenüber der Bandaufzeichnung den Vorteil digitaler Navigation und Bearbeitung haben. Aufgrund der beschränkten Speicherkapazität der MiniDisk wird zwar das Kompressionsverfahren ATRAC («Adaptive Transform Acoustic Coding») eingesetzt, für die auditive Interpretation der Daten ist das aber ohne Relevanz. Die Geräte sind inzwischen sehr klein und leicht und haben sich in den letzten Jahren als Standard in der empirischen Sozialforschung etabliert. Im Sommer 2004 wurde von Sony die nächste Geräte-Generation vorgestellt: Mit dem Format Hi-MD können Portis nun auch unkomprimierte WAVE-Dateien aufzeichnen und in Sekunden über eine USB-Schnittstelle auf den PC übertragen. Da die Aufzeichnungsdauer aber nach wie vor durch die MiniDisk auf 94 Minuten beschränkt bleibt, könnte sich in der Feldforschung ein anderer Gerätetyp als Standard der nächsten Jahre etablieren, nämlich ein portabler Festplatten-Recorder (im Markt aufgrund seiner Herkunft als «MP3-Recorder» bezeichnet). Er speichert Tonaufnahmen als WAVE-Dateien auf einer fest eingebauten Festplatte, die zurzeit bis zu 40 GB und damit 60 Stunden Aufzeichnungen fassen kann, bevor die Dateien über eine USB-Schnittstelle in den PC übertragen werden müssen.

Ganz gleich, mit welchem Gerätetyp die Gesprächsaufzeichnungen gemacht werden, in einem zweiten Schritt werden sie über die Soundkarte auf den PC übertragen und dort als WAVE-Datei zur weiteren Bearbeitung (Inventarisierung, Transkription, Sampling) gespeichert.

5. TRANSKRIPTION

Die Wahrnehmung von Audio und Video ist selektiv und flüchtig, d. h., wir nehmen nur die Einzelheiten in unserem Aufmerksamkeitsfokus wahr und haben sie schon wenige Sekunden später wieder vergessen, wenn wir zu einer globalen Interpretation gelangt sind. Für eine wissenschaftliche Analyse, die davon ausgeht, dass jedes einzelne Element eine Bedeutung hat und regelhaft verwendet wird, muss die Wahrnehmung mit einem Hilfsmittel unterstützt werden, um Sinneseindrücke möglichst vollständig zu erfassen und permanent wahrnehmbar zu machen. Dieses Instrument ist die Transkription, d. h. die Fixierung der flüchtigen Sinneseindrücke von Bild und Ton im graphischen Medium («Verschriftlichung»).

Eine Transkription ermöglicht es, durch mehrmalige Rezeption und systematische Verschiebung des Aufmerksamkeitsfokus Sinneseindrücke zu sammeln und zu einer strukturierten Darstellung zusammenzufügen, die um ein Vielfaches informationshaltiger und dauerhafter ist als der einzelne Wahrnehmungsvorgang. Hinzu kommt die Möglichkeit, die Dimension der Zeit im graphischen Medium sichtbar und damit die zeitliche Relation einzelner Elemente auswertbar zu machen. Transkripte erlauben es außerdem, einen Sequenzverlauf auf unterschiedlichen Analyseebenen über eine längere Zeit zu verfolgen und auch zeitlich entfernte Positionen in einer Sequenz nebeneinander zu stellen.

Auch wenn Transkriptionen für eine wissenschaftliche Analyse unverzichtbar sind, sind sie doch nur unvollständige und unvollkommene Wiedergaben des Originaldatums – eben ein «Hilfsmittel» für die Auswertung und auf keinen Fall ein objektives Abbild. Ein graphisches Zeichensystem kann zwar sehr gut Sprache («Text»), aber schon wesentlich mangelhafter Lautphänomene und nur sehr eingeschränkt visuelle Sinneseindrücke erfassen und darstellen, vor allem in ihrem zeitlichen Verlauf. Allen Konventionen, die zu diesem Zweck entwickelt werden, liegt deshalb immer auch eine – mehr oder weniger rudimentäre, mehr oder weniger reflektierte – Theorie über die Grundstruktur einer Sequenz zugrunde.

Im Forschungsprozess hat der mediale Bruch jedoch wichtige methodische Auswirkungen: Er zwingt den Forscher, bei der Transkription seine oft vagen und intuitiven Sinneseindrücke zu reflektieren und bewusste Codierentscheidungen zu treffen, deren Ergebnis, das Transkript, dann zur Grundlage intersubjektiver Überprüfung werden kann.

Bislang waren Transkripte aber nicht nur eine obligatorische Auswertungshilfe, sondern auch ein unverzichtbares Mittel zur Präsentation von Daten vor allem in Publikationen. Während bei Datensitzungen und Vorträgen die Daten vorgespielt werden können, gab es vor der Entwicklung von digitalen Audio- und Videoformaten keine Möglichkeit, diese Daten auch einer Publikation hinzuzufügen. Da Transkripte jedoch nur sehr eingeschränkt und nur für einen geübten Leser die ursprüngliche Sequenz mental evozieren können, war bislang der Nachvollzug von Analysen und Interpretationen nicht gerade einfach. Da die Daten nun im digitalen Format (MP3/MPEG 2) jeder publizierten Analyse auf CD, DVD oder zum Download im Internet beigefügt werden können, wird nicht nur den Lesern die Lektüre erheblich erleichtert, sondern werden auch den Autoren neue Darstellungsmöglichkeiten angeboten, bei denen sie nicht auf die Leistungsfähigkeit eines graphischen Codiersystems angewiesen sind (vgl. hierzu auch den Beitrag von Bergmann in diesem Band).

5.1 TRANSKRIPTIONSKONVENTIONEN

Konventionen zur Transkription haben sich in verschiedenen Forschergemeinden entwickelt und sind unterschiedlich verbreitet. Ursprünglich nur für die Audiotranskription vorgesehen, wurden sie inzwischen alle so erweitert, dass auch nonvokale Phänomene erfasst werden kön-

Martin Hartung

nen. Sie alle haben jedoch mit der Schwierigkeit zu kämpfen, visuelle Informationen im graphischen Medium darzustellen, und geraten je nach untersuchtem Phänomen schnell an die Grenzen der Darstellbarkeit. Einige der Probleme lassen sich mit Hilfe der Digitalisierung kompensieren, indem aus den Videosequenzen im MPEG-2-Format Standbilder («Screenshots») kopiert und in die Transkripte eingefügt werden.

Zurzeit sind folgende Konventionen sehr verbreitet:

- die Konventionen der amerikanischen Conversation Analysis (vgl. hierzu den Beitrag von Keppler in diesem Band), maßgeblich von Gail Jefferson entwickelt und zum ersten Mal 1974 (Sacks/Schegloff/Jefferson 1974) benannt und u. a. von Atkinson und Heritage (1984) ausführlicher vorgestellt.

- die Halb-Interpretativen Arbeitstranskriptionen (HIAT), die Konrad Ehlich und Jochen Rehbein Anfang der 1970er Jahre in Deutschland entwickelt haben. Sie sind vor allem in der Funktionalen Pragmatik verbreitet (Ehlich 1993).

- die Konventionen des Instituts für Deutsche Sprache in Mannheim, die in den 1970er Jahren vor allem für die eigenen Korpora und Publikationen entwickelt wurden und seit den 1990er Jahren auch für die Diskursdatenbank DIDA verwendet werden (Klein 1993).

- Relativ neu sind die Konventionen, die von einer Forschergruppe vor allem aus der interaktionalen Linguistik erarbeitet wurden (Selting et al. 1998), um aus den vorhandenen Konventionen einen konsensfähigen Synthesevorschlag zu entwickeln, nämlich das Gesprächsanalytische Transkriptionssystem (GAT).

5.2 TRANSKRIPTIONSSOFTWARE

Da das Transkribieren ein sehr arbeitsintensiver und zeitaufwendiger Arbeitsschritt ist, wurden viele Versuche unternommen, es mit Hilfe von Computern zu vereinfachen und zu erleichtern. Ein erheblicher Fortschritt wurde hier durch die Digitalisierung erreicht: Audio- und Videodaten können nun mit entsprechenden «Playern» am PC wiedergegeben werden, und zwar gegenüber den externen Geräten Kassetten- und Videorecorder mit unvergleichlichem Komfort. Gerade für die Transkription sind die präzisen Steuerungs- und Wiedergabemöglichkeiten von digitalen Formaten ideal. Da die eigentliche Transkription schon lange als Textdatei am PC erstellt wird, kann nun die gesamte Arbeit am Rechner erledigt werden.

Der Gedanke liegt nahe, Medienplayer und Texteditor zu einem echten Transkriptionsprogramm zusammenzufassen, das beliebige Mediendateien komfortabel anzeigen und mit einer Texteingabe verbinden kann, die zudem mit den bei der Transkription notwendigen Sonderfunktionen ausgestattet ist. Obwohl es inzwischen eine Reihe von Projekten gibt, die diesem Ziel zustreben, hat bislang keines dieses für die gesamte empirische Sozialforschung so wichtige Ziel erreicht. Das liegt vor allem daran, dass es sich ohne Ausnahme um akademische Projekte handelt, die über viel zu wenig Kapazität verfügen, um diese extrem anspruchsvolle Entwicklungsaufgabe zu lösen. Die meisten der so entstandenen Programme haben ein mangelhaftes User-Interface, laufen nicht oder nicht stabil auf allen wichtigen Plattformen, verfügen nur über die notwendigsten Grundfunktionen, verwenden proprietäre, mit verbreiteten Standards nicht kompatible Formate, sind nicht ausreichend dokumentiert und bleiben auf dem Entwicklungsstand stehen, den sie nach dem zwangsläufigen Projektende erreicht haben. Deshalb lässt sich zurzeit kein Transkriptionsprogramm ohne Einschränkungen empfehlen, ein Standard zeichnet sich in diesem Bereich nicht ab und wird sich in absehbarer Zeit auch nicht entwickeln. Es kann sich aber dennoch lohnen, sich vor Beginn eines Projekts im Internet über den aktuellen Stand der Programmentwicklung durch fachspezifische Linksammlungen oder allgemeine Suchmaschinen zu informieren.

6. Präsentation

Da aktuelle Audio- oder Videodaten inzwischen fast nur noch in den digitalen Formaten WAVE bzw. MPEG 2 vorliegen (oder sich zumindest in diese Formate konvertieren lassen), hat sich auch das Präsentieren von Daten in einer Forschergruppe oder auf einer Tagung erheblich vereinfacht. Mit Laptop, Beamer und entsprechend leistungsstarken Boxen können die vorbereiteten Dateien an genau der richtigen Stelle und beliebig oft vorgespielt werden. Dabei lassen sich zwei Situationen unterscheiden: die Datensitzung, bei der in einer kleinen Gruppe systematisch und methodisch Interpretationen der Daten erarbeitet werden, und der Vortrag, bei dem schon erzielte Ergebnisse präsentiert werden. Für eine Datensitzung ist es sinnvoll, die gesamte Sequenz, an der gearbeitet werden soll, als Datei in einem entsprechenden Editor zur Verfügung zu halten, auch wenn zunächst zum «Einstieg» in die Arbeit natürlich nur ein kleiner Ausschnitt vorgespielt wird. Welche weiteren Stellen der Sequenz dabei nämlich relevant werden und präsentiert werden müssen, lässt sich nicht vorhersagen. Ganz anders bei einem Vortrag: Hier sollen ja nur ausgewählte Clips zur Illustration eines Phänomens vorgestellt werden. Zusammen mit dem Transkript können die aus dem Material ausgeschnittenen Medienclips zur Vorführung in eine PowerPoint-Präsentation eingebunden werden. Das gilt auch für Publikationen, bei denen die Medienclips auf CD oder DVD beigefügt bzw. im Internet zum Download angeboten werden können. Besonders einfach ist das, wenn es sich um eine Online-Publikation handelt, die nicht im Druck vorliegt, sondern ebenfalls als Datei zum Download angeboten wird.

7. Ausblick

Die Digitalisierung hat für die Medienforschung im Bereich der Datenaufbereitung, der Transkription, der Interpretation und der Präsentation erhebliche Erleichterungen mit sich gebracht. Was noch vor wenigen Jahren nur in gut ausgestatteten Videostudios möglich war, lässt sich heute am eigenen PC erledigen. Dazu ist allerdings eine neue Art von Wissen notwendig, nämlich Kenntnisse über technische Zusammenhänge und Vorgehensweisen, die traditionell in der akademischen Lehre eher unterrepräsentiert sind. Es wäre sinnvoll – gerade auch wegen der rasanten Weiterentwicklung –, entsprechende Lehrveranstaltungen in das Curriculum der Medienforschung aufzunehmen. Das ist umso wichtiger, als durch die neuen Medien wie Internet und mobile Telekommunikation eine Fülle neuer Interaktionstypen (E-Mail, Chat, SMS, MMS, Internetforen usw.) und Medienformate (Hypertexte, Websites, Graphikanimationen usw.) entstanden sind, deren Dokumentation und Analyse ohne entsprechende Vorkenntnisse nicht möglich ist. Während diese Aufgabe für die schon älteren, eher textorientierten Formen wie E-Mail und Chat noch relativ einfach ist, müssen für viele neue multimodale Formen wie Multimedia Messaging Service (MMS) oder dynamische Webseiten entsprechende Werkzeuge und Vorgehensweisen erst noch entwickelt werden.

Literatur

Atkinson, Maxwell/John Heritage (1984), Structures of social action. Studies in conversation analysis. Cambridge: Cambridge University Press.

Ehlich, Konrad (1993), HIAT. A transcription system for discourse data, in: Edwards, Jane A./Martin D. Lampert (Hrsg.), Talking data. Transcription and coding in discourse research. Hillsdale, NJ: Erlbaum, 123–148.

Klein, Wolfgang (1993), Transkriptionskonventionen des Instituts für Deutsche Sprache. Unveröffentlichtes Manuskript, Mannheim.

Sacks, Harvey/Emanuel Schegloff/Gail Jefferson (1974), A simplest systematics for the organization of turn-taking for conversation, in: Language, Vol. 50, Nr. 4, 696–735.

Selting, Margret et al. (1998), Gesprächsanalytisches Transkriptionssystem (GAT), in: Linguistische Berichte, Band 173, 91–122.

Jörg R. Bergmann

4.3 MEDIALE REPRÄSENTATION IN DER QUALITATIVEN SOZIALFORSCHUNG

Seit einigen Jahren ist zu beobachten, dass mit der Publikation eines wissenschaftlichen Textes den Lesern zuweilen auch das Datenmaterial, auf das sich eine Untersuchung stützt, in Form audiovisueller Aufzeichnungen zugänglich gemacht wird. So enthalten manche Bücher oder akademischen Abschlussarbeiten als Beilage eine CD, auf der das Text-, Bild- oder Tonmaterial, das einer Untersuchung zugrunde liegt, gespeichert ist. Arbeitsberichte verweisen den Leser auf Internetadressen, unter denen er das analysierte Datenmaterial als Audio- oder Videoclip herunterladen oder im Streaming-Verfahren betrachten kann.[1] Wissenschaftliche Zeitschriften, zumal solche, die auch – oder sogar nur – in Form einer elektronischen Ausgabe erscheinen, wie etwa «Gesprächsforschung – Online-Zeitschrift zur verbalen Interaktion» (ab 2000) oder «Gesture» (ab 2002), bieten ihren Autoren die Möglichkeit, den Lesern auch die (manchmal anonymisierten) Bild- und Tonaufzeichnungen, auf die sich eine Analyse bezieht, online zur Verfügung zu stellen. Diese Entwicklung wird möglich, weil Herstellung und Vertrieb von leistungsstarken digitalen Speichermedien (CD, DVD) einfach und erschwinglich geworden sind und sich das Internet als ein weltumspannendes Kommunikationsnetz etabliert und stabilisiert hat. Aber das ist nur die technische Seite der Geschichte.

Mit der Frage, was diese Entwicklung für die qualitative Medienforschung bedeutet, befasst sich der folgende Beitrag. In ihm geht es weniger um die praktischen Möglichkeiten als um die methodologischen Implikationen, die mit dem Einsatz alter und neuer Medien für die qualitative Sozialforschung im Allgemeinen und für die qualitative Medienforschung im Besonderen verbunden sind.

1. MEDIEN ALS RESSOURCE
DER WISSENSCHAFTLICHEN ARBEIT

Dass audiovisuelle Medien im Rahmen wissenschaftlicher Arbeit Anwendung finden, ist für sich zunächst nicht überraschend. Zwar ist Schrift eine essenzielle Voraussetzung aller Wissenschaft, doch über Jahrhunderte hinweg haben Forscher ihre Beobachtungen als Anatomen, Astronomen, Biologen, Geographen, Psychologen o. Ä. immer auch durch zeichnerische Reproduktionen festgehalten. Als die erste Apparatur zur Herstellung von Serienfotos um 1875 entwickelt wurde, geschah dies zur Erforschung menschlicher und tierischer Bewegungsabläufe. Aus der Serienfotografie ging dann die Technik der filmischen Aufzeichnung hervor, und auch hier kam es im Jahr 1895 noch vor der ersten öffentlichen Filmvorführung durch die Brüder Lumière dazu, dass ein Wissenschaftler sich dieses neuen Mediums bediente: Félix-Louis Regnault filmte auf der Exposition Ethnographique de l'Afrique Occidentale in Paris die Töpfertechniken einer Wolof-Frau und ließ sich dabei leiten von der Überzeugung, dass die Ethnographie erst durch den Einsatz derartiger Aufzeichnungsinstrumente die Präzision einer Wissenschaft erreichen könne (vgl. Marks 1995, 339). Fotografie und Film wurden also bereits für wissenschaftliche Zwecke eingesetzt, noch ehe sie als Unterhaltungs- und private Erinnerungsmedien Verbreitung fanden.

Das Modell für die frühe verhaltenswissenschaftliche Verwendung medialer Dokumentationsverfahren kam aus den Naturwissenschaften. Hier war es seit jeher Praxis, die mittels technischer Geräte vergrößerten, verkleinerten, verlangsamten oder beschleunigten Objekte der wissenschaftlichen Neugier durch verschiedene graphische Darstellungsweisen festzuhalten. Forscher waren deshalb in der Regel immer auch geübte Zeichner. Für den wissenschaftlichen Erkenntnisprozess erscheint die mediale Dokumentation von zentraler Bedeutung, weil sie in der Lage ist, mehrere Funktionen zugleich zu erfüllen. Mediale Repräsentationen ermöglichen

– die *Stabilität* eines Objekts, das sich ansonsten durch seine Flüchtigkeit immer wieder der Beobachtung entzieht;

Jörg R. Bergmann

- die *Translokalität* eines Objekts, das mit dem Akt der Fixierung zur genaueren Untersuchung an einen anderen Ort transportiert werden kann;
- die *Visibilität* eines Objekts, indem Grenzen der menschlichen Wahrnehmungsfähigkeit überwunden und damit für den Menschen im Alltag unsichtbare Prozesse, Objekte oder Eigenschaften sichtbar gemacht werden;
- die *Objektivität* des Urteils, weil an die Stelle eines bloß subjektiven Eindrucks Wiederholbarkeit, Überprüfbarkeit und Vergleichbarkeit treten.

Als sich dann mit der Erfindung der Fotografie die Möglichkeit eröffnete, die zeichnerische Abbildung eines Untersuchungsobjekts, die immer schon dem Verdacht der subjektiven Verzerrung ausgesetzt war, durch eine mechanische Darstellung zu ersetzen, gerieten einige Wissenschaften in eine regelrechte Visualisierungseuphorie. Mit der Vorstellung einer mechanisierten Wissenschaft verband sich die Hoffnung, den Wissenschaftler aus dem Prozess der Datengenerierung ganz auszuschalten und in den ohne menschliches Zutun hergestellten Bildern «die Natur für sich selbst sprechen zu lassen».[2]

Bis heute ist dieses Vertrauen auf die Kraft der Bilder, Wissen zu formieren und Evidenz zu erzeugen, in der naturwissenschaftlichen Literatur weitgehend ungebrochen. Für die meisten naturwissenschaftlichen Bereiche gilt, dass die im Labor oder im Feld bei der empirischen Arbeit gemachten Beobachtungen zu medialen Präparaten führen, die dann Eingang finden in die nachfolgende wissenschaftliche Publikation. Der «Text» einer naturwissenschaftlichen Veröffentlichung ist daher in der Regel durchsetzt mit einer Vielzahl von Repräsentationselementen (Fotografien, Zeichnungen, graphischen Darstellungen, Computerausdrucken, Diagrammen, Tabellen etc.), die oft mit großem Aufwand und komplexen Formüberlegungen aus den rohen medialen Dokumenten für die Publikation hergestellt werden. Im Einsatz derartiger Darstellungstechniken manifestiert sich, dass Wissenschaftler bei ihrer Textproduktion vor der Aufgabe der «Sichtbarmachung» (Heintz/Huber 2001) ihrer Objekte und Beweisschritte stehen. Aber welche Beweiskraft hat ein Bild? Welche Funktion erfüllt der Abdruck einer Fotografie – eines Ausschnitts, einer Vergrößerung, einer kontrastreicheren Version – in einem wissenschaftlichen Text? Weshalb wird an dieser Stelle ein Bild und keine sprachliche Formulierung eingesetzt? Welche kulturellen Wahrnehmungskonventionen werden dabei vorausgesetzt? Und wie wird eine nichtsprachliche Repräsentation mit dem fortlaufenden argumentativen Text verknüpft?

Fragen dieser Art beziehen sich auf die epistemische Rolle wissenschaftlicher Visualisierungspraktiken und stehen seit einiger Zeit im Zentrum eines Forschungsgebiets, in dem sich Wissenschaftsgeschichte, Wissenschaftssoziologie und Bildwissenschaft wechselseitig berühren und anregen (vgl. Fyfe/Law 1988; Lynch/Woolgar 1988; Geimer 2002). Im Hinblick auf sozialwissenschaftliche Texte sind Fragen dieser Art weitgehend irrelevant. So selbstverständlich bildliche Visualisierungselemente heute in naturwissenschaftlichen Publikationen sind, so ungewöhnlich und exotisch erscheint ihre Verwendung in sozialwissenschaftlichen Texten, in denen allenfalls graphische Darstellungstechniken (Pfeile, Diagramme, Tabellen etc.) zu finden sind. Das war nicht immer so. In ihrer Übersicht über die Themen, Methoden und Präsentationsweisen jener ethnographischen Arbeiten, welche zwischen 1895 und 1910 im «American Journal of Sociology» erschienen sind, stellen Tim Hallett und Gary Fine (2000, 603) fest, dass in diesen Studien insbesondere bei Beschreibungen der Arbeitswelt häufig auch Fotografien zusammen mit dem Text abgedruckt sind. Diese Situation ändert sich jedoch nach 1910, mit dem Resultat, dass nach 1914 bildliche Darstellungen fast vollständig aus dieser führenden soziologischen Zeitschrift verschwunden sind.[3] An dieser Situation hat sich bis heute wenig geändert; mit ziemlicher Sicherheit käme heute eine Studie über die vergangenen 20 Jahrgänge einiger führender soziologischer Zeitschriften zu einem ähnlichen Befund. In sozialwissenschaftlichen Texten – so lässt sich resümierend feststellen – ist im Gegensatz zu naturwissenschaftlichen Texten der Einsatz von (bildlichen) Visualisierungsverfahren und anderen medialen Repräsentationstechniken weitgehend unbekannt.

Diese Feststellung gilt nicht im Hinblick auf Arbeiten aus dem Bereich der qualitativen Sozialforschung. Hier sind der Rückgriff auf mediale Datenkonserven – insbesondere auf Audio- und Videoaufzeichnun-

Jörg R. Bergmann

gen – und der Einsatz medialer Repräsentationstechniken eine durchaus übliche Praxis. Das ist insofern überraschend, als an diesem Punkt eine Verbindung aufscheint zwischen den vermeintlich «harten» naturwissenschaftlichen Methoden und den vermeintlich «weichen» Verfahren der qualitativen Sozialforschung, die methodologisch sonst eher in ihrer Gegensätzlichkeit aufeinander bezogen werden.

2. MEDIALE REPRÄSENTATIONEN IN DER DATENERHEBUNG UND DATENANALYSE

Auch in der qualitativen Sozialforschung dient der Einsatz von audiovisuellen Aufzeichnungen dazu, die Stabilität, Translokalität und Visibilität eines sozialen Objekts sicherzustellen und die Objektivität der wissenschaftlichen Interpretation zu gewährleisten.[4] Soziale Ereignisse sind flüchtig, d. h., in dem Moment, in dem sie sich ereignen, werden sie Vergangenheit; fortwährend – so Georg Simmels (1968, 15) lebensphilosophisch geprägte Beschreibung – «knüpft sich und löst sich und knüpft sich von neuem die Vergesellschaftung unter den Menschen, ein ewiges Fließen und Pulsieren, das die Individuen verkettet, auch wo es nicht zu eigentlichen Organisationen aufsteigt». Natürlich haben Menschen gelernt, mit dieser transienten Qualität alles Sozialen zu leben; jede Kultur hat ihre eigenen Techniken des Gedenkens, des Festhaltens, des Bewahrens und Vergegenwärtigens entwickelt. Es gibt Erinnerung, und es gibt verschiedene kommunikative Formen, um ein soziales Geschehen, das sich dann bereits ereignet hat, zu rekonstruieren, es zu benennen, zu thematisieren, zu beschreiben und – zumeist in narrativer Form – aus der Vergangenheit zurückzuholen. Doch diese Techniken sind nicht zuletzt durch das nur sehr eingeschränkt steigerbare menschliche Wahrnehmungs-, Aufmerksamkeits- und Erinnerungsvermögen begrenzt. Sie sind als Ressourcen, um ein flüchtiges soziales Geschehen zu konservieren, für eine wissenschaftliche Beschäftigung nur beschränkt tauglich, denn «auch angestrengteste Aufmerksamkeit kann nur dann zu einem kunstmäßigen Vorgang werden, in welchem ein kontrollierbarer Grad von Objektivität erreicht wird, wenn die Lebensäußerung fixiert ist und wir immer wieder zu ihr zurückkehren können» (Dilthey 2004, 23).

Mit den Methoden des Interviews und der teilnehmenden Beobachtung, die unvermeidlich auf die Erinnerungs- und Ausdrucksfähigkeit der Befragten bzw. des Feldforschers angewiesen sind, lässt sich ein soziales Geschehen in seinem realen Ablauf und in seinen vielfältigen Details nicht erfassen, sie können immer nur Umschreibungen liefern, also das, was in der Ethnomethodologie als «glossing» (Garfinkel) bezeichnet wird. Erst der Einsatz von audiovisuellen Aufzeichnungstechnologien eröffnet die Möglichkeit, auf ganz neue Weise die flüchtigen Prozesse der sozialen, sprachlichen und nichtsprachlichen Interaktion zu «fixieren». Soziale Ereignisse werden in ihrer sichtbaren und hörbaren Realisierungsgestalt apparativ festgehalten, und bei dieser «registrierenden Konservierung» bestimmen nicht Erinnerungen, Sinnzuschreibungen und Darstellungskonventionen die Fixierung eines sozialen Geschehens, sondern das apparative Arrangement (Positionierung der Kamera, Aussteuerung des Mikrophons etc.). Auf diese Weise werden Lebensäußerungen in ihrer bildlichen und lautlichen Eigenqualität bewahrt, ohne dass sie bereits im Prozess der Konservierung in eine andere Sinnform – sei es die der Interviewantwort oder die eines Beobachtungsprotokolls – gezwängt werden.

Bei den technisch-medialen Aufzeichnungen handelt es sich – in einer treffenden Unterscheidung von MacDougall (1978, 406) – nicht um «ethnographic films», sondern um «ethnographic footage». Die Aufzeichnungen sind (noch) weitgehend «roh» und noch wenig eingefärbt durch interpretative Anteile des Forschers, sie sind (noch) nicht unter dramaturgischen oder ästhetischen Kriterien komponiert und können deshalb als weitgehend authentische Repräsentationen des dokumentierten sozialen Geschehens gelten. Gerade weil dieses Material noch nicht durch interpretative Zusätze aus anderen Quellen eingefärbt ist, kann sich der Interpret voll und ganz darauf konzentrieren, in dem Material Gleichförmigkeiten, Geordnetheiten, Zusammenhänge zu entdecken, die dann als von den Akteuren selbst generierte Interaktions- und Sinnstrukturen betrachtet werden können. Mit dem Einsatz derartiger

Jörg R. Bergmann

Aufzeichnungsverfahren ist also ein signifikanter «Datengewinn» (Hoffmann-Riem 1980) verbunden, der etwa darin besteht, dass in diesen medialen Dokumenten soziale Praktiken der Abstimmung und der Ko-Orientierung oder sich reproduzierende Interaktionsmuster und Sinnfiguren sichtbar werden, die latenter Natur oder so sublim sind, dass sie der typisierenden und pragmatisch orientierten Wahrnehmung des Alltags entgehen.[5]

Sosehr die mediale Fixierung eines sozialen Geschehens in seinem zeitlichen Ablauf neue Möglichkeiten der sozialwissenschaftlichen Interpretation eröffnet, so wenig genügt diese Konserve als alleinige Arbeitsgrundlage. Dies gilt etwa für den analytischen Umgang mit dem Datenmaterial, denn es ist schwierig, die vielfältigen, parallel ablaufenden Verhaltensvorgänge auf der sprachlichen, parasprachlichen, mimischen, gestischen und proxemischen Ebene, die ein soziales Geschehen ausmachen, auch bei wiederholtem Anhören und Betrachten einzeln zu berücksichtigen. Unsere Wahrnehmung ist auf rasche Typisierung und Synthetisierung angelegt, nicht aber auf die Fraktionierung kommunikativer Substrukturen. Es braucht also Techniken, um das bewegliche, nach wie vor halbflüchtige audiovisuelle Material «einzufrieren», damit es interpretativ aufgeschlüsselt werden kann.

Ein anderer Grund für die Notwendigkeit der Datenprozessierung liegt darin, dass auch der Forscher, der primär mit audiovisuellen Aufzeichnungen arbeitet, Mitglied einer «scientific community» ist, und in dieser ist die schriftliche Mitteilungsform die nach wie vor gültige Form der Kommunikation und des Reputationserwerbs. Spätestens für die Publikation müssen daher die medialen Daten so transformiert werden, dass sie in schriftlichen Texten reproduziert werden können.

Für diesen Prozess der Datentransformation medialer Dokumente gibt es verschiedene Möglichkeiten.

Beschreibungen. Obwohl denkbar ist, dass ein Forscher die ihm vorliegenden audiovisuellen Aufzeichnungen in Form von Beschreibungen und Beobachtungsprotokollen textlich fixiert, wird diese Technik nur selten – oder nur zum Zweck der Erstellung von «Inhaltsverzeichnissen» – eingesetzt. In diesem Fall ist das Ausmaß der Datenreduktion sehr hoch, der interpretative Anteil des Forschers steigt sprunghaft an, wodurch die autogenetischen Prozesse des sozialen Geschehens überdeckt werden und damit der weiteren Analyse entzogen sind.

Transkription und Notation. Die heute gängigste Art der Datentransformation besteht darin, die Ton- und Bildereignisse in Gestalt von Transkriptionen und Notationen symbolisch zu repräsentieren. Hierfür wurden verschiedene Systeme entwickelt, wobei die Regeln der orthographischen Schreibweise als ein vorgegebenes konventionalisiertes System der Codierung mündlicher Äußerungen betrachtet werden können. Allerdings wird durch eine orthographische Verschriftung nur das, was gesagt wurde, einigermaßen konserviert, weshalb sie vor allem bei der Abschrift von Interviewaufzeichnungen verwendet wird. Überall dort, wo auch die konkreten Realisierungsweisen von Äußerungen repräsentiert werden sollen, muss die orthographische Schreibweise entsprechend modifiziert und durch Annotationsmöglichkeiten für nichtsprachliche, parasprachliche und situative Vorgänge erweitert werden. Nach dem Zwiebelprinzip können so an ein Basistranskript immer weitere Notationsschichten angelagert werden,[6] wodurch das entstehende Abbild zwar immer feinkörniger, aber auch immer komplizierter und unleserlicher wird. (Zum Problem der Aufbereitung, Transkription und Präsentation von Daten vgl. den Beitrag von Hartung in diesem Band.)

Foto-Inserts. Eine Alternative zur Transkripterweiterung durch Notationssymbole besteht darin, die Transkripte mit Zeichnungen (vgl. Heath 1986) oder Fotografien anzureichern, die anhand von Videoaufzeichnungen erstellt wurden und durch entsprechende Markierungen mit dem transkribierten Ereignisablauf synchronisiert werden. Diese Technik der Foto-Inserts findet insbesondere in konversationsanalytischen Arbeiten zu nichtsprachlichen Aktivitäten (vgl. exemplarisch Goodwin 2000; Meier 1997) oder bei konversationsanalytisch ausgerichteten Studien medialer Produkte (vgl. exemplarisch Ayaß 1997) Verwendung. Ein Effekt dieser Methode ist es, dass die unvermeidliche Sperrigkeit und Abstraktheit eines detailreichen Transkripts zumindest zum Teil kompensiert wird durch die Anschaulichkeit und intuitive Zugänglichkeit von Bildern (vgl. Norris 2002).

Fotoserien. Noch mehr Gewicht – und dies ist eine weitere Repräsentationsvariante – erhalten Bilder dort, wo sie nicht als Zusätze zu einem Transkript fungieren, sondern wo einzelne Fotos oder ganze Fotoserien in den Mittelpunkt rücken, auf die dann der Text interpretativ Bezug nimmt. Das klassische Beispiel hierfür bildet gewiss die Studie von Bateson/Mead (1942; vgl. auch Wolff 1991).

Ethnographischer Film. Schließlich ist als letzte Option zu nennen, dass der Wissenschaftler, der sich mit audiovisuellem Material auseinander setzt, in seiner eigenen Arbeit ganz in diesem Medium bleibt und als Produkt keinen schriftlichen, eventuell mit Bildern durchsetzten Text mehr produziert, sondern einen Film. Der Film wäre dann nicht mehr primär das Resultat ästhetischer Überlegungen oder dramaturgischer Entscheidungen, sondern wesentlich das Ergebnis wissenschaftlicher Interpretationen und Einsichten. Dennoch wird dabei der Übergang zu anderen filmischen Genres – vor allem zum Dokumentarfilm – fließend und damit der wissenschaftliche Charakter des Films fraglich. Zwar gibt es vor allem in der Anthropologie eine genügend große Gruppe an Interessenten und Anhängern, die den ethnographischen Film als legitime Mitteilungsform innerhalb des Fachs anerkennen, doch ist die Diskussion über seinen wissenschaftlichen Status bis heute nicht verstummt. (Einführung und Übersicht bei Heider 1976 und MacDougall 1978, neuere Diskussion bei Marks 1995; umfangreich informiert der Band von Friedrich et al. 1984; zur visuellen Ethnographie vgl. den Beitrag von Schändlinger in diesem Band.)

4. Neue Entwicklungen und alte Probleme

Die Möglichkeiten, zusammen mit einem wissenschaftlichen Text auch das zugrunde liegende audiovisuelle Ausgangsmaterial medial zu präsentieren, haben sich mit der Entwicklung der digitalen Informationstechnologie außerordentlich erweitert. Technisch betrachtet kann heute jeder qualitativ arbeitende Forscher seine Untersuchungsmaterialien – seien dies Tonbandaufzeichnungen von Interviews, schriftliche Beobachtungsprotokolle, Videoaufzeichnungen von Interaktionsepisoden oder mediale Dokumente – per digitalem Speichermedium oder per Internet allen Interessenten verfügbar machen. Dabei ergeben sich natürlich Probleme des Datenschutzes und der Anonymisierung, die zu beachten sind, aber in den meisten Fällen doch gelöst werden können.

Bisher werden die neuen technischen Möglichkeiten der medialen Repräsentation zumeist in der bereits beschriebenen Weise benutzt, also etwa zur Speicherung von Fotos, Fotoserien oder Audio- und Videoaufzeichnungen. Es gibt jedoch auch erste Ansätze, die neuen Darstellungsmöglichkeiten der digitalen Medien, insbesondere diejenigen, die mit dem Hypertext-Format einhergehen, in einem stärker experimentellen Sinn zu verwenden und dabei die mediale Dokumentation und Aufbereitung von Daten zu integrieren mit der Analyse dieser Materialien. Dies lässt sich chronologisch an einigen Beispielen aus der elektronischen Zeitschrift «Sociological Research Online» (http://www.socresonline.org.uk/home.html) deutlich machen.

Die Zeitschrift hat seit ihrem ersten Erscheinen im Jahr 1996 immer wieder Studien publiziert, die mit visuellen oder akustischen Materialien arbeiten und die sich immer auch den methodologischen Implikationen der Verwendung von Medien in der wissenschaftlichen Kommunikation widmen. So befasst sich der Aufsatz von Ernst Thoutenhoofd (1998) mit visuellen Merkmalen und Strategien einer Taubstummengemeinschaft; er besteht aus zwei Parallel-«Texten», einem fotografischen und einem schriftlichen, die über Hyperlinks miteinander verbunden sind: «The photographs form the core, or the ‹evidence› of the method outlined in the text», schreibt der Autor, wobei aber Text und Bild noch

Jörg R. Bergmann

klar voneinander getrennt sind und der Leser zwischen dem einen oder dem anderen «Text» hin- und herspringt. In dem Aufsatz von Mike Ball (2000) zwei Jahre später, in dem es um die – selbst wieder beobachtbare – Videoüberwachung öffentlicher Plätze in England geht, sind zahlreiche Fotos bereits in den Text integriert, die sich als große Bilder in einem eigenen Fenster öffnen, sobald sie angeklickt werden. In einer jüngst publizierten Arbeit schließlich schöpft Monika Büscher (2005) die Möglichkeiten der Integration von medialen Repräsentationen und interpretativem Text sehr viel konsequenter aus, als alle bisherigen Arbeiten das getan haben. Die Autorin untersucht in der Tradition der ethnomethodologischen «Studies of Work» die Arbeitspraktiken einer Gruppe von Landschaftsarchitekten, die mit verschiedenen Entwurfsarbeiten beschäftigt waren und die sie jahrelang als mitarbeitende, teilnehmende Beobachterin mit der Kamera begleitet hat. Bei diesem «participant recording» sind zahlreiche Tonband- und Videoaufnahmen entstanden, die – von der Autorin methodologisch reflektiert – in unterschiedlicher Weise in den Text eingebaut wurden. Es finden sich u. a.:

- einzelne Bilder nicht nur der Akteure, sondern auch der Zeichnungen, Entwürfe und Arbeitsmaterialien der Architekten;
- «micons» (= moving icons) einer Episode, in die Sprechblasen mit transkribierten Äußerungen eingefügt sind;
- Fotoserien, die eine längere Interaktionssequenz, z. B. eine Meinungsverschiedenheit über das weitere Vorgehen dokumentieren;
- halbtransparente Bildsequenzen von Interaktionsvorgängen, über die das dazugehörige Transkript eingeblendet ist;
- Bilder, die sich durch Anklicken zu größeren Bildern öffnen oder zu einem Transkript des abgebildeten Geschehens bzw. direkt zu der Ton- und Videoaufzeichnung, aus der das Bild entnommen ist, führen.

Durch diese vielfältige Art der Verlinkung entsteht ein «Hypermedia»-Objekt, das einen unmittelbaren und dichten Zugang zur Arbeit der Architekten gewährt und trotz der vielen Verzweigungen und Detaillierungen, die der Leser interaktiv ansteuern kann, eine linear organisierte Argumentationslinie bewahrt.

Natürlich ist nicht jede Bebilderung eines wissenschaftlichen Textes sinnvoll, nicht jeder Link auf ein auditives Datendokument für sich bereits gerechtfertigt. Damit derartige Darstellungstechniken nicht zum Selbstzweck werden und damit vom Inhalt ablenken, statt näher an ihn heranzuführen, sollte bei ihrem Einsatz sorgfältig im Auge behalten werden, worin das Potenzial der neuen digitalen Medien im Rahmen der qualitativen Sozialforschung – und insbesondere für eine qualitative Medienforschung – liegt.

Zum einen ist diese Form der medialen Repräsentation geeignet, ein inhärentes Dilemma der qualitativen Sozialforschung zumindest zu entschärfen. Das Dilemma besteht darin, dass der Versuch, Lebensäußerungen so authentisch wie möglich in ihrem realen zeitlichen Ablauf zu untersuchen, darauf angewiesen ist, diese Lebensäußerungen zu fixieren – und ihnen damit gerade jene Flüchtigkeit zu nehmen, die doch ein wesentliches Element jeder Lebensäußerung ist. Die Kunst der Interpretation muss deshalb darin bestehen, aus einer fixierten Lebensäußerung deren gebannte Prozessualität wieder zum Vorschein zu bringen. Die Erfahrung allerdings zeigt, dass das Ziel, die im schriftlichen Notat zunächst getilgte Prozessqualität eines lebendigen sozialen Geschehens wieder in die Analyse hineinzuholen, selbst nur allzu rasch verschwindet, sobald man einmal dessen schriftliche Repräsentation vor sich liegen hat. Dann ist die Gefahr groß, dass die Gesprächsanalyse zur Transkriptanalyse und die Interpretation eines Films zur Analyse des Filmprotokolls verkommt. An dieser Stelle kann durch die hypermediale Technik, audiovisuelle Aufzeichnung, Transkript und analytischen Kommentar fortwährend zirkulär aufeinander zu beziehen, der nach vorn offene Prozesscharakter eines filmischen Geschehens und allgemein eines sozialen Ereignisses präsent gemacht und präsent gehalten werden.

Ein anderer Vorteil digitaler Medienrepräsentationen bezieht sich direkt auf die Logik der qualitativen Forschung. Für qualitative Studien ist ja die Frage nach der medialen Repräsentation ihrer Daten deshalb von zentraler Bedeutung, weil sie die Gültigkeit ihrer Interpretationen und Analysen nicht mit Hilfe von Auswahlprozeduren, standardisierten Erhebungen und statistischen Verfahren sicherstellen können, sondern nur dadurch, dass sie die Triftigkeit ihrer Aussagen überzeugend am Material demonstrieren. Eine Interpretation muss für die Leser zwingend

Jörg R. Bergmann

und nachvollziehbar sein, d. h., die Leser werden in den Interpretationsprozess einbezogen und durch ihn hindurchgeführt; sie sollen im Idealfall den im Text dargestellten Erkenntnisprozess des Forschers selbst durchlaufen. Eben dafür ist der Rekurs auf das Datenmaterial, auf das sich der Forscher bei seiner Interpretation stützt, unverzichtbar. Gerade für die qualitative Medienforschung, die daran interessiert sein muss, ihren Gegenstand in ihren Texten angemessen zu repräsentieren, tun sich mit der digitalen Speicherung und Distribution audiovisueller Aufzeichnungen ganz neue Möglichkeiten auf. Die Integration dieser medialen Dokumente in den analytischen Text mittels Hypermediatechnologie versorgt den Leser mit reicherem Material und positioniert ihn näher an der «Urszene», als dies Transkripte, Filmprotokolle oder Notationen zu leisten vermögen. Sie ermöglichen damit in einem noch umfassenderen Sinn, als dies bereits Transkripte tun, Sekundäranalysen und damit kumulative Erkenntnisgewinnung in der qualitativen Forschung.

Gerade dadurch, dass die digitalen Repräsentationstechniken für eine Belebung und Authentisierung des Untersuchungsgegenstands sorgen, können sie jedoch hinterrücks zur Steigerung eines Problems führen, das in der qualitativen Sozialforschung punktuell thematisiert und insbesondere im Hinblick auf die Naturwissenschaften in der neueren Wissenschaftssoziologie und Wissenschaftsgeschichte diskutiert wird. Bilder haben eine verführerische intuitive Zugänglichkeit, was dazu führt, dass dort, wo sie als Nachweis oder Beleg eingesetzt werden, der mediale Konstruktionscharakter dessen, was sie abbilden, tendenziell verschwindet (Daston 1992). Doch gerade auch in den Wissenschaften ist Evidenz ein Effekt medialer Konstruktion, d. h., was dort als etwas erscheint oder präsentiert wird, das augenscheinlich der Fall ist, ist medial vermittelt. Bereits in den 1940er Jahren hatte Susanne Langer (1965) mit dem Empirismus, der Sinnesdaten zur endgültigen Basis aller (natur-)wissenschaftlichen Erkenntnis erklärte, radikal aufgeräumt, als sie argumentierte, dass in den modernen Naturwissenschaften «von Beobachtung der eigentlichen Forschungsobjekte überhaupt nicht mehr die Rede sein kann; statt dessen werden Instrumentenanzeiger, sich drehende Trommeln und lichtempfindliche Platten beobachtet. (...) Die Sinnesdaten, auf die die moderne Naturwissenschaft ihre Aussagen gründet, sind zum allergrößten Teil kleine photographische Flecken und Kleckse oder mit Tinte gezogene Kurven» (1965, 28). In den modernen Wissenschaften, so Langers These, gibt es im Grunde nur noch indirekte Beobachtung, Sinnesdaten sind in erster Linie mediale Abbildungen, Indices und Symbole.

Langers kritische Überlegungen sind wertvoll für die qualitative Sozialforschung, die leicht in Gefahr gerät, über dem Naturalismus, den audiovisuelle Aufzeichnungen suggerieren, ihre konstruktivistische Grundhaltung zu vergessen, die darauf gerichtet ist, «das Gegebene» (was «Daten» wörtlich übersetzt bedeutet) in Prozesse seiner lokalen, situativen Produktion aufzulösen. Langers Argumente sind umso wertvoller, als die neue digitale Technologie die Möglichkeit eröffnet, den analytischen Text direkt, also transkriptfrei, mit der Ton- und Bildkonserve zu verlinken. Wie leicht dabei dann aus den Augen verloren werden kann, dass das mechanisch erstellte Bild eines Objekts nicht das Objekt selbst ist, sondern eine Repräsentation, verraten metaphorische, in der qualitativen Literatur durchaus geläufige Formulierungen, etwas sei «in der Sprache des Falles selbst» formuliert, oder man würde die Phänomene «für sich selbst sprechen lassen». Man kann daran natürlich den naiven Realismus kritisieren und von «tape fetishism» oder Authentizitätsnostalgie (Ashmore et al. 2000, 2004) sprechen. Produktiver erscheint es allerdings, hier nicht auf erkenntnistheoretischen Positionen zu beharren, sondern, wie Elisabeth Mohn (2002) das vorgeführt hat, in einer experimentellen Haltung durchzuspielen, welche Erkenntnismöglichkeiten eine methodologische Haltung bietet. Man kann dann etwa zu der Einsicht gelangen, dass es ein Gewinn ist, gegensätzlich scheinende methodologische Positionen im Verlauf eines qualitativen Forschungsprozesses abwechselnd einzunehmen.

Mit der Hypertext-Integration medialer Repräsentationen in den wissenschaftlichen Text geht schließlich noch das Problem einher, dass damit der Kanon der etablierten wissenschaftlichen Textformen gesprengt und eine neue Rezeptionshaltung erforderlich wird. Wenn Bilder, Töne und Texte auf so dichte Weise miteinander verknüpft werden, verlangt dies Leser, die zu Betrachtern, Betrachter, die zu Hörern, und Hörer, die zu Lesern werden. Wer hier nur seinen antrainierten Routinen der wissenschaftlichen Rezeption vertraut, muss beinahe zwangsläufig zu dem Er-

Jörg R. Bergmann

gebnis kommen, dass es sich hierbei um eine bloße Spielerei handelt. Eine andere Perspektive gewinnt, wer sich an diesem Punkt an die «Krise der Repräsentation» erinnert, die seit den 1980er Jahren in erster Linie die Kulturanthropologie (vgl. Clifford/Marcus 1986; Wolff 1987; Flaherty 2002) gepackt, verunsichert und zeitweise gelähmt hat. Schockierend war die Erkenntnis, dass ethnographische Texte in höchstem Maß von «literarischen Strategien» modelliert werden und von dort ihre Überzeugungskraft beziehen (Geertz 1990). Doch dies gilt, wie Wissenschaftssoziologen und Rhetoriker nicht müde werden nachzuweisen, in gleicher Weise für andere wissenschaftliche Disziplinen, so auch für die Naturwissenschaften (vgl. etwa Knorr-Cetina 1984). Wenn aber wissenschaftliche Kommunikation unvermeidlich eine textlich-mediale und damit auch kompositorische und ästhetische Seite hat, dann ist es sinnvoll, mit den neuen digitalen Möglichkeiten der medialen Repräsentation bewusst zu experimentieren und in epistemologische Möglichkeitsräume hineinzuleuchten. Die qualitative Medienforschung, die bereits vom Ansatz her mit der Frage konfrontiert ist, wie sich mediale Objekte angemessen in einem wissenschaftlichen Text repräsentieren lassen, kann an diesem Punkt für die qualitative Sozialforschung ganz allgemein eine wichtige Pionierrolle übernehmen. Es liegt an ihr, die Möglichkeiten, die die digitalen Formen der Medienrepräsentation bieten, wahrzunehmen (vgl. etwa zur Idee einer «Media Ethnography» Mason/Dicks 2001; Beaulieu 2004) und methodisch reflektiert zu entwickeln.

ANMERKUNGEN

1 Z. B. bei den Arbeiten aus dem Forschungsprojekt «Telekooperation – Strukturen, Dynamik und Konsequenzen elektronisch vermittelter kooperativer Arbeit in Organisationen», erreichbar unter: http://www.uni-giessen.de/~g31047/eingangsseite.html, Zugriff 24.10.2005.

2 So der an der Erfindung des Kinematographen beteiligte Physiologe Étienne-Jules Marey, zit. nach Daston/Galison (2002, 29).

3 Zu den möglichen Hintergründen dieser Entwicklung vgl. Stasz (1979).

4 Ausführlichere Überlegungen zur Thematik dieses Abschnitts finden sich bei Bergmann (1985).
5 Vgl. hierzu auch ausführlicher Oevermann (2004).
6 Nach diesem Prinzip arbeitet etwa GAT, das «Gesprächsanalytische Transkriptionssystem» (vgl. Selting et al. 1998).

LITERATUR

Ashmore, Malcolm/Katie MacMillan/Steven D. Brown (2004), It's a scream. Professional hearing and tape fetishism, in: Journal of Pragmatics, Vol. 36, Nr. 3,
  349–374.
Ashmore, Malcolm/Darren Reed (2000), Innocence and nostalgia in conversation analysis: The dynamic relations of tape and transcript, in: Forum Qualitative Sozialforschung, Vol. 1, Nr. 3. http://qualitative-research.net/fqs/fqs-eng.htm, Zugriff
  24.10.2005.
Ayaß, Ruth (1997), «Das Wort zum Sonntag». Fallstudie einer kirchlichen Sendereihe.
  Stuttgart: Kohlhammer.
Ball, Mike (2000), The visual availability and local organisation of public surveillance systems: The promotion of social order in public spaces, in: Sociological Research Online, Vol. 5, Nr. 1. http://www.socresonline.org.uk/5/1/ball.html, Zugriff
  24.10.2005.
Bateson, Gregory/Margaret Mead (1942), Balinese character. A photographic analysis.
  New York: New York Academy of Sciences.
Beaulieu, Anne (2004), Mediating ethnography: Objectivity and the making of ethno-
  graphies of the internet, in: Social Epistemology, Vol. 18, Nr. 2/3, 139–163.
Bergmann, Jörg R. (1985), Flüchtigkeit und methodische Fixierung sozialer Wirklich-
  keit. Aufzeichnungen als Daten der interpretativen Soziologie, in: Bonß, Wolfgang/
  Heinz Hartmann (Hrsg.), Entzauberte Wissenschaft. Zur Relativität und Geltung
  soziologischer Forschung. Göttingen: Schwartz, 299–320.
Büscher, Monika (2005), Social life under the microscope?, in: Sociological Research
  Online, Vol. 10, Nr. 1. http://www.socresonline.org.uk/10/1/buscher.html, Zugriff
  24.10.2005.
Clifford, James/George E. Marcus (Hrsg.) (1986), Writing culture. The poetics and politics of ethnography. Berkeley: University of California Press.
Daston, Lorraine (1992), Objectivity and the escape from perspective, in: Social Studies
  of Science, Vol. 22, Nr. 4, 597–618.

Daston, Lorraine/Peter Galison (2002, zuerst 1992), Das Bild der Objektivität, in: Geimer, Peter (Hrsg.), Ordnungen der Sichtbarkeit. Fotografie in Wissenschaft, Kunst und Technologie. Frankfurt a. M.: Suhrkamp, 29–99.

Dilthey, Wilhelm (2004, zuerst 1900), Die Entstehung der Hermeneutik, in: Strübing, Jörg/Bernd Schnettler (Hrsg.), Methodologie der interpretativen Sozialforschung. Konstanz: UVK, 21–42.

Flaherty, Michael G. (2002), The crisis of representation. A brief history and some questions, in: Journal of Contemporary Ethnography, Vol. 31, Nr. 4, 479–482.

Friedrich, Margarete/Almut Hagemann-Doumbia/Reinhard Kapfer/Werner Peterman/ Ralph Thoms/Marie-José van de Loo (Hrsg.) (1984), Die Fremden sehen. Ethnologie und Film. München: Katalog Filmmuseum im Münchner Stadtmuseum.

Fyfe, Gordon/John Law (Hrsg.) (1988), Picturing power. Visual depiction and social relations. London/New York: Routledge.

Geertz, Clifford (1990, zuerst 1988), Die künstlichen Wilden. Der Anthropologe als Schriftsteller. München: Hanser (Originaltitel: Works and lives. The anthropologist as author. Stanford: Stanford University Press).

Geimer, Peter (Hrsg.) (2002), Ordnungen der Sichtbarkeit. Fotografie in Wissenschaft, Kunst und Technologie. Frankfurt a. M.: Suhrkamp.

Goodwin, Charles (2000), Die Ko-Konstruktion von Bedeutung in Gesprächen mit einem Aphasiker, in: Psychotherapie und Sozialwissenschaft. Zeitschrift für qualitative Forschung, Vol. 2, Nr. 3, 224–246.

Hallett, Tim/Gary Alan Fine (2000), Ethnography 1900. Learning from the field research of an old century, in: Journal of Contemporary Ethnography, Vol. 29, Nr. 5, 593–617.

Heath, Christian (1986), Body movement and speech in medical interaction. Cambridge: Cambridge University Press.

Heider, Karl G. (1976), Ethnographic film. Austin: University of Texas Press.

Heintz, Bettina/Jörg Huber (2001), Mit dem Auge denken. Strategien der Sichtbarmachung in wissenschaftlichen und virtuellen Welten. Wien: Springer.

Hoffmann-Riem, Christa (1980), Die Sozialforschung einer interpretativen Soziologie: Der Datengewinn, in: Kölner Zeitschrift für Soziologie und Sozialpsychologie, Vol. 32, Nr. 3, 339–372.

Knorr-Cetina, Karin (1984, zuerst 1981), Die Fabrikation von Erkenntnis. Zur Anthropologie der Naturwissenschaft. Frankfurt a. M.: Suhrkamp.

Langer, Susanne K. (1965, zuerst 1942), Philosophie auf neuem Wege. Das Symbol im Denken, im Ritus und in der Kunst. Frankfurt a. M.: S. Fischer (Originaltitel: Philosophy in a new key. The symbolism of reason, rite, and art. New York: Mentor Books).

Lynch, Michael/Steve Woolgar (Hrsg.) (1988), Representation in scientific practice, in: Human Studies, Vol. 11, Nr. 2/3.

MacDougall, David (1978), Ethnographic film. Failure and promise, in: Annual Review of Anthropology, Vol. 7, 405–425.

Marks, Dan (1995), Ethnography and ethnographic film. From Flaherty to Asch and after, in: American Anthropologist, Vol. 97, Nr. 2, 329–347.

Mason, Bruce/Bella Dicks (2001), Going beyond the code. The production of hypermedia ethnography, in: Social Science Computer Review, Vol. 19, Nr. 4, 445–457.

Meier, Christoph (1997), Arbeitsbesprechungen. Interaktionsstruktur, Interaktionsdynamik und Konsequenzen einer sozialen Form. Opladen: Westdeutscher Verlag.

Mohn, Elisabeth (2002), Filming Culture. Spielarten des Dokumentierens nach der Repräsentationskrise. Stuttgart: Lucius & Lucius.

Norris, Sigrid (2002), The implication of visual research for discourse analysis. Transcription beyond language, in: Visual Communication, Vol. 1, Nr. 1, 97–121.

Oevermann, Ulrich (2004), Die elementare Problematik der Datenlage in der quantifizierenden Bildungs- und Sozialforschung, in: Sozialer Sinn. Zeitschrift für hermeneutische Sozialforschung, Vol. 5, Nr. 3, 413–476.

Selting, Margret et al. (1998), Gesprächsanalytisches Transkriptionssystem (GAT), in: Linguistische Berichte, Band 173, 91–122.

Simmel, Georg (1968, zuerst 1908), Soziologie. Untersuchungen über die Formen der Vergesellschaftung. Berlin: Duncker & Humblot.

Stasz, Clarice (1979), The early history of visual sociology, in: Wagner, Jon (Hrsg.), Images of information. Still photography in the social sciences. Beverly Hills/London: Sage, 119–136.

Thoutenhoofd, Ernst (1998), Method in a photographic enquiry of being deaf, in: Sociological Research Online, Vol. 3, Nr. 2. http://www.socresonline.org.uk/socresonline/3/2/2.html, Zugriff 24.10.2005.

Wolff, Stephan (1987), Rapport und Report. Über einige Probleme bei der Erstellung plausibler ethnographischer Texte, in: Ohe, W. von der (Hrsg.), Kulturanthropologie: Beiträge zum Neubeginn einer Disziplin. Berlin: Duncker & Humblot, 333–364.

Wolff, Stephan (1991), Gregory Bateson & Margaret Mead: «Balinese Character» (1942). Qualitative Forschung als disziplinierte Subjektivität, in: Flick, Uwe/Ernst von Kardorff/Heiner Keupp/Lutz von Rosenstiel/Stephan Wolff (Hrsg.), Handbuch Qualitative Sozialforschung. Grundlagen, Konzepte, Methoden und Anwendungen. München: Psychologie Verlags Union, 135–141.

ANHANG

ÜBER DIE VERFASSER

Ackermann, Friedhelm, Dr. phil., geb. 1962. Arbeitsschwerpunkte: Qualitative Forschung, Methoden Sozialer Arbeit, Konzept- und Qualitätsentwicklung, Sozialinformatik.

Aufenanger, Stefan, Prof. Dr., geb. 1950, Johannes Gutenberg Universität Mainz, Pädagogisches Institut. Arbeitsschwerpunkte: Medienpädagogische Forschung, Lehren und Lernen mit neuen Medien, qualitative Methoden.

Ayaß, Ruth, Prof. Dr. rer. soc., geb. 1964, Alpen-Adria-Universität Klagenfurt, Institut für Medien- und Kommunikationswissenschaft. Arbeitsschwerpunkte: Qualitative Methoden, Kommunikation in, mit und über Medien.

Bachmann, Götz, M. A., geb. 1965, University of London, Goldsmiths College, Broadband-Project. Arbeitsschwerpunkte: Ethnographie, Arbeits- und Organisationsethnologie, Machtstrukturen, Medienforschung.

Bergmann, Jörg R., Prof. Dr., geb. 1946, Universität Bielefeld, Fakultät für Soziologie. Arbeitsschwerpunkte: Ethnomethodologie, Konversationsanalyse, Interaktion in informellen Alltagssituationen und komplexen Arbeitskontexten.

Christmann, Gabriela B., PD Dr. rer. soc., geb. 1961, Technische Universität Dresden, Institut für Soziologie. Arbeitsschwerpunkte: Qualitative Methoden, Medien-, Sprach-, Wissens- und Stadtsoziologie, soziale Bewegungen, Soziologie der Identität.

Friese, Susanne, Dr. rer. soc., geb. 1967, Universität Hannover, Philosophische Fakultät. Arbeitsschwerpunkte: Softwaregestützte qualitative Datenanalyse, Erhebung und Analyse von Multimediadaten, EDV-Einsatz in der sozialwissenschaftlichen Lehre und Forschung.

Garz, Detlef, Prof. Dr. phil., geb. 1949, Johannes Gutenberg Universität Mainz, Pädagogisches Institut. Arbeitsschwerpunkte: Rekonstruktive und biographische Sozialforschung, Entwicklung und Erziehung.

Hartung, Martin, Dr. phil., geb. 1965, Institut für Gesprächsforschung, Radolfzell. Arbeitsschwerpunkte: Einsatz qualitativer Methoden in der Praxis (z. B. Personal- und Organisationsentwicklung).

Kalthoff, Herbert, PD Dr., geb. 1957, Universität Konstanz, Fachbereich Geschichte und Soziologie. Arbeitsschwerpunkte: Wissens- und Kultursoziologie, Wirtschafts- und Bildungssoziologie, soziologische Forschungsmethoden.

Keppler, Angela, Prof. Dr. rer. soc., geb. 1954, Universität Mannheim, Seminar für Medien- und Kommunikationswissenschaft. Forschungsgebiete: Film- und Fernsehtheorie, Film- und Fernsehanalyse, qualitative Methoden, Rezeptionsforschung, Kommunikations- und Wissenssoziologie.

Regener, Susanne, Prof. Dr. phil., geb. 1957, Universität Siegen, Institut für Medienwissenschaft. Arbeitsschwerpunkte: Visuelle Kultur, Medien-Anthropologie, Mediengeschichte.

Schäffer, Burkhard, Prof. Dr. phil., geb. 1959, Universität der Bundeswehr in München, Fakultät für Pädagogik. Arbeitsschwerpunkte: Rekonstruktive Sozialforschung, Jugend-, Generationen- und Medienforschung, Medienpädagogik, Erwachsenenbildung.

Schändlinger, Robert, Dr. phil., geb. 1955, Weiterbildungslehrer beim «Höchster Bildungsschuppen. Verein für Kultur, Politik und Berufsbildung e. V.»; seit 1983 Mitarbeiter des Filmforums Höchst der Volkshochschule Frankfurt mit dem Schwerpunkt Dokumentarfilm und Film als Dokument der Zeitgeschichte.

Wagner, Hans, Prof. em. Dr. phil., geb. 1937; bis 2002 Universität München, Institut für Kommunikationswissenschaft (Zeitungswissenschaft). Arbeitsschwerpunkte: Geschichte und Theorie der Kommunikation und der Massenkommunikation, Theorie der Öffentlichkeit und der Öffentlichen Meinung, Journalismustheorie und Medienkritik, qualitative Methoden in der Kommunikationswissenschaft.

Winter, Rainer, Prof. Dr. phil., geb. 1960, Universität Klagenfurt, Institut für Medien- und Kommunikationswissenschaft. Arbeitsschwerpunkte: Medien- und Kulturtheorie, Medien- und Kommunikationssoziologie, qualitative Methoden.

Wittel, Andreas, Dr., geb. 1963, University of Nottingham, School of Arts, Communication and Culture. Arbeitsschwerpunkte: Ethnographie, neue Medien, Kulturwandel, Kapitalismus, kulturelle Ökonomie.

Wolff, Stephan, Prof. Dr. phil., geb. 1947, Universität Hildesheim, Institut für Sozial- und Organisationspädagogik. Arbeitsschwerpunkte: Angewandte Organisationswissenschaft, qualitative Methoden, Rechtstatsachenforschung.

Wulff, Hans J., Prof. Dr. phil., geb. 1951, Christian-Albrechts-Universität Kiel, Institut für Neuere Deutsche Literatur und Medien. Arbeitsschwerpunkte: Filmanalyse, Psychologie des Films und des Fernsehens, kommunikative Strukturen der audiovisuellen Kommunikation.

PERSONENREGISTER

Ackermann, Friedhelm 324–349
Adair, John 356f.
Adorno, Theodor W. 58, 65, 276, 288, 341, 344
Amann, Klaus 21, 186, 190, 419
Anderson, Digby C. 246, 251, 263
Ang, Ien 190, 417, 429
Ashmore, Malcolm 158, 502
Atkinson, Maxwell J. 251, 257, 263, 264, 302, 319, 485
Atkinson, Paul 160, 163, 268, 462
Aufenanger, Stefan 97–114, 107, 337–340
Ayaß, Ruth 38, 42–71, 306, 319, 382, 406–422, 496

Baacke, Dieter 100f., 108, 109
Bachmann, Götz 183–219, 210
Barthes, Roland 359, 427
Bateson, Gregory 350, 497
Baym, Nancy K. 197, 206
Behnke, Cornelia 289, 418, 419
Berelson, Bernard B. 54, 56, 275, 276, 283
Berghaus, Margot 351ff., 357
Bergmann, Jörg R. 13–41, 30, 162, 210, 266, 298, 299f., 301, 303, 355, 375, 391–405, 489–506
Bloor, David 159, 172
Blumer, Herbert 18, 147
Boas, Franz 147, 184
Bohnsack, Ralf 119, 122f., 123, 125, 128, 129, 139
Bordwell, David 221, 226, 228f.
Bourdieu, Pierre 134, 148, 150, 173, 198
Brosius, Hans-Bernd 275, 283, 288
Bulmer, Martin 50, 55
Büscher, Monika 400, 499

Cantril, Hadley 44, 55, 57
Chalfen, Richard 356f.
Chambers, Deborah 425, 428, 429, 430
Charlton, Michael 107
Christmann, Gabriela B. 274–292
Cicourel, Aaron V. 16, 150, 172
Clayman, Steven 31, 263, 304, 319
Clifford, James 23, 157, 158, 358f., 503
Coffey, Amanda 268, 462
Cornelißen, Waltraud 414, 417
Coulmas, Florian 167, 170

Denzin, Norman K. 173, 351, 367ff., 377f., 382ff., 431
Derrida, Jacques 158, 163, 164, 165
Dijk, Teun A. van 251
Dilthey, Wilhelm 87, 222, 494
Drew, Paul 302f.

Eco, Umberto 259, 427
Eglin, Peter 257, 262f.
Ehlich, Konrad 166, 485
Evans-Pritchard, Edward E. 20f., 350

Faßler, Manfred 370, 377
Faulstich, Werner 235ff., 242
Feyerabend, Paul K. 383
Fine, Gary A. 172, 492
Fiske, John 409ff., 415, 424, 425, 429, 451
Fiske, Marjorie 56, 59
Flick, Uwe 282, 351
Flusser, Vilém 245, 440, 446
Foucault, Michel 445, 447
Francis, David 30, 259
Friese, Susanne 459–474
Frow, John 423f., 426

Sachregister

Eine Auswahl

rowohlts enzyklopädie